CB142096

PASSE NA OAB 2ª Fase COMPLETAÇO®

PRÁTICA TRABALHISTA

Coordenação

MARCELO HUGO DA ROCHA

Autores

DOUGLAS CAETANO

Advogado. Pós-Graduado em Direito e Processo do Trabalho. Professor de Direito e Processo do Trabalho para OAB e concursos públicos do Curso Juris (Fortaleza), da Casa do Concurseiro (Porto Alegre), do Atrium Cursos (São Paulo). Professor do curso de Pós-Graduação em Direito e Processo do Trabalho da Escola do Legislativo Prof. Wilson Brandão (Teresina). Professor do curso de Pós-Graduação em Direito e Processo do Trabalho da Faculdade Evolutivo (Fortaleza). Autor de livros jurídicos e para concursos.

FAGNER SANDES

Advogado no Escritório Solon Tepedino Advogados. Mestre em Direito (Estado, Constituição e Cidadania) pela UGF. Pós-Graduado em Direito e Processo do Trabalho. Coordenador e Professor do Centro de Estudos Jurídicos da Faculdade UnyLeya. Professor da Escola de Direito Hélio Alonso (FACHA/RJ) do curso de Direito e coordenador dos cursos jurídicos de pós-graduação. Professor de cursos de Pós-Graduação da Universidade Santa Úrsula, da Universidade Candido Mendes, da Faculdade UnyLeya, do Instituto Nêmesis e do Curso Tríade. Professor da Escola Superior de Advocacia da OAB/RJ. Professor dos Institutos Educare e São Vitor (Portugal). Professor de Cursos Preparatórios para Concursos e OAB. Autor de artigos, livros jurídicos e para concursos. Consultor. Palestrante em conferências nacionais e internacionais. Colunista do jornal Folha Dirigida. Colaborador do JusBrasil. Diretor do Centro de Capacitação Sandes.

PASSE NA OAB 2ª Fase COMPLETAÇO®

5ª edição
atualizada e
ampliada
2ª tiragem

Marcelo Hugo da Rocha
Coordenação

Douglas Caetano
Fagner Sandes

PRÁTICA TRABALHISTA

teoria e modelos
+ questões e peças comentadas
+ cronograma de estudos

- *Roteiros passo a passo*
- *Modelos de peças*
- *Súmulas selecionadas*
- *Questões discursivas comentadas*
- *Peças profissionais comentadas*
- *Cronograma como guia de estudos*

saraiva jur

saraiva EDUCAÇÃO | saraiva jur

Av. Paulista, 901, 3º andar
Bela Vista – São Paulo – SP – CEP: 01311-100

SAC | sac.sets@saraivaeducacao.com.br

Direção executiva Flávia Alves Bravin
Direção editorial Ana Paula Santos Matos
Gerência editorial e de projetos Fernando Penteado
Novos projetos Dalila Costa de Oliveira

Gerência editorial Isabella Sánchez de Souza
Edição Liana Ganiko Brito

Produção editorial Daniele Debora de Souza (coord.)
Daniela Nogueira Secondo

Arte e digital Mônica Landi (coord.)
Camilla Felix Clanelli Chaves
Claudirene de Moura Santos Silva
Deborah Mattos
Guilherme H. M. Salvador
Tiago Dela Rosa

Projetos e serviços editoriais Daniela Maria Chaves Carvalho
Kelli Priscila Pinto
Marília Cordeiro
Nicoly Wasconcelos Razuk

Projeto gráfico Mônica Landi
Diagramação SBNigri Artes e Textos Ltda.
Revisão Amélia Kassis Ward
Capa Tiago Dela Rosa
Produção gráfica Marli Rampim
Sergio Luiz Pereira Lopes
Impressão e acabamento Edições Loyola

DADOS INTERNACIONAIS DE CATALOGAÇÃO NA PUBLICAÇÃO (CIP)
VAGNER RODOLFO DA SILVA - CRB-8/9410

C128p Caetano, Douglas

Passe na OAB 2ª Fase – Prática Trabalhista / Douglas Caetano, Fagner Sandes ; coord. Marcelo Hugo da Rocha. – 5. ed. – São Paulo : Saraiva Educação, 2021. (Coleção Completaço®)

552 p.

ISBN 978-65-5559-534-5 (Impresso)

1. Direito. 2. OAB. 3. Prática Trabalhista. I. Sandes, Fagner. II. Rocha, Marcelo Hugo da. II. Título

2021-33 CDD 340
CDU 34

Índices para catálogo sistemático:

1. Direito 340
2. Direito 34

Data de fechamento da edição: 11-6-2021

Dúvidas? Acesse www.editorasaraiva.com.br/direito

CL 607071 CAE 759617

Dedico esta obra à minha amada filha, Giovana,
aos meus queridos pais, Cleide e Caetano, que,
com muita luta, me proporcionaram a maior herança
que um pai pode deixar para um filho, o estudo;
às minhas irmãs, Camila e Ana Paula, que me apoiam incondicionalmente.
Ao meu Tio, colega de profissão e grande amigo,
Dr. Douglas Gianoti, que sempre serviu como minha fonte de inspiração,
não só no mundo do Direito, mas também na vida.
À minha companheira de todas as horas, minha
amada Yelena, por todo apoio incondicional.
Aos meus milhares de alunos espalhados por todo Brasil, afinal,
eles são responsáveis, diariamente, por tornarem meu sonho realidade.
Sem, contudo, deixar de agradecer a Deus pela minha saúde, o que me
proporcionou a oportunidade de trabalhar na confecção desta obra.

Lembrem-se, sua sorte é você quem faz!

Forte Abraço.

Douglas Caetano

Primeiramente agradeço a Deus,
pela generosidade que decorre apenas de sua graça.

À minha esposa, Karolyn, pela paciência e compreensão durante a revisão
e ampliação desta obra, o que demonstra o amor que nutre por mim.

À minha mãe, Rita, ao meu pai, Valmir, e à minha irmã, Tatiane, pois,
diante de todas as dificuldades que o mundo nos ofertou durante esse árduo
e longo caminho percorrido até aqui, conseguimos superar todos
os desafios com êxito, por meio unicamente do estudo, de modo que afirmo
a vocês, meus alunos: é com a educação que a vida das pessoas muda.

Dedico, ainda, aos meus familiares e amigos que,
de modo próximo ou distante, sempre acreditaram em mim,
depositando sua confiança em minha vitória.

Outrossim, aos nossos alunos de 2ª fase da OAB, dedico
esta vitoriosa obra que, indubitavelmente, fará toda a diferença na
consecução do objetivo maior, qual seja, ser nosso(a) colega.

Acreditem em vocês e muito sucesso!

Abraços.

Fagner Sandes

Sumário

Cronograma de estudos

Cronograma de estudos – 36 dias

1.º DIA	O que estudar hoje?
TEMA	RECLAMAÇÃO TRABALHISTA E DIREITO MATERIAL
Conteúdo TEÓRICO	Princípios do direito do trabalho (item 1.4); Relação de emprego – Empregado/Trabalhador/Empregador (itens 1.5; 1.6;1.7).
Conteúdo PRÁTICO	Reclamação Trabalhista (item 3.1).
Sugestão de SÚMULAS	Súmula 288 do TST; Súmula 276 do TST; Súmula 212 do TST; Súmula 51 do TST; Súmula 363 do TST; Súmula 331 do TST; Súmula 129 do TST.
LEMBRE-SE!	O princípio mais cobrado nas provas é o da "Condição mais Benéfica"; Atente-se para o empregado doméstico e o teletrabalhador.
Já caiu em prova?	Reclamação trabalhista foi a peça do exame XXX; Questões sobre o tema foram cobradas nos exames V, VII e XXIV.

2.º DIA	O que estudar hoje?
TEMA	CONTESTAÇÃO E DIREITO PROCESSUAL
Conteúdo TEÓRICO	Princípios do processo do trabalho (item 2.1); Comissão de Conciliação Prévia (item 2.2).
Conteúdo PRÁTICO	Contestação (item 3.7).
Sugestão de SÚMULAS	Súmula 425 do TST; Súmula 418 do TST; OJ 376 da SDI-1 do TST; OJ 132 da SDI-2 do TST; Súmula 214 do TST; OJ 310 da SDI-1 do TST; Súmula 211 do TST.
LEMBRE-SE!	Cuidado com a reconvenção como tese de defesa na contestação; As exceções ao jus postulandi são muito cobradas em prova (Súm. 425 do TST).
Já caiu em prova?	Contestação foi a peça do exame XXV; Questões sobre o tema foram cobradas nos exames IV, VII e XXV.

3.º DIA	O que estudar hoje?
TEMA	QUESTÕES DISCURSIVAS E DIREITO MATERIAL
Conteúdo TEÓRICO	Sucessão Trabalhista (item 1.8); Contrato de Trabalho (itens 1.9).
Conteúdo PRÁTICO	Questões discursivas de direito material do trabalho (desenvolver no mínimo dez questões aleatórias).
Sugestão de SÚMULAS	Súmula 363 do TST; OJ 199 SDI-1 do TST, Súmula 244 do TST, Súmula 163 do TST, Súmula 265 do TST, OJ 159 da SDI-1 do TST, Súmula 43 do TST, OJ 113 da SDI-1 do TST, Súmula 29 do TST e Súmula 440 do TST.
LEMBRE-SE!	Transferência do empregado é um dos temas mais cobrados pela banca; Lembre-se dos casos de trabalho proibido e ilícito.
Já caiu em prova?	Questões sobre o tema foram cobradas nos exames XXVI, XVIII e XXVIII.

4.º DIA	O que estudar hoje?
TEMA	EXCEÇÃO DE INCOMPETÊNCIA/SUSPEIÇÃO/IMPEDIMENTO E DIREITO PROCESSUAL
Conteúdo TEÓRICO	Competência da justiça do trabalho (item 2.3); Partes e procuradores (item 2.4).
Conteúdo PRÁTICO	Exceção de incompetência territorial (item 3.7.7); Exceção de suspeição ou impedimento (item 3.7.8).
Sugestão de SÚMULAS	Súmula 19 do TST; Súmula 300 do TST, OJ 26 da SDI-1 do TST, OJ 416 da SDI-1 do TST, Súmula 368 do TST, OJ 138 da SDI-1 do TST, Súmula 211 do TST, Súmula Vinculante 22 do STF, Súmula Vinculante 23 do STF, Súmula 363 do STJ, OJ 200 da SDI-1 do TST, OJ 255 da SDI-1 do TST, Súmula 383 do TST, Súmula 436 do TST.
LEMBRE-SE!	Cuidado com competência material da justiça do trabalho sobre a execução da contribuição previdenciária (Súm. 368 do TST).
Já caiu em prova?	As peças indicadas acima ainda não foram objeto de prova. Questões sobre o tema foram cobradas nos exames III, XVIII e XXV.

5.º DIA	O que estudar hoje?
TEMA	RECURSO ORDINÁRIO E DIREITO MATERIAL
Conteúdo TEÓRICO	Jornada de trabalho (item 1.10); Jornada de 12x36 (item 1.11).
Conteúdo PRÁTICO	Recurso Ordinário (item 4.1 ao 4.1.8.5).
Sugestão de SÚMULAS	Súmula 428 do TST, Súmula 449 do TST, Súmula 287 do TST, Súmula 291 do TST, OJ 323 da SDI-1 do TST, Súmula 60 do TST, OJ 410 da SDI-1 do TST, Súmula 328 do TST, Súmula 81 do TST.
LEMBRE-SE!	As teses de horas extras pelo excesso da jornada e supressão do intervalo intrajornada são cartas marcadas nas peças.

Já caiu em prova?	Recurso ordinário foi a peça dos exames XXIV e XXVI; Questões sobre o tema foram cobradas nos exames XII, XXVII e XXIV.

6.º DIA	O que estudar hoje?
TEMA	QUESTÕES DISCURSIVAS E DIREITO PROCESSUAL
Conteúdo TEÓRICO	Assistência judiciária gratuita, gratuidade de justiça e isenção (item 2.5); Processo judiciário do trabalho (item 2.6).
Conteúdo PRÁTICO	Questões discursivas de direito processual do trabalho (desenvolver no mínimo dez questões aleatórias).
Sugestão de SÚMULAS	Súmula 463 do TST, OJ 269 da SDI-1 do TST, Súmula 262 do TST, Súmula 30 do TST, Súmula 197 do TST, OJ 192 da SDI-1 do TST.
LEMBRE-SE!	Uma pergunta recorrente sobre o tema é sobre a possibilidade do juiz ou tribunal deferir a justiça gratuita de ofício!!!!!
Já caiu em prova?	Questões sobre o tema foram cobradas nos exames XX, XVII e XI.

7.º DIA	O que estudar hoje?
TEMA	CONTRARRAZÕES DE RECURSO ORDINÁRIO E DIREITO MATERIAL
Conteúdo TEÓRICO	Prescrição (item 1.12); Salário e Remuneração (itens 1.13).
Conteúdo PRÁTICO	Contrarrazões de recurso ordinário (item 4.1.8.6).
Sugestão de SÚMULAS	OJ 375 da SDI-1 do TST, OJ 392 da SDI-1 do TST, Súmula 291 do TST, Súmula 362 do TST, Súmula 354 do TST, Súmula 91 do TST, Súmula 367 do TST, OJ 18 da SDC do TST, Súmula 6 do TST, Súmula 159 do TST, OJ 278 da SDI-1 do TST, Súmula 80 do TST, Súmula 248 do TST, Súmula 453 do TST, Súmula 364 do TST.
LEMBRE-SE!	O modelo de contrarrazões do recurso ordinário serve para os demais recursos, com apenas pequenas adaptações.
Já caiu em prova?	Contrarrazões de recurso ordinário foi a peça do exame XX (reaplicação em Roraima); Questões sobre o tema foram cobradas nos exames III, XIX, XVIII e X.

8.º DIA	O que estudar hoje?
TEMA	EMBARGOS DE DECLARAÇÃO E DIREITO PROCESSUAL
Conteúdo TEÓRICO	Despesas Processuais (item 2.7); Certidão Negativa de Débitos Trabalhistas (item 2.8); Nulidades no Processo do Trabalho (item 2.9).
Conteúdo PRÁTICO	Embargos de declaração (item 4.2).
Sugestão de SÚMULAS	OJ 98 da SDI-2 do TST, Súmula 341 do TST, Súmula 219 do TST.

LEMBRE-SE!	Cuidado!!!! Sempre que o enunciado da peça prático-profissional informar que a "sentença não contém vício", trata-se de uma dica para o examinando não confeccionar os embargos de declaração e partir para o recurso principal.
Já caiu em prova?	Os embargos de declaração ainda foram exigidos. Questões sobre o tema foram cobradas nos exames V, VII e XVI.

9.º DIA	O que estudar hoje?
TEMA	QUESTÕES DISCURSIVAS E DIREITO MATERIAL
Conteúdo TEÓRICO	Aviso Prévio (item 1.14); Estabilidade (item 1.15).
Conteúdo PRÁTICO	Questões discursivas de direito material do trabalho (desenvolver no mínimo dez questões aleatórias).
Sugestão de SÚMULAS	Súmula 441 do TST, Súmula 230 do TST, Súmula 276 do TST, Súmula 348 do TST, Súmula 369 do TST, Súmula 378 do TST, Súmula 244 do TST, OJ 253 da SDI-1 do TST, Súmula 443 do TST.
LEMBRE-SE!	As estabilidades mais cobradas nas provas são as do dirigente sindical, gestante e acidente de trabalho.
Já caiu em prova?	Questões sobre o tema foram cobradas nos exames XIV e XXIX.

10.º DIA	O que estudar hoje?
TEMA	RECURSO DE REVISTA E DIREITO PROCESSUAL
Conteúdo TEÓRICO	Dissidio individual (item 2.10); Procedimento Comum (item 2.11).
Conteúdo PRÁTICO	Recurso de Revista (item 4.3).
Sugestão de SÚMULAS	Súmula 414 do TST, OJ 64 da SDI-2 do TST, Súmula 263 do TST.
LEMBRE-SE!	Atenção!!!! O procedimento sumaríssimo, principalmente por suas características especiais, é o mais cobrado pela banca.
Já caiu em prova?	O recurso de revista ainda não foi cobrado. Questões sobre o tema foram cobradas nos exames II, XIII e XXVIII.

11.º DIA	O que estudar hoje?
TEMA	AGRAVO DE INSTRUMENTO E DIREITO MATERIAL
Conteúdo TEÓRICO	FGTS (item 1.16); Proteção ao trabalho do menor (item 1.17); Proteção ao trabalho da mulher (item 1.18).
Conteúdo PRÁTICO	Agravo de instrumento e Agravo Interno (itens 4.5 e 4.6).
Sugestão de SÚMULAS	Súmula 390 do TST e OJ 361 da SDI-1 do TST.
LEMBRE-SE!	Fique atento as regras da licença maternidade, inclusive, para o empregado adotante, e a prescrição com relação ao menor.

Já caiu em prova?	O Agravo de Instrumento e o Agravo Interno ainda não foram cobrados. Questões sobre o tema foram cobradas nos exames XIV, III e XXI.

12.º DIA	O que estudar hoje?
TEMA	QUESTÕES DISCURSIVAS E DIREITO PROCESSUAL
Conteúdo TEÓRICO	Audiência (item 2.12); Resposta do reclamado (item 2.12.3).
Conteúdo PRÁTICO	Questões discursivas de direito processual do trabalho (desenvolver no mínimo dez questões aleatórias).
Sugestão de SÚMULAS	OJ 245 da SDI-1 do TST, Súmula 268 do TST, Súmula 122 do TST, OJ 152 da SDI-1 do TST, Súmula 74 do TST, Súmula 153 do TST, OJ 83 da SDI-1 do TST, Súmula 18 do TST, Súmula 48 do TST.
LEMBRE-SE!	Cuidado!!!! Um dos temais mais cobrados pela banca em direito processual do trabalho é audiência trabalhista.
Já caiu em prova?	Questões sobre o tema foram cobradas nos exames II, XXV e XXVI.

13.º DIA	O que estudar hoje?
TEMA	EMBARGOS NO TST E DIREITO MATERIAL
Conteúdo TEÓRICO	Extinção do Contrato de Trabalho (item 1.19).
Conteúdo PRÁTICO	Embargos no TST (item 4.7).
Sugestão de SÚMULAS	Súmula 32 do TST e OJ 270 da SDI-1 do TST.
LEMBRE-SE!	Lembre-se, a banca costuma cobrar o prazo para pagamento das verbas rescisórias.
Já caiu em prova?	Questões sobre o tema foram cobradas nos exames III, XIII e XXIX.

14.º DIA	O que estudar hoje?
TEMA	RECURSO EXTRAORDINÁRIO E DIREITO PROCESSUAL
Conteúdo TEÓRICO	Provas no Processo do Trabalho (item 2.13); Sentença no Dissidio Individual (item 2.14).
Conteúdo PRÁTICO	Recurso Extraordinário (item 4.8).
Sugestão de SÚMULAS	Súmula 338 do TST, Súmula 212 do TST, OJ 233 da SDI-1 do TST, OJ 36 da SDI-1 do TST, OJ 134 da SDI-1 do TST, Súmula 12 do TST, OJ 278 da SDI-1 do TST, Súmula 293 do TST, Súmula 357 do TST.
LEMBRE-SE!	Cuidado com a Súmula 338 do TST, que trata sobre a inversão do ônus da prova no pedido de horas extras.
Já caiu em prova?	Questões sobre o tema foram cobradas nos exames XIX, XXVII e XXIX.

15.º DIA	O que estudar hoje?
TEMA	QUESTÕES DISCURSIVAS E DIREITO MATERIAL
Conteúdo TEÓRICO	Dano Extrapatrimonial (item 1.20).
Conteúdo PRÁTICO	Questões discursivas de direito material do trabalho (desenvolver no mínimo dez questões aleatórias).
Sugestão de SÚMULAS	Tendo em vista que a matéria foi inerida recentemente na CLT (Reforma Trabalhista), ainda não temos enunciados a respeito do tema.
LEMBRE-SE!	Atenção!!!! A banca já exigiu do examinando a confecção de uma reclamação trabalhista apenas com base nas indenizações por dano patrimonial e extrapatrimonial.
Já caiu em prova?	Por se tratar de matéria recente no âmbito trabalhista, a banca ainda não cobrou nenhuma questão a respeito do tema.

16.º DIA	O que estudar hoje?
TEMA	EMBARGOS À EXECUÇÃO E DIREITO PROCESSUAL
Conteúdo TEÓRICO	Recurso no Processo do Trabalho (item 2.15).
Conteúdo PRÁTICO	Embargos à execução (item 4.9).
Sugestão de SÚMULAS	Súmula 422 do TST, Súmula 303 do TST, OJ 334 da SDI-1 do TST, OJ 21 da SDI-2 do TST, OJ 318 da SDI-1 do TST, Súmula 414 do TST, OJ 237 da SDI-1 do TST, Súmula 385 do TST, Súmula 161 do TST, Súmula 245 do TST.
LEMBRE-SE!	O recurso ordinário é o ponto da matéria mais cobrado pela banca, tanto com relação a peça, quanto com relação as questões.
Já caiu em prova?	Questões sobre o tema foram cobradas nos exames VII, X e XII.

17.º DIA	O que estudar hoje?
TEMA	EXCEÇÃO DE PRÉ-EXECUTIVIDADE E DIREITO MATERIAL
Conteúdo TEÓRICO	Direito de Greve (item 1.21).
Conteúdo PRÁTICO	Exceção de pré-executividade (item 4.10).
Sugestão de SÚMULAS	OJ 10 da SDC do TST, OJ 18 da SDC do TST e Súmula Vinculante 23 do STF.
LEMBRE-SE!	Fique atento para greve em serviços essenciais e não essenciais; Lockout também é outro tema recorrente nas provas.
Já caiu em prova?	Questões sobre o tema foram cobradas nos exames V, XV e XXIV.

18.º DIA	O que estudar hoje?
TEMA	QUESTÕES DISCURSIVAS E DIREITO PROCESSUAL
Conteúdo TEÓRICO	Recursos no Processo do Trabalho – parte II (item 2.15).
Conteúdo PRÁTICO	Questões discursivas de direito processual do trabalho (desenvolver no mínimo dez questões aleatórias).
Sugestão de SÚMULAS	Súmula 422 do TST, Súmula 303 do TST, OJ 334 da SDI-1 do TST, OJ 21 da SDI-2 do TST, OJ 318 da SDI-1 do TST, Súmula 414 do TST, OJ 237 da SDI-1 do TST, Súmula 385 do TST, Súmula 161 do TST, Súmula 245 do TST.
LEMBRE-SE!	É importante saber identificar as hipóteses de cabimento dos recursos, uma vez que a banca pergunta, com certa frequência, qual o recurso cabível para o caso concreto.
Já caiu em prova?	Questões sobre o tema foram cobradas nos exames X, XII e XV.

19.º DIA	O que estudar hoje?
TEMA	IMPUGNAÇÃO À SENTENÇA DE LIQUIDAÇÃO E DIREITO MATERIAL
Conteúdo TEÓRICO	Direito Coletivo do Trabalho (item 1.22).
Conteúdo PRÁTICO	Impugnação à Sentença de Liquidação (item 4.11).
Sugestão de SÚMULAS	Súmula 374 do TST.
LEMBRE-SE!	Cuidado com a questão dos limites do acordado em norma coletiva prevalecer sobre o legislado.
Já caiu em prova?	Questões sobre o tema foram cobradas nos exames XV, XXVII e XXX.

20.º DIA	O que estudar hoje?
TEMA	EMBARGOS DE TERCEIRO E DIREITO PROCESSUAL
Conteúdo TEÓRICO	Liquidação da Sentença (item 2.16); Execução trabalhista (item 2.17).
Conteúdo PRÁTICO	Embargos de terceiro (item 4.12).
Sugestão de SÚMULAS	OJ 134 da SDI-1 do TST, OJ 93 da SDI-2 do TST, OJ 411 da SDI-1 do TST, OJ 408 da SDI-1 do TST, Súmula 439 do TST, OJ 153 da SDI-2 do TST, OJ 143 da SDI-1 do TST.
LEMBRE-SE!	Aqui, o ideal é que o examinando tenha o procedimento da fase de execução na ponta da língua.
Já caiu em prova?	Questões sobre o tema foram cobradas nos exames XVIII, XIII e XXV.

21.º DIA	O que estudar hoje?
TEMA	QUESTÕES DISCURSIVAS E DIREITO MATERIAL
Conteúdo TEÓRICO	Revisão dos itens 1.5, 1.6 e 1.7.
Conteúdo PRÁTICO	Questões discursivas de direito material do trabalho (desenvolver no mínimo dez questões aleatórias).
Sugestão de SÚMULAS	Súmula 288 do TST; Súmula 276 do TST; Súmula 212 do TST; Súmula 51 do TST; Súmula 363 do TST; Súmula 331 do TST; Súmula 129 do TST.
LEMBRE-SE!	Cuidado com as relações de trabalho, em especial, do estagiário.
Já caiu em prova?	Questões sobre o tema foram cobradas nos exames V, VII e XXIV.

22.º DIA	O que estudar hoje?
TEMA	AGRAVO DE PETIÇÃO E DIREITO POCESSUAL
Conteúdo TEÓRICO	Execução trabalhista – parte II (item 2.17).
Conteúdo PRÁTICO	Agravo de Petição (4.4).
Sugestão de SÚMULAS	OJ 134 da SDI-1 do TST, OJ 93 da SDI-2 do TST, OJ 411 da SDI-1 do TST, OJ 408 da SDI-1 do TST, Súmula 439 do TST, OJ 153 da SDI-2 do TST, OJ 143 da SDI-1 do TST.
LEMBRE-SE!	O recurso do agravo de petição só cabe na fase de execução.
Já caiu em prova?	Questões sobre o tema foram cobradas nos exames VIII, XX e XXIX.

23.º DIA	O que estudar hoje?
TEMA	AÇÃO DE EXECUÇÃO DE TÍTULO EXTRAJUDICIAL E DIREITO MATERIAL
Conteúdo TEÓRICO	Revisão do item 1.10.
Conteúdo PRÁTICO	Ação de Execução de Título Extrajudicial (4.13).
Sugestão de SÚMULAS	Súmula 428 do TST, Súmula 449 do TST, Súmula 287 do TST, Súmula 291 do TST, OJ 323 da SDI-1 do TST, Súmula 60 do TST, OJ 410 da SDI-1 do TST, Súmula 328 do TST, Súmula 81 do TST.
LEMBRE-SE!	Quando o enunciado da peça prático-profissional informar a hora de entrada e saída do empregado, o examinando deve verificar a existência de quatro possíveis teses: a) horas extras, b) supressão do intrajornada, c) adicional noturno, e d) supressão do interjornada.
Já caiu em prova?	Questões sobre o tema foram cobradas nos exames XII, XXVII e XXIV.

24.º DIA	O que estudar hoje?
TEMA	QUESTÃO DISCURSIVA E DIREITO PROCESSUAL
Conteúdo TEÓRICO	Inquérito para apuração de falta grave (2.18.1).
Conteúdo PRÁTICO	Questões discursivas de direito processual do trabalho (desenvolver no mínimo dez questões aleatórias).
Sugestão de SÚMULAS	Súmula 379 do TST.
LEMBRE-SE!	Cuidado!!!! O inquérito não deve ser utilizado quando se tratar da estabilidade gestante, CIPA ou acidentária.
Já caiu em prova?	Questões sobre o tema foram cobradas nos exames V, VII e XXIV.

25.º DIA	O que estudar hoje?
TEMA	AÇÃO DE CONSIGNAÇÃO EM PAGAMENTO E DIREITO MATERIAL
Conteúdo TEÓRICO	Revisão do item 1.9.
Conteúdo PRÁTICO	Ação de consignação em pagamento (itens 2.18.6 e 3.2).
Sugestão de SÚMULAS	Súmula 363 do TST; OJ 199 SDI-1 do TST, Súmula 244 do TST, Súmula 163 do TST, Súmula 265 do TST, OJ 159 da SDI-1 do TST, Súmula 43 do TST, OJ 113 da SDI-1 do TST, Súmula 29 do TST e Súmula 440 do TST.
LEMBRE-SE!	A estrutura da petição inicial da ação de consignação em pagamento é a mesma da reclamação trabalhista.
Já caiu em prova?	A ação de consignação em pagamento já foi cobrada como peça nos exames X e XXIX. Questões sobre o tema foram cobradas nos exames XXVI, XVIII e XXVIII.

26.º DIA	O que estudar hoje?
TEMA	AÇÃO DE INQUÉRITO JUDICIAL PARA APURAÇÃO DE FALTA GRAVE E DIREITO PROCESSUAL
Conteúdo TEÓRICO	Procedimentos Especiais (2.18).
Conteúdo PRÁTICO	Ação de inquérito judicial para apuração de falta grave (itens 2.18.1 e 3.3).
Sugestão de SÚMULAS	Súmula 379 do TST e Súmula 414 do TST.
LEMBRE-SE!	O autor da ação de inquérito judicial para apuração de falta grave será sempre o empregador.
Já caiu em prova?	A ação de inquérito judicial para apuração de falta grave ainda não foi cobrada. Questões sobre o tema foram cobradas nos exames XXVI, VIII, XX e XXIX.

27.º DIA	O que estudar hoje?
TEMA	QUESTÕES DISCURSIVAS E DIREITO MATERIAL
Conteúdo TEÓRICO	Revisão dos itens 1.11 e 1.13.
Conteúdo PRÁTICO	Questões discursivas de direito material do trabalho (desenvolver no mínimo dez questões aleatórias).
Sugestão de SÚMULAS	OJ 375 da SDI-1 do TST, OJ 392 da SDI-1 do TST, Súmula 291 do TST, Súmula 362 do TST, Súmula 354 do TST, Súmula 91 do TST, Súmula 367 do TST, OJ 18 da SDC do TST, Súmula 6 do TST, Súmula 159 do TST, OJ 278 da SDI-1 do TST, Súmula 80 do TST, Súmula 248 do TST, Súmula 453 do TST, Súmula 364 do TST, Súmula 379 do TST e Súmula 414 do TST.
LEMBRE-SE!	A Reforma Trabalhista alterou a natureza jurídica de algumas verbas trabalhistas, como, por exemplo, as diárias de viagem.
Já caiu em prova?	Questões sobre o tema foram cobradas nos exames XXVI, VIII, XX e XXIX.

28.º DIA	O que estudar hoje?
TEMA	AÇÃO DE CUMPRIMENTO E DIREITO PROCESSUAL
Conteúdo TEÓRICO	Revisão dos itens 2.11 e 2.12.
Conteúdo PRÁTICO	Ação de cumprimento (itens 2.18.3 e 3.4).
Sugestão de SÚMULAS	Súmula 414 do TST, OJ 64 da SDI-2 do TST, Súmula 263 do TST, OJ 245 da SDI-1 do TST, Súmula 268 do TST, Súmula 122 do TST, OJ 152 da SDI-1 do TST, Súmula 74 do TST, Súmula 153 do TST, OJ 83 da SDI-1 do TST, Súmula 18 do TST, Súmula 48 do TST.
LEMBRE-SE!	O empregado ou o sindicato poderão figurar no pólo ativo da ação de cumprimento. Os empregados poderão ser substituídos pelo sindicato em audiência.
Já caiu em prova?	A ação de cumprimento ainda não foi cobrada. Questões sobre o tema foram cobradas nos exames II, XXV, XXVI, VIII, XX e XXIX.

29.º DIA	O que estudar hoje?
TEMA	MANDADO DE SEGURANÇA E DIREITO MATERIAL
Conteúdo TEÓRICO	Revisão dos itens 1.14 e 1.15.
Conteúdo PRÁTICO	Mandado de Segurança (itens 2.18.4 e 3.5).
Sugestão de SÚMULAS	Súmula 441 do TST, Súmula 230 do TST, Súmula 276 do TST, Súmula 348 do TST, Súmula 369 do TST, Súmula 378 do TST, Súmula 244 do TST, OJ 253 da SDI-1 do TST, Súmula 443 do TST.
LEMBRE-SE!	O mandado de segurança é um remédio constitucional que pode ser utilizado tanto pelo empregado, quanto pelo empregador.
Já caiu em prova?	O mandado de segurança ainda não foi cobrado. Questões sobre o tema foram cobradas nos exames XXV, XXVI, VIII, XX e XXIX.

30.º DIA	O que estudar hoje?
TEMA	QUESTÕES DISCURSIVAS E DIREITO PROCESSUAL
Conteúdo TEÓRICO	Revisão do item 2.15.
Conteúdo PRÁTICO	Questões discursivas de direito processual do trabalho (desenvolver no mínimo dez questões aleatórias).
Sugestão de SÚMULAS	Súmula 422 do TST, Súmula 303 do TST, OJ 334 da SDI-1 do TST, OJ 21 da SDI-2 do TST, OJ 318 da SDI-1 do TST, Súmula 414 do TST, OJ 237 da SDI-1 do TST, Súmula 385 do TST, Súmula 161 do TST, Súmula 245 do TST.
LEMBRE-SE!	O recurso ordinário está entre as três peças mais cobradas pela banca.
Já caiu em prova?	Questões sobre o tema foram cobradas nos exames XXV, , XII, XV, VIII, XX e XXIX.

31.º DIA	O que estudar hoje?
TEMA	AÇÃO RESCISÓRIA E DIREITO MATERIAL
Conteúdo TEÓRICO	Revisão do item 1.19.
Conteúdo PRÁTICO	Ação rescisória (2.18.5 e 3.6).
Sugestão de SÚMULAS	Súmula 32 do TST e OJ 270 da SDI-1 do TST.
LEMBRE-SE!	O prazo decadencial para ajuizamento da ação rescisória é de 2 anos, contados do trânsito em julgado da decisão que se pretende rescindir.
Já caiu em prova?	Questões sobre o tema foram cobradas nos exames XXV, XXIV, XV, e XXIX.

32.º DIA	O que estudar hoje?
TEMA	REVISÃO DE DE RECLAMAÇÃO TRABALHISTA PARTE I E DIREITO PROCESSUAL
Conteúdo TEÓRICO	Revisão do item 2.13.
Conteúdo PRÁTICO	Revisão de Reclamação trabalhista (item 3.1).
Sugestão de SÚMULAS	Revisão das Súmulas do livro (5.1 a 5.8).
LEMBRE-SE!	Não esquecer de requerer a procedência dos pedidos.
Já caiu em prova?	A reclamação trabalhista já foi cobrada nos exames XIV, XII e XX.

33.º DIA	O que estudar hoje?
TEMA	REVISÃO DE RECLAMAÇÃO TRABALHISTA PARTE II E DIREITO MATERIAL
Conteúdo TEÓRICO	Revisão do item 1.4.

Conteúdo PRÁTICO	Revisão de Reclamação trabalhista (item 3.1).
Sugestão de SÚMULAS	Revisão das Súmulas do livro (5.9 a 5.16).
LEMBRE-SE!	Não assinar a peça, bem como não inserir seu número da sorte, uma vez que qualquer forma de identificação poderá acarretar a eliminação do examinando.
Já caiu em prova?	A reclamação trabalhista já foi cobrada nos exames XXII, XXVII e XXX.

34.º DIA	O que estudar hoje?
TEMA	REVISÃO DE RECURSO ORDINÁRIO PARTE I E DIREITO PROCESSUAL
Conteúdo TEÓRICO	Revisão do item 2.1.
Conteúdo PRÁTICO	Revisão de Recurso ordinário (item 4.1).
Sugestão de SÚMULAS	Revisão das Súmulas do livro (5.17 a 6.10).
LEMBRE-SE!	O pedido, em regra, no recurso ordinário é o seu conhecimento e provimento.
Já caiu em prova?	O recurso ordinário já foi cobrado nos exames XIX, XVI e XXIV.

35.º DIA	O que estudar hoje?
TEMA	REVISÃO DE RECURSO ORDINÁRIO PARTE II E DIREITO MATERIAL
Conteúdo TEÓRICO	Revisão do item 1.22.
Conteúdo PRÁTICO	Revisão de Recurso ordinário (item 4.1).
Sugestão de SÚMULAS	Revisão das Súmulas do livro (6.11 a 6.21).
LEMBRE-SE!	No recurso ordinário, o examinando deverá recorrer apenas da parte da sentença que for desfavorável para seu cliente.
Já caiu em prova?	O recurso ordinário já foi cobrado nos exames XXV, XVI e XXIV.

36.º DIA	O que estudar hoje?
TEMA	REVISÃO DE CONTESTAÇÃO E QUESTÕES DISCURSIVAS
Conteúdo TEÓRICO	Resolver, no mínimo, quinze questões discursivas.
Conteúdo PRÁTICO	Revisão de Contestação (item 3.7).
Sugestão de SÚMULAS	Revisão das Súmulas do STF, STJ e Súmulas Vinculantes (itens 7, 8 e 9).
LEMBRE-SE!	A reconvenção se apresentada em conjunto com a contestação, passa a ser uma tese de mérito desta.
Já caiu em prova?	O recurso ordinário já foi cobrado nos exames XXIII, XXV e XXVIII.

Nota da coordenação

Depois de mais de centenas de milhares de exemplares vendidos das nossas coleções editoriais publicadas pela Saraiva Educação, *Passe na OAB* e *Passe em Concursos Públicos*, alcançamos um projeto que traz toda a experiência adquirida em mais de 60 obras que participamos como coordenador, coautor ou autor. Soma-se ao *know-how* sobre o tema Exame de Ordem que capitaneamos desde 2005 entre cursos preparatórios, blog e palestras em faculdades e eventos jurídicos.

Certos de que somente um projeto inovador poderia nos desafiar, esta obra representa tudo do que se tem de melhor e que poderia estar reunido num único exemplar: **teoria, passo a passo, modelos de peças e questões comentadas** de todas as disciplinas da **2ª fase** do Exame de Ordem Unificado sob demanda da banca Fundação Getulio Vargas – FGV, hoje, uma das maiores do País. Assim, surgiu algo que vai além de uma "super" ou "mega" revisão ou de um "resumão". É um livro mais que completo, por isso, pedimos licença figurativa à língua portuguesa para usarmos o sufixo aumentativo "-aço" e alcançarmos a qualidade que lhe foi proposta: **Completaço**!

É uma série que repete o sucesso do irmão mais velho, o *Completaço Passe na OAB 1ª Fase FGV*, e que se tornou best-seller editorial pelas qualidades próprias e pelo pioneirismo dos seus atributos em trazer questões comentadas + teoria unificada. Por fim, o rol de autores comprometidos com o projeto traz professores renomados e experientes dos mais diversos preparatórios e que facilitam a preparação para a última batalha do Exame de Ordem: a 2ª fase!

Marcelo Hugo da Rocha
Saiba mais no blog **Passe na OAB**: www.passenaoab.com.br

Apresentação

Olá, amigos, tudo bem?

Estamos aqui, juntos, para apresentar a vocês a nossa nova obra, que os ajudará na aprovação no Exame de Ordem. Trata-se de livro Passe na *OAB 2ª fase FGV – Completaço – Prática e processo do trabalho.*

Você que na hora da inscrição escolheu direito do trabalho terá à sua disposição um livro completo para ser aprovado na OAB, pois preparamos um verdadeiro "mapa da mina" da aprovação nesta disciplina.

Qual é o conteúdo do livro que o faz tão completo?

Você irá encontrar nas próximas páginas um livro que contém:

1. Teoria de Direito do Trabalho;
2. Teoria de Direito Processual do Trabalho;
3. Cronograma de Estudos;
4. Todas as peças que você pode encontrar na sua prova, com resoluções de peças já cobradas nos exames anteriores da OAB, incluindo os mais recentes exames;
5. Questões discursivas já cobradas e com o gabarito, em direito do trabalho;
6. Questões discursivas já cobradas e com o gabarito, em direito processual do trabalho;
7. Todas as questões estão atualizadas com a Reforma Trabalhista e leis posteriores, além da jurisprudência pertinente e aplicável para cada caso.

Você verá que o material foi redigido em linguagem simples e direta, pois entendemos que você deve otimizar o seu tempo e estudo, valendo-se de um único material – direto e completo – para acertar as quatro questões discursivas e a peça processual.

Então, não tenha dúvida, é esta obra que fará de você um colega de profissão, pois ela foi preparada por dois advogados que lecionam para Exame da Ordem há anos e atuam na seara trabalhista todos os dias, elaborando peças, realizando audiências e sessões nos tribunais, despachando com juízes, desembargadores e ministros, ou seja, nossa experiência prática, somada à teórica, faz desta obra algo ímpar para sua aprovação.

A sua expectativa é que o livro possa te auxiliar. A nossa é que a obra, com o seu estudo diuturno, irá te aprovar e servir como consulta no seu cotidiano.

Esperamos muito que este livro ajude e que você seja aprovado no Exame de Ordem.

Contem conosco, sempre.

Forte abraço dos Professores

Douglas Caetano e Fagner Sandes

Parte I – Teoria

1. TEORIA DE DIREITO DO TRABALHO

1.1. Definição

Direito do trabalho é um conjunto de normas e princípios que regulamentam as relações individuais e coletivas de trabalho e emprego, buscando em sua essência equiparar os interesses das partes envolvidas nas referidas relações.

A doutrina majoritária considera o direito do trabalho como um ramo do direito privado.

1.2. Divisão do direito do trabalho

O direito do trabalho se divide em individual, que estuda os contratos individuais de trabalho e coletivo, que cuida da organização dos sindicatos, solução de conflitos, normas coletivas e direito de greve.

1.3. Fontes do direito do trabalho

Fonte significa a origem do direito, de onde vem. No Direito do Trabalho elas são classificadas em:

Materiais: são fatores sociais, políticos, econômicos e culturais que ocasionam o surgimento da norma, não geram direitos ou obrigações. Exemplo: no ano de 2020, o mundo sofreu com a pandemia do Coronavírus, que causou o fechamento temporário de algumas empresas, e obrigou o legislador a criar novas normas de direito do trabalho para regulamentar tal situação.

Formais: é, propriamente, a exteriorização do direito, através de leis, normas coletivas, regulamentos das empresas etc. Geram direitos e obrigações. Elas são classificadas em:

Autônomas: derivam da vontade das partes, sem a intervenção do Estado, como, por exemplo, as normas coletivas.

Heterônomas: derivam da vontade do Estado, não têm a intervenção das partes (CF, CLT, Leis esparsas).

Hierarquia das fontes formais

No Direito do Trabalho irá prevalecer a fonte formal que for mais benéfica ao empregado, independentemente se o conflito ocorrer entre a CF e um acordo coletivo. Nesse caso, o acordo irá prevalecer sobre a CF, desde que seja mais favorável ao empregado. Com efeito, há uma mitigação na hierarquia das fontes.

Dessa maneira, em um conflito entre a Constituição Federal e um acordo coletivo, sendo que o referido acordo prevê o valor do adicional de horas extras de 60%, enquanto que a CF prevê um adicional de 50%, prevalecerá o acordo, conforme o princípio da norma mais favorável para o empregado.

Ainda nesse sentido, vale destacar que o princípio da norma mais favorável comporta uma exceção, que ocorre quando o conflito é entre um acordo coletivo de trabalho e uma convenção coletiva de trabalho, prevalecendo, sempre, a disposição prevista no acordo coletivo, mesmo que prejudicial para o empregado, conforme art. 620 da CLT.

1.4. Princípios

Os princípios são a base estrutural do ordenamento jurídico, que dão suporte aos operadores do direito, como, por exemplo, juízes, advogados, membros do ministério público, e servem de inspiração para o legislador. O Direito do Trabalho, por ser um ramo autônomo do direito, possui seus próprios princípios, que passaremos a estudar a partir de agora.

1.4.1. Princípio da Irrenunciabilidade de direito

Este princípio também é chamado de "princípio da indisponibilidade de direitos". Ele informa que devido à natureza de ordem pública das normas que instituem o Direito do Trabalho (normas cogentes), que não admitem livre estipulação entre as partes, o empregado não pode renunciar seus direitos. Exemplo: o empregado não pode abrir mão do seu salário, não pode renunciar às férias, mesmo mediante uma eventual coação do empregador.

O referido princípio visa proteger o empregado de uma possível coação do empregador para aceitar, por exemplo, a gozar das férias sem receber a respectiva remuneração.

Entretanto, em determinadas situações específicas, o referido princípio comporta exceção, como, por exemplo, no caso da criação de um novo regulamento sobre a complementação de aposentadoria privada na empresa, em que o empregado escolhe aderir ao novo regulamento abrindo mão dos direitos previstos no regulamento anterior, levando em consideração que os dois continuarão existindo ao mesmo tempo, conforme dispõe o item II da Súmula 288 do TST.

Súmula 288 do TST

COMPLEMENTAÇÃO DOS PROVENTOS DA APOSENTADORIA (nova redação para o item I e acrescidos os itens III e IV em decorrência do julgamento do processo TST-E-ED-RR-235-20.2010.5.20.0006 pelo Tribunal Pleno em 12-04-2016) – Res. 207/2016, DEJT divulgado em 18, 19 e 20-04-2016

I – A complementação dos proventos de aposentadoria, instituída, regulamentada e paga diretamente pelo empregador, sem vínculo com as entidades de previdência privada fechada, é regida pelas normas em vigor na data de admissão do empregado, ressalvadas as alterações que forem mais benéficas (art. 468 da CLT).

II – Na hipótese de coexistência de dois regulamentos de planos de previdência complementar, instituídos pelo empregador ou por entidade de previdência privada, a opção do beneficiário por um deles tem efeito jurídico de renúncia às regras do outro. (Grifo nosso).

Outro exemplo de exceção ao princípio da irrenunciabilidade encontra-se na Súmula 276 do TST, que autoriza o empregado renunciar o tempo que resta de aviso prévio durante o cumprimento do aviso concedido pelo empregador e de forma trabalhada, no caso de comprovar a obtenção de um novo emprego, dispensando o empregador do pagamento do tempo restante.

Súmula 276 do TST

AVISO PRÉVIO. RENÚNCIA PELO EMPREGADO (mantida) – Res. 121/2003, DJ 19, 20 e 21-11-2003

O direito ao aviso prévio é irrenunciável pelo empregado. O pedido de dispensa de cumprimento não exime o empregador de pagar o respectivo valor, salvo comprovação de haver o prestador dos serviços obtido novo emprego.

No entanto, advertimos que o art. 444, parágrafo único, da CLT estabelece que a livre estipulação mencionada na cabeça do artigo aplica-se às hipóteses previstas no art. 611-A, com a mesma eficácia legal e preponderância sobre os instrumentos coletivos, no caso de empregado portador de diploma de nível superior e que perceba salário mensal igual ou superior a duas vezes o limite máximo dos benefícios do Regime Geral de Previdência Social.

1.4.2. Princípio da continuidade da relação de emprego

A relação de emprego, formada entre empregado e empregador, presumidamente é contínua, uma vez que, em tese, o empregado precisa do emprego para subsistência, de forma que em regra não irá abandonar o emprego sem um motivo aparente. Nesse sentido, a regra é que a relação de emprego não tenha um dia estipulado para terminar.

Com base no princípio da continuidade, o empregado, de forma presumida, não põe fim a relação de emprego, de forma que, se houver dúvida sobre a forma de extinção do contrato de trabalho, a obrigação de provar qual foi a modalidade de extinção é do empregador. Na verdade, o contrato de trabalho é de trato sucessivo, o que gera presunção em favor do empregado.

Súmula 212 do TST

DESPEDIMENTO. ÔNUS DA PROVA (mantida) – Res. 121/2003, DJ 19, 20 e 21-11-2003

O ônus de provar o término do contrato de trabalho, quando negados a prestação de serviço e o despedimento, é do empregador, pois o princípio da continuidade da relação de emprego constitui presunção favorável ao empregado.

Outrossim, sempre que o contrato for celebrado por prazo determinado, tal situação deverá ser provada, a fim de afastar a presunção em favor do empregado. Desta forma, doutrina e jurisprudência majoritária entendem, por exemplo, que o contrato de experiência deve ser escrito, pois é exceção ao contrato por prazo indeterminado.

Este princípio também se aplica no caso da sucessão de empregadores, situação em que a alteração do empregador ou estrutura jurídica da empresa não extingue ou gera qualquer efeito no contrato de trabalho em vigor, em razão da ideia de continuidade, conforme artigos 10, 448 e 448-A, todos da CLT.

Art. 10 – Qualquer alteração na estrutura jurídica da empresa não afetará os direitos adquiridos por seus empregados.

Art. 448 – A mudança na propriedade ou na estrutura jurídica da empresa não afetará os contratos de trabalho dos respectivos empregados.

Art. 448-A – Caracterizada a sucessão empresarial ou de empregadores prevista nos arts. 10 e 448 desta Consolidação, as obrigações trabalhistas, inclusive as contraídas à época em que os empregados trabalhavam para a empresa sucedida, são de responsabilidade do sucessor.

1.4.3. Princípio da primazia da realidade

O Direito do Trabalho vai sempre dar preferência para o que efetivamente aconteceu no mundo dos fatos em detrimento daquilo que foi formalizado no mundo do direito (primazia dos fatos em detrimento de documentos, por exemplo). Não importa a existência de um documento que vai contrariamente aos fatos, prevalecem os fatos, desde que o conjunto probatório seja adequado. Exemplo clássico desse princípio é o fato da "pejotização", na qual o empregador exige que o empregado constitua uma pessoa jurídica para celebrarem um contrato escrito de prestação de serviços, quando, em verdade, existe uma relação de emprego, de forma que, se aquele empregado buscar a Justiça do Trabalho para ver reconhecido seu direito ao vínculo empregatício e demais direitos decorrentes do vínculo, pode o juiz, através da análise das provas, como por exemplo o depoimento de uma testemunha, declarar nulo o contrato de prestação de serviço e reconhecer o vínculo empregatício, dando prioridade para os fatos provados em detrimento da existência do contrato escrito, nos termos do art. 9º da CLT.

Art. 9º – Serão nulos de pleno direito os atos praticados com o objetivo de desvirtuar, impedir ou fraudar a aplicação dos preceitos contidos na presente Consolidação.

Para o Direito do Trabalho, os fatos têm mais relevância que ajustes formais. (ex.: Contrato de estágio irregular, contrato de prestação de serviço autônomo, pagamento por fora – sem contabilização, etc.).

Outro bom exemplo é extraído da Súmula 12 do TST, que assenta: As anotações apostas pelo empregador na carteira profissional do empregado não geram presunção *juris et de jure*, mas apenas *juris tantum*.

1.4.4. Princípio da proteção

Tal princípio tem por finalidade proteger a parte hipossuficiente na relação de emprego, qual seja: o empregado. Visa, em verdade, deixar o empregado em igualdade de condições com o empregador, concedendo-lhe alguns benefícios.

Este princípio pode ser dividido em outros três: a) *In dubio pro operario*; b) Norma mais favorável; e c) Condição mais benéfica.

a) In dubio pro operario

Todas as vezes que existir uma dúvida na interpretação de uma norma jurídica de direito material, deve a mesma ser interpretada em favor do empregado. Exemplo, segundo a doutrina, é a Lei n. 12.506/2011 (Lei do aviso prévio proporcional), que não informa se a proporcionalidade do aviso prévio deverá ser aplicada no aviso concedido tanto pelo empregado quanto pelo empregador, de forma que com base no princípio do *in dubio pro operario*, a interpretação é de que deve ser aplicada apenas quando favorecer o empregado.

b) Norma mais favorável

Sempre que existirem duas ou mais normas para o mesmo caso, aplica-se a mais favorável ao empregado, como, por exemplo, no conflito entre a Lei n. 12.506/2011, que prevê que para cada ano trabalhado na empresa, o empregado adquire mais três dias de aviso prévio proporcional e uma Convenção Coletiva de Trabalho (CCT), que prevê para o mesmo caso cinco dias a mais de aviso prévio, irá prevalecer a CCT.

Entretanto, o referido princípio comporta exceção, pois, no caso do conflito entre um acordo coletivo e uma convenção coletiva de trabalho, como já vimos, sempre vai prevalecer o acordo, conforme dispõe o art. 620 da CLT. Exemplo: uma convenção coletiva prevê o adicional de horas extras de 70%, enquanto o acordo coletivo prevê um adicional de horas extras de 60% para a mesma categoria. Irá prevalecer o acordo coletivo, mesmo prevendo um adicional menor, conforme determina o artigo citado:

"Art. 620. As condições estabelecidas em acordo coletivo de trabalho sempre prevalecerão sobre as estipuladas em convenção coletiva de trabalho".

c) Condição mais benéfica

Sempre que o empregado estiver diante de duas ou mais condições previstas no regulamento da empresa ou contrato de trabalho, aplica-se aquela que for mais benéfica a ele. Exemplo: o regulamento da empresa prevê o benefício de contagem de tempo de serviço para promoção, com limite de 5 anos, de forma que se o empregador alterar o regulamento e aumentar tal período para 10 anos, mencionada alteração não se aplica aos empregados que estavam na empresa à época da regra anterior, consoante entendimento do TST consagrado na Súmula 51.

Esse princípio visa assegurar o direito adquirido.

Súmula 51 do TST

NORMA REGULAMENTAR. VANTAGENS E OPÇÃO PELO NOVO REGULAMENTO. ART. 468 DA CLT (incorporada a Orientação Jurisprudencial nº 163 da SBDI-1) – Res. 129/2005, DJ 20, 22 e 25-04-2005

I – As cláusulas regulamentares, que revoguem ou alterem vantagens deferidas anteriormente, só atingirão os trabalhadores admitidos após a revogação ou alteração do regulamento. (ex-Súmula 51 – RA 41/1973, DJ 14-06-1973)

II – Havendo a coexistência de dois regulamentos da empresa, a opção do empregado por um deles tem efeito jurídico de renúncia às regras do sistema do outro. (ex-OJ n. 163 da SBDI-1 – inserida em 26-03-1999)

A Súmula 288 do TST também averba essa faceta do princípio em estudo. Vejamos:

Súmula 288 do TST

COMPLEMENTAÇÃO DOS PROVENTOS DA APOSENTADORIA (nova redação para o item I e acrescidos os itens III e IV em decorrência do julgamento do processo TST-E-ED-RR-235-20.2010.5.20.0006 pelo Tribunal Pleno em 12-04-2016) – Res. 207/2016, *DEJT* divulgado em 18, 19 e 20-04-2016

I – A complementação dos proventos de aposentadoria, instituída, regulamentada e paga diretamente pelo empregador, sem vínculo com as entidades de previdência privada fechada, é regida pelas normas em vigor na data de admissão do empregado, ressalvadas as alterações que forem mais benéficas (art. 468 da CLT).

II – Na hipótese de coexistência de dois regulamentos de planos de previdência complementar, instituídos pelo empregador ou por entidade de previ-

dência privada, a opção do beneficiário por um deles tem efeito jurídico de renúncia às regras do outro.

III – Após a entrada em vigor das Leis Complementares n. 108 e 109, de 29-05-2001, reger-se-á a complementação dos proventos de aposentadoria pelas normas vigentes na data da implementação dos requisitos para obtenção do benefício, ressalvados o direito adquirido do participante que anteriormente implementara os requisitos para o benefício e o direito acumulado do empregado que até então não preenchera tais requisitos.

IV – O entendimento da primeira parte do item III aplica-se aos processos em curso no Tribunal Superior do Trabalho em que, em 12-04-2016, ainda não haja sido proferida decisão de mérito por suas Turmas e Seções.

1.4.5. Princípio da inalterabilidade contratual lesiva

Esse princípio, em regra, veda as alterações do contrato de trabalho que tragam prejuízo ao empregado. Por outro lado, as alterações favoráveis são permitidas e incentivadas.

Observemos os seguintes dispositivos da CLT:

"Art. 444 – As relações contratuais de trabalho podem ser objeto de livre estipulação das partes interessadas em tudo quanto não contravenha às disposições de proteção ao trabalho, aos contratos coletivos que lhes sejam aplicáveis e às decisões das autoridades competentes."

"Art. 468 – Nos contratos individuais de trabalho só é lícita a alteração das respectivas condições por mútuo consentimento, e ainda assim desde que não resultem, direta ou indiretamente, prejuízos ao empregado, sob pena de nulidade da cláusula infringente desta garantia."

Trataremos mais a fundo do referido princípio quando estudarmos alteração do contrato de trabalho.

1.4.6. Princípio da aplicação subsidiária do direito comum

A Reforma Trabalhista deu nova redação ao antigo parágrafo único do artigo 8º da CLT, agora parágrafo 1º, e autorizou a aplicação subsidiária do direito comum ao direito do trabalho, sem a necessidade de ser verificada a compatibilidade da norma de direito comum a ser aplicada e os princípios do direito do trabalho. Em nosso sentir, nada foi alterado, uma vez que a obrigação da compatibilidade da norma a ser aplicada ao direito do trabalho decorre de uma conclusão lógica.

"Art. 8º...

§ 1º O direito comum será fonte subsidiária do direito do trabalho. "

Exemplos de aplicação de normas do direito comum ao direito do trabalho são os arts. 50 do Código Civil e 28 do CDC, que versam sobre a desconsideração da personalidade jurídica.

1.5. Relação de emprego

A relação de emprego é a relação formada entre empregado e empregador, valendo lembrar que todo empregado é trabalhador, mas nem todo trabalhador é empregado.

Trabalhador é toda pessoa que exerce um esforço físico ou intelectual destinado a produção.

Nesse ponto da matéria vamos fazer um acordo. Primeiro estudaremos a figura do empregado e suas características, e logo em seguida passaremos para o estudo do empregador.

1.5.1. Empregado

É toda pessoa física, que trabalha de forma pessoal, não podendo se fazer substituir, de forma habitual e subordinada, mediante pagamento de contraprestação (salário), nos termos dos artigos 2º e 3º da CLT.

"Art. 2º – Considera-se empregador a empresa, individual ou coletiva, que, assumindo os riscos da atividade econômica, admite, assalaria e dirige a prestação pessoal de serviço."

"Art. 3º – Considera-se empregado toda pessoa física que prestar serviços de natureza não eventual a empregador, sob a dependência deste e mediante salário."

Requisitos

a) Pessoa física

Pessoa física (natural) é aquela que não é jurídica. Na relação de emprego deve haver a entrega de energia do trabalho humano.

b) Pessoalidade

O empregado não pode se fazer substituir, deve prestar o serviço de forma pessoal, exceto em algumas situações excepcionais, como, por exemplo durante as férias ou afastamento do trabalho e em casos autorizados pelo empregador. A obrigação que decorre do contrato de trabalho é personalíssima, de maneira que somente poderá ser desenvolvida pelo empregado contratado.

c) Habitualidade ou Não Eventualidade

Significa criar no empregador uma expectativa de retorno ao trabalho em determinado dia e horário. Não se exige a continuidade (de segunda a sexta-feira), mas sim que não seja eventual ou esporádico.

Ainda nesse sentido, deve-se analisar dois requisitos, quais sejam: a) trabalho de forma repetida, ou seja, a atividade desenvolvida pelo empregado deve ser repetida no tempo com previsibilidade de ocorrer futuramente; e b) atividade permanente da empresa, que trata do desenvolvimento de atividades que estejam inseridas na atividade fim ou meio da empresa (critério finalístico).

d) Subordinação

Significa estar sob ordens de alguém, obedecer às ordens do empregador, de modo que o empregado está no universo de direção por parte do empregador. Daí decorre os poderes do empregador na relação empregatícia, como, por exemplo, determinar a jornada de trabalho, o valor do salário, época das férias.

e) Onerosidade

Consiste na contraprestação acordada pelo empregado pelo serviço prestado ao empregador, como, por exemplo, o salário.

Os requisitos para configuração do vínculo empregatício são cumulativos, de modo que a ausência de qualquer um deles afasta a relação de emprego.

Qual a importância do preenchimento dos requisitos citados acima? O preenchimento dos supracitados requisitos configura o vínculo empregatício, que gera a relação de emprego entre o empregado e seu empregador, de maneira a aplicar as disposições previstas na CLT e no art. 7º da CF.

Ainda nesse aspecto, vale ressaltar que a exclusividade na prestação dos serviços ou o local da prestação dos serviços não são requisitos para a configuração do vínculo empregatício, muito embora possa se tratar de cláusulas do contrato de trabalho.

1.5.2. Carteira de Trabalho e Previdência Social

A CTPS, como é normalmente denominada, trata-se de um documento de propriedade do empregado, que contém as informações sobre a relação de trabalho, como, por exemplo, dados do empregador, salário, data da admissão, período do gozo das férias, reajustes salariais etc.

No momento em que o empregado inicia sua prestação de serviço, é obrigatório o preenchimento da CTPS (anotação do contrato de trabalho), sendo que as anotações são inseridas pelo empregador, que tem o prazo de 5 (cinco) dias para anotar o documento e devolvê-lo para o empregado, conforme dispõe o *caput* do art. 29 da CLT, alterada pela Lei n. 13.874/2019.

"Art. 29. O empregador terá o prazo de 5 (cinco) dias úteis para anotar na CTPS, em relação aos trabalhadores que admitir, a data de admissão, a remuneração e as condições especiais, se houver, facultada a adoção de sistema manual, mecânico ou eletrônico, conforme instruções a serem expedidas pelo Ministério da Economia."

Ainda nesse sentido, vale ressaltar que o empregador não pode inserir anotações desabonadoras na CTPS do empregado, como, por exemplo, que o contrato foi rescindido por justa causa, sob pena de ser condenado ao pagamento de indenização por danos morais, caso o ofendido venha a reclamar na justiça.

A Reforma Trabalhista alterou a redação do art. 47 da CLT, no sentido de aumentar a multa pela não realização do registro do empregado de um salário mínimo regional para R$ 3.000,00 (três mil reais) por empregado não registrado, sendo que na reincidência o valor será dobrado.

O valor da multa para as microempresas e empresas de pequeno porte é de R$ 800,00 (oitocentos reais) por empregado não registrado.

Ainda é importante destacar que no caso da ausência de registro não se aplica o critério da dupla visita. O critério da dupla visita estabelece que, sempre que entrar em vigor uma lei com uma nova obrigação para o empregador, na primeira fiscalização sofrida após a vigência da referida lei, o mesmo não poderá ser autuado, entretanto, como dito anteriormente, tal critério não se aplica no caso em tela, autorizando a autuação logo na primeira fiscalização após a vigência da lei.

Art. 47. O empregador que mantiver empregado não registrado nos termos do art. 41 desta Consolidação ficará sujeito a multa no valor de R$ 3.000,00 (três mil reais) por empregado não registrado, acrescido de igual valor em cada reincidência.§ 1o Especificamente quanto à infração a que se refere o *caput* deste artigo, o valor final da multa aplicada será de R$ 800,00 (oitocentos reais) por empregado não registrado, quando se tratar de microempresa ou empresa de pequeno porte.

§ 2º A infração de que trata o *caput* deste artigo constitui exceção ao critério da dupla visita.

Na hipótese do empregador registrar o empregado, mas deixar de anotar todas as informações contidas no parágrafo único do art. 41 da CLT, a multa aplicada será de R$ 600,00 (seiscentos reais) por empregado prejudicado, conforme dispõe o art. 47-A da CLT, introduzido pela Reforma Trabalhista.

"Art. 47-A. Na hipótese de não serem informados os dados a que se refere o parágrafo único do art. 41 desta Consolidação, o empregador ficará sujeito à multa de R$ 600,00 (seiscentos reais) por empregado prejudicado."

1.5.3. Outros tipos de empregados

Além do empregado urbano (denominado de típico), a legislação trabalhista ainda nos apresenta outros tipos de empregados, que por alguma condição excepcional recebe tratamento diferenciado do urbano. Em regra, esses tipos de empregados são regulamentos por legislação especial, como, por exemplo, o rural e o doméstico.

1.5.3.1. Teletrabalhador

A figura do empregado que trabalha em seu domicílio já era regulamentada pela CLT em seu art. 6º. Entretanto, a Reforma Trabalhista tratou de regulamentar a figura do teletrabalhador, através dos artigos 75-A ao 75-E.

Nos termos do art. 75-B da CLT, teletrabalho é aquele que o empregado desenvolve preponderantemente fora das dependências da empresa, realizado através de meios tecnológicos de informática e comunicação. O legislador se preocupou em enfatizar a importância da utilização de meios tecnológicos para diferenciar o teletrabalho do trabalho externo.

O parágrafo único do art. 75-B autoriza a presença eventual do empregado em regime de teletrabalho na empresa, sem que com isso restasse descaracterizado o teletrabalho.

"Art. 75-B. Considera-se teletrabalho a prestação de serviços preponderantemente fora das dependências do empregador, com a utilização de tecnologias de informação e de comunicação que, por sua natureza, não se constituam como trabalho externo.

Parágrafo único. O comparecimento às dependências do empregador para a realização de atividades específicas que exijam a presença do empregado no estabelecimento não descaracteriza o regime de teletrabalho."

O teletrabalho deverá constar de contrato escrito. O empregador poderá alterar o regime do contrato de trabalho de presencial para teletrabalho somente com anuência do empregado por meio de aditivo contratual, e poderá alterar de regime de teletrabalho para presencial sem anuência do empregado, também por meio de aditivo contratual, mas deverá conceder um prazo de 15 dias adaptação, conforme art. 75-C e seus parágrafos.

"Art. 75-C. A prestação de serviços na modalidade de teletrabalho deverá constar expressamente do contrato individual de trabalho, que especificará as atividades que serão realizadas pelo empregado.

§ 1º Poderá ser realizada a alteração entre regime presencial e de teletrabalho desde que haja mútuo acordo entre as partes, registrado em aditivo contratual.

§ 2º Poderá ser realizada a alteração do regime de teletrabalho para o presencial por determinação do empregador, garantido prazo de transição mínimo de quinze dias, com correspondente registro em aditivo contratual."

A responsabilidade pela aquisição, manutenção e fornecimento dos equipamentos para que o trabalho remoto seja desenvolvido, bem como os custos com a infraestrutura serão de responsabilidade do empregador, e deverá constar em contrato. Exemplo: Trabalhando em casa, o empregado passa a utilizar a energia elétrica de sua residência também para o trabalho, e o valor da mesma aumenta consideravelmente. O empregador, então, fica obrigado a custear a diferença do valor da energia da residência do empregado. É possível que, por questão de facilidade, o empregado adiante o pagamento de tais despesas e o empregador fica responsável por reembolsar ao empregado o valor adiantado.

Os bens econômicos disponibilizados pelo empregador para a realização do trabalho não serão considerados salário utilidade, conforme art. 75-D da CLT.

"Art. 75-D. As disposições relativas à responsabilidade pela aquisição, manutenção ou fornecimento dos equipamentos tecnológicos e da infraestrutura necessária e adequada à prestação do trabalho remoto, bem como ao reembolso de despesas arcadas pelo empregado, serão previstas em contrato escrito.

Parágrafo único. As utilidades mencionadas no *caput* deste artigo não integram a remuneração do empregado."

É de responsabilidade do empregador instruir os empregados sobre a prevenção de acidentes ou doenças do trabalho, e o empregado deverá assinar termo de responsabilidade escrito confirmando que recebeu as instruções, porém tal documento não tem o condão de elidir a responsabilidade do empregador no caso de eventual acidente ou doença do trabalho, conforme artigo 75-E e seu parágrafo único.

"Art. 75-E. O empregador deverá instruir os empregados, de maneira expressa e ostensiva, quanto às precauções a tomar a fim de evitar doenças e acidentes de trabalho.

Parágrafo único. O empregado deverá assinar termo de responsabilidade comprometendo-se a seguir as instruções fornecidas pelo empregador."

1.5.3.2. Empregado Rural – Lei n. 5.889/73 e Dec. n. 73.626/74

Empregado rural é a pessoa física que, em propriedade rural ou prédio rústico (aquele destinado à exploração agroeconômica), presta serviços com habitualidade a empregador rural, mediante subordinação e salário. A CF/88 igualou os direitos dos trabalhadores rurais e urbanos.

Em verdade, não é o local da prestação do serviço que definirá se o empregado deverá ser considerado rural, mas sim, a atividade exercida pelo empregador, de forma que, se o empregador exercer atividade agroeconômica com finalidade de lucro, o empregado será rural, mesmo que trabalhe no perímetro urbano. Assim, será rural o empregado de uma horta em pleno centro da cidade de Fortaleza, e será urbano o empregado de um centro de informações meteorológicas estabelecido no agreste nordestino.

A Constituição Federal equiparou os direitos do empregado rural com os direitos do urbano. Todavia, a Lei n. 5.889/73 ainda garante alguns direitos diferenciados ao rural, que passaremos a analisar a partir de agora.

Características

a) Intervalo Intrajornada

É de no mínimo uma hora e o máximo vai variar conforme os usos e costumes da região, conforme art. 5º da Lei n. 5.889/73:

"Art. 5º Em qualquer trabalho contínuo de duração superior a seis horas, será obrigatória a concessão de um intervalo para repouso ou alimentação observados os usos e costumes da região, não se computando este intervalo na duração do trabalho. Entre duas jornadas de trabalho haverá um período mínimo de onze horas consecutivas para descanso."

b) Serviço Intermitente

Não é computado o tempo transcorrido entre uma e outra parte da tarefa diária, quando esta tem sua execução dividida, desde que a circunstância tenha sido anotada na CTPS. Exemplo: a ordenha do gado, que ocorre ao amanhecer e ao entardecer, se entre a primeira e a segunda ordenha do dia o empregado rural não exercer outra atividade, o tempo entre uma parte e outra da tarefa não será computado como jornada de trabalho. De acordo com o art. 6º da Lei n. 5.889/73:

"Art. 6º Nos serviços, caracteristicamente intermitentes, não serão computados, como de efeito exercício, os intervalos entre uma e outra parte da execução da tarefa diária, desde que tal hipótese seja expressamente ressalvada na Carteira de Trabalho e Previdência Social."

c) Salário Utilidade

A base de cálculo do salário utilidade do rural é o salário mínimo, independentemente do salário recebido pelo empregado, sendo que poderá ser conferido a título de utilidade apenas 20% com habitação/moradia e até 25% para alimentação. O desconto deverá ser previamente autorizado pelo empregado. Conforme alíneas *a* e *b* do art. 9º da Lei n. 5.889/73:

"Art. 9º Salvo as hipóteses de autorização legal ou decisão judiciária, só poderão ser descontadas do empregado rural as seguintes parcelas, calculadas sobre o salário mínimo:

a) até o limite de 20% (vinte por cento) pela ocupação da morada;

b) até o limite de 25% (vinte por cento) pelo fornecimento de alimentação sadia e farta, atendidos os preços vigentes na região; "

d) Redução da jornada durante aviso prévio

No caso do aviso prévio concedido pelo empregador rural, o empregado rural terá direito de se ausentar do trabalho por um dia por semana (art. 15 da Lei n. 5.889/73), diferentemente do que ocorre com o empregado urbano, que pode escolher entre reduzir a jornada normal de trabalho em duas horas diárias ou faltar sete dias seguidos, sem prejuízo da remuneração.

"Art. 15. Durante o prazo do aviso prévio, se a rescisão tiver sido promovida pelo empregador, o empregado rural terá direito a um dia por semana, sem prejuízo do salário integral, para procurar outro trabalho."

e) Hora Noturna

A hora noturna do empregado rural vai variar de acordo com a sua atividade, se na agricultura o período noturno é das 21 horas de um dia até às 5 horas da manhã do dia seguinte, se na pecuária o período noturno é das 20 horas de um dia até as 4 horas da manhã do dia seguinte, sendo que, em ambos os casos o adicional noturno será de 25% sobre o valor da hora diurna. Ademais, vale ressaltar que não se aplica a hora reduzida ou ficta no caso do rural (art. 7º da Lei n. 5.889/73).

"Art. 7º – Para os efeitos desta Lei, considera-se trabalho noturno o executado entre as vinte e uma horas de um dia e as cinco horas do dia seguinte, na lavoura, e entre as vinte horas de um dia e as quatro horas do dia seguinte, na atividade pecuária.

Parágrafo único. Todo trabalho noturno será acrescido de 25% (vinte e cinco por cento) sobre a remuneração normal."

f) Contrato Temporário Rural

O art. 14-A da Lei n. 5.889/73 disciplina a possibilidade do empregado rural ser contratado por meio de um contrato de trabalho temporário, desde que o empregador rural seja pessoa física e o contrato tenha duração de no máximo dois meses dentro do período de um ano. (art. 14-A, § 1º, da Lei n. 5.889/73).

"Art. 14-A. O produtor rural pessoa física poderá realizar contratação de trabalhador rural por pequeno prazo para o exercício de atividades de natureza temporária.

§ 1º A contratação de trabalhador rural por pequeno prazo que, dentro do período de 1 (um) ano, superar 2 (dois) meses fica convertida em contrato de trabalho por prazo indeterminado, observando-se os termos da legislação aplicável."

1.5.3.3. Empregado Público

É o empregado aprovado em concurso público que presta serviços à Administração Pública por meio de um contrato de trabalho, que é regido pela CLT, tendo todos os direitos igualados aos do empregado urbano.

O empregado público que ingressou nos quadros da Administração Pública sem ser aprovado em concurso público, caso tenha o contrato de trabalho rescindido, somente terá direito ao valor da contraprestação e depósito de FGTS, conforme dispõe a Súmula 363 do TST. Exemplo: imagine que o prefeito de um determinado município resolveu contratar seu cunhado, sem concurso público, para o cargo de coveiro do cemitério municipal. A população local toma ciência do fato, de forma que o prefeito é obrigado a rescindir o contrato entre a prefeitura e seu cunhado. Nesse caso, em razão do teor da Súmula 363 do TST, o ex-coveiro irá receber apenas o saldo de salário e o FGTS.

Súmula 363 do TST

"CONTRATO NULO. EFEITOS (nova redação) – Res. 121/2003, DJ 19, 20 e 21-11-2003

A contratação de servidor público, após a CF/1988, sem prévia aprovação em concurso público, encontra óbice no respectivo art. 37, II e § 2º, somente lhe conferindo direito ao pagamento da contraprestação pactuada, em relação ao número de horas trabalhadas, respeitado o valor da hora do salário mínimo, e dos valores referentes aos depósitos do FGTS."

1.5.3.4. Empregado Doméstico

A Constituição Federal estabelece que:

"Art. 7º São direitos dos trabalhadores urbanos e rurais, além de outros que visem à melhoria de sua condição social:

...

Parágrafo único. São assegurados à categoria dos trabalhadores domésticos os direitos previstos nos incisos IV, VI, VII, VIII, X, XIII, XV, XVI, XVII, XVIII, XIX, XXI, XXII, XXIV, XXVI, XXX, XXXI e XXXIII e, atendidas as condições estabelecidas em lei e observada a simplificação do cumprimento das obrigações tributárias, principais e acessórias, decorrentes da relação de trabalho e suas peculiaridades, os previstos nos incisos I, II, III, IX, XII, XXV e XXVIII, bem como a sua integração à previdência social."

Como se pode notar, a CF praticamente igualou os direitos do empregado urbano com os do doméstico. Os direitos dos domésticos foram devidamente regulamentados pela Lei Complementar n. 150/2015, que passaremos a estudar a partir de agora.

a) Conceito (art. 1º)

O art. 1º define que empregado doméstico é toda pessoa física que presta serviço de forma pessoal, onerosa, subordinada, contínua, de forma não lucrativa, para pessoa ou família, no âmbito residencial desta, por mais de duas vezes por semana.

O Menor de 18 anos NÃO pode trabalhar como doméstico.

b) Duração do trabalho (art. 2º)

Em regra, a jornada de trabalho do doméstico não pode ultrapassar 8 horas diárias e 44 horas semanais, nos termos do art. 2º da lei complementar.

b.1) Horas Extras (art. 2º, § 1º)

As horas extras são aquelas trabalhadas além do permitido em lei (8 horas diárias e 44 horas semanais) ou do acordado em contrato, e conforme dispõe o art.

2º, § 1º da LC n. 150/2015, devem ser remuneradas com, no mínimo, um acréscimo de 50% sobre a hora normal.

b.2) Banco de Horas (art. 2º, § 4º)

Empregado e empregador podem celebrar acordo de banco de horas para compensação das horas extras, desde que o façam por escrito, sendo que somente poderão ser compensadas as horas extras a partir da 41ª hora (art. 2º, § 4º). Exemplo: imagine que existe banco de horas celebrado entre empregado e empregador doméstico, e no mês de outubro o empregado realizou 52 horas extras. As primeiras 40 horas extras deverão ser pagas, independentemente da existência do banco de horas, enquanto que o saldo de 12 horas poderão ser compensados através do banco de horas. Agora imagine que o empregado fez apenas 38 horas extras no mês, na mesma condição de banco de horas da situação anterior. Nesse caso, mesmo com banco de horas celebrado entre as partes, as 38 horas extras deverão ser pagas, uma vez que não extrapolou 40 horas extras no mês.

b.3) Trabalho aos domingos e feriados (art. 2º, § 8º)

Os trabalhos, aos domingos e feriados trabalhados e não compensados, deverão ser pagos em dobro, conforme art. 2º, § 8º, da lei.

b.4) Regime de tempo parcial (art. 3º)

Nos termos do art. 3º da LC n. 150/2015, trabalha, em regime de tempo parcial, o doméstico que tem sua jornada de trabalho semanal máxima de 25 horas, com salário proporcional àquele que trabalha sob a jornada normal.

Um detalhe importante é que mesmo trabalhando em uma jornada reduzida, se for preciso, o empregado doméstico em regime de tempo parcial poderá fazer horas extras, por meio de acordo escrito, respeitando no máximo 1 hora por dia até o limite de 6 horas diárias.

As férias desse empregado serão proporcionais. Cuidado, pois o art. 130 da CLT não se aplica para o doméstico em regime de tempo parcial, haja vista que a lei complementar regulamenta o tema e a LC n. 150/15 não determina que seja aplicada a CLT.

c) Contrato por prazo determinado (art. 4º)

Em regra, o contrato de trabalho do empregado doméstico deve ser celebrado por prazo indeterminado, entretanto, conforme dispõe o art. 4º da LC n. 150/2015, o empregador doméstico poderá celebrar contrato de trabalho por prazo determinado em situações excepcionais:

- Experiência (90 dias, admitindo-se uma prorrogação);
- Necessidade transitória da família (2 anos, admitindo-se uma prorrogação);
- Substituição temporária (2 anos, admitindo-se uma prorrogação).

O contrato de experiência tem por finalidade testar o empregado, verificar se o empregado realmente tem aptidão para o exercício da atividade laboral. Já o fato da necessidade transitória pode ser explicado através de um exemplo. Imagine que seu primo, que mora fora do país, resolve passar uma temporada de dois meses com você. Ocorre que você não sabe nem fritar um ovo, e pretende dar comodidade para seu visitante, de forma que poderá contratar um empregado doméstico por prazo determinado, pois que comprovada a necessidade transitória. A substituição temporária ocorre quando o empregador doméstico precisa substituir seu atual empregado doméstico de forma temporária, como, por exemplo, no caso da licença-maternidade da empregada doméstica.

Na rescisão antecipada dos contratos por prazo determinado, independente da espécie, aplicam-se as indenizações previstas nos artigos 6º e 7º da lei complementar. No caso do empregador romper o contrato antecipadamente, deverá indenizar o empregado no valor da metade daquilo que o mesmo ainda teria para receber. Se o empregado romper o contrato antecipadamente, ficará obrigado a pagar ao empregador a mesma indenização do caso anterior, desde que comprovado que este sofreu algum prejuízo.

Não se aplica o aviso prévio, nas rescisões dos contratos por prazo determinado, conforme previsão expressa do art. 8º da LC n. 150/2015.

d) Jornada Especial (art. 10)

Por meio de acordo individual escrito, as partes podem estabelecer jornada especial de trabalho de 12 horas de trabalho por 36 horas consecutivas de descanso, conforme art. 10 da lei complementar.

Os trabalhos aos domingos e feriados, bem como a prorrogação do trabalho noturno já estão devidamente compensados no descanso de 36 horas, de forma que não serão remunerados.

O intervalo intrajornada poderá ser observado pelo empregador, ou trabalhador, e se trabalhado deverá ser quitado nos termos do art. 71, § 4º, da CLT.

e) Trabalho doméstico durante viagem (art. 11)

Somente será computada como hora de trabalho durante acompanhamento do empregador doméstico em viagem, a hora efetivamente trabalhada, que deverá ser acrescida de um adicional de 25%, conforme inteligência do art. 11 da lei complementar.

f) Controle de jornada (art. 12)

O empregador doméstico é obrigado a controlar a jornada de trabalho do empregado doméstico, por qualquer meio permitido em lei, mesmo que possua apenas um empregado, conforme art. 12 da lei complementar.

g) Intervalo Intrajornada (art. 13)

Conforme dispõe o art. 13 da LC n. 150/2015, é obrigatória a concessão de intervalo intrajornada de mínimo 1 hora e no máximo 2 horas.

O intervalo poderá ser reduzido para 30 minutos, por acordo escrito entre as partes.

Para os empregados que residem no local da prestação do serviço, o intervalo poderá ser concedido de forma fracionada, em até dois períodos, desde cada um deles tenha no mínimo 1 hora, no máximo de 4 horas por dia.

h) Adicional Noturno (art. 14)

Considera-se noturno o trabalho realizado entre as 22 horas de um dia as 5 horas da manhã do outro. Aplica-se a hora reduzida de 52min e 30 segundos, bem como adicional de 20% sobre o valor da hora diurna, nos termos do art. 14 da lei complementar.

i) Jornada mista (art. 14, § 4º)

Considera-se jornada mista aquela que abrange tanto o período diurno quanto o noturno, sendo que se aplicam as regras do noturno para toda jornada, conforme art. 14, § 4º, da LC n. 150/2015. Exemplo: o empregado inicia a jornada às 19 horas (período diurno até as 22 horas) e termina às 03 horas da manhã (período noturno a partir das 22 horas). Nesse caso, as regras do trabalho noturno serão aplicadas inclusive no período considerado diurno (19 às 22 horas).

j) Intervalo interjornada (art. 15)

Entre duas jornadas de trabalho deve haver um intervalo de no mínimo 11 horas, conforme art. 15 da lei complementar.

k) Férias (art. 17)

As férias serão concedidas em regra por meio de um intervalo de 30 dias, podendo ser fracionada, a critério do empregador, em até dois períodos, sendo que um deles não poderá ser menor do que 14 dias, conforme art. 17 da LC n. 150/2015.

O empregado doméstico poderá abonar até 1/3 das suas férias, desde que requerido com antecedência de 30 dias do término do período aquisitivo.

l) Descontos (art. 18)

Conforme dispõe o art. 18 da LC n. 150/2015, em regra são vedados os descontos no salário do empregado referentes a alimentação, vestuário, higiene ou moradia, bem como por despesas com transporte, hospedagem e alimentação em caso de acompanhamento em viagem.

Entretanto, por exceção, é possível o desconto de adiantamentos, e desde que por meio de acordo por escrito entre as partes, também é possível o desconto com plano de saúde, odontológico, seguro de vida e moradia, desde que o empregado resida em local diverso do da prestação do serviço.

m) FGTS (art. 21)

Conforme dispõe o art. 21 da LC n. 150/2015, é obrigatória a inclusão do empregado doméstico junto aos depósitos do FGTS.

O empregador doméstico é obrigado a recolher mensalmente o valor referente ao FGTS mensal e periódico, bem como o valor referente a Indenização Compensatória do FGTS pela rescisão sem justa causa do contrato de trabalho. Aqui ocorre a antecipação do recolhimento do valor da indenização compensatória do FGTS (multa de 40%).

Na hipótese do contrato de trabalho ser extinto por justa causa, termo final, falecimento do empregado e aposentadoria, o valor referente a indenização compensatória deverá ser devolvido ao empregador.

Se a rescisão ocorrer por culpa recíproca, o empregado terá direito apenas a ½ do valor referente à indenização compensatória, sendo a outra metade devolvida para o empregador.

n) Justa Causa (art. 27)

A Lei Complementar n. 150/2015 praticamente copiou as faltas graves previstas no art. 482 da CLT, com uma novidade, submeter a maus tratos, criança, idoso, enfermo ou deficiente que esteja sob seus cuidados direta ou indiretamente (art. 27, I)

o) Rescisão indireta (art. 27, parágrafo único)

No que tange as hipóteses da rescisão indireta do contrato de trabalho, a lei complementar também admitiu as possibilidades previstas no art. 483 da CLT, com uma novidade, qual seja no caso de o empregador praticar qualquer das formas de violência doméstica ou familiar contra mulheres, na presença do empregado.

A falta grave do empregador se configura pela violência doméstica ou familiar contra mulheres e não necessariamente em face da empregada doméstica.

1.5.3.5. Empregado Aprendiz

Aprendizagem é um contrato que tem por finalidade a união do trabalho com ensino, conforme preconiza o art. 7º, XXXIII, da CF e artigos 428 e seguintes da CLT.

"Art. 428. Contrato de aprendizagem é o contrato de trabalho especial, ajustado por escrito e por prazo determinado, em que o empregador se compromete a assegurar ao maior de 14 (quatorze) e menor de 24 (vinte e quatro) anos inscrito em programa de aprendizagem formação técnico-profissional metódica, compatível com o seu desenvolvimento físico, moral e psicológico, e o aprendiz, a executar com zelo e diligência as tarefas necessárias a essa formação."

a) Características

O contrato de aprendizagem possui algumas características especiais, quais sejam:

- forma solene, ou seja, deve ser escrito;
- prazo determinado, máximo dois anos, exceto portador de necessidades especiais;
- idade do aprendiz limitada entre 14 e 24 anos, sendo que o portador de necessidades especiais não tem limite de idade;
- inscrição em programa de aprendizagem, com anotação na CTPS;
- comprovação de matrícula e frequência à escola;
- salário mínimo hora;
- FGTS, com alíquota diferenciada (2%).

b) Jornada de trabalho do aprendiz

A jornada de trabalho do aprendiz é especial, limitada no art. 432 da CLT, sendo que em regra não poderá exceder de seis horas diárias, podendo ser de até oito horas diárias, para os aprendizes que já completaram o ensino fundamental.

"Art. 432. A duração do trabalho do aprendiz não excederá de seis horas diárias, sendo vedadas a prorrogação e a compensação de jornada.

§ 1º O limite previsto neste artigo poderá ser de até oito horas diárias para os aprendizes que já tiverem completado o ensino fundamental, se nelas forem computadas as horas destinadas à aprendizagem teórica."

c) Extinção do contrato de aprendizagem

Em regra, o contrato termina com o decurso do prazo (2 anos), ou quando o aprendiz completar 24 anos.

O contrato ainda poderá ser rescindido antecipadamente nos termos do art. 433 da CLT, nas seguintes hipóteses:

a) desempenho insuficiente ou inadaptação do aprendiz;
b) falta disciplinar grave;
c) ausência à escola que cause a perda do ano letivo;
d) a pedido do aprendiz.

Não se aplicam ao contrato de aprendizagem as indenizações previstas na rescisão antecipada dos contratos por prazo determinado.

d) Férias

As férias do aprendiz menor de 18 anos deverão coincidir com o período de férias escolares, e com relação aos maiores de 18, preferencialmente, deverão coincidir com as férias escolares.

e) Descumprimentos das condições especiais para contratação do aprendiz

Verificado o descumprimento das condições especiais, a contratação seguirá a regra geral, qual seja, contrato por prazo indeterminado.

1.6. Trabalhador em Sentido Amplo

Quando iniciamos o estudo da relação de emprego, combinamos que iríamos estudar primeiro a figura do empregado e depois a do empregador. Ocorre que, antes de adentrarmos ao estudo do empregador, vamos tratar do trabalhador, para traçarmos um paralelo com o empregado, e acabar de uma vez por todas com a confusão entre essas duas figuras do direito do trabalho.

Trabalhador é toda pessoa que desenvolve um esforço físico ou intelectual destinado a uma produção, e que não preenche alguns ou um dos requisitos do vínculo empregatício.

Como regra geral, falta algum dos requisitos configuradores do vínculo empregatício para o trabalhador, daí por que não é, em regra, protegido pela CLT.

Temos como modalidades de trabalhadores, por exemplo:

1.6.1. Trabalhador autônomo

É a pessoa física que presta serviços habitualmente por conta própria a uma ou mais de uma pessoa, assumindo os riscos de sua atividade econômica.

Não tem subordinação.

Não se aplica à CLT, pois os contratos travados com os contratantes dos serviços são regidos pelo Código Civil ou legislação especial.

Como exemplo de trabalhador autônomo, não gostaria que fixasse uma profissão em especial, pois que esse não é o requisito para sua configuração. Em verdade, podemos citar como exemplos de trabalhadores autônomos, o pintor, que foi contratado para pintar seu escritório, ou até mesmo o técnico de informática, que foi contratado para instalar a rede de informática do mesmo. Tanto o pintor quanto o técnico de informática irão decidir por quanto tempo vão trabalhar por dia, qual o valor que irão cobrar pelo serviço, utilizando suas próprias ferramentas. Perceba que em ambos os casos, os trabalhadores são contratados sem subordinação, bem como assumem o risco do negócio.

A Reforma Trabalhista acrescentou o artigo 442-B na CLT, informando que, caso restem devidamente preenchidas as formalidades para contratação do trabalhador autônomo, a Justiça do Trabalho não poderá reconhecer o vínculo empregatício. Em nosso sentir, salvo melhor juízo, as formalidades exigidas pela CLT tratam do contrato escrito e ausência de subordinação.

"Art. 442-B. A contratação do autônomo, cumpridas por este todas as formalidades legais, com ou sem exclusividade, de forma contínua ou não, afasta a qualidade de empregado prevista no art. 3º desta Consolidação."

1.6.2. Trabalhador eventual

É a pessoa física que presta serviço em caráter eventual, a uma ou mais empresas, sem relação de emprego. Ex: O eletricista contratado apenas para fazer um reparo nas instalações elétricas de uma empresa.

Não tem habitualidade, pois o serviço é prestado de forma esporádica.

Não estão previstos os requisitos da configuração da "NÃO EVENTUALIDADE": atividade repetida e permanente da empresa tomadora.

Aqui a dica é analisar a atividade ou as atividades desenvolvidas pela empresa contratante. Se a atividade a ser desenvolvida pelo trabalhador for uma atividade que se repete na empresa contratante e ocorre de forma permanente, não há como falar em ausência de habitualidade. Exemplo: imagine um frigorífico que de forma mensal precisa fazer a manutenção de um determinado maquinário, e acaba contratando um trabalhador para desenvolver tal atividade. Nesse caso não há como denominar tal trabalhador de eventual, uma vez que o mesmo está exercendo uma atividade repetida e permanente da empresa contratante. Por outro lado, imagine que o mesmo frigorífico teve um problema no seu sistema elétrico e contratou um trabalhador para solucionar o problema. O trabalhador compareceu na sede da empresa e resolveu o problema em dois dias de trabalho. O frigorífico não precisa desse trabalhador de forma repetida, pois sabe lá quando terá novo problema na sua parte elétrica, razão pela qual resta configurada a figura do trabalhador eventual.

Não se aplica à CLT, pois os contratos travados com os contratantes dos serviços são regidos pelo Código Civil ou legislação especial.

1.6.3. Trabalhador avulso

É a pessoa física que presta serviço a uma pessoa ou mais, por intermédio do sindicato da categoria profissional ou órgão gestor de mão de obra. Ex.: Movimentador de mercadorias que faz carga e descarga de mercadorias, intermediado pelo Sindicato ou estivador que faz carga e descarga de navios nos portos, intermediado pelo Órgão Gestor de Mão de Obra (OGMO).

Não tem habitualidade, pois que só trabalham quando são chamados pelo sindicato ou pelo órgão gestor de mão de obra.

A relação é trilateral, composta pelo Sindicato ou Órgão Gestor de Mão de Obra, trabalhador avulso e tomador dos serviços.

Muito embora o avulso não seja empregado, a CF/88, em seu art. 7º, XXXIV, lhe assegura os direitos trabalhistas como se empregado fosse (CUIDADO).

"Art. 7º...

XXXIV – igualdade de direitos entre o trabalhador com vínculo empregatício permanente e o trabalhador avulso."

O trabalhador avulso portuário é regulamentado pela Lei n. 12.815/2013.

1.6.4. Trabalhador voluntário – Lei n. 9.608/98

É a pessoa física que presta serviço de forma NÃO remunerada a entidade pública de qualquer natureza ou a instituição privada sem fins lucrativos.

Não tem onerosidade.

Não se aplica à CLT, os contratos travados com os contratantes dos serviços são regidos por legislação especial.

1.6.5. Estagiário – Lei n. 11.788/2008

É uma espécie de relação de trabalho, sem previsão na CLT. Tem lei específica e finalidade de colocar em prática o que foi aprendido em aulas teóricas.

O estágio pode ser obrigatório ou não.

1.6.5.1. Relação trilateral

A relação de trabalho é formada de modo trilateral, ou seja, entre a Instituição de ensino, o estagiário e a instituição concedente do estágio.

a) Requisitos (art. 3º)

- matrícula em curso específico;
- termo de compromisso;
- compatibilidade de atividades.

b) Estagiário Estrangeiro (art. 4º)

O estudante estrangeiro poderá fazer estágio, desde que observado o prazo do visto temporário de estudando.

c) Estágio na Administração Pública (art. 9º)

É possível a realização de estágio em órgãos da administração pública.

d) Jornada de trabalho (art. 10)

- Quatro horas diárias e vinte horas semanais, nos casos de alunos do ensino especial e últimos anos do ensino fundamental;
- Seis horas diárias e trinta semanais, nos casos de alunos do ensino superior, da educação profissional de nível médio e do ensino médio regular;
- Cursos que alternem teoria e prática com aulas presenciais poderão ter jornada de até quarenta horas semanais.

e) Prazo (art. 11)

O contrato de estágio poderá ser de até dois anos, com exceção do portador de deficiência.

f) Bolsa remuneratória (art. 12)

A bolsa remuneratória é obrigatória nos casos de estágio não obrigatório.

g) Recesso (art. 13)

O estagiário terá direito a 30 dias de recesso nos contratos com prazo de vigência igual ou superior a 1 ano, ou proporcionais nos contratos com prazo menor do que 1 ano, coincidindo com as férias escolares. Por se tratar de recesso, não existe o pagamento de 1/3 de férias.

1.6.6. Trabalhador Temporário – Lei n. 6.019/74, alterada pela Lei n. 13.429/2017

No dia 31 de março de 2017, a Lei n. 6.019/74 foi alterada pela Lei n. 13.429/2017 (Lei da Terceirização), que estabeleceu nova regulamentação para o trabalho temporário.

Trata-se de uma relação trilateral formada pela Empresa de Trabalho Temporário, pelo trabalhador temporário e pela empresa tomadora, que tem por finalidade a intermediação de mão de obra.

Na ocasião a empresa tomadora contrata a empresa de trabalho temporário para que esta lhe forneça os trabalhadores temporários.

A relação trilateral é como se fosse uma pirâmide, em uma ponta temos a empresa tomadora, na outra a empresa de trabalho temporário, no cume o trabalhador temporário em relação a empresa tomadora e o empregado em relação a empresa de trabalho temporário.

a) Atividade fim ou atividade meio

Nos termos do art. 9º, § 3º, da Lei n. 6.019/74 (acrescido pela Lei n. 13.429/2017), o trabalhador temporário pode ser contratado para atuar tanto na atividade fim quanto na atividade meio da empresa tomadora.

"Art. 9º O contrato celebrado pela empresa de trabalho temporário e a tomadora de serviços será por escrito, ficará à disposição da autoridade fiscalizadora no estabelecimento da tomadora de serviços e conterá:

...

§ 3º O contrato de trabalho temporário pode versar sobre o desenvolvimento de atividades-meio e atividades-fim a serem executadas na empresa tomadora de serviços."

b) Hipóteses de cabimento

Por se tratar de um contrato por prazo determinado, o trabalho temporário é considerado uma exceção à regra, de maneira que só pode ser utilizado em situações especificas, indicadas no art. 2º da Lei n. 6.019/74 (alterado pela Lei n. 13.429/2017), quais sejam: a) necessidade de substituição transitória de pessoal permanente e b) demanda complementar de serviços. Como exemplo de substituição transitória, podemos citar a empresa que deu férias para seu único empregado do Departamento Pessoal, e não pode ficar com o setor vazio. Com relação a demanda complementar, o exemplo clássico é o aumento das vendas nas lojas do comércio no final do ano.

"Art. 2º Trabalho temporário é aquele prestado por pessoa física contratada por uma empresa de trabalho temporário que a coloca à disposição de uma empresa tomadora de serviços, para atender à necessidade de substituição transitória de pessoal permanente ou à demanda complementar de serviços."

c) Vínculo empregatício

O vínculo empregatício do trabalhador temporário é com a empresa de trabalho temporário, muito embora preste seus serviços na sede da empresa tomadora, conforme dispõe o art. 10 da Lei n. 6.019/74.

"Art. 10. Qualquer que seja o ramo da empresa tomadora de serviços, não existe vínculo de emprego entre ela e os trabalhadores contratados pelas empresas de trabalho temporário."

d) Responsabilidade

Na hipótese de a empresa de trabalho temporário não pagar as verbas trabalhistas ou rescisórias do trabalhador temporário, a empresa tomadora responde de forma subsidiária pelo pagamento das mesmas, nos termos do art. 10, § 7º, da Lei n. 6.019/74, salvo no caso de falência da empresa de trabalho temporário, situação em que a responsabilidade da empresa tomadora passa a ser solidária, conforme dispõe o art. 16 da mesma lei.

"Art. 10. Qualquer que seja o ramo da empresa tomadora de serviços, não existe vínculo de emprego entre ela e os trabalhadores contratados pelas empresas de trabalho temporário.

§ 7º A contratante é subsidiariamente responsável pelas obrigações trabalhistas referentes ao período em que ocorrer o trabalho temporário, e o recolhimento das contribuições previdenciárias observará o disposto no art. 31 da Lei n. 8.212, de 24 de julho de 1991."

e) Contrato de Trabalho

O contrato de trabalho entre o trabalhador temporário e a empresa de trabalho temporário deverá ser escrito e conter os direitos conferidos ao trabalhador, bem como deverá ser de no máximo 180 dias, podendo ser prorrogado por mais 90 dias, mesmo que de forma descontínua, conforme art. 10, §§ 1º e 2º da Lei n. 6.019/74.

"Art. 10. Qualquer que seja o ramo da empresa tomadora de serviços, não existe vínculo de emprego entre ela e os trabalhadores contratados pelas empresas de trabalho temporário.

§ 1º O contrato de trabalho temporário, com relação ao mesmo empregador, não poderá exceder ao prazo de cento e oitenta dias, consecutivos ou não.

§ 2º O contrato poderá ser prorrogado por até noventa dias, consecutivos ou não, além do prazo estabelecido no parágrafo 1º deste artigo, quando comprovada a manutenção das condições que o ensejaram."

f) Contratação de trabalhador temporário durante a greve

A Lei n. 6.019/74, em seu art. 2º, § 1º, proíbe expressamente a contratação de trabalhador temporário pela empresa tomadora durante a greve de seus empregados, salvo nos casos autorizados na Lei n. 7.783/89.

"Art. 2º Trabalho temporário é aquele prestado por pessoa física contratada por uma empresa de trabalho temporário que a coloca à disposição de uma empresa tomadora de serviços, para atender à necessidade de substituição transitória de pessoal permanente ou à demanda complementar de serviços.

§ 1º É proibida a contratação de trabalho temporário para a substituição de trabalhadores em greve, salvo nos casos previstos em lei."

g) Atendimento médico, ambulatorial e de refeição

Os trabalhadores temporários terão o mesmo atendimento médico, ambulatorial e de refeição que os empregados da empresa tomadora dos serviços, conforme inteligência do art. 9º, § 2º, da Lei n. 6.019/74.

"Art. 9º O contrato celebrado pela empresa de trabalho temporário e a tomadora de serviços será por escrito, ficará à disposição da autoridade fiscalizadora no estabelecimento da tomadora de serviços e conterá:

...

§ 2º A contratante estenderá ao trabalhador da empresa de trabalho temporário o mesmo atendimento médico, ambulatorial e de refeição destinado aos seus empregados, existente nas dependências da contratante, ou local por ela designado."

1.6.7. Trabalhador Terceirizado – Lei n. 6.019/74 alterada pela Lei n. 13.429/2017 e Súmula 331 do TST

A terceirização passou vários anos sendo regulamentada apenas pela Súmula 331 do TST. Porém, em março de 2017, foi promulgada a Lei n. 13.429/2017 que alterou a Lei n. 6.019/74 que passou a regulamentar o tema.

Trata-se de uma relação trilateral composta pela empresa prestadora de serviços a terceiros, trabalhador terceirizado e empresa contratante, que visa à contratação de uma empresa especializada para prestação de serviços por meio de intermediação de mão de obra.

A dica aqui é que a grande diferença entre a relação jurídica que ocorre no trabalho temporário e na terceirização é que nessa o objeto é a contratação da prestação de serviços, enquanto naquela o objeto é a contratação da intermediação da mão de obra, propriamente dita. Em resumo, na terceirização a empresa contratante contrata serviços, no trabalho temporário a empresa contratante contrata pessoas, mesmo que de forma indireta.

a) Abrangência

A Lei n. 13.467/2017 alterou a Lei n. 6.019/74, e de forma expressa passou a autorizar a terceirização da atividade principal da empresa contratante, nos termos do art. 4ª-A. A referida alteração aumentou muito o leque de possibilidades de contratação de empresas terceirizadas. Atualmente é possível que uma determinada empresa contrate empresas terceirizadas para lhe prestar todos os serviços especializados que sua atividade empresarial necessitar. Por exemplo, é possível que um hospital, empresa contratante, contrate uma clínica especializada em serviços médicos de imagem (raio-x) para lhe prestar serviços como empresa terceirizada. Outro exemplo, uma oficina de funilaria e pintura contrata uma empresa especializada em serviços de pinturas de automóveis para lhe prestar esses serviços. Percebam que tanto o serviço médico de imagem quanto a pintura de autos são atividades fim do hospital e da oficina, respectivamente.

"Art. 4º-A. Considera-se prestação de serviços a terceiros a transferência feita pela contratante da execução de quaisquer de suas atividades, inclusive sua atividade principal, à pessoa jurídica de direito privado prestadora de serviços que possua capacidade econômica compatível com a sua execução."

b) Quarteirização

A empresa prestadora de serviços a terceiros está expressamente autorizada pelo art. 4º-A, § 1º da Lei n. 6.019/74 a subcontratar outras empresas para prestação de serviços, sendo que a responsabilidade entre elas será subsidiária.

"Art. 4º-A. Considera-se prestação de serviços a terceiros a transferência feita pela contratante da execução de quaisquer de suas atividades, inclusive sua atividade principal, à pessoa jurídica de direito privado prestadora de serviços que possua capacidade econômica compatível com a sua execução.

§ 1º A empresa prestadora de serviços contrata, remunera e dirige o trabalho realizado por seus trabalhadores, ou subcontrata outras empresas para realização desses serviços."

c) Autorização para funcionamento

A empresa de prestação de serviços a terceiros deverá preencher os requisitos previstos no art. 4º-B da Lei n. 6.019/74 para seu funcionamento.

"Art. 4º-B. São requisitos para o funcionamento da empresa de prestação de serviços a terceiros:

I – prova de inscrição no Cadastro Nacional da Pessoa Jurídica (CNPJ);

II – registro na Junta Comercial;

III – capital social compatível com o número de empregados, observando-se os seguintes parâmetros:

a) empresas com até dez empregados – capital mínimo de R$ 10.000,00 (dez mil reais);

b) empresas com mais de dez e até vinte empregados – capital mínimo de R$ 25.000,00 (vinte e cinco mil reais);

c) empresas com mais de vinte e até cinquenta empregados – capital mínimo de R$ 45.000,00 (quarenta e cinco mil reais);

d) empresas com mais de cinquenta e até cem empregados – capital mínimo de R$ 100.000,00 (cem mil reais); e

e) empresas com mais de cem empregados – capital mínimo de R$ 250.000,00 (duzentos e cinquenta mil reais)."

d) Contrato de Trabalho Terceirizado

O contrato de trabalho terceirizado deverá seguir os requisitos previstos no art. 5º-B da Lei n. 6.019/74, como, por exemplo, ser escrito, qualificar as partes, especificar o serviço a ser prestado, apontar o prazo, se houver sido estipulado e apontar o valor.

"Art. 5º-B. O contrato de prestação de serviços conterá:

I – qualificação das partes;

II – especificação do serviço a ser prestado;

III – prazo para realização do serviço, quando for o caso;

IV – valor."

e) Responsabilidade

A responsabilidade da empresa de prestação de serviços a terceiros para com as verbas rescisórias do trabalhador terceirizado é subsidiária, conforme dispõe o art. 5º-A, § 5º, da Lei n. 6.019/74.

"Art. 5º-A. Contratante é a pessoa física ou jurídica que celebra contrato com empresa de prestação de serviços relacionados a quaisquer de suas atividades, inclusive sua atividade principal.

...

§ 5º A empresa contratante é subsidiariamente responsável pelas obrigações trabalhistas referentes ao período em que ocorrer a prestação de serviços, e o recolhimento das contribuições previdenciárias observará o disposto no art. 31 da Lei n. 8.212, de 24 de julho de 1991."

f) Quarentena

Os arts. 5º-C e 5º-D proíbem a empresa de prestação de serviços terceirizados de possuir em seu quadro societário pessoas que tenham prestado serviços como empregado ou trabalhador sem vínculo para a empresa contratante, nos últimos dezoito meses, bem como o empregado demitido da empresa contratante de lhe prestar serviço como empregado da empresa terceirizada, antes do prazo de dezoito meses, contados da extinção do contrato de trabalho.

"Art. 5º-C. Não pode figurar como contratada, nos termos do art. 4º-A desta Lei, a pessoa jurídica cujos titulares ou sócios tenham, nos últimos dezoito meses, prestado serviços à contratante na qualidade de empregado ou traba-

lhador sem vínculo empregatício, exceto se os referidos titulares ou sócios forem aposentados.

Art. 5º-D. O empregado que for demitido não poderá prestar serviços para esta mesma empresa na qualidade de empregado de empresa prestadora de serviços antes do decurso de prazo de dezoito meses, contados a partir da demissão do empregado."

1.6.7.1. Terceirização na Administração Pública e a Súmula 331 do TST

A Lei n. 13.429/2017 foi criada para regular a terceirização entre particulares, razão pela qual no que se refere a terceirização na Administração Pública, esta continua sendo regulada apenas pela Súmula 331 do TST.

Súmula 331 do TST

Mesmo com a entrada em vigor da Lei n. 13.429/2017, até o fechamento desta obra, a Súmula 331 do TST ainda não foi alterada ou cancelada, razão pela qual devemos fazer o estudo de seus efeitos.

"CONTRATO DE PRESTAÇÃO DE SERVIÇOS. LEGALIDADE (nova redação do item IV e inseridos os itens V e VI à redação) – Res. 174/2011, DEJT divulgado em 27, 30 e 31-05-2011

I – A contratação de trabalhadores por empresa interposta é ilegal, formando-se o vínculo diretamente com o tomador dos serviços, salvo no caso de trabalho temporário (Lei n. 6.019, de 03-01-1974)."

A intermediação de mão de obra (contratação mediante empresa interposta) é ilegal, salvo nos casos de trabalho temporário.

O caso em comento, no que tange a formação do vínculo de emprego diretamente com o tomador do serviço, diz respeito a terceirização na atividade privada, quando faltar a impessoalidade ou a insubordinação.

Se a terceirização é irregular, o vínculo de emprego se forma diretamente com o tomador dos serviços.

"II – A contratação irregular de trabalhador, mediante empresa interposta, não gera vínculo de emprego com os órgãos da Administração Pública direta, indireta ou fundacional (art. 37, II, da CF/1988)."

Mesmo a terceirização ilícita NÃO gera vínculo de emprego com o Estado, ante a indispensabilidade do concurso público.

"III – Não forma vínculo de emprego com o tomador a contratação de serviços de vigilância (Lei n. 7.102, de 20-06-1983) e de conservação e limpeza, bem como a de serviços especializados ligados à atividade-meio do tomador, desde que inexistente a pessoalidade e a subordinação direta."

São admitidas pela jurisprudência as seguintes hipóteses de terceirização:

a) serviços de vigilância, regulados pela Lei n. 7.102/83;

b) serviços de conservação e Limpeza;

c) serviços especializados ligados a atividade-meio do tomador.

Nas três hipóteses, não pode existir pessoalidade e subordinação em relação ao tomador dos serviços, sob pena de desconsideração da terceirização e consequente vínculo direto com o tomador dos serviços.

No que tange a possibilidade da terceirização na atividade fim, inclusive, junto a administração pública, pelos julgamentos recentes do STF, dos quais destacamos o Recurso Extraordinário n. 958.252, que deu origem ao tema 725 da repercussão geral, bem como do Recurso Extraordinário n. 635.546, ao nosso sentir, tudo indica ser possível, que pese ter corrente em sentido contrário.

"IV – O inadimplemento das obrigações trabalhistas, por parte do empregador, implica a responsabilidade subsidiária do tomador dos serviços quanto àquelas obrigações, desde que haja participado da relação processual e conste também do título executivo judicial."

O tomador do serviço que terceiriza licitamente determinada atividade fica sujeito à responsabilização subsidiária nos casos de inadimplemento do empregador (prestador de serviço). Exige-se, contudo, que o tomador dos serviços tenha participado do processo desde a fase cognitiva e conste do título executivo judicial.

"V – Os entes integrantes da Administração Pública direta e indireta respondem subsidiariamente, nas mesmas condições do item IV, caso evidenciada a sua conduta culposa no cumprimento das obrigações da Lei n. 8.666, de 21-06-1993, especialmente na fiscalização do cumprimento das obrigações contratuais e legais da prestadora de serviço como empregadora. A aludida responsabilidade não decorre de mero inadimplemento das obrigações trabalhistas assumidas pela empresa regularmente contratada. "

A Administração Pública responde subsidiariamente, desde que comprovada sua conduta culposa, não bastando o mero inadimplemento das obrigações trabalhistas pelo prestador dos serviços.

A conduta culposa da Administração, no caso da terceirização, é a ausência de fiscalização do contrato público, celebrado com a empresa terceirizada.

"VI – A responsabilidade subsidiária do tomador de serviços abrange todas as verbas decorrentes da condenação referentes ao período da prestação laboral."

A responsabilidade subsidiária do tomador de serviços abrange parcelas indenizatórias e condenatórias decorrentes da condenação imposta ao prestador de serviços.

1.7. Empregador

Empregador é a pessoa física ou jurídica, que assumindo o risco do negócio: a) admite; b) assalarie; e c) dirige a prestação do serviço, conforme podemos observar no *caput* do art. 2º da CLT:

"Art. 2º – Considera-se empregador a empresa, individual ou coletiva, que, assumindo os riscos da atividade econômica, admite, assalaria e dirige a prestação pessoal de serviço."

1.7.1. Poderes do empregador

a) Poder diretivo

O poder diretivo está inserido no dia a dia de trabalho das empresas, sendo exteriorizado através das ordens emanadas do empregador, para dirigir a relação de emprego. É uma prerrogativa que o empregador tem de criar normas, de "mandar", de dirigir **a relação de emprego**. Exemplo: Criar regimento interno, determinar o uso de uniforme, proibir o uso de boné etc.

A Reforma Trabalhista introduziu o art. 456-A à CLT, prevendo que o empregador está autorizado a definir o padrão de uniforme, bem como a incluir logomarcas de terceiros, sem ferir direito a imagem do empregado, desde que os uniformes e as logomarcas não causem situações constrangedoras.

A Reforma também definiu que é de responsabilidade do empregado a higiene do uniforme, salvo quando necessitar de cuidados especiais.

"Art. 456-A. Cabe ao empregador definir o padrão de vestimenta no meio ambiente laboral, sendo lícita a inclusão no uniforme de logomarcas da própria empresa ou de empresas parceiras e de outros itens de identificação relacionados à atividade desempenhada.

Parágrafo único. A higienização do uniforme é de responsabilidade do trabalhador, salvo nas hipóteses em que forem necessários procedimentos ou produtos diferentes dos utilizados para a higienização das vestimentas de uso comum."

b) Poder disciplinar

É a prerrogativa que o empregador tem de punir o empregado, no caso do cometimento de alguma irregularidade.

b.1) Penalidades

Advertência

Não tem previsão legal, sendo uma construção doutrinária, que pode ser verbal ou escrita, aplicada em casos do cometimento de faltas leves;

Suspensão

Tem previsão legal no art. 474 da CLT, e consiste num período em que o contrato de trabalho fica suspenso e o empregado não goza de seus direitos no mencionado prazo. A suspensão do contrato de trabalho como penalidade tem prazo máximo de 30 dias, aplicada em casos de faltas de natureza média ou reincidência.

"Art. 474 – A suspensão do empregado por mais de 30 (trinta) dias consecutivos importa na rescisão injusta do contrato de trabalho."

Justa Causa

Tem previsão legal no art. 482 da CLT, e consiste na rescisão do contrato de trabalho de forma a retirar do empregado alguns direitos trabalhistas que normalmente teria na rescisão SEM justa causa, sendo aplicada em casos de cometimento de falta grave (casos previstos em lei).

c) Poder Fiscalizador

É a prerrogativa que o empregador tem de fiscalizar o trabalho e a conduta do empregado na relação de emprego. Ex.: Uso correto dos EPI´s; revista pessoal.

1.7.2. Grupo econômico – Art. 2º, § 2º, da CLT

Ocorre quando duas ou mais empresas que, apesar de possuírem personalidade jurídica própria, atuam em conjunto. A doutrina separa o grupo econômico em duas espécies, quais sejam, vertical e horizontal. Vertical quando uma empresa está sob a subordinação de outra, e horizontal quando ambas as empresas estão em pé de igualdade, porém, atuam em conjunto.

A Reforma Trabalhista introduziu nova redação ao parágrafo 2º do art. 2º da CLT, ampliando o conceito de grupo econômico e prevendo expressamente a figura do grupo econômico horizontal, no qual as empresas não precisam estar sob o controle uma da outra, bastando que atuem em conjunto.

"Art. 2º...

§ 2º Sempre que uma ou mais empresas, tendo, embora, cada uma delas, personalidade jurídica própria, estiverem sob a direção, controle ou administração de outra, ou ainda quando, mesmo guardando cada uma sua autonomia, integrem grupo econômico, serão responsáveis solidariamente pelas obrigações decorrentes da relação de emprego. "

Percebe-se que o grupo econômico pode ser *vertical* (controle, direção ou administração de uma empresa em face das demais) ou *horizontal* (todas as empresas mantendo suas respectivas autonomias).

Outra alteração trazida pela Reforma no que tange a figura do grupo econômico foi a introdução do parágrafo 3º ao art. 2º, o qual expressamente dispõe que a mera identidade de sócios não é suficiente para configuração do grupo econômico, sendo necessário comprovar a atuação em conjunto.

"§ 3º Não caracteriza grupo econômico a mera identidade de sócios, sendo necessárias, para a configuração do grupo, a demonstração do interesse integrado, a efetiva comunhão de interesses e a atuação conjunta das empresas dele integrantes."

É indiferente, para caracterização do grupo econômico, que as empresas integrantes explorem a mesma atividade econômica.

Para configuração do grupo econômico, é imprescindível que as empresas – exploradoras de atividade econômica – visem o lucro, de forma que entidades beneficentes ou filantrópicas não formam grupo econômico, bem como é impossível reconhecimento de grupo econômico no âmbito do trabalho doméstico.

1.7.2.1. Responsabilidade solidária passiva

Todas as empresas do grupo podem ser chamadas a responder pelos créditos trabalhistas dos empregados do grupo, independentemente da empresa que tenha contratado ou anotado a CTPS (art. 2º, § 2º, da CLT).

Imaginem que existe um grupo econômico formado pelas empresas "A", "B" e "C". A empresa "A" contrata José, anota sua CTPS. José presta serviço somente para a empresa "A". Ao término do contrato, a empresa "A" não paga as verbas rescisórias de José. O questionamento é: será que as empresas "B" e "C", que não contrataram José, bem como não utilizaram da sua mão de obra, terão responsabilidade sobre as verbas rescisórias que a empresa "A" deixou de pagar. A resposta é sim, uma vez que por fazerem parte de um grupo econômico, aplica-se a teoria do empregador único, que de forma simples significa dizer que é como se as três empresas ("A", "B" e "C") fossem uma só, de maneira que uma responde pelas dívidas trabalhistas da outra, como se para ela o empregado tivesse prestado o serviço.

"§ 2º – Sempre que uma ou mais empresas, tendo, embora, cada uma delas, personalidade jurídica própria, estiverem sob a direção, controle ou administração de outra, constituindo grupo industrial, comercial ou de qualquer outra atividade econômica, serão, para os efeitos da relação de emprego, solidariamente responsáveis a empresa principal e cada uma das subordinadas."

Vale dizer que as demais empresas podem ser chamadas para compor o polo passivo, ainda que na execução e mesmo que não tenham sido demandadas na fase de conhecimento, já que a responsabilidade é solidária (aspecto passivo).

1.7.2.2. Responsabilidade solidária ativa

A prestação de serviços simultaneamente para mais de uma empresa do grupo, em regra, não gera mais de um contrato de trabalho. Aqui, também, deve ser aplicada a teoria do empregador único. Em razão das empresas do grupo econômico serem tidas como uma única empresa, o fato do empregado contratado por uma delas vir a prestar serviço para a empresa que o contratou e a outra do mesmo grupo, desde que dentro da sua jornada de trabalho e na atividade para a qual foi contratado, não garante mais um vínculo empregatício, salvo se houver ajuste escrito em contrário firmado entre empregado e empregador.

Súmula 129 do TST

"CONTRATO DE TRABALHO. GRUPO ECONÔMICO (mantida) – Res. 121/2003, DJ 19, 20 e 21-11-2003

A prestação de serviços a mais de uma empresa do mesmo grupo econômico, durante a mesma jornada de trabalho, não caracteriza a coexistência de mais de um contrato de trabalho, salvo ajuste em contrário."

O empregado pode acionar, na fase de execução do processo trabalhista, qualquer empresa do grupo econômico, ainda que ela não tenha participado da fase cognitiva do processo e não conste do título executivo.

1.8. Sucessão trabalhista

Ocorre a sucessão trabalhista sempre que houver alteração do polo subjetivo da relação de emprego, seja pela alteração da propriedade da empresa, seja pela mudança de sua estrutura jurídica etc.

1.8.1. Efeitos

A sucessão trabalhista não tem o condão de alterar os contratos de trabalho em vigor, razão pela qual o sucessor assume a responsabilidade pelos direitos trabalhistas do sucedido.

Muito embora o TST, por intermédio de sua jurisprudência, como, por exemplo, a OJ n. 261 da SDI-1, já entendesse que na ocorrência da sucessão trabalhista a responsabilidade pelos débitos trabalhistas, mesmo com relação aqueles contratos de trabalho firmados anteriores a sucessão, fosse da empresa sucessora, a Reforma Trabalhista positivou tal entendimento por meio da inclusão do art. 448-A na CLT.

"Art. 448-A. Caracterizada a sucessão empresarial ou de empregadores prevista nos arts. 10 e 448 desta Consolidação, as obrigações trabalhistas, inclusive as contraídas à época em que os empregados trabalhavam para a empresa sucedida, são de responsabilidade do sucessor.

Parágrafo único. A empresa sucedida responderá solidariamente com a sucessora quando ficar comprovada fraude na transferência."

Na sucessão em relação ao trabalhador: nada muda em relação ao contrato ou aos direitos adquiridos do empregado;

Na sucessão em relação ao sucedido: em princípio deixa de ter qualquer responsabilidade, entretanto, responde solidariamente caso tenha ocorrido fraude, sendo que tal responsabilidade se estende também aos sócios retirantes, no caso de fraude;

"Art. 448-A...

Parágrafo único. A empresa sucedida responderá solidariamente com a sucessora quando ficar comprovada fraude na transferência."

Na sucessão em relação ao sucessor: responde por todos os débitos trabalhistas, presentes e pretéritos.

1.8.2. Requisitos

Para que configure a sucessão trabalhista, devem estar presentes os seguintes requisitos:

a) alteração da estrutura jurídica ou na propriedade da empresa;

b) continuidade da atividade empresarial;

Lembrem-se que a cláusula de não responsabilização não gera efeitos no Direito do Trabalho, valendo apenas para exercício do direito de regresso do sucessor, sendo, portanto, nula se for oponível ao trabalhador, nos termos do art. 9º da CLT.

1.8.3. Sucessão nos casos concretos

1.8.3.1. Sucessão de empresa integrante de grupo econômico

O sucessor que adquire apenas uma das empresas integrantes do grupo econômico não tem responsabilidade solidária com as demais empresas do grupo, salvo se comprovada má-fé ou fraude na sucessão, conforme entendimento da OJ n. 411 da SDI-1 do TST.

"411. SUCESSÃO TRABALHISTA. AQUISIÇÃO DE EMPRESA PERTENCENTE A GRUPO ECONÔMICO. RESPONSABILIDADE SOLIDÁRIA DO SUCESSOR POR DÉBITOS TRABALHISTAS DE EMPRESA NÃO ADQUIRIDA. INEXISTÊNCIA. (DEJT divulgado em 22, 25 e 26-10-2010)

O sucessor não responde solidariamente por débitos trabalhistas de empresa não adquirida, integrante do mesmo grupo econômico da empresa sucedida, quando, à época, a empresa devedora direta era solvente ou idônea economicamente, ressalvada a hipótese de má-fé ou fraude na sucessão."

1.8.3.2. Sucessão na falência ou recuperação judicial

O sucessor, por meio de aquisição de estabelecimento em leilão ou hasta pública na falência ou recuperação judicial, não responderá pelos débitos trabalhistas da empresa adquirida, conforme dispõem os artigos 60, parágrafo único e 141, II, da Lei n. 11.101/2005.

1.8.3.3. Sucessão entre entes de direito público

Na ocorrência do desmembramento de município, o novo município não será responsável pelos débitos trabalhistas dos empregados que prestavam serviços para o antigo município, respondendo cada município pelo período da prestação do serviço.

1.8.3.4. Sucessão na privatização

Ocorrendo a privatização de empresa pública, o sucessor (empresa do setor privado) é responsável pelos débitos trabalhistas do sucedido (Estado), haja vista a convalidação das contratações sem o devido concurso público, conforme inteligência da Súmula 430 do TST.

Súmula 430 do TST

"ADMINISTRAÇÃO PÚBLICA INDIRETA. CONTRATAÇÃO. AUSÊNCIA DE CONCURSO PÚBLICO. NULIDADE. ULTERIOR PRIVATIZAÇÃO. CONVALIDAÇÃO. INSUBSISTÊNCIA DO VÍCIO – Res. 177/2012, DEJT divulgado em 13, 14 e 15-02-2012

Convalidam-se os efeitos do contrato de trabalho que, considerado nulo por ausência de concurso público, quando celebrado originalmente com ente da Administração Pública Indireta, continua a existir após a sua privatização."

1.9. Contrato de Trabalho

É o acordo de vontades, tácito ou expresso, verbal ou escrito, pelo qual uma pessoa física (empregado) coloca seus serviços à disposição de uma pessoa física, jurídica ou ente despersonalizado ou equiparado (empregador), que corresponde a relação de emprego.

De forma simples, o contrato de trabalho é a exteriorização da relação de emprego.

1.9.1. Elementos essenciais

Considerando o art. 8º, § 1º, da CLT e o art. 104 do Código Civil, em síntese podemos afirmar que estes são os elementos essenciais:

a) agente capaz;
b) forma prescrita ou não proibida em lei;
c) objeto lícito.

1.9.2. Trabalho ilícito x trabalho proibido

No que se refere ao objeto do contrato de trabalho, não se pode confundir trabalho ilícito com trabalho proibido. O trabalho ilícito é caracterizado pela tipificação de crime ou contravenção penal na realização da atividade laboral, como, por exemplo, quando o empregado trabalha como apontador do jogo do bicho (OJ n. 199 da SBDI – 1 do TST); já o trabalho proibido ocorre quando a atividade laboral é desenvolvida sem observância das normas legais, como, por exemplo, o trabalho noturno do menor de 18 anos.

"199. JOGO DO BICHO. CONTRATO DE TRABALHO. NULIDADE. OBJETO ILÍCITO (título alterado e inserido dispositivo) – DEJT divulgado em 16, 17 e 18-11-2010

É nulo o contrato de trabalho celebrado para o desempenho de atividade inerente à prática do jogo do bicho, ante a ilicitude de seu objeto, o que subtrai o requisito de validade para a formação do ato jurídico."

O trabalho ilícito gera nulidade absoluta do ato jurídico (*ex tunc*), enquanto que o trabalho proibido gera anulabilidade do ato jurídico (*ex nunc*). O trabalho ilícito não gera efeitos, já o trabalho proibido gera efeitos. Nessa linha de raciocínio, o apontador do jogo do bicho não tem garantia aos direitos trabalhistas oriundos do seu contrato, por outro lado, o menor de 18 anos que trabalha numa atividade insalubre, tem direito ao adicional de insalubridade.

1.9.3. Classificação quanto ao prazo

a) Regra: Prazo Indeterminado, ou seja, é aquele que não tem previsão de término (PRINCÍPIO DA CONTINUIDADE).

"Art. 443. O contrato individual de trabalho poderá ser acordado tácita ou expressamente, verbalmente ou por escrito, por prazo determinado ou indeterminado, ou para prestação de trabalho intermitente."

b) Exceção: Prazo Determinado, ou seja, aquele que tem uma data pré-determinada para terminar, estabelecida desde o seu início. Somente é permitido em algumas situações (art. 443, §§ 1º e 2º, da CLT).

"§ 1º – Considera-se como de prazo determinado o contrato de trabalho cuja vigência dependa de termo prefixado ou da execução de serviços especificados ou ainda da realização de certo acontecimento suscetível de previsão aproximada.

§ 2º – O contrato por prazo determinado só será válido em se tratando:

a) de serviço cuja natureza ou transitoriedade justifique a predeterminação do prazo;

b) de atividades empresariais de caráter transitório;

c) de contrato de experiência."

b.1) Hipóteses:

Serviço cuja natureza seja transitória: ocorre quando a natureza do serviço prestado é passageira ou transitória, como, por exemplo, no caso de uma empresa que adquire um equipamento importado da Alemanha, em que apenas o técnico alemão tem condições de ensinar os empregados brasileiros a lidar com o referido equipamento. Nesse caso, a empresa está autorizada a contratar o técnico alemão por prazo determinado, uma vez que seu trabalho não será contínuo, pelo contrário, será desenvolvido de forma passageira, no caso em comento, apenas até os empregados brasileiros aprenderem a lidar com o equipamento. O prazo é de no máximo 2 anos, admitindo-se uma prorrogação dentro do período (art. 445 da CLT).

Serviço cuja atividade empresarial seja transitória: se dá quando a atividade empresarial é passageira ou transitória, como, por exemplo, a empresa que foi contratada para organizar uma feira agropecuária. É possível que a empresa contrate seus empregados por prazo determinado, já que sua atividade se restringe a organização daquele evento, sendo que após o término do evento a empresa deixará de prestar seus serviços. O prazo é de no máximo 2 anos, admitindo-se uma prorrogação no período (art. 445 da CLT).

Contrato de experiência: É aquele contrato que tem por finalidade verificar se empregado e empregador irão se adaptar as condições da relação de emprego. O prazo é de no máximo 90 dias, admitindo-se uma prorrogação no período (art. 445, parágrafo único da CLT).

b.2) Características do Contrato por prazo determinado:

Indenização pelo término antes do prazo (arts. 479 e 480 da CLT).

"Art. 479 – Nos contratos que tenham termo estipulado, o empregador que, sem justa causa, despedir o empregado será obrigado a pagar-lhe, a título de indenização, e por metade, a remuneração a que teria direito até o termo do contrato.

Parágrafo único – Para a execução do que dispõe o presente artigo, o cálculo da parte variável ou incerta dos salários será feito de acordo com o prescrito para o cálculo da indenização referente à rescisão dos contratos por prazo indeterminado."

"Art. 480 – Havendo termo estipulado, o empregado não se poderá desligar do contrato, sem justa causa, sob pena de ser obrigado a indenizar o empregador dos prejuízos que desse fato lhe resultarem."

Aviso Prévio (Súmula 163 TST, art. 481 da CLT), em regra, nos contratos por prazo determinado, não há falar em concessão do aviso prévio, uma vez que, ao chegar ao seu termo, não ocorre surpresa por parte dos seus signatários. Entretanto, em se tratando de rescisão antecipada do contrato com cláusula asseguratória do direito recíproco de rescisão antecipada, aplicam-se as regras da rescisão do contrato por prazo indeterminado, inclusive o aviso prévio.

Referida situação também se aplica ao contrato de experiência.

Súmula 163 do TST

"AVISO PRÉVIO. CONTRATO DE EXPERIÊNCIA (mantida) – Res. 121/2003, DJ 19, 20 e 21-11-2003

Cabe aviso prévio nas rescisões antecipadas dos contratos de experiência, na forma do art. 481 da CLT (ex-Prejulgado n. 42)."

"Art. 481 – Aos contratos por prazo determinado, que contiverem cláusula asseguratória do direito recíproco de rescisão antes de expirado o termo ajustado, aplicam-se, caso seja exercido tal direito por qualquer das partes, os princípios que regem a rescisão dos contratos por prazo indeterminado."

Garantia de emprego (Súmulas 244 e 378 do TST): muito embora o contrato por prazo determinado e estabilidade no emprego sejam institutos antagônicos, haja vista que um impede e o outro prorroga o contrato, no que tange a estabilidade gestante e acidentária, por exceção, e entendimento do TST, aplicam-se ao contrato por prazo determinado. Com relação a estabilidade gestante, chamo a atenção para o fato do contrato temporário, que recentemente, o TST, entendeu que por se tratar de um contrato por prazo determinado não se aplica a estabilidade.

Súmula 244 do TST

"GESTANTE. ESTABILIDADE PROVISÓRIA (redação do item III alterada na sessão do Tribunal Pleno realizada em 14-09-2012) – Res. 185/2012, DEJT divulgado em 25, 26 e 27-09-2012

...

III – A empregada gestante tem direito à estabilidade provisória prevista no art. 10, inciso II, b, do Ato das Disposições Constitucionais Transitórias, mesmo na hipótese de admissão mediante contrato por tempo determinado."

Súmula 378 do TST

"ESTABILIDADE PROVISÓRIA. ACIDENTE DO TRABALHO. ART. 118 DA LEI N. 8.213/1991. (inserido item III) – Res. 185/2012, DEJT divulgado em 25, 26 e 27-09-2012

...

III – O empregado submetido a contrato de trabalho por tempo determinado goza da garantia provisória de emprego decorrente de acidente de trabalho prevista no n no art. 118 da Lei n. 8.213/91."

Para sucessão de contratos a termo entre as mesmas partes, faz-se necessário observar um prazo mínimo de seis meses, caso contrário, o contrato será considerado um contrato por prazo indeterminado (art. 452 da CLT).

"Art. 452 – Considera-se por prazo indeterminado todo contrato que suceder, dentro de 6 (seis) meses, a outro contrato por prazo determinado, salvo se a expiração deste dependeu da execução de serviços especializados ou da realização de certos acontecimentos."

O empregador não poderá exigir do futuro empregado experiência maior do que seis meses na função, como requisito para contratação.

"Art. 442-A. Para fins de contratação, o empregador não exigirá do candidato a emprego comprovação de experiência prévia por tempo superior a 6 (seis) meses no mesmo tipo de atividade."

1.9.4. Do Contrato de Trabalho Intermitente

A Reforma Trabalhista alterou a redação do art. 443 da CLT para incluir mais uma modalidade de contrato de trabalho, qual seja o contrato de trabalho intermitente (§ 3º), marcado pela alternância de períodos de atividade e inatividade.

"Art. 443. O contrato individual de trabalho poderá ser acordado tácita ou expressamente, verbalmente ou por escrito, por prazo determinado ou indeterminado, ou para prestação de trabalho intermitente.

...

§ 3º Considera-se como intermitente o contrato de trabalho no qual a prestação de serviços, com subordinação, não é contínua, ocorrendo com alternância de períodos de prestação de serviços e de inatividade, determinados em horas, dias ou meses, independentemente do tipo de atividade do empregado e do empregador, exceto para os aeronautas, regidos por legislação própria."

O trabalho intermitente foi regulamentado pelo art. 452-A e seus parágrafos e incisos da CLT, pela Reforma Trabalhista, com as seguintes características:

a) Contrato escrito e anotado na CTPS;
b) Valor hora ou dia igual ao valor do salário mínimo por hora ou equivalente aos salários dos demais empregados da empresa;
c) Convocação por meio idôneo com antecedência mínima de três dias;
d) O empregado tem um dia útil para responder;
e) A recusa não descaracteriza a subordinação;
f) É devida multa de 50% da prestação do serviço, pelo descumprimento, sem justo motivo;
g) Durante o período de inatividade, o empregado poderá prestar serviços a outros contratantes;
h) Com exceção ao saque do FGTS, todas as demais parcelas remuneratórias deverão ser quitadas no término da prestação do serviço;
i) O empregador deverá efetuar o pagamento do FGTS e do INSS com base no valor pago de salário durante o mês;
h) A cada doze meses, o empregado terá direito a um mês de férias, em que não poderá ser acionado.

"Art. 452-A. O contrato de trabalho intermitente deve ser celebrado por escrito e deve conter especificamente o valor da hora de trabalho, que não pode ser inferior ao valor horário do salário mínimo ou àquele devido aos demais empregados do estabelecimento que exerçam a mesma função em contrato intermitente ou não.

§ 1º O empregador convocará, por qualquer meio de comunicação eficaz, para a prestação de serviços, informando qual será a jornada, com, pelo menos, três dias corridos de antecedência.

§ 2º Recebida a convocação, o empregado terá o prazo de um dia útil para responder ao chamado, presumida, no silêncio, a recusa.

§ 3º A recusa da oferta não descaracteriza a subordinação para fins do contrato de trabalho intermitente.

§ 4º Aceita a oferta para o comparecimento ao trabalho, a parte que descumprir, sem justo motivo, pagará à outra parte, no prazo de trinta dias, multa de 50% (cinquenta por cento) da remuneração que seria devida, permitida a compensação em igual prazo.

§ 5º O período de inatividade não será considerado tempo à disposição do empregador, podendo o trabalhador prestar serviços a outros contratantes.

§ 6º Ao final de cada período de prestação de serviço, o empregado receberá o pagamento imediato das seguintes parcelas:

I – remuneração;

II – férias proporcionais com acréscimo de um terço;

III – décimo terceiro salário proporcional;

IV – repouso semanal remunerado; e

V – adicionais legais.

§ 7º O recibo de pagamento deverá conter a discriminação dos valores pagos relativos a cada uma das parcelas referidas no § 6º deste artigo.

§ 8º O empregador efetuará o recolhimento da contribuição previdenciária e o depósito do Fundo de Garantia do Tempo de Serviço, na forma da lei, com base nos valores pagos no período mensal e fornecerá ao empregado comprovante do cumprimento dessas obrigações.

§ 9º A cada doze meses, o empregado adquire direito a usufruir, nos doze meses subsequentes, um mês de férias, período no qual não poderá ser convocado para prestar serviços pelo mesmo empregador."

1.9.5. Suspensão e interrupção do contrato de trabalho

1.9.5.1. Suspensão

Suspensão é a paralisação temporária dos serviços, sendo que o empregado não recebe salários e não há contagem de tempo de serviço para nenhum fim, exceto nos casos de acidente de trabalho e prestação de serviço militar, como se extrai do art. 4º, § 1º, CLT.

Exemplo: Período de greve.

1.9.5.2. Interrupção

Interrupção ocorre quando a empresa continua pagando salário ao empregado durante a paralisação temporária do serviço, bem como o referido tempo inativo conta como tempo de serviço.

Exemplo: Férias.

1.9.6. Alteração do contrato de trabalho

1.9.6.1. Regra geral – art. 468 da CLT

É vedada a alteração unilateral do contrato de trabalho.

"Art. 468 – Nos contratos individuais de trabalho só é lícita a alteração das respectivas condições por mútuo consentimento, e ainda assim desde que não resultem, direta ou indiretamente, prejuízos ao empregado, sob pena de nulidade da cláusula infringente desta garantia."

1.9.6.2. Requisitos para alteração válida

a) consentimento do Empregado;

b) ausência de prejuízo ao empregado.

Faltando um dos requisitos, a alteração será nula, devendo a cláusula ser substituída pela norma geral.

1.9.6.3. *Jus variandi*

Em decorrência do poder diretivo, o empregador pode promover algumas alterações unilaterais no contrato de trabalho, visando à melhor organização do espaço físico ou do modo da prestação do serviço.

ORDINÁRIO: permite pequenas modificações, sem causar prejuízo ao empregado. Ex.: exigência do uso de uniforme.

EXTRAORDINÁRIO: limitado pela lei, possibilita alterações mais expressivas, capazes de causar efetivo prejuízo ao empregado. Ex.: reversão.

1.9.6.4. Alteração de função

a) Rebaixamento: é a alteração da função do empregado, para outra de menor importância. É vedada. Se o empregado não estiver atendendo as expectativas do empregador, que seja demitido, se for o caso, mas não rebaixado.

b) Reversão: a Reforma Trabalhista incluiu o parágrafo 2º ao art. 468 da CLT, alterando entendimento sedimentado pelo TST por meio da Súmula 372, no que se refere à retirada do valor da gratificação de função.

Reversão é o retorno do empregado que exerce função de confiança ao cargo efetivo anteriormente ocupado. É permitida por expressa disposição de lei. (art. 468, § 1º, da CLT).

De acordo com o novo parágrafo 2º do art. 468, independentemente do tempo que o empregado permanecer na função de gerente, o empregador poderá revertê-lo à função anterior, inclusive poderá deixar de pagar a gratificação que o empregado recebia pela função.

"Art. 468....

§ 1º Não se considera alteração unilateral a determinação do empregador para que o respectivo empregado reverta ao cargo efetivo, anteriormente ocupado, deixando o exercício de função de confiança.

§ 2º A alteração de que trata o § 1o deste artigo, com ou sem justo motivo, não assegura ao empregado o direito à manutenção do pagamento da gratificação correspondente, que não será incorporada, independentemente do tempo de exercício da respectiva função."

c) **Aproveitamento:** ocorre quando o empregado tem a função alterada em razão da extinção do cargo por ele ocupado. É permitida, tendo em vista ser preferível mudar a função a perder o emprego.

d) **Readaptação:** é a alteração de função por recomendação do INSS, aplicável ao empregado que permaneceu afastado e perdeu a capacidade laboral. É permitida, vedada a redução salarial.

e) **Mudança imposta por lei:** obviamente, é lícita. Ex.: mudança de função do menor que se ativa em local prejudicial a sua saúde.

1.9.6.5. Alteração da duração do trabalho

a) **Horário de trabalho:** pequenas alterações no horário de trabalho se inserem no âmbito do *jus variandi* ordinário, como, por exemplo, o empregado tem a seguinte jornada, entrada às 8h com saída às 18h, sendo possível o empregador alterar para entrada às 7h e saída às 17h.

b) **Turno de trabalho:** é lícita a alteração do turno de trabalho, salvo do diurno para o noturno, ou ainda quando a alteração provocar inequívoco prejuízo ao empregado. Ex.: quando o empregado tiver outro emprego que cause a incompatibilidade de horário.

c) **Jornada de trabalho:** a redução da jornada é sempre lícita, visto que a mais benéfica ao empregado. A dilação da duração normal do trabalho, por sua vez, é ilícita, visto que prejudicial.

1.9.6.6. Alteração do salário

A redução de salário somente é possível com a correspondente redução da jornada de trabalho, e ainda assim apenas nas seguintes hipóteses:

a) Mediante previsão em norma coletiva;
b) Mediante solicitação expressa do empregado, decorrente de inequívoco interesse extracontratual;
c) Para adoção do regime de tempo parcial.

1.9.6.7. Transferência do empregado

Transferência do emprego é a alteração do local de trabalho que implique a mudança de domicílio do empregado, conforme art. 469 da CLT. Logo, caso não haja mudança de domicílio, o termo a ser utilizado é remição.

"Art. 469 – Ao empregador é vedado transferir o empregado, sem a sua anuência, para localidade diversa da que resultar do contrato, não se considerando transferência a que não acarretar necessariamente a mudança do seu domicílio."

1.9.6.7.1. *Regra geral*

A transferência unilateral é vedada, exigindo o consentimento do empregado.

1.9.6.7.2. *Exceções – §§ 1º, 2º e 3º do art. 469*

a) empregados que exercem cargo de confiança, desde que haja necessidade de serviço;

b) contrato que tenha a condição implícita ou explícita, desde haja necessidade do serviço;

c) extinção do estabelecimento;

d) sempre que, existindo a real necessidade do serviço, a transferência for provisória.

"Art. 469. ...

§ 1º – Não estão compreendidos na proibição deste artigo: os empregados que exerçam cargo de confiança e aqueles cujos contratos tenham como condição, implícita ou explícita, a transferência, quando esta decorra de real necessidade de serviço.

§ 2º – É lícita a transferência quando ocorrer extinção do estabelecimento em que trabalhar o empregado.

§ 3º – Em caso de necessidade de serviço o empregador poderá transferir o empregado para localidade diversa da que resultar do contrato, não obstante as restrições do artigo anterior, mas, nesse caso, ficará obrigado a um pagamento suplementar, nunca inferior a 25% (vinte e cinco por cento) dos salários que o empregado percebia naquela localidade, enquanto durar essa situação."

Nos casos apontados nas letras a e b, é necessário comprovar a real necessidade do serviço em outra localidade, nos termos da Súmula 43 do TST, *in verbis*:

"TRANSFERÊNCIA (mantida) – Res. 121/2003, DJ 19, 20 e 21-11-2003

Presume-se abusiva a transferência de que trata o § 1º do art. 469 da CLT, sem comprovação da necessidade do serviço."

1.9.6.7.3. *Adicional de transferência*

Sempre que a transferência for provisória, será devido adicional, no valor de 25% do salário, independentemente da situação que ocorrer, conforme dispõe a OJ n. 113 da SDI 1 do TST.

"OJ N. 113. ADICIONAL DE TRANSFERÊNCIA. CARGO DE CONFIANÇA OU PREVISÃO CONTRATUAL DE TRANSFERÊNCIA. DEVIDO. DESDE QUE A TRANSFERÊNCIA SEJA PROVISÓRIA (inserida em 20-11-1997)

O fato de o empregado exercer cargo de confiança ou a existência de previsão de transferência no contrato de trabalho não exclui o direito ao adicional. O pressuposto legal apto a legitimar a percepção do mencionado adicional é a transferência provisória."

1.9.6.7.4. *Despesas decorrentes da transferência*

As despesas decorrentes da transferência correm por conta do empregador. (art. 470 da CLT).

1.9.6.7.5. *Transferência vedada por lei*

Empregado detentor de garantia no emprego, conforme *caput* do art. 543 da CLT, desde que a alteração implique na impossibilidade do exercício do cargo sindical.

"Art. 543 – O empregado eleito para cargo de administração sindical ou representação profissional, inclusive junto a órgão de deliberação coletiva, não poderá ser impedido do exercício de suas funções, nem transferido para lugar ou mister que lhe dificulte ou torne impossível o desempenho das suas atribuições sindicais."

1.10. Jornada de trabalho

É o tempo em que o empregado permanece à disposição do empregador, aguardando ou executando ordens, de acordo com o *caput* do art. 4º da CLT, *in verbis*:

"Art. 4º – Considera-se como de serviço efetivo o período em que o empregado esteja à disposição de o empregador, aguardando ou executando ordens, salvo disposição especial expressamente consignada."

Assim, a jornada de trabalho se divide em: a) trabalho efetivo; b) tempo à disposição do empregador; c) sobreaviso e prontidão.

1.10.1. Sobreaviso e prontidão

Aplicando a analogia, ocorre quando o empregado permanece aguardando chamado para o serviço, sendo submetido a controle do empregador, por meio telemático, mantendo-se a sua disposição, sendo que no sobreaviso o empregado permanece fora da sede da empresa, na sua casa ou noutro lugar combinado com o empregador, enquanto que na prontidão o empregado permanece na sede da empresa (art. 244, §§ 2º e 3º, da CLT).

"Art. 244. As estradas de ferro poderão ter empregados extranumerários, de sobreaviso e de prontidão, para executarem serviços imprevistos ou para substituições de outros empregados que faltem à escala organizada.

...

§ 2º Considera-se de "sobreaviso" o empregado efetivo, que permanecer em sua própria casa, aguardando a qualquer momento o chamado para o serviço. Cada escala de "sobreaviso" será, no máximo, de vinte e quatro horas, As horas de "sobreaviso", para todos os efeitos, serão contadas à razão de 1/3 (um terço) do salário normal.

§ 3º Considera-se de "prontidão" o empregado que ficar nas dependências da estrada, aguardando ordens. A escala de prontidão será, no máximo, de doze horas. As horas de prontidão serão, para todos os efeitos, contadas à razão de 2/3 (dois terços) do salário-hora normal."

Súmula 428 do TST

"SOBREAVISO APLICAÇÃO ANALÓGICA DO ART. 244, § 2º, DA CLT

I – O uso de instrumentos telemáticos ou informatizados fornecidos pela empresa ao empregado, por si só, não caracteriza o regime de sobreaviso.

II – Considera-se em sobreaviso o empregado que, à distância e submetido a controle patronal por instrumentos telemáticos ou informatizados, permanecer em regime de plantão ou equivalente, aguardando a qualquer momento o chamado para o serviço durante o período de descanso."

Dessa forma, resta claro que o uso dos elementos telemáticos e eletrônicos, por si só não caracteriza o sobreaviso, pois é indispensável que o empregado demonstre estar à disposição do empregador, e ter o direito de ir e vir restringido pelo empregador.

Sobreaviso: Aguardando ordem em casa ou outro lugar indicado pelo empregador – **Adicional de 1/3 do valor da hora normal – 24 horas;**

Prontidão: Aguardando ordem na sede da empresa – **Adicional de 2/3 do valor da hora normal – 12 horas.**

Em ambas as situações, tão logo o empregado seja acionado e inicie o trabalho, passa a receber a remuneração da hora na sua integralidade.

1.10.2. Tempo residual à disposição do empregador

Trata-se de uma tolerância de tempo que o empregado tem no início e no término da jornada, que, se respeitados seus limites legais, não será computado como tempo à disposição do empregador (art. 58, § 1º, da CLT).

"Art. 58 – A duração normal do trabalho, para os empregados em qualquer atividade privada, não excederá de 8 (oito) horas diárias, desde que não seja fixado expressamente outro limite.

§ 1º Não serão descontadas nem computadas como jornada extraordinária as variações de horário no registro de ponto não excedentes de cinco minutos, observado o limite máximo de dez minutos diários.

..."

Essa tolerância foi limitada em cinco minutos na entrada e cinco na saída (limite global de 10 minutos).

Se o limite residual for excedido, todo o tempo será considerado como hora extraordinária.

Se a variação do horário for inferior a dez minutos no dia, mas superior a cinco minutos, na entrada ou na saída, será computada como tempo extraordinário.

A Reforma Trabalhista incluiu o parágrafo 2º ao art. 4º da CLT, dispondo que se o empregado, por vontade própria, decidir permanecer na sede da empresa além da sua jornada de trabalho, para proteção pessoal ou atividades particulares, esse tempo não será considerado como tempo à disposição do empregador, mesmo que seja maior do que os limites de tolerância impostos pelo parágrafo 1º do artigo 58 da CLT.

"Art. 4º ...

§ 2º Por não se considerar tempo à disposição do empregador, não será computado como período extraordinário o que exceder a jornada normal, ainda que ultrapasse o limite de cinco minutos previsto no § 1º do art. 58 desta Consolidação, quando o empregado, por escolha própria, buscar proteção pessoal, em caso de insegurança nas vias públicas ou más condições climáticas, bem como adentrar ou permanecer nas dependências da empresa para exercer atividades particulares, entre outras:

I – práticas religiosas;

II – descanso;

III – lazer;

IV – estudo;

V – alimentação;

VI – atividades de relacionamento social;

VII – higiene pessoal;

VIII – troca de roupa ou uniforme, quando não houver obrigatoriedade de realizar a troca na empresa."

A Súmula 449 do TST, que é anterior a Reforma, considera inválida a cláusula de norma coletiva que flexibiliza o tempo residual previsto na CLT.

Súmula 449 do TST

"MINUTOS QUE ANTECEDEM E SUCEDEM A JORNADA DE TRABALHO. LEI N. 10.243, DE 19 DE JUNHO DE 2001. NORMA COLETIVA. FLEXIBILIZAÇÃO. IMPOSSIBILIDADE. (conversão da Orientação Jurisprudencial nº 372 da SBDI-1) – Res. 194/2014, DEJT divulgado em 21, 22 e 23-05-2014

A partir da vigência da Lei n. 10.243, de 19 de junho de 2001, que acrescentou o parágrafo 1º ao art. 58 da CLT, não mais prevalece cláusula prevista em convenção ou acordo coletivo que elastece o limite de 5 minutos que antecedem e sucedem a jornada de trabalho para fins de apuração das horas extras."

1.10.3. Hora *in itinere*

Uma das maiores alterações trazidas pela Reforma trabalhista, em se tratando de direito material do trabalho, foi a questão da jornada *in itinere*.

Antes da Reforma, nos termos do art. 58, § 2º da CLT e Súmulas 90 e 320 do TST, o tempo que o empregado gastava com o deslocamento da sua casa para o trabalho e vice-versa, desde que o trajeto fosse realizado com transporte fornecido pelo empregador, bem como a empresa ficasse localizada em local de difícil acesso ou não servido por transporte público, seria tempo à disposição do empregador, e deveria ser computado na jornada de trabalho do empregado.

Ocorre que a nova redação do art. 58, § 2º da CLT deixa claro que o tempo gasto pelo empregado de casa para o trabalho e vice-versa, independentemente da forma utilizada para deslocamento, não é tempo à disposição do empregador.

"Art. 58. ...

§ 2º O tempo despendido pelo empregado desde a sua residência até a efetiva ocupação do posto de trabalho e para o seu retorno, caminhando ou por qualquer meio de transporte, inclusive o fornecido pelo empregador, não será computado na jornada de trabalho, por não ser tempo à disposição do empregador. "

Nessa esteira, a Reforma também revogou o parágrafo 3º do art. 58, que previa a possibilidade da fixação do tempo médio de horas *in itinere*, bem como a Súmula 429 do TST, que tratava do tempo gasto entre a portaria da empresa e o local de efetivo trabalho, também perdeu seu efeito, uma vez que o novo parágrafo 2º do art. 58 é no sentido de que independe a forma do deslocamento para não configuração da hora *in itinere*.

1.10.4. Controle da jornada de trabalho

A jornada de trabalho, em regra, possui uma limitação legal que, por via de consequência, precisa ser controlada pelo empregador.

Entretanto, alguns empregados não estão obrigados a ter sua jornada controlada. Assim, dividimos a jornada de trabalho em Controlada e Não Controlada.

1.10.4.1. Controlada

Em regra, os estabelecimentos com mais de 20 empregados estão obrigados a controlar a jornada, nos termos do art. 74, § 2º, da CLT, alterada pela Lei n. 13.874/2019:

"Art. 74 – O horário do trabalho constará de quadro, organizado conforme modelo expedido pelo Ministro do Trabalho, Indústria e Comércio, e afixado em lugar bem visível. Esse quadro será discriminativo no caso de não ser o horário único para todos os empregados de uma mesma seção ou turma.

...

§ 2º Para os estabelecimentos com mais de 20 (vinte) trabalhadores será obrigatória a anotação da hora de entrada e de saída, em registro manual, mecânico ou eletrônico, conforme instruções expedidas pela Secretaria Especial de Previdência e Trabalho do Ministério da Economia, permitida a pré-assinalação do período de repouso.

Ainda nesse sentido, o novo § 4º do artigo 74 permite o registro de ponto da jornada de trabalho por exceção, desde que mediante acordo individual escrito ou norma coletiva, no qual somente serão anotadas as horas extraordinárias, quando houver, deixando de ser obrigatória a anotação da hora de entrada e saída, se ocorrerem dentro do horário contratado.

"Art. 74 – O horário do trabalho constará de quadro, organizado conforme modelo expedido pelo Ministro do Trabalho, Indústria e Comércio, e afixado em lugar bem visível. Esse quadro será discriminativo no caso de não ser o horário único para todos os empregados de uma mesma seção ou turma.

...

§ 4º Fica permitida a utilização de registro de ponto por exceção à jornada regular de trabalho, mediante acordo individual escrito, convenção coletiva ou acordo coletivo de trabalho."

1.10.4.2. Não controlada

Como dito anteriormente, alguns empregados não têm a jornada controlada, em razão da atividade exercida ou por conta do cargo ocupado.

Os casos em que não se controla a jornada estão dispostos no art. 62 da CLT.

"Art. 62 – Não são abrangidos pelo regime previsto neste capítulo:

I – os empregados que exercem atividade externa incompatível com a fixação de horário de trabalho, devendo tal condição ser anotada na Carteira de Trabalho e Previdência Social e no registro de empregados;

II – os gerentes, assim considerados os exercentes de cargos de gestão, aos quais se equiparam, para efeito do disposto neste artigo, os diretores e chefes de departamento ou filial.

Parágrafo único – O regime previsto neste capítulo será aplicável aos empregados mencionados no inciso II deste artigo, quando o salário do cargo de confiança, compreendendo a gratificação de função, se houver, for inferior ao valor do respectivo salário efetivo acrescido de 40% (quarenta por cento)."

a) Atividades externas "incompatíveis" com controle de jornada.

b) Cargos de gerência (gestão), desde que recebam salário no mínimo 40% superior ao cargo efetivo.

Cuidado com o caso específico do bancário, que, para não ter a jornada controlada, deve desempenhar a função de gerente geral de agência bancária, nos termos da Súmula 287 do TST.

Súmula 287 do TST

"JORNADA DE TRABALHO. GERENTE BANCÁRIO (nova redação) – Res. 121/2003, DJ 19, 20 e 21-11-2003

A jornada de trabalho do empregado de banco gerente de agência é regida pelo art. 224, § 2º, da CLT. Quanto ao gerente-geral de agência bancária, presume-se o exercício de encargo de gestão, aplicando-se-lhe o art. 62 da CLT."

A Reforma Trabalhista incluiu o inciso III ao art. 62 da CLT dispondo que o empregado em regime de teletrabalho também não precisa ter o horário de trabalho controlado.

"Art. 62. ...

III – os empregados em regime de teletrabalho"

Efeitos

Os empregados cuja jornada não é controlada não fazem jus aos direitos previstos no capítulo da duração do trabalho, como, por exemplo, horas extras, adicional noturno, hora reduzida noturna e descansos, salvo DSR.

1.10.5. Limitação da jornada de trabalho

A jornada normal de trabalho está regulada no art. 7º, XIII, da CF e no art. 58 da CLT.

"Art. 7º, CF. XIII – duração do trabalho normal não superior a oito horas diárias e quarenta e quatro semanais, facultada a compensação de horários e a redução da jornada, mediante acordo ou convenção coletiva de trabalho."

"Art. 58 – A duração normal do trabalho, para os empregados em qualquer atividade privada, não excederá de 8 (oito) horas diárias, desde que não seja fixado expressamente outro limite."

Em regra, a jornada de trabalho não pode ultrapassar 8 horas diárias e 44 horas semanais.

Porém, não são todos os empregados que gozam dessa jornada (8h diárias e 44h semanais), existem os empregados que, por conta das especificidades da função, determinada por lei ou norma coletiva, acabam tendo jornada diferenciada.

1.10.5.1. Jornada reduzida de trabalho

Não são todos os empregados que gozam da jornada de 8 horas diárias e 44 horas semanais, pois existem empregados com jornada diferenciada, por lei ou norma coletiva.

a) Bancários – 6 horas diárias e 30 horas semanais (art. 224, *caput*, da CLT).

"Art. 224 – A duração normal do trabalho dos empregados em bancos, casas bancárias e Caixa Econômica Federal será de 6 (seis) horas contínuas nos

dias úteis, com exceção dos sábados, perfazendo um total de 30 (trinta) horas de trabalho por semana."

b) Telefonistas – 6 horas diárias e 36 horas semanais (art. 227 da CLT).

"Art. 227 – Nas empresas que explorem o serviço de telefonia, telegrafia submarina ou subfluvial, de radiotelegrafia ou de radiotelefonia, fica estabelecida para os respectivos operadores a duração máxima de seis horas contínuas de trabalho por dia ou 36 (trinta e seis) horas semanais."

c) Turno ininterrupto de revezamento – 6 horas diárias e 36 horas semanais (art. 7º, XIV, da CF).

"Art. 7º ...

XIV – jornada de seis horas para o trabalho realizado em turnos ininterruptos de revezamento, salvo negociação coletiva; "

d) Advogado – 4 horas diárias e 20 horas semanais.

Art. 20. A jornada de trabalho do advogado empregado, no exercício da profissão, não poderá exceder a duração diária de quatro horas contínuas e a de vinte horas semanais, salvo acordo ou convenção coletiva ou em caso de dedicação exclusiva.

1.10.6. Trabalho sob o regime de tempo parcial

Conforme alteração trazida pela Reforma Trabalhista, trata-se de uma modalidade de contratação em que o empregado tem uma jornada de trabalho de até 30 horas semanais sem direito à realização de horas extras ou até 26 horas semanais podendo realizar até seis horas extras na semana (art. 58-A, *caput*, da CLT).

"Art. 58-A. Considera-se trabalho em regime de tempo parcial aquele cuja duração não exceda a trinta horas semanais, sem a possibilidade de horas suplementares semanais, ou, ainda, aquele cuja duração não exceda a vinte e seis horas semanais, com a possibilidade de acréscimo de até seis horas suplementares semanais."

Na hipótese da realização de horas extras, elas deverão ser remuneradas com um adicional de 50% sobre o valor da hora normal, conforme o parágrafo 3º, inserido no art. 58-A da CLT pela Reforma Trabalhista.

"§ 3º As horas suplementares à duração normal do trabalho semanal normal serão pagas com o acréscimo de 50% (cinquenta por cento) sobre o salário-hora normal."

No caso do empregado ser contratado sob uma jornada de trabalho menor do que vinte e seis horas semanais, como, por exemplo, vinte horas semanais, na hipótese dele vir a trabalhar vinte e duas horas semanais, terá o direito de receber duas horas como extra, conforme o parágrafo 4º do art. 58-A. O referido parágrafo ainda limitou a quantidade de horas extras em até seis horas semanais, mesmo que a jornada seja menor do que vinte e seis horas semanais.

"§ 4º Na hipótese de o contrato de trabalho em regime de tempo parcial ser estabelecido em número inferior a vinte e seis horas semanais, as horas suple-

mentares a este quantitativo serão consideradas horas extras para fins do pagamento estipulado no parágrafo 3o, estando também limitadas a seis horas suplementares semanais."

O parágrafo 5º do artigo 58-A da CLT autorizou a compensação das horas extraordinárias realizadas, desde que ocorra na próxima semana após a sua realização. Caso não ocorra a compensação, as horas extras deverão ser pagas no pagamento do salário do mês subsequente a sua realização.

§ 5º As horas suplementares da jornada de trabalho normal poderão ser compensadas diretamente até a semana imediatamente posterior à da sua execução, devendo ser feita a sua quitação na folha de pagamento do mês subsequente, caso não sejam compensadas.

A Reforma Trabalhista ainda realizou duas grandes alterações nas características do antigo regime de tempo parcial. A primeira relacionada à possibilidade de o empregado contratado sob tal regime abonar um terço de suas férias (conversão de 1/3 dos dias de férias a que tiver direito em abono pecuniário). A segunda, também referente às férias, confere ao empregado o gozo de férias de no mínimo trinta dias (arts. 58-A, §§ 6º e 7º, da CLT).

"§ 6º É facultado ao empregado contratado sob regime de tempo parcial converter um terço do período de férias a que tiver direito em abono pecuniário.

§ 7º As férias do regime de tempo parcial são regidas pelo disposto no art. 130 desta Consolidação."

1.10.7. Horas extras

Horas extras são as horas trabalhadas pelo empregado além da sua jornada normal de trabalho.

A Reforma Trabalhista melhorou a redação do art. 59 da CLT, no sentido de que passou a utilizar a expressão "horas extras" e não mais "horas suplementares", bem como ao deixar claro que o acordo de prorrogação de jornada poderá ser celebrado por acordo individual e norma coletiva, excluindo a expressão "contrato coletivo de trabalho".

"Art. 59. A duração diária do trabalho poderá ser acrescida de horas extras, em número não excedente de duas, por acordo individual, convenção coletiva ou acordo coletivo de trabalho."

A Reforma também equalizou a CLT à Constituição Federal quanto ao valor do adicional de horas extras ao alterar a redação do parágrafo 1º do art. 59, e disciplinar que o adicional mínimo pela realização das horas extras é de 50% (cinquenta por cento) sobre o valor da hora normal.

"Art. 59. ...

§ 1º A remuneração da hora extra será, pelo menos, 50% (cinquenta por cento) superior à da hora normal."

A Reforma ainda revogou o parágrafo 4º do art. 59 da CLT, que vedava a compensação de jornada pelo empregado contratado sob o regime de tempo parcial.

1.10.7.1. Horas extras nas atividades insalubres

Nas atividades insalubres, a realização de horas extras depende de autorização do órgão competente em matéria de higiene e saúde do empregado, conforme art. 60 da CLT. Ocorre que a Reforma Trabalhista incluiu o parágrafo único ao referido artigo, excluindo da obrigatoriedade relatada acima o trabalho desenvolvido em jornada especial de trabalho de 12x36.

"Art. 60 – Nas atividades insalubres, assim consideradas as constantes dos quadros mencionados no capítulo "Da Segurança e da Medicina do Trabalho", ou que neles venham a ser incluídas por ato do Ministro do Trabalho, Indústria e Comércio, quaisquer prorrogações só poderão ser acordadas mediante licença prévia das autoridades competentes em matéria de higiene do trabalho, as quais, para esse efeito, procederão aos necessários exames locais e à verificação dos métodos e processos de trabalho, quer diretamente, quer por intermédio de autoridades sanitárias federais, estaduais e municipais, com quem entrarão em entendimento para tal fim.

Parágrafo único. Excetuam-se da exigência de licença prévia as jornadas de doze horas de trabalho por trinta e seis horas ininterruptas de descanso."

1.10.7.2. Horas extras por necessidade imperiosa

A Reforma Trabalhista alterou o § 1º do art. 61 da CLT, para autorizar a realização de horas extras por necessidade imperiosa do empregador, sem a obrigação de informar, posteriormente, o Ministério do Trabalho e Emprego.

"Art. 61 – Ocorrendo necessidade imperiosa, poderá a duração do trabalho exceder do limite legal ou convencionado, seja para fazer face a motivo de força maior, seja para atender à realização ou conclusão de serviços inadiáveis ou cuja inexecução possa acarretar prejuízo manifesto.

§ 1º O excesso, nos casos deste artigo, pode ser exigido independentemente de convenção coletiva ou acordo coletivo de trabalho."

Efeitos

a) O empregador deverá remunerar o empregado com o valor da hora normal mais o adicional de, no mínimo 50%, nos do art. 59, § 1º, da CLT ou art. 7º, XVI, da CF.

b) Compensação do tempo trabalhado a mais em um dia, de forma que o empregado trabalhe menos em outro.

1.10.7.3. Supressão das horas extras habituais

Na hipótese da supressão das horas extras habituais (horas extras realizadas por mais de um ano), o empregador fica obrigado a pagar uma indenização ao empregado, proporcional na quantidade de horas extras habituais realizadas no mês, em relação a quantidade de tempo que ficou prestando serviço em hora extra habitual, nos termos da Súmula 291 do TST.

Súmula 291 do TST

"HORAS EXTRAS. HABITUALIDADE. SUPRESSÃO. INDENIZAÇÃO. (nova redação em decorrência do julgamento do processo TST-IUJERR 10700-45.2007.5.22.0101) – Res. 174/2011, DEJT divulgado em 27, 30 e 31-05-2011. A supressão total ou parcial, pelo empregador, de serviço suplementar prestado com habitualidade, durante pelo menos 1 (um) ano, assegura ao empregado o direito à indenização correspondente ao valor de 1 (um) mês das horas suprimidas, total ou parcialmente, para cada ano ou fração igual ou superior a seis meses de prestação de serviço acima da jornada normal. O cálculo observará a média das horas suplementares nos últimos 12 (doze) meses anteriores à mudança, multiplicada pelo valor da hora extra do dia da supressão. "

1.10.7.4. Acordo de compensação individual

Acordo de compensação individual ocorre quando o empregado trabalha um período maior do que sua jornada normal de trabalho durante a semana para compensar esse tempo de trabalho a maior com folga aos sábados. Exemplo: O empregado trabalha, de segunda a sexta-feira, 8 horas e 48 minutos, para folgar aos sábados.

Características

a) individual;

b) escrito ou tácito;

c) certeza da compensação.

A Reforma Trabalhista claramente dialogou com a Súmula 85 do TST, de forma que a positivou em alguns aspectos e a contrariou em outros.

A primeira menção à Reforma que merece destaque é a inclusão do parágrafo 6º ao art. 59 da CLT, que passou a admitir a validade do acordo de compensação de forma tácita, desde que a compensação de jornada ocorra dentro do mês da realização das horas extras.

"Art. 59. ...

§ 6º É lícito o regime de compensação de jornada estabelecido por acordo individual, tácito ou escrito, para a compensação no mesmo mês."

Outro ponto importante foi o fato de ter positivado a ideia de que a ausência do preenchimento dos requisitos legais para celebração do acordo de compensação da jornada implica somente o pagamento do adicional de horas extras, uma vez que a hora já foi compensada pela folga, conforme o novo art. 59-B, incluído pela Reforma Trabalhista na CLT.

"Art. 59-B. O não atendimento das exigências legais para compensação de jornada, inclusive quando estabelecida mediante acordo tácito, não implica a

repetição do pagamento das horas excedentes à jornada normal diária se não ultrapassada a duração máxima semanal, sendo devido apenas o respectivo adicional."

Ainda, com relação à Reforma e à Súmula 85, o parágrafo único do art. 59-B dispõe que a realização de horas extras habituais não descaracteriza o acordo de compensação.

"Art. 59-B. ...

Parágrafo único. A prestação de horas extras habituais não descaracteriza o acordo de compensação de jornada e o banco de horas."

1.10.7.5. Banco de horas

Ocorre quando empregado e empregador celebram acordo para que o empregado trabalhe em regime de horas extras em determinados dias para diminuir a jornada em outros, sem uma definição prévia dos dias em que irá fazer horas extras ou dos dias em que irá folgar, nos termos do art. 59, § 2º, da CLT, *abaixo transcrito*. Entretanto, o empregador é obrigado a compensar a jornada extraordinária no prazo máximo de um ano, contado da realização da hora extra, sob pena de ser compelido a realizar o pagamento.

"§ 2º Poderá ser dispensado o acréscimo de salário se, por força de acordo ou convenção coletiva de trabalho, o excesso de horas em um dia for compensado pela correspondente diminuição em outro dia, de maneira que não exceda, no período máximo de um ano, à soma das jornadas semanais de trabalho previstas, nem seja ultrapassado o limite máximo de dez horas diárias."

A Reforma Trabalhista inclui o parágrafo 5º ao art. 59 da CLT, *in verbis*, dispondo sobre a possibilidade da celebração do Banco de horas por meio de acordo individual escrito, desde que a compensação da jornada ocorra dentro do período máximo de seis meses, contados a partir da realização da jornada extraordinária.

"§ 5º O banco de horas de que trata o § 2º deste artigo poderá ser pactuado por acordo individual escrito, desde que a compensação ocorra no período máximo de seis meses."

A Reforma ainda alterou o parágrafo 3º do art. 59 da CLT, incluindo em sua redação a previsão de que seus efeitos também se aplicam ao banco de horas celebrado por acordo escrito.

"§ 3º Na hipótese de rescisão do contrato de trabalho sem que tenha havido a compensação integral da jornada extraordinária, na forma dos §§ 2º e 5º deste artigo, o trabalhador terá direito ao pagamento das horas extras não compensadas, calculadas sobre o valor da remuneração na data da rescisão."

1.10.7.6. Semana espanhola

A semana espanhola é uma forma de compensação de jornada de trabalho em que o empregado que perfaz jornada semanal de 44 horas labora 40 horas numa semana e 48 horas em outra, sempre de modo alternado. Dessa forma, o empregado, em uma semana, trabalha 8 horas por dia de segunda a sexta e 4 horas no sábado, e na outra semana, trabalha 8 horas por dia de segunda a sexta e não trabalha aos sábados. Para ter validade é necessária a celebração de acordo coletivo ou convenção coletiva de trabalho.

ORIENTAÇÃO JURISPRUDENCIAL 323/TST SDI I. JORNADA DE TRABALHO. "ACORDO DE COMPENSAÇÃO DE JORNADA. "SEMANA ESPANHOLA". VALIDADE. CLT, ART. 59, § 2º. CF/88, ART. 7º, XIII.

É válido o sistema de compensação de horário quando a jornada adotada é a denominada semana espanhola, que alterna a prestação de 48 horas em uma semana e 40 horas em outra, não violando a CLT, arts. 59, § 2º, e CF/88, 7º, XIII, o seu ajuste mediante acordo ou convenção coletiva de trabalho."

1.10.8. Trabalho Noturno

Trata-se do trabalho realizado no período noturno, que garante ao empregado o recebimento do adicional noturno, para compensar o desgaste físico.

"Art. 73. Salvo nos casos de revezamento semanal ou quinzenal, o trabalho noturno terá remuneração superior à do diurno e, para esse efeito, sua remuneração terá um acréscimo de 20 % (vinte por cento), pelo menos, sobre a hora diurna.

§ 1º A hora do trabalho noturno será computada como de 52 minutos e 30 segundos.

§ 2º Considera-se noturno, para os efeitos deste artigo, o trabalho executado entre as 22 horas de um dia e as 5 horas do dia seguinte.

§ 3º O acréscimo, a que se refere o presente artigo, em se tratando de empresas que não mantêm, pela natureza de suas atividades, trabalho noturno habitual, será feito, tendo em vista os quantitativos pagos por trabalhos diurnos de natureza semelhante. Em relação às empresas cujo trabalho noturno decorra da natureza de suas atividades, o aumento será calculado sobre o salário mínimo geral vigente na região, não sendo devido quando exceder desse limite, já acrescido da percentagem."

1.10.8.1. Características

a) período noturno:

a.1) Urbano: 22h às 5h;

a.2) Rural: Agricultura = 21h às 5h/Pecuária = 20h às 4h;

b) Hora reduzida: 1 hora equivale a 52 minutos e 30 segundos; não se aplica para o Rural;

c) Adicional: de 20%/Urbano e 25%/Rural sobre a remuneração.

1.10.8.2. Jornada Mista ou Prorrogada

Entendem-se como jornadas mistas ou prorrogadas aquelas em que o empregado ingressa no trabalho em um período e termina no outro. Ex.: Iniciou a jornada no período diurno (18h) e terminou no período noturno (24h) ou iniciou no período noturno (24h) e terminou no período diurno (6h). Nesse sentido, também temos a jornada prorrogada, que ocorre quando a jornada de trabalho do empregado alcança todo período noturno (22h/5h) e ainda se estende além desse horário, como, por exemplo, até as 7h, nesse caso o adicional noturno é estendido a toda jornada de trabalho, inclusive quanto ao período de prorrogação.

"Art. 73, CLT.

...

§ 4º Nos horários mistos, assim entendidos os que abrangem períodos diurnos e noturnos, aplica-se às horas de trabalho noturno o disposto neste artigo e seus parágrafos.

§ 5º Às prorrogações do trabalho noturno aplica-se o disposto neste capítulo."

Súmula 60 do TST

"ADICIONAL NOTURNO. INTEGRAÇÃO NO SALÁRIO E PRORROGAÇÃO EM HORÁRIO DIURNO (incorporada a Orientação Jurisprudencial n. 6 da SBDI-1) – Res. 129/2005, DJ 20, 22 e 25-04-2005

I – O adicional noturno, pago com habitualidade, integra o salário do empregado para todos os efeitos. (ex-Súmula 60 – RA 105/1974, DJ 24-10-1974)

II – Cumprida integralmente a jornada no período noturno e prorrogada esta, devido é também o adicional quanto às horas prorrogadas. Exegese do art. 73, § 5º, da CLT. (ex-OJ n. 6 da SBDI-1 – inserida em 25-11-1996)"

Aplicam-se as regras do trabalho noturno para o empregado que trabalha em turno ininterrupto de revezamento, nos termos da Súmula 213 do STF.

Súmula 213

"É devido o adicional de serviço noturno, ainda que sujeito o empregado ao regime de revezamento."

1.10.9. Intervalos

É o período que o empregado tem para descansar e se alimentar, sendo que, durante o intervalo, em regra, o empregado não permanece à disposição do empregador.

1.10.9.1. Intervalo intrajornada

É o intervalo realizado dentro da jornada de trabalho. (INTRA = DENTRO)

a) Jornada de 4 a 6 horas: 15 minutos de intervalo (art. 71, § 1º, da CLT).

"§ 1º – Não excedendo de seis horas o trabalho, será, entretanto, obrigatório um intervalo de quinze minutos quando a duração ultrapassar quatro horas."

b) Jornada acima de 6 horas: mínimo 1 hora e no máximo 2 horas para intervalo (art. 71, *caput*, da CLT).

"Art. 71. Em qualquer trabalho contínuo cuja duração exceda de seis horas, é obrigatória a concessão de um intervalo para repouso ou alimentação, o qual será no mínimo, de uma hora e, salvo acordo ou contrato coletivo em contrário, não poderá exceder de duas horas."

Intervalos superiores podem ser estabelecidos por normas coletivas.

A Reforma Trabalhista autorizou a redução do intervalo intrajornada mínimo para trinta minutos, desde que por meio de convenção coletiva ou acordo coletivo de trabalho, conforme art. 611-A, III, da CLT.

"Art. 611-A. A convenção coletiva e o acordo coletivo de trabalho têm prevalência sobre a lei quando, entre outros, dispuserem sobre:

...

III – intervalo intrajornada, respeitado o limite mínimo de trinta minutos para jornadas superiores a seis horas;"

Na hipótese de o empregado não gozar ou gozar de forma parcial do intervalo, o tempo suprimido deverá ser pago com o adicional de 50% sobre o valor da hora normal. Referido *pagamento tem natureza indenizatória* (art. 71, § 4º, da CLT).

"Art. 71. ...

§ 4º A não concessão ou a concessão parcial do intervalo intrajornada mínimo, para repouso e alimentação, a empregados urbanos e rurais, implica o pagamento, de natureza indenizatória, apenas do período suprimido, com acréscimo de 50% (cinquenta por cento) sobre o valor da remuneração da hora normal de trabalho."

1.10.9.2. Intervalo interjornada

Trata-se do intervalo de uma jornada para outra de trabalho, que deve ser de pelo menos 11 horas consecutivas (art. 66 da CLT).

"Art. 66 – Entre 2 (duas) jornadas de trabalho haverá um período mínimo de 11 (onze) horas consecutivas para descanso."

1.10.9.3. Descanso semanal remunerado (DSR)

Consiste na folga de 24 horas consecutivas concedida ao empregado semanalmente, preferencialmente, no domingo, de acordo com o previsto no art. 67 da CLT.

"Art. 67 – Será assegurado a todo empregado um descanso semanal de 24 (vinte e quatro) horas consecutivas, o qual, salvo motivo de conveniência pú-

blica ou necessidade imperiosa do serviço, deverá coincidir com o domingo, no todo ou em parte.

Parágrafo único – Nos serviços que exijam trabalho aos domingos, com exceção quanto aos elencos teatrais, será estabelecida escala de revezamento, mensalmente organizada e constando de quadro sujeito à fiscalização."

1.10.9.3.1. *Características*

a) compensação em outro dia;

b) adicional de 100% (quem trabalha deve receber em dobro);

c) descontado na falta injustificada.

O adicional somente é devido ao empregado que trabalhar no domingo ou feriado, desde que não seja seu dia de trabalho. Ex.: empregado que trabalha por escala, e seu dia de trabalho cai no domingo, não tem direito ao adicional.

OJ-SDI1 n. 410. REPOUSO SEMANAL REMUNERADO. CONCESSÃO APÓS O SÉTIMO DIA CONSECUTIVO DE TRABALHO. ART. 7º, XV, DA CF. VIOLAÇÃO. (DEJT divulgado em 22, 25 e 26-10-2010)

Viola o art. 7º, XV, da CF, a concessão de repouso semanal remunerado após o sétimo dia consecutivo de trabalho, importando no seu pagamento em dobro.

Da análise da referida OJ chegamos às seguintes conclusões: a) a periodicidade do DSR não pode ser superior a sete dias e b) caso ultrapasse o referido período, deverá ser remunerado em dobro.

1.10.10. Férias

Férias é o período de descanso anual, que deve ser concedido ao empregado após o exercício de atividades por um ano, ou seja, por um período de 12 meses (art. 129 da CLT).

"Art. 129 – Todo empregado terá direito anualmente ao gozo de um período de férias, sem prejuízo da remuneração."

1.10.10.1. Período aquisitivo

São os 12 meses em que o empregado trabalha para adquirir o direito as férias.

1.10.10.2. Período concessivo

São os 12 meses subsequentes ao período aquisitivo, em que o empregado deverá gozar as suas férias.

1.10.10.3. Aviso das férias

O empregado deve ser avisado, por escrito, da concessão das férias 30 dias antes do seu início, nos termos do art. 135 da CLT.

"Art. 135 – A concessão das férias será participada, por escrito, ao empregado, com antecedência de, no mínimo, 30 (trinta) dias. Dessa participação o interessado dará recibo."

1.10.10.4. Férias dos membros de uma mesma família

Membros de uma mesma família que trabalhem em um mesmo estabelecimento ou empresa podem, se quiserem, gozar férias no mesmo período, desde que não resulte prejuízo ao empregador(art. 136, § 1º). Por exemplo: imagine uma construtora que possui apenas dois engenheiros em seu quadro, que são casados. No caso de ambos gozarem de férias no mesmo período, o empregador irá sofrer prejuízo, pois ficará sem nenhum engenheiro para desenvolver suas atividades.

"Art. 136 – A época da concessão das férias será a que melhor consulte os interesses do empregador.

§ 1º – Os membros de uma família, que trabalharem no mesmo estabelecimento ou empresa, terão direito a gozar férias no mesmo período, se assim o desejarem e se disto não resultar prejuízo para o serviço.

..."

1.10.10.5. Férias dos estudantes

Estudantes menores de 18 anos têm direito de fazer coincidir as férias do trabalho com as escolares, nos termos do § 2º do art. 136 da CLT. Esse direito é potestativo, ou seja, não pode ser contestado pelo empregador.

"§ 2º – O empregado estudante, menor de 18 (dezoito) anos, terá direito a fazer coincidir suas férias com as férias escolares."

1.10.10.6. Prazo das férias

Todos os empregados têm direito a 30 dias corridos de férias, com exceção dos empregados domésticos contratados em regime de tempo parcial, e aqueles que faltam de forma injustificada durante o período aquisitivo, conforme tabela abaixo (art. 130 da CLT).

"Art. 130 – Após cada período de 12 (doze) meses de vigência do contrato de trabalho, o empregado terá direito a férias, na seguinte proporção:"

Número de Faltas Injustificadas	Dias de Férias
Até 5	30
De 6 a 14	24
De 15 a 23	18
De 24 a 32	12

1.10.10.7. Perda do direito às férias (art. 133 da CLT)

a) empregado que pede demissão e não retorna em 60 dias;

b) empregado que permanece em gozo de licença remunerada por mais de 30 dias;

c) empregado que deixa de trabalhar, recebendo salário, em virtude de paralisação total ou parcial de serviços da empresa, por mais de 30 dias;

d) empregado que tenha recebido prestações previdenciárias (auxílio-doença ou acidente) por mais de 6 meses, ainda que descontínuos.

"Art. 133 – Não terá direito a férias o empregado que, no curso do período aquisitivo:

I – deixar o emprego e não for readmitido dentro de 60 (sessenta) dias subsequentes à sua saída;

II – permanecer em gozo de licença, com percepção de salários, por mais de 30 (trinta) dias;

III – deixar de trabalhar, com percepção do salário, por mais de 30 (trinta) dias, em virtude de paralisação parcial ou total dos serviços da empresa; e

IV – tiver percebido da Previdência Social prestações de acidente de trabalho ou de auxílio-doença por mais de 6 (seis) meses, embora descontínuos."

1.10.10.8. Remuneração das férias

a) o empregado perceberá a remuneração que lhe for devida, com acréscimo de 1/3 (constitucional) (art. 142, *caput*, da CLT e art. 7º, XVII, da CF));

"Art. 142 – O empregado perceberá, durante as férias, a remuneração que lhe for devida na data da sua concessão."

"Art. 7º ...

XVII – gozo de férias anuais remuneradas com, pelo menos, um terço a mais do que o salário normal;"

b) se concedidas fora do prazo, as férias devem ser remuneradas em dobro, inclusive o 1/3 constitucional (art. 137 da CLT);

"Art. 137 – Sempre que as férias forem concedidas após o prazo de que trata o art. 134, o empregador pagará em dobro a respectiva remuneração. "

Súmula 328 do TST

"FÉRIAS. TERÇO CONSTITUCIONAL (mantida) – Res. 121/2003, DJ 19, 20 e 21-11-2003 O pagamento das férias, integrais ou proporcionais, gozadas ou não, na vigência da CF/1988, sujeita-se ao acréscimo do terço previsto no respectivo art. 7º, XVII."

c) se parte for concedida fora do prazo, esses dias deverão ser remunerados em dobro;

Súmula 81 do TST

"FÉRIAS (mantida) – Res. 121/2003, DJ 19, 20 e 21-11-2003

Os dias de férias gozados após o período legal de concessão deverão ser remunerados em dobro."

1.10.10.9. Férias coletivas

Podem ser concedidas férias coletivas a todos os empregados da empresa, ou a todos os empregados de um dos estabelecimentos, ou ainda aos empregados de um ou mais setores, conforme dispõe o art. 139 da CLT.

"Art. 139 – Poderão ser concedidas férias coletivas a todos os empregados de uma empresa ou de determinados estabelecimentos ou setores da empresa."

O fracionamento é permitido, desde que em dois períodos e se nenhum deles for inferior a 10 dias.

O empregador deverá: a) comunicar o MTE com 15 dias de antecedência; b) enviar cópia do comunicado ao Sindicato de Classe e c) afixar o aviso no local de trabalho.

Na concessão das férias coletivas, aqueles empregados que ainda não completaram o período aquisitivo gozarão de férias proporcionais, iniciando-se então novo período aquisitivo, conforme art. 140 da CLT

"Art. 140 – Os empregados contratados há menos de 12 (doze) meses gozarão, na oportunidade, férias proporcionais, iniciando-se, então, novo período aquisitivo."

O abono pecuniário somente é cabível se previsto em acordo coletivo (art. 143, § 2º, da CLT).

"Art. 143. ...

§ 2º – Tratando-se de férias coletivas, a conversão a que se refere este artigo deverá ser objeto de acordo coletivo entre o empregador e o sindicato representativo da respectiva categoria profissional, independendo de requerimento individual a concessão do abono."

1.10.10.10. Abono pecuniário

O empregado pode abonar no MÁXIMO 1/3 do período das férias, desde que requeira com antecedência de 15 dias do término do período aquisitivo (art. 143 da CLT).

"Art. 143 – É facultado ao empregado converter 1/3 (um terço) do período de férias a que tiver direito em abono pecuniário, no valor da remuneração que lhe seria devida nos dias correspondentes."

1.10.10.11. Fracionamento das férias

Em regra, pelo Princípio da Continuidade, as férias devem ser gozadas de uma só vez.

A Reforma Trabalhista trouxe sensível alteração à regulamentação das férias ao autorizar, desde que mediante acordo entre empregado e empregador, o fracionamento das férias em até três períodos, sendo que um deles não seja inferior a 14 dias, e os demais não sejam inferiores a 5 dias.

A Reforma ainda prevê a possibilidade do fracionamento das férias dos menores de 18 anos e dos maiores de 50 anos, pois revogou o parágrafo 2º do art.134 da CLT.

Nesse mesmo passo, a Reforma ainda incluiu o parágrafo 3º ao art. 134 da CLT, que dispõe que as férias não podem começar no período de dois dias que antecedem feriado ou descanso semanal remunerado.

"Art. 134 – As férias serão concedidas por ato do empregador, em um só período, nos 12 (doze) meses subsequentes à data em que o empregado tiver adquirido o direito.

§ 1º Desde que haja concordância do empregado, as férias poderão ser usufruídas em até três períodos, sendo que um deles não poderá ser inferior a quatorze dias corridos e os demais não poderão ser inferiores a cinco dias corridos, cada um.

§ 2º (Revogado)

§ 3º É vedado o início das férias no período de dois dias que antecede feriado ou dia de repouso semanal remunerado. "

1.11. Jornada especial de 12x36

A Reforma Trabalhista inovou ao positivar na CLT, através do art. 59-A, a possibilidade do empregado trabalhar em jornada especial de trabalho de 12 horas de trabalho por 36 horas de descanso.

Nesse sentido, a Reforma foi além do disposto na Súmula 444 do TST, que até então regulamentava a jornada de 12x36, e autorizou sua validade por meio de acordo individual escrito entre empregado e empregador.

O art. 59-A da CLT, ainda autorizou a indenização do intervalo intrajornada.

"Art. 59-A. Em exceção ao disposto no art. 59 e em leis específicas, é facultado às partes, mediante acordo individual escrito, convenção coletiva ou acordo coletivo de trabalho, estabelecer horário de trabalho de doze horas seguidas por trinta e seis horas ininterruptas de descanso, observados ou indenizados os intervalos para repouso e alimentação."

O parágrafo único do art. 59-A da CLT, também inserido pela reforma, ainda prevê que, no caso do empregado laborar em jornada especial de 12x36, a remuneração mensal já engloba o descanso semanal remunerado e o trabalho em feriados. No mesmo sentido, o referido parágrafo também preconiza que o trabalho em feriados e em prorrogação do período noturno já estão compensados no tempo de 36 horas de descanso, de forma que não devem ser pagos pelo empregador.

Parágrafo único. A remuneração mensal pactuada pelo horário previsto no *caput* deste artigo abrange os pagamentos devidos pelo descanso semanal re-

munerado e pelo descanso em feriados, e serão considerados compensados os feriados e as prorrogações de trabalho noturno, quando houver, de que tratam o art. 70 e o § 5º do art. 73 desta Consolidação.

1.12. Prescrição

É a perda da pretensão (exigibilidade) de reparação de determinado direito violado, devido à inércia do titular, em determinado período de tempo fixado em lei.

A Reforma Trabalhista alterou a redação do art. 11 da CLT e trouxe um melhor entendimento do que realmente é a prescrição, deixando claro que o que se perde por ocasião da prescrição é a pretensão do exercício do direito e não o direito em si.

"Art. 11. A pretensão quanto a créditos resultantes das relações de trabalho prescreve em cinco anos para os trabalhadores urbanos e rurais, até o limite de dois anos após a extinção do contrato de trabalho."

Nesse mesmo sentido, a Reforma revogou os incisos I e II do referido artigo, que faziam distinção entre os prazos prescricionais para o empregado urbano e rural.

A prescrição trabalhista é tanto bienal quanto quinquenal, nos termos do art. 11 da CLT e art. 7º, XXIX da CF/88.

Na prescrição bienal, o prazo é de dois anos, contados do término do contrato de trabalho, para o empregado ajuizar a reclamação trabalhista.

Na prescrição quinquenal, o prazo é de cinco anos, contados de forma retroativa, do ajuizamento da ação, para o empregado reclamar seus direitos trabalhistas. Exemplo: imagine um empregado que trabalhou 30 anos numa determinada empresa, sempre realizando horas extras, mas nunca recebeu pelas mesmas. Uma semana após o término do contrato, ajuíza reclamação trabalhista, sendo que somente terá direito de reclamar na referida ação os últimos cinco anos de horas extras, contados de forma retroativa do ajuizamento da ação. Assim, se ajuizou a ação em 11-10-2020, somente terá direito as horas extras realizadas entre a data do ajuizamento da ação até 11-11-2015.

"Art. 7º...

XXIX – ação, quanto aos créditos resultantes das relações de trabalho, com prazo prescricional de cinco anos para os trabalhadores urbanos e rurais, até o limite de dois anos após a extinção do contrato de trabalho."

Não obstante, a Constituição também trata do assunto, de modo que é fácil afirmar que a prescrição trabalhista é matéria de índole constitucional, já que o inciso XXIX do art. 7º dispõe que são direitos dos trabalhadores urbanos e rurais, além de outros que visem a melhoria de sua condição social, *"ação, quanto aos créditos resultantes das relações de trabalho, com prazo prescricional de cinco anos para os trabalhadores urbanos e rurais, até o limite de dois anos após a extinção do contrato de trabalho".*

1.12.1. Contagem do prazo

A contagem do prazo se dá nos termos do art. 132 do CC, c.c. art. 1º da Lei n. 810/49, repete-se o dia e o mês, alterando-se apenas o ano.

"Art. 132. Salvo disposição legal ou convencional em contrário, computam-se os prazos, excluído o dia do começo, e incluído o do vencimento."

1.12.2. Início e término da contagem do prazo

O prazo prescricional começa a fluir a partir da lesão do direito ou do conhecimento desta, isto é, a partir do nascimento da ação em sentido material.

O prazo prescricional termina no mesmo dia e mês do começo, sendo que, se for não útil, prorroga-se para o dia útil subsequente, conforme art. 132 e seus parágrafos do C.C, o que é reconhecido e aplicado pela jurisprudência.

"Art. 132....

§ 1º Se o dia do vencimento cair em feriado, considerar-se-á prorrogado o prazo até o seguinte dia útil.

...

§ 3º Os prazos de meses e anos expiram no dia de igual número do de início, ou no imediato, se faltar exata correspondência."

1.12.3. Causas impeditivas da prescrição

Ocorrem algumas situações que impedem que o prazo prescricional comece a fluir; são as chamadas causas impeditivas.

- **Hipótese**

a) empregado menor de 18 anos (art. 440 da CLT);

1.12.4. Causas suspensivas da prescrição

São situações que paralisam o curso do prazo prescricional já iniciado, o qual será retomado, do ponto onde parou com o fim da causa suspensiva.

- **Hipótese**

a) submissão de demanda a Comissão de Conciliação Prévia (art. 625 – G da CLT);

b) auxílio-doença ou aposentadoria por invalidez NÃO suspende o curso da prescrição, salvo se o trabalhador ficar totalmente incapacitado de recorrer ao judiciário (OJ n. 375, SBDI 1 do TST)

OJ n. 375. "AUXÍLIO-DOENÇA. APOSENTADORIA POR INVALIDEZ. SUSPENSÃO DO CONTRATO DE TRABALHO. PRESCRIÇÃO. CONTAGEM. (DEJT divulgado em 19, 20 e 22-04-2010)

A suspensão do contrato de trabalho, em virtude da percepção do auxílio-doença ou da aposentadoria por invalidez, não impede a fluência da prescri-

ção quinquenal, ressalvada a hipótese de absoluta impossibilidade de acesso ao Judiciário."

c) petição de homologação de acordo extrajudicial, no que diz respeito aos direitos especificados no acordo, conforme o art. 855-E da CLT, *in verbis*:

> **Art. 855-E. A petição de homologação de acordo extrajudicial suspende o prazo prescricional da ação quanto aos direitos nela especificados.**
>
> **Parágrafo único. O prazo prescricional voltará a fluir no dia útil seguinte ao do trânsito em julgado da decisão que negar a homologação do acordo.**

1.12.5. Causa de interrupção da prescrição

São situações que demonstram uma providência inequívoca do interessado em defender seus direitos, de forma que paralisam o andamento do prazo prescricional.

Cessada a causa de interrupção, o prazo prescricional começa a contar do início, desprezando-se o prazo decorrido até então. Essa é a grande diferença entre ela e a suspensão do prazo prescricional.

ATENÇÃO: A prescrição só pode ser interrompida uma única vez (art. 202 do CC).

Conforme dispõe a Reforma Trabalhista que inseriu o parágrafo 3º ao art. 11 da CLT, a prescrição somente é interrompida pelo ajuizamento da reclamação trabalhista, mesmo que arquivada e perante juiz incompetente. Se arquivada, a interrupção somente se aplica aos pedidos idênticos deduzidos na ação arquivada, o que também está descrito na Súmula 268 do TST.

"Art. 11. ...

§ 3º A interrupção da prescrição somente ocorrerá pelo ajuizamento de reclamação trabalhista, mesmo que em juízo incompetente, ainda que venha a ser extinta sem resolução do mérito, produzindo efeitos apenas em relação aos pedidos idênticos."

No entanto, como ainda não houve cancelamento e nem sabemos se o TST irá cancelar, é de bom tom registrar a previsão da OJ 392 da SDI-1 do TST: "O protesto judicial é medida aplicável no processo do trabalho, por força do art. 769 da CLT e do art. 15 do CPC de 2015. O ajuizamento da ação, por si só, interrompe o prazo prescricional, em razão da inaplicabilidade do § 2º do art. 240 do CPC de 2015 (§ 2º do art. 219 do CPC de 1973), incompatível com o disposto no art. 841 da CLT".

Em nosso entendimento, ainda que com a inserção do § 3º no art. 11 da CLT, não fica prejudicado o uso do protesto, já que a reclamação trabalhista citada deve ser entendida como ação trabalhista, *lato sensu*.

1.12.6. Prescrição total e parcial

Na prescrição total, decorrido o prazo legal, perde-se a possibilidade de pleitear tudo, isto é, todas as parcelas são alcançadas pela prescrição. Na prescrição parcial, é fulminado apenas a pretensão de parte dos direitos.

A prescrição bienal é sempre total. A não observância da prescrição quinquenal pode levar a prescrição total (quando o direito lesado não está assegurado por preceito de lei) e também pode dar ensejo ao seu reconhecimento de modo parcial (quando o trabalhador ajuíza uma ação ainda com contrato de trabalho ativo, conseguindo apenas os últimos 5 anos).

Note que a Súmula 308, I, do TST determina que a prescrição quinquenal (contada para contratos extintos) dar-se-á da data do ajuizamento da ação e não da extinção do contrato, pois nesse último caso temos que contar a bienal.

ATENÇÃO: O TST já entendia que, sobre a alteração do pactuado em contrato de trabalho ou regulamento da empresa, no que não estivesse assegurado em preceito de lei, aplicava-se a prescrição quinquenal total, conforme entendimento da Súmula 294. Ocorre que, com a Reforma Trabalhista que inseriu o parágrafo 2º ao art. 11 da CLT, tal entendimento passou a ser positivado em nossa legislação, bem como deixou claro que tal prescrição se aplica não só quanto à alteração, mas também quanto ao descumprimento do contrato ou regulamento.

Assim, caso ocorra o descumprimento ou alteração de um direito pactuado em contrato de trabalho ou regulamento da empresa, não previsto em lei, o empregado deverá ajuizar a ação no prazo de cinco anos da lesão ao direito, sob pena de ser aplicada a prescrição total, conforme teoria do ato único, como, por exemplo, o empregado recebe vale alimentação previsto apenas no regulamento da empresa, a qual por sua vez resolve no dia 02 de outubro de 2017 cessar o pagamento do referido benefício, de forma que o empregado tem até o dia 02 de outubro de 2022 para ajuizar a reclamação trabalhista pleiteando o vale alimentação devido, independentemente do contrato de trabalho estar ou não em vigor, sob pena de prescrição quinquenal total.

"Art. 11. ...

§ 2º Tratando-se de pretensão que envolva pedido de prestações sucessivas decorrente de alteração ou descumprimento do pactuado, a prescrição é total, exceto quando o direito à parcela esteja também assegurado por preceito de lei."

O prazo prescricional da prescrição total quinquenal é contado da data da lesão em diante, enquanto, que o prazo prescricional da prescrição parcial (contratos em vigor) ou quinquenal (contratos extintos) é contado de forma retroativa do ajuizamento da reclamação trabalhista.

1.12.7. Prescrição do FGTS

Para os casos cujo termo inicial da prescrição, ou seja, a lesão ao direito, que no caso em tela é a ausência de depósito do FGTS, ocorreu após a data do julgamento proferido pelo STF (13-11-2014), aplica-se, desde logo, o prazo de cinco anos. Para aqueles em que o prazo prescricional já estava em curso antes do julgamento, aplica-se o que ocorrer primeiro: trinta anos, contados do termo inicial, ou cinco anos, a partir do julgamento.

Súmula 362 do TST

"FGTS. PRESCRIÇÃO (nova redação) – Res. 198/2015, republicada em razão de erro material – DEJT divulgado em 12, 15 e 16-06-2015

I – Para os casos em que a ciência da lesão ocorreu a partir de 13 de novembro de 2014, é quinquenal a prescrição do direito de reclamar contra o não-recolhimento de contribuição para o FGTS, observado o prazo de dois anos após o término do contrato;

II – Para os casos em que o prazo prescricional já estava em curso em 13 de novembro de 2014, aplica-se o prazo prescricional que se consumar primeiro: trinta anos, contados do termo inicial, ou cinco anos, a partir de 13 de novembro de 2014 (STF-ARE-709212/DF)."

No que toca a aplicação da Súmula 362 do TST, as ações ajuizadas antes da data da decisão proferida pelo STF no ARE 709.212 (13-11-2014) em nada serão atingidas pelos efeitos ***ex nunc*** da referida decisão, aplicando-se a elas a regra antiga da prescrição trintenária. Porém, em razão do acórdão emanado do STF, a Súmula 362 do TST teve que ser alterada (como transcrita acima) e, com isso, a regra de modulação tem sido aplicada da seguinte maneira (exemplificação), para as ações ajuizadas após 13-11-2014, mas cujos contratos, antes da decisão do STF, seriam atingidos pela trintenária: Ajuizamento da ação em 16-05-2018, aplica-se a prescrição quinquenal, cujo prazo vence primeiro (considere data da admissão do autor em: 1º-11-1991 + 30 anos = **1º-11-2021** ou 13-11-2014 + 5 anos = **13-11-2019**). Ou seja, a quinquenal ocorrerá primeiro e, portanto, é ela que será aplicada. Esse raciocínio se aplica para ações ajuizadas após 13-11-2014!

Embora não concordemos, pois este modo de aplicação viola todos os princípios de regência do direito do trabalho (e os princípios têm natureza normogenética, segundo Canotilho), é o que vem sendo aplicado, com raras exceções, pela Justiça do Trabalho.

No nosso modo de ver, o marco deve ser a lesão (não recolhimento) e não o ajuizamento da ação (onde se buscará a pretensão creditícia pelo não recolhimento), já que o contrato de trabalho é de trato sucessivo e, ademais, por deixar o trabalhador à margem de melhor aplicação do art. 7º, *caput*, da CRFB/88, já que não melhora sua condição social. Ou seja, no caso acima exemplificado, como o contrato fora firmado em 1º-11-91 e nunca teve recolhimento para o FGTS, o certo seria aplicar, em nosso entendimento, a prescrição trintenária, observando-se, obviamente, o prazo de 2 anos para deduzir a pretensão em juízo (prescrição bienal).

Com relação às ações declaratórias, que tenham como fim as anotações para fins de Previdência Social, estas são imprescritíveis, nos termos do art. 11, § 1º, da CLT.

"Art. 11 – O direito de ação quanto a créditos resultantes das relações de trabalho prescreve:

...

§ 1º O disposto neste artigo não se aplica às ações que tenham por objeto anotações para fins de prova junto à Previdência Social. "

1.13. SALÁRIO E REMUNERAÇÃO

1.13.1. Salário

É a contraprestação devida ao empregado pela prestação de serviços, em decorrência do contrato de trabalho, pago diretamente pelo empregador de forma habitual, conforme artigo 457 da CLT.

"Art. 457 – Compreendem-se na remuneração do empregado, para todos os efeitos legais, além do salário devido e pago diretamente pelo empregador, como contraprestação do serviço, as gorjetas que receber."

1.13.2. Remuneração

É a soma de todas as parcelas recebidas pelo empregado, pagas diretamente pelo empregador (salário mensal, por hora, por tarefa etc.) e indiretamente (ex.: gorjetas) por terceiros, em virtude do contrato de trabalho.

Assim, remuneração é gênero, do qual salário é uma das espécies (art. 457 da CLT).

1.13.3. Gorjetas

Gorjeta é o valor pago pelo cliente, ou, ainda, cobrado pela empresa em razão da prestação do serviço. A figura da gorjeta é mais comum em restaurantes, bares, hotéis e motéis. A gorjeta foi disciplinada pelo § 3º do art. 457 da CLT que dispõe:

"Art. 457

...

§ 3º Considera-se gorjeta não só a importância espontaneamente dada pelo cliente ao empregado, como também o valor cobrado pela empresa, como serviço ou adicional, a qualquer título, e destinado à distribuição aos empregados."

As gorjetas não integram a base de cálculo para composição do: a) aviso prévio; b) adicional noturno; c) horas extras e d) DSR, conforme dispõe a Súmula 354 do TST:

Súmula 354 do TST

"GORJETAS. NATUREZA JURÍDICA. REPERCUSSÕES (mantida) – Res. 121/2003, DJ 19, 20 e 21-11-2003

As gorjetas, cobradas pelo empregador na nota de serviço ou oferecidas espontaneamente pelos clientes, integram a remuneração do empregado, não

servindo de base de cálculo para as parcelas de aviso-prévio, adicional noturno, horas extras e repouso semanal remunerado."

Na hipótese de inexistir norma coletiva prevendo a respeito dos critérios de rateio das gorjetas, este será feito com base em decisão tomada por uma comissão de empregados, constituída para tal finalidade.

§ 5º Inexistindo previsão em convenção coletiva ou acordo coletivo de trabalho, os critérios de rateio e distribuição da gorjeta e os percentuais de retenção previstos nos §§ 6º e 7º serão definidos em assembleia geral dos trabalhadores, na forma estabelecida no art. 612.

As empresas que cobrarem a gorjeta na nota de serviço poderão reter do valor arrecadado o valor dos encargos sociais, desde que previsto em norma coletiva até o percentual de 20% quando inscrita no regime de tributação federal diferenciado e até 33% quando não for inscrita.

§ 6º As empresas que cobrarem a gorjeta de que trata o § 3º deverão:

I – quando inscritas em regime de tributação federal diferenciado, lançá-la na respectiva nota de consumo, facultada a retenção de até vinte por cento da arrecadação correspondente, mediante previsão em convenção coletiva ou acordo coletivo de trabalho, para custear os encargos sociais, previdenciários e trabalhistas derivados da sua integração à remuneração dos empregados, hipótese em que o valor remanescente deverá ser revertido integralmente em favor do trabalhador;

II – quando não inscritas em regime de tributação federal diferenciado, lançá-la na respectiva nota de consumo, facultada a retenção de até trinta e três por cento da arrecadação correspondente, mediante previsão em convenção coletiva ou acordo coletivo de trabalho, para custear os encargos sociais, previdenciários e trabalhistas derivados da sua integração à remuneração dos empregados, hipótese em que o valor remanescente deverá ser revertido integralmente em favor do trabalhador;

No caso da gorjeta paga por terceiros, os critérios de retenção serão definidos em norma coletiva, facultando os mesmos critérios do parágrafo 14.

§ 7º A gorjeta, quando entregue pelo consumidor diretamente ao empregado, terá seus critérios definidos em convenção coletiva ou acordo coletivo de trabalho, facultada a retenção nos parâmetros estabelecidos no § 14.

Os valores das gorjetas recebidas deverão ser anotadas na CTPS dos empregados.

§ 8º As empresas anotarão na CTPS de seus empregados o salário fixo e a média dos valores das gorjetas referente aos últimos doze meses.

As gorjetas cobradas por mais de doze meses incorporam-se ao salário do empregado.

§ 9º Cessada pela empresa a cobrança da gorjeta de que trata o § 3º, desde que cobrada por mais de doze meses, essa se incorporará ao salário do empregado, a qual terá como base a média dos últimos doze meses, sem prejuízo do estabelecido em convenção coletiva ou acordo coletivo de trabalho.

As empresas com mais de 60 empregados deverão constituir uma comissão para fiscalizar a arrecadação e distribuição da gorjeta, sendo que seus membros representantes dos empregados terão estabilidade provisória no emprego nos termos da norma coletiva que a regulamentar.

§ 10. Para empresas com mais de sessenta empregados, será constituída comissão de empregados, mediante previsão em convenção coletiva ou acordo coletivo de trabalho, para acompanhamento e fiscalização da regularidade da cobrança e distribuição da gorjeta de que trata o § 3º, cujos representantes serão eleitos em assembleia geral convocada para esse fim pelo sindicato laboral e gozarão de garantia de emprego vinculada ao desempenho das funções para que foram eleitos, e, para as demais empresas, será constituída comissão intersindical para o referido fim.

1.13.4. Parcelas salariais

Parcelas salariais são aquelas pagas em razão da contraprestação do trabalho, diretamente pelo empregador, ou seja, são pagas pelo trabalho realizado e de forma habitual, conforme dispõe o art. 457, § 1º, da CLT.

A Reforma Trabalhista alterou a redação do parágrafo 1º, deixando claro que somente tem natureza salarial além da importância fixa pega pelo empregador, as gratificações legais, como, por exemplo, o adicional de horas extras, insalubridade, periculosidade e as comissões.

"Art. 457 – Compreendem-se na remuneração do empregado, para todos os efeitos legais, além do salário devido e pago diretamente pelo empregador, como contraprestação do serviço, as gorjetas que receber.

§ 1º Integram o salário a importância fixa estipulada, as gratificações legais e as comissões pagas pelo empregador. "

As referidas parcelas não podem ser pagas de forma englobada, sem a devida discriminação, sendo que tal prática denomina-se salário complessivo, previsto na Súmula 91 do TST.

Súmula 91 do TST

SALÁRIO COMPLESSIVO (mantida) – Res. 121/2003, DJ 19, 20 e 21-11-2003

Nula é a cláusula contratual que fixa determinada importância ou percentagem para atender englobadamente vários direitos legais ou contratuais do trabalhador.

1.13.5. Parcelas não salariais

Existem algumas parcelas que não têm caráter salarial, em razão de lei ou pelo seu caráter indenizatório.

A reforma trabalhista também trouxe alterações com relação às parcelas que não possuem natureza salarial, dispondo como novidade os prêmios e abonos, bem como retirou o limite de percentual das diárias de viagem.

a) Ajuda de custo

Ajuda de custo corresponde a um único pagamento, efetuado em situações excepcionais, em geral para fazer frente às despesas de transferência do empregado ocorridas no interesse do empregador, conforme preconiza o art. 457, § 2º, da CLT.

b) Diárias para viagem

Diárias são valores pagos aos empregados a título de ressarcimento de despesas provenientes de viagens e serviços.

A CLT dispõe que as diárias para viagem não integram o salário. (art. 457, § 2º).

A Súmula 101 do TST fica prejudicada, no particular, vez que anterior a Lei n. 13.467/17, embora o TST ainda não a tenha alterado ou cancelado.

c) Auxílio-Alimentação

O auxílio-alimentação, desde que não concedido em dinheiro, não integra o salário, conforme art. 457, § 2º da CLT.

d) Prêmios e Abonos

São liberalidades concedidas pelo empregador aos empregados, por meio de bens ou dinheiro, para incentivar a produção, conforme art. 457, § 2º, da CLT.

Art. 457. ...

§ 2º As importâncias, ainda que habituais, pagas a título de ajuda de custo, auxílio-alimentação, vedado seu pagamento em dinheiro, diárias para viagem, prêmios e abonos não integram a remuneração do empregado, não se incorporam ao contrato de trabalho e não constituem base de incidência de qualquer encargo trabalhista e previdenciário.

e) Participação nos lucros e resultados

Decorrente da previsão do art. 7º, XI, da Constituição, é parcela espontânea, prevista na Lei n. 10.101/2000, que dispõe sobre a participação dos trabalhadores nos lucros ou resultados da empresa, que não é compulsória, pois depende de negociação entre empregado e empregador, sendo que normalmente é instituída por meio de norma coletiva.

O art. 3º da Lei n. 10.101/2000, dispõe que:

"Art. 3º A participação de que trata o art. 2º não substitui ou complementa a remuneração devida a qualquer empregado, nem constitui base de incidência de qualquer encargo trabalhista, não se lhe aplicando o princípio da habitualidade."

1.13.6. Meios de pagamento de salário

REGRA:

- pagamento feito em dinheiro;

EXCEÇÕES:

- pagamento em cheque ou depósito bancário;
- salário Utilidade/salário *in natura*.

1.13.6.1. Pagamento feito em dinheiro

OBS.: Se fizer o pagamento em moeda estrangeira, é como se o pagamento não tivesse sido feito, de forma que deverá pagar novamente (art. 463 da CLT).

"Art. 463. A prestação em espécie do salário será paga em moeda corrente do País.

Parágrafo único. O pagamento do salário realizado com inobservância deste artigo considera-se como não feito."

1.13.6.2. Pagamento em cheque ou depósito bancário

As empresas situadas em perímetro urbano podem fazer pagamento de salários por meio de conta bancária aberta para este fim, ou em cheque emitido diretamente pelo empregador em favor do empregado, salvo, se este for analfabeto, sempre com consentimento do empregado.

OBS.: No pagamento em cheque, o empregador é obrigado a liberar o empregado, dentro do expediente bancário, para ir ao banco, sem prejuízo de salário, para descontar o cheque.

1.13.6.3. Salário utilidade/Salário *in natura*

É o salário pago por meio de bens, uma vez que salário é: $ ou $ + utilidade.

O salário utilidade deve ser pago **PELO** trabalho e não **PARA** o trabalho, nos termos do art. 458, *caput*, da CLT.

"Art. 458 – Além do pagamento em dinheiro, compreende-se no salário, para todos os efeitos legais, a alimentação, habitação, vestuário ou outras prestações *in natura* que a empresa, por força do contrato ou do costume, fornecer habitualmente ao empregado. Em caso algum será permitido o pagamento com bebidas alcoólicas ou drogas nocivas."

Ocorre que em certas situações a utilidade é concedida PELO e PARA o trabalho ao mesmo tempo, sendo que nesse sentido o TST já pacificou seu entendimento de que não integra o salário.

Súmula 367 do TST

UTILIDADES *IN NATURA*. HABITAÇÃO. ENERGIA ELÉTRICA. VEÍCULO. CIGARRO. NÃO INTEGRAÇÃO AO SALÁRIO.

I – A habitação, a energia elétrica e veículo fornecidos pelo empregador ao empregado, quando indispensáveis para a realização do trabalho, não têm natureza salarial, ainda que, no caso de veículo, seja ele utilizado pelo empregado também em atividades particulares.

II – O cigarro não se considera salário utilidade em face de sua nocividade à saúde.

O valor das utilidades não podem ultrapassar 25% do salário contratual para habitação e 20% do salário contratual para alimentação (art. 458, § 3º, da CLT).

"Art. 458. ...

§ 3º – A habitação e a alimentação fornecidas como salário-utilidade deverão atender aos fins a que se destinam e não poderão exceder, respectivamente, a 25% (vinte e cinco por cento) e 20% (vinte por cento) do salário-contratual."

O art. 458, § 2º, da CLT, enumera os bens econômicos que não poderão ser considerados como salário:

a) vestuário;

b) educação;

c) transporte;

d) assistência médica e odontológica;

e) seguro de vida e contra acidentes;

f) Previdência privada;

g) Vale-cultura.

Não se pode pagar a totalidade do salário *in natura*, pelo menos 30% do salário mínimo tem de ser pago em dinheiro (obrigatoriamente) (art. 82 da CLT).

"Art. 82 – Quando o empregador fornecer, *in natura*, uma ou mais das parcelas do salário mínimo, o salário em dinheiro será determinado pela fórmula Sd = Sm – P, em que Sd representa o salário em dinheiro, Sm o salário mínimo e P a soma dos valores daquelas parcelas na região, zona ou subzona.

Parágrafo único – O salário mínimo pago em dinheiro não será inferior a 30% (trinta por cento) do salário mínimo fixado para a região, zona ou subzona."

A Reforma Trabalhista inseriu o parágrafo 5º ao art. 458 da CLT, que explicitou que os valores gastos com medicamentos, óculos, aparelhos ortopédicos, próteses, órteses, despesas médico-hospitalares e outras similares, que o empregador reembolsa ao empregado, são sem natureza salarial.

"Art. 458. ...

§ 5º O valor relativo à assistência prestada por serviço médico ou odontológico, próprio ou não, inclusive o reembolso de despesas com medicamentos, óculos, aparelhos ortopédicos, próteses, órteses, despesas médico-hospitalares e outras similares, mesmo quando concedido em diferentes modalidades de planos e coberturas, não integram o salário do empregado para qualquer efeito

nem o salário de contribuição, para efeitos do previsto na alínea *q* do § 9º do art. 28 da Lei n. 8.212, de 24 de julho de 1991."

1.13.7. Regras de proteção ao salário

a) Irredutibilidade salarial – Art. 7º, VI, da CF – Salário não pode ser reduzido, salvo por acordo ou convenção coletiva ou salário condição (adicionais), ou seja, é imperiosa a participação da entidade sindical.

b) Impenhorabilidade salarial – Art. 833, IV do CPC – O referido artigo trata de tudo que é impenhorável. Salário é absolutamente impenhorável, salvo, para obrigações alimentícias.

c) Intangibilidade salarial – Art. 462, CLT – Intangibilidade é o princípio que veda os descontos no salário do empregado.

EXCEÇÃO:

"Art. 462. Ao empregador é vedado efetuar qualquer desconto nos salários do empregado, salvo quando este resultar de adiantamentos, de dispositivos de Lei ou de contrato coletivo.

§ 1º Em caso de dano causado pelo empregado, o desconto será lícito, desde que esta possibilidade tenha sido acordada ou na ocorrência de dolo do empregado."

Se o empregado gerou dano ao empregador e este decorreu de ato doloso, poderá descontar, mesmo sem previsão contratual. Mas se esse dano decorreu de ato culposo, só poderá descontar se tiver previsão contratual.

Também é proibido o desconto em razão do *truck system*, nos termos do § 2º, do art. 462 da CLT.

"§ 2º – É vedado à empresa que mantiver armazém para venda de mercadorias aos empregados ou serviços estimados a proporcionar-lhes prestações *in natura* exercer qualquer coação ou induzimento no sentido de que os empregados se utilizem do armazém ou dos serviços."

A proteção ao salário também não permite que os descontos previstos em norma coletiva ultrapassem a 70% do salário base, em razão do princípio da dignidade humana, garantindo-se, portanto, um mínimo em dinheiro.

OJ – SDC – n. 18. DESCONTOS AUTORIZADOS NO SALÁRIO PELO TRABALHADOR. LIMITAÇÃO MÁXIMA DE 70% DO SALÁRIO BASE. (inserida em 25-05-1998)Os descontos efetuados com base em cláusula de acordo firmado entre as partes não podem ser superiores a 70% do salário base percebido pelo empregado, pois deve-se assegurar um mínimo de salário em espécie ao trabalhador.

1.13.8. Equiparação salarial

O princípio da isonomia salarial é constitucional e com base nesse princípio o art. 461 da CLT regula quem deve se igualar a termos de salário. Em outras palavras, se dois ou mais empregados exercem a mesma função, para o mesmo empregador, em regra devem receber o mesmo salário.

O paradigma, ou seja, aquele empregado espelho é condição indispensável na equiparação salarial. Ainda nesse sentido, vale destacar que o paradigma não pode se tratar de empregado readaptado, uma vez que seu salário quando da readaptação de função não pode ser reduzido, o que não demonstra na realidade a margem salarial de uma determinada função na empresa.

A Reforma trabalhista alterou praticamente todo o artigo 461 da CLT, que trata dos requisitos para configuração do direito à equiparação salarial.

Os atuais requisitos sãos os seguintes:

a) continua sendo necessária a figura do paradigma;

b) o empregado e o seu paradigma devem desenvolver a mesma função;

c) o empregado e o seu paradigma devem trabalhar para o mesmo empregador, de forma que restou vedada a equiparação entre empregados de empregadores distintos, mesmo que as empresas façam parte do mesmo grupo econômico e, ademais, deve ser no mesmo estabelecimento empresarial;

d) o trabalho desenvolvido entre o empregado e o paradigma devem ter o mesmo valor, sendo características do mesmo valor a mesma produtividade, a mesma perfeição técnica;

e) para configurar o trabalho de igual valor ainda é necessário que entre o empregado e seu paradigma não exista um tempo superior a dois anos na função e quatro trabalhando para o mesmo empregador;

f) é obrigatório que o empregado e seu paradigma tenham trabalhado de forma simultânea.

Outra sensível alteração foi a de que não será mais necessário que o quadro de carreira ou plano de cargos e salários seja homologado junto ao Ministério do Trabalho e Emprego para afastar a equiparação, bastando ser disciplinado por meio de regulamento da empresa ou norma coletiva.

"Art. 461. Sendo idêntica a função, a todo trabalho de igual valor, prestado ao mesmo empregador, no mesmo estabelecimento empresarial, corresponderá igual salário, sem distinção de sexo, etnia, nacionalidade ou idade.

§ 1º Trabalho de igual valor, para os fins deste Capítulo, será o que for feito com igual produtividade e com a mesma perfeição técnica, entre pessoas cuja diferença de tempo de serviço para o mesmo empregador não seja superior a quatro anos e a diferença de tempo na função não seja superior a dois anos.

§ 2º Os dispositivos deste artigo não prevalecerão quando o empregador tiver pessoal organizado em quadro de carreira ou adotar, por meio de norma interna da empresa ou de negociação coletiva, plano de cargos e salários, dispensada qualquer forma de homologação ou registro em órgão público.

§ 3º No caso do § 2º deste artigo, as promoções poderão ser feitas por merecimento e por antiguidade, ou por apenas um destes critérios, dentro de cada categoria profissional.

§ 4º O trabalhador readaptado em nova função por motivo de deficiência física ou mental atestada pelo órgão competente da Previdência Social não servirá de paradigma para fins de equiparação salarial.

§ 5º A equiparação salarial só será possível entre empregados contemporâneos no cargo ou na função, ficando vedada a indicação de paradigmas remotos, ainda que o paradigma contemporâneo tenha obtido a vantagem em ação judicial própria.

§ 6º No caso de comprovada discriminação por motivo de sexo ou etnia, o juízo determinará, além do pagamento das diferenças salariais devidas, multa, em favor do empregado discriminado, no valor de 50% (cinquenta por cento) do limite máximo dos benefícios do Regime Geral de Previdência Social."

1.13.9. Salário substituição

Ocorre quando um empregado substitui o outro, de forma não eventual, tendo nesse caso, direito ao salário do empregado substituído, durante o período de substituição.

Na hipótese do cargo vago, o empregado que vier a preencher o cargo não faz jus ao salário do seu ocupante anterior. Por exemplo: Imagine que João, que tinha salário de R$ 10.000,00 falece, e a empresa precisa contratar outra pessoa para ocupar seu cargo. A empresa resolve contratar Vitor, e pagará ao mesmo um salário de R$ 5.000,00. Pergunta: Se Vitor posteriormente ajuizar reclamação trabalhista pleiteando equiparação de salário com José, terá direito a diferença salarial? A resposta é não, uma vez que Vitor é ocupante de cargo vago.

Súmula 159 do TST – SUBSTITUIÇÃO DE CARÁTER NÃO EVENTUAL E VACÂNCIA DO CARGO

I – Enquanto perdurar a substituição que não tenha caráter meramente eventual, inclusive nas férias, o empregado substituto fará jus ao salário contratual do substituído.

II – Vago o cargo em definitivo, o empregado que passa a ocupá-lo não tem direito a salário igual ao do antecessor.

1.13.10. Atividades insalubres

O conceito de atividade insalubre é dado pelo art. 189 da CLT. Atividade insalubre é aquela que expõe o empregado em contato com agentes nocivos a sua saúde, como, por exemplo, agentes químicos, físicos ou biológicos. Para ilustrar, podemos citar como exemplo de agente químico, o uso de fertilizante, de agente físico, a exposição a calor excessivo, e como agente biológico, o contato com pacientes de um hospital.

"Art. 189 – Serão consideradas atividades ou operações insalubres aquelas que, por sua natureza, condições ou métodos de trabalho, exponham os empre-

gados a agentes nocivos à saúde, acima dos limites de tolerância fixados em razão da natureza e da intensidade do agente e do tempo de exposição aos seus efeitos."

1.13.10.1. Perícia

A caracterização ou não da insalubridade no caso concreto depende laudo técnico emitido por um médico ou engenheiro do trabalho, nos termos do art. 195, § 2º, da CLT.

"Art. 195 – A caracterização e a classificação da insalubridade e da periculosidade, segundo as normas do Ministério do Trabalho, far-se-ão através de perícia a cargo de Médico do Trabalho ou Engenheiro do Trabalho, registrados no Ministério do Trabalho.

...

§ 2º – Arguida em juízo insalubridade ou periculosidade, seja por empregado, seja por Sindicato em favor de grupo de associado, o juiz designará perito habilitado na forma deste artigo, e, onde não houver, requisitará perícia ao órgão competente do Ministério do Trabalho."

Entretanto, o TST mitigou tal regra ao admitir, no caso de extinção da empresa, outros meios de prova, consoante dispõe a OJ n. 278 da SDI 1. Por exemplo: o empregado trabalhou para uma empresa fazendo uso diário de um maquinário que o colocava em contato com barulho excessivo (risco físico). Após o término do contrato, a empresa encerrou suas atividades, e o empregado ajuizou reclamação trabalhista pleiteando o reconhecimento da atividade insalubre, e por consequência a condenação da empresa ao pagamento do adicional de insalubridade. O juiz determinou a realização da perícia, entretanto, em razão do fechamento da empresa não foi possível sua realização. Assim, no caso concreto, é possível a utilização de outras provas, como, por exemplo, oral ou documental, para comprovar a condição insalubre.

OJ n. 278. ADICIONAL DE INSALUBRIDADE. PERÍCIA. LOCAL DE TRABALHO DESATIVADO (DJ 11-08-2003)

A realização de perícia é obrigatória para a verificação de insalubridade. Quando não for possível sua realização, como em caso de fechamento da empresa, poderá o julgador utilizar-se de outros meios de prova.

1.13.10.2. Graduação do adicional

Nos termos do art. 192 da CLT, o adicional é devido conforme o grau da insalubridade, mínimo (10%), médio (20%) e máximo (40%). O que irá definir o grau da insalubridade é a perícia realizada antes ou durante o processo.

"Art. 192 – O exercício de trabalho em condições insalubres, acima dos limites de tolerância estabelecidos pelo Ministério do Trabalho, assegura a percepção de adicional respectivamente de 40% (quarenta por cento), 20% (vinte

por cento) e 10% (dez por cento) do salário-mínimo da região, segundo se classifiquem nos graus máximo, médio e mínimo."

1.13.10.3. Base de cálculo

Atualmente, a base de cálculo do percentual do adicional ainda gera controvérsia, uma vez que a Súmula Vinculante 4 do STF proibiu a utilização do salário mínimo como indexador de base de cálculo.

O TST, por sua vez, adota atualmente a seguinte linha de raciocínio, enquanto não tiver lei, bem como não tenha sido celebrada norma coletiva fixando base de cálculo distinta, aplica-se o salário mínimo.

1.13.10.4. Parcela condicional

Por se tratar de uma parcela condicional, ou seja, que é paga em razão de uma condição especial do contrato de trabalho, assim que constatado que a condição não mais existe, como regra de consequência, seu pagamento deve ser cessado, sem prejuízo ao princípio da irredutibilidade salarial, conforme inteligência do art. 194 da CLT e das Súmulas 80 e 248 do TST.

"Art. 194 – O direito do empregado ao adicional de insalubridade ou de periculosidade cessará com a eliminação do risco à sua saúde ou integridade física, nos termos desta Seção e das normas expedidas pelo Ministério do Trabalho."

Súmula 80 do TST

INSALUBRIDADE (mantida) – Res. 121/2003, DJ 19, 20 e 21-11-2003

A eliminação da insalubridade mediante fornecimento de aparelhos protetores aprovados pelo órgão competente do Poder Executivo exclui a percepção do respectivo adicional.

Súmula 248 do TST

ADICIONAL DE INSALUBRIDADE. DIREITO ADQUIRIDO (mantida) – Res. 121/2003, DJ 19, 20 e 21-11-2003

A reclassificação ou a descaracterização da insalubridade, por ato da autoridade competente, repercute na satisfação do respectivo adicional, sem ofensa a direito adquirido ou ao princípio da irredutibilidade salarial.

1.13.11. Atividades perigosas

A definição de atividade perigosa é dada pela CLT, nos termos do art. 193. Trata-se daquela atividade que coloca o empregado em risco de morte.

"Art. 193. São consideradas atividades ou operações perigosas, na forma da regulamentação aprovada pelo Ministério do Trabalho e Emprego, aquelas

que, por sua natureza ou métodos de trabalho, impliquem risco acentuado em virtude de exposição permanente do trabalhador a:

I – inflamáveis, explosivos ou energia elétrica;

II – roubos ou outras espécies de violência física nas atividades profissionais de segurança pessoal ou patrimonial.

...

§ 4º São também consideradas perigosas as atividades de trabalhador em motocicleta."

Da mesma forma que ocorre com as atividades insalubres, as perigosas também dependem de perícia, com algumas ressalvas, como é o caso previsto na Súmula 453 do TST:

ADICIONAL DE PERICULOSIDADE. PAGAMENTO ESPONTÂNEO. CARACTERIZAÇÃO DE FATO INCONTROVERSO. DESNECESSÁRIA A PERÍCIA DE QUE TRATA O ART. 195 DA CLT. (conversão da Orientação Jurisprudencial n. 406 da SBDI-1) – Res. 194/2014, DEJT divulgado em 21, 22 e 23-05-2014

O pagamento de adicional de periculosidade efetuado por mera liberalidade da empresa, ainda que de forma proporcional ao tempo de exposição ao risco ou em percentual inferior ao máximo legalmente previsto, dispensa a realização da prova técnica exigida pelo art. 195 da CLT, pois torna incontroversa a existência do trabalho em condições perigosas.

1.13.11.1. Adicional e base de cálculo

A prestação de serviços em atividades perigosas dá ao empregado o direito ao recebimento do adicional de periculosidade, no percentual de 30% sobre seu salário sem os acréscimos resultantes de gratificações, prêmios ou participação nos lucros, conforme preconiza o art. 193, § 1º, da CLT:

"Art. 193...

§ 1º – O trabalho em condições de periculosidade assegura ao empregado um adicional de 30% (trinta por cento) sobre o salário sem os acréscimos resultantes de gratificações, prêmios ou participações nos lucros da empresa."

1.13.11.2. Exposição intermitente e eventual

A jurisprudência do TST pacificou a questão na Súmula 364, de forma que apenas aquele empregado exposto de forma eventual, ou habitual em tempo muito reduzido, não faz jus ao recebimento do adicional.

Súmula 364 do TST

ADICIONAL DE PERICULOSIDADE. EXPOSIÇÃO EVENTUAL, PERMANENTE E INTERMITENTE (inserido o item II) – Res. 209/2016, DEJT divulgado em 01, 02 e 03-06-2016

I – Tem direito ao adicional de periculosidade o empregado exposto permanentemente ou que, de forma intermitente, sujeita-se a condições de risco. Indevido, apenas, quando o contato dá-se de forma eventual, assim considerado o fortuito, ou o que, sendo habitual, dá-se por tempo extremamente reduzido. (ex-Ojs da SBDI-1 n. 05 – inserida em 14-03-1994 – e 280 – DJ 11-08-2003)

II – Não é válida a cláusula de acordo ou convenção coletiva de trabalho fixando o adicional de periculosidade em percentual inferior ao estabelecido em lei e proporcional ao tempo de exposição ao risco, pois tal parcela constitui medida de higiene, saúde e segurança do trabalho, garantida por norma de ordem pública (arts. 7º, XXII e XXIII, da CF e 193, § 1º, da CLT).

O art. 193, § 2º, da CLT, não permite a acumulação dos adicionais, sendo que, na hipótese da presença dos dois na relação de trabalho, o empregado terá de optar por um deles.

"Art. 193. São consideradas atividades ou operações perigosas, na forma da regulamentação aprovada pelo Ministério do Trabalho e Emprego, aquelas que, por sua natureza ou métodos de trabalho, impliquem risco acentuado em virtude de exposição permanente do trabalhador a:

...

§ 2º – O empregado poderá optar pelo adicional de insalubridade que porventura lhe seja devido."

1.14. Aviso prévio

É a comunicação da rescisão do contrato de trabalho por uma das partes, empregador ou empregado, que decide extingui-lo, com a antecedência que estiver obrigada por força de lei (art. 487 da CLT).

"Art. 487. Não havendo prazo estipulado, a parte que, sem justo motivo, quiser rescindir o contrato deverá avisar a outra da sua resolução com a antecedência mínima de:

I – oito dias, se o pagamento for efetuado por semana ou tempo inferior;

II – 30(trinta) dias aos que perceberem por quinzena ou mês, ou que tenham mais de 12(doze) meses de serviço na empresa.

..."

Um dos quesitos preponderantes no aviso prévio é a SURPRESA CONTRATUAL; por isso, nos contratos de prazo DETERMINADO NÃO HÁ AVISO PRÉVIO, salvo se constar expressamente no contrato, através da Cláusula Asseguratória de Direito Recíproco de Rescisão.

É praticamente pacífico o entendimento de que o inciso I acima citado não fora recepcionado pela Constituição, já que o art. 7º, XXI, determina "aviso prévio proporcional ao tempo de serviço, sendo no mínimo de trinta dias, nos termos da lei".

Aviso Prévio não cabe nas rescisões por justa causa.

1.14.1. Lei n. 12.506/2011

Esta lei dá 3 dias a mais de aviso prévio ao empregado por cada ano completo de serviço trabalhado por ele.

- Se o empregado trabalhar até 11 meses e 29 dias – terá direito ao mínimo – 30 dias;
- Se trabalhou UM ANO – terá direito a 33 dias;
- Se trabalhou 1 ano, 11 meses e 29 dias – terá direito a 33 dias;
- Se trabalhou 2 anos – 36 dias;
- Se trabalhou 3 anos – 39 dias;
- Até o limite máximo de 90 dias – tendo trabalhado 20 anos na empresa.

Os empregados que foram demitidos antes da publicação da lei NÃO têm direito ao referido acréscimo.

Súmula 441 do TST

AVISO PRÉVIO. PROPORCIONALIDADE

O direito ao aviso prévio proporcional ao tempo de serviço somente é assegurado nas rescisões de contrato de trabalho ocorridas a partir da publicação da Lei n. 12.506, em 13 de outubro de 2011.

1.14.2. Aviso prévio concedido pelo empregador

Como dito anteriormente, o aviso prévio é um direito que se aplica tanto ao empregado quanto ao empregador. O empregador deverá conceder o aviso prévio quando colocar fim a relação de emprego. Nessa hipótese, o empregador poderá escolher a forma de cumprimento do aviso, se trabalhada ou indenizada.

a) AVISO PRÉVIO TRABALHADO: ocorre quando o empregado trabalha no curso do aviso prévio. O art. 488, CLT possibilita ao empregado optar por trabalhar duas horas a menos por dia ou trabalhar sem redução da jornada e faltar 7 dias corridos.

"Art. 488. O horário normal de trabalho do empregado, durante o prazo do aviso, e se a rescisão tiver sido promovida pelo empregador será reduzido de duas horas diárias sem prejuízo do salário integral.

Parágrafo único. É facultado ao empregado trabalhar sem redução das 2 (duas) horas diárias previstas neste artigo, caso em que poderá faltar ao serviço sem prejuízo do salário integral, por (um) dia, na hipótese do inciso I, e por 7 (sete) dias corridos na hipótese do inciso II, do Art. 487 desta Consolidação."

É vedado substituir a jornada reduzida do aviso prévio por horas extras. Se isso ocorrer, caracteriza a nulidade do aviso, gerando um novo aviso a ser indenizado pelo empregador.

Súmula 230 do TST

AVISO PRÉVIO. SUBSTITUIÇÃO PELO PAGAMENTO DAS HORAS REDUZIDAS DA JORNADA DE TRABALHO

É ilegal substituir o período que se reduz da jornada de trabalho, no aviso prévio, pelo pagamento das horas correspondentes.

Pode o empregado renunciar ao restante do aviso prévio, desde que comprovada a obtenção de um novo emprego.

Súmula 276 do TST

AVISO PRÉVIO. RENÚNCIA PELO EMPREGADO

O direito ao aviso prévio é irrenunciável pelo empregado. O pedido de dispensa de cumprimento não exime o empregador de pagar o respectivo valor, salvo comprovação de haver o prestador dos serviços obtido novo emprego.

b) AVISO PRÉVIO INDENIZADO: Ocorre quando o desligamento do empregado é IMEDIATO, de forma que o empregado NÃO trabalha durante o curso do aviso, mas recebe o valor referente ao tempo que teria de cumpri-lo.

1.14.3. Aviso prévio concedido pelo empregado

O aviso prévio é concedido pelo empregado quando este comunica o fim do contrato de trabalho, em outras palavras, pede a demissão.

O aviso prévio concedido pelo empregado também poderá ser indenizado ou trabalhado.

Se o aviso prévio for concedido pelo empregado, este **NÃO TERÁ A REDUÇÃO DA JORNADA DE TRABALHO**, pois a intenção do aviso prévio é de que o empregado encontre novo emprego, de forma que, se este pede a dispensa, presume-se já tê-lo adquirido.

O pagamento indenizado pelo empregado é feito por meio de um DESCONTO NAS VERBAS RESCISÓRIAS deste.

O § 5º do art. 477 da CLT, estabelece que:

"Art. 477. Na extinção do contrato de trabalho, o empregador deverá proceder à anotação na Carteira de Trabalho e Previdência Social, comunicar a dispensa aos órgãos competentes e realizar o pagamento das verbas rescisórias no prazo e na forma estabelecidos neste artigo.

...

§ 5º Qualquer compensação no pagamento de que trata o parágrafo anterior não poderá exceder o equivalente a um mês de remuneração do empregado."

O aviso prévio proporcional só vale se for a favor do empregado.

O aviso prévio sempre conta como tempo de serviço, sendo que a baixa da carteira de trabalho contará do último dia do aviso prévio.

A base de cálculo do aviso prévio é o salário.

1.14.4. Aviso prévio x garantias de emprego

Em princípio, há incompatibilidade entre o aviso prévio e as garantias de emprego, como se depreende da Súmula 348 do TST, que averba: "É inválida a concessão do aviso prévio na fluência da garantia de emprego, ante a incompatibilidade dos dois institutos".

Entretanto, o TST tem admitido a garantia de emprego para gestante que engravida no curso do aviso prévio, mesmo indenizado, e para o empregado que sofre acidente de trabalho durante o prazo do aviso prévio.

1.15. Estabilidade

É a garantia de permanecer no emprego, mesmo contra a vontade do empregador.

Não é permitida a concessão do aviso prévio na fluência do prazo de garantia no emprego. Exemplo: Suponha que a estabilidade do empregado termine dia 21/05. No dia 30/04 o empregador pode mandar o empregado embora com aviso prévio indenizado? NÃO PODE, pois não é possível conceder o aviso prévio em conjunto com o prazo da estabilidade. Não se misturam os institutos, pois estes são incompatíveis.

Súmula 348, TST.

"AVISO PRÉVIO. CONCESSÃO NA FLUÊNCIA DA GARANTIA DE EMPREGO. INVALIDADE

É inválida a concessão do aviso prévio na fluência da garantia de emprego, ante a incompatibilidade dos dois institutos."

1.15.1. Tipos de estabilidade

A primeira modalidade de estabilidade que iremos estudar é a concedida ao dirigente sindical. A primeira dúvida que paira sobre o assunto é a de quem tem direito a referida estabilidade, e a resposta é: apenas aqueles eleitos ao cargo de administração do sindicato, limitado ao número de sete membros, em ordem de hierarquia.

a) DIRIGENTE SINDICAL – art. 543, § 3º, CLT

"Art. 543. O empregado eleito para cargo de administração sindical ou representação profissional, inclusive junto a órgão de deliberação coletiva, não poderá ser impedido do exercício de suas funções, nem transferido para lugar impossível ao desempenho das suas atribuições sindicais.

...

§ 3º Fica vedada a dispensa do empregado sindicalizado ou associado, a partir do momento do registro de sua candidatura a cargo de direção ou representação de entidade sindical ou de associação profissional, até 1 (um) ano após o final do seu mandato, caso seja eleito, inclusive como suplente, salvo se cometer falta grave devidamente apurada nos termos desta Consolidação."

a.1) PRAZO

O prazo da estabilidade inicia-se com o registro da candidatura e vai, em princípio, até a eleição. Se eleito for, a estabilidade se estende até um ano após o final do mandato, sejam **titulares** ou **suplentes**.

Logo, dirigentes Titulares (7) e suplentes (7) têm direito a estabilidade.

Após o registro da candidatura, o sindicato tem o prazo de 24 horas para comunicar o empregador do empregado, sendo que ainda que a comunicação do sindicato não ocorra em 24 horas, o empregado terá direito à estabilidade, desde que o sindicato comunique ao empregador no decorrer do contrato de trabalho.

O registro da candidatura durante o prazo do aviso prévio, mesmo que indenizado, não garante ao empregado a estabilidade.

Súmula 369 do TST

"DIRIGENTE SINDICAL. ESTABILIDADE PROVISÓRIA

I – É assegurada a estabilidade provisória ao empregado dirigente sindical, ainda que a comunicação do registro da candidatura ou da eleição e da posse seja realizada fora do prazo previsto no art. 543, § 5º, da CLT, desde que a ciência ao empregador, por qualquer meio, ocorra na vigência do contrato de trabalho.

II – O art. 522 da CLT foi recepcionado pela Constituição Federal de 1988. Fica limitada, assim, a estabilidade a que alude o art. 543, § 3.º, da CLT a sete dirigentes sindicais e igual número de suplentes.

III – O empregado de categoria diferenciada eleito dirigente sindical só goza de estabilidade se exercer na empresa atividade pertinente à categoria profissional do sindicato para o qual foi eleito dirigente.

IV – Havendo extinção da atividade empresarial no âmbito da base territorial do sindicato, não há razão para subsistir a estabilidade.

V – O registro da candidatura do empregado a cargo de dirigente sindical durante o período de aviso prévio, ainda que indenizado, não lhe assegura a estabilidade, visto que inaplicável a regra do § 3º do art. 543 da Consolidação das Leis do Trabalho."

b) MEMBRO DA CIPA – COMISSÃO INTERNA DE PREVENÇÃO DE ACIDENTES – ART. 10, II, a, ADCT – ART. 165 DA CLT

A Comissão Interna de Prevenção de Acidentes, também chamada de CIPA, é constituída no âmbito da própria empresa, composta por seus próprios empregados, e tem por finalidade atuar na prevenção de acidentes. Tal finalidade acaba por causar uma situação onerosa para o empregador, que precisa, em regra, atender as sugestões da CIPA, de forma que para o empregado, membro da CIPA, atuar com total autonomia, o legislador criou a estabilidade para o empregado eleito membro da CIPA.

"Art. 10. Até que seja promulgada a lei complementar a que se refere o art. 7º, I, da Constituição:

...

II – fica vedada a dispensa arbitrária ou sem justa causa:

a) do empregado eleito para cargo de direção de comissões internas de prevenção de acidentes, desde o registro de sua candidatura até um ano após o final de seu mandato;..."

"Art. 165 – Os titulares da representação dos empregados nas CIPA (s) não poderão sofrer despedida arbitrária, entendendo-se como tal a que não se fundar em motivo disciplinar, técnico, econômico ou financeiro.

Parágrafo único – Ocorrendo a despedida, caberá ao empregador, em caso de reclamação à Justiça do Trabalho, comprovar a existência de qualquer dos motivos mencionados neste artigo, sob pena de ser condenado a reintegrar o empregado."

b.1) PRAZO

O prazo de estabilidade do membro da CIPA é idêntico ao do Dirigente Sindical.

Quando a CIPA é constituída, sua composição dentro da empresa tem de ser paritária. Obrigatoriamente, tem de ter representantes dos empregados e representantes dos empregadores.

O representante do empregador sempre será o PRESIDENTE DA CIPA.

A estabilidade somente é garantida para os empregados representantes dos empregados, titulares e suplentes.

c) ACIDENTE DE TRABALHO – ART. 118 da Lei n. 8.213/91

Acidente de trabalho é o que ocorre com o empregado pelo exercício do trabalho a serviço da empresa (ou acidente de trajeto), provocando lesão corporal ou perturbação funcional que cause a morte, a perda ou a redução, temporária ou permanente, da capacidade para o trabalho.

"Art. 118. O segurado que sofreu acidente do trabalho tem garantida, pelo prazo mínimo de doze meses, a manutenção do seu contrato de trabalho na empresa, após a cessação do auxílio-doença acidentário, independentemente de percepção de auxílio-acidente."

Para ter direito à estabilidade é preciso preencher dois requisitos: primeiro, sofrer o acidente ou ter adquirido a doença ocupacional; segundo, passar a perceber o auxílio doença-acidentário.

Equipara-se ao acidente de trabalho a doença ocupacional ou profissional, que é aquela adquirida em razão da atividade exercida.

Por exceção, a estabilidade acidentária se aplica durante o contrato por prazo determinado, nos termos da Súmula 378 do TST.

Súmula 378 do TST

"ESTABILIDADE PROVISÓRIA. ACIDENTE DO TRABALHO. ART. 118 DA LEI N. 8.213/91. (inserido item III) – Res. 185/2012, DEJT divulgado em 25, 26 e 27-09-2012

I – É constitucional o artigo 118 da Lei n. 8.213/91 que assegura o direito à estabilidade provisória por período de 12 meses após a cessação do auxílio-doença ao empregado acidentado. (ex-OJ n. 105 da SBDI-1 – inserida em 01-10-1997)

II – São pressupostos para a concessão da estabilidade o afastamento superior a 15 dias e a consequente percepção do auxílio-doença acidentário, salvo se constatada, após a despedida, doença profissional que guarde relação de causalidade com a execução do contrato de emprego. (primeira parte – ex-OJ n. 230 da SBDI-1 – inserida em 20-06-2001)

III – O empregado submetido a contrato de trabalho por tempo determinado goza da garantia provisória de emprego decorrente de acidente de trabalho prevista no art. 118 da Lei n. 8.213/91."

c.1) PRAZO

O prazo da estabilidade é de 12 meses, contados da cessação do auxílio previdenciário.

d) GESTANTE – Art. 391-A da CLT/Art. 10, II, b, ADCT

É a estabilidade (ou garantia provisória no emprego) conferida a empregada gestante, desde a confirmação da gravidez até cinco meses após o parto.

"Art. 10. Até que seja promulgada a lei complementar a que se refere o art. 7º, I, da Constituição:

II – fica vedada a dispensa arbitrária ou sem justa causa:

b) da empregada gestante, desde a confirmação da gravidez até cinco meses após o parto."

A estabilidade gestante também é assegurada para as empregadas que engravidam durante o prazo do aviso prévio indenizado, nos termos do art. 391-A da CLT.

"Art. 391-A. A confirmação do estado de gravidez advindo no curso do contrato de trabalho, ainda que durante o prazo do aviso prévio trabalhado ou indenizado, garante à empregada gestante a estabilidade provisória prevista na alínea b do inciso II do art. 10 do Ato das Disposições Constitucionais Transitórias."

A Lei n. 13.509/2017 alterou o art. 391-A da CLT, incluindo o parágrafo único que garante a estabilidade gestante também ao empregado adotante, ao qual tenha sido concedida a guarda provisória para fins de adoção.

"Art. 391-A. ...

Parágrafo único. O disposto no *caput* desde artigo aplica-se ao empregado adotante ao qual tenha sido concedida guarda provisória para fins de adoção."

Por exceção, a estabilidade gestante também se aplica durante o prazo do contrato de trabalho por prazo determinado, nos termos do item III da Súmula 244 do TST.

Súmula 244 do TST

"GESTANTE. ESTABILIDADE PROVISÓRIA (redação do item III alterada na sessão do Tribunal Pleno realizada em 14-09-2012) – Res. 185/2012, DEJT divulgado em 25, 26 e 27-09-2012

I – O desconhecimento do estado gravídico pelo empregador não afasta o direito ao pagamento da indenização decorrente da estabilidade (art. 10, II, *b* do ADCT).

II – A garantia de emprego à gestante só autoriza a reintegração se esta se der durante o período de estabilidade. Do contrário, a garantia restringe-se aos salários e demais direitos correspondentes ao período de estabilidade.

III – A empregada gestante tem direito à estabilidade provisória prevista no art. 10, inciso II, alínea b, do Ato das Disposições Constitucionais Transitórias, mesmo na hipótese de admissão mediante contrato por tempo determinado."

e) MEMBROS DO CONSELHO CURADOR DO FGTS

Nos termos do art. 3º, § 9º da Lei n. 8.036/90, os representantes dos trabalhadores, efetivos e suplentes, no Conselho Curador do FGTS, têm direito à estabilidade provisória.

e.1) Prazo: desde a nomeação até um ano após o término do mandato.

OBS.: Para comprovação da falta grave, exige-se processo sindical.

f) DIRETOR DE COOPERATIVA DE CONSUMO

O empregado eleito diretor de sociedade cooperativa criada pelos próprios empregados (cooperativa de consumo), tem estabilidade no emprego, nos mesmos moldes da garantia conferida ao dirigente sindical.

A estabilidade é conferida apenas aos diretores titulares, nos termos da OJ n. 253 SDI-1 do TST.

OJ N. 253. ESTABILIDADE PROVISÓRIA. COOPERATIVA. LEI N. 5.764/71. CONSELHO FISCAL. SUPLENTE. NÃO ASSEGURADA (inserida em 13-03-2002)

O art. 55 da Lei n. 5.764/71 assegura a garantia de emprego apenas aos empregados eleitos diretores de Cooperativas, não abrangendo os membros suplentes.

f.1) Prazo: desde o registro da candidatura até um ano após o término do mandato.

A falta grave deve ser apurada por meio de inquérito judicial;

O empregado deve comunicar sua candidatura ao empregador.

g) MEMBRO DA COMISSÃO DE CONCILIAÇÃO PRÉVIA (ART. 625-B, § 5º, DA CLT)

É a estabilidade conferida ao representante dos empregados, titulares e suplentes, na comissão instituída no âmbito da empresa;

"Art. 625-B. ...

§ 1º. É vedada a dispensa dos representantes dos empregados membros da Comissão de Conciliação Prévia, titulares e suplentes, até um ano após o final do mandato, salvo se cometerem falta grave, nos termos da lei.

..."

g.1) Prazo: desde o registro da candidatura até um ano após o término do mandato, ou ainda, conforme outra corrente, desde a posse até um ano após o término do contrato de trabalho. Nesse aspecto o candidato deverá ficar a atento e interpretar a questão de acordo com a corrente exigida pela banca.

h) COMISSÃO DE FISCALIZAÇÃO DAS GORJETAS

O art. 457, § 10, da CLT, alterado pela Lei n. 13.419/2017, criou uma nova modalidade de estabilidade para os empregados eleitos para comissão criada na empresa com mais de 60 empregados, para fiscalizar o recolhimento e a distribuição da gorjeta.

O prazo da estabilidade e demais características serão definidas em eventual norma coletiva, de forma que a lei não dispõe a esse respeito.

Art. 457. ...

§ 10. Para empresas com mais de sessenta empregados, será constituída comissão de empregados, mediante previsão em convenção coletiva ou acordo coletivo de trabalho, para acompanhamento e fiscalização da regularidade da cobrança e distribuição da gorjeta de que trata o § 3º, cujos representantes serão eleitos em assembleia geral convocada para esse fim pelo sindicato laboral e

gozarão de garantia de emprego vinculada ao desempenho das funções para que foram eleitos, e, para as demais empresas, será constituída comissão intersindical para o referido fim.

i) EMPREGADOS COM SALÁRIO OU JORNADA REDUZIDOS POR NORMA COLETIVA

O art. 611-A, § 3º, da CLT, criou mais uma estabilidade ao prever que aqueles empregados que sofressem redução do salário ou jornada, por força de Norma Coletiva, não poderiam ter o contrato rompido, sem justa causa, enquanto perdurasse a referida redução.

O prazo da estabilidade é enquanto perdurar a redução.

"Art. 611-A. ...

§ 3º Se for pactuada cláusula que reduza o salário ou a jornada, a convenção coletiva ou o acordo coletivo de trabalho deverão prever a proteção dos empregados contra dispensa imotivada durante o prazo de vigência do instrumento coletivo.

j) PORTADOR DO VÍRUS HIV OU DE OUTRA DOENÇA GRAVE QUE SUSCITE ESTIGMA OU PRECONCEITO

Embora não seja, propriamente dita, uma estabilidade ou garantia provisória no emprego, considerando o rigor técnico, é imperioso ter ciência de que a Súmula 443 do TST assevera que *"Presume-se discriminatória a despedida de empregado portador do vírus HIV ou de outra doença grave que suscite estigma ou preconceito. Inválido o ato, o empregado tem direito à reintegração no emprego".*

1.16. FGTS – Lei n. 8.036/90

O FGTS é um fundo formado por recolhimentos mensais incidentes sobre a remuneração do empregado, efetuados em conta vinculada na Caixa Econômica Federal, que visa à subsistência do empregado durante o desemprego, em substituição à antiga indenização decenal, sendo, na verdade, um direito garantido pela Constituição no art. 7º, III.

O empregado poderá sacar o saldo do FGTS na rescisão do contrato de forma imotivada ou em outras situações excepcionais, como, por exemplo, para comprar uma prótese para sanar alguma deficiência em razão de ter sofrido acidente do trabalho, ou, ainda, para aquisição da casa própria, conforme dispõem os incisos do art. 20 da Lei n. 8.036/90.

1.16.1. Obrigação do recolhimento

Com o advento da CF/88, o recolhimento do FGTS passou a ser obrigatório para o empregado urbano e rural, bem como, atualmente também o é para o empregado doméstico, nos termos da Lei Complementar n. 150/2015.

O recolhimento do FGTS para o servidor público (estatutário) não é obrigatório, já que ele possui estabilidade.

O recolhimento do FGTS também é obrigatório para o empregado público, vez que não é possuidor da estabilidade nos termos da Súmula 390, II, do TST.

Súmula 390 do TST

"ESTABILIDADE. ART. 41 DA CF/1988. CELETISTA. ADMINISTRAÇÃO DIRETA, AUTÁRQUICA OU FUNDACIONAL. APLICABILIDADE. EMPREGADO DE EMPRESA PÚBLICA E SOCIEDADE DE ECONOMIA MISTA. INAPLICÁVEL (conversão das Orientações Jurisprudenciais n. 229 e 265 da SBDI-1 e da Orientação Jurisprudencial n. 22 da SBDI-2) – Res. 129/2005, DJ 20, 22 e 25-04-2005

I – O servidor público celetista da administração direta, autárquica ou fundacional é beneficiário da estabilidade prevista no art. 41 da CF/1988. (ex-OJs n. 265 da SBDI-1 – inserida em 27-09-2002 – e 22 da SBDI-2 – inserida em 20-09-2000)

II – Ao empregado de empresa pública ou de sociedade de economia mista, ainda que admitido mediante aprovação em concurso público, não é garantida a estabilidade prevista no art. 41 da CF/1988. (ex-OJ n. 229 da SBDI-1 – inserida em 20-06-2001)"

1.16.2. Alíquotas

O FGTS mensal é devido, em regra, à razão de 8% da remuneração mensal do empregado (art. 15 da Lei n. 8.036/90).

"Art. 15. Para os fins previstos nesta lei, todos os empregadores ficam obrigados a depositar, até o dia 7 (sete) de cada mês, em conta bancária vinculada, a importância correspondente a 8 (oito) por cento da remuneração paga ou devida, no mês anterior, a cada trabalhador, incluídas na remuneração as parcelas de que tratam os arts. 457 e 458 da CLT e a gratificação de Natal a que se refere a Lei n. 4.090, de 13 de julho de 1962, com as modificações da Lei n. 4.749, de 12 de agosto de 1965.

ATENÇÃO: Para os aprendizes, a alíquota é de 2% sobre a remuneração, salvo condição mais benéfica prevista em contrato, regulamento ou norma coletiva.

Na rescisão do contrato de trabalho sem justa causa, é devida multa compensatória do FGTS no percentual de 40% sobre o montante dos depósitos mensais devidos, até mesmo para os empregados que, por qualquer motivo autorizado por lei, já tenham feito o saque dos valores, no todo ou em parte.

ATENÇÃO: Se a rescisão ocorrer por culpa recíproca ou força maior, o valor da multa é diminuído pela metade.

1.16.3. Prazo para recolhimento

O FGTS deve ser recolhido até o dia 07 (sete) de cada mês, referente à remuneração do mês anterior.

O FGTS rescisório, compreendido aquele referente ao último mês do contrato (verbas rescisórias) e multa compensatória devem ser recolhidos no prazo do pagamento das verbas rescisórias.

OBS.: O FGTS não poderá ser pago diretamente para o empregado.

1.16.4. Afastamentos

O FGTS é devido sempre que o salário também for, assim, na suspensão do contrato de trabalho, em regra, o FGTS não é devido, salvo duas exceções, afastamento por acidente de trabalho e serviço militar.

No caso do acidente de trabalho convertido em aposentadoria por invalidez, a partir da conversão o FGTS não é mais devido.

1.16.5. Aposentadoria espontânea

Atualmente o STF entende que a aposentadoria espontânea não tem o condão de rescindir automaticamente o contrato de trabalho, razão pela multa compensatória é devida, como já dito acima, com base no recolhimento de todo o contrato de trabalho, mesmo que ao se aposentar, o empregado tenha realizado o saque do FGTS, conforme dispõe a OJ n. 361 da SDI 1 do TST.

OJ n. 361. APOSENTADORIA ESPONTÂNEA. UNICIDADE DO CONTRATO DE TRABALHO. MULTA DE 40% DO FGTS SOBRE TODO O PERÍODO (DJ 20, 21 e 23-05-2008)

A aposentadoria espontânea não é causa de extinção do contrato de trabalho se o empregado permanece prestando serviços ao empregador após a jubilação. Assim, por ocasião da sua dispensa imotivada, o empregado tem direito à multa de 40% do FGTS sobre a totalidade dos depósitos efetuados no curso do pacto laboral.

1.17. Proteção do trabalho do menor

Menor, para fins da relação de emprego, é o empregado com idade entre 14 anos e 18 anos incompletos, nos termos do art. 402, *caput*, da CLT.

"Art. 402. Considera-se menor para os efeitos desta Consolidação o trabalhador de quatorze até dezoito anos."

Não importa se ocorreu qualquer das formas de emancipação do Direito Civil.

1.17.1. Trabalho proibido ao menor

O art. 7º, XXXIII, da CF/88, proíbe o trabalho do menor no período noturno, em atividade insalubre ou perigosa.

"Art. 7º...

XXXIII – proibição de trabalho noturno, perigoso ou insalubre a menores de dezoito e de qualquer trabalho a menores de dezesseis anos, salvo na condição de aprendiz, a partir de quatorze anos;"

1.17.2. Limites à duração do trabalho do menor

Em regra, o menor não pode realizar horas extras, salvo para compensação ou força maior, desde que seu trabalho seja indispensável, conforme dispõe o art. 413 da CLT.

"Art. 413 – É vedado prorrogar a duração normal diária do trabalho do menor, salvo:

I – até mais 2 (duas) horas, independentemente de acréscimo salarial, mediante convenção ou acordo coletivo nos termos do Título VI desta Consolidação, desde que o excesso de horas em um dia seja compensado pela diminuição em outro, de modo a ser observado o limite máximo de 48 (quarenta e oito) horas semanais ou outro inferior legalmente fixada;

II – excepcionalmente, por motivo de força maior, até o máximo de 12 (doze) horas, com acréscimo salarial de, pelo menos, 25% (vinte e cinco por cento) sobre a hora normal e desde que o trabalho do menor seja imprescindível ao funcionamento do estabelecimento.

Parágrafo único. Aplica-se à prorrogação do trabalho do menor o disposto no art. 375, no parágrafo único do art. 376, no art. 378 e no art. 384 desta Consolidação."

Na hipótese de prorrogação da jornada por força maior, a CLT limitou a jornada máxima em 12 horas (8 horas + 4 horas).

1.17.3. Prescrição

Nos termos do art. 440 da CLT, contra o menor não corre nenhum prazo prescricional.

"Art. 440 – Contra os menores de 18 (dezoito) anos não corre nenhum prazo de prescrição."

1.18. **Proteção do trabalho da mulher**

1.18.1. Limites ao carregamento de peso

É vedado à mulher trabalhar em emprego que demande carregamento de peso superior a 20 quilos para serviços contínuos e 25 quilos para serviços ocasionais, nos moldes do art. 390 da CLT.

"Art. 390 – Ao empregador é vedado empregar a mulher em serviço que demande o emprego de força muscular superior a 20 (vinte) quilos para o trabalho contínuo, ou 25 (vinte e cinco) quilos para o trabalho ocasional.

Parágrafo único – Não está compreendida na determinação deste artigo a remoção de material feita por impulsão ou tração de vagonetes sobre trilhos, de carros de mão ou quaisquer aparelhos mecânicos."

1.18.2. Proteção à maternidade

Vedação à discriminação em razão do casamento ou gravidez

O art. 391 da CLT veda qualquer tipo de discriminação em face da mulher em razão do matrimônio ou gestação, bem como proíbe que qualquer regulamento, contrato ou norma coletiva contenha cláusula nesse sentido.

"Art. 391 – Não constitui justo motivo para a rescisão do contrato de trabalho da mulher o fato de haver contraído matrimônio ou de encontrar-se em estado de gravidez.

Parágrafo único – Não serão permitidos em regulamentos de qualquer natureza contratos coletivos ou individuais de trabalho, restrições ao direito da mulher ao seu emprego, por motivo de casamento ou de gravidez."

1.18.3. Licença Maternidade

É garantido à empregada licença-maternidade de 120 dias, sem prejuízo do emprego e do salário (no período da licença-maternidade o salário-maternidade equivale ao salário efetivamente percebido pela empregada, é pago pelo empregador e compensado integralmente com as contribuições devidas ao INSS), conforme dispõe o art. 392 da CLT.

"Art. 392. A empregada gestante tem direito à licença-maternidade de 120 (cento e vinte) dias, sem prejuízo do emprego e do salário.

§ 1º A empregada deve, mediante atestado médico, notificar o seu empregador da data do início do afastamento do emprego, que poderá ocorrer entre o 28º (vigésimo oitavo) dia antes do parto e ocorrência deste.

§ 2º Os períodos de repouso, antes e depois do parto, poderão ser aumentados de 2 (duas) semanas cada um, mediante atestado médico.

§ 3º Em caso de parto antecipado, a mulher terá direito aos 120 (cento e vinte) dias previstos neste artigo.

§ 4º É garantido à empregada, durante a gravidez, sem prejuízo do salário e demais direitos:

I – transferência de função, quando as condições de saúde o exigirem, assegurada a retomada da função anteriormente exercida, logo após o retorno ao trabalho;

II – dispensa do horário de trabalho pelo tempo necessário para a realização de, no mínimo, seis consultas médicas e demais exames complementares."

Nos termos da Lei n. 11.770/2008, é possível ampliar por 60 dias o período da licença-maternidade na hipótese de seu empregador ter aderido ao programa de empresa cidadã. No caso, o salário desses 60 dias é pago pelo empregador, e não pelo INSS. Para ter direito à prorrogação, a empregada deve requerer ao empregador até o final do primeiro mês após o parto.

O benefício também é cabível para empregada que adotar ou obtiver guarda provisória para fins de adoção, nos termos do art. 392-A da CLT.

Para afastamento por licença-maternidade, a empregada deve notificar o empregador, mediante atestado médico, a partir de 28 dias antes da data prevista para o parto, contando-se os 120 dias a partir do efetivo afastamento.

Caso necessários os períodos de repouso, antes e depois do parto, poderão ser aumentados de duas semanas cada um, mediante atestado médico.

Desde que ocorrido o parto, independentemente de o fato do bebê ter nascido com vida, a gestante tem direito à licença-maternidade e ao salário-maternidade.

Em caso de falecimento da mãe, é assegurado ao cônjuge ou companheiro empregado o gozo de licença por todo o período da licença-maternidade ou pelo restante do tempo a que teria direito à mãe, exceto no caso de falecimento do filho ou seu abandono, conforme preconiza o art. 392-B da CLT.

"Art. 392-B Em caso de morte da genitora, é assegurado ao cônjuge ou companheiro empregado o gozo de licença por todo o período da licença-maternidade ou pelo tempo restante a que teria direito a mãe, exceto no caso de falecimento do filho ou de seu abandono."

Durante a gravidez fica assegurada à gestante a transferência de função, sempre recomendada pelo médico, garantido o retorno à função anteriormente ocupada (§ 4º, I, art. 392 da CLT).

É garantida à gestante a dispensa do horário de trabalho pelo tempo necessário para realização de, no mínimo, seis consultas médicas e demais exames complementares. (§ 4º, II, art. 392 da CLT).

1.18.4. Direitos assegurados ao adotante

A empregada adotante tem direito à licença-maternidade e salário-maternidade nos mesmos moldes da gestante, independentemente da idade da criança adotada, conforme art. 392-A da CLT.

Art. 392-A. À empregada que adotar ou obtiver guarda judicial para fins de adoção de criança ou adolescente será concedida licença-maternidade nos termos do art. 392 desta Lei.

A guarda provisória não concede o direito à licença e ao salário maternidade.

O empregado adotante também tem direito à licença e benefício previstos nos artigos 392-A e 392-B da CLT. (art. 392-C da CLT).

"Art. 392-C. Aplica-se, no que couber, o disposto no art. 392-A e 392-B ao empregado que adotar ou obtiver guarda judicial para fins de adoção."

A Lei n. 13.301/2016 prevê que a licença maternidade da empregada mãe de criança acometida por sequelas neurológicas causadas decorrentes do mosquito Aedes aegypti será de 180 dias.

1.18.5. Rompimento Contratual por Recomendação médica

O art. 394 da CLT assegura à gestante o direito de romper o contrato de trabalho, se da sua execução decorrer riscos à sua saúde ou à própria gestação. Nesse caso, não é devido aviso prévio, e os demais efeitos são o da demissão.

"Art. 394 – Mediante atestado médico, à mulher grávida é facultado romper o compromisso resultante de qualquer contrato de trabalho, desde que este seja prejudicial à gestação."

1.18.6. Trabalho insalubre

Reforma Trabalhista alterou a redação do artigo 394-A, I e II da CLT, de maneira que proibia que a empregada gestante trabalhasse na atividade insalubre em grau máximo, independentemente de atestado médico. Com relação a atividade em grau médio e mínimo, também proibia, desde que apresentasse atestado de médico particular que recomendasse o afastamento durante a gestação, sem prejuízo da remuneração, incluindo o adicional de insalubridade.

No que tange a lactação, a empregada somente seria afastada da atividade insalubre em qualquer grau, se apresentasse atestado de médico particular, conforme art. 394-A, III, da CLT.

Na ADIN n. 5938, que teve como relator o Ministro Alexandre de Moraes, o STF tratou de declarar inconstitucional a exigência da apresentação do atestado médico, determinando, por via de consequência, que a empregada gestante ou lactante seja afastada da atividade insalubre, durante a gestação ou lactação, independente do grau da insalubridade.

O valor do adicional de insalubridade pago durante o afastamento pelo empregador poderá ser compensado nas contribuições previdenciárias, nos termos do § 2º do art. 394-A da CLT.

Na hipótese de ser impossível o afastamento, a empregada será afastada pelo órgão previdenciário, conforme art. 394-A, § 3º, da CLT.

"Art. 394-A. Sem prejuízo de sua remuneração, nesta incluído o valor do adicional de insalubridade, a empregada deverá ser afastada de:

I – atividades consideradas insalubres em grau máximo, enquanto durar a gestação;

II – atividades consideradas insalubres em grau médio ou mínimo;

III – atividades consideradas insalubres em qualquer grau.

§ 2º Cabe à empresa pagar o adicional de insalubridade à gestante ou à lactante, efetivando-se a compensação, observado o disposto no art. 248 da Constituição Federal, por ocasião do recolhimento das contribuições incidentes sobre a folha de salários e demais rendimentos pagos ou creditados, a qualquer título, à pessoa física que lhe preste serviço.

§ 3º Quando não for possível que a gestante ou a lactante afastada nos termos do *caput* deste artigo exerça suas atividades em local salubre na empre-

sa, a hipótese será considerada como gravidez de risco e ensejará a percepção de salário-maternidade, nos termos da Lei n. 8.213, de 24 de julho de 1991, durante todo o período de afastamento."

1.18.7. Intervalos para amamentação

Antes de adentrar as alterações trazidas pela Reforma, faz-se necessário ressaltar a alteração realizada pela Lei n. 13.509/2017, que estendeu o direito aos intervalos para amamentação às mães adotantes.

O período previsto no *caput* poderá ser dilatado, caso seja necessário para preservar a saúde do filho, conforme redação do § 1º do art. 396 da CLT.

Os intervalos previstos no artigo 396 da CLT deverão ser definidos mediante comum acordo entre empregada e empregador, conforme parágrafo 2º do mencionado artigo.

"Art. 396. Para amamentar seu filho, inclusive se advindo de adoção, até que este complete 6 (seis) meses de idade, a mulher terá direito, durante a jornada de trabalho, a 2 (dois) descansos especiais de meia hora cada um.

§ 1º Quando o exigir a saúde do filho, o período de 6 (seis) meses poderá ser dilatado, a critério da autoridade competente.

§ 2º Os horários dos descansos previstos no *caput* deste artigo deverão ser definidos em acordo individual entre a mulher e o empregador."

1.18.8. Creches

Os estabelecimentos que contêm mais de 29 mulheres com idade acima de 16 anos devem manter creches para guarda dos filhos durante o período de amamentação.

Para tanto, o empregador tem três opções:

a) manter creche no próprio estabelecimento;

b) utilizar creches externas, por meio de convênio;

c) para auxílio ou reembolso creche (indeniza a mãe pelo valor da creche particular contratada), somente mediante norma coletiva.

1.19. Extinção do contrato de trabalho

O contrato de trabalho por prazo indeterminado pode ser extinto por quaisquer das partes, a qualquer tempo, bastando a notificação da parte interessada na extinção.

O contrato de trabalho pode ser extinto de várias formas, que irão depender de qual parte colocou fim ao contrato, bem como se a forma foi motivada ou não.

Aqui, vale ressaltar que quando falamos em "forma motivada", estamos nos referindo a prática de falta grave. Assim, se o empregado ou empregador cometeram falta grave, a extinção será motivada, caso contrário, mesmo que exista justo motivo, como, por exemplo, redução do quadro de empregados, a extinção será imotivada.

1.19.1. Justa causa

Trata-se de uma das formas de extinção do contrato de trabalho, que se caracteriza quando o empregado comete uma das faltas graves, previstas no art. 482 da CLT.

Justa Causa não é a mesma coisa que Falta Grave:

- **JUSTA CAUSA** é a forma de extinção;
- **FALTA GRAVE** *é a conduta irregular do empregado que, por uma ou várias vezes, leva à demissão por justa causa.* Ou seja, é a conduta que leva a ocasionar a justa causa.

1.19.1.1. Princípios da justa causa

a) Princípio da taxatividade

O empregador não pode inventar um motivo para configurar a justa causa, ou combinar com o empregado que determinada conduta caracteriza justa causa. A falta tem de estar taxativamente prevista em lei. O art. 482 da CLT enumera algumas hipóteses.

b) Princípio da imediatividade ou mediatidade

A falta grave deve ser punida de imediato, ou ocorrerá o perdão tácito. É um dos princípios mais importantes. Não adianta flagrar um empregado furtando o caixa do estabelecimento e somente demiti-lo uma semana depois.

A imediatividade nem sempre se conta da falta cometida, mas sim da ciência do empregador com relação a ela.

c) *Bis in idem*

Ninguém pode ter duas punições sobre a mesma falta. Exemplo: Empregado contratado por um supermercado, e consta no contrato de trabalho que se deve trabalhar de uniforme; porém, depois de 10 dias sem trabalhar de uniforme, foi suspenso por 3 dias e, retornando, foi despedido por justa causa. A demissão está correta? Não, pois retornou da suspensão sem ter realizado nenhuma outra conduta grave, logo, sendo punido duas vezes pela mesma atitude.

d) Princípio da isonomia de tratamento

Se houverem vários empregados envolvidos na falta, todos devem receber punição idêntica.

e) Razoabilidade/Proporcionalidade

A penalidade aplicada deve guardar relação com a prática. Assim, não seria razoável e, portanto, nula, uma justa causa aplicada a quem faltou ao serviço de forma injustificada por um dia.

1.19.1.2. Faltas graves

As faltas graves que autorizam a extinção do contrato por justa causa estão dispostas, em regra, no art. 482 da CLT.

"Art. 482. Constituem justa causa para rescisão do contrato de trabalho pelo empregador:

a) ato de improbidade;

b) incontinência de conduta ou mau procedimento;

c) negociação habitual por conta própria ou alheia sem permissão do empregador, e quando construir ato de concorrência à empresa para a qual trabalha o empregado, ou for prejudicial ao serviço;

d) condenação criminal do empregado, passada em julgado, caso não tenha havido suspensão da execução da pena;

e) desídia no desempenho das respectivas funções;

f) embriaguez habitual ou em serviço;

g) violação de segredo da empresa;

h) ato e indisciplina ou de insubordinação;

i) abandono de emprego;

j) ato lesivo à honra ou à boa fama praticado no serviço contra qualquer pessoa, ou ofensas físicas, nas mesmas condições, salvo em caso de legítima defesa, própria ou de outrem;

k) ato lesivo à honra e à boa fama ou ofensas físicas praticada contra o empregador e superiores hierárquicos, salvo em caso de legítima defesa, própria ou de outrem:

l) prática constante de jogos de azar.

m) perda da habilitação ou dos requisitos estabelecidos em lei para o exercício da profissão, em decorrência de conduta dolosa do empregado.

Parágrafo único. Constitui igualmente justa causa para dispensa de empregado a prática, devidamente comprovada em inquérito administrativo, de atos atentatórios à segurança nacional."

a) Ato de improbidade

Qualquer ato que atente ao patrimônio do empregador é ato de improbidade, já que estamos diante de pessoa desonesta. EXEMPLO: entrega de atestado médico falso; prestar informação falsa para obter benefício; dar nota promissória com valor maior ao devido; roubo; furto; alteração do controle de ponto, etc.

Não há necessidade de pré-questionamento policial, ou seja, dispensa formalização via registro de ocorrência em sede de delegacia policial.

b) Incontinência de conduta ou mau procedimento

São dois atos dentro do mesmo inciso.

- **INCONTINÊNCIA DE CONDUTA:** Atos sexuais, obscenidades ou práticas libidinosas caracterizam a incontinência de conduta.

- **MAU PROCEDIMENTO:** é o procedimento em desacordo com as regras naturais, com as regras de convívio. Qualquer falta é mau procedimento. O que acontece que essa falta grave é uma exceção ao princípio da taxatividade, de modo que tudo que não se enquadrar nas demais, inclui-se nesta hipótese, isto é, é uma cláusula de abertura que deve ser interpretada à luz dos princípios acima citados.

c) Negociação habitual

Para caracterizar a justa causa por falta grave, tem de constar mais de uma conduta por falta grave, ou seja, necessita ser habitual. A negociação para caracterizar a justa causa tem de ser habitual.

d) Condenação criminal

O empregado condenado criminalmente pode ser demitido por justa causa, mas precisa de dois requisitos CUMULATIVOS para configurar essa justa causa, sendo:

- trânsito em julgado da decisão penal;
- reclusão do empregado.

Aqui, quando se fala em reclusão, não está se referindo ao regime de pena, mas sim, de que, ainda que tenha trânsito em julgado, o empregado esteja impossibilitado de comparecer ao emprego.

e) Desídia

Desídia é o desleixo, corpo mole, falta de interesse etc. Empregado, por exemplo, que não cumpre suas funções de maneira correta. EXEMPLO: Empregado é encontrado dormindo no meio do expediente.

f) Embriaguez habitual ou em serviço

A palavra "ou" caracteriza duas faltas nessa alínea.

EMBRIAGUEZ HABITUAL NÃO É JUSTA CAUSA – É DOENÇA. E, como doença, o empregado deve ser afastado, encaminhado ao INSS, mantendo vínculo de emprego, recebendo o trabalhador auxílio-doença.

EMBRIAGUEZ EM SERVIÇO DÁ JUSTA CAUSA – a diferença é que esta tem de ser em horário de serviço.

g) Violação de segredo de empresa

Ocorre quando o empregado divulga segredo da empresa. Exemplos: fórmulas de um produto; vender cadastros da OAB para uma empresa de crédito.

h) Indisciplina ou insubordinação

Nesse inciso também constam duas faltas graves.

Ambas as faltas caracterizam descumprimento de ordem, diferenciando:

- INDISCIPLINA: Descumprimento de ordens gerais do serviço.
- INSUBORDINAÇÃO: Descumprimento de ordem pessoal, específica.

Exemplo: Está previsto no estatuto que é proibido trabalhar de chinelo. Se um empregado o utiliza, estará caracterizada a indisciplina.

Exemplo: Se o empregado deixar de fazer um relatório determinado por seu superior – caracteriza insubordinação.

i) Abandono de emprego

Caracteriza a quebra de habitualidade (expectativa de retorno do empregado ao emprego), ou seja, ocorrendo a quebra da expectativa de retorno do empregado ao emprego, ocorre o abandono de emprego. Com efeito, a sua caracterização exige o elemento subjetivo (intenção de não mais retornar ao trabalho) e objetivo (ausência contumaz).

Para o TST, há prazo de 30 dias para caracterizar abandono de emprego (SÚMULA 32 do TST).

Súmula 32 do TST

"ABANDONO DE EMPREGO

Presume-se o abandono de emprego se o trabalhador não retornar ao serviço no prazo de 30 (trinta) dias após a cessação do benefício previdenciário nem justificar o motivo de não o fazer."

j) Ato lesivo à honra e à boa fama e ofensa física praticada contra empregado

Ato lesivo à honra e à boa fama, como, por exemplo, agressões verbais.

k) Ato lesivo à honra e à boa fama e ofensa física praticada contra empregador

Mesma conduta da alínea *j*, mas, neste caso, contra empregador ou superior hierárquico.

Por que o legislador não colocou tudo na alínea *j*? Na alínea *j* tem de ser no horário de serviço ou no âmbito da empresa.

Na alínea *k* caracterizará a justa causa em qualquer local e qualquer horário. O legislador procurou preservar a respeitabilidade.

Não ocorre a falta grave quando o empregado está exercendo o direito à legítima defesa própria ou de terceiros.

l) Prática constante de jogos de azar

A prática constante de jogos de azar possui requisitos indispensáveis e cumulativos, quais sejam:

REQUISITOS CUMULATIVOS

1. o jogo tem de estar ligado a **dinheiro**;
2. tem de ser em horário de serviço ou no âmbito da empresa;
3. o jogo tem de ser **ilegal**.

m) Perda da habilitação por dolo

Inserido pela Lei n. 13.467/17, o empregado, que por dolo, perder a habilitação exigida para o exercício da profissão, pode ter o contrato de trabalho rescindido por justa causa. Para ilustrar, imagine o motorista profissional que perde a habilitação de motorista em razão de estar dirigindo embriagado de modo proposital.

n) Atos atentatórios a segurança nacional (art. 482, parágrafo único, CLT)

"Art. 482. ...

Parágrafo único. Constitui igualmente justa causa para dispensa de empregado a prática, devidamente comprovada em inquérito administrativo, de atos atentatórios à segurança nacional."

Está em absoluto desuso, devido à questão da democracia, ou seja, há quem entenda que não fora recepcionado pela Constituição de 1988.

Porém, para quem entende por sua aplicação, hoje haveria sua configuração por atos de terrorismo, vandalismos, as manifestações abusivas; podendo gerar justa causa.

1.19.1.3. Faltas graves fora do artigo 482 da CLT

A maioria das faltas graves que justificam a rescisão do contrato de trabalho por justa causa estão no rol do art. 482 da CLT. Porém, algumas delas estão fora do referido artigo.

– LEI N. 7.783/89 – LEI DE GREVE

Poderá caracterizar demissão por justa causa, pois a greve tem limites.

Greve não caracteriza justa causa. O que caracteriza a demissão por justa causa são as greves ABUSIVAS.

Greves abusivas são aquelas realizadas sem observância dos preceitos legais.

- **Art. 7º, § 3º do DECRETO-LEI N. 95.247/87**

Decreto que regulamenta o vale transporte.

A declaração fraudulenta de itinerário configura falta grave.

- **Art. 158, parágrafo único, *b*, CLT**

A recusa injustificada do uso do EPI (equipamento de proteção individual) caracteriza a demissão por justa causa.

- **Art. 235 – B, VII, e parágrafo único da CLT**

Motorista profissional que não se submeter a teste e programa de controle de drogas e de bebida alcoólica.

1.19.1.4. Verbas rescisórias

Na extinção do contrato de trabalho por justa causa, o empregado faz jus ao recebimento das seguintes verbas rescisórias:

- saldo salário;
- férias vencidas e não gozadas;
- 13º integral não recebido.

1.19.2. Rescisão indireta

Rescisão Indireta é a forma de extinção do contrato de trabalho que ocorre quando o empregador comete uma das faltas graves, o que está previsto no art. 483 da CLT. Dificilmente o empregador irá assumir, de forma extrajudicial, que cometeu uma falta grave. Assim, na maioria das vezes, quando o empregado percebe que o empregador cometeu uma falta grave, como, por exemplo, exigir a realização de uma tarefa que coloque sua vida em risco, o empregado ajuíza reclamação trabalhista pleiteando o reconhecimento da rescisão indireta do contrato pelo juiz do trabalho.

"Art. 483. O empregado poderá considerar rescindido o contrato e pleitear a devida indenização quando:

a) forem exigidos serviços superiores às suas forças, defesos por Lei, contrários aos bons costumes ou alheios ao contrato;

b) for tratado pelo empregador ou por seus superiores hierárquicos com rigor excessivo;

c) correr perigo manifesto de mal considerável;

d) não cumprir o empregador as obrigações do contrato;

e) praticar o empregador ou seus prepostos, contra ele ou pessoas de sua família ato lesivo da honra e boa fama;

f) o empregador ou seus prepostos ofenderem-no fisicamente, salvo em caso de legítima defesa, própria ou de outrem;

g) O empregador reduzir o seu trabalho, sendo este por peça ou tarefa, de forma a afetar sensivelmente a importância dos salários.

§ 1º O empregado poderá suspender a prestação dos serviços ou rescindir o contrato, quando tiver de desempenhar obrigações legais, incompatíveis com continuação do serviço.

§ 2º No caso de morte do empregador constituído em empresa individual, é facultado ao empregador rescindir o contrato de trabalho.

§ 3º Nas hipóteses das letras d e g, poderá o empregado pleitear a rescisão de seu contrato de trabalho e o pagamento das respectivas indenizações, permanecendo ou não no serviço até final decisão do processo."

ALÍNEA ***A*** – Possui vários atos que a caracterizam, entre eles:

1. EXIGÊNCIA DE SERVIÇOS SUPERIORES ÀS FORÇAS DO EMPREGADO

Não diz respeito às forças físicas apenas, mas também às intelectuais.

2. EXIGÊNCIA DE SERVIÇOES DEFESO POR LEI

Defeso é proibido. Com efeito, a lei proíbe, por exemplo, menor de 18 anos trabalhar em condição insalubre ou perigosa, bem como em horário noturno.

3. EXIGÊNCIA DE SERVIÇOS ALHEIOS AO CONTRATO DE TRABALHO

É exigir que um empregado faça algo para o qual não foi contratado.

ALÍNEA ***B*** – RIGOR EXCESSIVO

Ocorre quando o empregador tem um rigor com um determinado empregado, mas com outro não tem a mesma conduta.

ALÍNEA ***C*** – CORRER PERIGO MANIFESTO DE MAL CONSIDERÁVEL

Ocorre quando se obriga o empregado a trabalhar em um local que irá agravar um mal que este já possui, por exemplo, uma doença.

ALÍNEA ***D*** – DESCUMPRIMENTO CONTRATUAL

Ocorre quando o empregador descumpre alguma cláusula contratual, o maior exemplo é o atraso de salário. A jurisprudência também vem reconhecendo como tal o não recolhimento de FGTS de modo contumaz.

O empregado pode ajuizar a ação e permanecer ou não trabalhando para o empregador.

ALÍNEAS ***E*** **e** ***F***– AGRESSÕES VERBAIS E OFENSAS FÍSICAS

As alíneas *e* e *f* trazem os casos de agressões verbais e ofensas físicas, tanto contra o empregado, quanto contra seus familiares.

ALÍNEA ***G*** – REDUÇÃO DO TRABALHO

Redução do trabalho (peça ou tarefa), com a consequente redução do salário, a ponto de o mesmo restar num valor insuficiente para sua sobrevivência.

1.19.2.1. Verbas rescisórias e demais direitos

Na extinção do contrato por meio da rescisão indireta, o empregado terá direito de receber as seguintes verbas e direitos decorrentes da rescisão:

- saldo de salário;
- 13º proporcional;
- férias vencidas + 1/3;
- férias proporcionais + 1/3;
- aviso prévio;
- FGTS;
- indenização 40% FGTS;
- recebimento seguro-desemprego.

1.19.3. Pedido de Demissão

Ocorre quando o empregado decide colocar fim ao contrato de trabalho. O empregador não poderá se opor, já que se trata de direito potestativo do empregado.

1.19.3.1. Verbas rescisórias

Na extinção do contrato por meio do pedido de demissão, o empregado terá direito de receber as seguintes verbas rescisórias:

- saldo de salário;
- 13º proporcional;
- férias vencidas + 1/3;
- férias proporcionais + 1/3.

Empregado fica obrigado a conceder o aviso prévio trabalhado ou indenizado, sendo que o indenizado é descontado das verbas rescisórias.

Não há que se falar em seguro-desemprego, já que não está, por óbvio, em uma situação de desemprego involuntário.

Cumpre observar que o TST tem entendido pela aplicação do art. 500 da CLT para validar pedido de demissão dos empregados que tenham estabilidade. Logo, sua inobservância gera nulidade da extinção do contrato na forma estudada.

1.19.4. Dispensa sem justa causa

Ocorre quando o empregador decide colocar fim ao contrato de trabalho sem que o empregado tenha cometido uma falta grave e este não poderá se opor, pois é direito potestativo do patrão.

1.19.4.1. Verbas rescisórias e direitos

Na extinção do contrato por meio da rescisão sem justa causa, o empregado terá direito de receber as seguintes verbas rescisórias e direitos:

- saldo de salário;
- 13º proporcional;
- férias vencidas + 1/3;
- férias proporcionais + 1/3;
- aviso prévio;
- FGTS;
- indenização de 40% do FGTS;
- recebimento do seguro-desemprego

1.19.5. Culpa recíproca

Ocorre a extinção do contrato de trabalho por culpa recíproca quando, ao mesmo tempo, empregado e empregador cometem falta grave, nos termos do art. 484 da CLT. Exemplo: Suponha que o empregado ajuizou reclamação trabalhista alegando que o empregador não vem pagando seu salário em dia, o que configura falta grave do empregador. O empregador, por sua vez, ao contestar a ação, argumenta que não vem pagando o salário porque o empregado furtou o caixa da empresa, o que configura falta grave do empregado. Ao final da ação, o juiz entende que tanto empregado quanto empregador cometeram, simultaneamente, faltas graves, o que configura a culpa recíproca.

"Art. 484 – Havendo culpa recíproca no ato que determinou a rescisão do contrato de trabalho, o tribunal de trabalho reduzirá a indenização à que seria devida em caso de culpa exclusiva do empregador, por metade."

O empregado recebe todas as verbas rescisórias, mas **tudo pela metade.**

1.19.6. Distrato

A Reforma Trabalhista inseriu uma nova forma de extinção do contrato de trabalho, qual seja o Distrato, que autoriza o rompimento do contrato de comum acordo entre as partes, conforme dispõe o art. 484-A, *caput*, da CLT.

"Art. 484-A. O contrato de trabalho poderá ser extinto por acordo entre empregado e empregador, caso em que serão devidas as seguintes verbas trabalhistas:..."

1.19.6.1. Verbas rescisórias

Na extinção do contrato por meio do distrato, as verbas indenizatórias são devidas pela metade, as demais integrais, somente 80% do saldo do FGTS é liberado e o empregado não tem direito à habilitação no programa do Seguro Desemprego (art. 484-A da CLT), vez que não estará em situação de desemprego involuntário.

"Art. 484-A. ...

I – por metade:

a) o aviso prévio, se indenizado; e

b) a indenização sobre o saldo do Fundo de Garantia do Tempo de Serviço, prevista no § 1º do art. 18 da Lei n. 8.036, de 11 de maio de 1990;

II – na integralidade, as demais verbas trabalhistas.

§ 1º A extinção do contrato prevista no *caput* deste artigo permite a movimentação da conta vinculada do trabalhador no Fundo de Garantia do Tempo de Serviço na forma do inciso I-A do art. 20 da Lei n. 8.036, de 11 de maio de 1990, limitada até 80% (oitenta por cento) do valor dos depósitos.

§ 2º A extinção do contrato por acordo prevista no *caput* deste artigo não autoriza o ingresso no Programa de Seguro-Desemprego."

1.19.7. Fato do Príncipe

Ocorre a rescisão do contrato de trabalho através do fato do príncipe, quando a empresa for obrigada a paralisar, de forma total ou parcial, suas atividades, por ato de autoridade municipal, estadual ou federal, ou ainda, por lei ou resolução que impossibilite a continuidade das atividades empresariais, conforme preceitua o art. 486 da CLT. Como exemplo, podemos citar o fato do Estado do Rio de Janeiro desapropriar parte da margem da rodovia onde fica localizada a sede da empresa, entretanto, o valor da indenização pela desapropriação foi muito baixo, o que, aliado ao fato da ausência de fluxo de caixa da empresa, gerou o encerramento de suas atividades. Nesse caso, restou configurada a rescisão do contrato por fato do príncipe. Vale destacar que a rescisão deve ocorrer por fator alheio a vontade do empregador.

1.19.7.1. Verbas Rescisórias

Nessa hipótese de extinção do contrato de trabalho, são devidas as mesmas verbas rescisórias da extinção sem justa causa, entretanto, as verbas de natureza indenizatória são de responsabilidade do Estado.

Ainda nesse sentido, sobre a obrigatoriedade do pagamento do aviso prévio indenizado temos duas correntes, uma que entende ser devido o seu pagamento, outra que entende de forma contrária. Ao nosso sentir, o aviso prévio indenizado é devido, haja vista que ficou configurada a surpresa no rompimento da relação de emprego.

1.19.8. Da Rescisão do Contrato por Força Maior

A rescisão do contrato de trabalho por força maior poderá ocorrer quando o contrato for rompido por conta de um acontecimento inevitável a vontade do empregador, e para o qual, o mesmo não concorreu direta ou indiretamente, conforme art. 501 da CLT. Como exemplo, podemos citar um tornado que acabou destruindo a sede da empresa.

1.19.8.1. Das Verbas Rescisórias

No caso do empregado estável, além das verbas rescisórias devidas pela espécie de extinção do contrato, também faz jus ao recebimento das indenizações dos artigos 477 e 478 da CLT. Na hipótese do empregado que não era estável, o mesmo faz jus a todas as verbas como se a rescisão fosse sem justa causa, salvo aviso prévio, e a indenização compensatória do FGTS é devida pela metade.

1.19.9. Prazo para quitação das verbas rescisórias

A Reforma Trabalhista trouxe inúmeras modificações ao art. 477 da CLT, no que tange a rescisão do contrato de trabalho.

Entre elas, uma das mais importantes para o dia a dia do empregado e do empregador é a alteração do prazo para pagamento das verbas rescisórias.

Antes da Reforma, o prazo e sua contagem dependiam da forma da concessão do aviso prévio, se indenizado ou trabalhado, o que não ocorre mais. Com a Reforma Trabalhista, o art. 477, § 6º, foi alterado, de forma que, independentemente da forma da concessão do aviso prévio, o prazo para pagamento das verbas rescisórias é de 10 dias, contados a partir da extinção do contrato.

"Art. 477. ...

§ 6º A entrega ao empregado de documentos que comprovem a comunicação da extinção contratual aos órgãos competentes bem como o pagamento dos valores constantes do instrumento de rescisão ou recibo de quitação deverão ser efetuados até dez dias contados a partir do término do contrato."

A contagem do referido prazo deverá ser realizada nos moldes do art. 132 do CC.

Na hipótese do não pagamento das verbas rescisórias no prazo estipulado pela lei, fica o empregador obrigado a pagar ao empregado uma multa equivalente a um mês de remuneração, nos termos do art. 477, § 8º, da CLT.

"Art. 477. ...

§ 8º – A inobservância do disposto no § 6º deste artigo sujeitará o infrator à multa de 160 BTN, por trabalhador, bem assim ao pagamento da multa a favor do empregado, em valor equivalente ao seu salário, devidamente corrigido pelo índice de variação do BTN, salvo quando, comprovadamente, o trabalhador der causa à mora."

1.19.10. Da Homologação da extinção do contrato

A Reforma Trabalhista revogou o § 1º, bem como alterou a redação do *caput* do art. 477 da CLT, deixando de exigir a homologação do sindicato de classe ou órgão competente para validade da extinção do contrato de trabalho, bastando para tanto que:

a) empregador anotar a baixa na CTPS;

b) empregador comunicar a extinção aos órgãos competentes;

c) realizar o pagamento das verbas rescisórias no prazo.

"Art. 477. Na extinção do contrato de trabalho, o empregador deverá proceder à anotação na Carteira de Trabalho e Previdência Social, comunicar a dispensa aos órgãos competentes e realizar o pagamento das verbas rescisórias no prazo e na forma estabelecidos neste artigo.

§ 1º (Revogado). "

1.19.11. Da Forma de Pagamento das Verbas Rescisórias

A Reforma Trabalhista alterou a redação do parágrafo 4º do art. 477, para expressamente autorizar o pagamento das verbas rescisórias por meio de depósito bancário, além do pagamento em dinheiro ou cheque visado.

"Art. 477. ...

§ 4º O pagamento a que fizer jus o empregado será efetuado:

I – em dinheiro, depósito bancário ou cheque visado, conforme acordem as partes; ou

II – em dinheiro ou depósito bancário quando o empregado for analfabeto."

1.19.11.1. Procedimento para requerimento do Seguro-Desemprego e movimentação do FGTS

A Reforma Trabalhista incluiu o § 10 ao art. 477, o que desburocratizou o requerimento do Seguro-Desemprego e a movimentação da conta do FGTS, sendo que a partir de agora basta o empregado apresentar sua CTPS devidamente anotada, bem como o empregado ter realizado as comunicações previstas no *caput* do art. 477 para ter acesso aos supracitados direitos. Com efeito, antes da Reforma, em regra, o empregado precisava buscar à Justiça via pedido de Tutela Provisória.

"Art. 477. ...

§ 10. A anotação da extinção do contrato na Carteira de Trabalho e Previdência Social é documento hábil para requerer o benefício do seguro-desemprego e a movimentação da conta vinculada no Fundo de Garantia do Tempo de Serviço, nas hipóteses legais, desde que a comunicação prevista no *caput* deste artigo tenha sido realizada."

1.19.12. Da Assistência na Rescisão do Contrato de Trabalho

O parágrafo 7º do art. 477 da CLT foi revogado, de forma que, a partir da vigência da Reforma Trabalhista, os sindicatos poderão exigir algum ônus do trabalhador ou empregador para assistirem as partes na rescisão do contrato de trabalho.

1.19.13. Da Dispensa Coletiva

A Reforma Trabalhista inovou ao inserir o artigo 477-A na CLT, prevendo a equiparação entre a dispensa individual e coletiva, possibilidade da realização de dispensa coletiva ou em massa, sem a necessidade do preenchimento de qualquer requisito prévio, inclusive autorização do sindicato de classe ou celebração de Convenção Coletiva de Trabalho.

"Art. 477-A. As dispensas imotivadas individuais, plúrimas ou coletivas equiparam-se para todos os fins, não havendo necessidade de autorização prévia de entidade sindical ou de celebração de convenção coletiva ou acordo coletivo de trabalho para sua efetivação."

1.19.14. Efeitos da Quitação por meio do PDV

A Reforma Trabalhista colocou fim sobre a discussão que existia sobre os efeitos da quitação do contrato de trabalho por meio do PDV, enquanto o STF entendia que era possível que o PDV contivesse cláusula de eficácia liberatória geral, desde que prevista em norma coletiva, o TST, por meio da OJ n. 270 da SDI-1, entendia que a adesão ao PDV importava apenas na quitação das parcelas constantes do recibo.

Agora, o art. 477-B dispõe claramente que a adesão ao PDV, previsto em norma coletiva, confere quitação com eficácia liberatória geral, salvo estipulação em contrário das partes.

"Art. 477-B. Plano de Demissão Voluntária ou Incentivada, para dispensa individual, plúrima ou coletiva, previsto em convenção coletiva ou acordo coletivo de trabalho, enseja quitação plena e irrevogável dos direitos decorrentes da relação empregatícia, salvo disposição em contrário estipulada entre as partes."

1.20. Do dano extrapatrimonial

A CLT passou a regulamentar o dano extrapatrimonial por meio dos arts. 223-A ao 223-G.

Dentro desse aspecto, o primeiro ponto que merece destaque é o fato de o art. 223-B conceituar o que é o dano extrapatrimonial, informando que o mesmo restará configurado quando por ação ou omissão ocorrer ofensa à esfera moral ou existencial da pessoa física ou jurídica.

O referido artigo ainda deixa claro que o empregador, pessoa jurídica, também poderá sofrer dano extrapatrimonial.

O mencionado artigo também limita o direito à reparação aos titulares do direito.

"Art. 223-B. Causa dano de natureza extrapatrimonial a ação ou omissão que ofenda a esfera moral ou existencial da pessoa física ou jurídica, as quais são as titulares exclusivas do direito à reparação."

O artigo 223-C trouxe um rol exemplificativo dos bens jurídicos que poderão configurar o dano extrapatrimonial.

"Art. 223-C. A honra, a imagem, a intimidade, a liberdade de ação, a autoestima, a sexualidade, a saúde, o lazer e a integridade física são os bens juridicamente tutelados inerentes à pessoa física."

Outrossim, o artigo 223-D trouxe o rol exemplificativo dos bens jurídicos que poderão configurar o dano extrapatrimonial com relação à pessoa jurídica.

Art. 223-D. A imagem, a marca, o nome, o segredo empresarial e o sigilo da correspondência são bens juridicamente tutelados inerentes à pessoa jurídica.

O artigo 223-E dispõe sobre a quem compete a responsabilidade pelo dano extrapatrimonial, informando que a referida responsabilidade cabe a qualquer um que contribuir para a ofensa ao bem jurídico tutelado, observada a proporção da sua participação.

"Art. 223-E. São responsáveis pelo dano extrapatrimonial todos os que tenham colaborado para a ofensa ao bem jurídico tutelado, na proporção da ação ou da omissão."

O artigo 223-F e seus parágrafos autorizam a cumulação entre os pedidos de dano extrapatrimonial e patrimonial decorrentes do mesmo ato ilícito, bem como de que, ao deferir o pedido, o juiz deverá discriminar individualmente cada condenação.

O parágrafo 2º do art. 223-F dispõe que o deferimento dos danos patrimoniais não deve interferir na quantificação do dano extrapatrimonial.

"Art. 223-F. A reparação por danos extrapatrimoniais pode ser pedida cumulativamente com a indenização por danos materiais decorrentes do mesmo ato lesivo.

§ 1º Se houver cumulação de pedidos, o juízo, ao proferir a decisão, discriminará os valores das indenizações a título de danos patrimoniais e das reparações por danos de natureza extrapatrimonial.

§ 2º A composição das perdas e danos, assim compreendidos os lucros cessantes e os danos emergentes, não interfere na avaliação dos danos extrapatrimoniais.

O artigo 223-G, trazido pela Reforma Trabalhista, dispõe sobre as características ou requisitos que o juiz deverá observar ao julgar o dano extrapatrimonial.

Nesse mesmo sentido, o § 1º do referido artigo trouxe ao ordenamento jurídico trabalhista uma gradação para o deferimento do dano extrapatrimonial, separando a condenação pelo grau da ofensa em leve, média, grave e gravíssima, bem como limita o valor da condenação de acordo com o grau de ofensa.

Nesse passo, o dispositivo legal também indicou a base de cálculo para valorar a indenização pelo dano extrapatrimonial, qual seja o valor do salário contratual do ofendido.

Para evitar abuso por parte do empregador, a Reforma também estipulou o pagamento em dobro da indenização no caso de reincidência.

No caso de morte não se aplicam os parâmetros citados acima.

"Art. 223-G. Ao apreciar o pedido, o juízo considerará:

I – a natureza do bem jurídico tutelado;

II – a intensidade do sofrimento ou da humilhação;

III – a possibilidade de superação física ou psicológica;

IV – os reflexos pessoais e sociais da ação ou da omissão;

V – a extensão e a duração dos efeitos da ofensa;

VI – as condições em que ocorreu a ofensa ou o prejuízo moral;

VII – o grau de dolo ou culpa;

VIII – a ocorrência de retratação espontânea;

IX – o esforço efetivo para minimizar a ofensa;

X – o perdão, tácito ou expresso;

XI – a situação social e econômica das partes envolvidas;

XII – o grau de publicidade da ofensa.

§ 1º Se julgar procedente o pedido, o juízo fixará a indenização a ser paga, a cada um dos ofendidos, em um dos seguintes parâmetros, vedada a acumulação:

I – ofensa de natureza leve, até três vezes o último salário contratual do ofendido;

II – ofensa de natureza média, até cinco vezes o último salário contratual do ofendido;

III – ofensa de natureza grave, até vinte vezes o último salário contratual do ofendido;

IV – ofensa de natureza gravíssima, até cinquenta vezes o último salário contratual do ofendido.

§ 2º Se o ofendido for pessoa jurídica, a indenização será fixada com observância dos mesmos parâmetros estabelecidos no § 1º deste artigo, mas em relação ao salário contratual do ofensor.

§ 3º Na reincidência entre partes idênticas, o juízo poderá elevar ao dobro o valor da indenização."

1.21. Direito de greve – Lei n. 7.783/89

É a suspensão coletiva, temporária e pacífica, total ou parcial, de prestação pessoal de serviços a empregador.

"Art. 2º Para os fins desta Lei, considera-se legítimo exercício do direito de greve a suspensão coletiva, temporária e pacífica, total ou parcial, de prestação pessoal de serviços a empregador."

O direito de greve é individual, mas seu exercício é sempre coletivo.

1.21.1. Efeitos sobre o contrato de trabalho

REGRA: Suspensão do contrato de trabalho (sem trabalho/sem salário), nos termos do art. 7º da lei de Greve.

"Art. 7º Observadas as condições previstas nesta Lei, a participação em greve suspende o contrato de trabalho, devendo as relações obrigacionais, durante o período, serem regidas pelo acordo, convenção, laudo arbitral ou decisão da Justiça do Trabalho.

Parágrafo único. É vedada a rescisão de contrato de trabalho durante a greve, bem como a contratação de trabalhadores substitutos, exceto na ocorrência das hipóteses previstas nos arts. 9º e 14."

Durante a greve, o empregado não pode ser demitido, bem como substituído, salvo se a greve for abusiva.

EXCEÇÃO:

A suspensão pode se transformar em interrupção, por meio de ajuste entre empregado e empregador, por negociação coletiva ou decisão da Justiça do Trabalho.

1.21.2. Greve abusiva

Considera-se abusiva a greve que não observa os preceitos legais, bem como aquela mantida após celebração de Norma Coletiva ou proferida Sentença Normativa.

AVISOS:

- serviços não essenciais: 48 horas, apenas empregador;
- serviços essenciais: 72 horas, empregador e coletividade.

"Art. 3º Frustrada a negociação ou verificada a impossibilidade de recursos via arbitral, é facultada a cessação coletiva do trabalho.

Parágrafo único. A entidade patronal correspondente ou os empregadores diretamente interessados serão notificados, com antecedência mínima de 48 (quarenta e oito) horas, da paralisação."

"Art. 13 Na greve, em serviços ou atividades essenciais, ficam as entidades sindicais ou os trabalhadores, conforme o caso, obrigados a comunicar a decisão aos empregadores e aos usuários com antecedência mínima de 72 (setenta e duas) horas da paralisação."

ATENÇÃO: A greve abusiva não gera efeitos, conforme preconiza a OJ n. 10 da SDC do TST

OJ n. 10. GREVE ABUSIVA NÃO GERA EFEITOS. (inserida em 27-03-1998)

É incompatível com a declaração de abusividade de movimento grevista o estabelecimento de quaisquer vantagens ou garantias a seus partícipes, que assumiram os riscos inerentes à utilização do instrumento de pressão máximo.

1.21.3. Greve em atividades essenciais

É possível a greve em atividades essenciais, desde que preenchidos os requisitos legais, bem como os grevistas garantam, durante a greve, a prestação de parte dos serviços.

"Art. 10 São considerados serviços ou atividades essenciais:

I – tratamento e abastecimento de água; produção e distribuição de energia elétrica, gás e combustíveis;

II – assistência médica e hospitalar;

III – distribuição e comercialização de medicamentos e alimentos;

IV – funerários;

V – transporte coletivo;

VI – captação e tratamento de esgoto e lixo;

VII – telecomunicações;

VIII – guarda, uso e controle de substâncias radioativas, equipamentos e materiais nucleares;

IX – processamento de dados ligados a serviços essenciais;

X – controle de tráfego aéreo;

XI – compensação bancária."

Restrições ao direito de greve

a) MILITARES

Os militares não têm direito de greve, nos termos do art. 142, § 3º, IV, da CF/88.

"Art. 142. As Forças Armadas, constituídas pela Marinha, pelo Exército e pela Aeronáutica, são instituições nacionais permanentes e regulares, organizadas com base na hierarquia e na disciplina, sob a autoridade suprema do Presidente da República, e destinam-se à defesa da Pátria, à garantia dos poderes constitucionais e, por iniciativa de qualquer destes, da lei e da ordem.

...

§ 3º...

IV – ao militar são proibidas a sindicalização e a greve;"

b) *LOCKOUT* (art. 17 da Lei n. 7.783/89)

É a greve realizada pelo empregador, sendo que sua consequência é o pagamento dos salários dos empregados durante a paralisação.

"Art. 17. Fica vedada a paralisação das atividades, por iniciativa do empregador, com o objetivo de frustrar negociação ou dificultar o atendimento de reivindicações dos respectivos empregados (*lockout*).

Parágrafo único. A prática referida no *caput* assegura aos trabalhadores o direito à percepção dos salários durante o período de paralisação."

1.22. Direito coletivo

O direito coletivo do trabalho visa a estabelecer os direitos inerentes a toda uma coletividade de trabalhadores, como, por exemplo, uma categoria profissional.

O estudo do direito coletivo do trabalho se divide em três pilares básicos, quais, sejam: organização sindical, negociação coletiva e a greve, que já vimos no capítulo anterior.

Nesse momento não há mais que se falar em parte mais fraca, como nos referíamos ao empregado na relação de emprego, uma vez que aqui a partes são representadas por seus sindicatos, de forma que existe igualdade entre eles, independentemente se representam o empregado ou o empregador.

1.22.1. Liberdade sindical ou livre associação

Nenhum trabalhador no Brasil é obrigado a participar de um sindicato, nos termos do art. 8º, V, da CF/88.

"Art. 8º É livre a associação profissional ou sindical, observado o seguinte:

...

V – ninguém será obrigado a filiar-se ou a manter-se filiado a sindicato;

..."

1.22.2. Sindicato

É uma associação, pessoa jurídica de direito privado que representa trabalhadores e empregadores e visa à defesa de seus respectivos interesses coletivos (art. 511 da CLT).

"Art. 511. É lícita a associação para fins de estudo, defesa e coordenação dos seus interesses econômicos ou profissionais de todos os que, como empregadores, empregados, agentes ou trabalhadores autônomos ou profissionais liberais exerçam, respectivamente, a mesma atividade ou profissão ou atividades ou profissões similares ou conexas. "

1.22.3. Unicidade sindical

No Brasil, admite-se apenas um único sindicato para um dado grupo de trabalhadores em dada base territorial (art. 8º, II, da CF).

"Art. 8º...

II – é vedada a criação de mais de uma organização sindical, em qualquer grau, representativa de categoria profissional ou econômica, na mesma base territorial, que será definida pelos trabalhadores ou empregadores interessados, não podendo ser inferior à área de um Município;"

1.22.4. Registro do sindicato perante órgão competente

É obrigatório, nos termos do art. 8º, I, da CF/88, o registro do sindicato junto ao órgão competente, a fim de que possa iniciar suas atividades de representação da categoria.

"Art. 8º...

I – a lei não poderá exigir autorização do Estado para a fundação de sindicato, ressalvado o registro no órgão competente, vedadas ao Poder Público a interferência e a intervenção na organização sindical;

..."

1.22.5. Categoria profissional, econômica e diferenciada

Conforme nosso ordenamento jurídico, a organização dos trabalhadores se dá por categorias, de forma que é importante saber sobre o conceito de categoria profissional, econômica e diferenciada.

a) Profissional (art. 511, § 2º, da CLT)

Categoria profissional diz respeito à associação dos empregados em sindicato que represente trabalhadores com condições semelhantes em face da atividade desenvolvida pelo empregador. Se há várias atividades desenvolvidas simultaneamente, aplica-se a regra da atividade preponderante, qual seja a considerada principal na empresa.

"Art. 511. ...

§ 2º A similitude de condições de vida oriunda da profissão ou trabalho em comum, em situação de emprego na mesma atividade econômica ou em atividades econômicas similares ou conexas, compõe a expressão social elementar compreendida como categoria profissional.

..."

b) Econômica (art. 511, § 1º, da CLT)

Em paridade com o conceito de categoria profissional, temos que a categoria profissional é a reunião de empregadores que exercem atividades idênticas, similares ou conexas, e por consequência formará um sindicato patronal.

"Art. 511. ...

§ 1º A solidariedade de interesses econômicos dos que empreendem atividades idênticas, similares ou conexas, constituem o vínculo social básico que se denomina categoria econômica.

..."

c) Diferenciada

Em regra, a união dos trabalhadores ocorre em razão da atividade preponderante do empregador, todavia tal regra comporta exceção, que é o enquadramento do empregado em uma categoria diferenciada.

A categoria diferenciada é aquela que se forma por meio da união de empregados com a profissão regulamentada por lei específica ou que conste no quadro do art. 511, § 3º, da CLT.

"Art. 511. ...

§ 3º Categoria profissional diferenciada é a que se forma dos empregados que exerçam profissões ou funções diferenciadas por força de estatuto profissional especial ou em consequência de condições de vida singulares."

Vale, no particular, citar a Súmula 374 do TST, que assim averba: *"Empregado integrante de categoria profissional diferenciada não tem o direito de haver de seu empregador vantagens previstas em instrumento coletivo no qual a empresa não foi representada por órgão de classe de sua categoria".*

1.22.6. Base territorial mínima de atuação sindical

A base territorial mínima para criação e atuação de sindicato da mesma categoria é a área de um município, conforme dispõe o art. 8º, II, da CF/88.

"Art. 8º...

II – é vedada a criação de mais de uma organização sindical, em qualquer grau, representativa de categoria profissional ou econômica, na mesma base territorial, que será definida pelos trabalhadores ou empregadores interessados, não podendo ser inferior à área de um Município;

..."

1.22.7. Atribuições e Prerrogativas dos Sindicatos

Ao sindicato são atribuídas várias funções, entre as quais merece destaque:

a) Representação da categoria no âmbito judicial e administrativo (art. 8º, III, da CF e art. 513, *a*, da CLT).

"Art. 8º...

III – ao sindicato cabe a defesa dos direitos e interesses coletivos ou individuais da categoria, inclusive em questões judiciais ou administrativas;"

"Art. 513. São prerrogativas dos sindicatos:

a) representar, perante as autoridades administrativas e judiciárias os interesses gerais da respectiva categoria ou profissão liberal ou interesses individuais dos associados relativos a atividade ou profissão exercida; "

b) Negociação coletiva (art. 8º, VI, da CF e art. 513, *b*, CLT)

"Art. 8º...

VI – é obrigatória a participação dos sindicatos nas negociações coletivas de trabalho;"

"Art. 513. ...

b) celebrar contratos coletivos de trabalho; "

Custeio da Atividade Sindical

a) Contribuição Sindical

Uma das maiores alterações trazidas pela Reforma Trabalhista foi acabar com a obrigatoriedade do pagamento da Contribuição Sindical, que a partir de agora passa a ser devida apenas pelos representantes das categorias profissional, econômica e diferenciada quando expressamente autorizada, conforme preceitua os arts. 578 e 579 da CLT.

"Art. 578. As contribuições devidas aos sindicatos pelos participantes das categorias econômicas ou profissionais ou das profissões liberais representadas pelas referidas entidades serão, sob a denominação de contribuição sindical, pagas, recolhidas e aplicadas na forma estabelecida neste Capítulo, desde que prévia e expressamente autorizadas.

Art. 579. O desconto da contribuição sindical está condicionado à autorização prévia e expressa dos que participarem de uma determinada categoria econômica ou profissional, ou de uma profissão liberal, em favor do sindicato representativo da mesma categoria ou profissão ou, inexistindo este, na conformidade do disposto no art. 591 desta Consolidação."

b) Contribuição Confederativa (art. 8º, IV, da CF e Súmula Vinculante 40)

Tem como objetivo financiar o sistema confederativo, e só é devida pelos trabalhadores sindicalizados.

"Art. 8º...

IV – a assembleia geral fixará a contribuição que, em se tratando de categoria profissional, será descontada em folha, para custeio do sistema confederativo da representação sindical respectiva, independentemente da contribuição prevista em lei; "

Súmula Vinculante 40 do STF

"A contribuição confederativa de que trata o art. 8º, IV, da Constituição, só é exigível dos filiados ao sindicato respectivo."

c) Contribuição Assistencial

É utilizada para o custeio das atividades assistenciais do sindicato, é somente é devida dos empregados sindicalizados, aplicando-se os mesmos preceitos da contribuição confederativa, conforme art. 513, *e*, da CLT.

"Art. 513. São prerrogativas dos sindicatos:

...

e) impor contribuições a todos aqueles que participam das categorias econômicas ou profissionais ou das profissões liberais representadas."

1.22.8. Convenção coletiva x Acordo coletivo

a) Convenção Coletiva de Trabalho

É o resultado da negociação entre o sindicato patronal e o sindicato dos empregados, conforme art. 611 da CLT.

"Art. 611 – Convenção Coletiva de Trabalho é o acordo de caráter normativo, pelo qual dois ou mais Sindicatos representativos de categorias econômicas e profissionais estipulam condições de trabalho aplicáveis, no âmbito das respectivas representações, às relações individuais de trabalho."

b) Acordo Coletivo de Trabalho

É o resultado da negociação entre um ou mais empregadores e o sindicato dos trabalhadores, conforme art. 611, § 1º da CLT.

"Art. 611.

§ 1º É facultado aos Sindicatos representativos de categorias profissionais celebrar Acordos Coletivos com uma ou mais empresas da correspondente categoria econômica, que estipulem condições de trabalho, aplicáveis no âmbito da empresa ou das acordantes respectivas relações de trabalho."

A Reforma Trabalhista criou um novo princípio para o direito coletivo do trabalho, qual seja da *intervenção mínima na autonomia da vontade coletiva*, de forma que, a partir do referido princípio trazido pela redação do novo parágrafo 3º do art. 8º da CLT, a Justiça do Trabalho, na análise das normas coletivas, somente poderá verificar os requisitos para validade do negócio jurídico (art. 104 do CC), quais sejam: a) agente capaz; b) objeto lícito, possível, determinado ou determinável.

"Art. 8º...

...

§ 3º No exame de convenção coletiva ou acordo coletivo de trabalho, a Justiça do Trabalho analisará exclusivamente a conformidade dos elementos essenciais do negócio jurídico, respeitado o disposto no art. 104 da Lei n. 10.406, de 10 de janeiro de 2002 (Código Civil), e balizará sua atuação pelo princípio da intervenção mínima na autonomia da vontade coletiva."

1.22.9. Duração dos Efeitos da Norma Coletiva

O prazo máximo de vigência da norma coletiva, independentemente de convenção ou acordo, é de 2 anos, sendo vedada a ultratividade, ou seja, é proibido que a norma coletiva continue gerando efeitos após o seu termo, conforme art. 614, § 3º, da CLT.

"Art. 614 – Os Sindicatos convenentes ou as empresas acordantes promoverão, conjunta ou separadamente, dentro de 8 (oito) dias da assinatura da Convenção ou Acordo, o depósito de uma via do mesmo, para fins de registro e arquivo, no Departamento Nacional do Trabalho, em se tratando de instrumento de caráter nacional ou interestadual, ou nos órgãos regionais do Ministério do Trabalho e Previdência Social, nos demais casos.

...

§ 3º Não será permitido estipular duração de convenção coletiva ou acordo coletivo de trabalho superior a dois anos, sendo vedada a ultratividade."

1.22.10. Limites da norma coletiva

O estudo desse tópico deve começar com a seguinte pergunta: Existem limites impostos à negociação coletiva? E a resposta é sim. O art. 611-B da CLT, alterado pela Reforma Trabalhista, impôs restrição à supressão ou redução de alguns direitos trabalhistas.

"Art. 611-B. Constituem objeto ilícito de convenção coletiva ou de acordo coletivo de trabalho, exclusivamente, a supressão ou a redução dos seguintes direitos:

I – normas de identificação profissional, inclusive as anotações na Carteira de Trabalho e Previdência Social;

II – seguro-desemprego, em caso de desemprego involuntário;

III – valor dos depósitos mensais e da indenização rescisória do Fundo de Garantia do Tempo de Serviço (FGTS);

IV – salário mínimo;

V – valor nominal do décimo terceiro salário;

VI – remuneração do trabalho noturno superior à do diurno;

VII – proteção do salário na forma da lei, constituindo crime sua retenção dolosa;

VIII – salário-família;

IX – repouso semanal remunerado;

X – remuneração do serviço extraordinário superior, no mínimo, em 50% (cinquenta por cento) à do normal;

XI – número de dias de férias devidas ao empregado;

XII – gozo de férias anuais remuneradas com, pelo menos, um terço a mais do que o salário normal;

XIII – licença-maternidade com a duração mínima de cento e vinte dias;

XIV – licença-paternidade nos termos fixados em lei;

XV – proteção do mercado de trabalho da mulher, mediante incentivos específicos, nos termos da lei;

XVI – aviso prévio proporcional ao tempo de serviço, sendo no mínimo de trinta dias, nos termos da lei;

XVII – normas de saúde, higiene e segurança do trabalho previstas em lei ou em normas regulamentadoras do Ministério do Trabalho;

XVIII – adicional de remuneração para as atividades penosas, insalubres ou perigosas;

XIX – aposentadoria

XX – seguro contra acidentes de trabalho, a cargo do empregador;

XXI – ação, quanto aos créditos resultantes das relações de trabalho, com prazo prescricional de cinco anos para os trabalhadores urbanos e rurais, até o limite de dois anos após a extinção do contrato de trabalho;

XXII – proibição de qualquer discriminação no tocante a salário e critérios de admissão do trabalhador com deficiência;

XXIII – proibição de trabalho noturno, perigoso ou insalubre a menores de dezoito anos e de qualquer trabalho a menores de dezesseis anos, salvo na condição de aprendiz, a partir de quatorze anos;

XXIV – medidas de proteção legal de crianças e adolescentes;

XXV – igualdade de direitos entre o trabalhador com vínculo empregatício permanente e o trabalhador avulso;

XXVI – liberdade de associação profissional ou sindical do trabalhador, inclusive o direito de não sofrer, sem sua expressa e prévia anuência, qualquer cobrança ou desconto salarial estabelecidos em convenção coletiva ou acordo coletivo de trabalho;

XXVII – direito de greve, competindo aos trabalhadores decidir sobre a oportunidade de exercê-lo e sobre os interesses que devam por meio dele defender;

XXVIII – definição legal sobre os serviços ou atividades essenciais e disposições legais sobre o atendimento das necessidades inadiáveis da comunidade em caso de greve;

XXIX – tributos e outros créditos de terceiros;

XXX – as disposições previstas nos arts. 373-A, 390, 392, 392-A, 394, 394-A, 395, 396 e 400 desta Consolidação.

Parágrafo único. Regras sobre duração do trabalho e intervalos não são consideradas como normas de saúde, higiene e segurança do trabalho para os fins do disposto neste artigo."

1.22.11. Acordado (negociado) x Legislado

A Reforma Trabalhista trouxe uma grande inovação para direito coletivo do trabalho, uma vez que expressamente autorizou que, em determinados casos, o acordado entre as partes, por meio da norma coletiva, se sobreponha à legislação, conforme dispõe o art. 611-A da CLT.

"Art. 611-A. A convenção coletiva e o acordo coletivo de trabalho têm prevalência sobre a lei quando, entre outros, dispuserem sobre:

I – pacto quanto à jornada de trabalho, observados os limites constitucionais;

II – banco de horas anual;

III – intervalo intrajornada, respeitado o limite mínimo de trinta minutos para jornadas superiores a seis horas;

IV – adesão ao Programa Seguro-Emprego (PSE), de que trata a Lei n. 13.189, de 19 de novembro de 2015;

V – plano de cargos, salários e funções compatíveis com a condição pessoal do empregado, bem como identificação dos cargos que se enquadram como funções de confiança;

VI – regulamento empresarial;

VII – representante dos trabalhadores no local de trabalho;

VIII – teletrabalho, regime de sobreaviso, e trabalho intermitente;

IX – remuneração por produtividade, incluídas as gorjetas percebidas pelo empregado, e remuneração por desempenho individual;

X – modalidade de registro de jornada de trabalho;

XI – troca do dia de feriado;

XII – enquadramento do grau de insalubridade;

XIII – prorrogação de jornada em ambientes insalubres, sem licença prévia das autoridades competentes do Ministério do Trabalho;

XIV – prêmios de incentivo em bens ou serviços, eventualmente concedidos em programas de incentivo;

XV – participação nos lucros ou resultados da empresa.

..."

1.23. Comissão de Conciliação Prévia

Tem por finalidade a tentativa de conciliação dos conflitos individuais de trabalho.

É composta de forma paritária, ou seja, em igual número por representantes dos empregados e dos empregadores, conforme art. 625-B da CLT;

Se composta no âmbito da empresa, terá normas tratadas na CLT;

- A CCP será composta de no mínimo dois e no máximo dez membros;
- A metade dos membros serão indicados pelo empregador e outra metade eleita pelos empregados;
- A CCP terá tantos membros suplentes quantos forem os titulares;
- O mandato do membro eleito para CCP é de um ano, permitida uma recondução;
- A estabilidade provisória no emprego, desde o registro da candidatura até um ano após o término do mandato, ou, ainda, conforme outra corrente, desde a posse até um ano após o término do contrato de trabalho. Nesse aspecto, o candidato deverá ficar a atento e interpretar a questão de acordo com a corrente exigida pela banca.;

"Art. 625-B. A Comissão instituída no âmbito da empresa será composta de, no mínimo, dois e, no máximo, dez membros, e observará as seguintes normas:

I – a metade de seus membros será indicada pelo empregador e outra metade eleita pelos empregados, em escrutínio secreto, fiscalizado pelo sindicato de categoria profissional;

II – haverá na Comissão tantos suplentes quantos forem os representantes titulares;

III – o mandato dos seus membros, titulares e suplentes, é de um ano, permitida uma recondução.

§ 1º É vedada a dispensa dos representantes dos empregados membros da Comissão de Conciliação Prévia, titulares e suplentes, até um ano após o final do mandato, salvo se cometerem falta grave, nos termos da lei.

§ 2º O representante dos empregados desenvolverá seu trabalho normal na empresa afastando-se de suas atividades apenas quando convocado para atuar como conciliador, sendo computado como tempo de trabalho efetivo o despendido nessa atividade."

Poderá ser criada no âmbito das empresas (grupo de empresas) ou dos sindicatos, conforme art. 625-A da CLT;

"Art. 625-A. As empresas e os sindicatos podem instituir Comissões de Conciliação Prévia, de composição paritária, com representante dos empregados e dos empregadores, com a atribuição de tentar conciliar os conflitos individuais do trabalho. Parágrafo único. As Comissões referidas no *caput* deste artigo poderão ser constituídas por grupos de empresas ou ter caráter intersindical."

Se composta no âmbito do sindicato, terá suas regras tratadas em Norma Coletiva;

A passagem do empregado pela CCP é facultativa, muito embora o art. 625-D da CLT preveja a obrigatoriedade, o STF, por meio do julgamento da ADIN n. 2139-DF, de relatoria do Ministro Marco Aurélio, decidiu sobre a faculdade;

"Art. 625-D. Qualquer demanda de natureza trabalhista será submetida à Comissão de Conciliação Prévia se, na localidade da prestação de serviços, houver sido instituída a Comissão no âmbito da empresa ou do sindicato da categoria."

A passagem da demanda do empregado pela CCP suspende o prazo prescricional, desde a provocação até frustrar a conciliação ou esgotar o prazo de 10 dias, conforme artigos 625-F e 625-G da CLT.

"Art. 625-F. As Comissões de Conciliação Prévia têm prazo de dez dias para a realização da sessão de tentativa de conciliação a partir da provocação do interessado.

Parágrafo único. Esgotado o prazo sem a realização da sessão, será fornecida, no último dia do prazo, a declaração a que se refere o § 2º do art. 625-D.

Art. 625-G. O prazo prescricional será suspenso a partir da provocação da Comissão de Conciliação Prévia, recomeçando a fluir, pelo que lhe resta, a partir da tentativa frustrada de conciliação ou do esgotamento do prazo previsto no art. 625-F."

2. TEORIA DE PROCESSO DE TRABALHO

2.1. Princípios

Os princípios são usualmente definidos como o alicerce de uma determinada ciência, isto é, o primeiro fundamento, que irá inspirar, orientar e informar as normas jurídicas.

2.1.1. Princípio do *jus postulandi*

O processo do trabalho adota a possibilidade de o empregado e o empregador litigarem sem a necessidade de constituir advogado, ou seja, confere aqueles sujeitos da relação de emprego capacidade postulatória para prática de atos processuais, como se infere do art. 791 da CLT.

O princípio não é ilimitado, pois a Súmula 425 do TST o restringe às Varas do Trabalho e aos Tribunais Regionais do Trabalho, não podendo ser utilizado nas ações rescisórias, nos mandados de segurança, nas ações cautelares (atualmente tutelas provisórias de urgência de natureza cautelar – arts. 294 e ss. do CPC) e nos recursos de competência do TST.

Por fim, não pode a parte sem advogado pedir cautelar (tutela de urgência) ou impetrar mandado de segurança, mesmo que seja na 1ª instância da Justiça do Trabalho (Varas do Trabalho). Da mesma sorte não exercerá o *jus postulandi* quando for o caso de ajuizamento de ação rescisória, seja no TRT ou no TST e, de acordo com o art. 855-B da CLT, também não é possível sua aplicação no procedimento de jurisdição voluntária de homologação de acordo extrajudicial.

2.1.2. Princípio da conciliação ou conciliatório

Este princípio preconiza que a Justiça do Trabalho é eminentemente conciliadora, como se extrai do art. 764 e parágrafos da CLT, quer nos dissídios individuais quer nos coletivos, pois todos estarão sempre sujeitos à conciliação, o que é ratificado pelo art. 652, *a*, do mesmo diploma legal.

No procedimento comum ordinário, de acordo com a combinação dos arts. 846 e 850 da CLT, há dois momentos obrigatórios para a proposta judicial de conciliação: quando da abertura da audiência e após as razões finais, porém antes da decisão, sob pena de nulidade.

Cumpre destacar que grande parte da doutrina e da jurisprudência defende a nulidade da sentença se, pelo menos, o juiz não propor a derradeira tentativa de conciliação em audiência, isto é, se após as razões finais não tentar conciliar as partes, haja vista que esta supriria a falta da primeira.

Já no procedimento comum sumaríssimo, o juiz, em qualquer fase da audiência, poderá incitar as partes ao acordo, nos termos do art. 852-E da CLT.

No entanto, é imperioso salientar que o juiz não é obrigado a homologar acordo entre as partes, como se infere da Súmula 418 do TST, o que também é aplicável para os acordos extrajudiciais. Porém, deve fundamentar, por determinação constitucional do art. 93, IX, da CF/88.

Vale dizer que, a Justiça do Trabalho estimula o acordo em qualquer fase do processo, ainda que após o trânsito em julgado e já em fase de execução, como se denota da OJ n. 376 da SDI-I do TST.

A OJ n. 132 da SDI-2 do TST dispõe que o acordo homologado em que o empregado dá plena e ampla quitação, sem que faça constar qualquer ressalva, alcança não só o objeto da lide, mas também todas as demais parcelas do extinto contrato de trabalho, motivo pelo qual o ajuizamento de outra demanda resta por violar a coisa julgada.

2.1.3. Princípio da irrecorribilidade imediata das decisões interlocutórias

Decisão interlocutória, nos termos do art. 203, § 2º, do CPC, é o pronunciamento do juiz que não se configura como sentença ou despacho. No processo trabalhista, a base legal deste princípio são os arts. 799, § 2º, 893, § 1º, e art. 855-A, § 1º, todos da CLT.

Dessa forma, no processo do trabalho, em regra, não cabe recurso imediato contra as decisões interlocutórias, sendo este princípio uma vereda do princípio da oralidade, salvo nas hipóteses taxativamente enumeradas na Súmula 214 do TST.

Para exemplificar, na situação descrita na letra "a" da súmula, seria cabível o recurso de revista, vez que se trata decisão proferida pelo Tribunal Regional do Trabalho, na forma do art. 896 da CLT. Assim, se um trabalhador ajuíza uma ação após três anos da mudança de regime da CLT para estatutário e o juiz reconhece a prescrição bienal, em caso de afastamento da prescrição pelo TRT em sede de recurso ordinário, caberia de imediato recurso de revista, haja vista que a decisão do regional viola a Súmula 382 do TST, impedindo que os autos voltem à origem (Vara do Trabalho) para apreciar os pedidos.

Cabe destacar que, para evitar a preclusão ou convalidação, é trivial no processo do trabalho, quando as decisões interlocutórias são proferidas em audiência, requerer que seja registrado em ata de audiência o protesto (irresignação) antipreclusivo, o que é requerido com espeque no art. 795 c/c o art. 893, § 1º, ambos da CLT.

Assim, se a parte requerer a oitiva de testemunha e o magistrado indeferir, como estamos diante de uma decisão interlocutória, que não se enquadra em nenhuma das exceções previstas na Súmula 214 do TST, caberá o protesto em ata para, se for o caso em decorrência de prejuízo, requerer sua apreciação quando da interposição do recurso ordinário em face da sentença.

Note que o legislador reformista trouxe mais algumas exceções ao princípio em tela, como se denota do § 1º, incisos II e III do art. 855-A da CLT, que admite recursos de imediato das decisões interlocutórias que acolham ou rejeitem o incidente de desconsideração da personalidade jurídica, respectivamente, o agravo de petição, quando a decisão for em sede de execução, e o agravo interno, quando proferida por relator em incidente instaurado originariamente no tribunal.

2.1.4. Princípio da normatização coletiva

A Justiça do Trabalho exerce o chamado **poder normativo**, que consiste na competência material de solucionar conflitos coletivos, criando normas e condições gerais e abstratas, por meio da denominada **sentença normativa,** que serão aplicadas no âmbito das categorias envolvidas (profissionais e econômicas), o que permanece mantido mesmo com o advento da Emenda Constitucional n. 45/2004.

Essa função especial conferida aos tribunais da Justiça laboral é prevista no § 2º do art. 114 da CF/88, que na verdade nada tem a ver com o aplicar do direito já existente, pois no exercício desta competência a Justiça do Trabalho cria normas jurídicas, o que será analisado com mais cautela ao tratarmos do dissídio coletivo.

2.1.5. Princípio da oralidade

No processo do trabalho, que ostenta procedimentos essencialmente orais, os atos processuais são realizados pelas partes e pelo juiz em audiência, de forma oral e verbal, o que tem por objetivo simplificar o procedimento e gerar mais celeridade, com significativo aumento de poderes do magistrado na direção do processo.

Não são poucos os dispositivos da CLT que fazem menção aos atos orais, como é o caso da defesa regulada no art. 847, em que a reclamada terá 20 minutos para aduzi-la (mesmo na vigência do processo eletrônico é assegurada a apresentação de defesa oral); razões finais orais em dez minutos, como se depreende do art. 850 da CLT, dentre outros.

2.1.6. Princípio da celeridade

Presente no art. 765 da CLT e no art. 5º, LXXVIII, da CF/88, no processo do trabalho tem seu relevo, pois o trabalhador busca verbas de natureza alimentar, o que é constatado pela existência de procedimentos mais breves, rápidos.

2.1.7. Princípio da concentração

Este princípio está explícito nos arts. 849 e 852-C, ambos da CLT. Na verdade, orienta a prática de atos em uma mesma oportunidade, como é o caso da determinação de que as audiências no processo do trabalho sejam unas, para que nela sejam realizados todos os atos processuais necessários para a solução da demanda, salvo total impossibilidade.

2.1.8. Princípios da subsidiariedade e supletividade

Este princípio nada mais é do que a aplicação do processo comum no direito processual do trabalho, o que é autorizado pelo art. 769 da CLT.

São dois os pressupostos para admitir a incidência do processo comum no processo laboral:

1) omissão na CLT; e

2) compatibilidade das normas do processo civil com os princípios que orientam o processo do trabalho.

Da jurisprudência do TST podemos extrair alguns exemplos, pela aplicação ou não do CPC, como é o caso da OJ n. 310 da SDI-I que afirma ser inaplicável ao processo do trabalho o art. 191 do CPC (art. 229 do CPC/2015) que concede prazo em dobro para os litisconsortes que tenham procuradores diferentes, por ferir o princípio da celeridade; a Súmula 263 que versa sobre a possibilidade de saneamento de erros à petição inicial; a Súmula 394 que diz ser aplicável ao processo trabalhista, em qualquer instância, o art. 493 do CPC; dentre outras.

Esse dispositivo (art. 769 da CLT), que deve ser combinado com o art. 15 do CPC (autoriza a aplicação do CPC ao processo do trabalho de forma subsidiária – omissão ou supletiva – complementação), aplica-se no processo de conhecimento, pois se estivermos diante de procedimentos na execução, aplicar-se-á o disposto no art. 889 da CLT, onde num primeiro momento será aplicável a Lei de Execuções Fiscais (LEF – Lei n. 6.830/80) e, persistindo a omissão, socorre-se, então, do CPC, mas em qualquer um dos casos desde que não haja incompatibilidade com os princípios processuais do trabalho.

2.1.9. Princípio da imediação ou imediatidade

Tal princípio permite que o juiz tenha contato direto com as partes, peritos, testemunhas, a fim de melhor formar o seu convencimento, como se infere do art. 820 da CLT.

Sendo assim, o art. 11 da Instrução Normativa n. 39/2016 do TST assevera que não se aplica ao Processo do Trabalho a norma do art. 459 do CPC no que permite a inquirição direta das testemunhas pela parte (CLT, art. 820).

2.1.10. Princípio da busca da verdade real

Este princípio processual deriva do princípio do direito material do trabalho, conhecido como princípio da primazia da realidade. Esta assertiva é corroborada pelo art. 765 da CLT, que confere aos Juízos e Tribunais do Trabalho ampla liberdade na direção do processo.

2.1.11. Princípio da ultrapetição ou extrapetição

Significa, basicamente, que os órgãos jurisdicionais não podem resolver a lide de forma distinta daquela que fora objeto do pedido, o que em regra é vedado, pois o pedido é um limitador da atividade jurisdicional (arts. 141 e 492 do CPC) e, por isso, o juiz não pode proferir sentença *citra*, *ultra* ou *extra petita*, em razão do princípio da adstrição, exceto nos casos autorizados em lei, casos em que haverá julgamento sem pedido.

O exemplo clássico é o art. 496 da CLT, onde se verifica a possibilidade de o juiz converter a reintegração de empregado estável em indenização. Tem-se ainda a Súmula 211 do TST.

2.1.12. Princípio da *non reformatio in pejus*

Preconiza que o Tribunal, no julgamento de um recurso, não pode proferir decisão que agrave a situação do recorrente. Assim, se o rol de pedidos do reclamante for julgado parcialmente procedente e somente a reclamada recorrer, não pode o Tribunal julgar procedente todo o rol de pedidos do reclamante, pois estaria a agravar a situação processual da reclamada.

2.1.13. Princípio da publicidade

Estampado nos arts. 5º, LX, e 93, IX, da Constituição Federal de 1988, é uma garantia que visa transparência sobre os atos e julgamentos praticados pelo Poder Judiciário e decorre, fatalmente, do devido processo legal.

Note que não se trata de um princípio absoluto, vez que o próprio texto constitucional admite restrição a este, nos termos do art. 5º, LX, da CF/88. A CLT, por seu turno, em sentido semelhante, no art. 770.

2.2. Competência da Justiça do Trabalho

2.2.1. Definição

Como a jurisdição é função, dever e poder, monopolizada pelo Estado, todos os magistrados (juízes, desembargadores e ministros) a exercem. Porém a competência é exatamente a divisão dos trabalhos entre eles para processar e julgar as demandas judiciais, de modo que é possível, considerando nosso ordenamento jurídico, que um magistrado tenha jurisdição, mas não tenha competência, embora a recíproca não seja verdadeira.

2.2.1.1. Relação de trabalho e relação de emprego

Para fins de fixação da competência da Justiça do Trabalho, a distinção entre trabalhador e empregado perdeu sua relevância com o advento da Emenda Constitucional n. 45/2004, na medida em que a especializada passou a processar e julgar as ações oriundas da relação de trabalho, com algumas ressalvas, como é o caso de trabalhador no âmbito da administração pública (servidor estatutário).

Com a ampliação da competência envidada pela emenda constitucional retrocitada, não há dúvidas, pelo visto, de que as ações oriundas da relação de emprego são de competência da justiça do trabalho, mas também as lides decorrentes da relação de trabalho, razão pela qual cabe a esta especializada julgar ações envolvendo o descumprimento de obrigações legais e contratuais inerentes à relação de emprego, bem com ações decorrentes das relações de trabalho (trabalho autônomo, trabalho eventual, trabalho voluntário, estágio etc.), as ações que visam apreciar reclamações de empregado que tenham por objeto direito fundado em quadro de carreira (Súmula 19 do TST), ações ajuizadas por empregados em face de empregadores referentes ao cadastramento no PIS (Súmula 300 do TST), dentre inúmeras outras.

2.2.1.2. Complementação de aposentadoria

O Plenário do Supremo Tribunal Federal decidiu no julgamento do Recurso Extraordinário 586.456 que cabe à Justiça Comum julgar processos decorrentes de contrato de previdência complementar privada, o que significa que não é da Justiça do Trabalho a competência para julgar ações que tenham essa causa de pedir.

ATENÇÃO: Há quem entenda, mesmo sem o cancelamento da OJ 26 da SDI-1 do TST que a partir da decisão proferida no RE ao norte, onde fora reconhecida a repercussão geral, a **competência para julgar as ações de complementação de aposentadoria fixada para a Justiça Comum**, engloba a complementação de pensão requerida por viúva, prejudicando a aplicação da referida OJ n. 26.

2.2.1.3. Entes de direito público externo e organismos internacionais

No que tange à competência da Justiça do Trabalho para processar e julgar as ações oriundas das relações de trabalho com os entes de direito público externo, cabe trazer à baila que o Supremo Tribunal Federal já decidiu, de forma reiterada, que não há imunidade de jurisdição para os entes de direito público externo, razão pela qual a Justiça do Trabalho tem competência para processar e julgar lides envolvendo tais entes.

No entanto, o Pretório Excelso também assentou entendimento no sentido de que o ente de direito público externo possui imunidade de execução, isto é, a Justiça Laboral não possui competência para executar seus julgados, em razão da soberania daqueles entes, de modo que, como regra geral, deve lançar mão da carta rogatória, o que nos levar a afirmar que a imunidade é relativa e não absoluta, vez que não se aplica do processo de conhecimento, mas tão somente ao de execução, isso se não houver renúncia expressa.

Porém, no que tange aos organismos internacionais, o raciocínio é diverso, nos termos da OJ n. 416 da SDI-1 do TST, *in verbis*: "As organizações ou organismos internacionais gozam de imunidade absoluta de jurisdição quando amparados por norma internacional incorporada ao ordenamento jurídico brasileiro, não se lhes aplicando a regra do Direito Consuetudinário relativa à natureza dos atos praticados. Excepcionalmente, prevalecerá a jurisdição brasileira na hipótese de renúncia expressa à cláusula de imunidade jurisdicional".

2.2.1.4. Servidores públicos e trabalhadores de cartórios extrajudiciais

Se a relação de trabalho é mantida com a Administração Pública e não for regida pela CLT (não empregado), pelo contrário, ostente natureza tipicamente estatutária ou caráter jurídico-administrativo, a competência não será da justiça laboral, mas sim da Justiça Federal ou Estadual, como se extrai da ADI 3.395.

Ademais, se houver contratação de trabalhador por tempo determinado no âmbito da Administração Pública, nos moldes do art. 37, IX, da Constituição, a competência é da Justiça Comum, o que já fora decidido reiteradas vezes pelo Supremo Tribunal Federal, em razão do seu caráter administrativo.

Entretanto, é de grande valia observar a competência residual mencionada na Orientação Jurisprudencial n. 138 da SDI-1.

No que tange aos cartórios extrajudiciais, bem como aos empregados das sociedades de economia mista ou empresas públicas, como os trabalhadores tem vínculo de emprego (regido pela CLT), a competência para apreciar eventual lide será da Justiça do Trabalho.

2.2.1.5. Conflito envolvendo entes sindicais

Diante do consignado no art. 114, III, da CF/88 (ações sobre representação sindical, entre sindicatos e trabalhadores, e entre sindicatos e empregadores), não restam dúvidas acerca da competência da Justiça do Trabalho para dirimir qualquer controvérsia envolvendo as entidades sindicais e trabalhadores ou empregadores, ou até mesmo questões sobre representação sindical.

2.2.1.6. Ações constitucionais de defesa

A Constituição Federal determina, no art. 114, IV, que compete à Justiça do Trabalho processar e julgar as ações de mandado de segurança, *habeas corpus* e *habeas data*, desde que os atos praticados envolvam matéria sujeita a sua jurisdição.

Precisamente, apenas para termos um exemplo sobre o cabimento do *Habeas Corpus*, a jurisprudência trabalhista passou a o admitir para que um jogador de futebol possa jogar em um novo clube, quando está sendo impedido de trabalhar em um novo clube por aquele do qual se desligou, além de outros fundamentos (Processo n. TST-AgR-HC-5451-88.2017.5.00.0000 e demais precedentes), o que ultimamente está sendo objeto de revisão no TST.

2.2.1.7. Danos morais e materiais

O art. 114, VI, da CF/88 dispõe que "compete a Justiça do Trabalho processar e julgar as ações de indenização por dano moral ou patrimonial, decorrentes da relação de trabalho", o que atualmente não gera mais controvérsias na doutrina ou na jurisprudência, tendo em vista a redação da Súmula 392 do TST.

Porém, quando as ações envolvem acidente de trabalho, temos dois prismas para analisar:

1º) **Ações acidentárias movidas pelo trabalhador segurado em face do INSS:** neste caso, como o objeto da ação será prestação acidentária, a competência é da Justiça Comum Estadual, como se extrai do art. 109, I, da CF/88, da Súmula 15 do STJ e das Súmulas 235 e 501 do STF.

Sem prejuízo do acima exposto, pode ainda ser citado o art. 643, § 2º, da CLT, o qual assevera que compete a Justiça ordinária o julgamento das ações referentes a acidentes de trabalho.

2º) **Ações indenizatórias pleiteando danos morais ou materiais do empregado em face do empregador:** nesta hipótese, se o empregado sofre um infortúnio decorrente de acidente de trabalho, por culpa ou dolo do empregador, a competência é da Justiça do Trabalho, inclusive aquelas anteriores ao advento da Emenda Constitucional n. 45/2004, desde que ainda não haja sentença de mérito proferida pela Justiça Comum, que era a competente para apreciar tais ações, nos termos da Súmula Vinculante 22 do STF.

Importante destacar que a CLT, do art. 223-A ao art. 223-G trata do Dano Extrapatrimonial, tanto para pessoas físicas quanto jurídicas, fixando, inclusive, os limites da reparação nos §§ 1º e 2º do art. 223-G, o que fora incluído pela Lei n. 13.467/2017 (Reforma Trabalhista).

2.2.1.8. Ações possessórias

A Justiça do Trabalho também tem competência para julgar ações possessórias decorrentes das relações de trabalho, seja no que tange a bens móveis ou imóveis, ou seja, tem competência para julgar ação de reintegração de posse, ação de manutenção de posse e ação de interdito proibitório, o que pode ser feito no bojo da reclamação trabalhista ou em reconvenção, desde que guarde nexo de causalidade com a relação de trabalho.

No que toca à competência para julgamento das ações possessórias envolvendo o exercício do direito de greve, importa citar a Súmula Vinculante 23 do STF.

2.2.1.9. Greve

Prevê solenemente nossa Carta Magna, no art. 114, II, que compete à Justiça do Trabalho "processar e julgar as ações que envolvam e que envolvam exercício do direito de greve", o que nos leva a afirmar que tanto as ações individuais quanto as coletivas, desde que esta matéria (greve) seja veiculada, serão julgadas pela Justiça Laboral, o que não inclui as ações penais decorrentes do exercício do direito em testilha, como já decidiu o STF na ADI 3.684.

No caso de greve em atividade essencial, que tenha possibilidade de lesão ao interesse público, o Ministério Público do Trabalho pode ajuizar dissídio coletivo para que a Justiça do Trabalho venha a dirimi-lo, nos termos do § 3º do art. 114 da CF/88, caso em que a competência será originariamente do TRT ou do TST.

2.2.1.10. Execução das contribuições sociais e fiscais

Prevê o art. 114, VIII, da CF que compete à Justiça do Trabalho processar e julgar a execução, de ofício, das contribuições sociais previstas no art. 195, I, *a*, e II, e seus acréscimos legais, decorrentes das sentenças que proferir.

Com efeito, a Justiça Laboral é competente para determinar o recolhimento (executar de ofício) das contribuições fiscais. Porém, a competência da Justiça do Trabalho, quanto à execução das contribuições previdenciárias, limita-se às sentenças condenatórias em pecúnia que proferir e aos valores, objeto de acordo homologado, que integrem o salário de contribuição, como se infere do art. 876, parágrafo único, da CLT, da Súmula 368, I, do Tribunal Superior do Trabalho e Súmula Vinculante 53 do STF, inclusive as contribuições devidas ao Seguro de Acidente de Trabalho, consoante Súmula 454 do TST.

2.2.1.11. Penalidades administrativas impostas pelos órgãos de fiscalização do trabalho

Dispõe a Constituição no art. 114, VI, que compete à Justiça do Trabalho processar e julgar *as ações relativas às penalidades administrativas impostas aos empregadores pelos órgãos de fiscalização das relações de trabalho*, ou seja, as ações ajuizadas pelos tomadores de serviços em razão das penalidades oriundas dos órgãos de fiscalização que fazem parte do Ministério do Trabalho e Emprego.

Nesse contexto, é lícito afirmar que a Justiça do Trabalho tem competência para julgar todas as ações ajuizadas pelos empregadores e tomadores de serviço decorrentes da questão ora veiculada, ou seja, tutelas de evidência, mandados de segurança, ações anulatórias, ações de cunho declaratório etc.

Ademais, também serão executadas na Justiça do Trabalho as Certidões de Dívida Ativa (CDA) da União decorrentes de penalidades impostas pelos mesmos órgãos acima citados, isto é, se a União pretende executar uma CDA, desde que o crédito tributário seja decorrente da penalidade imposta pelos órgãos de fiscalização do trabalho, como seria o caso das multas administrativas, nada mais óbvio do que afirmar que a competência é da Justiça Laboral.

2.2.1.12. Ações de cobranças de profissionais liberais

Havia divergência até a edição da Súmula 363 do STJ, que resolveu toda a controvérsia nos seguintes termos: "Compete à Justiça estadual processar e julgar a ação de cobrança ajuizada por profissional liberal contra cliente".

2.2.1.13. Homologação de acordo extrajudicial

Com a entrada em vigor da Lei n. 13.467/2017 (Reforma Trabalhista), o art. 652, *f*, da CLT assevera que compete às Varas do Trabalho decidir quanto à homologação de acordo extrajudicial em matéria de competência da Justiça do Trabalho, estando o procedimento (especial) de jurisdição voluntária ora citado no art. 855-B ao art. 855-E da norma laboral.

Desta forma, este processo, para ser iniciado, precisa de petição assinada em conjunto por ambas as partes, sendo obrigatória a representação delas por advogados diferentes, podendo o trabalhador ser assistido pelo advogado de sua categoria profissional.

A lei determina que o juiz, no prazo de 15 dias a contar da distribuição da petição inicial, irá analisar o acordo e, se for necessário, designará audiência, proferindo sentença.

A petição de homologação de acordo extrajudicial **suspende** o prazo prescricional da ação quanto aos direitos nela especificados, o qual voltará a fluir no dia útil seguinte ao do trânsito em julgado da decisão que indeferir a homologação requerida.

2.2.2. Competência em razão do lugar

Em relação à competência territorial das Varas do Trabalho, vale dizer que a regra geral é no sentido de que a reclamação deve ser apresentada no local em que o empregado tenha prestado seus serviços, sendo irrelevante o local da contratação ou do seu domicílio, conforme redação do *caput* do art. 651 da CLT.

No que tange ao agente ou viajante comercial, temos que o § 1º do art. 651 estabelece uma exceção, qual seja:

1) o reclamante deve ajuizar sua reclamação trabalhista no foro em que a empresa tenha agência ou filial, desde que o trabalhador esteja subordinado a ela; ou

2) em caso de inexistir subordinação à agência ou filial, promoverá sua reclamação onde tenha domicílio ou na localidade mais próxima.

Exceção ainda é vista, em razão da regra geral, no parágrafo 2º do art. 651 do diploma consolidado, o qual atribui competência às Varas do Trabalho para processar e julgar lides ocorridas em agência ou filial situada no estrangeiro, desde que o empregado seja brasileiro e não haja convenção internacional em contrário, exigindo-se, em contrapartida, que a empresa tenha sede, filial ou representação no Brasil, pois do contrário, obviamente, haverá total impossibilidade de ajuizamento da ação em solo brasileiro.

Note que o art. 651, parágrafo 3º, da norma laboral determina que, em caso de empresas que promovam atividades fora do lugar da celebração do contrato, o trabalhador poderá ajuizar sua reclamação no local onde o contrato fora celebrado ou onde prestou os serviços, como sói acontecer nas atividades circenses, feiras agropecuárias, dentre outras.

A jurisprudência, tendo em vista o princípio constitucional do Acesso à Justiça (art. 5º, XXXV) tem relativizado a rigidez do *caput* do art. 651, **casuisticamente** (no caso concreto), como podemos extrair do Informativo n. 185 do TST:

Competência territorial. Término das atividades da filial da empresa na localidade da contratação e da prestação dos serviços. Reclamação trabalhista ajuizada no foro do domicílio da reclamante. Possibilidade. Garantia de acesso à justiça. Preservação do direito de defesa. É possível reconhecer a competência territorial do foro do domicílio da reclamante quando a atribuição da competência ao juízo do Trabalho da contratação ou da prestação dos serviços inviabilizar a garantia do exercício do direito de ação. As regras do art. 651 da CLT não devem ser interpretadas de forma literal, mas, sistematicamente, de modo a concretizar os direitos e garantias fundamentais insculpidos na Constituição da República. Na hipótese, a autora foi contratada e prestou serviços em Altamira/PA, mas ajuizou a ação na cidade de Uberlândia/MG, local para onde se mudou após a dispensa. Além disso, a filial da empresa, na cidade de Altamira/PA, encerrou suas atividades, mantendo-as apenas na cidade do Rio de Janeiro/RJ. Assim, para a autora, o processamento do feito no município em que reside atualmente garante-lhe o acesso à justiça, sem causar prejuízo ao direito de defesa da ré, pois o deslocamento do Rio de Janeiro até Uberlândia é mais viável que até Altamira, principalmente porque suas atividades nesta cidade foram encerradas, pressuposto que legitimava a competência deste local. Sob esses fundamentos, a SBDI-I, por unanimidade, conheceu dos embargos interpostos pela reclamante, por divergência jurisprudencial, e, no mérito, por maioria, deu-lhes provimento para declarar a competência territorial de uma das Varas do Trabalho de Uberlândia/MG e determinar a remessa dos autos para essa localidade, a fim de que julgue os pedidos como entender de direito. Vencidos os Ministros Guilherme Augusto Caputo Bastos, Maria Cristina Irigoyen Peduzzi, Alberto Luiz Bresciani de Fontan Pereira e Márcio Eurico Vitral Amaro (TST-E-RR-11727-90.2015.5.03.0043, SBDI-I, rel. Min. Cláudio Mascarenhas Brandão, 18-10-2018).

2.2.3. Conflito de competência

Entre dois ou mais órgãos podem ocorrer dúvidas acerca de quem é ou não realmente competente para processar e julgar determinada demanda, decorrendo desta circunstância o denominado conflito de competência, que pode ser positivo ou negativo, havendo, por seu turno, regras próprias de processamento e competência para a solução deste incidente na CLT, na Lei n. 7.701/88 e no CPC, sem prejuízo do previsto no regimento interno dos tribunais.

O conflito de competência ocorre quando dois ou mais juízes se declaram competentes (conflito positivo), quando dois ou mais juízes se declaram incompetentes (conflito negativo) ou ainda quando entre dois ou mais juízes há controvérsia sobre a reunião ou separação de processos.

Impende salientar que quando a CLT faz menção ao conflito de jurisdição (arts. 803 e ss.), o melhor entendimento é no sentido de que a expressão mais correta seria "conflito de competência", pois a jurisdição que é função exercida pelo Estado, via de regra, por intermédio do Poder Judiciário, é "una e indivisível", razão pela qual o mais adequado é falar conflito de competência.

Com base no disposto no art. 114, V, da CF que confere à Justiça do Trabalho competência para resolver os conflitos de competência, temos que tal competência, obviamente, só alcança os órgãos de jurisdição trabalhista, com algumas exceções, como é o caso da competência deferida para o Supremo Tribunal Federal nos termos do art. 102, I, *o*, da CF, quando no conflito estiver envolvido Tribunal Superior, inclusive o próprio Tribunal Superior do Trabalho.

No processo do trabalho, o conflito pode ser suscitado pelos juízes e tribunais do trabalho, pelo Ministério Público do Trabalho e pela parte interessada, nos termos do art. 805 da CLT, devendo a parte interessada, no ato de suscitar o conflito, fazer prova de sua existência (art. 807 da CLT). Entretanto, se a parte interessada já tiver oposto no feito exceção de incompetência, a ela é vedado suscitar conflito de competência (art. 806 da CLT), haja vista que terá operado a preclusão lógica, porém se não foi a parte que suscitou o conflito de competência, poderá oferecer exceção declinatória de foro (interpretação a *contrario sensu*).

Suscitado o conflito e este estando devidamente formado, é possível que o relator solicite informações dos órgãos em conflito e, depois de ouvido o Ministério Público do Trabalho, submeterá o conflito a julgamento, comunicando o seu resultado às autoridades que estão envolvidas no conflito, devendo o feito prosseguir no juízo, então, competente.

No que tange a competência para a solução dos conflitos suscitados, temos que a solução dar-se-á:

1) Pelos Tribunais Regionais do Trabalho, quando ocorrer entre as Varas do Trabalho da mesma região, entre juízes de direito investidos em jurisdição trabalhista da mesma região, ou entre Varas do Trabalho e juízes de direito investidos na jurisdição trabalhista, desde que da mesma região (art. 678, I, *c*, 3, da CLT).
2) Pelo Tribunal Superior do Trabalho, quando suscitado entre Tribunais Regionais do Trabalho, entre juízes do trabalho e juízes de direito investidos em jurisdição trabalhista que estejam sujeitos à jurisdição de Tribunais Regionais diversos.
3) Pelo Superior Tribunal de Justiça, quando ocorre o conflito entre juízes do trabalho e juízes de direito não investidos em jurisdição trabalhista ou juízes federais, o que independe da região, malgrado a redação do art. 811

da CLT, que fora revogada pelo texto constitucional vigente (art. 105, I, *d*, da CF/88).

4) Pelo Supremo Tribunal Federal quando envolver o Tribunal Superior do Trabalho e outros órgãos do Poder Judiciário.

Logicamente, não há conflito entre Tribunal Regional do Trabalho e o Tribunal Superior do Trabalho e, também, não há conflito de competência entre Tribunal Regional do Trabalho e Vara do Trabalho a ele vinculada, pois em ambos os casos a questão resolver-se-á pela hierarquia, como se denota, por exemplo, da Súmula 420 do TST.

2.3. Partes e procuradores

Cabe lembrar que o art. 791 da CLT menciona que os empregados e os empregadores poderão reclamar pessoalmente perante a Justiça do Trabalho e acompanhar suas reclamações até o final, o que traduz o instituto do *jus postulandi*, já estudado por nós anteriormente.

No entanto, facultativamente, poderão reclamante e reclamada atribuir a alguém a capacidade de agir em seus nomes, razão pela qual as partes, nos dissídios individuais e nos dissídios coletivos, têm a faculdade de serem assistidos por advogados, como se extrai dos §§ 1º e 2º do art. 791 da CLT.

A representação da parte por advogado far-se-á mediante a outorga de poderes pelo instrumento de mandato, o que é realizado por meio da procuração, ou seja, para que possa o advogado atuar em juízo é exigido o instrumento de mandato (procuração *ad judicia*) como prevê o art. 105 do CPC.

O art. 791, § 3º, da CLT possibilita a constituição de advogado em audiência, a requerimento do advogado e com a anuência da parte interessada, o que se denomina mandato tácito.

Assim, é imperioso fazer distinção entre mandato expresso e tácito, pois aquele primeiro pode ser por escrito (procuração) ou *apud acta* (outorgado em ata de audiência), que é a outorga de poderes conferidos pelo reclamante ou pela reclamada em audiência, registrando, portanto, seus termos na própria ata de audiência, o que admite inclusive a concessão de poderes especiais.

Já o **mandato tácito** é a conferência de poderes para o foro em geral (*ad iudicia*), o que ocorre pelo simples fato de a parte estar acompanhada de advogado no momento da realização da audiência, o que a doutrina entende ser a previsão do § 3º do art. 791.

É vedado o substabelecimento de advogado investido em mandato tácito, pois se entende que o poder para substabelecer não está inserido na cláusula *ad judicia*, nos termos da OJ n. 200 da SDI-1 do TST.

A OJ n. 319 da SDI-1 do TST prevê que válidos são os atos praticados por estagiário se, entre o substabelecimento e a interposição do recurso, sobreveio a habilitação, do então estagiário, para atuar como advogado.

Com relação à exigência de exibição ou juntada aos autos dos atos constitutivos da empresa para demonstrar a validade da outorga de poderes via mandato, esta fica dispensada, salvo se houver impugnação da parte contrária, como se infere da OJ n. 255 da SDI-1 do TST.

Na hipótese de interposição de recurso, a questão da regularidade na representação é resolvida com a leitura da Súmula 383 do TST:

> **RECURSO. MANDATO. IRREGULARIDADE DE REPRESENTAÇÃO. CPC DE 2015, ARTS. 104 E 76, § 2º (nova redação em decorrência do CPC de 2015) – Res. 210/2016, DEJT divulgado em 30-06-2016 e 01 e 04-07-2016.**
>
> I – É inadmissível recurso firmado por advogado sem procuração juntada aos autos até o momento da sua interposição, salvo mandato tácito. Em caráter excepcional (art. 104 do CPC de 2015), admite-se que o advogado, independentemente de intimação, exiba a procuração no prazo de 5 (cinco) dias após a interposição do recurso, prorrogável por igual período mediante despacho do juiz. Caso não a exiba, considera-se ineficaz o ato praticado e não se conhece do recurso.
>
> II – Verificada a irregularidade de representação da parte em fase recursal, em procuração ou substabelecimento já constante dos autos, o relator ou o órgão competente para julgamento do recurso designará prazo de 5 (cinco) dias para que seja sanado o vício. Descumprida a determinação, o relator não conhecerá do recurso, se a providência couber ao recorrente, ou determinará o desentranhamento das contrarrazões, se a **providência couber ao recorrido (art. 76, § 2º, do CPC de 2015)**.

Note que o item II fala de irregularidade na representação, e não na ausência de mandato, ou seja, se o recurso for interposto por advogado sem procuração nos autos, ressalvado o item I, o ato deve ser considerado ineficaz.

As pessoas jurídicas de direito público ficam dispensadas de juntar instrumento de mandato, na forma da Súmula 436 do TST:

> **REPRESENTAÇÃO PROCESSUAL. PROCURADOR DA UNIÃO, ESTADOS, MUNICÍPIOS E DISTRITO FEDERAL, SUAS AUTARQUIAS E FUNDAÇÕES PÚBLICAS. JUNTADA DE INSTRUMENTO DE MANDATO (conversão da Orientação Jurisprudencial n. 52 da SBDI-I e inserção do item II à redação) – Res. 185/2012, DEJT divulgado em 25, 26 e 27-09-2012.**
>
> I – A União, Estados, Municípios e Distrito Federal, suas autarquias e fundações públicas, quando representadas em juízo, ativa e passivamente, por seus procuradores, estão dispensadas da juntada de instrumento de mandato e de comprovação do ato de nomeação.
>
> II – Para os efeitos do item anterior, é essencial que o signatário ao menos declare-se exercente do cargo de procurador, não bastando a indicação do número de inscrição na Ordem dos Advogados do Brasil.

Insta destacar, no particular, o que prevê a OJ n. 349 da SDI-1 do TST: "A juntada de nova procuração aos autos, sem ressalva de poderes conferidos ao antigo patrono, implica revogação tácita do mandato anterior".

2.4. Assistência judiciária, gratuidade de justiça e isenção

A assistência judiciária, integral e gratuita, é um direito fundamental assegurado a todos que comprovem estar em situação de insuficiência de recursos, conforme proclamado solenemente no art. 5º, LXXIV, da CF/88.

No âmbito da Justiça do Trabalho, de acordo com a lei, a assistência judiciária é prestada pelo sindicato da categoria profissional a que pertencer o trabalhador, sendo devida àquele que receber salário igual ou inferior ao dobro do mínimo legal, bem como àquele que receba além desse limite, mas que comprove que sua situação econômica lhe impeça demandar em juízo sem prejuízo próprio ou de sua família, como se extrai do art. 14 da Lei n. 5.584/70.

A assistência é devida mesmo que o trabalhador não seja associado ao sindicato, por determinação do art. 18 da Lei n. 5.584/70, ou seja, se preencher os requisitos legais, o trabalhador tem direito à assistência, seja filiado ou não.

Porém, o § 3º do art. 790 da CLT, com a redação dada pela Lei n. 13.467/2017, estabelece que *"é facultado aos juízes, órgãos julgadores e presidentes dos tribunais do trabalho de qualquer instância conceder, a requerimento ou de ofício, o benefício da justiça gratuita, inclusive quanto a traslados e instrumentos, àqueles que perceberem salário igual ou inferior a 40% (quarenta por cento) do limite máximo dos benefícios do Regime Geral de Previdência Social"* e o § 4º do mesmo artigo determina que *"o benefício da justiça gratuita será concedido à parte que comprovar insuficiência de recursos para o pagamento das custas do processo"*.

Vale transcrever, para conhecimento e em razão de ainda não ter sido modificada pelo TST, a Súmula 463:

> **ASSISTÊNCIA JUDICIÁRIA GRATUITA. COMPROVAÇÃO (conversão da Orientação Jurisprudencial n. 304 da SBDI-1, com alterações decorrentes do CPC de 2015) – Res. 219/2017, DEJT divulgado em 28, 29 e 30-06-2017 – republicada – DEJT divulgado em 12, 13 e 14-07-2017.**
>
> I – A partir de 26-06-2017, para a concessão da assistência judiciária gratuita à pessoa natural, basta a declaração de hipossuficiência econômica firmada pela parte ou por seu advogado, desde que munido de procuração com poderes específicos para esse fim (art. 105 do CPC de 2015);
>
> II – No caso de pessoa jurídica, não basta a mera declaração: é necessária a demonstração cabal de impossibilidade de a parte arcar com as despesas do processo.

A gratuidade pode ser requerida em qualquer tempo e grau de jurisdição, desde que, na fase recursal, seja realizado o requerimento no prazo alusivo ao recurso. Outrossim, se indeferido o requerimento de justiça gratuita formulado na fase recursal, cumpre ao relator fixar prazo para que o recorrente efetue o preparo, consoante o art. 99, § 7º, do CPC e como estabelece a OJ n. 269 da SDI-1 do TST.

O art. 790-A da CLT, no entanto, isenta de custas além dos beneficiários da justiça gratuita, a União, o Distrito Federal, os Estados, os Municípios, as autarquias, as fundações públicas que não explorem atividade econômica e o Ministério Público do Trabalho, o que também se aplica, por exemplo, as empresas públicas que não atuam no regime concorrencial, vez que não atuam no seguimento de atividade econômica, pelo contrário, prestam serviços de caráter público para atender a coletividade.

Esta isenção de custas, contudo, não alforria as entidades citadas (União, Estados, Distrito Federal, Municípios, autarquias e fundações públicas que não explorem atividade econômica), com exceção do Ministério Público do Trabalho, de reembolsar as despesas judiciais realizadas pela parte vencedora, como se infere do parágrafo único do preceptivo citado e, além disso, não isenta as entidades fiscalizadoras do exercício profissional de pagar as despesas processuais cabíveis, tais como Ordem dos Advogados do Brasil, Conselho Regional de Odontologia, Conselho Regional de Medicina etc.

2.5. Processo judiciário do trabalho

Os atos processuais são públicos e o horário para sua realização é das 6h às 20h em dias úteis (art. 770 do CLT). O art. 216 do CPC assevera que "além dos estabelecidos em lei, são feriados, para efeito forense, os sábados, os domingos e os dias em que não haja expediente forense".

Os atos e termos processuais devem ser assinados pelas partes, mas caso estas estejam impedidas de fazê-lo por motivo justificado, ou não possam, deverão ser assinados pelo procurador legalmente constituído, ou a rogo na presença de duas testemunhas, como ordena a norma processual cogente do art. 772 da CLT.

Cumpre alertar que, como o processo é uma relação, os autos do processo são formados pela petição inicial, contestação, documentos, decisões, termos, petições etc., que permanecem sob a responsabilidade dos escrivães ou diretores de secretaria (art. 777 da CLT).

As partes e seus respectivos advogados podem consultar os autos nas Secretarias das Varas do Trabalho durante o expediente, mas a retirada dos autos da Secretaria mediante carga só pelo advogado. É possível, ainda, que os autos saiam dos cartórios ou secretarias quando tiverem de ser remetidos aos órgãos competentes, em caso de recurso ou requisição (arts. 778 e 779 da CLT).

As partes poderão requerer certidões dos processos em curso ou arquivados, as quais serão lavradas pelos escrivães ou chefes de secretaria, sendo que aquelas sobre processos que correm em segredo de justiça, sempre dependerão de despacho do juiz (art. 781, parágrafo único, da CLT).

A retirada (desentranhamento) de documentos juntados aos autos só poderá ocorrer depois de finalizado o processo, desde que o interessado deixe cópia reprográfica (traslado), na forma do art. 780 da CLT. Dispositivo muito aplicado nos processos físicos.

2.5.1. Da distribuição e do distribuidor

Tendo em vista o disposto na CLT do art. 783 ao art. 788, é lícito afirmar que as reclamações serão distribuídas entre as Varas do Trabalho ou entre os Juízes de Direito do Cível (quando estiverem no exercício da "jurisdição" trabalhista), na ordem rigorosa de sua apresentação ao distribuidor, quando na localidade houver mais de uma Vara do Trabalho (art. 713 da CLT). Em caso de inexistir mais de uma Vara do Trabalho, as reclamações serão apresentadas diretamente na Vara do Trabalho existente na localidade.

2.5.2. Prazos processuais

Prazo processual é o período de tempo dentro do qual alguém deve praticar algum ato, vez que o processo tem por finalidade solucionar o conflito de interesses e, notadamente, para que seu objetivo principal seja alcançado, mister se faz agir com brevidade de tempo, ou seja, chegar na decisão o mais rápido possível.

A Consolidação das Leis do Trabalho contém três dispositivos de extrema relevância no que tange aos prazos, sem prejuízo de outros que serão citados, quais sejam os arts. 774, 775 e 776.

2.5.2.1. Contagem dos prazos

Na contagem dos prazos, como se depreende do art. 775 da CLT, exclui-se o dia do começo (a contagem dar-se-á, em regra, no primeiro dia útil subsequente a ciência do ato processual), porém inclui-se o dia do vencimento e **são contados em dias úteis**.

O § 1º do art. 775 da CLT estabelece que os prazos podem ser prorrogados, pelo tempo estritamente necessário, quando o juízo entender necessário, bem como em virtude de força maior, devidamente comprovada. Ademais, ao juízo cabe dilatar os prazos processuais e alterar a ordem de produção dos meios de prova, adequando-os às necessidades do conflito de modo a conferir maior efetividade à tutela do direito.

O decurso dos prazos deverá ser certificado nos autos pelos escrivães ou chefes de secretaria, nos termos do art. 776 do mesmo diploma legal.

Observe que quando a intimação for realizada na sexta-feira, ou a publicação com efeito de intimação tiver ocorrido neste dia (sexta), o prazo judicial será contado a partir da segunda-feira imediata, exceto se não houver expediente, caso em que começara a fluir no dia útil que se seguir, de acordo com a Súmula 1 do TST.

No entanto, se a parte for intimada ou notificada no sábado, o início do prazo se dará no primeiro dia útil imediato e a contagem, no subsequente, conforme previsão da Súmula 262, I, do TST.

É imperioso observar que o prazo para interpor recurso quando a sentença for prolatada em audiência, pois pode ser realizada de forma oral, conta-se findo o prazo de 48 horas (art. 851, § 2º, da CLT) para juntada da ata de audiência de julgamento, exceto se o juiz exceder o prazo *retro*, quando então a parte deverá ser intimada, como se extrai da Súmula 30 do TST.

Porém, se a parte foi intimada para comparecer em audiência de publicação da sentença e se ausentar, será contado o início do prazo recursal desde a prática do ato, ou seja, da prolação da sentença em razão da Súmula 197 do TST.

2.5.2.2. Prazos para as pessoas jurídicas de direito público

O Decreto-lei n. 779/69, que institui algumas prerrogativas à Fazenda Pública no processo do trabalho, determina em seu art. 1º, II e III, respectivamente, que o prazo a que se refere à parte final do art. 841 da CLT (cinco dias) deve ser contato em quádruplo, ou seja, deve ser de no mínimo 20 dias entre o recebimento da notificação para a audiência e a realização desta.

Assegura-se, ainda, o prazo em dobro para recorrer, não tendo aplicação o direito processual comum em razão da previsão legal expressa, inclusive no caso de oposição de embargos de declaração (OJ n. 192 da SDI-1 do TST).

2.5.2.3. Suspensão e interrupção dos prazos

Pode haver a suspensão ou a interrupção dos prazos, conforme os casos venham a ser definidos em ocasiões próprias.

Na suspensão, ocorre uma causa que determina a paralisação provisória na sua contagem ou a postergação do início da contagem, razão pela qual quando terminada a causa voltará a contar de onde parou ou terá início a contagem, como é o caso do das férias coletivas dos Ministros do TST (Súmula 262, II, do TST).

A interrupção, por sua vez, é a situação que gera o "zerar" na contagem do prazo, ou seja, inicia-se sua contagem novamente do zero, como é o caso de oposição de embargos de declaração, que como regra geral interrompe o prazo para a interposição de recursos por quaisquer das partes (art. 897-A, § 3º, da CLT).

Vale dizer que o art. 775-A da CLT suspende o curso do prazo processual nos dias compreendidos entre 20 de dezembro e 20 de janeiro, inclusive. No entanto, ressalvadas as férias individuais e os feriados instituídos por lei, os juízes, os membros do Ministério Público, da Defensoria Pública e da Advocacia Pública e os auxiliares da Justiça exercerão suas atribuições durante o período acima citado. Por fim, durante a suspensão do prazo, não se realizarão audiências nem sessões de julgamento.

2.5.3. Comunicação dos atos processuais

O legislador se valeu do termo *notificação* na Consolidação das Leis Trabalhistas, como referência a todo e qualquer ato processual praticado, seja ele a citação ou intimação, não obstante o art. 880 da CLT mencionar, dentre outras, que o executado será citado pelo oficial de justiça para que cumpra o julgado ou garanta a execução, sob pena de penhora.

Estando as partes devidamente representadas por seus advogados, a notificação postal será feita diretamente aos patronos. Todavia, estando os litigantes no exercício do *jus postulandi* as notificações serão remetidas diretamente a eles, também pelos correios.

No direito processual do trabalho, a regra geral é a notificação, seja ela dirigida ao autor ou ao réu. Deste modo, cumpre dizer que da exordial trabalhista não há citação do reclamado, mas sim notificação (com efeito de citação) do mesmo, conforme o art. 841 da CLT.

Desrespeitado, por outro lado, o prazo legal de cinco dias estabelecido pelo art. 841, é facultado ao reclamado o direito de comparecer à audiência e arguir a nulidade da citação, caso em que, se decretada pelo Magistrado, deverá este designar uma nova data para essa audiência.

Dispõe o Decreto-Lei n. 779/69 (art. 1º, II) a lista das prerrogativas processuais da Fazenda Pública, sendo a esta concedida prazo em quádruplo daquele fixado pelo art. 841, *caput,* da CLT (20 dias entre o recebimento da notificação e a realização da 1ª audiência). Sendo o decreto lacunoso e a CLT omissa, e considerando que o art. 841 não prevê regra especial, o TST entende que a notificação da Fazenda Pública também deverá ser feita pelos correios, prevalecendo o regramento geral.

Considerando-se que a CLT não exige que a notificação seja entregue pessoalmente ao destinatário, doutrina e jurisprudência entendem que para tornar-se válida basta que a notificação seja entregue no endereço do reclamado, podendo ser recebida pelo empregado da empresa, pelo zelador ou porteiro do edifício, ou simplesmente, ser depositada na caixa de correio.

Quando o destinatário não é encontrado ou cria algum empecilho para o recebimento da notificação, esta será feita por edital conforme se extrai do art. 841, § 1º, da CLT.

Assevera o art. 852-B, II, da CLT que no procedimento sumaríssimo "não se fará citação por edital, incumbindo ao autor a correta indicação do nome e endereço do reclamado".

2.6. **Despesas processuais**

As despesas processuais, em sentido lato, devem ser entendidas como todos os gastos realizados pelas partes, das quais são algumas espécies as custas, honorários do perito, emolumentos, honorários de advogado, depósito recursal e tradução realizada por intérprete (art. 819 da CLT).

2.6.1. Custas

As custas, que são determinadas por lei, caracterizam-se por despesas processuais relativas a formação, desenvolvimento e terminação do processo, sendo devidas pela mera provocação da atividade jurisdicional, sendo certo que o

Supremo Tribunal Federal qualifica-as como taxas remuneratórias de serviços públicos.

Em regra, as custas são pagas ao final pelo vencido, porém, em caso de interposição de recursos, deverá haver o pagamento antecipado, ou seja, as custas serão pagas e comprovado o recolhimento dentro do prazo recursal, como prevê o § 1º do art. 798 da CLT.

Impende notar que no processo do trabalho, nos termos do art. 789 da CLT, nos dissídios individuais e nos dissídios coletivos do trabalho, nas ações e procedimentos de competência da Justiça do Trabalho, bem como nas demandas propostas perante a Justiça Estadual, no exercício da jurisdição trabalhista, as custas relativas ao processo de conhecimento incidirão à base de 2%, observado o mínimo de R$ 10,64 e o *máximo de quatro vezes* o limite máximo dos benefícios do regime geral de previdência social, sendo calculadas de acordo com as regras estabelecidas nos incisos do artigo citado. Em caso de acordo, as custas serão, em regra, rateadas entre as partes, salvo se do contrário constar no acordo.

Outrossim, em caso de não pagamento das custas, o devedor será executado na forma prevista na CLT, como determina o § 2º do art. 790 da norma laboral.

2.6.2. Honorários periciais

O art. 790-B da CLT determina que o pagamento dos honorários do perito será responsabilidade da parte sucumbente na pretensão objeto da perícia (e não na demanda), ou seja, temos regra própria na Consolidação das Leis do Trabalho, o que afasta, por óbvio, a incidência do Código de Processo Civil no particular.

Ademais, o texto é bastante elucidativo ao dizer que o pagamento é de responsabilidade da parte que **sucumbe na pretensão objeto da perícia**, de modo que o magistrado trabalhista não está autorizado a determinar adiantamento de valores para realização de perícias (§ 3º do art. 790-B da CLT) quando o autor da reclamação pleitear, por exemplo, adicional de insalubridade ou periculosidade, haja vista que só com o proferir da sentença é que se saberá quem fora a parte sucumbe na pretensão objeto da perícia e, caso o juiz determine a antecipação, o meio adequado para impugnar tal decisão é o mandado de segurança, haja vista que **é ilegal a exigência do referido depósito para custeio dos honorários periciais**, dada a incompatibilidade com o processo do trabalho, como se extrai da OJ n. 98 da SDI-2 do TST.

Observe que mesmo sendo beneficiário da justiça gratuita, aquele que perder a pretensão objeto da perícia será obrigado a pagar tal despesa processual e, caso não tenha obtido em juízo créditos capazes de suportar a despesa, ainda que em outro processo, a União deverá responder o encargo, o que também já previa a Súmula 457 do TST.

É possível, entretanto, o deferimento do parcelamento dos honorários periciais, nos termos do § 2º do art. 790-B da CLT.

Cabe salientar que a responsabilidade pelo pagamento dos honorários do perito assistente é da parte que o indicou (o que independe da relação posta em juízo), vez que se trata de mera faculdade, ainda que a parte que o indicou seja vencedora, com fulcro na Súmula 341 do TST.

2.6.3. Honorários advocatícios

Com o advento da Lei n. 13.467/2017, que alterou a CLT, fora incluído o art. 791-A que contém cinco parágrafos, todos versando sobre a condenação em honorários de sucumbência. Acreditamos que a Súmula 219 será revista e a 329, quiçá, cancelada!

Com efeito, ao advogado, ainda que atue em causa própria, serão devidos honorários de sucumbência, fixados entre o mínimo de 5% e o máximo de 15% (quinze por cento) sobre o valor que resultar da liquidação da sentença, do proveito econômico obtido ou, não sendo possível mensurá-lo, sobre o valor atualizado da causa e, em caso de procedência parcial, o juízo arbitrará honorários de sucumbência recíproca, vedada a compensação entre os honorários.

Ao fixar os honorários, o juízo observará o grau de zelo do profissional, o lugar de prestação do serviço, a natureza e a importância da causa, bem como o trabalho realizado pelo advogado e o tempo exigido para o seu serviço.

Os honorários são devidos também nas ações contra a Fazenda Pública e nas ações em que a parte estiver assistida ou substituída pelo sindicato de sua categoria, sendo também cabíveis na reconvenção.

Note-se, por fim, se vencido o beneficiário da justiça gratuita, desde que não tenha obtido em juízo, ainda que em outro processo, créditos capazes de suportar a despesa, as obrigações decorrentes de sua sucumbência ficarão sob condição suspensiva de exigibilidade e somente poderão ser executadas se, nos dois anos subsequentes ao trânsito em julgado da decisão que as certificou, o credor demonstrar que deixou de existir a situação de insuficiência de recursos que justificou a concessão de gratuidade, extinguindo-se, passado esse prazo, tais obrigações do beneficiário.

Vale dizer que até o momento o STF ainda não julgou a ADI 5766 (tem por objeto o tema em tela e honorários periciais), sendo que no dia 10-05-2018 fora prolatada a seguinte decisão:

> "Após o voto do Ministro Roberto Barroso (Relator), julgando parcialmente procedente a ação direta de inconstitucionalidade, para assentar interpretação conforme a Constituição, consubstanciada nas seguintes teses: "1. O direito à gratuidade de justiça pode ser regulado de forma a desincentivar a litigância abusiva, inclusive por meio da cobrança de custas e de honorários a seus beneficiários. 2. A cobrança de honorários sucumbenciais do hipossuficiente poderá incidir: (i) sobre verbas não alimentares, a exemplo de indenizações por danos morais, em sua integralidade; e (ii) sobre o percentual de até 30% do valor que exceder ao teto do Regime Geral de Previdência Social,

mesmo quando pertinente a verbas remuneratórias. 3. É legítima a cobrança de custas judiciais, em razão da ausência do reclamante à audiência, mediante prévia intimação pessoal para que tenha a oportunidade de justificar o não comparecimento, e após o voto do Ministro Edson Fachin, julgando integralmente procedente a ação, pediu vista antecipada dos autos o Ministro Luiz Fux. Ausentes o Ministro Dias Toffoli, neste julgamento, e o Ministro Celso de Mello, justificadamente. Presidência da Ministra Cármen Lúcia. Plenário, 10-5-2018".

Este assunto, honorários advocatícios, entretanto, antes da entrada em vigor da Reforma Trabalhista, era tratado, basicamente, pelas Súmulas 219 e 329 do TST (no nosso modo de ver, prejudicadas para ações distribuídas a partir de 11-11-2017 – art. 6º da IN 41 do TST), as quais transcrevemos abaixo, sendo certo que é imperioso lembrar que honorários de sucumbência são aqueles pagos pela parte que perde ao advogado da parte vencedora.

> **Súmula 219 do TST.** HONORÁRIOS ADVOCATÍCIOS. CABIMENTO (alterada a redação do item I e acrescidos os itens IV a VI na sessão do Tribunal Pleno realizada em 15-3-2016) – Res. 204/2016, DEJT divulgado em 17, 18 e 21-3-2016
>
> I – Na Justiça do Trabalho, a condenação ao pagamento de honorários advocatícios não decorre pura e simplesmente da sucumbência, devendo a parte, concomitantemente: a) estar assistida por sindicato da categoria profissional; b) comprovar a percepção de salário inferior ao dobro do salário mínimo ou encontrar-se em situação econômica que não lhe permita demandar sem prejuízo do próprio sustento ou da respectiva família. (art. 14, § 1º, da Lei n. 5.584/70). II – É cabível a condenação ao pagamento de honorários advocatícios em ação rescisória no processo trabalhista. III – São devidos os honorários advocatícios nas causas em que o ente sindical figure como substituto processual e nas lides que não derivem da relação de emprego. IV – Na ação rescisória e nas lides que não derivem de relação de emprego, a responsabilidade pelo pagamento dos honorários advocatícios da sucumbência submete-se à disciplina do Código de Processo Civil (arts. 85, 86, 87 e 90). V – Em caso de assistência judiciária sindical, revogado o art. 11 da Lei n. 1060/50 (CPC de 2015, art. 1.072, inc. III), os honorários advocatícios assistenciais são devidos entre o mínimo de dez e o máximo de vinte por cento sobre o valor da condenação, do proveito econômico obtido ou, não sendo possível mensurá-lo, sobre o valor atualizado da causa (CPC de 2015, art. 85, § 2º). VI – Nas causas em que a Fazenda Pública for parte, aplicar-se-ão os percentuais específicos de honorários advocatícios contemplados no Código de Processo Civil.
>
> **Súmula n. 329 do TST**. HONORÁRIOS ADVOCATÍCIOS. ART. 133 DA CF/1988. Mesmo após a promulgação da CF/1988, permanece válido o entendimento consubstanciado na Súmula n. 219 do Tribunal Superior do Trabalho.
>
> **Instrução Normativa n. 27/2005, TST, art. 5º**. Exceto nas lides decorrentes da relação de emprego, os honorários advocatícios são devidos pela mera sucumbência.

Tendo em vista a ampliação da competência da Justiça do Trabalho com o advento da Emenda Constitucional n. 45/2004, que acarretou a remessa de alguns processos da Justiça Comum Estadual para aquela especializada, a OJ n. 421 da SDI-1 admite a condenação nos honorários pela mera sucumbência, com aplicação das regras do CPC.

2.6.4. Honorários do Intérprete

De acordo com o art. 819 da CLT, o depoimento das partes e testemunhas que não souberem falar a língua nacional será feito por meio de intérprete nomeado pelo juiz ou presidente, procedendo-se da mesma forma quando se tratar de surdo-mudo, ou de mudo que não saiba escrever.

Pois bem, as despesas com o intérprete correrão por conta da parte sucumbente, salvo se beneficiária da gratuidade de justiça, de acordo com o parágrafo 2º, com a redação dada pela Lei n. 13.660/2018.

2.7. **Certidão negativa de débitos trabalhistas**

A Lei n. 12.440, de 7 de julho de 2011, incluiu na CLT o art. 642-A e seus parágrafos, instituindo a Certidão Negativa de Débitos Trabalhistas (CNDT), que é expedida gratuita e eletronicamente para comprovar a inexistência de débitos inadimplidos perante a Justiça do Trabalho.

Segundo a CLT, o interessado não poderá obter a certidão quando em seu nome constar o inadimplemento de obrigações estabelecidas em sentença condenatória transitada em julgado proferida pela Justiça do Trabalho ou em acordos judiciais trabalhistas, inclusive no concernente aos recolhimentos previdenciários, a honorários, a custas, a emolumentos ou a recolhimentos determinados em lei, bem como o inadimplemento de obrigações decorrentes de execução de acordos firmados perante o Ministério Público do Trabalho ou Comissão de Conciliação Prévia.

Quando se verificar a existência de débitos garantidos por penhora suficiente ou com exigibilidade suspensa, será expedida Certidão Positiva de Débitos Trabalhistas em nome do interessado com os mesmos efeitos da CNDT.

A certidão em apreço irá certificar a empresa em relação a todos os seus estabelecimentos, agências e filiais e terá o prazo de validade de 180 dias contados da data de sua emissão.

Ademais, para participar de procedimentos de licitação, a Lei n. 8.666/93 passou a exigir, em razão da alteração promovida pela Lei n. 12.440/2011, em seu art. 29, V, que além de outros documentos é imprescindível a prova de inexistência de débitos inadimplidos perante a Justiça do Trabalho, mediante a apresentação de certidão negativa.

2.8. **Nulidades no processo do trabalho**

2.8.1. Conceito

O tema das nulidades no processo do trabalho é regulado pela CLT do art. 794 ao art. 798.

Em suma, a nulidade deve ser compreendida como a possibilidade de o ato processual não produzir efeitos ou ter desconstituído seus efeitos, isto é, trata-se de sanção pela qual a norma jurídica retira de um ato jurídico processual seus efeitos, mormente quando sua realização não se dá de acordo com os primados legais.

2.8.2. Princípios das nulidades

2.8.2.1. Instrumentalidade das formas ou finalidade

Em princípio, com espeque no art. 188 do CPC, pode-se dizer que os atos e termos processuais não dependem de forma determinada (liberdade das formas), exceto quando a lei expressamente a exigir, sendo reputados válidos os que forem realizados de outra forma, desde que alcancem a sua finalidade.

Com efeito, o fito é conservar os atos processuais praticados de forma diversa da prescrita em lei, desde que sua finalidade se verifique e produzam os efeitos colimados pela norma, privilegiando mais o conteúdo do que a forma propriamente dita.

2.8.2.2. Prejuízo ou transcendência

Podemos resumir esse princípio com a seguinte afirmativa: não haverá nulidade sem prejuízo às partes interessadas, considerando que o prejuízo seja exclusivamente processual.

O legislador fora influenciado pelo sistema francês (*pas de nulité san grief*), notadamente em razão da redação do art. 794 da CLT: "Nos processos sujeitos à apreciação da Justiça do Trabalho só haverá nulidade quando resultar dos atos inquinados manifesto prejuízo às partes litigantes".

2.8.2.3. Convalidação ou preclusão

As nulidades devem ser arguidas no momento processual oportuno, sendo que tal princípio se aplica às nulidades relativas, vez que as nulidades absolutas podem ser arguidas em qualquer momento, inclusive de ofício pelo magistrado, não estando sujeitas à preclusão (convalidação), consoante art. 795, *caput*, da CLT.

2.8.2.4. Interesse ou interesse de agir

Previsto no art. 796, *b*, da CLT, significa que a nulidade não poderá ser conhecida, se arguida pela parte que lhe deu causa, ou seja, somente terá interesse de requerer a declaração da nulidade à parte que fora prejudicada e que não tenha dado causa, vez que ninguém pode se beneficiar da própria torpeza.

Vale ressaltar que este princípio só se aplica em sede de nulidades relativas, uma vez que quando for caso de nulidade absoluta o magistrado deve pronunciá-la de ofício, sendo irrelevante, portanto, quem deu causa ou quem alegou.

2.8.2.5. Utilidade ou aproveitamento dos atos processuais praticados

Também conhecido como causalidade, concatenação ou interdependência dos atos processuais, preconiza que devem ser aproveitados todos os atos posteriores aquele notadamente nulo, na medida em que não sofram reflexos das nulidades porventura existentes, como se infere do art. 798 da CLT.

Assim, a pronúncia de uma nulidade não atinge todos os atos posteriores, permanecendo válidos os atos independentes.

Sendo assim, o juiz ou tribunal ao pronunciar a nulidade irá declarar os atos a que ela se estende, exatamente para que sejam aproveitados os atos independes.

2.8.2.6. Renovação dos atos processuais viciados ou saneamento das nulidades

Também conhecido como princípio da economia processual, tem lugar no aproveitamento máximo da relação jurídica processual, o que significa dizer que é possível à renovação os atos que contém defeitos capazes de gerar nulidade, como se extrai do art. 796, *a*, da CLT: "A nulidade não será pronunciada: a) quando for possível suprir-se a falta ou repetir-se o ato".

2.9. **Dissídio individual**

2.9.1. Da ação (reclamação) trabalhista

No processo laboral, temos as ações individuais (dissídios individuais) que são estabelecidas em decorrência de uma lide entre reclamante e reclamada (pode haver ação plúrima – art. 842 da CLT, ou litisconsórcio ativo), onde as partes são consideradas individualmente e os dissídios coletivos, quando envolvem os sindicatos.

2.9.1.1. Forma da reclamação e requisitos. Petição inicial

Esse tema será apresentado de forma detalhada na teoria que precede a análise de casos para identificação e elaboração da peça prático-profissional.

2.9.1.2. Tutela de urgência

A tutela de urgência, cautelar ou antecipada, pode ser concedida em caráter antecedente ou incidental (art. 294, parágrafo único, do CPC), sendo que a tutela de urgência será deferida quando houver elementos que evidenciem a probabilidade do direito e o perigo de dano ou risco ao resultado útil do processo (art. 300 do CPC).

A CLT faz menção à liminar no art. 659, IX e X, prevendo que é atribuição do magistrado conceder medida liminar, até decisão final do processo em reclamações trabalhistas que visem tornar sem efeito transferência disciplinada pelos parágrafos do art. 469 da norma laboral e, também, conceder liminar, até decisão final do processo, em reclamações trabalhistas que visem reintegrar no emprego dirigente sindical afastado, suspenso ou dispensado pelo empregador.

A CLT nada dispõe acerca da tutela de urgência antecipada e por ser totalmente compatível como o processo do trabalho, aplicamos o CPC, cuja finalidade é prover de forma antecipada os efeitos do que seria concedido na sentença, sendo que a decisão que defere ou indefere a tutela é nitidamente uma decisão interlocutória e, como sabemos, estas são irrecorríveis de imediato no processo do trabalho.

No processo do trabalho, não são raros os casos de tutela antecipada, seja inerente às obrigações de fazer, não fazer e entrega de coisa.

Destacamos o seguinte exemplo: empregado demitido sem justa causa sem que lhe seja entregue os documentos hábeis para levantamento do FGTS, guias pertinentes para recebimento do seguro-desemprego e baixa do contrato de trabalho na CTPS. Diante dessa situação, adequado se mostra o pedido de tutela provisória de urgência antecipada visando oficiar o órgão competente para pagar ao trabalhador o seguro-desemprego (caso preencha os requisitos legais), bem como expedição de alvará para a Caixa Econômica Federal visando à liberação do saldo existente na conta vinculada do trabalhador no FGTS.

Como não cabe recurso de imediato para impugnar decisão que antecede ou indefere os efeitos da tutela pretendida, em razão da sua natureza interlocutória, caberá mandado de segurança, como se extrai da Súmula 414 do TST.

Percebe-se, então, que no processo do trabalho é trivial a impetração de mandado de segurança para impugnar as decisões interlocutórias proferidas antes da sentença, à falta de recurso específico de imediato contra essas decisões, como é o caso das decisões acima citadas.

No entanto, caso a tutela seja concedida na sentença, não se pode impugnar via mandado de segurança, haja vista que o remédio jurídico apropriado é o recurso ordinário.

Porém, nem sempre cabe mandado de segurança para impugnar decisão de tutela provisória, como é o caso previsto na OJ n. 64 da SDI-2 do TST, bem como na OJ n. 65 da mesma SDI.

2.9.1.3. Emenda e aditamento da petição inicial

De início cabe dizer que emenda e aditamento são figuras bem distintas. A primeira quer dizer remendar, consertar algo, o que significa dizer que há emenda à petição inicial quando esta contém vício ou defeito processual, enquanto aditamento é adicionar algo, isto é, haverá alteração do pedido ou da causa de pedir.

No entanto, uma vez realizada a citação, o CPC veda a alteração do pedido ou da causa de pedir sem o consentimento do réu (art. 329, I). Note que emenda é ato determinado pelo juiz, enquanto que aditamento deve ser requerido pela parte.

Nos domínios do processo do trabalho, como o juiz não verifica se a petição preenche ou não os requisitos legais, como regra, antes da audiência, até o momento de apresentação da contestação pelo reclamado em audiência é permitida a alteração do pedido ou da causa de pedir, ou de ambos, o que independe da concordância do reclamado (malgrado alguns magistrados entenderem que é preciso aquiescência do réu).

Contudo, uma vez apresentada a contestação pelo réu (o que é feito na audiência, vez que é recebido pelo juiz) à alteração só será permitida com a concordância do reclamado, podendo o juiz de ofício, se for o caso, antes de ofertada a contestação, determinar a emenda da petição inicial.

Em ambos os casos, o juiz deverá designar uma nova data para a audiência, respeitando-se, assim, os princípios constitucionais do contraditório e da ampla defesa.

No que tange ao emendar da petição inicial, o juiz quando verificar que a mesma contém algum vício sanável, suprível, deve intimar o reclamante para que proceda com a emenda no prazo de 15 dias, consoante a Súmula 263 do TST:

> **PETIÇÃO INICIAL. INDEFERIMENTO. INSTRUÇÃO OBRIGATÓRIA DEFICIENTE (nova redação em decorrência do CPC de 2015) – Res. 208/2016, DEJT divulgado em 22, 25 e 26-04-2016.**
>
> Salvo nas hipóteses do art. 330 do CPC de 2015 (art. 295 do CPC de 1973), o indeferimento da petição inicial, por encontrar-se desacompanhada de documento indispensável à propositura da ação ou não preencher outro requisito legal, somente é cabível se, após intimada para suprir a irregularidade em 15 (quinze) dias, mediante indicação precisa do que deve ser corrigido ou completado, a parte não o fizer (art. 321 do CPC de 2015).

Cabe observar que, com a entrada em vigor da Lei n. 13.467/2017, o § 3º do art. 841 da CLT estabelece que "oferecida a contestação, ainda que eletronicamente, o reclamante não poderá, sem o consentimento do reclamado, desistir da ação".

2.9.1.4. Indeferimento da petição inicial

Caso o vício da petição inicial seja insuperável, insanável, o magistrado deverá indeferir a petição, acarretando o proferir de sentença sem resolução do mérito (art. 485, I, CPC).

Todavia, como o magistrado geralmente só tem contato com a petição inicial na audiência, é de difícil aplicação no processo do trabalho, sendo certo que, como visto, só se pode falar em indeferimento de plano quando o vício for insanável, muito embora não haja obrigatoriedade de o juiz conceder prazo para que a parte sane a irregularidade, vez que a Súmula 263 do TST assim determina.

Por fim, saliente-se que a decisão que indefere a petição inicial trabalhista é, em regra, uma sentença terminativa, logo, sem resolução de mérito, que desafia recurso ordinário. Caso haja a interposição do recurso ordinário, o juiz poderá reconsiderar sua decisão em cinco dias, nos moldes do art. 331 do CPC, aplicado subsidiariamente, vez que não há incompatibilidade.

2.9.2. Elementos da ação

Os elementos da ação, de acordo com o § 2º do art. 337 do CPC, são:

a) **partes** – são aqueles envolvidos no litígio (no processo do trabalho geralmente denominados de reclamante e reclamada, ou seja, aquele que afirma ser titular de um direito material violado contra aquele que supostamente violou o direito material);

b) **causa de pedir** – é o fundamento da própria demanda, pressupondo um direito e um fato a ele contrário, fazendo nascer a pretensão jurídica (a causa de pedir pode ser próxima ou remota, sendo que aquela corresponde aos fundamentos jurídicos do pedido, enquanto esta é constituída pelos fatos afirmados na exordial); e, por fim,

c) **pedido** – é aquilo que se pretende obter por meio da tutela jurisdicional (o pedido pode ser imediato, que é o provimento jurisdicional pretendido – condenação, declaração etc., e, mediato, ou seja, o bem jurídico pretendido – horas extras, adicional de insalubridade etc.).

É de suma importância saber os elementos da ação para identificarmos, pelo menos, dois institutos importantes: litispendência e coisa julgada, pois uma ação é idêntica à outra quando tem as mesmas partes, a mesma causa de pedir e mesmo pedido.

Assim, se há repetição de ação que ainda está em curso, temos a litispendência, enquanto, se houver repetição de ação que já fora julgada (sentença de mérito com trânsito em julgado), verificamos a ocorrência da coisa julgada.

2.10. Procedimentos

O processo de conhecimento do trabalho admite dois procedimentos: comum e especial, sendo que o procedimento comum é ordinário, sumário – dissídio de alçada exclusivo das Varas (para alguns doutrinadores não existe mais esse procedimento) – ou sumaríssimo enquanto o procedimento especial é aplicado às ações específicas, como a ação de cumprimento, o inquérito judicial para apuração de falta grave e o dissídio coletivo, sem prejuízo das ações especiais cíveis admitidas no processo do trabalho, como a ação rescisória, a ação cautelar, o mandado de segurança etc.

Note que o procedimento comum ordinário é o mais utilizado, vez que ele deverá ser adotado quando não for cabível nenhum outro procedimento, ou seja, o critério para sua utilização é o da exclusão.

Já o procedimento sumário fora instituído pelo art. 2º da Lei n. 5.584/70.

Temos ainda o procedimento sumaríssimo que fora introduzido pela Lei n. 9.957/2000, acrescentando à CLT os arts. 852-A a 852-I.

2.10.1. Procedimento ordinário

Esse procedimento, que é o mais usual no processo do trabalho, é regulado de forma geral nos arts. 837 a 852 da CLT, sendo aplicado nas causas cujo valor supere a 40 salários mínimos, no que pese haver entendimento doutrinário no sentido de admitir como possível o rito ordinário nas causas de valor superior a dois salários mínimos, porém, inferior a 40 salários, quando for parte no dissídio a Administração Pública direta, autárquica ou fundacional, já que os entes de personalidade jurídica de direito público não podem ser demandados ou demandarem pelo rito sumaríssimo.

Com a entrada em vigor da Lei n. 13.467/2017, que alterou o § 1º do art. 840 da CLT, é necessário que os pedidos sejam certos, determinados e com a respectiva indicação de valor. Os pedidos, no procedimento ordinário, que não atenderem os requisitos acima, deverão ser extintos sem análise do mérito.

Admite a citação por edital e habitualmente a audiência é dividida em três partes (embora a regra seja audiência una – conciliação, instrução e julgamento), como sejam, inaugural de conciliação e apresentação de defesa, audiência de instrução e, por fim, audiência de julgamento.

No caso de audiência una, que é a regra no processo do trabalho, como se extrai do art. 843 e do art. 849 da CLT (concentração dos atos processuais), deverá ser observado o seguinte procedimento: pregão; primeira proposta conciliatória; leitura da petição inicial (quando não for dispensada pelas partes); oferecimento da defesa (prazo de 20 minutos, embora na prática seja apresentada por escrito e atualmente de forma eletrônica pelo PJe-JT); depoimento pessoal das partes; oitiva das testemunhas; razões finais (dez minutos para cada parte); segunda proposta conciliatória e, em sendo rejeitada pelas partes, profere-se a sentença (no ato, em data fixada – leitura de sentença ou em data futura – *sine die*).

Contudo, se a audiência for dividida em três partes, teremos o seguinte procedimento: 1ª) pregão; primeira proposta conciliatória; leitura da petição inicial; oferecimento da defesa – adiamento da audiência – prova pericial (se houver); – nova audiência – 2ª) depoimento das partes; oitiva das testemunhas; oitiva de peritos e técnicos se houver; razões finais (dez minutos para cada parte); segunda proposta conciliatória – adiamento da audiência – 3ª) sentença, denominada de audiência de julgamento (o magistrado designa um dia para leitura e publicação ou deixa sine die – sem data certa para proferir sentença, quando então as partes serão intimadas da decisão).

É de bom grado salientar que terminado o interrogatório qualquer das partes pode se retirar, prosseguindo-se a instrução com o seu representante, nos termos do art. 848, § 1º, da CLT.

Considerando que na audiência de julgamento as partes raramente estão presentes, é exatamente da data da publicação da sentença, ou, conforme o caso, da data da juntada aos autos da ata de audiência contendo a decisão, que terá início o prazo para recurso.

Observe que o juiz pode, considerando cada caso, inverter a ordem de produção das provas, conforme § 2º do art. 775 da CLT.

2.10.2. Procedimento sumário

Esse procedimento fora instituído pela Lei n. 5.584/70, também conhecido como "dissídio de alçada exclusivo das Varas", tendo por objetivo empregar mais celeridade as demandas trabalhistas cujo valor da causa seja de até dois salários mínimos.

No que efetivamente releva, a lei em apreço dispõe em seu art. 2º e §§ 3º e 4º que nos dissídios individuais, proposta a conciliação, e não havendo acordo, o Presidente da Junta ou juiz, antes de passar à instrução da causa, fixar-lhe-á o valor para determinação da alçada, se este for indeterminado no pedido. Porém, quando o valor fixado para a causa, na forma deste artigo, não exceder de duas vezes o salário mínimo vigente na sede do juízo, será dispensável o resumo dos depoimentos, devendo constar da ata a conclusão da Junta quanto à matéria de fato. Outrossim, salvo se versarem sobre matéria constitucional, nenhum recurso caberá das sentenças proferidas nos dissídios de alçada a que se refere o parágrafo anterior, considerando, para esse fim, o valor do salário mínimo à data do ajuizamento da ação.

Observe que a previsão contida no § 3º da Lei n. 5.584/70 acima transcrito tem preceptivo similar na CLT, conforme se extrai do § 1º do art. 851.

2.10.3. Procedimento sumaríssimo

Esse procedimento, previsto na CLT do art. 852-A ao art. 852-I, deve ser observado nos dissídios individuais cujo valor, na data do ajuizamento da ação, não seja superior a 40 salários mínimos, o que pensamos não ser uma faculdade, mas sim um rito obrigatório, vez que de ordem pública, sendo inadmissível para as ações coletivas.

Se o valor da causa for de 40 salários mínimos, mas a soma de todos os pedidos ultrapassar esse valor será observado o rito ordinário, necessariamente, pois entende-se que o valor da causa, como regra, deve corresponder à pretensão almejada pelo autor, ainda que por estimativa, de modo que se o valor do somatório dos pedidos for superior àquele limite deve ser instituído o procedimento ordinário.

No entanto, um setor da doutrina entende ser possível conversão para garantir o acesso à justiça, ou seja, se foi ajuizada a demanda adotando o rito sumaríssimo é possível sua conversão para o rito ordinário.

A Consolidação das Leis do Trabalho exclui desse procedimento a Administração Pública Direta, autárquica e fundacional e, como não faz distinção, até mesmo em caso de serem chamadas para responderem subsidiariamente estarão necessariamente excluídas.

O **pedido deve ser certo e (a lei indica "ou") determinado e indicar o valor correspondente**, sendo que não há necessidade de liquidar pedidos de obrigação de fazer ou não fazer, como seria o caso de anotação do contrato de trabalho na CTPS do obreiro, devendo ainda o reclamante indicar o endereço correto da reclamada, não se admitindo, por sua vez, a citação por edital. O não atendimento desses requisitos importa extinção do feito sem resolução do mérito (arquivamento da reclamação) e a condenação do autor nas custas do processo, que serão calculadas sobre o valor da causa, embora seja aplicável, a nosso sentir, o disposto na Súmula 263 do TST, vez que se trata de vício sanável.

A apreciação da reclamação trabalhista deve ocorrer no prazo máximo de 15 dias do ajuizamento e, se necessário, poderá constar de pauta especial de acordo com o movimento judiciário da Vara do Trabalho.

É dever das partes e dos advogados comunicar ao juízo as mudanças de endereço que venha a ocorrer no curso do processo, vez que serão reputadas válidas aquelas que forem enviadas para o local anteriormente indicado, caso não tenha havido a comunicação referida.

É de bom grado alertar que essa regra geral (audiência una) sofre exceções, ou seja, é possível que haja a interrupção da audiência, quando então seu prosseguimento e a solução da causa dar-se-ão no prazo máximo de 30 dias, salvo motivo relevante justificado pelo juiz nos autos, consoante prevê o § 7º do art. 852-H da CLT.

O juiz deverá conduzir o processo com ampla liberdade para determinar as provas a serem produzidas, levando em consideração o ônus da prova para cada litigante, podendo inclusive limitar ou excluir aquelas que entender excessivas, impertinentes ou protelatórias, dando valor especial às regras de experiência comum ou técnica.

Aberta a sessão, o juiz deve esclarecer as partes sobre as vantagens da conciliação e usará os meios adequados visando persuadi-los na solução conciliatória do litígio, independentemente da fase da audiência.

Na ata de audiência devem ser registrados resumidamente os atos essenciais, as afirmações fundamentais das partes e as informações úteis à solução da causa trazidas pela prova testemunhal, devendo ainda o juiz decidir de plano todos os incidentes e exceções que possam interferir no prosseguimento da audiência e do processo, sendo as demais decididas na sentença.

No que pertine às provas propriamente ditas, sobre os documentos apresentados por uma das partes a outra deve manifestar-se imediatamente sem interrupção da audiência, exceto se houver absoluta impossibilidade, o que fica a critério do juiz, como se extrai do § 1º do art. 852-H da CLT.

É possível produção de prova pericial, quando a prova do fato o exigir ou for legalmente imposta, como ocorre nos pedidos de insalubridade e periculosidade, caso em que ao juiz incumbe de plano fixar o prazo e o objeto da perícia, nomeando o perito e uma vez apresentado o laudo, as partes terão o prazo comum de cinco dias para manifestações.

As testemunhas, no máximo de duas para cada parte, irão comparecer independentemente de intimação. Porém as que não comparecerem e a parte comprovar que procedeu o seu convite, serão intimadas e caso reiteram na ausência, o juiz pode determinar sua condução coercitiva, aplicando-se o art. 730 da CLT em caso de não comparecimento injustificado.

Por fim, a sentença mencionará os elementos de convicção do juízo, com resumo dos fatos relevantes ocorridos em audiência, dispensado o relatório, ou seja, no procedimento sumaríssimo não há nulidade da sentença por ausência de relatório.

2.11. **Audiência**

2.11.1. Aspectos preliminares

Audiência é um ato processual público (em regra), solene e muito importante do processo, em especial no processo do trabalho, vez que não se verifica, salvo raríssimas exceções, julgamento sem que o magistrado tenha contato direto com as partes, com as testemunhas e, quando necessário, com os peritos e assistentes técnicos (§ 2º do art. 848 da CLT).

Esse ato é presidido pelo juiz, onde na mesma oportunidade, como regra geral por ser a audiência no processo do trabalho una, se instrui, discute e decide a causa, atendendo, desta forma, os princípios da imediatidade, concentração e publicidade.

Por esta razão, as audiências são públicas, salvo na hipótese de segredo de justiça, como se extrai do art. 813 da CLT combinado com o art. 93, IX, da CF/88, e devem ser realizadas em dias úteis entre às 8 e 18 horas, não devendo ultrapassar de cinco horas seguidas, salvo quando houver matéria urgente, podendo haver, quando necessário, audiências extraordinárias nos termos do § 2º do art. 813.

Assim, é lícito dizer que a audiência é um ato público, em princípio imprescindível, na qual o reclamado apresentará suas respostas, e ato seguinte, o juiz procede à instrução, concedendo, logo em seguida, prazo para razões finais e, por fim, prolata a sentença.

Considerando o disposto no art. 813 e seguintes e no art. 843 e seguintes da Consolidação das Leis do Trabalho, podemos dizer que as audiências são realizadas na sede do juízo. No entanto, em casos especiais, pode ser designado outro lugar para a realização da audiência, mediante edital afixado na sede do Juízo ou

Tribunal, com antecedência mínima de 24 horas visando dar ciência aos interessados.

À hora designada para a audiência devem estar presentes, além dos servidores necessários para a realização do ato, o juiz, que pelo art. 815, parágrafo único, tem a tolerância de 15 minutos de atraso. Após esse tempo, podem os presentes (interessados) retira-se do local, consignando o fato na ata de audiência.

Observe que a tolerância é exclusiva do juiz, não se estendendo às partes ou seus advogados, vez que como se extrai da OJ n. 245 da SDI-1 do TST.

Cabe advertir que o juiz tem o denominado poder de polícia em audiência, como se infere do art. 816 da norma laboral, a ele competindo manter a ordem e o decoro em audiência, ordenando que se retirem da sala de audiência os que se comportem inconvenientemente e requisitar, quando necessário for, a força policial. Aplica-se, também, o art. 360 do CPC:

> "Art. 360. O juiz exerce o poder de polícia, incumbindo-lhe:
>
> I – manter a ordem e o decoro na audiência;
>
> II – ordenar que se retirem da sala de audiência os que se comportarem inconvenientemente;
>
> III – requisitar, quando necessário, força policial;
>
> IV – tratar com urbanidade as partes, os advogados, os membros do Ministério Público e da Defensoria Pública e qualquer pessoa que participe do processo;
>
> V – registrar em ata, com exatidão, todos os requerimentos apresentados em audiência".

No mais, o registro das audiências será feito em livro próprio, constando de cada registro os processos apreciados e a respectiva solução, bem como as ocorrências eventuais, podendo ser concedida certidão às pessoas que vieram a requerer, do registro das audiências, nos moldes do art. 817 e parágrafo único da CLT.

2.11.2. Desenvolvimento

2.11.2.1. Presença das partes e substituição

Na audiência de conciliação, instrução e julgamento (art. 843 ao art. 852 da CLT) há obrigatoriedade legal de comparecimento pessoal das partes, o que independe da presença dos advogados, exceto nos casos de reclamações plúrimas (dissídios individuais plúrimos – litisconsórcio facultativo) ou nas ações de cumprimento, em que os empregados poderão se fazer substituir pelo sindicato, de acordo com o previsto no art. 843 da CLT.

O parágrafo 1º do art. 843 autoriza ao empregador se fazer substituir pelo gerente, ou qualquer outro preposto que tenha conhecimento do fato, e cujas declarações obrigarão o preponente.

Com efeito, o preposto não precisa conhecer o reclamante, mas tão somente os fatos, quer pelo empregador, quer por terceiros, ou seja, a lei não exige que ele, preposto, tenha vivenciado os fatos.

Caso o empregador queira se fazer substituir por preposto, o § 3º do art. 843 estabelece que ele não precisa ser empregado da reclamada, o que fora incluído pela Lei da Reforma Trabalhista (Lei n. 13.467/2017), de modo que o TST, provavelmente, irá cancelar ou alterar a Súmula 377 do TST.

O empregado também pode ser substituído, se por motivo de doença ou qualquer outro motivo poderoso devidamente comprovado não possa comparecer na audiência, por outro empregado da mesma profissão, ou pelo sindicato da categoria, consoante § 2º do art. 844, cujo fito é apenas evitar o arquivamento da reclamação, não podendo o substituto desistir, confessar, transigir etc., devendo o magistrado designar uma nova audiência com a notificação do reclamante.

2.11.2.2. Ausência das partes

Dispõe o art. 844 da CLT que "o não comparecimento do reclamante à audiência importa o arquivamento da reclamação, e o não comparecimento do reclamado importa revelia, além de confissão quanto à matéria de fato", porém, em havendo motivo relevante, poderá o juiz suspender o julgamento, designando nova audiência.

Assim, a ausência do reclamante na audiência inaugural importa no arquivamento do processo, mas nada impede que o autor ajuíze novamente sua ação. Porém, se ajuizar uma nova ação e der causa ao segundo arquivamento, não poderá demandar com o mesmo objeto em face do mesmo empregador pelo prazo de seis meses (art. 732 da CLT), sendo certo que tal penalidade não é aplicada em caso de desistência homologada pelo magistrado.

Vale lembrar que a desistência só produz efeitos depois de homologada pelo juiz, como dispõe o parágrafo único do art. 200 do CPC, sendo certo que após oferecida a contestação, ainda que eletronicamente, o reclamante só poderá desistir se houver a concordância do reclamado.

De acordo com o § 2º do art. 844 da CLT, inserido pela Lei n. 13.467/2017, na hipótese de ausência do reclamante, este será condenado ao pagamento das custas calculadas na forma do já citado art. 789, **ainda que beneficiário da justiça gratuita**, salvo se comprovar, no prazo de 15 dias, que a ausência ocorreu por motivo legalmente justificável, sendo certo que o pagamento das custas, ora referidas, é condição para o ajuizamento de nova ação.

Para todos os efeitos, nos termos da Súmula 268 do TST, a reclamação trabalhista, ainda que arquivada, interrompe a prescrição no que toca aos mesmos pedidos, o que só ocorre uma vez, consoante previsão contida no art. 202 do Código Civil em vigor. Note que o § 3º do art. 11 da CLT, inserido pela Reforma Trabalhista, preceitua que: "*A interrupção da prescrição somente ocorrerá pelo ajuizamento de reclamação trabalhista, mesmo que em juízo incompetente, ainda que venha a ser extinta sem resolução do mérito, produzindo efeitos apenas em relação aos pedidos idênticos"*.

A ausência do reclamado, no entanto, importa revelia e confissão quanto à matéria de fato. Porém, a revelia não produz o efeito material citado (presunção de veracidade dos fatos) quando: I – havendo pluralidade de reclamados, algum deles contestar a ação; II – o litígio versar sobre direitos indisponíveis; III – a petição inicial não estiver acompanhada de instrumento que a lei considere indispensável à prova do ato; IV – as alegações de fato formuladas pelo reclamante forem inverossímeis ou estiverem em contradição com prova constante dos autos.

Note que haverá revelia, mesmo que presente o advogado com procuração e contestação, podendo essa revelia ser ilidida mediante atestado médico que comprove a impossibilidade de locomoção do empregador ou seu preposto no dia da audiência, nos termos da Súmula 122 do TST. Ademais, como se infere do § 5º do art. 844 da CLT, inserido pela Lei n. 13.467/2017, ainda que ausente o reclamado, se estiver presente o advogado, serão aceitos a contestação e os documentos eventualmente apresentados.

Todavia, caso o juiz indefira a juntada da contestação e documentos, no particular, em especial quando se pretende impugnar questões de direito ou mesmo de fato com juntada de documentos, cerceia o direito de defesa (violação ao princípio constitucional da ampla defesa), razão pela qual cabe ao advogado requerer que sejam registrados seus protestos pelo indeferimento, na medida em que o ato praticado pelo juiz é nitidamente uma decisão interlocutória.

Interessante saber que a revelia também se aplica às pessoas jurídicas de direito público, como dispõe a OJ n. 152 da SDI-1 do TST: *"Pessoa jurídica de direito público sujeita-se à revelia prevista no artigo 844 da CLT"*.

Se ambas as partes faltarem, sem motivo justificado, teremos o arquivamento do feito, com a condenação do reclamante no pagamento das custas, de acordo com os termos já expostos.

2.11.2.3. Tentativa de conciliação e oferecimento de resposta

Quando aberta a audiência, o juiz fará a primeira tentativa de conciliação e, havendo acordo, será lavrado termo assinado pelo juiz e pelas partes, constando o prazo e demais condições para o cumprimento (art. 846 e § 1º da CLT).

Insta averbar que, entre as condições do acordo, poderá ser estabelecida a de ficar a parte que não cumprir o acordo obrigada a satisfazer integralmente o pedido ou pagar uma indenização convencionada, sem prejuízo do cumprimento do acordo (§ 2º do art. 846 da CLT)

Não havendo acordo, o reclamado terá 20 minutos para aduzir defesa após a leitura da inicial, se tal não for dispensada pelas partes, e, finalizada a defesa, seguir-se-á a instrução do processo, podendo o juiz, de ofício, interrogar os litigantes (arts. 847 e 848, *caput*, da CLT).

Percebe-se que o reclamado é notificado para comparecer na audiência, onde oferecerá defesa, sendo certo que no PJe-JT a resposta é oferecida por meio eletrônico e, se for solicitado segredo no momento do protocolo eletrônico, o juiz promove a liberação do acesso à defesa no dia da audiência para que possa o reclamante se manifestar sobre ela e documentos juntados.

O parágrafo único do art. 847 prevê que a parte poderá apresentar defesa escrita pelo sistema de processo judicial eletrônico até a audiência.

Outrossim, mesmo na vigência do processo eletrônico, é assegurada à reclamada a oferta de defesa oral na própria audiência e, caso queira fazê-lo, terá 20 (vinte) minutos para tanto.

2.11.2.4. Instrução processual e adiamento da audiência

O reclamante e o reclamado comparecerão à audiência com suas testemunhas independentemente de intimação ou notificação, apresentando na mesma oportunidade as demais provas (art. 845 da CLT), razão pela qual não há necessidade prévia de arrolar testemunhas na petição inicial.

Porém, seguindo o regramento legal previsto na CLT, as testemunhas convidadas que não estiverem presentes serão intimadas de ofício pelo juiz ou a requerimento das partes, ficando sujeita a condução coercitiva, caso não compareçam sem motivo justificado, sem prejuízo da aplicação de multa, na forma do art. 825 e seu parágrafo único da CLT.

Caso seja adiada a audiência por algum motivo relevante (art. 849 da CLT), como a ausência de testemunha que será intimada, ou até mesmo em caso de perícia, ou quando temos a tripartição do ato, será designada audiência de prosseguimento e caso o reclamante não compareça não há que se falar em arquivamento, vez que já contestada a ação, tendo sido adiada, como visto, a instrução, nos termos da Súmula 9 do TST, devendo ser aplicada a confissão ficta.

Se a ausência for da reclamada, na audiência de prosseguimento, também não se pode aplicar revelia, pois esta só tem cabimento quando da ausência na audiência inaugural/inicial/conciliação ou UNA.

Nesses casos (ausência do reclamante ou da reclamada, ou de ambos, na audiência de prosseguimento), o que ocorre é a aplicação da Súmula 74 do TST. Questão interessante é saber se houve a ausência de ambas as partes na audiência de prosseguimento.

Com efeito, deve o juiz aplicar a confissão recíproca, quando cabível, e decidir de acordo com o ônus da prova de cada litigante (art. 818 da CLT e seus incisos), ou seja, se estivermos diante de fatos constitutivos, o magistrado julgará improcedente o pedido, enquanto, se forem fatos modificativos, extintivos ou impeditivos, julgará procedente o pedido, mas de toda sorte o resultado pode ser diferente, a depender da prova pré-constituída produzida nos autos, como se denota do item II da Súmula 74 do TST acima transcrita.

Com as partes presentes, proceder-se-á o interrogatório e, terminado este, poderá qualquer dos litigantes retirar-se, prosseguindo-se com o seu representante, após, serão ouvidos as testemunhas, os peritos e os técnicos, se houver, na forma do art. 848 da CLT.

2.11.2.5. Trâmites finais

Terminada a instrução, as partes poderão aduzir razões finais, no prazo máximo de dez minutos para cada uma e após as razões finais, se houver, o juiz renovará a proposta de conciliação.

Há casos, em razão da complexidade ou quantidade de provas produzidas, que o magistrado defere prazo, de ofício ou a requerimento, para que as partes apresentem, em prazo comum a ser determinado, memoriais na forma escrita.

Havendo acordo, a sentença homologatória de transação valerá como coisa julgada material, só podendo ser impugnado por ação rescisória, exceto para a Previdência Social quanto às contribuições que lhe forem devidas, que poderá interpor recurso ordinário, se assim o desejar (parágrafo único do art. 831 e art. 895, I, ambos da CLT).

Não havendo a conciliação ou sendo esta impossível, será proferida a decisão (art. 850 da CLT).

Os trâmites da instrução serão resumidos em ata, devendo constar na íntegra a decisão, sendo os litigantes notificados pessoalmente da decisão ou por seus representantes na própria audiência, exceto no caso de revelia, quando então a notificação será feita na forma do § 1º do art. 841 da CLT (arts. 851 e 852 da CLT).

2.11.3. Respostas do reclamado

Esse tema será apresentado de forma detalhada na teoria que precede a análise de casos para identificação e elaboração da peça prático-profissional.

2.11.3.1. Prescrição e decadência

Prescrição e decadência são fatos extintivos e quando acolhidas induzem a resolução do mérito, na forma do art. 487, II, do CPC. O Tribunal Superior do Trabalho tem se manifestado no sentido de ser inadmissível o reconhecimento da prescrição de ofício no direito processual do trabalho, com espeque em diversos fundamentos, sendo o mais relevante o princípio da proteção (TST, RR – 597-77.2010.5.11.0004 e demais precedentes).

A **prescrição** é a perda de exigir uma pretensão por não ter o seu titular exercido o seu direito no prazo previsto em lei, enquanto a **decadência** é a perda do direito material propriamente dito em razão da inércia do titular, como é o caso do inquérito para apuração de falta grave, do mandado de segurança e da ação rescisória.

A prescrição, segundo o TST, pode ser arguida até a instância ordinária, de acordo com a Súmula 153, ou seja, caso o reclamado não venha a argui-la na contestação, poderá fazê-lo no recurso ordinário, mesmo que a sentença não tenha feito menção sobre o instituto em apreço.

A interrupção da prescrição é estudada no art. 11, § 3º, e Súmula 268 do TST.

O prazo para o reclamante ajuizar sua reclamação trabalhista, após a extinção do contrato de trabalho é de dois anos, salvo quanto às ações meramente declaratórias (exemplo: reconhecimento de vínculo empregatício), podendo exigir créditos retroativos aos últimos cinco anos do ajuizamento da ação, conforme prevê o art. 7º, XXIX, da CF/88, art. 11 da CLT e Súmula 308, I, do TST.

No que tange ao FGTS, a Súmula 362 do TST estabelece as regras que, como regra geral, também é quinquenal.

No caso de aviso-prévio indenizado, a prescrição começa a fluir no final da data do término do aviso-prévio, na forma da OJ n. 83 da SDI-1 do TST.

Com o advento da Lei n. 13.467/2017 (Reforma Trabalhista), passamos a ter a prescrição intercorrente no art. 11-A da CLT, o que certamente acaba com uma antiga cizânia jurisprudencial entre as Súmulas 327 do STF e 114 do TST, já que passa a ser admita sua incidência no processo do trabalho.

Outrossim, é preciso fazer menção à prescrição total, que não se confunde com a bienal (até dois anos após a extinção do contrato), pois em verdade a total refere-se a observância do prazo de 2 anos para ajuizamento da ação após a extinção do contrato, sendo que, quando se retroage os 5 anos do ajuizamento, não se consegue chegar na lesão, o que está expresso no art. 11, § 2º, da CLT: "*Tratando-se de pretensão que envolva pedido de prestações sucessivas decorrente de alteração ou descumprimento do pactuado, a prescrição é total, exceto quando o direito à parcela esteja também assegurado por preceito de lei*".

Vamos exemplificar: uma pessoa foi contratada em 16-05-2010 para ser vendedora e foi ajustado, em contrato, que receberia 5% de comissão sobre as vendas. Em 15-05-2013, a empresa alterou o contrato e diminuiu para 3% as comissões, contra o que se opôs o empregado, mas nada pode fazer, já que ou era aquilo ou desemprego. Continuou trabalhando até que, em 16-05-2018 foi demitido. Entrou com a ação em 16-05-2019 para pedir diversas verbas, inclusive as diferenças salarias decorrentes da redução das comissões. Observe que ajuizou a ação dentro dos dois anos, mas ainda que retroaja 5 anos (volta até 16-05-2014), não chega no dia 15-05-2013, data da lesão, mesmo invocando o art. 468 da CLT, de modo que nesse caso não terá êxito no pleito das diferenças salariais, vez que ocorreu a prescrição total (não chega no ato lesivo).

2.11.3.2. Compensação, retenção e dedução

O art. 767 da CLT aduz que "a compensação, ou retenção, só poderá ser arguida como matéria de defesa", o que deve ser analisado em contexto com as Súmulas 18 e 48 do TST.

Percebe-se que o momento processual adequado para a reclamada arguir a **compensação** (fato extintivo), sob pena de preclusão, é a contestação, o que significa dizer que não haverá possibilidade de arguição em momento posterior, devendo a compensação ficar adstrita às dívidas de natureza trabalhista como danos causados pelo empregado em equipamentos da empresa dolosamente; aviso-prévio em caso de empregado que tenha pedido demissão sem cumpri-lo; pagamento de valor de curso custeado pelo empregador e, com seu final, o empregado pede demissão, violando o compromisso de ficar na empresa por um determinado período após o fim do curso etc.

É imperioso observar que na compensação temos duas pessoas que ao mesmo tempo são credores e devedores uma da outra; as obrigações vão se extinguindo até onde possam ser compensadas; necessário que as dívidas sejam líquidas, vencidas e de coisas fungíveis e não ficam vinculadas aos pedidos que o reclamante deduz na sua exordial, não podendo ser deferida de ofício pelo juiz.

A **dedução** é bem distinta da compensação, vez que o juiz pode deferir de ofício, sendo na verdade matéria de ordem pública (objeção) que tem por núcleo o princípio da vedação ao enriquecimento sem causa, onde o reclamante pleiteia títulos que já foram pagos pela reclamada devendo haver, portanto, liame entre o pedido e o que será deduzido, ou seja, se o reclamante pede pagamento de 20 horas extras por mês e a reclamada em contestação requer a dedução juntando holerites comprovando o pagamento de pelo menos 10 horas por mês, não há que se falar em compensação, mas sim dedução das horas extras já pagas, assim como vantagem recebida em decorrência de previdência privada conforme Súmula 87 do TST.

Para finalizar, temos ainda a **retenção**, que também deve ser arguida com a contestação. Trata-se de direito da reclamada de reter algo que pertence ao reclamante até que este venha a adimplir sua obrigação perante aquele. Cite-se, ainda, a retenção do imposto de renda, que deve ser retido e recolhido pela empresa em razão dos rendimentos devidos e pagos ao empregado, como se denota no art. 46 da Lei n. 8.541/92.

2.11.3.3. Reconvenção

Esse tema será apresentado de forma detalhada na teoria que precede a análise de casos para identificação e elaboração da peça prático-profissional.

2.12. **Provas no processo do trabalho**

2.12.1. Definição, finalidade e objeto da prova

Habitualmente, define-se prova como todo meio lícito, ou moralmente legítimo, ainda que não previstos em lei (art. 369 do CPC), de que dispõem as partes para demonstrar a veracidade ou não de determinado fato, tendo como objetivo formar o convencimento do julgador acerca da sua existência ou inexistência, o que é aplicado tanto para o autor quanto para o réu, assegurando-se a ambos o exercício pleno da ampla defesa.

Destarte, é indubitável que a **finalidade da prova** é auxiliar o juiz no descobrimento da verdade, formando seu convencimento.

Ademais, no que tange ao **objeto da prova**, é certo que apenas os fatos devem ser provados, pois a parte não é obrigada a provar o direito, uma vez que o nosso sistema processual consagra uma presunção legal de que o juiz conhece o direito (art. 376 do CPC), sendo que essa presunção só se aplica em caso de direito federal, pois o juiz pode determinar a prova do teor e vigência do direito estrangeiro, municipal, estadual, distrital ou consuetudinário, pela parte que o alegou.

No processo do trabalho, é comum às partes juntarem aos autos os instrumentos de negociação coletiva (acordos ou convenções), bem como regulamento de empresa, visando convencer o magistrado acerca de um determinado direito.

Há fatos, no entanto, que independem de provas, que são os fatos notórios; os afirmados por uma parte e confessados pela parte contrária; os admitidos, no processo, como incontroversos; em cujo favor da parte milita presunção legal de existência ou de veracidade, como dispõe o art. 374 do CPC.

A Consolidação das Leis do Trabalho dispõe de uma seção exclusivamente para tratar das provas no processo do trabalho, regulando o tema de forma genérica do art. 818 ao art. 830.

2.12.2. Ônus da prova

Em princípio, as partes têm o ônus de provar os fatos que apresentam em juízo, seja na petição inicial, na contestação ou no curso da relação processual.

Assim sendo, quando falamos em ônus da prova, queremos dizer qual é a parte que tem a incumbência de demonstrar a veracidade daquilo que alega.

O art. 818 da CLT, com a redação dada pela Lei n. 13.467/2017 (Reforma Trabalhista), estabelece que ao autor cabe a prova dos fatos constitutivos e ao réu os fatos impeditivos, modificativos ou extintivos (fatos obstativos da pretensão autoral).

Assim, a título de exemplo, nos termos da Súmula 6, item VIII, do TST, "é do empregador o ônus da prova do fato impeditivo, modificativo ou extintivo da equiparação salarial".

No processo do trabalho, é uniforme na jurisprudência o cabimento da **inversão do ônus da prova**, excepcionalmente, onde o reclamado, além de provar os fatos extintivos, modificativos e impeditivos, também deverá comprovar fato negativo no que tange a pretensão do autor, ou seja, que o fato constitutivo aduzido pelo autor não merece acolhida.

A inversão do ônus da prova é admitida no processo do trabalho, como se extrai da Súmula 338, III, do TST.

Outrossim, a Súmula 212 do TST que impõe ao empregador o ônus de provar a forma de ruptura do contrato de trabalho, quando negada a prestação do serviço ou o despedimento.

Ademais, com o art. 818 da CLT, sem seus parágrafos, estabelece uma regra de instrução, e não de julgamento, ou seja, nos casos previstos em lei ou diante de peculiaridades da causa relacionadas à impossibilidade ou à excessiva dificuldade de cumprir o encargo nos termos deste artigo ou à maior facilidade de obtenção da prova do fato contrário, poderá o juízo atribuir o ônus da prova de modo diverso, desde que o faça por decisão fundamentada, caso em que deverá dar à parte a oportunidade de se desincumbir do ônus que lhe foi atribuído. Outrossim, esta decisão deverá ser proferida antes da abertura da instrução e, a requerimento da parte, implicará o adiamento da audiência e possibilitará provar os fatos por qualquer meio em direito admitido. De toda sorte, esta decisão de distribuição dinâmica do ônus da prova não pode gerar situação em que a desincumbência do encargo pela parte seja impossível ou excessivamente difícil.

2.12.3. Princípios norteadores

2.12.3.1. Princípio do contraditório e da ampla defesa

No que tange à produção das provas em juízo, com sucedâneo no devido processo legal, as partes têm o direito de produzir e se manifestarem reciprocamente sobre as provas apresentadas. Trata-se de princípio constitucional explícito que deve ser observado em qualquer processo, sob pena de nulidade.

Especificamente sobre o contraditório, é necessário que as partes tenham ciência das provas que são produzidas, a fim de que se manifestem sobre elas.

Com relação à ampla defesa, assegura-se às partes a produção de todos os meios probatórios úteis, necessários e pertinentes para demonstrar a veracidade do que alegam.

Por fim, vale citar o art. 7º do CPC, que assim estabelece: "É assegurada às partes paridade de tratamento em relação ao exercício de direitos e faculdades processuais, aos meios de defesa, aos ônus, aos deveres e à aplicação de sanções processuais, competindo ao juiz zelar pelo efetivo contraditório".

2.12.3.2. Princípio da necessidade da prova

Significa dizer que as meras alegações das partes não são suficientes, sendo necessário que a parte faça prova do que alega em juízo, vez que fato alegado e não provado é tido por inexistente pelo julgador, acarretando consequências no momento de ser proferida a sentença, sendo que em caso de confissão ficta o juiz presume a veracidade dos fatos.

2.12.3.3. Princípio da unidade da prova

A prova deve ser examinada no seu conjunto, isto é, deve formar um todo. Logo, não deve o juiz apreciar a prova de forma isolada, como seria o caso da confissão, que deve ser analisada em seu conjunto e não apenas algumas partes.

Isso não significa dizer que ao juiz é vedado valorar as provas produzidas, em razão do princípio da persuasão racional, que será visto adiante.

2.12.3.4. Princípio do livre convencimento ou persuasão racional

No sistema que vige, o juiz forma sua convicção apreciando livremente o valor das provas dos autos, mas que não se confunde com arbítrio, pois tem o dever de fundamentar suas decisões.

Este princípio está expresso no CPC em seu art. 371, que assim dispõe: "*O juiz apreciará a prova constante dos autos, independentemente do sujeito que a tiver promovido, e indicará na decisão as razões da formação de seu convencimento*".

A título de exemplo, podemos citar a OJ n. 233 da SDI-1 do TST, onde se prevê que "a decisão que defere horas extras com base em prova oral ou documental não ficará limitada ao tempo por ela abrangido, desde que o julgado fique convencido de que o procedimento questionado superou aquele período".

2.12.3.5. Princípio da imediação

Como diretor do processo, quem colhe as provas direta ou indiretamente é o juiz, que terá contato direto com as partes, testemunhas e, mesmo em caso de realização de prova pericial, poderá inquirir peritos e os assistentes técnicos das partes para esclarecimentos.

É verdade que o princípio em apreço está umbilicalmente ligado à produção de provas orais, que como já vimos, são realizadas em audiência.

2.12.3.6. Princípio da aquisição processual

A prova produzida é adquirida pelo processo, ainda que prejudicial à parte que a produziu, ou seja, para a relação processual não é relevante identificar a parte que produziu a prova, mas sim que a prova é elemento essencial para a formação do convencimento do julgador e a resolução eficaz da lide.

2.12.3.7. Princípio da isonomia probatória

Este princípio tem amparo no texto constitucional (art. 5º, *caput*, da CF/88) e no art. 139, I, do CPC (o juiz deve assegurar as partes igualdade de tratamento), sendo certo que o magistrado tem o dever de conceder as partes o mesmo tratamento no que tange a produção das provas, ou seja, dar a elas as mesmas oportunidades.

2.12.3.8. Princípio do inquisitivo ou inquisitorial

Também conhecido como **princípio da busca da verdade real**, tem seu fundamento no art. 765 da CLT, bem como no art. 370 do CPC. Desta feita, cabe ao juiz, caso as provas sejam inúteis, indeferi-las; se necessárias, determinar sua produção e, se ainda não estiver convencido, ordenar a produção das provas que entender necessárias.

2.12.4. Meios de prova

Para que as partes possam demonstrar a veracidade dos fatos alegados, devem lançar mão dos meios probatórios, embora, como já afirmado, o sistema dos meios de provas é exemplificativo, pois as partes podem valer-se de outras não previstas em lei, desde que moralmente admissíveis.

O próprio magistrado também poderá determinar a produção de provas para formar seu convencimento. Inobstante, ficaremos adstritos aqueles meios mais utilizados no processo do trabalho.

Cumpre ainda esclarecer que a CLT, em seu art. 819, prevê que "o depoimento das partes e testemunhas que não souberem falar a língua nacional será feita por meio de intérprete nomeado pelo juiz ou presidente", haja vista que em todo processo é obrigatório o uso do vernáculo (língua portuguesa), como determina o art. 192 do CPC.

Haverá também a necessidade de intérprete se aquele que for prestar depoimento for surdo-mudo, ou mudo que não saiba escrever.

2.12.4.1. Depoimento pessoal e confissão

Combinando os arts. 820 e 848 da CLT com os arts. 385 e ss. do CPC, é certo que após a defesa, ao iniciar a instrução do processo, o juiz pode interrogar as partes, razão pela qual se conclui que inquirir tem o mesmo significado de interrogar, ou seja, se o juiz não interrogar as partes, poderá qualquer uma delas requerer, por seu intermédio, o interrogatório recíproco.

O depoimento pessoal tem por objetivo, além de esclarecer fatos relevantes da causa, à confissão da parte, por isso, a parte é intimada para depor pessoalmente com a advertência de que se não comparecer em audiência, ou ainda que esteja presente, se recuse a depor (salvo nos casos do art. 388, CPC), haverá a confissão.

Sendo assim, não é admitida a aplicação da confissão caso a parte não tenha sido intimada para depor com aquela cominação, ou seja, a confissão não será aplicada em caso de não comparecimento da parte quando não houver aquela advertência, como se extrai da já citada Súmula 74, I, do TST.

Com efeito, em regra, o depoimento pessoal e o interrogatório, na praxe trabalhista, são realizados de forma única, pois primeiramente o magistrado interroga para formar seu convencimento e, logo em seguida, as partes fazem as perguntas que sejam pertinentes para obter a confissão.

Interessante advertir que no depoimento pessoal as partes podem fazer perguntas, como autoriza o art. 820 da CLT.

Por fim, apenas para elucidação, devemos ter em mente o que é a **confissão.**

Com efeito, o CPC define a confissão no art. 389 da seguinte forma: "Há confissão, judicial ou extrajudicial, quando a parte admite a verdade de fato contrário ao seu interesse e favorável ao adversário".

Há distinção entre a **confissão real** e a **confissão ficta**, sendo que na confissão real o que se tem em vista é o reconhecimento da veracidade dos fatos que os demandantes levam a juízo, que será obtida com seu próprio depoimento ou representante com poder especial (art. 390, § 1º, do CPC).

No que tange à confissão ficta, este goza de **presunção relativa *(juris tantum)*** de veracidade, o que significa dizer que irá prevalecer enquanto não houver outro meio que seja capaz de afastá-la. Com efeito, considerando o já estudado art. 843, § 1º, da CLT, se o empregador ou seu preposto não tiver conhecimento dos fatos, haverá confissão ficta.

2.12.4.2. Documentos

Documento é o meio idôneo que a parte lança mão como prova material da existência de um fato, abrangendo os escritos, reproduções cinematográficas, gravações, desenhos etc.

O reclamante deve juntar os documentos com a exordial, enquanto a reclamada com a defesa em audiência, ressalvando-se a possibilidade de prova documental superveniente, ou seja, é lícito às partes juntarem novos documentos quando fundados em fatos ocorridos após os inicialmente articulados ou para contrapô-los, consoante o art. 787 da CLT.

A CLT trata dos documentos de forma esparsa nos arts. 777, 780, 787 e 830, sendo certo afirmar que este último dispositivo admite que o **documento em cópia** oferecido como prova pode ser declarado autêntico pelo advogado da parte, sob sua responsabilidade pessoal. Contudo, se for impugnada sua autenticidade, quem produziu o documento será intimado para apresentar cópias autenticadas ou o original, cabendo ao serventuário proceder à conferência, certificando nos autos a conformidade entre os documentos.

Nesse particular, a OJ n. 36 da SDI-1 do TST dispõe: "O instrumento normativo em cópia não autenticada possui valor probante, desde que não haja impugnação ao seu conteúdo, eis que se trata de documento comum às partes".

Ademais, se não houver impugnação da parte contrária, será válida a autenticação aposta em uma face do documento que contenha verso, vez que se trata de documento único, de acordo com a OJ Temporária n. 23 da SDI-1 do TST.

Quanto às pessoas jurídicas de direito público, impende averbar que "são válidos os documentos apresentados em fotocópia não autenticada", como estabelece a Orientação Jurisprudencial n. 134 da SDI-1 do TST.

Note que as **anotações constantes na CTPS** não fazem prova absoluta do que nela consta, vez que o entendimento é no sentido de que as anotações geram presunção relativa de veracidade de acordo com a Súmula 12 do TST, o que significa dizer que admite prova em sentido contrário, salvo para o empregador, vez que para este a presunção é absoluta, exceto se provar cabalmente que a anotação resultou de erro material.

2.12.4.3. Perícia

Como em algumas hipóteses a demonstração da veracidade dos fatos depende de conhecimento técnico especializado, exsurge nos domínios do processo do trabalho a prova pericial, que é realizada pelo perito, pois é o profissional habilitado para tanto, na medida em que o juiz é desprovido daquele conhecimento técnico que refoge à órbita jurídica.

O perito é um auxiliar da justiça e, em razão da insuficiência da CLT (faz menção ao perito apenas nos arts. 826 e 827) e da Lei n. 5.584/70, aplicamos subsidiariamente o art. 156 e seguintes do CPC.

Podemos afirmar, então, que a perícia é necessária quando a prova dos fatos alegados pelas partes depender do **conhecimento técnico ou científico**, quando então o juiz poderá nomear um perito, devendo o juiz fixar o prazo para a entrega do laudo, podendo cada uma das partes indicar assistente técnico os quais deverão apresentar o laudo no mesmo prazo fixado para o perito, conforme preconiza o art. 3º da Lei n. 5.584/70.

No processo do trabalho, a prova pericial pode ser determinada de ofício pelo juiz ou requerida pelas partes, mas em caso de revelia por ausência da reclamada (o que gera confissão quanto a matéria de fato), quando houver pedido de insalubridade e periculosidade, o magistrado deve determinar a produção de prova pericial nos termos do art. 195, § 2º, da CLT, podendo o réu, mesmo sendo revel, indicar assistente técnico, à falta de vedação legal.

Determina a CLT em seu art. 827 que "o juiz ou presidente poderá arguir os peritos compromissados ou os técnicos, e rubricará, para ser junto ao processo, o laudo que os primeiros tiverem apresentados".

Note que a realização de perícia é obrigatória para verificação de insalubridade, nos termos da OJ n. 278 da SDI-1 do TST, mas quando não for possível sua realização, como em caso de fechamento da empresa, poderá o julgado utilizar-se de outros meios de prova, como seria o caso da prova emprestada.

A perícia sobre insalubridade ou periculosidade pode ser realizada por médico ou engenheiro do trabalho, nos termos da OJ n. 165 da SDI-1 do TST, vez que o art. 195 da CLT não faz qualquer distinção entre aqueles profissionais para efeito de caracterização e classificação da insalubridade ou periculosidade, sendo necessário, em contrapartida, que o laudo seja elaborado por profissional devidamente qualificado.

A verificação mediante perícia de prestação de serviços em condições insalubres, considerando que o agente insalubre constatado é diverso daquele apontado na causa de pedir, não retira o direito ao recebimento ao adicional, ou seja, não prejudica o pedido, consoante já vimos em razão da redação contida na Súmula 293 do TST.

A Súmula 453 do TST versa sobre uma das hipóteses de dispensa da prova pericial, no caso de empresas que pagam voluntariamente o adicional de periculosidade.

2.12.4.4. Testemunha

No processo do trabalho, a testemunha é um dos meios de prova mais relevantes, pois não raras vezes é o único meio probante de que as partes dispõem para convencer o magistrado acerca da realidade dos fatos, tendo como substrato o princípio da primazia da realidade (verdade real, no âmbito processual).

Todavia, não será admitida a prova testemunhal quanto a fatos já confessados ou provados por documento, ou quando os fatos só podem ser provados com documentos ou por meio de perícia, como acontece com pagamento de salários e insalubridade, respectivamente.

Podemos definir testemunha como a pessoa física que é indene às partes e totalmente desvinculada do processo, mas que é convocada (pelas partes ou pelo juízo) para depor sobre fatos que tenha conhecimento, ou seja, testemunha é a pessoa natural chamada a juízo para depor sobre fatos que tem conhecimento, totalmente estranha ao processo, sendo certo que, em princípio, todas as pessoas podem depor, com exceção daquelas que são incapazes, impedidas ou suspeitas.

As causas de incapacidade e de impedimento são de ordem objetiva, enquanto as de suspeição de ordem subjetiva.

A CLT no art. 829 prevê que "a testemunha que for parente até o terceiro grau civil, amigo íntimo ou inimigo de qualquer das partes, não prestará compromisso, e seu depoimento valerá como simples informação".

Com efeito, haja vista a insuficiência da CLT, aplicamos o art. 447 do CPC que trata das pessoas incapazes, impedidas e suspeitas para depor.

É imperioso notar que não torna suspeita a testemunha o simples fato de estar litigando ou de ter litigado contra o mesmo empregador, nos termos da Súmula 357 do TST, *in verbis*: "Não torna suspeita a testemunha o simples fato de estar litigando ou de ter litigado contra o mesmo empregador".

No processo do trabalho, as testemunhas devem comparecer à audiência ainda que não sejam intimadas, ou seja, serão convidadas pelas partes, mas em caso de ausência, serão intimadas pelo magistrado de ofício ou mediante requerimento das partes e, caso não compareçam sem motivo justificado, ficarão sujeitas a condução coercitiva além de multa, como aduz o art. 825 e parágrafo único, da CLT.

No procedimento sumaríssimo, o juiz somente intimará a testemunha, em caso de ausência, se a parte comprovar que a convidou, não bastando a mera alegação, como prevê o § 3º do art. 825-H da CLT.

Antes de prestar seu **compromisso legal**, nos termos do art. 828 da CLT, a testemunha será qualificada, ficando sujeita às penas previstas na lei penal em caso de falsidade em suas declarações.

Façamos alusão, pela importância do tema, ao que é a **contradita de testemunha (art. 457, § 1º, CPC)**, pois, como vimos anteriormente, as testemunhas impedidas, suspeitas ou incapazes não podem depor.

Sendo assim, contradita nada mais é do que a impugnação da testemunha pelo outro polo da relação processual, que irá arguir incapacidade, impedimento ou suspeição daquela pessoa natural, devendo ser arguida após a qualificação da testemunha e antes de prestar o compromisso, vez que não o fazendo haverá preclusão.

Caso o juiz venha a deferir ou indeferir a contradita, cabe à parte requerer que sejam registrados em ata os protestos contra aquela decisão, uma vez que estaremos diante de uma decisão interlocutória, irrecorrível de imediato, portanto.

Quanto à inquirição das testemunhas, dispõe o art. 820 da CLT que: "As partes e testemunhas serão inquiridas pelo juiz ou presidente, podendo ser reinquiridas, por seu intermédio, a requerimento dos vogais, das partes, seus representantes ou advogados".

Em regra, primeiro são ouvidas as testemunhas do reclamante e depois as da reclamada na sede do juízo e se a testemunha for funcionário civil ou militar e tiver que depor em hora de serviço, será requisitada ao chefe da repartição para que possa comparecer, nos moldes do art. 823 da CLT.

Em qualquer hipótese, a testemunha não pode sofrer descontos pelas faltas ao serviço ocasionadas pelo seu comparecimento para depor, quando arroladas ou convidadas (art. 822 da CLT). Deve o magistrado providenciar meios para que o depoimento de uma testemunha não seja ouvido pela outra que ainda irá depor, sendo os depoimentos resumidos na ata de audiência (art. 824 da CLT).

Outrossim, com fulcro no art. 461 do CPC, o juiz pode ordenar, de ofício ou a requerimento da parte: a) a inquirição de testemunhas referidas nas declarações da parte ou das testemunhas; e b) a acareação de 2 (duas) ou mais testemunhas ou de alguma delas como a parte, quando, sobre fato determinado que possa influir na decisão da causa, divergirem as suas declarações. Os acareados serão perguntados para que expliquem os pontos de divergência, reduzindo-se a termo o ato de acareação. Ademais, a acareação pode ser realizada por videoconferência ou por outro recurso tecnológico de transmissão de sons e imagens em tempo real.

No que tange à **quantidade de testemunhas** que cada parte pode arrolar, vale reiterar que, a depender do procedimento, temos:

1) no rito ordinário serão três para cada parte (art. 821 da CLT);

2) no rito sumaríssimo, até duas para cada parte (§ 2º do art. 852-H da CLT);

3) no inquérito judicial para apuração de falta grave, até seis para cada parte (art. 821 da CLT);

4) no procedimento sumário (Lei n. 5.584/70), aplica-se a regra geral prevista na CLT, que são três testemunhas para cada parte, haja vista a omissão da lei citada.

2.13. Sentença nos dissídios individuais

2.13.1. Breves considerações

Determina a CLT nos arts. 831 e 850, que é necessária, antes de ser proferida a decisão, a conciliação pré-decisória, o que, caso não seja observado, enseja decretação de nulidade, ou seja, a segunda tentativa de conciliação é um dos requisitos de eficácia da sentença trabalhista, vez que é indispensável à tentativa, mesmo que as partes não cheguem a um denominador comum.

2.13.2. Requisitos essenciais e complementares

Dispõe o art. 832 da CLT: "Da decisão deverão constar o nome das partes, o resumo do pedido e da defesa, a apreciação das provas, os fundamentos da decisão e a respectiva conclusão". Ademais, também estudamos o art. 489 do CPC, que estabelece os elementos essenciais da sentença.

No procedimento sumaríssimo, o relatório é dispensado, nos termos do art. 852-I da CLT.

A sentença no processo do trabalho também conterá os requisitos complementares, como se denota dos parágrafos do art. 832 da CLT.

Dessa forma, quando a decisão concluir pela procedência do pedido, determinará o prazo e as condições para o seu cumprimento, devendo sempre mencionar as custas que devem ser pagas pela parte vencida.

Ademais, as decisões cognitivas ou homologatórias de acordo deverão sempre indicar a natureza jurídica das parcelas constantes da condenação ou do acordo homologado, inclusive o limite de responsabilidade de cada parte pelo recolhimento da contribuição previdenciária, quando houve a incidência.

2.13.3. Intimação da União e acordo após o trânsito em julgado

De acordo com o parágrafo 4º do art. 832, a União deve ser intimada das decisões homologatórias de acordos que contenham parcela de natureza indenizatória, sendo facultada a interposição de recurso relativo aos tributos que lhe forem devidos, caso em que, se desejar, interporá o recurso ordinário. Outrossim, pode também a União interpor recurso relativo à discriminação das parcelas a que faz alusão o § 3º do mesmo dispositivo legal, o que se coaduna com o disposto no citado parágrafo único do art. 831.

Observe que a Lei n. 13.876 de 2019 inseriu os §§ 3º-A e 3º-B no art. 832 da CLT, para assentarem a forma de base de cálculo das parcelas acordadas, considerando, inclusive, o piso da categoria, com exceção para pedidos exclusivos de verbas de natureza indenizatória.

2.13.4. Correção de erros materiais

Havendo na decisão evidentes erros ou enganos de escrita, de digitação ou de cálculo, antes da execução, estes poderão ser corrigidos de ofício pelo juiz, ou ainda, a requerimento dos interessados ou da Procuradoria da Justiça do Trabalho, como vaticina o art. 833 c/c o art. 897-A, § 1º, ambos da CLT.

2.13.5. Intimação da decisão

Com relação à ciência da decisão, pode-se dizer que a publicação e sua notificação aos litigantes ou a seus patronos, consideram-se realizadas nas próprias audiências em que foram as mesmas proferidas, exceto se houver revelia, caso em que a notificação será realizada na forma do § 1º do art. 841 da CLT, como determina o art. 852 da CLT.

Assim vaticina o art. 834 da CLT: "Salvo nos casos previstos nesta Consolidação, a publicação das decisões e sua notificação ao litigantes, ou seus patronos, consideram-se realizadas nas próprias audiências em que forem as mesmas proferidas".

2.13.6. Da responsabilidade por dano processual

A Lei n. 13.467/2017 (Reforma Trabalhista) incluiu na CLT os arts. 793-A ao 793-D para tratar de um assunto que era estudado apenas no CPC.

Assim, responde por perdas e danos aquele que litigar de má-fé como reclamante, reclamado ou interveniente.

Considera-se litigante de má-fé aquele que: I – deduzir pretensão ou defesa contra texto expresso de lei ou fato incontroverso; II – alterar a verdade dos fatos; III – usar do processo para conseguir objetivo ilegal; IV – opuser resistência injustificada ao andamento do processo; V – proceder de modo temerário em qualquer incidente ou ato do processo; VI – provocar incidente manifestamente infundado; VII – interpuser recurso com intuito manifestamente protelatório.

Note que, de ofício ou a requerimento, o juízo condenará o litigante de má-fé a pagar multa, que deverá ser superior a 1% (um por cento) e inferior a 10% (dez por cento) do valor corrigido da causa, a indenizar a parte contrária pelos prejuízos que esta sofreu e a arcar com os honorários advocatícios e com todas as despesas que efetuou.

Porém, quando forem dois ou mais os litigantes de má-fé, o juízo condenará cada um na proporção de seu respectivo interesse na causa ou solidariamente aqueles que se coligaram para lesar a parte contrária.

Por outro lado, quando o valor da causa for irrisório ou inestimável, a multa poderá ser fixada em até duas vezes o limite máximo dos benefícios do Regime Geral de Previdência Social.

De toda sorte, o valor da indenização será fixado pelo juízo ou, caso não seja possível mensurá-lo, liquidado por arbitramento ou pelo procedimento comum, nos próprios autos.

Por fim, aplica-se a multa prevista no art. 793-C da CLT à testemunha que intencionalmente alterar a verdade dos fatos ou omitir fatos essenciais ao julgamento da causa.

2.14. **Recursos no processo do trabalho**

2.14.1. Conceito

Em suma, recurso é o direito de demonstrar o inconformismo com uma decisão no curso do mesmo processo.

No processo do trabalho, os recursos são interpostos por simples petição, ou seja, a CLT dispensa formalidades, embora se afirme que devem estar fundamentados, de acordo com a redação do art. 899.

Com efeito, o **princípio da dialeticidade** ou **discursividade**, que é seguido pelo TST na Súmula 422, irá exigir, em regra, que o recurso esteja devidamente fundamentado, sob pena de não conhecimento.

2.14.2. Princípios

2.14.2.1. Duplo grau de jurisdição

Um dos princípios mais citados pela doutrina é o duplo grau de jurisdição que, em apertada síntese, preconiza evitar eventual abuso das instâncias inferiores ao decidirem as lides, de modo que haveria um controle daquelas decisões judiciais pela instância superior.

No entanto, não é inconstitucional norma infraconstitucional limitar o cabimento de recursos nos procedimentos, como é o caso do sistema restritivo, previsto no art. 2º, § 4º, da Lei n. 5.584/70, que trata dos dissídios de alçada (procedimento sumário), quando então só será admitida a interposição de recurso quando a matéria for constitucional.

2.14.2.2. Taxatividade

Esse princípio, que a doutrina também denomina como **legalidade**, preconiza que recurso é necessariamente o meio de impugnação que esteja previsto em lei, seja na CLT ou em outra norma esparsa (extravagante), razão pela qual os recursos estão taxativamente previstos em lei.

Desta feita, como o rol de recursos é taxativo (*numerus clausus*), não se admite interpretação extensiva para viabilizar a utilização de outros recursos não previstos na legislação processual do trabalho.

2.14.2.3. Voluntariedade

Este princípio informa que as partes, quando inconformadas com a decisão proferida, se desejarem, poderão recorrer de forma independente no prazo prescrito em lei, razão pela qual o tribunal não pode conhecer de ofício matérias não arguidas pelas partes, exceto se forem questões de ordem pública, enquanto não tenha operado a preclusão.

2.14.2.3.1. *Duplo grau de jurisdição obrigatório ou reexame necessário*

No que pese não ter natureza de recurso, vez que não tem por objetivo reformar ou anular a decisão proferida, cabe examinarmos o duplo grau de jurisdição obrigatório (reexame necessário, remessa *ex officio*), que é uma verdadeira condição de eficácia das decisões proferidas contra as pessoas jurídicas de direito público, o que permanece plenamente aplicável mesmo com o advento da CF/88, vez que não viola os princípios da igualdade e do devido processo legal, ou seja, a decisão proferida contra as pessoas jurídicas de direito público não produzirão efeito senão depois de confirmada pelo tribunal.

O reexame necessário, no processo do trabalho, está previsto no art. 1º, V, do Decreto-lei n. 779/69, que na verdade denomina o instituto como recurso ordinário *ex officio*, o que, em apertada síntese, significa que todas as decisões contrárias à Fazenda Pública (União, Estados, Distrito Federal, Municípios, suas respectivas autarquias e fundações públicas que não explorem atividade econômica) que comportarem recurso ordinário só terão eficácia após submetidas à instância superior, não havendo, portanto, trânsito em julgado de decisão que não tenha sido remetida ao Tribunal competente, o que não se aplica às sociedades de economia mista e às empresas públicas em razão do regime peculiar a elas atribuído pela Constituição.

Assim, é lícito afirmar que não só as sentenças estão sujeitas ao duplo grau, na medida em que acórdão proferido em ações originárias perante o Tribunal Regional do Trabalho também estão, uma vez que o Decreto-lei *supra* faz menção ao recurso ordinário *ex officio*, sendo possível, portanto, seu cabimento para o TST, como seria o caso das decisões proferidas em sede de mandado de segurança, nos termos da Súmula 303, IV, do TST.

A remessa necessária tem como consequência a aplicação dos efeitos devolutivo e translativo, mas não se aplica nas hipóteses excepcionadas pelo item I, *a*, *b* e *c*, bem como naquelas previstas no item II, todos da Súmula 303.

Vale registrar que não cabe o reexame no caso de decisões que desafiam agravo de petição, vez que o ordenamento trata do recurso ordinário de ofício.

Não cabe recurso de revista contra acórdão que julgou remessa necessária, sem que tenha ocorrido a interposição de recurso ordinário voluntário, salvo se a decisão agrava a situação processual do ente público, nos termos da OJ n. 334 da SDI-1 do TST.

Não cabe ação rescisória de decisão não submetida ao reexame, bastando direito de petição ao Presidente do Tribunal para avocação dos autos, conforme redação da OJ n. 21 da SDI-2 do TST.

Não há legitimidade recursal de ente público em relação à sucumbência sofrida por uma de suas autarquias ou fundações, nos moldes da OJ n. 318 da SDI-1 do TST, o que também deve ser observado para ação rescisória.

2.14.2.4. Unirrecorribilidade ou singularidade

Este princípio, também conhecido como unicidade recursal, sinaliza no sentido de que contra uma decisão só cabe um recurso específico, ou seja, não pode a parte interpor dois ou mais recursos contra uma única decisão, na medida em que os recursos devem ser manejados sucessivamente e não concomitantemente.

Contudo, parte da doutrina aduz que não se pode entender esse princípio de forma absoluta, uma vez que, excepcionalmente, uma mesma decisão pode dar ensanchas à interposição de mais de um recurso, como seria o caso de uma sentença que julga parcialmente procedente o pedido do reclamante, mas é omissa em alguns pedidos, caso em que a reclamada poderia interpor recurso ordinário e o reclamante embargos de declaração para sanar as omissões.

2.14.2.5. Fungibilidade ou conversibilidade

Este princípio informa que um recurso interposto erroneamente pode ser convertido para o recurso que seria cabível (recurso correto), tendo em vista a natureza instrumental do processo e o princípio da primazia do mérito.

No entanto, é necessária a presença de alguns requisitos para que seja aplicado:

1º) não haver erro grosseiro ou má-fé – ocorre erro grosseiro quando a norma jurídica vaticina precisamente qual é o recurso cabível e a parte interpõe outro cabalmente desconexo;

2º) dúvida razoável (objetiva) em relação ao recurso cabível – significa que na doutrina e na jurisprudência há controvérsia acerca do recurso que deva ser manejado naquele caso concreto; e

3º) observância da tempestividade no que tange ao recurso correto (teoria do prazo menor) – quer dizer que o recurso interposto incorretamente tem de ter sido interposto no prazo do recurso que seria cabível.

Da jurisprudência do TST podemos extrair alguns exemplos de aplicação ou não do princípio. Vejamos: Súmula 421 do TST; OJ n. 152 da SDI-2 do TST; OJ n. 412 da SDI-1 do TST etc.

2.14.3. Efeitos dos recursos

2.14.3.1. Efeito devolutivo

Como se extrai do art. 899, *caput*, da CLT os recursos terão efeito meramente devolutivo, ou seja, transferem do juízo *a quo* (inferior) para o juízo *ad quem* (superior) as matérias impugnadas, buscando-se nova manifestação sobre o que fora decidido, o que nos persuade no seguinte sentido: todos os recursos têm efeito devolutivo!

Esse efeito pode ser analisado sob dois prismas, isto é, quanto à extensão (prisma horizontal) e quanto à profundidade (prisma vertical).

No que tange à **extensão do efeito devolutivo**, temos que o órgão *ad quem* (que irá apreciar o recurso) ficará limitado às questões formuladas pela parte recorrente nas razões do seu recurso, ou seja, haverá adstrição ao que for objeto de recurso, não podendo enfrentar outras questões.

Assim, se o autor faz pedido de horas extras, insalubridade e adicional noturno e a sentença julga procedente apenas o pedido de horas extras e improcedentes, os demais, se a parte recorrer pretendendo a reforma no que toca ao adicional de insalubridade, o tribunal não poderá apreciar o adicional noturno, que transitará em julgado.

No entanto, o **efeito devolutivo em profundidade** sinaliza no sentido de que serão objeto de apreciação pelo tribunal todas as questões suscitadas no curso da relação processual, mesmo que a sentença não as tenha apreciado por inteiro e, por seu turno, quando o pedido ou a defesa contiverem mais de um fundamento e o magistrado acolher apenas um deles, o recurso também irá devolver as demais, desde que relativas ao capítulo impugnado conforme a Súmula 393 do TST:

> **RECURSO ORDINÁRIO. EFEITO DEVOLUTIVO EM PROFUNDIDADE. Art. 1.013, § 1º, do cpc de 2015. ART. 515, § 1º, DO CPC de 1973 (nova redação em decorrência do CPC de 2015) – Res. 208/2016, DEJT divulgado em 22, 25 e 26-04-2016.**
>
> I – O efeito devolutivo em profundidade do recurso ordinário, que se extrai do § 1º do art. 1.013 do CPC de 2015 (art. 515, § 1º, do CPC de 1973), transfere ao Tribunal a apreciação dos fundamentos da inicial ou da defesa, não examinados pela sentença, ainda que não renovados em contrarrazões, desde que relativos ao capítulo impugnado.
>
> II – Se o processo estiver em condições, o tribunal, ao julgar o recurso ordinário, deverá decidir desde logo o mérito da causa, nos termos do § 3º do art. 1.013 do CPC de 2015, inclusive quando constatar a omissão da sentença no exame de um dos pedidos.

Cumpre salientar que se o processo estiver em condições de julgamento, o tribunal, ao julgar o recurso ordinário, deverá decidir desde logo o mérito da causa, nos termos do § 3º do art. 1.013 do CPC, inclusive quando constatar omissão da sentença no exame de um dos pedidos.

Conclui-se então que o efeito devolutivo implica devolução da matéria que for impugnada pelo recorrente (prisma horizontal), mas o juízo *ad quem* poderá adentrar em todas as teses jurídicas ventiladas no processo (prisma vertical).

2.14.3.2. Efeito suspensivo

Como sugere o próprio efeito, tem-se que a aplicação do mesmo impede a execução da decisão, haja vista que ficará com sua eficácia suspensa, o que não é a regra no processo do trabalho, pois como já dito acima, a regra é apenas o efeito devolutivo.

No entanto, em algumas situações excepcionais, poderemos ter a aplicação do efeito suspensivo nos recursos trabalhistas.

O TST afirma, no item I da Súmula 414, que é admissível a obtenção de efeito suspensivo ao recurso ordinário mediante requerimento dirigido ao tribunal, ao relator ou ao presidente ou ao vice-presidente do tribunal recorrido, por aplicação subsidiária ao processo do trabalho do art. 1.029, § 5º, do CPC.

Ademais, não cabe efeito suspensivo em recurso ordinário interposto de decisão proferida em mandado de segurança, conforme a OJ n. 113 da SBDI-2 do TST.

Por fim, cabe citar o art. 9º da Lei n. 7.701/88 que dispõe: "O efeito suspensivo deferido pelo Presidente do Tribunal Superior do Trabalho terá eficácia pelo prazo improrrogável de 120 dias contados da publicação, salvo se o recurso for julgado antes do término do prazo", o que é aplicável quando houver recurso ordinário interposto em face de decisões proferidas em dissídio coletivo, ou seja, contra sentenças normativas, e também o art. 14 da Lei n. 10.192/2001 que vaticina: "O recurso interposto de decisão normativa da Justiça do Trabalho terá efeito suspensivo, na medida e extensão conferidas em despacho do Presidente do TST".

2.14.3.3. Efeito substitutivo

Está previsto no art. 1.008 do CPC, o que se aplica apenas se o recurso for conhecido, vez que é o julgamento de mérito do recurso que gera o efeito ora analisado, mesmo que o acórdão do juízo *ad quem* apenas confirme a decisão, isto é, negue provimento ao recurso interposto.

2.14.3.4. Efeito translativo

Admite que o tribunal enfrente questões fora do que consta do recurso ou das contrarrazões, mas apenas se aplica às questões de ordem pública (objeções processuais), como a coisa julgada, litispendência, perempção, nulidade de citação etc., na medida em que devem ser conhecidas de ofício pelo Judiciário em qualquer tempo e grau de jurisdição.

Neste caso, não se pode falar em *reformatio in pejus* ou alegar julgamento *citra, ultra* ou *extra petita*.

Cumpre esclarecer que decisões *extra petita* são aquelas em que o órgão jurisdicional conhece de algo diverso do que fora aduzido pelo autor ou recorrente; decisões *ultra petita* são aquelas que concedem mais, além do que for pedido, gerando a nulidade da decisão na parte que excede e, por fim, decisões *citra petita* são aquelas que deixam de apreciar algo que fora questionado ou pedido pelas partes.

Cumpre informar, por fim, que na jurisprudência do TST, em nosso sentir, há tratamento equivalente entre este efeito e o devolutivo em profundidade.

2.14.3.5. Efeito regressivo

Limita-se à possibilidade de haver retratação ou reconsideração do órgão que proferiu a decisão que se recorre, o que é uma exceção, aplicável, por exemplo, em dois recursos no processo do trabalho, que são o agravo de instrumento e o agravo regimental.

2.14.4. Pressupostos de admissibilidade

Também denominados de requisitos de admissibilidade dos recursos, devem ser cumpridos quando da interposição do recurso que a parte pretende impugnar a decisão, a fim de que seja conhecido e julgado em seu mérito.

Como regra geral, os recursos passam por dois juízos de admissibilidade, sendo o primeiro pelo juízo que proferiu a decisão que se recorre (juízo *a quo*) e o segundo pelo órgão que é competente para julgar o recurso (juízo *ad quem*).

Observe que a decisão de conhecimento do juízo *a quo* não vincula o juízo *ad quem*, haja vista que os pressupostos recursais são entendidos como matérias de ordem pública.

Na seara recursal trabalhista, de forma geral, esses requisitos de admissibilidade são classificados da seguinte forma: intrínsecos (subjetivos) e extrínsecos (objetivos). O não atendimento de qualquer um dos pressupostos abaixo analisados impõe o não conhecimento do recurso interposto.

2.14.4.1. Pressupostos intrínsecos ou subjetivos

Esses pressupostos estão umbilicalmente ligados à decisão que se pretende recorrer e aqueles que podem ou não recorrer da decisão, razão pela qual são eles a legitimidade, a capacidade e o interesse.

2.14.4.1.1. *Legitimidade*

Extraímos do art. 996 do CPC que o recurso pode ser interposto pela parte vencida, pelo terceiro prejudicado e até mesmo pelo Ministério Público, que na seara trabalhista será o Ministério Público do Trabalho.

A OJ n. 318 da SDI-1 do TST registra importante exemplo:

> **AUTARQUIA. FUNDAÇÃO PÚBLICA. legitimidade para recorrer. representação processual (incluído o item II e alterada em decorrência do CPC de 2015) – Res. 220/2017, DEJT divulgado em 21, 22 e 25-09-2017.**
>
> I – Os Estados e os Municípios não têm legitimidade para recorrer em nome das autarquias e das fundações públicas.
>
> II – Os procuradores estaduais e municipais podem representar as respectivas autarquias e fundações públicas em juízo somente se designados pela lei da respectiva unidade da federação (art. 75, IV, do CPC de 2015) ou se investidos de instrumento de mandato válido.

2.14.4.1.2. *Capacidade*

Não é suficiente que a parte seja legítima, sendo imprescindível que também seja capaz, isto é, no ato de interpor o recurso, a parte deve ser plenamente capaz de praticar aquele ato processual, pois caso não seja deve ser assistida ou representada.

2.14.4.1.3. *Interesse*

Determina que o pretendido pelo recurso deve trazer alguma utilidade para a parte, haja vista que é necessária a demonstração do prejuízo ou perda em decorrência da decisão proferida, ou seja, reflete a necessidade e utilidade do recurso interposto.

A OJ n. 237, II, da SDI-1 do TST é um bom exemplo ao afirmar que o Ministério Público do Trabalho tem interesse em recorrer contra decisão que declara a existência de vínculo empregatício com sociedade de economia mista ou empresa pública, após a CF/88, sem a prévia aprovação em concurso público.

2.14.4.2. Pressupostos extrínsecos ou objetivos

Caracterizam-se por questões estranhas diversas da decisão que se pretende recorrer, por isso são denominados extrínsecos. São eles a recorribilidade do ato, a adequação, a tempestividade, a regularidade na representação e o preparo.

2.14.4.2.1. *Recorribilidade do ato*

Significa que a decisão que se pretende impugnar é passível de contrariedade mediante recurso, ou seja, a **decisão judicial tem de ser passível de recurso**.

Cabe lembrar que as decisões interlocutórias, no processo do trabalho, são irrecorríveis de imediato, em razão do princípio da concentração e celeridade, sendo na verdade um dos aspectos da oralidade, o que se afirma com espeque no art. 799, § 2º, e no art. 893, § 1º, ambos da CLT.

Assim, para evitar a preclusão, faz-se a impugnação em ata, quando em audiência for proferida aquela decisão interlocutória, que será analisada na oportunidade da interposição do recurso cabível quando prolatada a decisão final, se a parte assim requerer.

2.14.4.2.2. *Adequação*

Não obstante o acima apresentado, é preciso que, além de o ato judicial ser recorrível, a parte interponha o recurso correto (adequado).

No processo do trabalho, admite-se a aplicação do princípio da conversibilidade ou fungibilidade, como já ressaltamos.

2.14.4.2.3. *Tempestividade*

Esse pressuposto está relacionado ao prazo para a interposição do recurso, que no processo do trabalho, em regra, são oito dias (a Lei n. 5.584/70, art. 6º, uniformizou o prazo dos recursos previstos no art. 893 da CLT), inclusive o recurso de agravo em caso de decisão denegatória dos embargos de divergência ou recurso de revista (§ 4º do art. 894 e § 12 do art. 896).

Já os embargos de declaração são opostos no prazo de cinco dias e o recurso extraordinário em 15 dias.

O recorrido terá igual prazo para resposta ao recurso interposto (art. 900 da CLT).

Com relação aos agravos regimentais, como regra geral, os Regimentos Internos dos Tribunais estabelecem o prazo de cinco dias, sendo necessário à consulta do Regimento Interno (RI) do tribunal respectivo quanto necessário sua utilização, exceto se o manejo for no Tribunal Superior do Trabalho, vez que o RITST segue a uniformidade dos prazos, ou seja, terá a parte oito dias para interpor tal recurso no âmbito do TST, como dispõe o art. 235, bem como o agravo contra decisão que não admite recurso de embargos no TST, consoante § 4º do art. 894 da CLT.

As pessoas jurídicas de direito público (União, Estados, Distrito Federal, Municípios e suas respectivas autarquias e fundações públicas que não explorem atividade econômica) têm prazo em dobro para interpor qualquer recurso, nos termos do art. 1º, III, do Decreto-lei n. 779/69.

No que tange aos embargos de declaração, os entes de direito público também poderão valer-se do prazo em dobro, como se extrai da OJ n. 192 da SDI-1 do TST.

Se a parte alegar feriado local visando à prorrogação do prazo recursal, a ela cabe o ônus de comprovar sua existência. No entanto, em havendo feriado forense, incumbe à autoridade que proferir a decisão de admissibilidade do recurso certificar o expediente nos autos, sendo admitida a reconsideração da análise da tempestividade do recurso, via prova documental superveniente em agravo regimental, agravo de instrumento ou até mesmo embargos de declaração (Súmula 385 do TST).

2.14.4.2.4. *Regularidade na representação processual*

O recurso deve ser interposto pela própria parte quando no exercício do *jus postulandi*, exceto recursos de competência do TST (Súmula 425 do TST), quando então deverá ser constituído advogado.

Observe que, de acordo com a Súmula 383 do TST (já estudada por nós), é inadmissível recurso firmado por advogado sem procuração juntada aos autos até o momento da sua interposição, salvo mandato tácito. Em caráter excepcional (art. 104 do CPC), admite-se que o advogado, independentemente de intimação, exiba a procuração no prazo de cinco dias após a interposição do recurso, prorrogável por igual período mediante despacho do juiz. Caso não a exiba, considera-se ineficaz o ato praticado e não se conhece do recurso. Verificada a irregularidade de representação da parte em fase recursal, em procuração ou substabelecimento já constante dos autos, o relator ou o órgão competente para julgamento do recurso designará prazo de cinco dias para que seja sanado o vício. Descumprida a determinação, o relator não conhecerá do recurso, se a providência couber ao recorrente, ou determinará o desentranhamento das contrarrazões, se a providência couber ao recorrido (art. 76, § 2º, do CPC).

Ademais, verificada a total ausência de assinatura no recurso, o juiz ou o relator concederá prazo de cinco dias para que seja sanado o vício. Descumprida a determinação, o recurso será reputado inadmissível (art. 932, parágrafo único, do CPC). Porém é válido o recurso assinado, ao menos, na petição de apresentação ou nas razões recursais. (OJ n. 120 da SDI-1 do TST).

2.14.4.2.5. *Preparo*

No processo do trabalho, o preparo é analisado sob dois prismas, quais sejam: custas e depósito recursal.

A falta de preparo gera deserção, sendo que a OJ n. 140 da SDI-1 do TST estabelece que em caso de recolhimento insuficiente das custas processuais ou do depósito recursal, somente haverá deserção do recurso se, concedido o prazo de cinco dias previsto no § 2º do art. 1.007 do CPC, o recorrente não complementar e comprovar o valor devido.

As custas só serão pagas uma vez quando da interposição do recurso. Assim, se a parte interpôs recurso ordinário deverá pagar (exceto se beneficiária da gratuidade de justiça), mas se for interpor recurso de revista não paga, salvo se houver majoração do valor da condenação.

De acordo com a Súmula 25 do TST, a parte vencedora na primeira instância, se vencida na segunda, está obrigada, independentemente de intimação, a pagar as custas fixadas na sentença originária, das quais ficará isenta a parte então vencida, sendo que no caso de inversão do ônus da sucumbência em segundo grau, sem acréscimo ou atualização do valor das custas e se estas já foram devidamente recolhidas, descabe um novo pagamento pela parte vencida, ao recorrer. Deverá ao final, se sucumbente, **reembolsar** a quantia. Outrossim, não caracteriza deserção a hipótese em que, acrescido o valor da condenação, não houve fixação ou cálculo do valor devido a título de custas e tampouco intimação da parte para o preparo do recurso, devendo ser as custas pagas ao final. Note-se que o reembolso das custas à parte vencedora faz-se necessário mesmo na hipótese em que a parte vencida for pessoa isenta do seu pagamento, nos termos do art. 790-A, parágrafo único, da CLT.

Quanto ao depósito recursal, a CLT faz menção a ele no art. 899 e seus parágrafos, o qual tem natureza de garantia do juízo, da condenação, sendo uma obrigação da reclamada (empregador ou tomador dos serviços), desde que haja condenação em pecúnia, sendo indevido caso não haja condenação pecuniária na forma da Súmula 161 do TST.

De acordo com o art. 7º da Lei n. 5.584/70, "a comprovação do depósito da condenação (CLT, art. 899, §§ 1º a 5º) terá que ser feita dentro do prazo para a interposição do recurso, sob pena de ser este considerado deserto", o que é ratificado pela Súmula 245 do TST, onde se lê que o depósito recursal deve ser feito e comprovado no prazo alusivo ao recurso, e caso haja a interposição antecipada deste não haverá prejuízo para a dilação legal.

Assim, se a parte tem oito dias para interpor o recurso ordinário e o faz no terceiro dia, poderá juntar a guia comprobatória do depósito recursal até o oitavo dia do prazo, não se admitindo, destarte, que seja considerado deserto.

No agravo de instrumento, a questão da comprovação do pagamento é diferente, vez que o agravante deve comprovar o pagamento do depósito recursal no ato da interposição do recurso, mesmo que o interponha antecipadamente (§ 7º do art. 899 da CLT).

De acordo com o § 4º do art. 899 da CLT, há uniformidade na forma pela qual o depósito recursal será pago, já que o mesmo deverá ser feito em conta vinculada ao juízo e corrigido com os mesmos índices da poupança.

Importa destacar, de acordo com os §§ 9º, 10 e 11 do art. 899, que o valor do depósito recursal será reduzido pela metade para entidades sem fins lucrativos, empregadores domésticos, microempreendedores individuais, microempresas e empresas de pequeno porte, sendo que são isentos do depósito recursal os beneficiários da justiça gratuita, as entidades filantrópicas e as empresas em recuperação judicial. Ademais, o depósito recursal poderá ser substituído por fiança bancária ou seguro-garantia judicial.

Considerando a Súmula 128 do TST, cabe consignar que é ônus da parte recorrente efetuar o depósito legal, integralmente, em relação a cada novo recurso interposto, sob pena de deserção, mas quando atingido o valor da condenação, nenhum depósito mais é exigido para qualquer recurso, o que também é previsto no item II, letra "b" da Instrução Normativa n. 3 do TST.

Com efeito, a parte recorrente deve efetuar o depósito no valor da condenação para que seja conhecido seu recurso, mas se o valor da condenação em pecúnia for superior ao teto recursal de cada recurso interposto, limitar-se-á o depósito ao valor do limite legal.

É imperioso destacar que se o valor constante do primeiro depósito, efetuado no limite legal, é inferior ao da condenação, será devida complementação de depósito em recurso posterior, observado o valor nominal remanescente da condenação e/ou os limites legais para cada novo recurso.

Em havendo condenação solidária, o depósito realizado por uma das recorrentes aproveita as demais, salvo pleito de exclusão da lide, nos termos da acima transcrita Súmula 128, III, do TST.

Caso garantido o juízo, na fase executória, a exigência de depósito para recorrer de qualquer decisão viola os princípios da legalidade e do devido processo legal, mas se houver elevação do valor do débito, exige-se, por óbvio, a complementação da garantia do juízo, conforme redação do item II da Súmula 128 do TST.

Caso seja parte no processo uma massa falida, não haverá deserção se não houver o pagamento das custas ou de depósito recursal, o que não se aplica à empresa em liquidação extrajudicial, conforme a Súmula 86 do TST.

Vale destacar que não é exigido depósito recursal, em qualquer fase do processo ou grau de jurisdição, dos entes de direito público externo e das pessoas de direito público contempladas no Decreto-Lei n. 779/69, bem assim da massa falida, da herança jacente e da parte que, comprovando insuficiência de recursos, receber assistência judiciária integral e gratuita do Estado (Item X da Instrução Normativa n. 3 do TST).

A propósito, cabe dizer que a OJ n. 409 da SDI-1 determina que o recolhimento da multa imposta como sanção por litigância de má-fé não é pressuposto objetivo para interposição dos recursos de natureza trabalhista. Ademais, a OJ n. 389 da SDI-1 do TST preceitua: "Constitui ônus da parte recorrente, sob pena de deserção, depositar previamente a multa aplicada com fundamento nos §§ 4º e 5º, do art. 1.021, do CPC/2015 (§ 2º do art. 557 do CPC/73), à exceção da Fazenda Pública e do beneficiário de justiça gratuita, que farão o pagamento ao final".

Não se pode confundir o depósito recursal, tendo em vista sua natureza peculiar, com o depósito para apreciação de recurso administrativo mencionado no art. 636, § 1º, da CLT. Na verdade, não há que se falar no depósito previsto no dispositivo como pressuposto de admissibilidade de recurso administrativo, como vaticina a Súmula 424 do TST.

2.14.5. Recursos em espécie

A partir de agora estudaremos os recursos em espécie, observando-se a sistemática processual trabalhista.

O recurso ordinário, o agravo de instrumento, o agravo de petição, os embargos de declaração e o recurso de revista serão apresentados de forma detalhada na teoria que precede a análise de casos para identificação e elaboração da peça prático-profissional.

2.14.5.1. Recursos de revista com idêntico fundamento de direito (recurso repetitivo)

É de bom grado salientar que em caso de existência de multiplicidade de recursos de revista fundados em idêntica questão de direito, poderá a questão ser remetida à SDI ou ao Tribunal Pleno, por decisão da maioria simples dos seus membros, mediante requerimento de um dos Ministros que compõem a Seção Especializada, considerando a relevância da matéria ou a existência de entendimentos divergentes entre os Ministros dessa Seção ou das Turmas do TST.

Note-se que o Presidente da Turma ou da SDI, por indicação dos relatores, afetará um ou mais recursos repetitivos da controvérsia para julgamento pela SDI ou pelo Pleno, sob o trâmite de recursos repetitivos.

Nessa situação, caberá ao Presidente da Turma ou da Seção Especializada que afetar o processo para julgamento sob o rito em apreço, expedir comunicação aos demais Presidentes de Turma ou de Seção Especializada, que poderão afetar outros processos sobre a questão para julgamento conjunto, a fim de conferir ao órgão julgador visão global da questão, sendo certo que o Presidente do Tribunal Superior do Trabalho oficiará os Presidentes dos Tribunais Regionais do Trabalho para que suspendam os recursos interpostos em casos idênticos aos afetados como recursos repetitivos, até o pronunciamento definitivo do Tribunal Superior do Trabalho.

Outrossim, caberá ao Presidente do Tribunal de origem admitir um ou mais recursos representativos da controvérsia, os quais serão encaminhados ao Tribunal Superior do Trabalho, ficando sobrestados os demais recursos de revista até o pronunciamento definitivo do Tribunal Superior do Trabalho.

Importa destacar que o recurso repetitivo será distribuído a um dos Ministros membros da Seção Especializada ou do Tribunal Pleno e a um Ministro revisor, podendo o relator solicitar, aos Tribunais Regionais do Trabalho, informações a respeito da controvérsia, a serem prestadas no prazo de 15 dias e, em seguida, terá vista o Ministério Público pelo prazo de 15 dias.

Admite-se, ainda, a figura do *amicus curiae* (amigo da corte), que é uma modalidade de intervenção assistencial, em processos de relevância social, por parte de entidades que tenham representatividade adequada, para se manifestar nos autos sobre questão de direito pertinente à controvérsia debatida nos autos, mas que não são partes dos processos, atuando apenas como interessados na causa, haja vista que o relator poderá admitir manifestação de pessoa, órgão ou entidade com interesse na controvérsia, inclusive como assistente simples.

Transcorrido o prazo para o Ministério Público e remetida cópia do relatório aos demais Ministros, o processo será incluído em pauta na Seção Especializada ou no Tribunal Pleno, devendo ser julgado com preferência sobre os demais feitos.

Após publicado o acórdão do Tribunal Superior do Trabalho, os recursos de revista sobrestados na origem seguirão a seguinte sorte: 1) terão seguimento denegado na hipótese de o acórdão recorrido coincidir com a orientação a respeito da matéria no Tribunal Superior do Trabalho; ou 2) serão novamente examinados pelo Tribunal de origem na hipótese de o acórdão recorrido divergir da orientação do Tribunal Superior do Trabalho a respeito da matéria.

No caso de reexame pelo Tribunal de origem, consoante a segunda hipótese acima citada, mantida a decisão divergente pelo Tribunal de origem, far-se-á o exame de admissibilidade do recurso de revista.

Não obstante, pode ocorrer que a matéria também verse sobre questão constitucional, caso em que a decisão do Pleno sobre questão afetada e julgada sob o rito dos recursos repetitivos, não obstará o conhecimento de eventuais recursos extraordinários sobre a questão constitucional.

Aos recursos extraordinários interpostos perante o Tribunal Superior do Trabalho, caberá ao Presidente do Tribunal Superior do Trabalho selecionar um ou mais recursos representativos da controvérsia e encaminhá-los ao Supremo Tribunal Federal, sobrestando os demais até o pronunciamento definitivo da Corte, de modo que o Presidente do Tribunal Superior do Trabalho poderá oficiar os Tribunais Regionais do Trabalho e os Presidentes das Turmas e da Seção Especializada do Tribunal para que suspendam os processos idênticos aos selecionados como recursos representativos da controvérsia e encaminhados ao Supremo Tribunal Federal, até o seu pronunciamento definitivo.

A decisão firmada em recurso repetitivo não será aplicada aos casos em que se demonstrar que a situação de fato ou de direito é distinta daquelas no processo julgado sob o rito dos recursos repetitivos.

Por fim, ressaltamos que caberá revisão da decisão firmada em julgamento de recursos repetitivos quando se alterar a situação econômica, social ou jurídica, caso em que será respeitada a segurança jurídica das relações firmadas sob a égide da decisão anterior, podendo o Tribunal Superior do Trabalho modular os efeitos da decisão que a tenha alterado.

2.14.5.2. Embargos no TST

Esse tema será apresentado de forma detalhada na teoria que precede a análise de casos para identificação e elaboração da peça prático-profissional.

2.14.5.3. Recurso adesivo

Também conhecido como recurso subordinado, não é considerado por parte da doutrina um recurso propriamente dito, em razão da sua dependência ao recurso principal, estando previsto no art. 997 do CPC.

É plenamente aceitável no processo do trabalho, nos termos da Súmula 283 do TST.

Assim, aplica-se subsidiariamente (art. 796 da CLT), no que couber, o artigo do diploma processual civil acima transcrito, devendo seguir os mesmos requisitos de admissibilidade do recurso principal, inclusive quanto ao preparo (custas e depósito recursal), quando necessário.

Deve ser apresentado no prazo de contrarrazões e pode ser manejado no recurso ordinário, nos embargos, no agravo de petição e no recurso de revista, sendo exigido sucumbência recíproca, que é seu pressuposto basilar.

A estrutura do Recurso Adesivo é a mesma do recurso principal, não havendo necessidade da matéria veiculada ser idêntica a do recurso principal, até porque a utilização do recurso adesivo tem por objetivo reformar a decisão naquilo que prejudicou, em tese, o recorrente.

É de bom alvitre perceber que caso o reclamante desista ou se o seu recurso ordinário por ele interposto não for conhecido, a mesma sorte será dada ao recurso adesivo, pois ele é acessório, ou seja, ocorrerá o mesmo com o recurso adesivo.

Será oferecido perante o mesmo órgão jurisdicional que intimou o recorrente para contrarrazões, devendo ser concedido prazo para resposta ao outrora recorrente, agora recorrido, que poderá, inclusive, desistir do recurso, uma vez que não depende esse ato da concordância da parte contrária (art. 998 do CPC), caso em que o recurso adesivo também não seguirá, pois como visto trata-se de um recurso subordinado, que só tem independência no que tange ao seu mérito.

No que diz respeito à forma, segue o mesmo padrão do recurso principal interposto, alterando-se apenas o conteúdo.

2.14.5.4. Recurso Extraordinário

Esse tema será apresentado de forma detalhada na teoria que precede a análise de casos para identificação e elaboração da peça prático-profissional.

2.15. **Liquidação de sentença**

2.15.1. Conceito e finalidade da liquidação

Prevista na CLT no art. 879, a liquidação tem cabimento quando a sentença que condena ao pagamento de determina quantia não é líquida, ou seja, proceder-se-á sua liquidação em razão de não se encontrarem quantificados os direitos que foram deferidos pela sentença, a ponto de permitirem, de imediato, a execução.

Dessa feita, como o título executivo necessita de alguns requisitos, quais sejam, certeza, exigibilidade e liquidez, mister se faz sua liquidação para apurar o *quantum debeatur*.

Assim, sentença ilíquida é a que, tendo condenado ao pagamento de algum crédito, não lhe fixou seu valor e sendo ilíquida a condenação, a parte terá de promover, antes de iniciar a execução, a liquidação do julgado, que constitui, pois, um complemento da sentença condenatória exequenda. A liquidação pode ser por cálculo, por arbitramento ou por artigos.

A Consolidação das Leis do Trabalho determina que na liquidação não se poderá modificar ou inovar a sentença liquidando, e menos ainda discutir matéria pertinente à causa principal. Pensar de forma diversa seria admitir violação à coisa julgada.

Logo, a liquidação da sentença destina-se exclusivamente, como já dito, a apurar o *quantum debeatur* dentro dos estritos termos fixados no comando executório, de modo que do § 1º do art. 879 podemos extrair o princípio da *fidelização ao título*.

Ademais, aplicamos de forma supletiva e subsidiária o previsto no art. 509 e seguintes do CPC.

2.15.2. Tramitação da liquidação da sentença

Prevê o art. 879, § 2º, que, "elaborada a conta e tornada líquida, o juízo deverá abrir às partes prazo comum de oito dias para impugnação fundamentada com a indicação dos itens e valores objeto da discordância, sob pena de preclusão".

Considerando o disposto nos §§ 3º e 4º do art. 879 da CLT, elaborada a conta pela parte ou pelos órgãos auxiliares da Justiça do Trabalho, o juiz procederá à intimação da União para manifestação, no prazo de dez dias, sob pena de preclusão, sendo que a atualização do crédito devido à Previdência Social observará os critérios estabelecidos na legislação previdenciária.

Outrossim, o Ministro de Estado da Fazenda poderá, mediante ato fundamentado, dispensar a manifestação da União quando o valor total das verbas que integram o salário de contribuição ocasionar perda de escala decorrente da atuação do órgão jurídico, nos termos do § 5º do art. 879 da CLT.

Registre-se que quando se tratar de cálculos de liquidação complexos, o juiz tem a faculdade de nomear perito visando à elaboração da conta fixando, então, depois de concluído o trabalho, os honorários do perito, devendo o magistrado observar, além de outros critérios, os da razoabilidade e proporcionalidade.

Por fim, dispõe o § 7º do art. 879, incluído pela Lei n. 13.467/2017, que a atualização dos créditos decorrentes de condenação judicial será feita pela Taxa Referencial (TR), divulgada pelo BC.

2.15.3. Da impugnação a liquidação trabalhista

Com efeito, em face do citado § 2º do art. 879 c/c o art. 884 da CLT, teremos as seguintes situações:

1ª) Quando o juiz abrir vista às partes antes da homologação, a parte interessada deverá oferecer sua impugnação no prazo assinado, sob pena de preclusão.

Com ou sem a impugnação, o juiz homologará a liquidação. No entanto, se a parte interessada não impugnou a conta de liquidação, não poderá mais, futuramente, em sede de embargos ou impugnação, discutir a sentença liquidanda.

No entanto, é preciso registrar que a jurisprudência tem tolerado, mesmo à falta de impugnação, que o reclamado/executado, em sede de embargos possa invocar algumas matérias de ordem pública, apontar títulos que inexistem, etc.

2ª) Se os cálculos forem homologados de imediato o juiz mandará citar o executado/devedor, quando então este deverá utilizar-se dos embargos do executado e o credor da impugnação, de que trata o art. 884, § 3º, da CLT.

Verifica-se, portanto, da leitura do § 2º do art. 879 que atualmente o juiz deve dar vista às partes, impedindo-o, portanto, de homologar os cálculos, sem oitiva das partes. Ademais, a jurisprudência do TST caminha no sentido de afirmar que a decisão que resolve a liquidação não é uma mera decisão interlocutória, mas sim uma verdadeira sentença, haja vista que admite o cabimento de ação rescisória, nos termos da Súmula 399, II, do TST, desde que enfrente as questões de fundo postas pelas partes, sem prejuízo do manejo do agravo de petição, o que se afirma por ilação da Súmula 266 do TST.

De outro giro, não seria passível de corte rescisório a decisão (*rectus*: sentença) que apenas afirma estar preclusa a oportunidade de impugnar a sentença de liquidação, nos termos da OJ n. 134 da SDI-II do TST: "*A decisão proferida em embargos à execução ou em agravo de petição que apenas declara preclusa a oportunidade de impugnação da sentença de liquidação não é rescindível, em virtude de produzir tão somente coisa julgada formal*".

2.16. **Execução**

2.16.1. Definição

Podemos entender a execução como um conjunto de atos de atuação das partes e do juiz que tem por fito a concretização daquilo que foi decidido no processo de conhecimento ou previsto em título executivo, judicial ou extrajudicial.

2.16.1.1. Princípios da execução

2.16.1.1.1. *Princípio da igualdade de tratamento*

Em decorrência do princípio da isonomia previsto no art. 5º, *caput*, da CF/88, na execução é preciso que o juiz dispense tratamento isonômico às partes, mas considerando que o exequente (em regra o empregado) é a parte mais fraca no sentido econômico, o seu crédito de natureza alimentar precisa ser satisfeito o mais rápido possível, daí por que algumas peculiaridades são vistas na execução trabalhista, como o início da execução de ofício pelo juiz (art. 878 da CLT).

Note, contudo, que o art. 878 só admite o início da execução de ofício se a parte não estiver assistida por advogado. Eis a redação: "A execução será promovida pelas partes, permitida a execução de ofício pelo juiz ou pelo Presidente do Tribunal apenas nos casos em que as partes não estiverem representadas por advogado".

2.16.1.1.2. *Princípio da natureza real da execução*

Esse princípio, que também é denominado pela doutrina de princípio da patrimonialidade, indica que a execução deve recair sobre os bens (patrimônio) do executado e não sobre sua pessoa (pessoal), como se infere do art. 789 do CPC.

Dessa forma, não se admite mais a coação física para cumprimento de obrigações de natureza civil, salvo nas hipóteses previstas no art. 5º, LXVII, da CF/88, muito embora o STF tenha editado a Súmula Vinculante 25, aduzindo sobre a impossibilidade de prisão do depositário infiel, independentemente da modalidade do depósito.

2.16.1.1.3. *Princípio da limitação expropriatória*

É fato que o devedor responde com todos os seus bens, sejam eles atuais ou futuros, mas não todos, ou seja, somente aqueles necessários para satisfazer o crédito exequendo.

Porém há bens que são absolutamente impenhoráveis, como, por exemplo, os salários, os livros e as máquinas para o exercício de qualquer profissão, o seguro de vida, o bem de família etc., o que é regulado pelo CPC no art. 833 e pela lei de impenhorabilidade do bem de família (Lei n. 8.009/90), sendo certo que algumas exceções são aplicadas dentro da razoabilidade, tendo em vista a natureza do crédito (alimentar) que se executa.

A LC n. 150/2015 (Lei dos Empregados Domésticos) revogou expressamente o inciso I do art. 3º da Lei n. 8.009/90, de modo que não há mais possibilidade de penhorar o bem de família dos empregadores domésticos.

Cabe ressaltar, no entanto, que o TST admite a penhora de renda da empresa, como se extrai da OJ n. 93 da SDI-2 do TST.

2.16.1.1.4. *Princípio do exato adimplemento ou efetividade*

É sabido que o objetivo da execução é dar ao credor o que ele teria conseguido se o devedor cumprisse voluntariamente, de modo que quando as medidas do Estado não forem suficientes (sub-rogação e coerção), é possível a conversão em perdas e danos, como ocorre, por exemplo, nas obrigações de fazer e não fazer. Seria o caso da conversão em indenização por parte do empregador caso não seja observada a entrega das guias para habilitação do empregado no seguro-desemprego.

Outrossim, pode o juiz também determinar providências que assegurem resultado prático equivalente, ou seja, no caso acima, poderia oficiar o órgão competente para que o trabalhador pudesse requerer sua habilitação e receber o benefício epigrafado.

Ademais, este princípio impede que a execução vá além daquilo que seja suficiente para o cumprimento da obrigação.

2.16.1.1.5. *Princípio da utilidade ao credor*

Como se trata de procedimento que tem por fito entregar ao credor efetivamente o que lhe é devido, a execução deve ser útil para o exequente. Dessa forma, devem-se evitar atos tendenciosos a comprometer tal utilidade.

Assim, a execução não tem por azo tão somente acarretar danos ao executado, pelo contrário, seu patrimônio deve ser capaz de saldar a dívida exequenda.

Nesse sentido, dispõe o art. 836 do CPC:

> Art. 836. Não se levará a efeito a penhora quando ficar evidente que o produto da execução dos bens encontrados será totalmente absorvido pelo pagamento das custas da execução.
>
> § 1º Quando não encontrar bens penhoráveis, independentemente de determinação judicial expressa, o oficial de justiça descreverá na certidão os bens que guarnecem a residência ou o estabelecimento do executado, quando este for pessoa jurídica.
>
> § 2º Elaborada a lista, o executado ou seu representante legal será nomeado depositário provisório de tais bens até ulterior determinação do juiz.

2.16.1.1.6. *Princípio da não prejudicialidade do devedor*

Também conhecido como execução menos gravosa ou menos onerosa, está previsto expressamente no art. 805 do CPC:

> Art. 805. Quando por vários meios o exequente puder promover a execução, o juiz mandará que se faça pelo modo menos gravoso para o executado.
>
> Parágrafo único. Ao executado que alegar ser a medida executiva mais gravosa incumbe indicar outros meios mais eficazes e menos onerosos, sob pena de manutenção dos atos executivos já determinados.

Assim, se por vários meios o credor puder promover a execução, o juiz deve determinar que se procedam aos atos de execução pelo modo menos gravoso para o devedor.

Contudo, ao executado que alegar ser a medida executiva menos gravosa incumbe indicar outros meios mais eficazes e menos onerosos, sob pena de manutenção dos atos executivos já determinados.

2.16.1.1.7. *Princípio da primazia do credor trabalhista*

Este princípio está intrinsecamente ligado com o objetivo maior da execução trabalhista, ou seja, a execução visa à satisfação do credor, até porque seus créditos são de natureza alimentar. Cumpre a leitura do art. 797 do CPC:

> Art. 797. Ressalvado o caso de insolvência do devedor, em que tem lugar o concurso universal, realiza-se a execução no interesse do exequente que adquire, pela penhora, o direito de preferência sobre os bens penhorados.
> Parágrafo único. Recaindo mais de uma penhora sobre o mesmo bem, cada exequente conservará o seu título de preferência.

2.16.1.2. Legitimidade ativa

De acordo com o art. 878 da CLT a execução será promovida pelas partes, permitida a execução de ofício pelo juiz ou pelo Presidente do Tribunal apenas nos casos em que as partes não estiverem representadas por advogado.

Com relação ao Ministério Público do Trabalho, este tem legitimidade para requerer o início da execução de título executivo judicial, caso tenha atuado como parte no processo de conhecimento em primeira ou em segunda instância e, em se tratando de título extrajudicial, na hipótese de Termo de Ajustamento de Conduta.

O próprio executado pode dar início à execução e, nos termos do art. 878-A, deve efetuar o pagamento do que entender devido à previdência, sem prejuízo de eventual diferença, nos seguintes termos.

2.16.1.3. Legitimidade passiva

É preciso salientar que o natural legitimado para figurar no polo passivo do processo de execução trabalhista é o empregador/tomador dos serviços. Porém, é possível que o empregado possa figurar como executado, nas hipóteses em que é devedor de custas ou outras despesas processuais, bem como nos casos em que tenha sido condenado a pagar determinada quantia (se for julgado procedente um pedido formulado em reconvenção, por exemplo) etc.

Em caso de condenação do tomador dos serviços em decorrência de responsabilidade subsidiária (terceirização), é imperioso que tenha participado da relação processual e conste do título executivo, nos moldes do item IV da Súmula 331 do TST.

Ademais, o responsável solidário, integrante do grupo econômico (art. 2º, § 2º, da CLT) responderá pelos créditos do exequente na fase executiva, mesmo que não tenha participado da relação processual na fase de conhecimento.

Outrossim, em caso de sucessão trabalhista, no viés de aquisição de empresa pertencente a grupo econômico, deve ser observada a disposição contida na OJ n. 411 da SDI-1 do TST: "*O sucessor não responde solidariamente por débitos trabalhistas de empresa não adquirida, integrante do mesmo grupo econômico da empresa sucedida, quando, à época, a empresa devedora direta era solvente ou idônea economicamente, ressalvada a hipótese de má-fé ou fraude na sucessão*".

O art. 448-A da CLT dispõe que caracterizada a sucessão empresarial ou de empregadores prevista nos arts. 10 e 448 desta Consolidação, as obrigações trabalhistas, inclusive as contraídas à época em que os empregados trabalhavam para a empresa sucedida, são de responsabilidade do sucessor, sendo certo que a empresa sucedida responderá solidariamente com a sucessora quando ficar comprovada fraude na transferência.

Nos termos do art. 16 da Lei n. 6.019/74 (Lei de Trabalho Temporário), "no caso de falência da empresa de trabalho temporário, a empresa tomadora ou cliente é solidariamente responsável pelo recolhimento das contribuições previdenciárias, no tocante ao tempo em que o trabalhador esteve sob suas ordens, assim como em referência ao mesmo período, pela remuneração e indenização previstas nesta Lei".

Por outro lado, o § 7º do art. 11 da Lei supracitada averba que "a contratante é subsidiariamente responsável pelas obrigações trabalhistas referentes ao período em que ocorrer o trabalho temporário, e o recolhimento das contribuições previdenciárias observará o disposto no art. 31 da Lei n. 8.212, de 24 de julho de 1991".

Se houver sucessão de empresa em liquidação extrajudicial, deve ser aplicada a OJ n. 408 da SDI-1 do TST: "É devida a incidência de juros de mora em relação aos débitos trabalhistas de empresa em liquidação extrajudicial sucedida nos moldes dos arts. 10 e 488 da CLT. O sucessor responde pela obrigação do sucedido, não se beneficiando de qualquer privilégio a este destinado".

2.16.1.3.1. *Desconsideração da personalidade jurídica*

É sabido que o patrimônio da empresa não se confunde com o dos seus sócios, de modo que se a execução é promovida em face da empresa (empregadora/tomadora de serviços), mas se esta não tem bens capazes de saldar a execução, permite-se que o juiz afaste o véu corporativo (teoria da penetração), desconsiderando a personalidade jurídica da empresa (*disregard doctrine*) para alcançar os bens dos sócios.

A teoria da desconsideração da personalidade jurídica foi solenemente proclamada pelo atual Código Civil de 2002 em seu art. 50 e no CDC no art. 28, os quais também são aplicáveis no Direito do Trabalho, vez que o direito comum é fonte subsidiária, conforme previsão do art. 8º, § 1º, da CLT.

Todavia, como não há na legislação trabalhista dispositivo de natureza material que admita expressamente a teoria em apreço, alguns operadores do direito afirmam que os dispositivos citados acima acampam tal aplicação. Porém há aqueles que defendam tratar-se de construção jurisprudencial.

Outrossim, embora atualmente com previsão legal (art. 133, § 2º, CPC), a jurisprudência e a doutrina já admitiam aplicar, também, a **desconsideração da personalidade jurídica inversa ou invertida**, que nada mais é do que o atingir o ente coletivo (empresa) e seu patrimônio social, responsabilizando, assim, a pessoa jurídica por obrigações dos seus sócios, que atuaram de forma ilícita ou abusiva, o que é aplicado por interpretação evolutiva dos arts. 50 do Código Civil e 28 do Código de Defesa do Consumidor.

A CLT, no art. 855-A, trata do incidente de desconsideração da personalidade jurídica, determinando a aplicação dos arts. 133 a 137 do CPC.

Ademais, assevera que da decisão interlocutória que acolher ou rejeitar o incidente: I – na fase de cognição, não cabe recurso de imediato, na forma do § 1º do art. 893 da mesma norma; II – na fase de execução, cabe agravo de petição, independentemente de garantia do juízo; III – cabe agravo interno se proferida pelo relator em incidente instaurado originariamente no tribunal.

Por fim, a instauração do incidente suspenderá o processo, sem prejuízo da concessão da tutela de urgência de natureza cautelar de que trata o art. 301 do CPC.

2.16.1.4. Competência

A fixação da competência para a execução do título executivo depende de sua natureza, ou seja, se é título executivo judicial ou extrajudicial.

O art. 877 da CLT dispõe que a competência é do juiz que tiver conciliado ou julgado originariamente o dissídio, se for título executivo judicial.

Em se tratando de título extrajudicial, será competente o juiz que teria competência para o processo de conhecimento relativo à matéria, como se infere do art. 877-A da CLT.

Dessa forma, para promover a execução de título extrajudicial, deve o exequente observar a disciplina contida no art. 651 da CLT, o qual fixa a competência em razão do local.

2.16.2. Títulos executivos

A CLT trata dos títulos executivos no art. 876, sendo que o que se percebe do texto legal é que temos títulos executivos judiciais e extrajudiciais, sendo estes estritamente os Termos de Ajustamento de Conduta firmados junto ao MPT (TAC) e os termos de conciliação firmados junto as CCP (art. 625-E, parágrafo único), pois os demais previstos no dispositivo são títulos judiciais.

Ocorre que há duas correntes relevantes sobre a ampliação ou restrição dos títulos executivos no processo do trabalho, quais sejam:

1ª) Corrente restritiva: sustenta que o rol do art. 876 da CLT é taxativo admitindo-se uma única exceção que é a Certidão de Dívida Ativa da União, quando decorrem de penalidades impostas aos empregadores pelo órgãos de fiscalização do trabalho; e

2ª) Corrente ampliativa: entende que os títulos apresentados no art. 876 são meramente exemplificativos, admitindo-se, portanto, outros títulos executivos, judiciais ou extrajudiciais.

Para complementar, com o advento da Emenda Constitucional n. 45/2004, temos que o art. 114, VIII, da Carta Magna ensejou que outro título fosse executado na Justiça do Trabalho, seguindo os procedimentos previstos na Lei de Execuções

Fiscais (Lei n. 6.830/80), qual seja a Certidão de Dívida Ativa da União (CDA) referente às multas decorrentes de penalidades impostas pelos órgãos de fiscalização das relações de trabalho, ou seja, caso um auditor-fiscal do trabalho venha a lavrar um auto de infração em face de uma empresa em razão de irregularidades constatadas, aplicando, por seu turno, multa ao empregador, em havendo o inadimplemento, haverá a inscrição na dívida ativa (CDA), o que vai representar, em nosso sentir, um outro título executivo extrajudicial na seara trabalhista, o que atualmente é ratificado pela previsão contida no parágrafo 10 do art. 896 da CLT.

No entanto, dispõe o art. 13 da Instrução Normativa n. 39/2016 do TST que os cheques e notas promissórias também podem ser executados na Justiça do Trabalho, desde que provenientes de dívidas inequivocamente trabalhista.

É importante ressaltar, por fim, que se considera inexigível o título judicial fundado em lei ou ato normativo declarados inconstitucionais pelo Supremo Tribunal Federal ou em aplicação ou interpretação tidas por incompatíveis com a Constituição Federal, conforme disposto no art. 884, § 5º, da CLT.

2.16.3. Execução provisória e definitiva

A execução de título executivo judicial pode ser provisória ou definitiva. Quando se tratar de execução de título extrajudicial, será sempre definitiva.

Assim, definitiva é a execução fundada em sentença transitada em julgada (incluído o acordo homologado judicialmente) ou em título extrajudicial, que visa efetivamente a expropriação de bens do executado para satisfação integral do exequente.

No entanto, é provisória a execução quando o título judicial exequendo estiver sendo objeto de recurso recebido apenas no efeito devolutivo, que é a regra geral no processo do trabalho (art. 899 da CLT), ou seja, cabe execução provisória quando não houver sentença transitada em julgado, que ficará paralisada com a constrição judicial de bens do executado, isto é, a execução provisória tem seu curso até a penhora, entendendo-se como tal o julgamento da subsistência ou não da penhora, e não apenas o ato de constrição propriamente dito.

Não é possível a execução provisória iniciada de ofício pelo magistrado, em caso de exequente desassistido por advogado, razão pela qual, para viabilizar a execução provisória, é necessário o requerimento do exequente (via carta de sentença), caso em que será determinada a extração da carta de sentença, uma vez que os autos principais seguem seu curso normal, de praxe na instância superior.

2.16.4. Aplicação subsidiária da Lei de Execuções Fiscais

Dispõe o art. 899 da CLT: "Aos trâmites e incidentes do processo de execução são aplicáveis, naquilo que não contravierem ao presente Título, os preceitos que regem o processo dos executivos fiscais para cobrança judicial da dívida ativa da Fazenda Pública Federal".

Assim, o que se extrai do preceptivo em epígrafe é que se a CLT for omissa não pode o aplicador do direito se valer diretamente do CPC, pois primeiramente deve buscar a regulação da casuística na LEF para, após se permanecer a lacuna, se aplicar o CPC.

Vaticina o art. 1º da Lei n. 6.830/90 (LEF): "A execução judicial para cobrança da Dívida Ativa da União, dos Estados, do Distrito Federal, dos Municípios e respectivas autarquias será regida por esta Lei e, subsidiariamente, pelo Código de Processo Civil".

2.16.5. Mandado de citação

De acordo com o art. 880 da CLT, não pago o débito voluntariamente nas condições e prazos fixados na sentença ou acordo homologado, o juiz, de ofício ou a requerimento, mandará expedir mandado de citação ao executado, para que pague o débito oriundo da decisão ou acordo, incluídas as contribuições previdenciárias, em 48 horas ou garanta a execução, sob pena de penhora.

O mandado de citação, penhora e avaliação, que será cumprido pelo oficial de justiça, deverá conter a decisão exequenda ou o termo de acordo não cumprido (§§ 1º e 2º do art. 880 da CLT).

Se o executado, depois de procurado por duas vezes não for encontrado, no espaço de 48 horas, far-se-á a citação por edital, independentemente do rito que seguiu o processo de conhecimento, afixando-se o mesmo na sede da Vara, caso não haja jornal oficial, pelo prazo de cinco dias (§ 3º do art. 880 da CLT).

Pois bem, citado o executado, ele tem três opções, quais sejam:

a) pagar em 48 horas;
b) garantir a execução em 48 horas; ou
c) ficar inerte, quando então serão penhorados seus bens para garantir a execução.

Em caso de pagamento por parte do executado, lavrar-se-á termo de quitação em duas vias assinadas pelo exequente, pelo executado e pelo escrivão ou diretor que lavrar o termo, entregando a segunda via ao executado e juntando a outra no processo.

Se o exequente não estiver presente, a importância será depositada mediante guia em estabelecimento bancário oficial de crédito ou, na falta deste, em estabelecimento bancário idôneo, nos termos do art. 881 e parágrafo único da CLT.

Todavia, o executado que não pagar a importância reclamada poderá garantir a execução mediante depósito da quantia correspondente, atualizada e acrescida das despesas processuais, apresentação de seguro-garantia judicial ou nomeação de bens à penhora, observada a ordem preferencial estabelecida no art. 835 do CPC, como se extrai do art. 882 da CLT.

Pelo dispositivo em apreço, é fácil perceber que a garantia da execução, por ato volitivo do executado, pode se dar ou pelo depósito do numerário ou pela indicação de bens a penhora, assim como seguro-garantia judicial.

Impende averbar que a carta de fiança bancária equivale a dinheiro para efeito da gradação dos bens penhoráveis, estabelecida pelo artigo retro colacionado, nos termos da OJ n. 59 da SDI-2 do TST.

Entretanto, como fora acima afirmado, pode o executado ser citado e quedar-se inerte, quando então, de acordo com o art. 883 da CLT, seguir-se-á penhora dos bens, tantos quantos bastem ao pagamento da importância da condenação, acrescida de custas e juros de mora, sendo estes devidos a partir da data do ajuizamento da ação.

É de bom grado transcrever também a Súmula 304 do TST, que aduz: "Os débitos trabalhistas das entidades submetidas aos regimes de intervenção ou liquidação extrajudicial estão sujeitos a correção monetária desde o respectivo vencimento até seu efetivo pagamento, sem interrupção ou suspensão, não incidindo, entretanto, sobre tais débitos, juros de mora".

Impende destacar que os juros de mora incidem sobre a importância da condenação já corrigida monetariamente, nos moldes da Súmula 200 do TST, e que os juros de mora e correção monetária incluem-se na liquidação, ainda que omisso o pedido inicial ou a condenação, como prevê a já citada Súmula 211 do TST.

Com pertinência na atualização monetária decorrente das indenizações por danos morais, a jurisprudência pacificou o seguinte entendimento:

> Súmula n. 439 do TST. DANOS MORAIS. JUROS DE MORA E ATUALIZAÇÃO MONETÁRIA. TERMO INICIAL. Nas condenações por dano moral, a atualização monetária é devida a partir da data da decisão de arbitramento ou de alteração do valor. Os juros incidem desde o ajuizamento da ação, nos termos do art. 883 da CLT.

Cumpre dizer, no que pese haver divergência doutrinária e jurisprudencial, que há entendimento admitindo a aplicação do art. 523, § 1º, do CPC no processo do trabalho, porém vem decidindo o Tribunal Superior do Trabalho sob o fundamento que a CLT tem disposição própria, não havendo omissão que justifique a aplicação do CPC.

O art. 883-A da CLT averba que a decisão judicial transitada em julgado somente poderá ser levada a protesto, gerar inscrição do nome do executado em órgãos de proteção ao crédito ou no Banco Nacional de Devedores Trabalhistas (BNDT), nos termos da lei, depois de transcorrido o prazo de 45 dias a contar da citação do executado, se não houver garantia do juízo.

2.16.6. Penhora

Não sendo pago o valor nem garantido o juízo, seguir-se-á com a penhora dos bens.

Trata-se, com efeito, de ato de constrição judicial, envidada sobre o patrimônio do devedor, em decorrência da sub-rogação que o Estado exerce na fase executiva (ato de império), com o fito de satisfazer o crédito exequendo.

Interessante notar que a doutrina elenca alguns efeitos decorrentes da penhora, dentre os quais destacamos os seguintes: torna ineficaz a alienação dos bens constritos; gera preferência do credor e, por fim, produz a garantia do juízo, haja vista que só se pode falar, realmente, em garantia do juízo, quando os bens penhorados são suficientes para satisfazer o crédito do exequente e outras despesas de cunho processual, como as custas, honorários, por exemplo.

Com efeito, a penhora é o ato judicial de constrição de bens do executado que visa resguardar patrimônio necessário para uma futura expropriação.

2.16.6.1. Dos bens penhoráveis e impenhoráveis

Os bens impenhoráveis estão previstos no art. 833 do CPC.

No entanto, doutrina e jurisprudência tendem a afirmar que é necessário relativizar a impenhorabilidade absoluta prevista no dispositivo em tela, haja vista que o princípio da dignidade da pessoa humana, no caso o trabalhador, deve merecer hegemonia sobre a inadimplência, ademais quando se tratar de crédito privilegiado, que é exatamente aquele devido ao trabalhador.

Entretanto, a jurisprudência do Tribunal Superior do Trabalho é intransigente no sentido de não admitir penhora em conta salário, ainda que referente à percentual, como se infere da OJ n. 153 da SDI-2: "*Ofende direito líquido e certo decisão que determina o bloqueio de numerário existente em conta salário, para satisfação de crédito trabalhista, ainda que seja limitado a determinado percentual dos valores recebidos ou a valor revertido para fundo de aplicação ou poupança, visto que o art. 649, IV, do CPC de 1973 contém norma imperativa que não admite interpretação ampliativa, sendo a exceção prevista no art. 649, § 2º, do CPC de 1973 espécie e não gênero de crédito de natureza alimentícia, não englobando o crédito trabalhista*".

De outro giro, dispõe o art. 834 do CPC que podem ser penhorados, à falta de outros bens, os frutos e rendimentos dos bens inalienáveis.

Diga-se de passagem, que é possível a penhora sobre cédula de crédito rural pignoratícia ou hipotecária, como vaticina a OJ n. 226 da SDI-1 do TST: "*Diferentemente da cédula de crédito industrial garantida por alienação fiduciária, na cédula rural pignoratícia ou hipotecária o bem permanece sob o domínio do devedor (executado), não constituindo óbice à penhora na esfera trabalhista. (Decreto-lei n. 167/67, art. 69; CLT, arts. 10 e 30 e Lei n. 6.830/80)*".

No CPC existem diversas possibilidades de penhora, inclusive penhora de frutos e rendimentos de coisa móvel ou imóvel; penhora de empresa, outros estabelecimentos e semoventes, além de outras hipóteses, como se extrai do art. 854 e seguintes do CPC.

2.16.6.2. Da penhora sobre bem de família

Dispõe a Lei n. 8.009/90, em seu art. 1º, que o imóvel residencial próprio do casal, ou da entidade familiar, é impenhorável e não responderá por qualquer tipo de dívida civil, comercial, fiscal, previdenciária ou de outra natureza, contraída pelos cônjuges ou pelos pais ou filhos que sejam seus proprietários e nele residam, salvo nas hipóteses consignadas na lei, de sorte que a impenhorabilidade compreende o imóvel sobre o qual se assentam a construção, as plantações, as benfeitorias de qualquer natureza e todos os equipamentos, inclusive os de uso profissional, ou móveis que guarnecem a casa, desde que quitados e com algumas ressalvas.

Entretanto, excluem-se da impenhorabilidade os veículos de transporte, obras de arte e adornos suntuosos e, no caso de imóvel locado, a impenhorabilidade aplica-se aos bens móveis quitados que guarneçam a residência e que sejam de propriedade do locatário.

Nota-se, entretanto, que a impenhorabilidade não é absoluta, razão pela qual é possível haver penhora sobre bem de família, nos casos previstos no art. 3º da referida lei. Porém, atualmente, não se pode mais penhorar bem de família decorrente de dívidas com os empregados domésticos, como já dissemos acima, vez que o inciso I do artigo *retro* fora revogado expressamente pelo art. 46 da LC n. 150/2015.

A questão que se põe em voga é a dispensa formal de constituição do bem de família, ou seja, não se exige qualquer formalidade, bastando demonstração cabal de que aquele imóvel, que está na iminência de ser constrito, ou já penhorado, é o único e que serve de moradia para sua família.

2.16.6.3. Execução contra massa falida ou empresa em recuperação judicial

Quando a massa falida está no polo passivo, há divergência doutrinária no sentido de como prosseguir a cobrança do crédito, e **três correntes** apontam no cenário jurídico:

A **primeira corrente**, denominada de tradicional, defende que com o decreto da falência a execução dos créditos deve ir para o juízo universal em razão do princípio da igualdade entre os credores, havendo inclusive julgado do TST nesse sentido, invocando a aplicação do art. 768 da CLT.

Já para a **segunda corrente**, a execução deve continuar na Justiça do Trabalho, pois o art. 114 da CF/88 determina que a Justiça Laboral tem competência para executar suas próprias decisões, o que exclui, portanto, o juízo universal, pouco importando se a constrição ocorreu antes ou depois da falência, haja vista que o crédito trabalhista é privilegiado, havendo também julgado no TST nesse sentido.

A **terceira corrente**, conhecida como eclética, posiciona-se de acordo com o momento da constrição, ou seja, se os bens são penhorados antes da falência, não são alcançados pelo juízo falimentar, porém, se os atos de constrição ocorrem após a quebra, cessa a competência da justiça do trabalho, devendo o juiz expedir certidão de crédito para habilitação perante o juízo falimentar, o que é afirmado com espeque no já citado princípio da isonomia entre os credores privilegiados.

Em caso de recuperação judicial, entende-se que deve o feito seguir na Justiça do Trabalho até a apuração do valor, quando então o magistrado deve ordenar a expedição de certidão de crédito.

Observe que o deferimento da recuperação judicial suspende a prescrição das ações de conhecimento e de execução em curso, como se extrai do art. 6º da Lei n. 11.105/2005.

Ademais, vale lembrar que os créditos privilegiados estão limitados a 150 salários mínimos, como prevê o art. 151 da Lei n. 11.101/2005.

Por fim, há entendimento afirmando que é possível continuar a execução na Justiça do Trabalho, seja em caso de falência, seja em caso de recuperação, em face dos sócios, em razão da desconsideração da personalidade jurídica, sem prejuízo da habilitação no juízo universal.

No caso de empresa em liquidação extrajudicial, a execução, inexoravelmente, deve prosseguir na Justiça do Trabalho, como prevê a OJ n. 143 da SDI-1 do TST: "*A execução trabalhista deve prosseguir diretamente na Justiça do Trabalho mesmo após a decretação da liquidação extrajudicial. Lei n. 6.830/80, arts. 5º e 29, aplicados supletivamente (CLT, art. 889 e CF/1988, art. 114)*".

2.16.7. Embargos à execução

Esse tema será apresentado de forma detalhada na teoria que precede a análise de casos para identificação e elaboração da peça prático-profissional.

2.16.7.1. Embargos à execução na execução por carta precatória

É fato que os embargos à execução são oferecidos e julgados pelo próprio juízo da execução.

No entanto, caso a execução seja por carta precatória, na hipótese de não haver bens passíveis de penhora no foro da execução, os embargos podem ser oferecidos no juízo deprecante ou no juízo deprecado, mas a competência para julgá-los será do juízo da execução, ou seja, o deprecante, exceto se o embargante alegar única e exclusivamente vícios na penhora, avaliação ou alienação praticados pelo juízo deprecado, quando a este caberá o julgamento (art. 20 da Lei n. 6.830/80 e art. 914, § 2º, do CPC).

Todavia, se a penhora incidir em bem de terceiro, serão cabíveis os embargos de terceiro, de modo que a Súmula 419 averba que "Na execução por carta precatória, os embargos de terceiro serão oferecidos no juízo deprecado, salvo se indicado pelo juízo deprecante o bem constrito ou se já devolvida a carta (art. 676, parágrafo único, do CPC de 2015)".

2.16.7.2. Impugnação do exequente

A impugnação a que se refere o art. 884, caput, da CLT é a que se poderia dar o nome de resposta do embargado (outrora reclamante, ora exequente), a sua defesa aos embargos à execução ofertado.

O prazo para impugnação (resposta) aos embargos é também de cinco dias a contar da intimação, sendo certo que a não impugnação não gera os efeitos da revelia.

No processo do trabalho, como se verifica do § 3º do art. 884 da CLT, o exequente, no mesmo prazo que tem o executado para embargar, poderá impugnar a sentença de liquidação e caso o exequente apresente essa impugnação, o executado deve ser intimado para apresentar defesa, também considerando o mesmo prazo. Na verdade, o que se percebe, é que temos duas impugnações!

A impugnação, que se processa depois da decisão homologatória da liquidação, não se confunde com aquela que o credor-exequente apresenta a título de contrariedade aos embargos opostos pelo devedor-executado (art. 884, *caput*, da CLT), nem tampouco com a que se refere o § 2º do art. 879 da Consolidação das Leis do Trabalho, que se traduz em fala sobre os cálculos de liquidação, caso o juiz abra vista.

Simplificando: 1) se o executado apresentar embargos à execução, o credor/exequente será intimado para, no prazo de cinco dias, impugnar (oferecer defesa) aos embargos à execução; e 2) no mesmo prazo de cinco dias que o executado tem para embargar, o exequente poderá impugnar a sentença de liquidação, prazo este que começa a fluir do momento em que toma ciência inequívoca da garantia da execução ou da realização da penhora, pois diz a parte final do parágrafo 3º "... cabendo ao exequente igual direito e no mesmo prazo", já que ambas as oportunidades são concomitantes, a de embargar (pelo executado) e a de impugnar a sentença de liquidação (pelo exequente).

O levantamento pelo exequente, autorizado pelo juiz, do depósito em dinheiro do montante da execução, não prejudica o seu direito de impugnar a liquidação, desde que o tenha feito no prazo.

Se, todavia, o exequente, intimado dos cálculos, antes de decisão homologatória e de qualquer procedimento de constrição sobre os bens do executado, alertado sobre a cominação da preclusão, deixa transcorrer o prazo sem se pronunciar, é-lhe defeso depois proceder à impugnação, porque terá incorrido na preclusão a que se refere o parágrafo 2º do art. 879.

É certo que o parágrafo 3º do art. 884 da CLT diz que somente nos embargos à penhora poderá o executado impugnar a sentença de liquidação, cabendo ao exequente igual direito (entenda-se: direito de impugnar, não de embargar) e no mesmo prazo.

A jurisprudência não oscila quanto ao entendimento de que se o executado e o exequente não se manifestam, quando da vista dos cálculos, fica-lhes precluso o direito de embargar e de impugnar, por força do § 2º do art. 879 da CLT.

O juiz, na mesma sentença, julga os embargos do devedor, a impugnação do credor e a impugnação do órgão previdenciário, como de depreendo do § 4º do art. 884 da CLT.

Por fim, o § 6º do art. 884 determina que a exigência da garantia ou penhora para oferecimento de embargos à execução é inaplicável às entidades filantrópicas e/ou àqueles que compõem ou compuseram a diretoria dessas instituições.

2.16.7.3. Trâmites finais da execução trabalhista

Pois bem, se não tiverem sido arroladas testemunhas na defesa (embargos à execução), o juiz proferirá sua decisão em cinco dias – prazo impróprio –, julgando subsistente ou não a penhora.

Entretanto, se tiverem sido arroladas testemunhas, o escrivão ou chefe fará os autos conclusos ao juiz em 48 horas, finda a instrução, quando então aquele proferirá sentença nos termos acima mencionados.

Proferida a decisão, as partes serão notificadas da decisão por aviso de recebimento, e julgada subsistente a penhora, o juiz mandará avaliar os bens, a qual será realizada pelo Oficial de Justiça e deve ser concluída em no máximo dez dias a contar da nomeação.

Insta salientar que da decisão que rejeitar os embargos, sem apreciar seu mérito, cabe agravo de petição para o TRT, no prazo de oito dias, o mesmo ocorrendo se os embargos à execução forem recebidos e, no mérito, forem julgados procedentes, improcedentes ou procedentes em parte.

Pois bem, após avaliação, o bem será expropriado para, com o produto arrecadado, realizar o pagamento ao credor, de modo que, além das disposições da CLT, devemos observar, quando for o caso, o disposto na Lei de Execuções Fiscais e no Código de Processo Civil, do art. 876 ao art. 903.

Com efeito, a CLT prevê que o bem penhorado será levado à hasta pública (leilão, se bens móveis, ou praça, se bens imóveis), para satisfazer o crédito do exequente, o que deve ser divulgado com antecedência mínima de 20 dias.

A arrematação far-se-á em dia, hora e lugar anunciados e os bens serão vendidos pelo maior lance, tendo o exequente preferência para adjudicação.

Com relação propriamente à arrematação, o arrematante deverá garantir o lance com o sinal correspondente a 20% o valor dos bens.

É possível que não haja licitante na hasta pública, quando então, desde que o exequente não requeira à adjudicação, poderão os bens penhorados ser vendidos por leiloeiro nomeado pelo juiz.

No entanto, em havendo arrematação, se o arrematante ou seu fiador não pagar dentro de 24 horas o preço da arrematação, perderá em benefício da execução o sinal, que é de 20%, votando à hasta pública os bens penhorados.

Alertamos para o fato de que, em havendo parcelamento pela Secretaria da Receita Federal, no que tange às contribuições sociais, o devedor deverá juntar aos autos a comprovação da avença, ficando a execução da obrigação social suspensa até a quitação de todas as parcelas.

No caso acima citado, as Varas do Trabalho deverão encaminhar mensalmente à Secretaria da Receita Federal do Brasil informações sobre os recolhimentos efetivados nos autos, exceto se outro prazo for estabelecido em regulamento.

2.16.7.3.1. *Da avaliação*

A avaliação nada mais é do que a atribuição de valor aos bens penhorados, o que é realizado pelo Oficial de Justiça no momento da apreensão dos bens, o que permite a constatação da garantia do juízo, sendo inclusive determinado pela Lei n. 6.830/80 no art. 13 que "o termo ou auto de penhora conterá, também, a avaliação dos bens penhorados, efetuada por quem o lavrar".

A CLT prevê que o Oficial de Justiça terá dez dias para realizar a avaliação, como se extrai do art. 721, § 3º, e art. 888, *caput*, ambos da CLT.

Segundo previsão expressa do art. 870 do CPC, que reafirma o acima consignado, a avaliação é atividade afeta ao Oficial de Justiça, ressalvadas as hipóteses ali consignadas no parágrafo único.

O art. 871 do CPC estabelece as hipóteses em que não será necessário realizar avaliação e, o art. 873 do CPC, as hipóteses que admitem nova avaliação.

Caso na localidade não exista avaliador ou quem possa assumir o encargo, devemos observar o que dispõe o § 2º do art. 13 da LEF, nos seguintes termos: "Se não houver, na Comarca, avaliador oficial ou este não puder apresentar o laudo de avaliação no prazo de 15 (quinze) dias, será nomeada pessoa ou entidade habilitada a critério do Juiz".

Vale averbar que após a avaliação, o juiz poderá, a requerimento do interessado e ouvida a parte contrária, mandar reduzir a penhora aos bens suficientes ou transferi-la para outros, se o valor dos bens penhorados for consideravelmente superior ao crédito do exequente e dos acessórios ou ampliar a penhora ou transferi-la para outros bens mais valiosos, se o valor dos bens penhorados for inferior ao crédito do exequente.

2.16.7.4. Remição da execução

A remição é o pagamento da execução pelo executado, o que está previsto no art. 13 da Lei n. 5.584/70 e no art. 826 do CPC.

2.16.7.5. Execução de prestações sucessivas

De acordo com os arts. 890 a 892, quando houver execução de prestações sucessivas por tempo determinado, a execução pelo não pagamento de uma prestação compreenderá as que lhe sucederem, contudo, tratando-se de prestações sucessivas por tempo indeterminado, a execução, inicialmente, compreenderá as prestações devidas até a data do ingresso na execução.

2.16.8. Embargos de terceiro

Esse tema será apresentado de forma detalhada na teoria que precede à análise de casos para identificação e elaboração da peça prático-profissional.

2.16.9. Execução contra a Fazenda Pública

A execução contra a Fazenda Pública (pessoas jurídicas de direito público) segue um regime diferenciado em razão da impenhorabilidade dos bens públicos (até a liquidação o rito da CLT. Após, o previsto no CPC), estando excluídas as sociedades de economia mista e as empresas públicas, que explorem atividade econômica no regime concorrencial.

Quanto a estas últimas, por exemplo, a ECT (Empresa Brasileira de Correios e Telégrafos) poderá se valer do regime ora em estudo, vez que não explora atividade econômica, pelo contrário, atuam no seguimento de prestação de serviço eminentemente público e relevante, como já fora decidido pelo STF e pelo TST, devendo ser aplicado o mesmo raciocínio às demais empresas públicas e também as sociedades de economia mistas que não atuam no mercado concorrencial (STF, ARE 698.357-AgR, voto da Min. Cármen Lúcia, j. em 18-9-2012, Segunda Turma, *DJE* de 4-10-2012. Ver também RE 599.628, Rel. p/ o ac. Min. Joaquim Barbosa, j. em 25-5-2011, Plenário, *DJE* de 17-10-2011, com repercussão geral).

No entanto, faz-se mister observar o disposto na OJ n. 343 da SDI-1 do TST: "É válida a penhora em bens de pessoa jurídica de direito privado, realizada anteriormente à sucessão pela União ou por Estado-membro, não podendo a execução prosseguir mediante precatório. A decisão que a mantém não viola o art. 100 da CF/1988".

Cumpre dizer que até que seja fixado o valor devido, seguir-se-á o rito estabelecido pela CLT, mas uma vez tornada líquida a conta, o procedimento de cumprimento de sentença a ser observado é aquele previsto no CPC.

Embora o art. 884 da CLT cite o prazo de cinco dias, é bom observar que o prazo fora ampliado pela MP n. 2.180-35/2001, que está com sua constitucionalidade em questão no STF, tendo este tribunal deferido cautelar na ADC 11 em 2007, que fora prorrogada em 2009, para suspender toda e qualquer decisão que, incidentalmente, a declare inconstitucional.

O próprio TST (E-RR-110200-18.2003.5.21.0921) inclinou-se nesse sentido, com o azo de aguardar a decisão final do STF, razão pela qual, até decisão final do Supremo, o prazo continuará sendo de 30 dias.

Caso o ente público apresente embargos, o juiz do trabalho irá decidir e da decisão caberá recurso de agravo de petição para o TRT.

Não apresentados os embargos (impugnação ao cumprimento de sentença) ou resolvidos estes e com o trânsito em julgado, o magistrado deve requisitar o pagamento da quantia devida ao Presidente do tribunal, a fim de que mande expedir precatório, observando-se, doravante, o previsto no art. 100 da CF/88.

Quando o crédito for considerado de pequeno valor, não se aplica o regime dos precatórios, vez que será necessário apenas à expedição de RPV (requisitório de pequeno valor) observando-se os seguintes limites: 60 salários mínimos se for a União; 40 salários mínimos se forem os Estados ou o Distrito Federal e 30 salários mínimos se forem os municípios, nos termos do art. 97, § 12, do ADCT.

Por fim, quando a Fazenda Pública for condenada para responder subsidiariamente pelos créditos trabalhistas, não poderá invocar a seu favor o disposto no art. 1º-F da Lei n. 9.494/97, que limita os juros aplicados à caderneta de poupança, como se extrai da OJ n. 382 da SDI-I do TST.

2.17. Procedimentos especiais

2.17.1. Inquérito para apuração de falta grave

Esse tema será apresentado de forma detalhada na teoria que precede a análise de casos para identificação e elaboração da peça prático-profissional.

2.17.2. Dissídio coletivo

Em regra, a solução do conflito coletivo dar-se-á pela negociação coletiva (convenções ou acordos coletivos de trabalho – ambas são formas de autocomposição) e, eventualmente, pela arbitragem. Caso não haja a solução do conflito pelas formas anteriormente consignadas, as partes poderão lançar mão do dissídio coletivo.

Tradicionalmente, o dissídio coletivo é conceituado como um processo de índole coletiva, que tem por fim solucionar conflitos coletivos de trabalho através de pronunciamentos normativos (denominados de "sentenças normativas" – Poder Normativo da Justiça do Trabalho) que constituem novas condições de trabalho, ou seja, é uma ação de interesses gerais e abstratos que envolvem categorias profissionais e econômicas.

É pelo Poder Normativo que a Justiça do Trabalho profere sentenças normativas criando novas condições, quando do julgamento de um dissídio coletivo de natureza econômica.

O que se põe em voga são interesses coletivos abstratos de categorias profissionais e econômicas, observando-se o que dispõe o § 2º do art. 114 da Constituição Federal de 1988.

Nos moldes da Súmula 190 do TST, "ao julgar ou homologar ação coletiva ou acordo nela havido, o Tribunal Superior do Trabalho exerce o poder normativo constitucional, não podendo criar ou homologar condições de trabalho que o Supremo Tribunal Federal julgue iterativamente inconstitucionais".

Na Consolidação das Leis do Trabalho, os dissídios coletivos estão previstos a partir do art. 856 da CLT.

Vale dizer que a OJ n. 15 da SDC do TST exige a comprovação da legitimidade nos seguintes termos: "A comprovação da legitimidade *ad processum* da entidade sindical se faz por seu registro no órgão competente do Ministério do Trabalho, mesmo após a promulgação da Constituição Federal de 1988".

No entanto, a OJ n. 19 da SDC do TST estabelece que "a legitimidade da entidade sindical para a instauração da instância contra determinada empresa está condicionada à prévia autorização dos trabalhadores da suscitada diretamente envolvidos no conflito".

Ademais, a OJ n. 8 da SDC do TST averba que "a ata de assembleia de trabalhadores que legitima a atuação da entidade sindical em favor de seus interesses deve registrar, obrigatoriamente, a pauta reivindicatória, produto da vontade expressa da categoria", de modo que "nos processos de dissídio coletivo só serão julgadas as cláusulas fundamentadas na representação, em caso de ação originária, ou no recurso", como determina o Precedente Normativo n. 37 do TST.

Observe que a legitimidade *ad causam* do sindicato está vinculada a correspondência entre as atividades exercidas pelos setores profissionais e econômicos envolvidos no conflito coletivo, como prevê a OJ n. 22 da SDC: "É necessária a correspondência entre as atividades exercidas pelos setores profissional e econômico, a fim de legitimar os envolvidos no conflito a ser solucionado pela via do dissídio coletivo".

Registre-se, ainda, que a representação sindical abrange toda a categoria, não comportando separação fundada na maior ou menor dimensão de cada ramo ou empresa, conforme preceitua a OJ n. 23 da SDC do TST.

2.17.2.1. Classificação

2.17.2.1.1. *Dissídio coletivo de natureza econômica*

Afirma a doutrina que é verdadeiramente uma ação constitutiva, que visa proferir de sentença normativa criando novas normas ou condições de trabalho que serão aplicadas nas relações de emprego, admitindo-se subclassificação.

2.17.2.1.1.a. Dissídio originário ou inaugural

O dissídio coletivo de natureza econômica será original quando não há negociação coletiva ou sentença normativa precedente, de modo que buscam a fixação de normas.

Assim, considerando o parágrafo único do art. 867, *a* e *b*, da CLT, a sentença normativa vigorará a partir de sua publicação, quando o dissídio for ajuizado após o prazo acima citado, ou, quando não existir acordo, convenção ou sentença normativa em vigor, da data do ajuizamento.

De outra banda, a sentença normativa passará a vigorar a partir do dia imediato ao termo final de vigência do acordo, convenção ou sentença normativa, quando o dissídio for ajuizado no prazo acima mencionado.

2.17.2.1.1.b. Dissídio revisional ou de revisão

Esta modalidade tem por objetivo a revisão de norma coletiva anterior e está baseado na cláusula *rebus sic stantibus*, em que a Justiça do Trabalho, verificando alteração nas condições então vigentes, procede à devida atualização, considerando as reais necessidades do momento.

Quando decorrido mais de um ano de sua vigência, caberá revisão das decisões que fixarem condições de trabalho, quando se tiverem modificado as circunstâncias que as ditaram, de modo que tais condições tenham se tornado injustas ou inaplicáveis (art. 873 da CLT).

Note-se que a revisão poderá ser promovida por iniciativa do tribunal prolator da decisão, pelo Ministério Público do Trabalho, pelos sindicatos representativos das categorias econômicas ou profissionais interessados no cumprimento da decisão (art. 874 da CLT).

Ademais, quando a revisão for promovida por iniciativa do tribunal que proferiu a decisão ou pelo Ministério Público do Trabalho, as associações sindicais e o empregador ou empregadores interessados serão ouvidos no prazo de 30 dias e, quando promovida à revisão por uma das partes interessadas, serão ouvidas as outras no mesmo prazo *supra* (parágrafo único do art. 874 da CLT).

Por fim, a revisão deve ser julgada pelo Tribunal que proferiu a decisão, depois de ouvido o Ministério Público do Trabalho (art. 875 da CLT).

2.17.2.1.1.c. Dissídio de extensão

Esta modalidade tem por azo estender a toda categoria as normas ou condições que tiveram como destinatários apenas parte dela, em obediência ao princípio da isonomia, como prevê o art. 868 da CLT, devendo o Tribunal fixar quando a decisão entrará em execução.

Considerando o art. 869 da CLT, a decisão sobre as novas condições de trabalho também poderá ser estendida a todos os empregados da mesma categoria profissional compreendida na jurisdição do Tribunal por solicitação de um ou mais empregadores, ou de qualquer sindicato destes; por solicitação de um ou mais sindicatos de empregados; de ofício pelo Tribunal que houver proferido a decisão e por solicitação do Ministério Público do Trabalho.

Sempre que o Tribunal estender a decisão, marcará a data em que a extensão deve entrar em vigor, sendo certo que para que a decisão possa ser estendida, será imprescindível que 3/4 dos empregadores e 3/4 dos empregados, ou os respectivos sindicatos, concordem com a extensão da decisão, cabendo ao Tribunal competente marcar prazo, não inferior a 30 nem superior a 60 dias, a fim de que se manifestem os interessados e, após ouvidos os interessados e a Procuradoria da Justiça do Trabalho, será o processo submetido ao julgamento do Tribunal, tudo nos termos dos arts. 870 e 871 da CLT.

Quando houver a homologação de acordo em dissídio coletivo, não se aplica o efeito extensivo, salvo se for observado o procedimento determinado na CLT a partir do art. 868, como se infere da OJ n. 2 da SDC.

2.17.2.2. Dissídio coletivo de natureza jurídica

A doutrina considera essa modalidade de dissídio uma ação de natureza meramente declaratória, vez que a pretensão nele manejada é apenas a interpretação de normas coletivas preexistentes e em vigor, não servindo, por outro lado, para interpretação de norma genérica.

Nesse sentido, a OJ n. 9 da SDC do TST: "O dissídio coletivo não é o meio próprio para o Sindicato vir a obter o reconhecimento de que a categoria que representa é diferenciada, pois esta matéria – enquadramento sindical – envolve a interpretação de norma genérica, notadamente do art. 557 da CLT".

Em sentido semelhante, está redigida a OJ n. 7 da SDC do TST, vez que "não se presta o dissídio coletivo de natureza jurídica à interpretação de normas de caráter genérico, a teor do disposto no art. 313, II, do RITST".

2.17.2.3. Dissídio coletivo de natureza mista ou híbrida

Trata-se de um dissídio, segundo parte da doutrina, de natureza jurídica e econômica, ou seja, terá carga declaratória e constitutiva.

Dá-se quando o tribunal julga dissídio coletivo de greve declarando ou não a abusividade desta, ao mesmo tempo em que constitui novas condições de trabalho (art. 8º da Lei n. 7.783/89 e art. 114, § 3º, da CF).

É fato que a Justiça do Trabalho, pela Carta Constitucional vigente, tem competência para declarar se a greve é abusiva ou não, o que é ratificado pela Súmula 189 do TST, estando no mesmo sentido o Precedente Normativo n. 29 da SDC do TST: "Compete aos Tribunais do Trabalho decidir sobre o abuso do direito à greve".

Por fim, frisamos que um bom setor da doutrina faz menção ao denominado dissídio de greve, pura e simplesmente, que seria instaurado em caso de frustração na negociação coletiva, quando então os trabalhadores, observando os requisitos legais, resolvem deflagrar o movimento paredista.

2.17.2.4. Competência e recursos

No concernente à competência para o julgamento dos dissídios e a interposição de recursos, assentamos que, em regra, a competência para julgar o dissídio coletivo é dos Tribunais Regionais do Trabalho, salvo se a questão exceder à jurisdição de um TRT, quando então a competência será do TST, podendo as Varas do Trabalho praticar atos que sejam necessários e por ordem do Tribunal, nos termos do art. 866 da CLT. As Varas do Trabalho jamais julgam dissídios coletivos!

Se o dissídio coletivo for de competência originária do TRT, da decisão cabe recurso ordinário para o TST (art. 895, II, da CLT), cuja competência para julgamento é da SDC, com espeque na Lei n. 7.701/88, art. 2º, II. No entanto, se a competência para o julgamento for originária do TST, o recurso cabível contra a sentença normativa é o de embargos infringentes para o próprio TST, quando a decisão não for unânime, mas a competência para o julgamento será da SDC, com fulcro no art. 894, I, *a*, da CLT e na Lei n. 7.701/88, art. 2º, II, *c*.

Quando houver a interposição de recurso ordinário em face da sentença normativa proferida pelo TRT, só haverá efeito devolutivo (art. 899, *caput*, da CLT).

Porém, o Presidente do TST poderá atribuir efeito suspensivo ao mesmo pelo prazo de 120 dias que será contado da data da publicação, exceto se o recurso for julgado antes do término desse prazo, como se extrai do art. 9º da Lei n. 7.701/88 e do art. 14 da Lei n. 10.192/2001.

No entanto, é possível a cassação do efeito suspensivo, como se extrai da Súmula 279 do TST.

2.17.3. Ação de cumprimento

Esse tema será apresentado de forma detalhada na teoria que precede a análise de casos para identificação e elaboração da peça prático-profissional.

2.17.4. Mandado de segurança

Esse tema será apresentado de forma detalhada na teoria que precede a análise de casos para identificação e elaboração da peça prático-profissional.

2.17.5. Ação rescisória

Esse tema será apresentado de forma detalhada na teoria que precede a análise de casos para identificação e elaboração da peça prático-profissional.

2.17.6. Ação de consignação em pagamento

Esse tema será apresentado de forma detalhada na teoria que precede a análise de casos para identificação e elaboração da peça prático-profissional.

2.17.7. Homologação de Acordo Extrajudicial

Do art. 855-B destacamos a necessidade de advogado representando cada um dos interessados, sendo defeso que lancem mão de apenas um advogado para todos os interessados envolvidos, não sendo possível, além disso, o exercício do *jus postulandi*.

No art. 855-C o legislador estabeleceu que não há isenção para a empresa cumprir com suas obrigações dentro do prazo (10 dias), sob pena de multa, ou seja, caso não tenha condições de pagar as verbas rescisórias no prazo legal, deverá adotar todas as providências necessárias como entrega de documentação, baixa na CTPS, lavratura e assinatura do TRCT, comunicados aos órgãos competentes e, para viabilizar o pagamento da forma acordada, apresentar a petição dentro do prazo, pois caso não o faça, terá que integrar a multa.

Extraímos do art. 855-D que a designação de audiência é, de fato, uma faculdade do juiz, sendo recomendável a colocação em pauta, exatamente para ter conhecimento da lisura do procedimento entabulado entre os interessados. O prazo ali previsto é impróprio.

O art. 855-E versa sobre a suspensão do prazo prescricional, a partir do protocolo da petição. É bom observar que a suspensão ocorrerá apenas no que toca aos direitos que foram especificados no acordo. Logo, se consta no acordo as verbas rescisórias, mas não há nada consignado sobre horas extras, quanto a este direito a prescrição continua a fluir.

Da sentença que não homologa o acordo, cabe recurso ordinário, o qual pode ser interposto por ambos os advogados ou apenas um dos causídicos, pois o interesse é comum.

Parte II – Peças processuais

3. PETIÇÃO INICIAL E DEFESA DO RECLAMADO

3.1. Reclamação Trabalhista

3.1.1. Apresentação

Quando empregado/trabalhador e empregador/tomador do serviço possuem um desacordo com relação aos direitos oriundos do contrato de trabalho/prestação de serviços, e não conseguem solucionar de forma amigável, precisam eleger um terceiro para resolver a pendência. Nesse caso, uma das opções é buscar o Poder Judiciário, a fim de que seja exercida a jurisdição e, no caso, o juiz irá dizer o direito ao caso concreto, já que uma das características da jurisdição é a substitutividade.

Ocorre que, para buscar o Poder Judiciário, que em regra é inerte (art. 2º, CPC), o empregado/trabalhador deverá fazer por meio de um processo, que em simples palavras se trata de um instrumento para exercer o direito material.

O processo na seara trabalhista inicia-se por uma petição inicial, denominada pela CLT, como regra geral, de Reclamação Trabalhista (art. 840).

Para ilustrar a questão, imagine um empregado que trabalhou em uma jornada de 10 horas por dia, quando sua jornada contratada era de apenas 8 horas, de forma que tem direito de receber duas horas extras por dia, entretanto, o empregador acabou por não quitar tal verba durante o contrato de trabalho. Após o término do contrato, o empregado procura o empregador para resolver a questão de forma amigável, o que também não foi possível, de maneira que restou apenas uma forma do empregado ver quitado seus diretos trabalhistas, qual seja, o ajuizamento de ação.

Nesse caso, o empregado deverá fazer uso da reclamação trabalhista, que é uma das petições iniciais possíveis na seara trabalhista, inclusive é mais utilizada.

Como dito anteriormente, a petição inicial é a peça prático-profissional que quebra a inércia do Poder Judiciário, ou seja, é a peça que tem por finalidade dar início ao processo (embora este só virá a existir com a notificação-citatória do réu).

3.1.2. Características e requisitos

A reclamação trabalhista escrita tem seu fundamento legal no art. 840 da CLT, enquanto que os seus requisitos estão dispostos no parágrafo primeiro do referido artigo.

Até a Reforma Trabalhista, era necessário utilizar o artigo 319 do CPC de forma subsidiária e supletiva para fundamentar a reclamação trabalhista; entretanto, com a alteração da redação do art. 840, § 1º, da CLT, a menção do art. 319 do CPC se tornou desnecessária.

Os requisitos da reclamação trabalhista escrita são: indicação do juízo competente, qualificação das partes, exposição dos fatos, pedido certo, determinado e com o devido valor, a data e assinatura do reclamante.

A reclamação trabalhista, por conta do princípio da oralidade, que permeia o processo do trabalho, poderá ser escrita ou verbal. Entretanto, não se engane, pois o que na verdade é escrita ou verbal é a forma de ajuizamento da ação, uma vez que, dentro do prazo máximo de cinco dias, contados da distribuição da reclamação trabalhista verbal, a mesma deverá ser reduzida a termo, conforme dispõe art. 786, parágrafo único da CLT, e a partir desse ponto segue o mesmo procedimento da reclamação trabalhista escrita.

A Reclamação Trabalhista deverá conter os seguintes requisitos:

a) Endereçamento completo

O endereçamento definirá o juízo ou Tribunal que irá apreciar sua petição, razão pela qual deverá ser endereçada para o juízo ou tribunal competente em razão do lugar para processá-la e julgá-la.

A competência territorial está definida no art. 651 e seus parágrafos da CLT, como já estudamos. A regra geral é que a reclamação trabalhista deverá ser ajuizada no foro do local da prestação do serviço, independentemente do local da contratação.

Na prova não é possível utilizar dados ou fatos não informados no enunciado da questão, assim, quando não for indicado o local da prestação do serviço, deverá ser deixada a lacuna, representada pelas reticências "...", conforme exemplo abaixo:

"AO JUÍZO DA... VARA DO TRABALHO DE..."

> Não se esqueça do juiz de direito investido na jurisdição trabalhista, art. 112 da CF/88. Quando for o caso, a banca deve deixar isso claro, já que você não pode criar dados ou informações.
>
> **Atenção:** Só utilizar COMARCA quando a reclamação trabalhista for dirigida para juiz de direito. Mas nunca quando for para órgão da Justiça do Trabalho.

No caso do juiz de direito investido na jurisdição trabalhista, deverá ser utilizado o seguinte endereçamento:

"AO JUÍZO DE DIREITO DA... VARA CÍVEL DA COMARCA DE..."

> Em regra, ao ajuizar a reclamação trabalhista, nas localidades com mais de uma Vara do Trabalho, o reclamante não sabe qual será a Vara sorteada para processar e julgar sua ação (em atendimento ao princípio do juiz natural, já que a ação será distribuída), de forma que deixa uma lacuna em relação ao número da Vara. Contudo, existe uma exceção a essa regra, uma vez que, quando por algum motivo o reclamante ajuizar a reclamação e deixar a mesma ser extinta sem resolução do mérito, como, por exemplo, quando faltar na audiência una ou inicial e gerar a extinção do feito sem resolução do mérito (arquivamento, nos termos do art. 844 da CLT), e logo em seguida ajuizar outra ação idêntica, o juiz sorteado para processar e julgar a reclamação anterior se tornou prevento, e a nova ação deverá ser ajuizada direto para ele, nos termos do art. 286, II, do CPC. Para ilustrar, imagine que a primeira reclamação trabalhista foi ajuizada e tinha como juízo competente o juízo da 250ª Vara do Trabalho de São Paulo. Caso essa ação seja extinta e o reclamante resolva ajuizar nova ação idêntica, ela deverá ser endereçada para o juízo da 250ª Vara do Trabalho de São Paulo.

"AO JUÍZO DA 250ª VARA DO TRABALHO DE SÃO PAULO."

b) Qualificação completa do reclamante

A petição inicial é a peça de início, onde as partes estão sendo apresentadas ao Poder Judiciário, de forma que é essencial sua individualização.

É muito importante não esquecer que não é válido criar dados que não estejam no enunciado.

Se a questão não fornecer nenhum dado do reclamante, basta indicar a qualificação e endereço completos.

"FULANO DE TAL, qualificação e endereço completos"

Na hipótese da questão trazer no seu bojo dados sobre o reclamante, como, por exemplo, brasileiro, casado, engenheiro, deverão ser utilizados tais dados acrescidos da expressão "qualificação e endereço completos".

"FULANO DE TAL, brasileiro, casado, RG 234.567, qualificação e endereço completos"

c) Advogado (procuração anexa)

Nesse momento deverá ser indicado o advogado do reclamante, ou seja, daquele que está ajuizando a reclamação trabalhista.

É muito simples, basta indicar o advogado e informar que a procuração consta anexa

"FULANO DE TAL,..., por seu advogado com procuração anexa,..."

d) Fundamento legal

É de suma importância a indicação correta do fundamento legal, uma vez que é elemento necessário para justificar tecnicamente o motivo pelo qual foi escolhida a peça a ser confeccionada.

A fundamentação irá variar conforme a peça, para reclamação trabalhista o fundamento legal é o art. 840, § 1º, da CLT.

"FULANO DE TAL,..., com fundamento no art. 840, § 1.º, da CLT,..."

e) Verbo

Aqui deverá ser informado o verbo correto relacionado ao ato processual que irá praticar.

Com relação à petição inicial, o verbo correto, ou melhor, os verbos corretos são: Ajuizar ou Intentar ou Aforar.

"FULANO DE TAL,..., vem respeitosamente à presença de Vossa Excelência AJUIZAR/INTENTAR/AFORAR a..."

f) Nome da peça

É de suma importância a indicação correta da peça, uma vez que é elemento necessário para justificar tecnicamente o motivo pelo qual ela foi escolhida.

O nome irá variar conforme a peça.

Sugerimos que o nome da peça seja destacado em letra maiúscula, bem como seja centralizado.

"RECLAMAÇÃO TRABALHISTA..."

g) Qualificação do reclamado

As informações sobre a qualificação do reclamante valem também para o reclamado.

"...ajuizar

RECLAMAÇÃO TRABALHISTA

em face de EMPRESA LTDA., qualificação e endereço completos"

h) Teses (fundamentos jurídicos e legais)

Esse é sem sombra de dúvidas o tópico mais importante da peça prático-profissional, haja vista ser o que a banca examinadora mais atribui pontuação.

Ao longo dos anos, em sala de aula, até nos cursos de prática, percebemos que a grande dificuldade dos alunos era desenvolver as teses necessárias, por isso segue um passo a passo com base no Silogismo Jurídico, para uma confecção de tese extremamente prática e objetiva, contendo os pontos exigidos pela banca examinadora.

1º Passo: Caso concreto

O caso concreto sempre será o relato dos fatos e dados apresentados pelo próprio exercício, como, por exemplo,

O reclamante diariamente trabalhava das 7 horas às 17 horas, com uma hora de intervalo para descanso e refeição.

2º Passo: Norma legal

A norma legal é o fundamento legal e o jurídico que fazem parte da argumentação que deverá ser desenvolvida para defender os interesses do cliente, que deverá ter por base a Constituição, Lei, Súmula ou Orientação Jurisprudencial (OJ), como, por exemplo,

Nos termos do art. 7.º, XIII, da CRFB/88 a jornada de trabalho foi limitada em oito horas diárias, de forma que o reclamante trabalhou em horas extraordinárias.

3º Passo: Pedido

O pedido é a conclusão lógica entre a norma legal e o caso concreto, como, por exemplo,

Desta forma, requer a procedência do pedido para condenar a reclamada ao pagamento das horas extras com adicional de 50% e, por habituais, seus reflexos em..., para o qual indica o valor de R$... (valor por extenso).

> Sugerimos que seja iniciado um novo tópico para cada tese desenvolvida.

EXEMPLO:

DO TRABALHO NOTURNO

O reclamante iniciava sua jornada às 20 horas de um dia e a terminava às 4 horas do dia seguinte, e nunca recebeu o adicional noturno.

Nos termos do art. 73, § 2.º, da CLT, considera-se trabalho noturno aquele desenvolvido entre as 22 horas de um dia até as 5 horas do dia seguinte, bem como que aquele que se ativa em tal período tem direito de receber um adicional de 20% sobre o valor da hora diurna, o que ocorreu no caso em tela.

Desta forma, requer a procedência do pedido para condenar a reclamada ao pagamento do adicional noturno e seus reflexos em..., no valor de R$... (valor por extenso).

OBS.: Com a Reforma Trabalhista o art. 840, § 1º, da CLT teve sua redação alterada, e a partir de então passou a ser necessária a indicação de valores para os pedidos de natureza pecuniária. Assim, nesse momento da peça profissional deverá ser indicado o valor de cada pedido, que deverá ser representado por "R$... (valor por extenso)", conforme exemplo acima.

i) Pedidos

Nesse tópico deverá ser finalizada a linha de raciocínio por meio do pedido.

O mais importante nesse momento é requerer a procedência dos pedidos, bem como repetir os pedidos já realizados no desenvolvimento das teses com outra formatação utilizando o menor espaço possível.

Nos termos do art. 840, § 1º, da CLT o pedido deverá ser certo, determinado e indicar o valor, de forma que é necessário demonstrar tal indicação de valor de forma teórica. Lembre-se, porém, que você não pode criar dados ou informações. Assim, o melhor é escrever no valor de R$..., exceto se a banca informar o valor.

EXEMPLO:

DOS PEDIDOS

Diante do exposto, requer a Vossa Excelência sejam julgados totalmente procedentes os pedidos abaixo, condenando a reclamada a(o) pagamento de:

a) Horas extras e reflexos no valor de R$... (valor por extenso);

b) Adicional noturno e reflexos no valor R$... (valor por extenso);

c) Férias em dobro + 1/3, referente ao período aquisitivo de 2013 a 2014, no valor de R$... (valor por extenso).

Após os pedidos, ou seja, depois que você terminar o rol de pedidos, abrirá um outro rol, agora para fazer requerimentos, os quais seguem abaixo.

j) Notificação

Neste item deverá ser requerido que seja realizada a notificação da parte contrária para comparecimento em audiência.

EXEMPLO:

DOS REQUERIMENTOS

Requer seja a reclamada notificada, via postal, para comparecimento em audiência.

k) Requerimento por provas

Nesse momento deverá ser indicado, de forma genérica, o interesse na produção das provas que pretende produzir durante a instrução processual.

EXEMPLO:

Requer, ainda, provar o alegado por todos os meios de prova admitidos.

l) Honorários sucumbenciais

Os honorários sucumbenciais são devidos pela parte sucumbente ao advogado da parte vencedora, assim, ao ajuizar a ação, deverá ser requerida a condenação da reclamada ao pagamento dos referidos honorários, com base no art. 791-A da CLT.

EXEMPLO:

Requer a condenação da reclamada ao pagamento dos honorários sucumbenciais, nos termos do art. 791-A da CLT.

m) Encerramento

Esse é um ponto da peça prático-profissional que merece grande atenção.

Não raro, vários examinandos acabam assinando a petição, gerando sua reprovação sumária pelo fato de terem se identificado.

Assim, é de suma importância que **não se assine a peça da prova da OAB.**

EXEMPLO:

Nestes termos,
Requer deferimento.
Local e data.
Advogado...
OAB n. ...

3.1.3. Macete para identificação da peça

Para identificar que a peça é a reclamação trabalhista, o examinando deverá verificar a existência de duas características no enunciado do exercício: a primeira, o enunciado NÃO deverá citar a prática de qualquer ato processual, devendo apenas relatar os fatos ocorridos entre as partes; a segunda, o seu cliente deverá ser o empregado/trabalhador.

3.1.4. Aspectos relevantes sobre a reclamação trabalhista

3.1.4.1. Da Responsabilidade Subsidiária e Solidária

Não é raro no processo do trabalho a existência de mais de uma parte no polo passivo da reclamação trabalhista em razão das várias formas de relação de trabalho possíveis entre os empregados/trabalhadores e seus empregadores/tomadores de serviço.

Nesse caso, o examinando deverá estar atento para não se esquecer de indicar uma das reclamadas, o que lhe acarretará, caso aconteça, uma perda substancial na pontuação final.

Outra dificuldade no presente caso é a identificação da forma da responsabilidade entre as reclamadas, que pode ser subsidiária, como, por exemplo, na terceirização, ou solidária, como, por exemplo, na sucessão trabalhista ou em caso de grupo econômico, sendo certo que a responsabilidade solidária ou decorre de previsão legal ou contratual (art. 265 do CC). Em caso de grupo econômico, não há necessidade de chamar para o polo passivo todas as empresas do grupo.

A partir de agora passaremos a analisar as possibilidades da existência de mais de uma reclamada e qual sua forma de responsabilidade, a depender do caso concreto.

3.1.4.1.1. *Terceirização*

a) Terceirização na Iniciativa Privada

A terceirização irá ocorrer quando uma das reclamadas, no caso denominada de empresa contratante, contrata outra empresa, no caso denominada de empresa de prestação de serviço a terceiros, que por sua vez contrata o trabalhador terceirizado, que no caso é seu cliente. Vejamos como tal situação pode ser explorada na sua prova:

"Wesley fora admitido como faxineiro pela empresa "Aquele 1% de Limpeza Ltda", cuja atividade econômica consiste na prestação de serviço terceirizado. A contratação ocorreu em 12-06-2016, com jornada de acordo com o regime de 12 horas de trabalho por 36 horas de descanso. Wesley desempenhou suas tarefas no âmbito da empresa "Safadetes S.A.", na cidade de São Paulo..."

Nesse caso, o examinando deverá ajuizar a reclamação trabalhista em face das duas empresas, sendo que a responsabilidade entre elas é subsidiária, nos termos do art. 5º-A, § 5º, da Lei n. 6.019/74.

> Na hipótese da terceirização ser irregular, ou seja, quando o trabalhador terceirizado prestar serviços de forma pessoal e subordinada para empresa contratante, o aluno deverá aplicar o item I da Súmula 331, de maneira que terá que ajuizar a reclamação trabalhista somente em face da empresa contratante, uma vez que nesse caso o vínculo empregatício deverá ser reconhecido diretamente com ela, aduzindo essa questão na causa de pedir.

b) Terceirização na Administração Pública

A Lei n. 13.429/2017, que alterou a Lei n. 6.019/74 e passou a regulamentar a terceirização, aplica-se apenas no âmbito da iniciativa privada, de forma que a terceirização junto a Administração Pública continua sendo regulamentada apenas pela Súmula 331 do TST.

Dessa forma, caso o exercício traga um caso concreto a respeito da terceirização no âmbito da administração pública, o aluno deverá observar se a mesma deixou de fiscalizar o contrato público com a empresa prestadora do serviço terceirizado, nos termos da Lei n. 8.666/93, o que ensejará responsabilidade subsidiária, nos termos da Súmula 331, V, do TST, caso contrário, apenas a empresa prestadora do serviço terceirizado será a única responsável.

3.1.4.1.2. *Trabalho Temporário*

O trabalho temporário, regulamentado pela Lei n. 6.019/74, recentemente alterada pela Lei n. 13.429/2017, ocorre quando a empresa tomadora contrata uma empresa de trabalho temporário para lhe fornecer mão de obra, em razão da necessidade de substituição transitória de pessoal permanente ou acréscimo de serviço. Vejamos como tal situação pode ser explorada na sua prova:

"Abidu Jaba lhe informou durante a entrevista que foi contratado pela empresa de trabalho temporário SEU EMPREGO É AQUI LTDA., para prestar serviços durante 180 dias para uma loja de artigos infantis localizada no centro da cidade, de nome TOQUE & TOQUE BRINQUEDOS, em razão do aquecimento das vendas no período do final de ano..."

Nesse caso, o examinando deverá ajuizar a reclamação trabalhista em face das duas empresas, sendo que a responsabilidade entre elas é subsidiária, nos termos do art. 10, § 7º, da Lei n. 6.019/74.

> No caso da decretação da falência da empresa de trabalho temporário, a responsabilidade da empresa tomadora passa a ser solidária, de forma que nesse caso o aluno poderá ajuizar a reclamação trabalhista somente em face desta, nos termos do art. 16 da Lei n. 6.019/74.

Em verdade, a diferença entre a responsabilidade subsidiária e solidária é que, na primeira o credor deve buscar, em primeiro lugar, a satisfação do seu crédito junto ao devedor principal (empregadora) e, se este for inadimplente (não tiver condições de pagar), busca-se a satisfação no devedor que foi condenado de forma subsidiária (tomadora de serviços), ou seja, há uma ordem (benefício de ordem para o devedor subsidiário) no que toca a satisfação do crédito.

Já no caso de condenação solidária, o credor pode exigir a satisfação do crédito de qualquer um dos devedores, sem qualquer benefício de ordem por parte destes (art. 275 do CC).

3.1.4.1.3. *Sucessão Trabalhista*

A sucessão trabalhista tem lugar quando ocorre a alteração da propriedade ou estrutura jurídica da empresa e a continuidade da atividade empresarial.

Assim, nos termos dos arts. 10 e 448 da CLT, a alteração da figura do empregador não gera nenhum efeito com relação aos direitos trabalhistas do atual contrato de trabalho.

Nesse caso, em regra, a responsabilidade passa a ser do sucessor, conforme art. 448-A da CLT. Dessa forma, o examinando deverá ajuizar a reclamação trabalhista em face da empresa sucessora, salvo se o exercício informar que restou comprovada fraude na sucessão, o que ensejará o ajuizamento da ação em face da sucessora e da sucedida, que responderão de forma solidária, nos termos do art. 448-A, parágrafo único, da CLT. Vejamos como tal situação pode ser explorada pela banca:

"José Bitencourt foi contratado pela empresa ESKALA COMÉRCIO LTDA., no dia 20-09-2015, sendo que, em 20-09-2016, a empresa ESKALA foi adquirida pela sociedade empresarial GRD EMPREENDIMENTOS LTDA. Mesmo com a aquisição de uma empresa pela outra, o contrato de trabalho de José não foi rompido..."

3.1.4.2. Verbas Rescisórias

As verbas rescisórias são aquelas devidas pelo empregador quando do rompimento do contrato de trabalho.

Em regra, na demissão sem justa causa, as verbas rescisórias são as seguintes: a) saldo de salário; b) aviso prévio indenizado; c) 13º salário; d) férias integrais, em dobro ou proporcionais, acrescidas de 1/3; e) saque do FGTS; f) indenização compensatória do FGTS; e g) levantamento do seguro-desemprego.

As referidas verbas vão variar de acordo com a forma da extinção do contrato de trabalho, pois, dependendo da forma da rescisão, como, por exemplo, sem ou com justa causa, o empregado tem direito a todas as verbas ou apenas a algumas delas.

As verbas rescisórias deverão ser requeridas nas seguintes situações: a) no reconhecimento do vínculo empregatício; b) na reversão da rescisão por justa causa; c) na rescisão indireta do contrato de trabalho; e d) quando as mesmas não tiverem sido corretamente quitadas.

Ocorre que, ao pleitear as verbas rescisórias, se o exercício informar a data de início e término do contrato de trabalho, o examinando deverá calcular a proporcionalidade das mesmas, seguindo a seguinte regra:

1º Passo: Cálculo do Saldo de Salário

Como dito anteriormente, as verbas são calculadas com relação a sua proporcionalidade, de forma que não é preciso fazer cálculo do valor. O saldo de salário equivale justamente à quantidade de dias trabalhados no último mês do contrato de trabalho, sem a integração do prazo do aviso prévio indenizado.

Exemplo: O último dia de trabalho do empregado foi 10-06-2016, seu saldo de salário equivale à proporção de 10 dias.

2º Passo: Cálculo do Aviso Prévio Indenizado

A primeira providência para calcular o aviso prévio indenizado é aplicar a proporcionalidade da Lei n. 12.506/2011, ou seja, para cada ano completo trabalhado, o empregado terá direito a mais três dias de aviso prévio, lembrando que, qualquer que seja o tempo do contrato, o empregado já tem garantido no mínimo 30 dias de aviso.

Exemplo: A data da admissão foi 10-03-2014 e o último dia trabalhado foi 10-06-2016, de forma que o empregado trabalhou dois anos completos, tem direito a 36 dias de aviso prévio indenizado.

Na sequência, o examinando deverá projetar o prazo do aviso prévio indenizado ao contrato de trabalho para cálculo do 13º salário e das férias.

Exemplo: O último dia trabalhado foi 10-06-2016 e o empregado tem direito a 36 dias de aviso prévio indenizado, de forma que basta somar 36 dias a 10-06-2016, sendo que o último dia do contrato de trabalho para todos os fins legais será 16-07-2016.

3º Passo: Cálculo do 13º Salário

O 13º salário é contado de forma anual, ou seja, a cada início e começo do ano também termina e inicia uma nova contagem do 13º salário. Nesse caso, sugiro que o aluno crie as seguintes colunas para contagem:

Exemplo: A data da admissão foi 10-03-2014 e o último dia do contrato de trabalho já com a integração do aviso prévio indenizado foi 16-07-2016, considerando que o empregado não recebeu nenhum 13º salário durante o contrato de trabalho. As colunas são criadas da seguinte forma:

Data da admissão... último dia do ano
1º dia do ano.. último dia do ano
1º dia do ano.. último dia do contrato de trabalho
10-03-2014... 31-12-2014
1º-01-2015... 31-12-2015
1º-01-2016... 16-07-2016

O 13º salário da primeira e da última linha serão sempre proporcionais e os que estiverem nas linhas do meio (não importa a quantidade de linhas) serão sempre integrais.

Nesse momento, para calcular a proporcionalidade, o examinando deverá isolar cada linha, considerando para o cálculo apenas aqueles meses em que o empregado se ativou por mais de 14 dias.

Assim, encontra-se a seguinte proporcionalidade:

10-03-2014.. 31-12-2014 – 10/12 avos;
1º-01-2015.. 31-12-2015 – integral
1º-01-2016.. 16-07-2016 – 7/12 avos.

4º Passo: Cálculo das Férias

Diferentemente do que ocorre com cálculo do 13º salário, as férias são calculadas por períodos. Assim, as colunas são criadas utilizando como marcos inicial e final o início e término dos períodos aquisitivos.

Exemplo: A data da admissão foi 10-03-2014 e o último dia do contrato de trabalho já com a integração do aviso prévio indenizado foi 16-07-2016, considerando que o empregado não recebeu nenhuma de suas férias durante o contrato de trabalho. As colunas são criadas da seguinte forma:

Data da admissão... Data final do período aquisitivo
Data do início do período aquisitivo.............................. Data final do período aquisitivo
Data do início do período aquisitivo.............................. Último dia do contrato de trabalho
10-03-2014... 09-03-2015
10-03-2015... 09-03-2016
10-03-2016... 16-07-2016

Nesse momento, para calcular a proporcionalidade, o examinando deverá isolar cada linha, considerando para o cálculo apenas aqueles meses em que o empregado se ativou por mais de 14 dias.

Assim, encontra-se a seguinte proporcionalidade:

10-03-2014.. 09-03-2015 – integral em dobro + 1/3;

10-03-2015.. 09-03-2016 – integral simples + 1/3;

10-03-2016.. 116-07-2016 – 5/12 avos + 1/3.

As férias da última linha serão sempre proporcionais, da penúltima linha serão sempre integrais, porém simples, e todas as demais linhas serão integrais em dobro (não importa a quantidade de linhas).

As demais verbas rescisórias não carecem de cálculo de proporcionalidade.

> Além das verbas supracitadas, o examinando ainda deverá requerer a condenação da reclamada ao pagamento das multas previstas nos arts. 477, § 8º (quando não é cumprido o que determina o § 6º do mesmo artigo) e 467 da CLT, sendo que esta se refere a multa pelo não pagamento das verbas rescisórias incontroversas na primeira audiência e aquela se refere ao não pagamento das verbas rescisórias no prazo legal.

3.1.4.3. Benefícios na Justiça Gratuita

O benefício da justiça gratuita, pautado no art. 790, § 3º ou § 4º, da CLT, somente deverá ser requerido se o problema trouxer dados, como, por exemplo, "o reclamante não tem condições de pagar as custas do processo sem prejuízo do sustento próprio ou de sua família" ou que "o empregado está desempregado".

Como sugestão, poderá ser utilizado o seguinte texto:

DA JUSTIÇA GRATUITA

O reclamante é pessoa pobre que recebe menos de 40% do limite máximo do benefício da Previdência Social.

O art. 790, § 3.º, da CLT, garante a justiça gratuita para pessoa que não tem condições de arcar com as despesas processuais, o que ocorre com o reclamante no caso em comento.

Diante do exposto, requer a Vossa Excelência sejam deferidos os benefícios da justiça gratuita ao reclamante.

3.1.4.4. Rescisão indireta

A rescisão indireta do contrato de trabalho ou rescisão por justa causa do empregador tem lugar quando este descumpre obrigações do contrato de trabalho, nos termos do art. 483 da CLT, como, por exemplo, exigir do empregado serviços alheios aos contratados. Como o empregado não tem forças suficientes para punir o empregador, a Justiça do trabalho o faz, aplicando-lhe a rescisão indireta do contrato de trabalho.

A rescisão indireta somente será reconhecida perante o Poder Judiciário, de forma que, em razão do descumprimento de uma das obrigações contratuais, o empregado ajuíza reclamação trabalhista pleiteando a referida rescisão.

A rescisão indireta gera ao empregado o direito de receber todas as verbas rescisórias devidas no caso da rescisão do contrato sem justa causa:

- Saldo de salário;
- Aviso prévio indenizado;
- Férias vencidas e proporcionais;
- 13º salário proporcional;
- Guias para movimentação da conta do FGTS;
- Indenização compensatória do FGTS;
- Guias para levantamento do Seguro-desemprego ou indenização substitutiva.

3.1.4.5. Indenização por danos extrapatrimoniais, materiais, estéticos e pensão vitalícia

A EC 45/2004 alterou o art. 114 da CF/88, estabelecendo ser da Justiça do Trabalho a competência para processar e julgar as ações com pedido de indenização por danos morais e materiais relacionadas à relação de trabalho.

A grande dificuldade nesse aspecto é encontrar a fundamentação legal para embasar o pedido, pois apenas a indenização por danos extrapatrimoniais está regulamentada na CLT, sendo que os dispositivos legais das demais estão no Código Civil.

Atualmente, o dano extrapatrimonial foi expressamente regulamentado pela CLT a partir do art. 223-A, e tem lugar quando empregado ou empregador sofre dano de âmbito subjetivo.

No que tange o dano material, estético e a pensão vitalícia, são direitos que não possuem disposição legal na CLT, mas apenas no Código Civil.

Nesse aspecto, deve ser aplicada a teoria da responsabilidade civil, verificando a existência dos requisitos obrigatórios, quais sejam ação ou omissão do agente causador do dano, dano, nexo de causalidade entre o dano e ação ou omissão.

O dano material se divide em dano emergente e lucros cessantes. O dano emergente deverá ser fundamentado nos arts. 186, 927 e 949 do CC, enquanto que os lucros cessantes deverão ser fundamentados nos art. 186, 927 e 402 do CC.

No que se refere à pensão vitalícia, a mesma deverá ser requerida quando o empregado sofrer redução da capacidade laboral, em razão de acidente de trabalho ou doença ocupacional, conforme art. 950 do CC.

3.1.4.6. Tutela provisória

A primeira ideia que o examinando deve ter a respeito de tutela provisória é que a mesma engloba a tutela de urgência, que se divide em tutela de urgência cautelar e antecipada, sendo que estas podem ser incidentais ou antecedentes, conforme esquema abaixo:

- Tutela Provisóaria
  - Urgência
    - Cautelar
      - Antecedente
      - Incidental
    - Antecipada
  - Evidência

A segunda ideia que o examinando deve ter em mente é que não existe mais em nosso ordenamento jurídico a figura do processo cautelar autônomo, porém o pedido cautelar continua em vigor.

Assim, ao se deparar com uma situação de urgência, como, por exemplo, a rescisão do contrato de trabalho sem justa causa do dirigente sindical estável, você deverá analisar qual tutela provisória utilizar.

Desta forma, vamos identificar qual será a tutela adequada aos casos mais comuns da sua prova:

1) Reintegração de Dirigente Sindical que teve o contrato de trabalho rescindido sem justa causa – Tutela Provisória de Urgência Antecipada, art. 300 do CPC combinado com o art. 659, X, da CLT;

2) Abstenção da transferência do emprego sem a prova da real necessidade do serviço – Tutela Provisória de Urgência Antecipada, art. 300 do CPC combinado com o art. 659, IX, da CLT;

3) Na hipótese de ser necessário garantir a existência de patrimônio do empregador para o recebimento das verbas pleiteadas na inicial (sequestro ou arresto de bens) – Tutela Provisória de Urgência Cautelar, art. 301 do CPC.

Exemplo de Tutela Provisória de Urgência Antecipada Incidental

Nesse caso, o enunciado informou que o seu cliente, estável em razão de ser dirigente sindical em cumprimento do mandato, havia tido o contrato de trabalho rescindido sem justa causa.

DA TUTELA DE URGÊNCIA ANTECIPADA INCIDENTAL

O reclamante era dirigente sindical, e consequentemente, portador da garantia no emprego, de forma que não poderia ter o contrato rescindido sem justa causa durante a estabilidade, sendo tal direito assegurado, inclusive, no plano constitucional pelo art. 8.º, VIII, da CRFB/88.

Nos termos do art. 659, X, da CLT c.c. o art. 300 do CPC estão presentes os requisitos mínimos para concessão da tutela provisória de urgência antecipada, quais sejam; a probabilidade do direito e risco de dano ou perigo ao resultado útil do processo.

Diante do exposto, requer a Vossa Excelência seja deferida a tutela provisória de urgência antecipada, para o fim de reintegrar o reclamante imediatamente, ou subsidiariamente, requer a conversão da mesma em indenização, nos termos do art. 496 da CLT.

Exemplo de tutela de urgência cautelar incidental

Nesse caso, o enunciado informou que a reclamada estava dilapidando todo o patrimônio, o que enseja enorme perigo ao resultado útil do processo.

DA TUTELA DE URGÊNCIA CAUTELAR INCIDENTAL

A reclamada possui inúmeros bens em seu nome, entretanto, resta comprovado que a mesma está dilapidando seu patrimônio. Assim, caso o reclamante tenha seus pedidos julgados procedentes, ao final do processo a reclamada não terá condições de satisfazer o pagamento.

Nos termos do art. 301 do CPC estão presentes os requisitos mínimos para concessão da tutela provisória de urgência cautelar, quais sejam; a probabilidade do direito e risco de dano ou perigo ao resultado útil do processo.

Diante do exposto, requer a Vossa Excelência seja deferida a tutela provisória de urgência cautelar, para o fim de determinar o bloqueio de bens da reclamada, ou seja, arrestar os bens...

3.1.5. Questão de provas anteriores/Questão simulada

1. (XIV Exame de Ordem – FGV) Síntese da entrevista realizada com Heitor Samuel Santos, brasileiro, solteiro, desempregado, filho de Isaura Santos, portador da identidade 559, CPF 202, residente e domiciliado na Rua Sete de Setembro, casa 18 – Manaus – Amazonas – CEP 999:

- trabalhou na fábrica de componentes eletrônicos Nimbus S.A. situada na Rua Leonardo Malcher, 7.070 – Manaus – Amazonas – CEP 210), de 10-10-2012 a 2-7-2014, oportunidade na qual foi dispensado sem justa causa e recebeu, corretamente, sua indenização;
- a empresa possui 220 empregados;
- é portador de deficiência e soube que, após a sua dispensa, não houve contratação de um substituto em condição semelhante;
- seu *e-mail* pessoal era monitorado pela empresa porque, na admissão, estava ocorrendo um problema na plataforma institucional, daí porque a ex-empregadora acordou com os empregados que o conteúdo de trabalho seria enviado ao *e-mail* particular de cada um, desde que pudesse fazer o monitoramento; que, em razão disso, o empregador teve acesso a diversos escritos e fotos particulares do depoente, inclusive conteúdo que ele não desejava expor a terceiros;
- durante o contrato sofreu descontos a título de contribuição sindical e confederativa, mesmo não sendo sindicalizado;
- teve a CTPS assinada como assistente de estoque, mas, em parte do horário de trabalho, também realizava as tarefas de um analista de compras, pois seu chefe determinava que ele

fizesse pesquisa de preços e comparasse a sua evolução ao longo do tempo, atividades estranhas ao seu mister de assistente de estoque;

• trabalhava de 2ª à 6ª feira das 8 h às 16:45 h, com intervalo de 45 minutos para refeição, e aos sábados das 8 h às 12 h, sem intervalo. Você, contratado como advogado, deve apresentar a medida processual adequada à defesa dos interesses de Heitor, sem criar dados ou fatos não informados. (Valor: 5,00)

GABARITO:

FORMATO – Petição inicial, com endereçamento ao juízo de Manaus-AM, identificação de autor e ré. REINTEGRAÇÃO – Deverá ser requerida a reintegração ao emprego porque a dispensa do portador de deficiência não se fez acompanhar da contratação de outro em condição semelhante, violando o art. 93, § 1º, da Lei n. 8.213/91 e o art. 36, § 1º, do Decreto n. 3.398/99. DANO MORAL – Deverá ser requerido o pagamento de indenização por dano moral em virtude do monitoramento indevido do *e-mail* pessoal do trabalhador, ferindo a intimidade, conforme o art. 5º, X, da CF/88, e os arts. 223-A e seguintes da CLT combinados com os arts. 21, 186 e 927, todos do CCB, na forma do art. 8º, § 1º, da CLT ou Súmula 392 do TST. DEVOLUÇÃO DOS DESCONTOS – Deverá ser requerida a devolução do desconto efetuado a título de contribuição confederativa, pois o trabalhador não era sindicalizado, conforme a Súmula Vinculante 40, Súmula 666 do STF, do STF, PN 119 TST e OJ n. 17 da SDC, do TST. ACÚMULO FUNCIONAL – Deverá ser requerido um *plus* salarial pelo exercício de função estranha em parte do horário de trabalho, com base no art. 456, parágrafo único, da CLT, ou art. 13 da Lei n. 6.615/78, este por analogia. HORAS EXTRAS – Deverá ser requerido, em razão da pausa alimentar parcialmente concedida, o pagamento de uma hora extra diária com adicional de 50%, de 2ª a 6ª feira, na forma da Súmula n. 437, I, do TST, e do art. 71, § 4º, da CLT. ENCERRAMENTO – Requerimento de citação/notificação do réu para contestação, procedência dos pedidos e indicação de valor dado à causa.

Observação 1: Com a Reforma Trabalhista, a não concessão do intervalo intrajornada, total ou parcialmente, acarreta o pagamento apenas da parte suprimida e sem natureza salarial.

Observação 2: Com a Reforma Trabalhista, a tese de DANO MORAL passa a ser denominada DANO EXTRAPATRIMONIAL, e seu fundamento legal passa a ser os artigos 223-A, 223-B e 223-C da CLT.

2. **(XII Exame de Ordem – FGV)** Síntese da entrevista feita com Bruno Silva, brasileiro, solteiro, CTPS 0010, Identidade 0011, CPF 0012 e PIS 0013, filho de Valmor Silva e Helena Silva, nascido em 20-2-1990, domiciliado na Rua Oliveiras, 150 – Cuiabá – CEP 20000- 000: que foi admitido em 5-7-2011 pela empresa Central de Legumes Ltda., situada na Rua das Acácias, 58 – Cuiabá – CEP 20000-010, e dispensado sem justa causa em 27-10-2013, quando recebeu corretamente as verbas da extinção contratual; que teve a CTPS assinada e exercia a função de empacotador, recebendo por último o salário de R$ 1.300,00 por mês; que sua tarefa consistia em empacotar congelados de legumes numa máquina adquirida para tal fim. Em 30-11-2011 sofreu acidente do trabalho na referida máquina, quando sua mão ficou presa no interior do equipamento, ficando afastado pelo INSS e recebendo auxílio doença acidentário até 20-5-2012, quando retornou ao serviço. No acidente, sofreu amputação traumática de um dedo da mão esquerda e se submeteu a tratamento médico e psicológico, gastando com os profissionais R$ 2.500,00 entre honorários profissionais e medicamentos, tendo levado consigo os recibos. No retorno, tendo sido comprovada pelos peritos do INSS a perda de 20% da sua capacidade laborativa, foi readaptado a outra função. A CIPA da empresa, convocada quando da ocorrência do acidente, verificou que a máquina havia sido alterada pela empresa, que retirou um dos componentes de segurança para que ela trabalhasse com maior rapidez e, assim, aumentasse a produtividade. Bruno costumava fazer digitação de trabalhos de conclusão de curso para universitários, ganhando em média R$ 200,00 por mês, mas, no período em que esteve afastado pelo INSS, não teve condição física de realizar esta atividade, que voltou a fazer tão logo retornou ao emprego. Analisando cuidadosamente o relato feito pelo trabalhador, apresente a peça pertinente à melhor defesa, em juízo, dos interesses dele, sem criar dados ou fatos não informados. (Valor: 5,0)

GABARITO:

Elaboração de uma petição inicial, com endereçamento ao juiz do Trabalho de uma das Varas de Cuiabá e qualificação das partes. DANO MATERIAL (DANO EMERGENTE) - o examinando deve requerer a reparação pelo dano material experimentado pelo trabalhador (dano emergente), no valor de R$ 2.500,00, conforme notas fiscais de gastos com o tratamento médico e psicológico, pois comprovada a imprudência (culpa) da empresa na alteração do maquinário. DANO MATERIAL (LUCRO CESSANTE) - o examinando deve requerer a reparação pelo dano material experimentado pelo trabalhador (lucro cessante), no valor de R$ 200,00 mensais, no período de 10-12-2011 a 19-5-2012, pois comprovada a imprudência (culpa) da empresa na alteração do maquinário. DANO MORAL – o examinando deve requerer o pagamento do dano moral pelo sofrimento injusto a que foi submetido o trabalhador, pois comprovada a imprudência (culpa) da empresa na alteração do maquinário. DANO ESTÉTICO – o examinando deve requerer o pagamento do dano estético gerado no trabalhador (amputação de um dedo), pois comprovada a imprudência (culpa) da empresa na alteração do maquinário. PENSÃO VITALÍCIA – o examinando deve requerer pensão vitalícia de 20% do salário do trabalhador por conta da redução de sua capacidade laborativa.

Observação 1: Com a Reforma Trabalhista, a tese de DANO MORAL passa a ser denominada DANO EXTRAPATRIMONIAL, e seu fundamento legal passa a ser os artigos 223-A, 223-B e 223-C da CLT.

3. **(XX Exame de Ordem – FGV)** Suzana trabalhou na residência da família Moraes de 15-06-2015 a 15-09-2015, data na qual teve baixa em sua CTPS. A família do ex-empregador vive em Natal/RN. Suzana foi contratada a título de experiência por 45 dias, findos os quais nada foi tratado e Suzana continuou trabalhando normalmente.

Suzana realizava todas as atividades do lar, iniciando o trabalho às 7h e saindo às 16 h, de segunda à sexta-feira, com trinta minutos de intervalo. Suzana tinha descontado do seu salário 10% referente ao vale-transporte, além de sua cota-parte do INSS e 25% do valor da alimentação consumida no emprego. Suzana fazia a limpeza dos 3 banheiros existentes na residência, mas não recebia qualquer adicional. Em determinada ocasião, Suzana viajou com a família por 4 dias úteis para Gramado/RS. Nessa ocasião, trabalhou como babá das 8h às 17h, desfrutando de uma hora de almoço. Na data da dispensa, Suzana recebeu as seguintes verbas: férias proporcionais de 3/12 avos acrescidas de 1/3 e 13º salário proporcional de 3/12 avos.

Você foi procurado por Suzana para, na condição de advogado(a), redigir a peça prático-profissional pertinente em defesa dos interesses da trabalhadora, sem criar dados ou fatos não informados. (Valor: 5,00)

GABARITO:

Deverá ser redigida uma *Petição Inicial* endereçada ao Juiz do Trabalho da Vara do Trabalho de Natal/RN.

Deverá ser considerado pelo examinando o reconhecimento do trabalho como sendo um contrato por prazo indeterminado e a desconstituição de contrato de experiência, pois, não tendo havido prorrogação expressa do contrato de experiência, o contrato se transmudou em por prazo indeterminado, na forma do Art. 5º, § 2º, da LC n.150/15.

Em decorrência disso, deverá ser pretendido o pagamento de aviso prévio de 30 dias e os reflexos disso nas férias + 1/3 e 13º salário, conforme o Art. 23, § 1º, da LC n. 150/15.

Deverá ser requerida a devolução do desconto de 25% da alimentação, pois vedado pelo Art. 18, da LC n. 150/15, e o excesso do desconto do vale transporte, que é de 6% do salário base do trabalhador, conforme parágrafo único do artigo 4º da Lei n. 7.418/85.

Deverá ser pretendida uma hora extra diária, em razão da supressão do intervalo de uma hora, nos termos do Art. 13 da n. LC 150/15 e Súmula 437 do TST.

Deverão ser exigidos, ainda, 30 minutos diários de hora extra, já que a jornada diária da empregada era de 8:30 h, sem qualquer referência à acordo escrito para compensação, conforme exigido pelo Art 2º, parágrafo quarto da LC n. 150/15.

Deverá ser requerido o pagamento de 25% por hora trabalhada em viagem, percentual que deverá incidir sobre 32 horas, conforme o Art. 11, § 2º, da LC n. 150/15.

4. **(XXII Exame de Ordem – FGV)** Marina Ribeiro, brasileira, casada, desempregada, filha de Laura Santos, portadora da identidade 855, CPF 909, residente e domiciliada na Rua Coronel Saturnino, casa 28 - São Paulo-SP - CEP 4444, trabalhou para a sociedade empresária Malharia Fina Ltda., localizada na capital paulista, como auxiliar de produção, de 20-09-2014 a 30-12-2016, quando foi dispensada sem justa causa, recebendo as verbas da ruptura contratual.

Atualmente Marina está desempregada, mas, na época em que atuava na Malharia Fina, ganhava 1 salário mínimo mensal.

Marina é presidente do seu sindicato de classe, ao qual está filiada desde a admissão, tendo sido eleita e empossada no dia 20-06-2015 para um mandato de 2 anos, bem como cientificada a empregadora do fato por *e-mail*, exibido ao advogado. Marina recebeu uniforme e EPI da empresa, jamais sofrendo descontos no seu salário em razão disso. Recebia, também, alimentação (almoço e lanche) gratuitamente e trabalhava de 2ª à 6ª feira das 13:30 h às 22:30 h, com intervalo de 1 hora, e aos sábados das 8 h às 12 h, sem intervalo. Após o horário informado, gastava 20 minutos para tirar o uniforme, comer o lanche oferecido pela empresa e escovar os dentes. Marina recebeu a participação proporcional nos lucros de 2014 e integral em 2015 e 2016.

Marina tem três filhos saudáveis, com idades de 12, 10 e 8 anos, conforme certidões de nascimento que apresentou. Ela, no ano de 2015, comprovadamente, doou sangue em duas ocasiões, faltou ao emprego em ambas e foi descontada a título de falta. Já em 2016, ela foi descontada em três dias, quando se ausentou para viajar para o Nordeste e comparecer ao enterro de um primo, que falecera em acidente de trânsito.

Hugo, o superior imediato de Marina, era chefe do setor de produção. Duas vezes na semana, no mínimo, dizia que ela tinha um belo sorriso. Por educação, Marina agradecia o elogio. Em 2016, em razão de doença, Hugo ficou afastado do serviço por 90 dias e ela o substituiu até o seu retorno.

Por ocasião do exame demissional, o setor médico da empresa informou que Marina estava apta para a dispensa. Nos seus contracheques, em todos os meses, desde a admissão, havia o lançamento de crédito de um salário mínimo e de duas cotas de salário-família, além de descontos de INSS, do vale-transporte, da contribuição assistencial e da confederativa.

Marina ainda informou que tinha ajuizado uma ação anteriormente e que, como perdera a confiança no antigo advogado, não compareceu à audiência para a qual fora intimada. Essa ação havia sido distribuída à 250ª Vara do Trabalho de São Paulo e, em consulta pela Internet, foi verificado o seu arquivamento.

Com base nos dados apresentados, formule a peça (rito ordinário) de defesa dos interesses de Marina em juízo. (Valor: 5,00)

GABARITO:

O candidato deverá elaborar uma Petição Inicial, dirigida ao juízo do Trabalho de São Paulo-SP, com identificação das partes. Diante do ajuizamento da ação anterior, deverá ser requerida a distribuição à 250ª Vara do Trabalho de São Paulo, em razão da prevenção daquele juízo, devidamente fundamentada no artigo 286, II, do CPC.

Considerando que a autora encontra-se desempregada, e mesmo quando em atividade recebia 1 salário mínimo, deverá ser formulado requerimento de assistência judiciária gratuita.

Considerando a conduta antissindical de dispensar uma dirigente sindical com mandato em vigor, deverá ser requerida a sua reintegração (Art. 8º, VIII, da CF/88 e Art. 543, § 3º, da CLT) e, tendo em vista que a autora encontra-se desempregada, a tutela de urgência ou medida liminar para retorno imediato, conforme possibilidade do Art. 300 do CPC e do Art. 659, X, da CLT.

Deverá ser requerida a integração ao salário da alimentação graciosamente recebida (salário *in natura*), com o pagamento das diferenças respectivas, conforme o Art. 458, *caput*, ou § 3º, da CLT e a Súmula 241 do TST.

Deverá ser requerido, como hora extra adicionada de 50%, o tempo de 20 minutos despendido após a jornada normal de trabalho na troca de uniforme, alimentação e higiene pessoal, por configurar tempo à disposição, conforme a Súmula 366 do TST, Art. 4º da CLT ou Art. 58, § 1º, da CLT.

Deverá ser requerida Hora extra pelo Intervalo interjornada, pois inobservado o intervalo mínimo entre a jornada de sexta-feira e sábado, conforme Art. 66 da CLT, OJ n. 355 do TST ou Art. 382 da CLT.

Deverá ser requerido o pagamento do adicional noturno sobre a jornada realizada após 22 h de 2ª à 6ª feira, na forma do Art. 73, *caput*, e § 2º, da CLT.

Deverá ser requerida 1 (uma) cota de salário família faltante, pois a situação jurídica da autora (baixa renda salarial e 3 filhos com idade inferior a 14 anos) a torna credora desse benefício na ordem de três cotas – e não apenas das duas já pagas pela empresa, conforme Art. 66 da Lei n. 8213/91, Art. 83 do Decreto n. 3.048/99, Art. 7º, XII, da CF/88, Art. 2º da Lei n. 4266/63 ou Art. 4º do Decreto n. 53.153/63.

Deverá ser requerida a devolução de 1 (um) dos dias nos quais comprovadamente Marina doou sangue, conforme o Art. 473, IV, da CLT.

Deverá ser requerida a diferença salarial em razão da substituição do chefe do setor, conforme Súmula 159, I, do TST, Art. 5º da CLT, Art. 450 da CLT, Art. 5º, *caput*, CF/88 ou Art. 7º, XXX da CF/88.

5. **(XXVII Exame de Ordem – FGV)** Nelson Aviz procura você, como advogado(a), afirmando que foi empregado da sociedade empresária Alfa Ltda. na sede desta, localizada em Sete Lagoas/MG, de 17-12-2017 a 28-04-2018, tendo exercido, na prática, a função de técnico de informática. Nelson informa que foi despedido por justa causa, apesar de não ter feito nada de errado, não recebendo qualquer indenização, mas apenas o saldo salarial do último mês; que a empresa não integrava, para fim algum, o salário-família que Nelson recebia; que trabalhava de segunda-feira a sábado, das 20h às 5h, com intervalo de 20 minutos para refeição; que o local de trabalho era de difícil acesso e não servido por transporte público regular, pelo que a empresa fornecia o transporte para ir ao trabalho e voltar dele, de forma que Nelson demorava uma hora no trajeto de ida e outra uma hora no de volta; que realizou exame médico na admissão; que Nelson tem uma irmã que trabalha na mesma sociedade empresária, exercendo a função de programadora de jogos digitais. O trabalhador exibe cópias dos contracheques, nos quais há, na parte de crédito, salário de R$ 1.200,00 e uma cota de salário-família; já na parte de descontos, há INSS, vale-transporte e FGTS. Nelson ainda exibiu sua CTPS, na qual consta admissão em 17-12-2017 e saída em 28-04-2018, na função de auxiliar de serviços gerais; na parte de anotações gerais, há anotação de que o empregado foi dispensado por justa causa em razão de conduta inadequada. Em pesquisa pela Internet, você localiza a convenção coletiva da categoria de Nelson, com os pisos normativos para todas as funções desempenhadas na sociedade empresária Alfa, dentre elas os seguintes: auxiliar de serviços gerais: R$ 1.200,00; técnico em informática: R$ 1.800,00; programador: R$ 3.500,00; e engenheiro de computação: R$ 6.000,00. Elabore a peça prático-profissional que melhor defenda os interesses de Nelson, sem usar dados ou informações que não estejam no enunciado.

GABARITO:

Deverá ser redigida uma *Petição Inicial de Reclamação Trabalhista* endereçada ao juízo do Trabalho de Sete Lagoas/MG.

As partes deverão ser qualificadas.

Deverá ser requerida a anulação da justa causa porque o trabalhador não cometeu nenhuma das irregularidades previstas no Art. 482 da CLT, sendo da empresa o ônus de comprovar a falta grave praticada pelo empregado, conforme os Arts. 818, II, da CLT e 373, II, do CPC e, consequentemente, deve ser postulado o pagamento das verbas resilitórias típicas: aviso prévio, 13º salário proporcional, férias proporcionais acrescidas de 1/3, formulários para saque do FGTS e indenização de 40% sobre o FGTS.

Deverá ser requerido o pagamento de horas extras com adicional de 50% pelo excesso de jornada, das 20h às 5h, conforme os Arts. 7º, inciso XIII, da CRFB/88, e 58 da CLT.

Deverá ser requerido o pagamento de 40 minutos diários com adicional de 50% pelo intervalo intrajornada desrespeitado, conforme o Art. 71, § 4º, da CLT.

Deverá ser requerido o pagamento do adicional noturno de 20% sobre a jornada cumprida a partir das 22h, conforme o Art. 73 da CLT.

Deverá ser requerida a retificação da CTPS para constar a verdadeira função exercida, conforme o Art. 29 da CLT e o Precedente Normativo 105 do TST, além da diferença salarial entre as funções de técnico de informática e auxiliar de serviços gerais, conforme previsto na norma coletiva da categoria.

Deverá ser requerida indenização por dano moral pela anotação de penalidade na CTPS do autor, conforme os Arts. 29, § 4º, da CLT, 223-C da CLT, e 8º da Portaria 41 do Ministério do Trabalho.

Deverá ser requerida a devolução do desconto de FGTS, pois se trata de obrigação do empregador, conforme os Arts. 15 da Lei nº 8.036/90, 27 do Decreto 99.684/90, e 7º, inciso III, da CRFB/88.

Deverá ser requerido o pagamento de honorários advocatícios, conforme o Art. 791-A da CLT.

Deverá ser requerida a procedência dos pedidos, a indicação das provas que a parte pretende produzir e o valor atribuído à causa.

Fechamento.

6. **(XXX Exame de Ordem – FGV)** Após juntar durante alguns anos suas economias e auxiliado por seus familiares, Tito comprou uma motocicleta e começou a trabalhar em 15-12-2018 como motoboy na Pizzaria Gourmet Ltda., localizada no Município de Parauapebas, Estado do Pará, realizando a entrega em domicílio de pizzas e outros tipos de massas aos clientes do empregador. A carteira de trabalho de Tito foi devidamente assinada, com o valor de 1 salário mínimo mensal. Em razão da atividade desempenhada, Tito poderia escolher diariamente um item do cardápio para se alimentar no próprio estabelecimento, sem precisar pagar pelo produto. Tito fazia em média 10 entregas em seu turno de trabalho, e normalmente recebia R$ 1,00 (um real) de bonificação espontânea de cada cliente, gerando uma média de R$ 260,00 (duzentos e sessenta reais) mensais. Tito exercia suas funções durante seis dias na semana, com folga na 2ª feira, sendo que, uma vez por mês, a folga era em um domingo. A jornada cumprida ia das 18h às 3h30, com intervalo de 40 minutos para refeição. No mês de agosto de 2019, Tito fez a entrega de uma pizza na casa de um cliente. Ocorre que o cozinheiro da pizzaria se confundiu no preparo e assou uma pizza de calabresa, sendo que o cliente era alérgico a esse produto (linguiça). Ao ver a pizza errada, o cliente foi tomado de fúria incontrolável, começou a xingar e a ameaçar Tito, e terminou por soltar seus cães de guarda, dando ordem para atacar o entregador. Tito correu desesperadamente, mas foi mordido e arranhado pelos animais, sendo lesionado gravemente. Em razão disso, ele precisou se afastar por 30 dias para recuperação, recebendo o benefício previdenciário pertinente do INSS. Tito gastou R$ 30,00 na compra de vacina antirrábica, que por recomendação médica foi obrigado a tomar, porque não sabia se os cachorros eram vacinados. Em 20 de setembro de 2019, após obter alta do INSS, Tito retornou à empresa e foi dispensado, recebendo as verbas rescisórias. Nos contracheques de Tito, constam, mensalmente, o pagamento do salário mínimo nacional na coluna de créditos e o desconto de INSS na coluna de descontos, sendo que no mês de março de 2019 houve ainda dedução de R$ 31,80 (trinta e um reais e oitenta centavos) a título de contribuição sindical, sem que tivesse autorizado o desconto. Tito foi à CEF e solicitou seu extrato analítico, onde consta depósito de FGTS durante todo o contrato de trabalho. Considerando que, em outubro de 2019, Tito procurou você, como advogado(a), para pleitear os direitos lesados, informando que continua desempregado, elabore a peça processual pertinente.

GABARITO:

O examinando deverá formular uma petição inicial de reclamação trabalhista dirigida ao juízo da Vara do Trabalho de Parauapebas /PA, qualificando as partes envolvidas.

Deverá requerer gratuidade de justiça, pois está desempregado atualmente, na forma do Art. 790, § 3º, da CLT.

Deverá postular a integração das gorjetas espontaneamente concedidas pelos clientes à remuneração, na forma do Art. 457 da CLT e Súmula 354 TST.

Deverá requerer a retificação de sua carteira profissional para que conste a média das gorjetas recebidas, conforme prevê o Art. 29, § 1º, da CLT.

Deverá requerer a devolução do desconto de contribuição sindical efetuado no mês de março, porque não autorizado pelo trabalhador, em violação aos artigos 545, 578, 579 e 582, todos da CLT.

Deverá requerer o pagamento de horas extras pelo excesso das 8 horas diárias ou 44 horas semanais previstas no Art. 7º, inciso XIII, da CRFB/88 e no Art. 58 da CLT.

Deverá requerer o pagamento de 20 minutos diários pela pausa alimentar concedida parcialmente, conforme o Art. 71, § 4º, da CLT.

Deverá requerer o pagamento do adicional noturno na jornada realizada a partir das 22h, conforme o Art. 73 da CLT.

Deverá requerer a reintegração no emprego pela estabilidade não observada em razão do acidente do trabalho, conforme o Art. 118 e o Art. 21, inciso II, alínea *a*, ambos da Lei n. 8.213/91, e Súmula 378, I e II, do TST.

Deverá requerer a tutela de urgência ou evidência ou provisória para a reintegração imediata do trabalhador, na forma do Art. 294 ou 300 ou 311, do CPC.

Deverá requerer o pagamento de indenização pelo gasto com a vacina antirrábica (dano emergente), conforme o Art. 186, Art. 927 e Art. 949, do CC.

Deverá requerer o pagamento de indenização por dano moral pelo acidente do trabalho, conforme os artigos 186 e 927 do CC e os artigos 223-B, 223-C e 223-G, todos da CLT.

Deverá requerer o pagamento do adicional de periculosidade por trabalhar com motocicleta, na forma do Art. 193, § 4º, da CLT.

Deverá requerer o pagamento de honorários advocatícios, conforme Art. 791-A da CLT.

Formular o encerramento da peça, reiterando a tutela de urgência ou evidência ou provisória para a reintegração imediata do trabalhador e a procedência dos pedidos, com indicação de data, local, advogado(a) e OAB.

3.1.6. Modelo da peça

1. XIV Exame de Ordem – FGV

AO JUÍZO DA... VARA DO TRABALHO DE MANAUS-AM

HEITOR SAMUEL SANTOS, brasileiro, solteiro, desempregado, filho de Isaura Santos, RG n. 559, CPF n. 202, residente e domiciliado na rua Sete de Setembro, casa 18, em Manaus-AM, CEP 999, por seu advogado com procuração anexa, com fulcro no art. 840, § 1.º, da CLT, vem à presença de Vossa Excelência ajuizar

RECLAMAÇÃO TRABALHISTA

em face de NIMBUS S.A, com sede na rua Leonardo Malcher, 7.070, em Manaus-AM, CEP 210.

DA REINTEGRAÇÃO

O reclamante é portador de deficiência, e após sua dispensa, ocorrida em 2-7-2014, não foi contratado outro empregado portador de deficiência para substituí-lo.

Nos termos do art. 93, § 1.º, da Lei n. 8.213/91 e do art. 36, § 1.º, do Decreto n. 3.298/99, somente é válida a dispensa do empregado portador de deficiência se ocorrer a contratação de outro empregado portador de deficiência para substituí-lo, o que não ocorreu no caso do reclamante.

Diante do exposto, requer a Vossa Excelência a procedência do pedido para que seja a reclamada condenada a reintegrar o reclamante.

DO DANO EXTRAPATRIMONIAL

O reclamante teve violado o sigilo do seu "e-mail" pessoal pela reclamada.

Nos termos dos arts. 223-A, 223-B e 223-C, da CLT, a lesão à intimidade do empregado gera o direito a indenização por dano extrapatrimonial, sendo que, ao monitorar o "e-mail" pessoal do reclamante, a reclamada feriu a sua intimidade.

Diante do exposto, requer a Vossa Excelência a procedência do pedido para que seja a reclamada condenada ao pagamento de indenização por dano extrapatrimonial no valor de R$... (valor por extenso).

DAS CONTRIBUIÇÕES CONFEDERATIVAS (E SINDICAIS)

O reclamante tinha descontado de seu salário o valor da contribuição confederativa, sem nunca ter sido sindicalizado.

A Súmula 666 do STF, o PN 119 do TST e a OJ n. 17 da SDC do TST dispõem que o desconto da contribuição confederativa somente é válido dos empregados sindicalizados, além da Súmula Vinculante 40 do STF.

Diante do exposto, requer a Vossa Excelência a procedência do pedido para que seja a reclamada condenada a devolver ao reclamante os valores das Contribuições Confederativas descontadas ilegalmente e seus reflexos no valor de R$... (valor por extenso).

ATENÇÃO: Após a Reforma Trabalhista a contribuição sindical só pode ser descontada se for autorizada, conforme o art. 578 e seguintes da CLT. Assim, atualmente, se o problema trouxer tal situação, fique atento (a)!

DO ACÚMULO DE FUNÇÃO

O reclamante foi obrigado, durante o contrato de trabalho, a exercer a função de analista de compras, além daquela para qual tinha sido contratado.

Nos termos do art. 456, parágrafo único, da CLT, o empregado que exerce função estranha daquela prevista no contrato de trabalho tem direito ao recebimento de um "plus" salarial.

Diante do exposto, requer a Vossa Excelência a procedência do pedido para que seja a reclamada condenada ao pagamento de um "plus" salarial e seus reflexos no valor de R$... (valor por extenso).

DO INTERVALO INTRAJORNADA

O reclamante gozava apenas de 45 minutos, quando deveria gozar de no mínimo uma hora.

O § 4.º do art. 71 da CLT preconiza que, na hipótese do empregado gozar parcialmente do intervalo intrajornada, o empregador fica obrigado a pagar o período suprimido do intervalo com acréscimo de 50%.

Diante do exposto, requer a Vossa Excelência a procedência do pedido para condenação da reclamada ao pagamento do intervalo de 15 minutos suprimidos com o adicional de 50% no valor de R$... (valor por extenso).

ATENÇÃO: Com a reforma só se paga a parte suprimida e sem natureza salarial.

DOS PEDIDOS

Diante do exposto, requer a Vossa Excelência sejam julgados totalmente procedentes os pedidos abaixo, para o fim, e condenar a reclamada ao pagamento dos seguintes haveres trabalhistas:

a) Reintegração do reclamante;

b) Indenização por dano extrapatrimonial, no valor de R$... (valor por extenso);

c) Devolução dos descontos das Contribuições Confederativas, no valor de R$... (valor por extenso);

d) "Plus" salarial por acúmulo de função e seus reflexos, no valor de R$... (valor por extenso);

e) Horas extras com adicional de 50% referentes a não concessão correta do intervalo intrajornada, no valor de R$... (valor por extenso).

DOS REQUERIMENTOS

Requer a notificação da reclamada para comparecer em audiência, sob pena de revelia.

Requer provar o alegado por todos os meios de prova admitidos.

Requer a condenação da reclamada ao pagamento dos honorários sucumbenciais, nos termos do art. 791-A da CLT.

Dá-se à causa o valor de R$... (valor por extenso).

Nestes termos,
Requer deferimento.
Local/Data
Advogado
OAB n. ...

2. XI Exame de Ordem – FGV

AO JUÍZO DA... VARA DO TRABALHO DE CUIABÁ-MT

BRUNO SILVA, brasileiro, solteiro, CTPS 0010, RG 0011, CPF 0012 e PIS 0013, domiciliado na Rua Oliveiras, n. 150, em Cuiabá-MT, CEP n. 20000-000, qualificação e endereço completos, por seu advogado com procuração anexa, com fulcro no art. 840, § 1.º, da CLT, vem à presença de Vossa Excelência, ajuizar

RECLAMAÇÃO TRABALHISTA

em face de CENTRAL DE LEGUMES LTDA., com sede na rua das Acácias, n. 58, em Cuiabá CEP n. 2000-010.

DANO MATERIAL – DANO EMERGENTE

O reclamante sofreu a amputação traumática de um dedo decorrente do acidente de trabalho no maquinário em que exercia sua função, sendo que precisou gastar R$ 2.500,00 com tratamentos médico e psicológico.

A reclamada praticou ato ilícito, uma vez que concorreu para o acidente que vitimou o reclamante, de forma que estão preenchidos os requisitos da responsabilidade civil nos termos dos arts. 186, 927 e 949 do CC.

Diante do exposto, requer a Vossa Excelência a procedência do pedido para que seja condenada a reclamada ao pagamento de R$ 2.500,00 relativos às despesas médicas e psicológicas.

DANO MATERIAL – LUCRO CESSANTE

O reclamante teve prejuízo em sua renda, em razão do acidente de trabalho sofrido, uma vez que, durante seu afastamento pelo INSS, ficou impossibilitado de realizar os trabalhos de digitação, o que o fazia perceber uma média de R$ 200,00 mensais.

A reclamada praticou ato ilícito, uma vez que preenchidos os requisitos da responsabilidade civil nos termos dos arts. 186, 927 e 402 do CC.

Dessa forma, requer a Vossa Excelência a procedência do pedido para condenar a reclamada ao pagamento de R$ 200,00 reais mensais, entre as datas de 10-12-2011 a 19-05-2012.

DANO EXTRAPATRIMONIAL

O empregado teve um grande sofrimento injusto pela amputação de um membro do corpo, que foi ocasionada por culpa exclusiva do empregador ao alterar o maquinário da empresa.

Todos os requisitos da responsabilidade civil, previstos nos arts. 223-A, 223-B e 223-C da CLT encontram-se preenchidos no caso em tela.

Diante do exposto, requer Vossa Excelência a procedência dos pedidos para que seja a reclamada condenada ao pagamento de indenização por danos morais no valor de R$... (valor por extenso).

DANO ESTÉTICO

O reclamante sofreu uma amputação traumática de um dedo, em razão do acidente de trabalho sofrido no maquinário culposamente (imprudência) alterado pela empresa.

A reclamada praticou ato ilícito, uma vez que preenchidos os requisitos da responsabilidade civil nos termos dos arts. 186 e 927 do CC.

Destarte, requer a Vossa Excelência a procedência do pedido e a condenação da reclamada ao pagamento de dano estético no valor de R$... (valor por extenso).

PENSÃO VITALÍCIA

O reclamante teve sua capacidade laborativa reduzida em 20% em razão do acidente sofrido no maquinário na sede da empresa.

Neste sentido, nos termos do art. 950 do Código Civil, ao empregador caberá o pagamento de pensão vitalícia no importe de 20% do salário do reclamante.

Dessa forma, requer a Vossa Excelência a procedência do pedido e a condenação da reclamada ao pagamento de pensão vitalícia no importe de 20% do salário do reclamante, no valor de R$... (valor por extenso).

DOS PEDIDOS

Diante do exposto, requer sejam julgados totalmente procedentes os pedidos abaixo, condenando a reclamada ao pagamento dos seguintes pedidos:

a) condenação ao pagamento de indenização pelos danos materiais emergentes no valor de R$ 2.500,00;

b) condenação ao pagamento de R$ 200,00 por mês referente aos meses de afastamento a título de lucro cessante;

c) condenação a indenização por dano extrapatrimonial no valor de R$... (valor por extenso);

d) condenação a indenização por dano estético no valor de R$... (valor por extenso);

e) pagamento de pensão vitalícia no importe de 20% do seu salário, no valor de R$... (valor por extenso).

DOS REQUERIMENTOS

Requer a notificação da reclamada para comparecer em audiência, sob pena de revelia.

Requer provar o alegado por todos os meios de prova em direito admitidos.

Requer a condenação da reclamada ao pagamento dos honorários sucumbenciais, nos termos do art. 791-A da CLT.

Dá-se à causa o valor de R$... (valor por extenso).

Nestes termos,
Requer deferimento.
Local/Data
Advogado
OAB n. ...

3. XX Exame de Ordem – FGV

AO JUÍZO DA... VARA DO TRABALHO DE NATAL-RN

SUZANA, qualificação e endereço completos, por seu advogado com procuração anexa, com fulcro no art. 840, § 1.º, da CLT, vem à presença de Vossa Excelência ajuizar

RECLAMAÇÃO TRABALHISTA

em face da FAMÍLIA MORAES, qualificação e endereço completos.

DO CONTRATO POR PRAZO INDETERMINADO

A reclamante foi contratada por meio de um contrato por prazo determinado de 45 dias, entretanto, após o prazo, permaneceu trabalhando normalmente.

Nos termos do art. 5.º, § 2.º, da LC n. 150/2015, o contrato de trabalho da reclamante deve ser considerado por prazo indeterminado, uma vez que o prazo de 45 dias do contrato por prazo determinado foi extrapolado.

Diante do exposto, requer a Vossa Excelência a procedência do pedido e que seja reconhecido o contrato por prazo indeterminado, bem como seja a reclamada condenada ao pagamento do aviso prévio e seus reflexos nas férias + 1/3 e 13.º salário, conforme o art. 23, § 1.º, da LC n. 150/2015.

DO DESCONTO COM ALIMENTAÇÃO

Durante o contrato de trabalho, a reclamada efetuava o desconto de 25% do salário da reclamante, a título de alimentação.

Nos termos do art. 18 da LC n. 150/2015, é vedado o desconto do salário do empregado doméstico referente a alimentação.

Diante do exposto, requer a Vossa Excelência a procedência do pedido e que seja a reclamada condenada a devolução do desconto realizado de forma ilegal, no valor de R$... (valor por extenso).

DO DESCONTO COM VALE TRANSPORTE

Durante o contrato de trabalho, a reclamada efetuava o desconto de 10% do salário da reclamante, a título de vale transporte.

Nos termos do art. 4.º da Lei n. 7.418/85, o limite para desconto do vale transporte do salário do empregado é de até 6%, de forma que a reclamada efetuou o desconto em excesso.

Diante do exposto, requer a Vossa Excelência a procedência do pedido e que seja a reclamada condenada a devolução do excesso do desconto referente ao vale transporte, no valor de R$... (valor por extenso).

DO INTERVALO INTRAJORNADA

A reclamante tinha uma jornada de trabalho maior do que seis horas por dia, e gozava de apenas 30 minutos de intervalo intrajornada.

O art. 13 da LC n. 150/2015, c.c. a Súmula 437 do TST, dispõe que o intervalo intrajornada do empregado doméstico deve ser de no mínimo uma hora quando a jornada for maior do que seis horas, e que sua supressão garante o direito a receber o tempo do intervalo com acréscimo de 50% e seus reflexos.

Diante do exposto, requer a Vossa Excelência a procedência do pedido e que seja a reclamada condenada ao pagamento da hora de intervalo acrescida de 50% e seus reflexos, no valor de R$... (valor por extenso).

DA HORA EXTRA

Durante o contrato de trabalho, a reclamante ativava-se por cerca de 8 horas 30 minutos por dia.

O art. 2.º, § 1.º, da LC n. 150/2015, dispõe que o empregado doméstico pode trabalhar, no máximo, até 8 horas por dia, de forma que a reclamante faz jus a 30 minutos de horas extras por dia.

Diante do exposto, requer a Vossa Excelência a procedência do pedido e que seja a reclamada condenada ao pagamento das horas extras com adicional de 50% e seus reflexos, no valor de R$... (valor por extenso).

ADICIONAL DE VIAGEM

Durante o contrato de trabalho, a reclamante acompanhou seu empregador em viagem, sendo que veio a trabalhar nesse período.

Nos termos do art. 11, § 2.º, da LC n. 150/2015, o empregado que acompanha seu empregador em viagem e se ativa nesse período faz jus ao recebimento de um adicional de 25% sobre a hora trabalhada.

Diante do exposto, requer a Vossa Excelência a procedência do pedido e a condenação da reclamada ao pagamento do adicional de viagem com seus reflexos, no valor de R$... (valor por extenso).

DOS PEDIDOS

Diante do exposto, requer a Vossa Excelência sejam julgados totalmente procedentes os seguintes pedidos:

a) reconhecimento do contrato por prazo indeterminado e pagamento do aviso prévio e seus reflexos nas férias + 1/3 e no 13.º salário, no valor de R$... (valor por extenso);

b) devolução dos descontos com alimentação e vale transporte, no valor de R$... (valor por extenso);

c) hora extra pela supressão do intervalo intrajornada com adicional de 50% e seus reflexos, no valor de R$... (valor por extenso);

d) hora extra com adicional de 50% e seus reflexos pelo excesso de jornada, no valor de R$... (valor por extenso);

e) adicional de viagem de 25% sobre a hora trabalhada e seus reflexos, no valor de R$... (valor por extenso).

DOS REQUERIMENTOS

Requer a notificação da reclamada, via postal, para comparecer em audiência, sob pena de revelia.

Requer provar o alegado por todos os meios de prova admitidos.

Requer a condenação da reclamada ao pagamento dos honorários sucumbenciais, nos termos do art. 791-A da CLT.

Dá-se à causa o valor de R$... (valor por extenso).

Nestes termos,
Requer deferimento.
Local/Data
Advogado
OAB n. ...

4. XXII Exame de Ordem – FGV

AO JUÍZO DA 250.ª VARA DO TRABALHO DE SÃO PAULO-SP

MARINA RIBEIRO, brasileira, casada, desempregada, auxiliar de produção, filha de Laura Santos, portadora da identidade 855, CPF 909, residente e domiciliada na Rua Coronel Saturnino, casa 28 – São Paulo-SP – CEP 4444, qualificação e endereço completos, por seu advogado com procuração anexa, com fulcro no art. 840, § 1.º, da CLT, vem à presença de Vossa Excelência ajuizar

RECLAMAÇÃO TRABALHISTA

em face de MALHARIA FINA LTDA, qualificação e endereço completos.

DA JUSTIÇA GRATUITA

Atualmente a reclamante encontra-se desempregada, de forma que não tem condições de pagar as custas processuais.

Nos termos do art. 790, § 3.º, da CLT, a justiça gratuita deverá ser conferida ao empregado que não tem condições de arcar com as custas do processo, o que ocorre no caso em tela, uma vez que a reclamante encontra-se desempregada.

Diante do exposto, requer seja deferida à reclamante os benefícios da justiça gratuita.

DO MÉRITO

DO SALÁRIO UTILIDADE

Durante o contrato de trabalho a reclamante sempre recebeu alimentação.

Nos termos do art. 458 da CLT, a alimentação fornecida pelo trabalho de forma habitual é considerada salário utilidade, devendo seu valor ser integrado ao salário da reclamante.

Diante do exposto, requer a Vossa Excelência a procedência do pedido e que seja o valor do salário utilidade integrado no salário da reclamante, no valor de R$... (valor por extenso).

DAS HORAS EXTRAS

A reclamante permanecia 20 minutos a mais do horário referente a sua jornada de trabalho na sede da empresa para troca de uniforme, comer um lanche e escovar os dentes.

Nos termos do art. 7.º, XIII, da CRFB/88 jornada de oito horas diárias e 44 horas semanais, sendo que esse tempo não foi respeitado, haja vista que a reclamante permanecia por cerca de 20 minutos a mais, de forma que tem direito ao recebimento das horas extras com o adicional de 50% e seus reflexos.

Diante do exposto, requer a Vossa Excelência a procedência do pedido e que seja a reclamada condenada ao pagamento das horas extras com adicional de 50% e seus reflexos, no valor de R$... (valor por extenso).

DO INTERVALO INTERJORNADA

Durante o término da jornada da sexta-feira e o início da jornada de sábado, a reclamante tinha apenas 9 horas e 30 minutos de intervalo.

Nos termos do art. 66 da CLT, entre uma jornada e outra de trabalho, o empregado tem direito a no mínimo 11 horas de descanso, o que não foi respeitado, de forma que a diferença entre o que foi gozado e o previsto em lei deverá ser remunerada como hora extra.

Diante do exposto, requer a Vossa Excelência a procedência do pedido e que seja a reclamada condenada ao pagamento de horas extras com adicional de 50% e seus reflexos pela supressão do intervalo interjornada, no valor de R$... (valor por extenso).

DO ADICIONAL NOTURNO

Durante o contrato de trabalho, a reclamante ativava-se após as 22 horas.

Nos termos do art. 73, § 2.º, da CLT, o empregado que trabalha entre as 22 horas de um dia e as 5 horas do dia seguinte, faz jus ao recebimento de um adicional de 20% sobre o valor da hora diurna.

Diante do exposto, requer a Vossa Excelência a procedência do pedido e que seja a reclamada condenada ao pagamento do adicional noturno e seus reflexos, no valor de R$... (valor por extenso).

DO SALÁRIO FAMÍLIA

Durante o contrato de trabalho a reclamante recebeu duas cotas de salário família, muito embora possuísse três filhos com idade inferior a 14 anos.

Conforme dispõe o art. 66 da Lei n. 8.213/91, a reclamante faz jus ao recebimento de uma cota de salário família, referente ao filho menor de 14 anos, o que foi devidamente comprovado junto à reclamada.

Diante do exposto, requer a Vossa Excelência a procedência do pedido e a condenação da reclamada ao pagamento de uma cota de salário família, no valor de R$... (valor por extenso).

DA DEVOLUÇÃO DO DESCONTO

A reclamante faltou por duas vezes durante o ano em razão de ter doado sangue, sendo que os dois dias foram descontados de seu salário.

O art. 473, IV, da CLT autoriza o empregado a faltar ao trabalho, sem prejuízo do salário, por um dia, a cada período de doze meses, por conta da doação de sangue.

Diante do exposto, requer a Vossa Excelência a procedência do pedido e que seja a reclamada condenada a devolução do desconto de um dia de trabalho por conta da falta em razão da doação e sangue, no valor de R$... (valor por extenso).

DO SALÁRIO SUBSTITUIÇÃO

A reclamante substituiu o chefe do seu setor pelo prazo de 90 dias.

Nos termos da Súmula 159, I, do TST, o empregado que substitui outro, de forma não eventual, faz jus ao seu salário durante a substituição.

Diante do exposto, requer a Vossa Excelência a procedência do pedido e a condenação da reclamada ao pagamento das diferenças salariais e reflexos durante o período de substituição, no valor de R$... (valor por extenso).

DA TUTELA PROVISÓRIA

DA REINTEGRAÇÃO

A reclamante teve o contrato de trabalho rescindido durante a vigência do seu mandato de dirigente sindical.

Nos termos do art. 543, § 3.º, da CLT, a reclamante era detentora de estabilidade provisória no emprego, uma vez que foi eleita dirigente sindical. Em razão da dispensa irregular, a reclamante faz jus a reintegração no emprego de forma urgente, conforme dispõe o art. 659, X, da CLT, c.c o art. 300 do CPC.

Diante do exposto, requer a Vossa Excelência seja deferida a tutela provisória para reintegração imediata da reclamante, ou seja, a reclamada condenada ao pagamento da indenização substitutiva, conforme o art. 496 da CLT.

DOS PEDIDOS

Diante do exposto, requer a Vossa Excelência sejam julgados totalmente procedentes os seguintes pedidos:

a) deferimento da tutela provisória para reintegração imediata da parte autora, com ratificação ao final ou condenação na reintegração em sentença ou indenização substitutiva, no valor de R$... (valor por extenso);
b) integração do salário utilidade, no valor de R$... (valor por extenso);
c) hora extra com adicional de 50% e reflexos pelo excesso de jornada, no valor de R$... (valor por extenso);
d) hora extra com adicional de 50% e seus reflexos pela supressão do intervalo intrajornada, no valor de R$... (valor por extenso);
e) adicional noturno e seus reflexos, no valor de R$... (valor por extenso);
f) uma cota do salário família, no valor de R$... (valor por extenso);
g) devolução do desconto ilegal, no valor de R$... (valor por extenso);
h) diferenças salariais e seus reflexos pela substituição, no valor de R$... (valor por extenso).

DOS REQUERIMENTOS

Requer a concessão dos benefícios da gratuidade de justiça.

Requer a notificação da reclamada, via postal, para comparecer em audiência, sob pena de revelia.

Requer provar o alegado por todos os meios de prova admitidos.

Requer a condenação da reclamada ao pagamento dos honorários sucumbenciais, nos termos do art. 791-A da CLT.

Requer a distribuição por prevenção, conforme art. 286, II, do CPC.

Dá-se à causa o valor de R$... (valor por extenso).

Nestes termos,
Requer deferimento.
Local/Data
Advogado
OAB n. ...

5. XXVII Exame de Ordem – FGV

AO JUÍZO DA... VARA DO TRABALHO DE SETE LAGOAS – MG.

NELSON AVIZ, qualificação e endereço completos, por seu advogado com procuração anexa, com fulcro no artigo 840, § 1.º, da CLT, vem à presença de Vossa Excelência ajuizar

RECLAMAÇÃO TRABALHISTA

em face de ALFA LTDA., qualificação e endereço completos.

DA REVERSÃO DA JUSTA CAUSA

O reclamante teve o contrato rompido por justa causa sem ter cometido qualquer falta grave.

Nos termos do art. 482 da CLT, somente é válida a dispensa do empregado por justa causa no caso do cometimento de falta grave, o que não ocorreu no caso do reclamante.

Diante do exposto, requer a Vossa Excelência a procedência do pedido para reverter a rescisão de justa causa para sem justa causa, e que seja a reclamada condenada ao pagamento das seguintes verbas rescisórias: a) aviso prévio indenizado; b) 13.º salário proporcional; c) férias proporcionais com acréscimo de 1/3 constitucional; c) guias para saque do FGTS; d) indenização de 40% do FGTS.

DAS HORAS EXTRAS

O reclamante trabalhava de segunda a sábado das 20 horas às 5 horas, com intervalo de 20 minutos para refeição.

Nos termos do art. 7.º, XIII, da CRFB/88, a jornada de trabalho não pode ultrapassar 8 horas diárias e 44 horas semanais, sendo que a jornada do reclamante extrapolava o módulo constitucional.

Diante do exposto, requer a Vossa Excelência a procedência do pedido para que seja a reclamada condenada ao pagamento das horas extras com adicional de 50% e seus reflexos, no valor de R$... (valor por extenso).

DO ADICIONAL NOTURNO

O reclamante trabalhava das 20 horas de um dia às 5 horas da manhã do dia seguinte.

Nos termos do art. 73 da CLT, o trabalho noturno compreende as 22 horas de um dia às 5 horas da manhã do dia seguinte, de forma que o reclamante tem direito ao adicional noturno a partir das 22 horas.

Diante do exposto, requer a Vossa Excelência a procedência do pedido para que seja a reclamada condenada ao pagamento do adicional noturno e seus reflexos no valor de R$... (valor por extenso).

DO DESVIO DE FUNÇÃO

O reclamante foi contratado para exercer a função de serviços gerais, porém sempre exerceu a função de técnico em informática.

Nos termos do art. 29 da CLT, a reclamada deverá anotar a função correta na CTPS do reclamante, bem como pagar a diferença salarial de uma função para outra, conforme consta em Convenção Coletiva de Trabalho.

Diante do exposto, requer a Vossa Excelência a procedência do pedido para que seja a reclamada condenada ao pagamento da diferença salarial e seus reflexos no valor de R$... (valor por extenso).

DO INTERVALO INTRAJORNADA

O reclamante gozava apenas de 20 minutos, quando deveria gozar de no mínimo uma hora.

O § 4.º do art. 71 da CLT preconiza que, na hipótese do empregado gozar parcialmente do intervalo intrajornada, o empregador fica obrigado a pagar o período suprimido do intervalo com acréscimo de 50%.

Diante do exposto, requer a Vossa Excelência a procedência do pedido para condenação da reclamada ao pagamento do intervalo de 40 minutos suprimidos com o adicional de 50% no valor de R$... (valor por extenso).

ATENÇÃO: Com a reforma só se paga a parte suprimida e sem natureza salarial.

DO DANO EXTRAPATRIMONIAL

A reclamada realizou anotações desabonadoras na CTPS do reclamante.

Nos termos do art. 29, § 4.º, da CLT, o empregador esta impedido de realizar anotações desabonadoras na CTPS do empregado, sob pena de causar danos extrapatrimoniais, o que ocorreu no caso em tela.

Diante do exposto, requer a Vossa Excelência a procedência do pedido para condenar a reclamada ao pagamento de indenização por danos extrapatrimoniais no valor de R$... (valor por extenso).

DOS DESCONTOS DO FGTS

O reclamante sofreu os descontos do valor do FGTS durante todo contrato de trabalho.

Nos termos do art. 15 da Lei n. 8.036/90, o valor referente ao FGTS é de responsabilidade do empregador, sendo que o empregado não pode sofrer descontos a esse título em seu salário.

Diante do exposto, requer a Vossa Excelência a procedência do pedido e a condenação da reclamada a devolução dos descontos do valor do FGTS e seus reflexos no valor de R$... (valor por extenso).

DOS PEDIDOS

Diante do exposto, requer a Vossa Excelência sejam julgados totalmente procedentes os pedidos.

DOS REQUERIMENTOS

Requer a notificação da reclamada para comparecer em audiência, sob pena de revelia.

Requer provar o alegado por todos os meios de prova admitidos.

Requer a condenação da reclamada ao pagamento dos honorários sucumbenciais, nos termos do art. 791-A da CLT.

Dá-se à causa o valor de R$... (valor por extenso).

Nestes termos,
Requer deferimento.
Local/Data
Advogado
OAB n. ...

6. XXX Exame de Ordem – FGV

AO JUÍZO DA... VARA DO TRABALHO DE PARAUPEBAS-PA

TITO, qualificação e endereço completos, por seu advogado com procuração anexa, com fulcro no art. 840, § 1.º, da CLT, vem à presença de Vossa Excelência ajuizar

RECLAMAÇÃO TRABALHISTA

em face de PIZZARIA GOURMET LTDA., qualificação e endereço completos.

DA JUSTIÇA GRATUITA

O reclamante, atualmente, se encontra desempregado, sem condições de pagar as custas processuais.

Nos termos do art. 790, § 3.º da CLT, o juiz poderá, a qualquer momento, deferir a justiça gratuita ao reclamante que não tem condições de pagar as custas processuais, conforme ocorre no caso em tela.

Diante do exposto, requer a Vossa Excelência seja deferida a justiça gratuita ao reclamante.

DA INTEGRAÇÃO DAS GORJETAS

O reclamante sempre recebeu salário e gorjeta, mas nunca teve as mesmas integradas em sua remuneração.

Nos termos do art. 457 da CLT, a remuneração é composta do salário e gorjeta, o que nunca ocorreu no caso do reclamante, muito embora sempre tenha percebido a gorjeta durante seu contrato de trabalho.

Diante do exposto, requer a Vossa Excelência a procedência do pedido para determinar a integração do valor da gorjeta na remuneração do reclamante, conforme Súmula 354 do TST.

DA ANOTAÇÃO DA CTPS

O reclamante durante todo contrato de trabalho sempre recebeu salário e gorjeta, porém somente o salário era anotado em sua CTPS.

Nos termos do art. 29, § 1.º, da CLT, as gorjetas devem constar na CTPS do empregado, o que não ocorreu no caso em tela.

Diante do exposto, requer a Vossa Excelência a procedência do pedido para que seja determinada a retificação na CTPS do reclamante.

DA DEVOLUÇÃO DA CONTRIBUIÇÃO SINDICAL

O reclamante, no mês de março de 2019, sofreu o desconto em seu salário do valor referente a contribuição sindical, sem autorização.

Nos termos do art. 578 da CLT, o desconto da contribuição sindical somente poderá ser realizado com autorização do empregado, o que não ocorreu no caso em tela.

Diante do exposto, requer a Vossa Excelência a procedência do pedido para que seja a reclamada condenada a devolução do valor da contribuição sindical e seus reflexos no valor de R$... (valor por extenso).

DAS HORAS EXTRAS

O reclamante trabalhava das 18 horas às 3:30 horas, com 40 minutos de intervalo intrajornada, durante seis dias na semana, com folga na 2.ª feira e, uma vez por mês, a folga ocorria no domingo.

Nos termos do art. 7.º, XIII, da CRFB ou art. 58 da CLT, a jornada de trabalho é limitada em 8 horas diárias e 44 horas semanais, sendo que no caso em tela, o reclamante extrapolava o módulo constitucional.

Diante do exposto, requer a Vossa Excelência a procedência do pedido para condenação da reclamada ao pagamento das horas extras com adicional de 50% e seus reflexos no valor de R$... (valor por extenso).

DO INTERVALO INTRAJORNADA

O reclamante gozava apenas de 40 minutos, quando deveria gozar de no mínimo uma hora.

Nos termos do art. 71, § 4.º, da CLT, na hipótese do empregado gozar parcialmente do intervalo intrajornada, o empregador fica obrigado a pagar o período suprimido do intervalo com acréscimo de 50%.

Diante do exposto, requer a Vossa Excelência a procedência do pedido para condenação da reclamada ao pagamento do intervalo de 20 minutos suprimidos com o adicional de 50% no valor de R$... (valor por extenso).

DO ADICIONAL NOTURNO

O reclamante trabalhava das 18 horas de um dia às 3:30 horas da manhã do dia seguinte.

Nos termos do art. 73 da CLT, o trabalho noturno compreende as 22 horas de um dia às 5 horas da manhã do dia seguinte, de forma que o reclamante tem direito ao adicional noturno a partir das 22 horas.

Diante do exposto, requer a Vossa Excelência a procedência do pedido para que seja a reclamada condenada ao pagamento do adicional noturno e seus reflexos no valor de R$... (valor por extenso).

DA TUTELA PROVISÓRIA

DA ESTABILIDADE E REINTEGRAÇÃO

O reclamante teve o contrato de trabalho rescindido durante a vigência de estabilidade acidentária.

Nos termos da Súmula 378, I ou II, do TST, o empregado que sofre acidente de trabalho e permanece afastado por mais de 15 dias do emprego e passa a receber o auxílio-doença acidentário, passa a ter direito a estabilidade, sendo que no caso da extinção do contrato faz jus a reintegração no emprego.

Diante do exposto, requer a Vossa Excelência seja deferida a tutela provisória para reintegração imediata do reclamante, nos termos do art. 300 do CPC.

DANO MATERIAL – DANO EMERGENTE

O reclamante sofreu acidente de trabalho, sendo que na ocasião foi mordido por um cachorro, e precisou gastar R$ 30,00 com vacina.

Nos termos do art. 186 c.c. art. 927 do CC, aquele que comete ato ilícito fica obrigado a reparar.

Diante do exposto, requer a Vossa Excelência a procedência do pedido para que seja condenada a reclamada ao pagamento de R$ 30,00 relativos às despesas com a vacina.

DO DANO EXTRAPATRIMONIAL

O reclamante durante o exercício da sua atividade sofreu acidente de trabalho causado em virtude da mordida de um cachorro.

Nos termos do art. 223-C da CLT, o empregado, em razão do acidente de trabalho, sofreu um dano a sua honra, o que lhe garante o direito a indenização por dano extrapatrimonial.

Diante do exposto, requer a Vossa Excelência a procedência do pedido para condenar a reclamada ao pagamento de indenização por danos extrapatrimoniais no valor de R$... (valor por extenso).

DO ADICIONAL DE PERICULOSIDADE

Durante o contrato de trabalho, a reclamante ativava-se fazendo uso da motocicleta.

Nos termos do art. 193, § 4.º, da CLT, o empregado que trabalha fazendo uso de motocicleta tem o adicional de periculosidade.

Diante do exposto, requer a Vossa Excelência a procedência do pedido e que seja a reclamada condenada ao pagamento do adicional de periculosidade e seus reflexos no valor de R$... (valor por extenso).

DOS PEDIDOS

Diante do exposto, requer a Vossa Excelência seja deferida a tutela provisória para reintegração imediata e julgados totalmente procedentes os pedidos acima elencados em cada um dos tópicos.

DOS REQUERIMENTOS

Requer a notificação da reclamada para comparecer em audiência, sob pena de revelia.

Requer provar o alegado por todos os meios de prova admitidos.

Requer a condenação da reclamada ao pagamento dos honorários sucumbenciais, nos termos do art. 791-A da CLT.

Dá-se à causa o valor de R$... (valor por extenso).

Nestes termos,
Requer deferimento.
Local/Data
Advogado
OAB n. ...

3.2. Ação de consignação em pagamento

3.2.1. Apresentação

A ação de consignação em pagamento é uma ação de rito especial, com regramento pelo CPC, que tem por finalidade o depósito da quantia ou da coisa devida pelo devedor, a fim de conseguir junto ao Poder Judiciário a quitação da obrigação.

Na seara trabalhista, é mais comum o empregador figurar no polo ativo da ação, depositando em juízo as verbas rescisórias quando desconhece o paradeiro do empregado ou quando este se recusa em receber tais valores ou ainda, quando houver a dúvida para quem pagar, como, por exemplo, na morte do empregado sem beneficiários habilitados na Previdência Social, e que deixou filhos menores de um casamento e companheira de uma união estável atual sem prova documental.

Tem fundamentação legal prevista nos arts. 539 e ss. do CPC, plenamente aplicável ao processo do trabalho de forma subsidiária e supletiva, por autorização do art. 769 da CLT e do art. 15 do CPC.

A estrutura da petição inicial da ação de consignação em pagamento é muito semelhante à da reclamação trabalhista.

3.2.2 Características e requisitos

São requisitos da Ação de Consignação em Pagamento

a) Endereçamento completo

O endereçamento definirá o juiz ou Tribunal que irá apreciar a petição inicial, razão pela qual deverá ser endereçada para o juiz ou tribunal competente em razão do lugar para processá-la e julgá-la.

A competência territorial está definida no art. 651 e seus parágrafos da CLT. A regra geral é que a ação de consignação em pagamento deverá ser ajuizada no foro do local da prestação do serviço, independentemente do local da contratação.

> Não se esqueça do juiz de direito investido na jurisdição trabalhista, conforme o art. 112 da CF/88, como já estudado anteriormente.

b) Qualificação completa do consignante

A petição inicial é a peça que inicia o processo, onde as partes estão sendo apresentadas ao Poder Judiciário naquele momento, de forma que é essencial sua especificação.

Nesse momento é muito importante não se esquecer que não é válido criar dados que não estejam no enunciado.

Aqui deverá ser indicada a qualificação e endereço completos.

Quem ajuíza a ação de consignação é denominado de consignante.

c) Advogado

Nesse momento deverá ser indicado o advogado do consignante.

É muito simples, basta citar o advogado e informar que a procuração consta anexa.

d) Fundamentação Legal da peça

O fundamento legal da peça é o art. 539 do CPC.

e) Verbo

Com relação à petição inicial, o verbo correto, ou melhor, os verbos corretos são: Ajuizar ou Aforar ou Intentar.

f) Nome da peça

O nome correto da peça é AÇÃO DE CONSIGNAÇÃO EM PAGAMENTO.

g) Qualificação do consignatário

As informações sobre a qualificação do consignante valem também para o consignatário (réu na ação de consignação).

h) Teses (fundamentos jurídicos e legais)

Aqui deverão ser desenvolvidas as teses, de forma que sugerimos a utilização do silogismo jurídico.

Nesse caso, a única tese a ser desenvolvida é a consignação, que em regra gira em torno da consignação dos valores referentes as verbas rescisórias, porém também poderá ser de coisas, como, por exemplo, um relógio, a CTPS etc.

i) Pedidos

Nesse tópico deverá ser finalizada a linha de raciocínio por meio do pedido.

Basta repetir os pedidos já realizados no desenvolvimento das teses com outra formatação utilizando o menor espaço possível.

É imprescindível requerer a procedência do pedido para quitação e extinção do contrato de trabalho.

j) Citação

Neste item deverá ser requerida a citação do consignado para levantar o depósito ou apresentar defesa.

k) Requerimento por provas

Nesse momento deverão ser indicadas as provas que serão produzidas durante a instrução processual.

l) Valor da Causa

O valor da causa no processo do trabalho tem grande importância, uma vez que é ele que define o rito/procedimento pelo qual o processo vai tramitar.

Em regra, para prova da Ordem, o rito é o ordinário, salvo se o problema lhe der subsídios para afirmar ao contrário.

No caso em específico, o valor da causa não irá definir o rito, uma vez que a ação de consignação em pagamento, por sua natureza jurídica, sempre tramitará pelo rito especial.

m) Encerramento

Esse é um ponto da peça prático-profissional que merece grande atenção.

Não raro, vários examinandos acabam assinando a petição, gerando sua reprovação sumária pelo fato de terem se identificado.

Assim, é de suma importância não assinar a peça.

3.2.3. Como identificar a peça

Na leitura do enunciado do exercício deverá ser observado que NÃO consta informação da prática de nenhum ato processual, que o cliente é o empregador e que pretende realizar um pagamento ou devolver um objeto, sendo que desconhece o paradeiro do empregado ou o mesmo se negou a receber.

3.2.4. Questão de provas anteriores

1. **(X Exame de Ordem – FGV)** Zenga Modas Ltda., CNPJ 1.1.0001/00, com sede na Rua Lopes Quintas, 10 – Maceió – AL, encontra-se na seguinte situação: Joana Firmino, brasileira, casada, costureira, residente na Rua Lopes Andrade, 20 – Maceió – AL – CEP 10.0001-00, foi contratada, em 12-9-2008, para exercer a função de costureira, na unidade de Maceió – AL, sendo dispensada sem justa causa em 11-10-2012, mediante aviso-prévio indenizado. Naquele dia Joana entregou a CTPS à empresa para efetuar as atualizações de férias, e tal documento ainda se encontra custodiado no setor de recursos humanos. Joana foi cientificada de que no dia 15-10-2012, às 10 h, seria homologada a ruptura e pagas as verbas devidas no sindicato de classe de Joana. Contudo, na data e hora designadas, a empregada não compareceu, recebendo a empresa certidão nesse sentido, emitida pelo sindicato. Procurado por Zenga Modas Ltda. em 17-10-2012, apresente a medida judicial adequada à defesa dos interesses empresariais, sem criar dados ou fatos não informados, ciente de que a empregada fruiu férias dos períodos 2008/2009 e 2009/2010 e de que, no armário dela, foi encontrado um telefone celular de sua propriedade, que se encontra guardado no almoxarifado da empresa. É desnecessária a indicação de valores. (Valor: 5,0)

GABARITO:

Elaboração de uma petição inicial de ação de consignação em pagamento, baseada nos arts. 890 a 900 do CPC (atual arts. 539 a 549 do CPC/2015), com endereçamento ao Juiz do Trabalho de uma das Varas do Trabalho de Maceió e qualificação das partes, sendo a empresa a consignante e a ex-empregada, consignatária.

• AVISO-PRÉVIO PROPORCIONAL AO TEMPO DE SERVIÇO – o examinando deve identificar o direito e realizar a oferta do aviso-prévio de forma proporcional ao tempo de serviço na razão de 42 dias.

• SALDO SALARIAL – o examinando deve identificar o direito e realizar a oferta do saldo salarial de 11 dias do mês de outubro de 2012.

• 13º SALÁRIO PROPORCIONAL – o examinando deve identificar o direito e realizar a oferta do 13º salário proporcional de 11/12 avos.

• FÉRIAS EM DOBRO 2010/2011 – o examinando, identificando que as férias 2010/2011 não foram concedidas e, uma vez que o período concessivo já fluiu, deverá ofertá-las em dobro com acréscimo de 1/3.

• FÉRIAS SIMPLES 2011/2012 – o examinando, identificando que as férias 2011/2012 não foram concedidas, deverá ofertá-las de forma simples com acréscimo de 1/3.

• FÉRIAS PROPORCIONAIS – o examinando deve identificar o direito e realizar a oferta das férias proporcionais na razão de 2/12 avos com acréscimo de 1/3.

• FGTS – deverão ser oferecidas as guias para saque do FGTS ou TRCT, fazendo-se menção ao depósito da indenização de 40%.

• SEGURO-DESEMPREGO – deverão ser oferecidos os formulários para percepção do seguro desemprego. CTPS – uma vez que a CTPS permanece com a consignante, a devolução deverá ser requerida na ação consignatória.

• TELEFONE CELULAR – uma vez que é possível a consignação de coisa, o examinando deverá requerer a devolução do aparelho celular.

2. **(XXIX Exame de Ordem – FGV)** A sociedade empresária Ômega S.A., estabelecida em Campinas, dedica-se à construção civil. Ela contratou o empregado João da Silva, em 05-01-2018, para exercer a função de pedreiro. Contudo, diante da necessidade de redução do seu quadro de pessoal, concedeu-lhe aviso prévio, em 10-10-2018, na forma indenizada. João ficou muito triste com a situação e ainda tentou apelar junto à direção da sociedade empresária para que não fosse dispensado, pois tinha esposa e dois filhos menores para criar. Porém, não só motivado pela crise, mas também porque o trabalho de João não se mostrava de boa qualidade, a sociedade empresária manteve a extinção, tal qual havia manifestado originalmente. Foi marcado, então, o dia 15-10-2018 para o pagamento das verbas rescisórias devidas e a entrega dos documentos hábeis para o requerimento de outros direitos, no próprio local de trabalho, oportunidade na qual o trabalhador faria, também, a retirada dos seus pertences pessoais. Ocorre que, nesse dia, a sociedade empresária não tinha em caixa o dinheiro suficiente para realizar a quitação do devido e, por isso, pediu desculpas a João, anotou a dispensa na sua CTPS e solicitou que ele retornasse 60 dias após, para que fossem feitos o pagamento e a retirada dos pertences. No dia marcado, João não compareceu. A sociedade empresária tentou contato telefônico e foram enviados dois telegramas para o endereço informado por ele na ficha de registro de empregados, mas tudo em vão. Até mesmo os ex-colegas de trabalho enviaram mensagens para o Facebook de João, na tentativa de fazê-lo ir à sociedade empresária para o acerto de contas, mas igualmente não houve sucesso. Sabe-se, contudo, que João continua desempregado. No vestiário da sociedade empresária, no armário anteriormente usado por João, foram encontradas algumas fotografias dele com a esposa e uma camisa do seu time de futebol. Diante disso, a sociedade empresária procura você para, na condição de advogado(a), adotar as medidas judiciais cabíveis para a espécie. Observando o tempo já decorrido, elabore a peça necessária à defesa dos interesses da sociedade empresária, considerando todos os direitos previstos na legislação trabalhista.

GABARITO:

O candidato deverá confeccionar uma petição inicial de ação de *Consignação em Pagamento*, com base no Art. 539 do CPC, identificando consignante, consignatário e oferecendo os direitos devidos ao ex-empregado: saldo salarial de 10 dias, aviso prévio, 13º salário proporcional, férias proporcionais acrescidas de 1/3, entrega das guias para saque do FGTS (ou o TRCT), indenização de 40% sobre o FGTS (ou a juntada do comprovante do depósito da indenização de 40%), entrega dos formulários de seguro-desemprego, multa prevista no Art. 477, § 8º, da CLT, no valor de um salário do empregado, em razão do atraso no pagamento e consignação das fotografias e da camisa do clube de futebol.

Em relação às verbas pecuniárias, deverá requerer o depósito da quantia devida e, encerrando, o requerimento de citação, procedência do pedido para se conferir quitação judicial à consignante, honorários advocatícios, indicação das provas e valor da causa.

3.2.5. Modelo da peça

AO JUÍZO DA... VARA DO TRABALHO DE MACEIÓ

ZENGA MODAS LTDA., CNPJ 1.1.0001/00, com sede na Rua Lopes Quintas, 10 – Maceió – AL, por seu advogado com procuração anexa, com fulcro no art. 539 do CPC, vem respeitosamente à presença de Vossa Excelência ajuizar

AÇÃO DE CONSIGNAÇÃO EM PAGAMENTO

em face de Joana Firmino, brasileira, casada, costureira, residente na Rua Lopes Andrade, 20 – Maceió – AL – CEP 10.0001-00.

DAS VERBAS RESCISÓRIAS

A consignatária não compareceu na homologação de sua rescisão contratual marcada para o dia 15-10-2012 às 10h, como comprova com a certidão emitida pelo ente sindical.

A consignante, nestes casos, pode requerer, de acordo com o art. 539 do CPC, a consignação dos valores e guias com efeito de quitação.

Deste modo, considerando a dispensa sem justa causa, requer a consignação dos seguintes valores; Aviso-prévio proporcional de 42 dias, saldo de salário de 11 dias, décimo terceiro proporcional de 11/12 avos referente ao ano de 2012, férias em dobro do período 2010/2011 acrescidas de 1/3 constitucional, férias simples do período 2011/2012 acrescidas de 1/3, férias proporcionais de 2/12 avos acrescidas de 1/3, a entrega das CTPS devidamente anotada e guias para saque do FGTS e percepção do seguro desemprego.

DO TELEFONE CELULAR

A consignatária, também, deixou no armário na sede da empresa um aparelho celular.

A consignante, nestes casos, pode requerer, de acordo com o art. 539 do CPC, a consignação do objeto com efeito de quitação.

Diante do exposto, requer a consignação, em juízo, do aparelho celular.

DOS PEDIDOS

Diante do exposto requer sejam julgados totalmente procedentes os pedidos, para o fim de:

a) deferir o depósito das verbas rescisórias no prazo de 5 dias, nos termos do art. 542, I, do CPC;

b) a consignação da CTPS e do aparelho celular em juízo;

c) quitação e extinção do contrato de trabalho.

DOS REQUERIMENTOS

Requer a citação da consignatária para levantamento do depósito ou apresentar defesa.

Requer a produção de todos os meios de provas admitidas, tais quais oral, pericial e documental.

Requer a condenação da consignatária ao pagamento dos honorários sucumbenciais, nos termos do art. 791-A da CLT.

Dá-se à causa o valor de R$... (valor por extenso).

Nestes termos,
Requer deferimento.
Local/Data
Advogado
OAB n. ...

AO JUÍZO DA... VARA DO TRABALHO DE CAMPINAS

ÔMEGA S.A., qualificação e endereços completos, por seu advogado com procuração anexa, com fulcro no art. 539 do CPC, vem respeitosamente à presença de Vossa Excelência ajuizar

AÇÃO DE CONSIGNAÇÃO EM PAGAMENTO

em face de JOÃO DA SILVA, qualificação e endereços completos.

DAS VERBAS RESCISÓRIAS

O consignatário não compareceu no dia marcado para receber os valores referentes a suas verbas rescisórias, bem como retirar seus pertences pessoais, agendado para 60 dias após o dia 15-10-2018. A consignante ainda tentou contato com o consignatário, porém infrutífero.

A consignante, nestes casos, pode requerer, de acordo com o art. 539 do CPC, a consignação dos valores e guias com efeito de quitação.

Deste modo, considerando a dispensa sem justa causa, requer a consignação dos seguintes valores; saldo de salário, aviso prévio indenizado, décimo terceiro proporcional, férias proporcionais acrescidas de 1/3 constitucional, a entrega das guias para saque do FGTS, indenização de 40% do FGTS, guias para percepção do seguro desemprego, multa pelo atraso na quitação das verbas rescisórias do art. 477, § 8.º, da CLT.

DA CAMISA E DA FOTOGRAFIA

O consignatário, também, deixou no armário na sede da empresa uma camisa de um clube de futebol e fotografias.

A consignante, nestes casos, pode requerer, de acordo com o art. 539 do CPC, a consignação do objeto com efeito de quitação.

Diante do exposto, requer a consignação, em juízo, da camisa do clube de futebol e das fotografias.

DOS PEDIDOS

Diante do exposto requer sejam julgados totalmente procedentes os pedidos, para o fim de:

a) deferir o depósito das verbas rescisórias no prazo de 5 dias, nos termos do art. 542, I, do CPC;

b) a consignação da camisa do clube de futebol e das fotografias em juízo;

c) quitação e extinção do contrato de trabalho.

DOS REQUERIMENTOS

Requer a citação do consignatário para levantamento do depósito ou apresentar defesa.

Requer a produção de todos os meios de provas admitidas, tais quais oral, pericial e documental.

Requer a condenação da consignatária ao pagamento dos honorários sucumbenciais, nos termos do art. 791-A da CLT.

Dá-se à causa o valor de R$... (valor por extenso).

Nestes termos,
Pede deferimento.
Local/Data
Advogado
OAB n. ...

3.3. Inquérito judicial para apuração de falta grave

3.3.1. Apresentação

Em regra, o empregador tem a faculdade de rescindir por justa causa o contrato de trabalho do empregado que comete falta grave (art. 482, CLT). Porém, em determinadas situações em que o referido empregado é detentor de estabilidade provisória no emprego, antes de rescindir o contrato faz-se necessário o ajuizamento de uma ação, ao passo que o Poder Judiciário irá declarar a existência ou não da falta grave e autorizar a extinção do contrato.

A ação que deverá ser ajuizada pelo empregador em casos tais é o Inquérito Judicial para Apuração de Falta Grave, conforme dispõe o art. 853 da CLT.

Ainda nesse diapasão, não é qualquer empregado estável que deve ser submetido ao inquérito no suposto cometimento de falta grave. Em regra, a referida ação somente deverá ser utilizada, por exemplo, no caso de:

a) Dirigente sindical estável (art. 543, § 3º, da CLT e Súmula 379 do TST);
b) Empregado estável decenal (art. 492 da CLT), hoje de difícil aplicação;
c) Diretor de cooperativa de consumo (art. 55 da Lei n. 5.764/71).

3.3.2. Prazo para ajuizamento

Após tomar ciência da suposta falta grave cometida pelo empregado, o empregador tem a faculdade de suspendê-lo pelo prazo de 30 dias, conforme dispõe o art. 494 da CLT.

Caso o empregador decida pela suspensão, tem o prazo de 30 dias para o ajuizamento da ação, contados do início da suspensão, conforme o art. 853 da CLT.

O mencionado prazo é decadencial, o que é pacífico na doutrina e confirmado pela Súmula 403 do STF.

Tendo em vista que a suspensão é uma faculdade do empregador, caso ele não entenda pela necessidade de suspender o empregado, a ação deverá ser ajuizada o mais rápido possível, sob pena da demora configurar o perdão tácito.

3.3.3. Procedimento

A ação de inquérito judicial segue o mesmo procedimento da reclamação trabalhista pelo rito ordinário, com duas especificidades:

a) Petição inicial deverá ser escrita, art. 853 da CLT;
b) Cada parte poderá ouvir até 6 testemunhas, art. 821 da CLT.

3.3.4. Características e requisitos

São requisitos do Inquérito Judicial para Apuração de Falta Grave

a) Endereçamento completo

O endereçamento definirá o juiz ou Tribunal que irá apreciar a petição inicial, razão pela qual deverá ser endereçada para o juiz ou tribunal competente em razão do lugar para processá-la e julgá-la.

A competência territorial está definida no art. 651 e seus parágrafos da CLT. A regra geral é que a inquérito judicial para apuração de falta grave deverá ser ajuizada no foro do local da prestação do serviço, independentemente do local da contratação.

> **Não se esqueça do juiz de direito investido na jurisdição trabalhista, art. 112 da CF/88, conforme já estudado.**

Em síntese, as mesmas regras de competência da reclamação trabalhista também se aplicam ao inquérito judicial.

b) Qualificação completa do requerente

A petição inicial é a peça que inicia o processo, onde as partes estão sendo apresentadas ao Poder Judiciário naquele momento, de forma que é essencial sua especificação.

Nesse momento é muito importante não se esquecer que não é válido criar dados que não estejam no enunciado.

Aqui deverão ser indicados a qualificação e endereço completos.

c) Advogado

Nesse momento deverá ser indicado o advogado do requerente, ou seja, daquele que está ajuizando o Inquérito.

É muito simples, basta citar o advogado e informar que a procuração consta anexa.

d) Fundamentação Legal da peça

O inquérito judicial para apuração de falta grave tem sua fundamentação legal no art. 853 da CLT.

e) Verbo

Com relação a petição inicial, o verbo correto, ou melhor, os verbos corretos são: Ajuizar ou Aforar ou Intentar.

f) Nome da peça

O nome correto da peça é INQUÉRITO JUDICIAL PARA APURAÇÃO DE FALTA GRAVE.

g) Qualificação do Requerido

As informações sobre a qualificação do requerente valem também para o requerido.

h) Teses (fundamentos jurídicos e legais)

Aqui deverão ser desenvolvidas as teses, de forma que sugerimos utilizar o silogismo jurídico.

Em regra, no inquérito judicial, a tese vai ter como objeto principal a comprovação de alguma das faltas graves previstas no art. 482 da CLT.

i) Pedidos

Nesse tópico deverá ser finalizada sua linha de raciocínio por meio do pedido.

Basta repetir os pedidos já realizados no desenvolvimento das teses com outra formatação, utilizando o menor espaço possível.

Não se esqueça de requerer a procedência do pedido.

j) Notificação

Neste item deverá ser requerida a notificação da parte contrária para comparecimento em audiência, a fim de aduzir suas defesas.

k) Requerimento por provas

Nesse momento deverão ser indicadas as provas que serão produzidas durante a instrução processual.

l) Valor da Causa

O valor da causa no processo do trabalho tem grande importância, uma vez que é ele que define o rito/procedimento pelo qual o processo vai tramitar.

Em regra, para sua prova, o rito é o ordinário, salvo se o problema lhe der subsídios para afirmar ao contrário.

No caso em específico, o valor da causa não irá definir o rito, uma vez que o inquérito, por sua natureza jurídica sempre tramitará pelo rito especial.

m) Encerramento

Esse é um ponto da peça prático-profissional que merece grande atenção.

Não raro, vários examinandos acabam assinando a petição, gerando sua reprovação sumária pelo fato de terem se identificado.

Assim, é de suma importância que você não assine a peça.

3.3.5. Questão de provas anteriores/Questão simulada

1. **(Questão adaptada pelos autores)** João Cláudio Silva, brasileiro, solteiro, CTPS n. 55555, CPF n. 99999, residente na Rua Gama Rosa, 34, Bairro Porto, Salvador/BA, era professor de ensino superior da Faculdade Alpha Ltda., pessoa jurídica de direito privado, com sede na Rua Gameleira, 75, Bomfim, Salvador/BA, há mais de dez anos ininterruptos, sempre sendo considerado como um excelente professor, cumpridor de suas obrigações trabalhistas. Em 2015, João resolveu candidatar-se à eleição para Dirigente do Sindicato de sua categoria. Registrou sua candidatura, tendo sido a empresa informada corretamente acerca daquele registro, nos termos da Súmula n. 369 do TST. Três meses após a sua eleição como Dirigente do Sindicato dos Professores, João Claudio Silva começou a desenvolver um comportamento um pouco diferente, faltando sem justificativa, chegando atrasado diversas vezes, encerrando a aula muito antes do seu término, liberando turmas em dias normais de aula etc. A empresa fez uma consulta a você, Advogado Trabalhista, sobre o que fazer para tentar corrigir a situação, sendo informado que a empresa deveria advertir por escrito o Professor pelo menos umas 2 ou 3 vezes e, caso não houvesse correção da postura, aplicar umas 2 a 3 suspensões. Apesar das condutas punitivas da empresa, João Cláudio Silva continuou a falhar no desenvolvimento as atividades, sendo que a Direção da Faculdade chegou ao limite e quer demitir o empregado desidioso. Na qualidade de Advogado da empresa, ajuíze a ação necessária à dispensa do obreiro. Redija, dessa forma, a medida processual adequada.

3.3.6. Modelo da peça

AO JUÍZO DA... VARA DO TRABALHO DE SALVADOR/BAHIA

FACULDADE ALPHA LTDA., pessoa jurídica de direito privado, com sede na Rua Gameleira, 75, Bonfim, Salvador/BA, por meio de seus Advogados infrafirmados, com fulcro no art. 853 da CLT, vem perante Vossa Excelência ajuizar a presente

AÇÃO DE INQUÉRITO JUDICIAL PARA APURAÇÃO DE FALTA GRAVE

em face de JOÃO CLÁUDIO SILVA, brasileiro, solteiro, CTPS n. 55555, CPF n. 99999, residente na Rua Gama Rosa, 34, Bairro Porto, Salvador/BA.

DA FALTA GRAVE

O requerido, apesar de professor de ensino superior da requerente há mais de dez anos, está incurso na alínea "d" do art. 482 da CLT, que prevê a desídia como uma das hipóteses de justa causa obreira.

Apesar de configurada a justa causa, diante da estabilidade provisória do obreiro, faz-se necessário o ajuizamento da presente ação, visando ao reconhecimento judicial da justa causa, nos termos da Súmula 379 do TST e do art. 853 da CLT.

Diante do exposto, requer seja reconhecida a falta grave cometida pelo requerido.

DOS PEDIDOS

Diante do exposto, requer a Vossa Excelência seja julgado procedente o pedido para o reconhecimento da justa causa em que incorreu o obreiro, culminando com a rescisão do contrato de trabalho.

DOS REQUERIMENTOS

Requer seja o requerido notificado para comparecer à audiência, sob pena de revelia.

Requer provar o alegado por todos os meios de prova admitidos.

Requer a condenação do requerido ao pagamento dos honorários sucumbenciais, nos termos do art. 791-A da CLT.

Dá-se à causa o valor de R$... (valor por extenso).

Nestes termos,
Requer deferimento.
Local/Data
Advogado
OAB n. ...

3.4. **Ação de Cumprimento**

3.4.1. Apresentação

A ação de cumprimento tem por finalidade fazer cumprir a norma coletiva (acordo ou convenção coletiva) ou a Sentença Normativa, conforme art. 872 da

CLT e Súmula 286 do TST e, para alguns, a sentença arbitral em sede de solução de conflito de natureza coletiva.

Em princípio, a ação de cumprimento foi criada para fazer cumprir apenas a sentença normativa, já que o dissídio coletivo não possui fase de execução, vez que a sentença normativa não é considerada título executivo. Entretanto, com o passar do tempo tornou-se também útil para fazer cumprir as normas coletivas, bem como as sentenças arbitrais proferidas em solução das lides coletivas.

A ação de cumprimento pode ser ajuizada pelo empregado com o direito lesado ou pelo seu sindicato de classe.

É de bom alvitre ressaltar que, no caso do empregado pretender pleitear direitos previstos em norma coletiva/sentença normativa e outros previstos em lei de forma cumulativa, não há falar em ação de cumprimento, mas sim na reclamação trabalhista, por falta de interesse processual. A ação de cumprimento só tem lugar quando forem pleiteados direitos previstos apenas em norma coletiva/sentença normativa.

Para ilustrar tal situação, imagine uma convenção coletiva que prevê a concessão de uma cesta básica no valor de R$ 200,00 por mês. Se o empregador não cumprir a norma coletiva, o empregado poderá ajuizar ação de cumprimento, em vez da reclamação trabalhista. Ao contrário, levando em consideração que, além da cesta básica, o empregador também não venha a fazer pagamento das horas extras, de forma que, nesse caso, o empregado terá de ajuizar a reclamação trabalhista para pleitear a condenação do empregador ao pagamento da cesta básica e das horas extras.

Muito embora o dissídio coletivo, que dá origem a sentença normativa, seja de competência originária, em regra do TRT, e por exceção do TST, a ação de cumprimento para fazer cumprir a sentença normativa deve ser ajuizada na Vara do trabalho.

3.4.2. Características e requisitos

São requisitos da ação de cumprimento

a) Endereçamento completo

O endereçamento definirá o juiz ou Tribunal que irá apreciar sua petição, razão pela qual você deverá endereçá-la para o juiz ou tribunal competente em razão do lugar para processá-la e julgá-la.

A competência territorial está definida no art. 651 e seus parágrafos da CLT. A regra geral é que a ação de cumprimento deverá ser ajuizada no foro do local da prestação do serviço, independentemente do local da contratação.

Não se esqueça da possibilidade do juiz de direito investido na jurisdição trabalhista, art. 112 da CF/88.

b) Qualificação completa do requerente

A petição inicial é a peça que inicia o processo, onde as partes estão sendo apresentadas ao Poder Judiciário naquele momento, de forma que é essencial sua especificação.

Nesse momento é muito importante não se esquecer que não é válido criar dados que não estejam no enunciado.

Aqui o examinando deverá indicar a qualificação e endereço completos do requerente.

c) Advogado

Nesse momento, o examinando deverá qualificar o advogado do requerente, ou seja, daquele que está ajuizando a ação de cumprimento.

É muito simples, basta citar o advogado e informar que a procuração consta anexa.

d) Fundamentação Legal da peça

A ação de cumprimento tem previsão legal no art. 872 da CLT e Súmula 286 do TST.

e) Verbo

Com relação a petição inicial, o verbo correto, ou melhor, os verbos corretos são: Ajuizar ou Aforar ou Intentar.

f) Nome da peça

O nome correto da peça é AÇÃO DE CUMPRIMENTO.

g) Qualificação do requerido

As informações sobre a qualificação do autor valem também para o requerido.

h) Teses (fundamentos jurídicos e legais)

Aqui o examinando deverá desenvolver as teses, de forma que deverá utilizar o silogismo jurídico.

i) Pedidos

Nesse tópico, o examinando deverá finalizar sua linha de raciocínio por meio do pedido.

Basta repetir os pedidos já realizados no desenvolvimento das teses com outra formatação, utilizando o menor espaço possível.

É importante não se esquecer de requerer a procedência do pedido, bem como da sua liquidação.

j) Notificação

Neste item, o examinando deverá requerer que seja realizada a notificação da parte contrária para comparecimento em audiência, a fim de aduzir suas defesas.

k) Requerimento de provas

Nesse momento o examinando deverá indicar as provas que pretende produzir durante a instrução processual.

l) Valor da Causa

O valor da causa no processo do trabalho tem grande importância, uma vez que é ele que define o rito/procedimento pelo qual o processo vai tramitar.

Em regra, para prova, o rito é o ordinário, salvo se o problema der subsídios para afirmar ao contrário.

No caso em específico, o valor da causa não irá definir o rito, uma vez que a ação de cumprimento, por sua natureza jurídica sempre tramitará pelo rito especial.

m) Encerramento

Esse é um ponto da peça prático-profissional que merece grande atenção.

Não raro, vários examinandos acabam assinando a petição, gerando sua reprovação sumária pelo fato de terem se identificado.

Assim, é de suma importância que a peça não seja assinada.

3.4.3. Questão de provas anteriores/Questão simulada

1. **(Questão adaptada pelos autores)** Firmada a Convenção Coletiva entre Sindicato dos Trabalhadores da Indústria Metalúrgica e o Sindicato das Empresas Metalúrgicas, a cláusula 13ª previa o pagamento de adicional por tempo de serviço nos seguintes termos: anuênio (1%), biênio (2%), quinquênio (5%) e decênio (10%), sendo cumulativos. João da Silva, brasileiro, casado, torneiro mecânico, residente na Rua Oriente, n. 12, Bairro Conquista, São Luís, CEP: 23.345-000, empregado na empresa Brasil Metal Mecânico Ltda. em São Luís/MA, com endereço na Rua Joassaba, 13, Trindade, São Luís/MA, CEP: 23.345-000, e que faz jus à aplicação da CCT referida, completou, no dia 12-3-2015, cinco anos na empresa, devendo receber, portanto, 5% de reajuste, valor que não vem sendo pago desde então. Atualmente o salário de João da Silva é de R$ 2.200,00. Consultado, o setor de RH da empresa disse que a informação repassada pela Diretoria é de que não haverá pagamento dessa parcela. Pelo exposto, na qualidade de Advogado de João da Silva, ajuíze a ação adequada à preservação das normas insertas na CCT.

3.4.4. Modelo da peça

AO JUÍZO DA VARA... DO TRABALHO DE SÃO LUÍS-MA

JOÃO DA SILVA, brasileiro, casado, torneiro mecânico, residente na Rua Oriente, n. 12, Bairro Conquista, São Luís, CEP: 23.345-000, por seu advogado com procuração anexa, com escritório profissional, endereço completo, com fulcro no art. 872, parágrafo único, da CLT e Súmula 286 do TST, vem à presença de Vossa Excelência para ajuizar

AÇÃO DE CUMPRIMENTO

em face de Brasil Metal Mecânico Ltda., com endereço na Rua Joassaba, 13, Trindade, São Luís/MA, CEP: 23.345-000.

DO MÉRITO

A requerida não tem observado o disposto na convenção coletiva da categoria do requerente, vez que tem realizado o reajuste em razão do pagamento do adicional por tempo de serviço, conforme a cláusula 13.ª da CCT.

O ordenamento jurídico trabalhista faculta, nestes casos, a apresentação da Ação de Cumprimento, a fim de que se realize de imediato o pagamento correto do adicional por tempo de serviço, conforme dispõe o art. 872, parágrafo único da CLT e Súmula 286 do TST.

Diante do exposto, requer seja a requerida condenada ao pagamento do adicional por tempo de serviço, no valor de R$... (valor por extenso).

DOS PEDIDOS

Diante do exposto, requer seja julgado procedente o pedido, com a condenação da requerida ao pagamento do adicional por tempo de serviço, no valor de R$... (valor por extenso).

DOS REQUERIMENTOS

Requer, também, a notificação da requerida para que, querendo, compareça em audiência, sob pena de revelia.

Requer provar o alegado por todos os meios de prova admitidos.

Seja a ré condenada a pagar honorários de sucumbência, na forma do art. 791-A da CLT.

Dá-se à causa o valor de R$... (valor por extenso).

Nestes termos,
Requer deferimento.
Local/Data
Advogado
OAB n. ...

3.5. Mandado de Segurança

3.5.1. Apresentação

O mandado de segurança é uma ação constitucional que tem cabimento para proteger direito líquido e certo, não amparado por habeas corpus ou *habeas data*, quando o responsável pela ilegalidade for autoridade pública, conforme dispõe o art. 1º da Lei n. 12.019/2009.

Nos termos do art. 1º da Lei n. 12.019/2009, qualquer pessoa física ou jurídica que tenha o direito líquido e certo ferido tem legitimidade ativa para a impetração do mandado de segurança.

A competência material para julgamento do mandado de segurança, quando o impugnado envolver matéria sujeita à jurisdição trabalhista, é da Justiça do Trabalho, conforme dispõe o art. 114, IV, da CF.

A competência funcional do mandado de segurança é definida pela autoridade coatora, nisto que, em se tratando de autoridade coatora que não faz parte da organização da Justiça do Trabalho, a competência é do Juiz do Trabalho; se a autoridade coatora for o Juiz do trabalho ou Desembargador do TRT, a competência é do TRT; se a autoridade coatora for o Ministro do TST, a competência é do próprio TST.

O requisito essencial para impetração do mandado de segurança é a existência do direito líquido e certo a ser protegido.

Entende-se por direito líquido e certo aquele que não tem necessidade da dilação probatória, razão pela qual a Súmula 415 do TST impossibilita a complementação de documentação. O prazo para impetração do mandado de segurança é decadencial de 120 dias, contados da ciência do ato impugnado, conforme art. 23 da Lei n. 12.019/2009.

3.5.2. Características e requisitos

São requisitos da petição do Mandado de Segurança:

a) Endereçamento completo

O mandado de segurança deverá ser impetrado ao juiz do trabalho ou juiz de direito investido na jurisdição trabalhista contra atos de Auditores Fiscais do Trabalho, Procuradores do Trabalho ou Oficiais de Cartório.

O mandado de segurança deverá ser impetrado ao Desembargador Presidente do Tribunal Regional do Trabalho contra atos do juiz do trabalho ou juiz de direito investido na jurisdição trabalhista, atos do próprio desembargador do TRT e atos dos demais servidores da Vara, Cartório ou próprio TRT.

O mandado de segurança deverá ser impetrado ao Ministro Presidente do Tribunal Superior do Trabalho contra ato do ministro do próprio TST ou servidores do próprio TST.

b) Qualificação completa do impetrante

Aqui deverá ser indicada a qualificação e endereço completos.

O nome de quem impetra o mandado de segurança é impetrante.

c) Advogado

Nesse momento deverá ser indicado o advogado do impetrante.

É muito simples, basta citar o advogado e informar que a procuração consta anexa.

d) Fundamentação Legal da peça

O fundamento legal da peça é o art. 5º, LXIX da CRFB/88 e o art. 1º da Lei n. 12.016/2009.

e) Verbo

O verbo correto é IMPETRAR.

f) Nome da peça

O nome correto da peça é MANDADO DE SEGURANÇA.

g) Qualificação da autoridade coatora

As informações sobre a qualificação do impetrante valem também para autoridade coatora.

h) Teses (fundamentos jurídicos e legais)

Aqui deverão ser desenvolvidas as teses, de forma que sugiro utilizar o silogismo jurídico.

i) Pedidos

Nesse tópico deverá ser finalizada a linha de raciocínio por meio do pedido.

Basta repetir os pedidos já realizados no desenvolvimento das teses com outra formatação, utilizando o menor espaço possível.

No caso do mandado de segurança, deverá ser requerida a concessão da segurança e, se for o caso, a concessão da liminar, o que é a regra geral.

j) Requerimentos finais

Aqui, à luz do art. 7º da Lei n. 12.016/2009, deverá ser requerido:

1) A notificação da autoridade coatora com envio de cópia da segunda via da inicial e documentos, a fim de que no prazo de 10 dias preste as informações;

2) A ciência do feito ao órgão judicial da pessoa jurídica interessada, enviando-lhe cópia da inicial sem documentos, para querendo ingressar no feito;

Nesse momento também poderá ser realizado o pedido liminar, desde que preenchidos dois requisitos, a probabilidade do direito e o perigo na demora da prestação jurisdicional, conforme disciplina o art. 7º, III, da Lei n. 12.016/2009.

k) Valor da Causa

O valor da causa no processo do trabalho tem grande importância, uma vez que é ele que define o rito/procedimento pelo qual o processo vai tramitar.

Em regra, para sua prova, o rito é o ordinário, salvo se o problema lhe der subsídios para afirmar ao contrário.

No caso em específico o valor da causa não irá definir o rito, uma vez que o mandado de segurança, por sua natureza jurídica, sempre tramitará pelo rito especial.

l) Encerramento

Esse é um ponto da peça prático-profissional que merece grande atenção.

Não raro, vários examinandos acabam assinando a petição, gerando sua reprovação sumária pelo fato de terem se identificado.

3.5.3. Como identificar a peça

O ponto principal é identificar no exercício se ocorreu algum ato ilegal por parte da autoridade coatora, que em regra vai tratar do Auditor Fiscal do Trabalho, serventuários da Justiça do Trabalho, Juiz do Trabalho, Desembargador do TRT ou Ministro do TST.

3.5.4. Questão de provas anteriores/Questão simulada

1. **(Questão adaptada pelos autores)** José Albino apresentou Reclamação Trabalhista em face da empresa Lanternas Verdes Ltda., requerendo a condenação da empresa ao pagamento do adicional de insalubridade. Na audiência inicial, o juiz designou a realização de perícia e determinou que a reclamada recolhesse no prazo de cinco dias os honorários prévios do perito, sob pena da não realização da perícia. Você, como advogado da empresa, proponha medida cabível a fim de revogar a decisão.

3.5.5. Modelo da peça

AO DESEMBARGADOR PRESIDENTE DO EGRÉGIO TRIBUNAL REGIONAL DO TRABALHO DA... REGIÃO

LANTERNAS VERDES LTDA., qualificação e endereço completos, por seu advogado com procuração anexa, com fulcro no art. 5.º, LXIX da Constituição e no art. 1.º da Lei n. 12.016/2009, vem à presença de Vossa Excelência impetrar

MANDADO DE SEGURANÇA

contra o ato do Juiz da... Vara do Trabalho de..., proferido nos autos da Reclamação Trabalhista n. ..., em que figura no polo ativo JOSÉ ALBINO, qualificação e endereço completos, pelas razões de fato e de direito a seguir expostas:

MÉRITO

DO DIREITO LÍQUIDO E CERTO DO IMPETRANTE

O impetrante ajuizou ação trabalhista, que tramita na... Vara do Trabalho sob o n. ..., onde pediu a condenação da empresa ao pagamento do adicional de insalubridade. Na audiência inicial, o juiz designou a realização de perícia e determinou que a reclamada recolhesse no prazo de cinco dias os honorários prévios do perito, sob pena da não realização da perícia.

Os honorários do perito devem ser suportados pela parte sucumbente na pretensão objeto da perícia, o que somente será avaliado após a sentença, como se depreende do art. 790-B, "caput", da CLT.

O art. 790-B, § 3.º, dispõe que não é possível o adiantamento dos honorários periciais.

Diante do exposto, resta clarividente que a decisão feriu direito líquido e certo da impetrante, na forma da OJ 98 da SDI-2 do TST.

DOS PEDIDOS E REQUERIMENTOS

Diante do exposto, requer a Vossa Excelência:

a) a notificação da autoridade coatora para que preste as informações no prazo de 10 (dez) dias, nos moldes do art. 7.º, I, da Lei n. 12.016/2009;

b) a intimação do Advogado Geral da União, dando-se ciência da impetração do presente mandado de segurança, nos exatos termos dos arts. 6.º e 7.º, II, da Lei n. 12.016/2009;

c) a concessão da segurança para determinar a realização da perícia sem a necessidade do pagamento dos honorários prévios.

Dá-se à causa o valor de R$... (valor por extenso).

Nestes termos,
Requer deferimento.
Local/Data
Advogado
OAB n. ...

3.6. Ação rescisória

3.6.1. Apresentação

A ação rescisória tem por finalidade desconstituir a coisa julgada material, sendo seus pressupostos decisão de mérito (regra) e trânsito em julgado. Ademais, não se admite em nosso sistema a ação rescisória preventiva (antes do trânsito em julgado).

No processo do trabalho, o art. 836 da CLT dispõe sobre o cabimento da ação rescisória.

Entretanto, o referido dispositivo legal não apontou quais os casos de cabimento da ação rescisória, razão pela qual devemos aplicar de forma subsidiária e supletiva as hipóteses previstas no art. 966 do CPC.

3.6.1.1. Hipóteses de Cabimento

As hipóteses de cabimento da ação rescisória estão elencadas de forma taxativa no art. 966 do CPC (*numerus clausus*), o qual dispõe que *"a decisão de mérito, transitada em julgado, pode ser rescindida quando*:

I – se verificar que foi proferida por força de prevaricação, concussão ou corrupção do juiz;

II – for proferida por juiz impedido ou por juízo absolutamente incompetente;

III – resultar de dolo ou coação da parte vencedora em detrimento da parte vencida ou, ainda, de simulação ou colusão entre as partes, a fim de fraudar a lei;

IV – ofender a coisa julgada;

V – violar manifestamente norma jurídica;

VI – for fundada em prova cuja falsidade tenha sido apurada em processo criminal ou venha a ser demonstrada na própria ação rescisória;

VII – obtiver o autor, posteriormente ao trânsito em julgado, prova nova cuja existência ignorava ou de que não pôde fazer uso, capaz, por si só, de lhe assegurar pronunciamento favorável;

VIII – for fundada em erro de fato verificável do exame dos autos.

Note-se que há erro de fato quando a decisão rescindenda admitir fato inexistente ou quando considerar inexistente fato efetivamente ocorrido, sendo indispensável, em ambos os casos, que o fato não represente ponto controvertido sobre o qual o juiz deveria ter se pronunciado.

Vale ressaltar que será rescindível a decisão transitada em julgado que, **embora não seja de mérito**, impeça nova propositura da demanda; ou admissibilidade do recurso correspondente.

A ação rescisória pode ter por objeto apenas 1 (um) capítulo da decisão.

Os atos de disposição de direitos, praticados pelas partes ou por outros participantes do processo e homologados pelo juízo, bem como os atos homologatórios praticados no curso da execução, estão sujeitos à anulação, nos termos da lei.

Cabe ação rescisória, com fundamento em violar manifestamente norma jurídica, contra decisão baseada em enunciado de súmula ou acórdão proferido em julgamento de casos repetitivos que não tenha considerado a existência de distinção entre a questão discutida no processo e o padrão decisório que lhe deu fundamento e, nestes casos, caberá ao autor, sob pena de inépcia, demonstrar, fundamentadamente, tratar-se de situação particularizada por hipótese fática distinta ou de questão jurídica não examinada, a impor outra solução jurídica.

3.6.1.2. Competência e Legitimidade

A ação rescisória é de competência originária do tribunal, de forma que ela não pode ser ajuizada na Vara do Trabalho, sendo obrigatória a leitura da Súmula 192 do TST.

A definição do tribunal competente será realizada com base na decisão a ser rescindida; se for uma sentença da primeira instância ou acórdão do TRT, a competência é do TRT; se for um acórdão do TST, a competência é do TRT, a não ser nos casos excepcionados pela Súmula ao norte.

O art. 678, I, "c", item 2, da CLT dispõe que compete ao Tribunal Regional do Trabalho processar e julgar as ações rescisórias das decisões das varas do trabalho e dos juízes de direito, sendo certo que a competência para o julgamento será estabelecida pelo Regimento Interno, e como regra geral ou é a Seção Especializada ou o Pleno.

No Tribunal Superior do Trabalho, a Lei n. 7.701/88 prevê que será a Seção de Dissídios Coletivos (SDC) ou a Seção de Dissídios Individuais (SDI), como segue:

a) O art. 2º, I, "c" determina que será da SDC a competência, originariamente, para o julgamento das ações rescisórias propostas contra suas sentenças normativas.

b) O art. 3º, I, "a" prevê que será da SDI a competência, originariamente, para o julgamento das ações rescisórias propostas contra decisões das turmas do TST e suas próprias, inclusive as anteriores à especialização em seções.

Conforme dispõe o art. 967 do CPC, é parte legítima para ajuizar a ação rescisória quem foi parte no processo ou seu sucessor, o terceiro prejudicado, o MP e aquele que não foi parte e era obrigatória sua intervenção.

3.6.1.3. Procedimento e Prazo

Para o ajuizamento da ação rescisória, é preciso:

a) Trânsito em Julgado (art. 966, *caput*, do CPC);

b) Decisão de mérito ou que impeça a propositura da ação ou admissibilidade do recurso (art. 966, § 2º, I e II, do CPC);

c) Depósito prévio de 20% (art. 836, *caput*, da CLT), salvo para aqueles que são isentos.

O prazo para o ajuizamento da ação rescisória é decadencial de 2 anos, contados a partir o trânsito em julgado da última decisão no processo, conforme art. 975 do CPC e Súmula 100 do TST.

Se fundada a ação no inciso VII do art. 966, o termo inicial do prazo será a data de descoberta da prova nova, observado o prazo máximo de 5 (cinco) anos, contado do trânsito em julgado da última decisão proferida no processo.

Nas hipóteses de simulação ou de colusão das partes, o prazo começa a contar, para o terceiro prejudicado e para o Ministério Público, que não interveio no processo, a partir do momento em que têm ciência da simulação ou da colusão.

Após distribuída a petição inicial, o réu será citado para apresentar contestação no prazo de 15 a 30 dias, que fica a critério do tribunal fixar, conforme dispõe o art. 970 do CPC.

3.6.2. Características e requisitos

São requisitos da ação rescisória

a) Endereçamento completo

A primeira regra é não utilizar abreviaturas.

A ação rescisória é de competência originária dos tribunais trabalhistas. Vara do Trabalho jamais tem competência para julgar ação rescisória.

Quando o objeto da ação for rescindir uma sentença proferida pelo juiz do trabalho ou juiz de direito investido na jurisdição trabalhista, ou for rescindir um acórdão proferido pelo TRT, a competência é do TRT. Quando o objeto da ação for rescindir um acórdão proferido pelo TST, a competência é do próprio TST, observando-se o que dispõe a Súmula 192 do TST.

b) Qualificação completa do autor

A petição inicial é a peça que inicia o processo, onde as partes estão sendo apresentadas ao Poder Judiciário naquele momento, de forma que é essencial sua especificação.

Nesse momento é muito importante não se esquecer que não é válido criar dados que não estejam no enunciado.

Aqui deverá ser indicada a qualificação e endereço completos.

c) Advogado

Nesse momento deverá ser indicado o advogado do autor.

É muito simples, basta citar o advogado e informar que a procuração consta anexa.

d) Fundamentação Legal da peça

O fundamento legal da peça são os art. 836 da CLT combinado com o art. 966 do CPC.

e) Verbo

Com relação a petição inicial, o verbo correto, ou melhor, os verbos corretos são: Ajuizar ou Aforar ou Intentar.

f) Nome da peça

O nome correto da peça é AÇÃO RESCISÓRIA.

g) Qualificação do réu

As informações sobre a qualificação do autor valem também para o réu.

h) Depósito Prévio

O art. 836, *caput*, da CLT, prevê a exigência do depósito prévio de 20% do valor da causa para a propositura da ação rescisória, salvo prova de miserabilidade do autor, além dos casos previstos no § 1º do art. 968 do CPC. Há outros casos em que o depósito prévio é dispensado, como se extrai da IN n. 31 de 2017 do TST, por exemplo.

i) Teses (fundamentos jurídicos e legais)

Aqui deverão ser desenvolvidas as teses, de forma que sugiro utilizar o silogismo jurídico.

As teses da ação rescisória estão no art. 966 do CPC.

j) Pedidos

Nesse tópico deverá ser finalizada a linha de raciocínio por meio do pedido.

Basta repetir os pedidos já realizados no desenvolvimento das teses com outra formatação, utilizando o menor espaço possível.

Em especial, no caso da ação rescisória, o autor deverá requerer a procedência do pedido para o fim de determinar a rescisão do julgado e, se for o caso, novo julgamento pelo Tribunal, de acordo com o art. 968 do CPC.

k) Citação

Neste item deverá ser requerida a citação do réu para apresentar resposta.

l) Requerimento por provas

Nesse momento deverão ser indicas as provas que serão produzidas durante a instrução processual.

m) Valor da Causa

A IN n. 31/2007 do TST disciplina o valor da causa da ação rescisória da seguinte forma:

- Ação rescisória que visa a desconstituir decisão da fase de conhecimento:

1) No caso de improcedência, ao valor dado à causa do processo originário ou aquele fixado pelo juiz;
2) No caso de procedência, o valor da condenação.

- Ação rescisória que visa a desconstituir decisão da fase de execução corresponderá ao valor apurado em liquidação de sentença.

n) Encerramento

Esse é um ponto da peça prático-profissional que merece grande atenção.

Não raro, vários examinandos acabam assinando a petição, gerando sua reprovação sumária pelo fato de terem se identificado.

3.6.3. Como identificar a peça

A ação rescisória só cabe na hipótese da desconstituição da sentença ou do acórdão, quando verificada qualquer uma das hipóteses do art. 966 ou da Súmula 259 do TST, de forma que deverá ser verificado no exercício se o último ato processual praticado foi uma sentença ou acórdão e que não é mais possível a interposição de recurso por conta do trânsito em julgado.

3.6.4. Questão de provas anteriores/Questão simulada

1. **(OAB São Paulo Exame n. 125/2006 – com adaptações do autor)** Joaquim José Lírio, brasileiro, gerente de vendas, portador do CPF n. 3333, CTPS n. 4444, residente na Rua dos Cocais, 87, Centro, Rio de Janeiro/RJ, ex-empregado da empresa Cogumelo Azul Produtos

Naturais Ltda., com sede na Rua República do Líbano, 800, Centro, Rio de Janeiro/RJ, CEP: 34.888-000, dispensado com justa causa em 13-4-2014, ajuizou reclamação trabalhista que foi distribuída para a 10ª Vara do Trabalho do Rio de Janeiro, postulando o pagamento, entre outros títulos, de férias vencidas. O pedido foi julgado totalmente improcedente, sob a alegação de que a gravidade da falta praticada – agressão física a superior hierárquico – prevista no art. 482 da CLT, afastaria a possibilidade de qualquer crédito ao empregado, mesmo sob a rubrica de férias vencidas, já que a dispensa naquela modalidade era considerada como a punição mais grave que o empregado poderia receber. Não houve recurso da sentença, que transitou em julgado em 20-5-2015. Você foi procurado após o trânsito em julgado para analisar o processo e verificar se há alguma medida processual a ser tomada na situação. Na qualidade de Advogado de Joaquim, ajuíze a ação cabível.

GABARITO:

A medida processual adequada corresponde à ação rescisória, fundada no art. 485, V, do CPC **(atual art. 966, V, do CPC/2015)**, tendo em vista que a rejeição do pedido de pagamento de férias vencidas, em caso de dispensa com justa causa, viola o art. 146 da CLT, de modo que há notória violação a norma jurídica.

3.6.5. Modelo da peça

AO DESEMBARGADOR PRESIDENTE DO EGRÉGIO TRIBUNAL REGIONAL DO TRABALHO DA 1ª REGIÃO

Processo N. ...

JOAQUIM JOSE LÍRIO, brasileiro, gerente de vendas, portador do CPF n. 3333, CTPS n. 4444, residente na Rua dos Cocais, 87, Centro, Rio de Janeiro/RJ, por seu advogado com procuração anexa, com fulcro no art. 836 da CLT combinado com o art. 966 do CPC, vem à presença de Vossa Excelência ajuizar

AÇÃO RESCISÓRIA

em face de COGUMELO AZUL PRODUTOS NATURAIS LTDA., com sede na Rua República do Líbano, 800, Centro, Rio de Janeiro/RJ, CEP; 34.888-000, pelas razões de fato e de direito a seguir expostas, a fim de desconstituir a decisão transitada em julgado.

DO DEPÓSITO PRÉVIO

Vale ressaltar que a autora deixa de efetuar o depósito prévio nos termos do art. 836, "caput", da CLT, uma vez que é pessoa comprovadamente pobre.

DA VIOLAÇÃO DE NORMA JURÍDICA

O autor teve o contrato de trabalho extinto por justa causa, sendo que a ré não pagou as férias vencidas. Foi ajuizada reclamação trabalhista, a qual teve o pedido julgado improcedente.

No caso em tela, resta evidente que a sentença do juiz da Vara do trabalho violou norma jurídica, qual seja o art. 146 da CLT, que prevê o pagamento das férias vencidas ao empregado que tem o contrato rescindido por justa causa. Nesse caso, cabe a rescisão da referida sentença, nos termos do art. 966, V, do CPC.

Deste modo, requer seja julgado procedente o pedido formulado na presente ação rescisória, com a consequente rescisão da sentença.

DOS PEDIDOS

Diante do exposto, requer sejam julgados totalmente procedentes os pedidos, para o fim de rescindir a sentença e que seja proferido novo julgamento, para que seja julgado procedente o pedido de férias vencidas, o que faz nos termos do art. 968, I, do CPC.

DOS REQUERIMENTOS

Requer a citação da ré para que, querendo, apresente defesa no prazo a ser fixado, nos termos do art. 970 do CPC.

A condenação da ré ao pagamento de honorários advocatícios, nos termos do art. 791-A da CLT.

Por fim, pretende provar o alegado por todos os meios de provas admitidos, em especial pela documental juntada aos autos.

Dá-se à causa o valor de R$... (valor por extenso).

Nestes termos,
Requer deferimento.
Local/Data
Advogado
OAB n. ...

3.7. CONTESTAÇÃO

3.7.1. Apresentação

A contestação é uma das modalidades de defesa do reclamado, e tem por fundamento o art. 847 da CLT e, tendo em vista a insuficiência da CLT, aplica-se subsidiária e supletivamente o CPC nos arts. 336 ao 341.

Ademais, a contestação é pautada por dois princípios basilares, Princípio da Eventualidade (também denominado de concentração por parte da doutrina) e da Impugnação Especificada dos fatos.

O primeiro diz respeito a obrigação de apresentar todas as teses defensivas em uma única peça, haja vista que o réu tem apenas uma chance de aduzir toda sua defesa, mesmo que tenha mais de uma tese defensiva. Assim, caberá ao réu arguir defesa processual, prejudiciais de mérito e defesa de mérito.

Para não esquecer, lembre-se desse princípio como o princípio da partícula "se", se o juiz não concordar com a primeira tese apresentada, siga utilizando outra tese.

Tal princípio somente tem lugar em razão das várias teses defensivas que o réu poderá alegar em sua defesa, como, por exemplo, a tese processual, também conhecida como preliminar de mérito (art. 337, CPC), que se trata de um obstáculo de natureza de direito processual que impede o juiz de conhecer do mérito da ação, da tese da defesa que prejudica a análise do mérito, parcialmente ou no todo, também conhecida como Prejudicial de mérito, que se trata de um fato extintivo do direito do autor (como a prescrição), e por último a tese da defesa do mérito (direta – ataca os fatos constitutivos ou indireta – reconhece os fatos constitutivos, mas alega fatos impeditivos, modificativos ou extintivos), onde o réu irá atacar os fatos alegados pelo reclamante, observando-se a impugnação específica.

> A compensação é uma forma de extinção da obrigação, que deverá ser alegada quando reclamante e reclamado forem credores e devedores ao mesmo tempo, na forma do art. 767 da CLT combinado com as Súmulas 18 e 48 do TST.

Requisitos da compensação

- Reclamante e reclamado credores e devedores ao mesmo tempo;
- A dívida a ser compensada deve ser de natureza trabalhista;
- Requerida pelo reclamado em sede de contestação, sob pena de preclusão;
- Deverá ser respeitado o limite da condenação.

Art. 767 da CLT – A compensação, ou retenção, só poderá ser arguida como matéria de defesa.

Súmula 18 do TST

COMPENSAÇÃO (mantida) – Res. 121/2003, DJ 19, 20 e 21-11-2003

A compensação, na Justiça do Trabalho, está restrita a dívidas de natureza trabalhista.

Súmula 48 do TST

COMPENSAÇÃO (mantida) – Res. 121/2003, DJ 19, 20 e 21-11-2003

A compensação só poderá ser arguida com a contestação.

3.7.2. Características e requisitos

A Contestação deverá conter os seguintes requisitos:

a) Endereçamento completo

Aqui o endereçamento é mais fácil do que na reclamação trabalhista, pois basta observar o endereçamento utilizado na petição inicial.

EXEMPLOS:

Imagine que o exercício proposto indicou que o processo está tramitando perante a 1ª Vara do Trabalho de Porto Alegre; nesse caso, você precisa indicar a referida Vara:

AO JUÍZO DA 1.ª VARA DO TRABALHO DE PORTO ALEGRE

No caso do exercício não indicar a Vara na qual o processo tramita (o que é raro), basta deixar a lacuna.

AO JUÍZO DA... VARA DO TRABALHO...

b) Número do processo

Não esqueça que nesse momento processual já existe uma ação tramitando, consequentemente essa ação foi numerada (autuada) ao ser distribuída junto ao Poder Judiciário, razão pela qual deverá indicar o número do processo.

O referido número será indicado no exercício; caso não ocorra, basta deixar a lacuna, conforme o exemplo abaixo:

Processo n.

Na hipótese do exercício indicar o número do processo, como, por exemplo, Processo n. 1234, basta repetir na contestação:

Processo n. 1234

c) Qualificação completa do reclamado

A contestação é uma das peças em que o reclamado tem seu primeiro contato com o Poder Judiciário, de forma que é essencial sua qualificação completa.

Nesse momento é muito importante não esquecer que não é válido criar dados que não estejam no enunciado.

No caso do exercício, não informar os dados da reclamada, basta indicar qualificação e endereço completos. Entretanto, se o exercício informar os dados do reclamado, o uso dos mesmos é obrigatório.

EMPRESA LTDA., qualificação e endereço completos...

d) Advogado

Nesse momento deverá ser indicada a presença do advogado do reclamado.

É muito simples, basta citar o advogado e informar que a procuração consta anexa.

EMPRESA LTDA.,..., por procurador com procuração anexa...

e) Fundamentação legal

É de suma importância a indicação correta do fundamento legal, uma vez que é elemento necessário para justificar tecnicamente o motivo pelo qual foi escolhida a confecção de uma contestação.

A fundamentação irá variar conforme a peça.

EMPRESA LTDA.,..., vem respeitosamente à presença de Vossa Excelência, com fundamento no art. 847 da CLT e arts. 336 a 341 do CPC, apresentar (oferecer)...

CONTESTAÇÃO

f) Verbo

É muito importante informar o verbo correto sobre o ato processual que irá praticar.

Com relação à contestação o verbo a ser utilizado pode ser apresentar ou oferecer.

EMPRESA LTDA.,..., vem respeitosamente à presença de Vossa Excelência apresentar...

g) Nome da peça

É de suma importância a indicação correta da peça, uma vez que é elemento necessário para justificar tecnicamente o motivo pelo qual o aluno a escolheu.

O nome irá variar conforme a peça.

Sugiro que o nome da peça seja destacado em letra diferente daquela utilizada para o restante da peça, bem como seja centralizado.

EMPRESA LTDA,..., vem respeitosamente à presença de Vossa Excelência, com fundamento no art. 847 da CLT e arts. 336 a 341 do CPC, apresentar

CONTESTAÇÃO

h) Indicação do Reclamante

Nesse caso o reclamante já foi qualificado quando da confecção da reclamação trabalhista, de forma que basta inserir tal informação na peça.

...apresentar

CONTESTAÇÃO

em razão da reclamação trabalhista que lhe move FULANO DE TAL, já devidamente qualificado nos autos,

i) Benefícios na Justiça Gratuita

O benefício da justiça gratuita, pautado no art. 790, § 4º, da CLT, somente deverá ser requerido se o exercício trouxer dados sobre a dificuldade econômica do seu cliente, como, por exemplo, "a reclamada vem passando por grave crise financeira". Pela primeira vez a CLT expressamente autoriza a concessão da justiça gratuita ao reclamado.

Como sugestão, poderá ser utilizado o seguinte texto:

DA JUSTIÇA GRATUITA

A reclamada vem passando por grave crise financeira.

O art. 790, § 4.º, da CLT, garante a justiça gratuita para a parte que não tem condições de arcar com as despesas processuais, o que ocorre com a reclamada no caso em comento.

Diante do exposto, requer a Vossa Excelência sejam deferidos os benefícios da justiça gratuita à reclamada.

j) Teses (fundamentos jurídicos e legais)

j.1) Tese Processual – Preliminar de Mérito

Aqui deverá ser atacado o vício processual, com base em alguma das hipóteses do art. 337 do CPC, e chamamos a atenção para a "Impugnação do valor da causa", que, a partir da vigência do CPC de 2015, passou a ter que ser alegada em preliminar, e não mais em uma peça autônoma.

As preliminares de mérito, quando alegadas, sempre produzem um determinado efeito no processo, que em regra é a extinção do feito sem resolução do mérito. Na verdade, a preliminar que visa a extinção do processo é denominada peremptória, enquanto que a preliminar que tem por fito sanar eventual vício é conhecida como dilatória.

Para facilitar a compreensão de cada preliminar e seu efeito, segue quadro demonstrativo.

Preliminar (art. 337 CPC)	Requerimento (Efeito)
Nulidade ou inexistência de citação – inciso I	Requerimento de realização de uma nova audiência, com prazo mínimo de cinco dias de antecedência – art. 841 da CLT
Incompetência absoluta – inciso II	Em regra, remessa dos autos para o Juiz competente – art. 64, § 3º, do CPC. Às vezes, extinção do pedido, como será visto no exemplo abaixo

Preliminar (art. 337 CPC)	Requerimento (Efeito)
Incorreção do valor da causa - inciso III	Requerimento para correção do valor da causa, e se for o caso alteração do rito processual - art. 293 do CPC
Inépcia da petição inicial - inciso IV	Extinção do feito (ou pedido) sem resolução do mérito - art. 485, I, do CPC
Perempção - inciso V	Extinção do feito sem resolução do mérito - art 485, V, do CPC
Litispendência - inciso VI	Extinção do feito sem resolução do mérito - art. 485, V, do CPC
Coisa Julgada - inciso VII	Extinção do feito sem resolução do mérito - art. 485, V, do CPC
Conexão - inciso VIII	Reunião das ações no juízo prevento - art. 55, § 1º, do CPC
Incapacidade das partes, defeito de representação ou falta de autorização - inciso IX	Requerimento de suspensão do processo para regularização - art. 76 do CPC
Convenção de arbitragem - inciso X	Extinção do feito sem resolução do mérito - art. 485, VII, do CPC
Ilegitimidade ou ausência de interesse processual - inciso XI	Extinção do feito sem resolução do mérito - art. 485, VI, do CPC
Falta de caução ou de outra prestação - inciso XII	Requerimento de suspensão do processo para regularização - art. 76 do CPC
Indevida a concessão do benefício da justiça gratuita - inciso XIII	Requerimento de revogação do benefício e condenação ao pagamento das custas - art. 789, § 1º, da CLT

Exemplo de uma preliminar de mérito

DA PRELIMINAR DE MÉRITO

DA INCOMPETÊNCIA ABSOLUTA

O reclamante ajuizou reclamação trabalhista pleiteando a condenação da reclamada ao pagamento das contribuições previdenciárias que não foram quitadas durante o contrato de trabalho.

Nos termos do art. 876, parágrafo único, da CLT, do art. 114, VIII da Constituição, da Súmula 368, I do TST e da Súmula Vinculante 53 do STF, c.c. o art. 337, II, do CPC, o juiz do trabalho não tem competência material para processar e julgar o pedido de condenação da reclamação ao pagamento das contribuições pleiteadas.

Diante do exposto, requer seja acolhida a preliminar de mérito para o fim de que seja extinto sem análise de mérito o pedido ora citado.

ATENÇÃO: Neste caso, também é possível a arguição de outra preliminar, que é a Ilegitimidade Ativa, já que não há no ordenamento jurídico brasileiro autorização para que o autor de uma ação trabalhista possa, em nome próprio, pleitear crédito que não lhe pertence, de modo que estaria agindo como substituto processual da União de forma indevida, nos termos do art. 18 do CPC.

j.2) Prejudicial de Mérito

Nesse momento, deverá ser aduzida a prescrição bienal ou quinquenal, total ou parcial, ou ainda a decadência, pois que são as únicas teses extintivas do direito do reclamante que cabem nesse momento processual.

DA PREJUDICIAL DE MÉRITO

DA PRESCRIÇÃO

O reclamante ajuizou a reclamação trabalhista em 03 de maio de 2016.

O art. 7.º, XXIX, da CF e o art. 11 da CLT determinam que o reclamante poderá reclamar somente as verbas trabalhistas dos últimos cinco anos, contados de forma retroativa a partir do ajuizamento da ação, bem como que o empregado possui o prazo de dois anos contados a partir da extinção do contrato de trabalho para ajuizamento da reclamação; assim, as verbas trabalhistas anteriores a 03 de maio de 2011 estão prescritas.

Diante do exposto, requer a Vossa Excelência seja acolhida a prejudicial de mérito para determinar a extinção do feito com resolução de mérito, com relação às verbas trabalhistas anteriores a 03 de maio de 2011, nos termos do art. 487, II, do CPC.

j.3) Tese da Defesa de Mérito

Nessa vertente da defesa deverão ser atacados os fatos alegados pelo reclamante, não se esquecendo do princípio da Impugnação Especificada dos Fatos (art. 341, CPC).

Esse é, sem sombra de dúvidas, o tópico mais importante da sua peça prático-profissional, haja vista ser aquele ao qual a banca examinadora mais atribui nota.

Aqui, sugerimos fazer uso do silogismo jurídico já ensinado no item anterior.

> Aconselhamos desenvolver a tese e fazer o pedido em separado de cada uma.
>
> Sugerimos, também, iniciar um novo tópico para cada tese desenvolvida.
>
> Nesse momento deverá ser demonstrado para o examinador todo o conhecimento jurídico sobre a matéria, de maneira que não poderá se esquecer de citar a legislação, Súmulas e Orientações Jurisprudenciais do TST e, se for o caso, Súmulas Vinculantes do STF ou outra base do ordenamento jurídico aplicável.

DO TRABALHO NOTURNO

O reclamante iniciava sua jornada às 5 horas da manhã e permanecia no trabalho até as 15 horas.

O art. 73, § 2.º, da CLT, preconiza que considera trabalho noturno aquele desenvolvido entre as 22 horas de um dia até as 5 horas do dia seguinte, bem como que aquele que se ativa em tal período tem direito de receber um adicional de 20% sobre o valor da hora diurna. Desta forma, resta evidente que o reclamante nunca se ativou durante o período considerado como noturno.

Diante do exposto, a reclamada não deve ser condenada ao pagamento do adicional noturno e seus reflexos, de modo que o pedido deve ser julgado improcedente.

k) Pedidos ou Conclusão

Nesse tópico deverá ser finalizada a linha de raciocínio por meio do pedido.

Aqui é preciso observar se houve alegação de preliminar ou prejudicial de mérito, uma vez que, se tiver sido aduzida alguma dessas teses, o pedido deverá ser o seguinte:

1) Preliminar de Mérito

Acolhimento da preliminar com a extinção do feito sem resolução do mérito, nos termos do art. 485, inciso... do Código de Processo Civil.

2) Prejudicial de Mérito

Acolhimento da prejudicial com a extinção do feito com resolução do mérito, nos termos do art. 487, II, do Código de Processo Civil.

DOS PEDIDOS

Diante do exposto, requer a Vossa Excelência seja acolhida a preliminar de mérito para o fim de extinguir o feito sem resolução do mérito, e que seja acolhida a prejudicial de mérito para o fim de extinguir o processo com resolução do mérito em relação às verbas trabalhistas anteriores a 03 de maio de 2011 e, ao final, sejam julgados totalmente improcedentes os pedidos do reclamante.

l) Requerimento por provas

Nesse momento deverão ser indicadas as provas que pretende produzir durante a instrução processual.

LEMBRE-SE: As provas devem ser requeridas de forma genérica.

Requer a produção de todos os meios de prova admitidos.

m) Honorários Sucumbenciais

Os honorários sucumbenciais são devidos pela parte sucumbente ao advogado da parte vencedora; assim, ao apresentar a defesa, o aluno pretende lograr êxito nos pedidos, e deverá requerer a condenação do reclamante ao pagamento dos referidos honorários.

EXEMPLO:

Requer a condenação do reclamante ao pagamento dos honorários sucumbenciais, na forma do art. 791-A da CLT.

n) Encerramento

Esse é um ponto da peça prático-profissional que merece grande atenção.

Não raro vários examinandos acabam assinando a petição, gerando sua reprovação sumária pelo fato de terem se identificado.

Assim, é de suma importância que você não assine a peça.

Nestes termos,
Pede Deferimento.
Local e data.
Advogado...
OAB n. ...

3.7.3. Como identificar a peça

Para identificação da contestação, basta analisar dois requisitos ao fazer a leitura do exercício: o primeiro é que, em regra, o cliente é o empregador, e o segundo, é que o exercício irá mencionar que já foi ajuizada reclamação trabalhista ou que foi ajuizada a reclamação trabalhista e a reclamada foi notificada para comparecer à audiência.

3.7.4. Contestação com reconvenção

A reconvenção não tem previsão na CLT, sendo que é aplicada ao Processo do Trabalho com fulcro no princípio da aplicação subsidiária e supletiva do CPC na seara trabalhista, estando prevista no art. 343 do CPC.

A reconvenção é um contra-ataque do réu em face do autor na mesma ação.

A reconvenção deverá ser aduzida no mesmo prazo da contestação, ou seja, em audiência.

A reconvenção poderá ser aduzida em uma peça em separado, quando alegada sozinha, ou deverá ser uma das teses da contestação, quando alegada em conjunto com esta.

Requisitos

- Mesma relação processual;

- Mesma competência do juízo;
- Mesmo procedimento;
- Legitimidade: importante lembrar sobre a possibilidade de ampliar o polo passivo;
- Conexão, ou seja, ambos os pedidos devem ser conexos ao contrato de trabalho;

> Apresentada a reconvenção, o Juiz designará nova audiência para que o reclamante reconvindo possa apresentar sua defesa.
>
> A reclamação trabalhista e a reconvenção serão decididas no mesmo momento, na mesma sentença.
>
> O CPC de 2015 trouxe para nosso ordenamento jurídico a possibilidade da inclusão de um terceiro ao polo ativo ou passivo da ação no momento da apresentação da reconvenção, formando-se assim um litisconsórcio, conforme dispõe o art. 343, em seus §§ 3º e 4º, do CPC.
>
> **Exemplo:** Em razão do contrato de trabalho, o reclamado fornece ao reclamante um quarto no imóvel sede da empresa para que o mesmo resida durante a prestação do serviço. O reclamante, por sua vez, passa a residir no imóvel junto com sua esposa. Ao término do contrato de trabalho, o reclamante e sua esposa não desocupam o imóvel, e o reclamante ainda ajuíza uma RT em face do reclamado. Por ocasião da defesa, o reclamado apresenta a contestação em face do reclamante e a reconvenção em face do reclamante e de sua esposa para que desocupem o imóvel.

3.7.5. Questões de provas anteriores/Questão simulada

1. **(XXIII Exame de Ordem – FGV)** Em 30 de abril de 2017, Hamilton ajuizou reclamação trabalhista em face da sociedade empresária Loteria Alfa Ltda., distribuída para a 50ª Vara de João Pessoa, sob o número 1234. Hamilton afirma que trabalhou na empresa de 13 de janeiro de 2010 a 25 de março de 2017, quando foi dispensado sem justa causa. Afirma, ainda, que trabalhava de 2ª à 6ª feira, das 7 h às 14 h, com intervalo de uma hora para refeição. Ele relata que sempre foi cumpridor de suas tarefas e prestativo para com os prepostos da empresa, e que, duas semanas após receber o aviso prévio, decidiu inscrever-se numa chapa como candidato a presidente do sindicato dos empregados em lotéricas, para lutar por melhorias para a sua categoria. Hamilton afirma que, além de processar os jogos feitos pelos clientes, também realizava atividade bancária referente a saques de até R$ 100,00 e o pagamento de contas de serviços públicos (água, luz, gás e telefone), bem como de boletos bancários de até R$ 200,00. Ele confirma que, dentre os clientes do empregador, estava uma companhia de energia elétrica da cidade, daí porque, uma vez por semana, tinha de ir até essa empresa para pegar, de uma só vez, as apostas de todos os seus empregados, o que fidelizava esses clientes; contudo, nesse dia, ele permanecia em área de risco (subestação de energia) por 10 minutos. Hamilton relata que, durante o período em que trabalhou na Loteria Alfa, faltou algumas vezes ao serviço e que teve essas faltas descontadas; diz, ainda, que substituiu o gerente da loteria, quando este se afastou por auxílio-doença, pelo período de três meses, mas que não teve qualquer alteração de salário. Ele afirma que existe o benefício de *ticket*-alimentação, previsto em acordo coletivo assinado pela sociedade empresária Beta Ltda., mas que jamais recebeu esse benefício durante todo o contrato. O empregado em questão informa que adquiriu empréstimo bancário, consignado em folha de pagamento, e que por três meses, quando houve sensível diminuição do movimento em razão da crise econômica, realizou serviço do seu próprio domicílio (*home office*), conferindo as planilhas de jogos, mas que não recebeu vale-transporte; ainda informa que não trabalhava nos feriados e que recebia vale-cultura do empregador no valor de R$ 30,00 mensais. Na reclamação trabalhista, Hamilton requer adicional de periculosidade, vantagens previstas na norma coletiva dos bancários, reintegração ao emprego, horas extras, horas de sobreaviso, *ticket* previsto na norma coletiva, vale-transporte pelo período em que trabalhou em *home office* e integração do vale-cultura ao seu salário. Foram juntados os contracheques, cópia da CTPS, comprovante de residência, acordo coletivo assinado pela sociedade empresária Loteria Beta Ltda. e norma coletiva dos bancários de 2010 a 2017. Contratado(a) pela sociedade empresária Loteria Alfa Ltda., você deve apresentar a peça judicial adequada aos interesses da ré. (Valor: 5,00)

GABARITO:

O candidato deverá apresentar uma *Contestação*, dirigida ao Juiz da 50ª Vara do Trabalho de João Pessoa, com indicação das partes e sustentando o seguinte: Inépcia do pedido de horas de sobreaviso porque não há causa de pedir acerca deste tema, mas apenas pedido, o que viola a norma de regência (Art. 330, inciso I, ou § 1º, I e Art. 485, I, ambos do CPC). Prescrição das pretensões anteriores a 30-04-2012 ou das pretensões anteriores a cinco anos do ajuizamento da ação, conforme o Art. 7º, XXIX, da CRFB/88, Art. 11, I, da CLT e Súmula 308, I, do TST. Sustentar que a periculosidade é indevida porque o tempo que o empregado passava em situação de risco de morte era extremamente reduzido (10 minutos a cada semana), o que não lhe assegura direito ao adicional almejado, conforme Súmula 364, I, do TST. Sustentar que o autor não é bancário porque o seu empregador não explora atividade bancária, mas sim de loteria, daí não fazer jus aos benefícios desta categoria, conforme o Art. 511 da CLT. Sustentar ser indevida a reintegração porque a candidatura ocorreu no decorrer do aviso prévio, não sendo assegurada a garantia, conforme prevê a Súmula 369, inciso V, do TST. Sustentar que a jornada cumprida não excede o módulo constitucional, seja o semanal, seja o diário, de modo que são indevidas as horas extras postuladas, conforme o Art. 7º, XIII, da CRFB/88 e o Art. 58 da CLT. Sustentar ser indevido o *ticket*, porque o acordo coletivo juntado não foi assinado pelo empregador, daí porque ele não está obrigado a respeitá-lo, conforme o Art. 611, § 1º, da CLT. Sustentar que o vale transporte é indevido porque, no trabalho em domicílio, o empregado não utiliza transporte público, daí porque não faz jus a esse direito, não atendendo aos requisitos previstos no Art. 1º da Lei n. 7.418/85 e no Art. 2º do Decreto n. 95.247/87. A integração do vale cultura é indevida por expressa disposição legal, conforme Art. 458, § 2º, VIII, da CLT.

2. **(XXV Exame de Ordem)** Você foi contratado(a) pela Floricultura Flores Belas Ltda., que recebeu citação de uma reclamação trabalhista com pedido certo, determinado e com indicação do valor, movida em 27-02-2018 pela ex-empregada Estela, que tramita perante o juízo da 50ª Vara do Trabalho de João Pessoa/PB e recebeu o número 98.765. Estela foi floricultora na empresa em questão de 25-10-2012 a 29-12-2017 e ganhava mensalmente o valor correspondente a dois salários mínimos. Na demanda, requereu os seguintes itens: a aplicação da penalidade criminal cominada no Art. 49 da CLT contra os sócios da ré, uma vez que eles haviam cometido a infração prevista na referido diploma legal; o pagamento de adicional de penosidade, na razão de 30% sobre o salário-base, porque, no exercício da sua atividade, era constantemente furada pelos espinhos das flores que manipulava; o pagamento de horas extras com adição de 50%, explicando que cumpria a extensa jornada de segunda à sexta-feira, das 10 h às 20 h, com intervalo de duas horas para refeição, e aos sábados, das 16 h às 20 h, sem intervalo; o pagamento da multa do Art. 477, § 8º, da CLT, porque o valor das verbas resilitórias somente foi creditado na sua conta 20 dias após à comunicação do aviso prévio, concedido na forma indenizada, extrapolando o prazo legal. Afirmou, ainda, que foi obrigada a aderir ao desconto para o plano de saúde, tendo assinado na admissão, contra a sua vontade, um documento autorizando a subtração mensal. A sociedade empresária informou que, assim que foi cientificada do aviso prévio, Estela teve uma reação violenta, gritando e dizendo-se injustiçada com a atitude do empregador. A situação chegou a tal ponto que a segurança terceirizada precisou ser chamada para conter a trabalhadora e acompanhá-la até a porta de saída. Contudo, quando deixava o portão principal, Estela começou a correr, pegou uma pedra do chão e a arremessou violentamente contra o prédio da empresa, vindo a quebrar uma das vidraças. A empresa informa que gastou R$ 300,00 na recolocação do vidro atingido, conforme nota fiscal que exibiu, além de apresentar a guia da RAIS comprovando possuir 7 empregados, os contracheques da autora e o documento assinado pela empregada autorizando o desconto de plano de saúde. Diante dessa narrativa, apresente a peça pertinente na melhor defesa dos interesses da reclamada. (Valor: 5,00)

GABARITO:

Deverá ser confeccionada uma resposta na forma unificada de contestação e reconvenção, dirigida ao juízo da 50ª Vara do Trabalho de João Pessoa/PB. Na contestação, deverão ser abordados os seguintes tópicos: Ser suscitada preliminar de incompetência absoluta da Justiça do Trabalho para apreciação e condenação criminal referente ao Art. 49 da CLT, conforme o Art. 114, IX, da CRFB/88. Ser arguida a prescrição das pretensões anteriores a 27-02-2013, conforme o Art. 7º, XXIX, da CRFB/88, o Art. 11, I, da CLT e a Súmula 308, I, do TST. Advogar que o vício de vontade em relação à assinatura da autorização para desconto deve ser provado pela autora, conforme o Art. 818, I, da CLT ou a Súmula 342 do TST, já que é válida a autorização de desconto feita no momento da admissão, conforme OJ n. 160 do TST. Sustentar que o adicional de penosidade não foi regulamentado, estando previsto apenas no Art. 7º, XXIII, da CRFB/88. Negar as horas extras porque, pela própria narrativa da petição inicial, se verifica que o módulo constitucional não foi ultrapassado, conforme o Art. 7º, XIII, da CRFB/88 e o Art. 58 da CLT. Sustentar ser indevida a multa do Art. 477, porque o pagamento das verbas devidas foi feito no prazo legal, observado o Art. 477, § 6º, da CLT. Na reconvenção, deverá ser requerido o valor de R$ 300,00, relativo ao vidro quebrado pela autora, com indicação do Art. 343 do CPC, do Art. 186 do CC e do Art. 927 do CC. Requerer honorários advocatícios na ação principal e na reconvenção, conforme o Art. 791-A e § 5º, da CLT. Encerramento com renovação da preliminar, da prejudicial de mérito, da procedência da reconvenção e indicação das provas a serem produzidas.

3. **(XXVIII Exame de Ordem – FGV)** A sociedade empresária Tecelagem Fio de Ouro S.A. procura você, como advogado(a), afirmando que Joana da Silva, que foi empregada da

Tecelagem de 10-05-2008 a 29-09-2018, ajuizou reclamação trabalhista em face da sociedade empresária, em 15-10-2018, com pedido certo, determinado e com indicação de seu valor. O processo tramita na 80ª Vara do Trabalho de Cuiabá, sob o número 1000/2018. Joana requereu da ex-empregadora o pagamento de indenização por dano moral, alegando ser vítima de doença profissional, já que o mobiliário da empresa, segundo diz, não respeitava as normas de ergonomia. Disse, ainda, que a empresa fornecia plano odontológico gratuitamente, requerendo, então, a sua integração, para todos os fins, como salário utilidade. Afirma que, nos últimos dois anos, a sociedade empresária fornecia, a todos os empregados, uma cesta básica mensal, suprimida a partir de 1º de agosto de 2018, violando direito adquirido, pelo que requer o seu pagamento nos meses de agosto e setembro de 2018. Relata que, no ano de 2018, permanecia, duas vezes na semana, por mais uma hora na sede da sociedade empresária para participar de um culto ecumênico, caracterizando tempo à disposição do empregador, que deve ser remunerado como hora extra, o que requereu. Joana afirma que foi coagida moralmente a pedir demissão, pois, se não o fizesse, a sociedade empresária alegaria dispensa por justa causa, apesar de ela nada ter feito de errado. Assim, requer a anulação do pedido de demissão e o pagamento dos direitos como sendo uma dispensa sem justa causa. Ela reclama que foi contratada como cozinheira, mas que era obrigada, desde o início do contrato, após preparar os alimentos, a colocá-los em uma bandeja e levar a refeição para os 5 empregados do setor. Esse procedimento caracterizaria acúmulo funcional com a atividade de garçom, pelo que ela requer o pagamento de um *plus* salarial de 30% sobre o valor do seu salário. Por fim, formulou um pedido de adicional de periculosidade, mas não o fundamentou na causa de pedir. Joana juntou, com a petição inicial, os laudos de ressonância magnética da coluna vertebral, com o diagnóstico de doença degenerativa, e a cópia do cartão do plano odontológico, que lhe foi entregue pela empresa na admissão. Juntou, ainda, a cópia da convenção coletiva, que vigorou de julho de 2016 a julho de 2018, na qual consta a obrigação de os empregadores fornecerem uma cesta básica aos seus colaboradores a cada mês, e, como não foi entabulada nova convenção desde então, advoga que a anterior prorrogou-se automaticamente. Por fim, juntou a circular da empresa que informava a todos os empregados que eles poderiam participar de um culto na empresa, que ocorreria todos os dias ao fim do expediente. A ex-empregadora entregou a você o pedido de demissão escrito de próprio punho pela autora e o documento com a quitação dos direitos da ruptura considerando um pedido de demissão. Diante da situação, elabore a peça processual adequada à defesa dos interesses de seu cliente.

GABARITO:

O candidato deve apresentar uma contestação dirigida ao Juízo da 80ª Vara do Trabalho de Cuiabá, com base no Art. 847 da CLT, identificando as partes envolvidas. Deverá suscitar preliminar de inépcia em relação ao pedido de adicional de periculosidade, com a extinção do processo sem resolução do mérito em relação a esse pleito, na forma do Art. 330, § 1º, inciso I, e do Art. 485, inciso I, ambos do CPC/15. Deverá ser arguida a prejudicial de mérito de prescrição parcial, para ver declarado prescrito todo e qualquer suposto direito anterior a 15-10-2013, conforme o Art. 7º, inciso XXIX, da CRFB/88, OU o Art. 11, da CLT OU a Súmula 308, inciso I, do TST. Deverá ser contestado o pedido de indenização por dano moral porque doença degenerativa não é considerada doença profissional nem doença do trabalho, na forma do Art. 20, § 1º, alínea *a*, da Lei nº 8.213/91. Deverá ser sustentado que o plano odontológico não caracteriza salário utilidade por expressa vedação legal, na forma do Art. 458, § 2º, inciso IV e § 5º, da CLT, daí por que não poderá ser integrado ao salário. Deverá ser contestado o pedido de cesta básica porque a norma coletiva juntada findou em julho de 2018 e não possui ultratividade, na forma do Art. 614, § 3º, da CLT. Deverá ser contestado o pedido de tempo à disposição porque a participação voluntária do empregado em práticas religiosas dentro da empresa não o caracteriza, por explícita vedação legal, na forma do Art. 4º, § 2º, inciso I, da CLT. Deverá ser negada a coação no pedido de demissão, caso em que o advogado que o ônus de provar o alegado vício de consentimento pertence à autora, na forma do Art. 818, inciso I, da CLT e do Art. 373, inciso I, do CPC/15. Alternativamente, será aceita a tese de negar a prática de qualquer ato ilícito capaz de provocar dano, conforme os Arts. 186 e 927 CCB. Deverá ser contestado o pedido de acúmulo funcional porque a atividade desempenhada pela autora era compatível com a sua condição pessoal e profissional, na forma do Art. 456, parágrafo único, da CLT. Por fim, o fechamento, indicando local, data, nome e inscrição OAB.

3.7.6. Modelo da peça

1. XXIII Exame de Ordem

AO JUÍZO DA 50ª VARA DO TRABALHO DE JOÃO PESSOA
PROCESSO N. 1234

LOTERIA ALFA LTDA., qualificação e endereço completos, por seu procurador com procuração anexa, com fulcro no art. 847 da CLT e arts. 336 e ss. do CPC, vem à presença de Vossa Excelência apresentar

CONTESTAÇÃO

em razão da reclamação trabalhista que lhe move HAMILTON, já qualificado nos autos.

PRELIMINARMENTE

DA INÉPCIA DO PEDIDO

O reclamante requereu a condenação da reclamada ao pagamento das horas de sobreaviso, entretanto não apontou a causa de pedir.

Nos termos do art. 330, I, § 1º, I, do CPC, dispõe que será inepto o pedido quando lhe faltar causa de pedir, o que ocorre com o pedido de horas de sobreaviso.

Diante do exposto, requer seja acolhida a preliminar de mérito para o fim de extinguir o pedido sem resolução do mérito, conforme dispõe o art. 485, V, do CPC.

DA PREJUDICIAL DE MÉRITO

DA PRESCRIÇÃO QUINQUENAL

O reclamante foi contratado dia 13 de janeiro de 2010, e teve o contrato rescindido em 25 de março de 2017, e ajuizou a reclamação trabalhista em 30 de abril de 2017.

O art. 11 da CLT dispõe que prescreve em cinco anos, contados do ajuizamento da ação, a possibilidade de exigir os direitos trabalhistas, sendo que no presente caso a prescrição quinquenal operou-se dia 30-04-2012.

Diante do exposto, requer seja acolhida a prescrição quinquenal para extinguir, com resolução do mérito os pedidos anteriores a 30-04-2012, nos termos do art. 487, II, do CPC.

DA DEFESA DE MÉRITO

DA INEXISTÊNCIA DO ADICIONAL DE PERICULOSIDADE

O reclamante tinha contato com energia elétrica uma vez por semana, por um período de apenas 10 minutos.

Nos termos da Súmula 364, I, do TST, não faz jus ao recebimento do adicional de periculosidade, o empregado que, muito embora tenha contato habitual, seja por tempo muito reduzido, conforme ocorreu com o reclamante.

Diante do exposto, requer seja julgado totalmente improcedente o pedido.

DAS VANTAGENS DA CATEGORIA DOS BANCÁRIOS

O reclamante pleiteia a condenação da reclamada ao pagamento de alguns benefícios previstos na norma coletiva da categoria dos bancários.

Nos termos do art. 511 da CLT, o reclamante não faz parte da categoria dos bancários, uma vez que a reclamada não explora atividade bancária, mas de loteria.

Diante do exposto, requer seja julgado totalmente improcedente o pedido.

DA REINTEGRAÇÃO

O reclamante alega ter direito a reintegração, uma vez que tinha estabilidade no emprego em razão da candidatura como dirigente sindical que ocorreu durante o período do aviso prévio.

Nos termos da Súmula 369, V, do TST, o empregado que registra a candidatura durante o período do aviso prévio, inclusive indenizado, não faz jus a estabilidade no emprego e por consequência também não tem direito a reintegração.

Diante do exposto, requer seja julgado improcedente o pedido.

DA INEXISTÊNCIA DAS HORAS EXTRAS

O reclamante se ativava de segunda à sexta-feira das 7 às 14 horas, com uma hora de intervalo para descanso e refeição.

Nos termos do art. 58 da CLT, a jornada de trabalho do reclamante não excedia 8 horas diárias, de forma que não faz jus às horas extras.

Diante do exposto, requer seja julgado improcedente o pedido.

DO "TICKET" REFEIÇÃO

O reclamante pleiteia o recebimento do "ticket" refeição, e para tanto, juntou aos autos acordo coletivo firmado pela Lotérica Beta.

Nos termos do art. 611, § 1.º, da CLT, o acordo coletivo juntado aos autos não obriga a reclamada, pois que assinado por empresa distinta.

Diante do exposto, requer seja julgado improcedente o pedido.

DO VALE TRANSPORTE

O reclamante pleiteia a condenação da reclamada ao pagamento do valor transporte referente o período em que o mesmo trabalhou na sua própria residência.

Nos termos do art. 1.º da Lei n. 7.418/85 e no art. 2.º do Decreto n. 95.247/87, o reclamante não faz jus ao vale transporte, uma vez que não preencheu os requisitos previstos em lei.

Diante do exposto, requer seja julgado improcedente o pedido.

DO VALE CULTURA

O reclamante pleiteia a integração do valor do vale cultura ao seu salário.

Nos termos do art. 458, § 2.º, VIII, da CLT, o vale cultura não tem natureza salarial.

Diante do exposto, requer seja julgado improcedente o pedido.

DOS PEDIDOS

Diante do exposto, requer a Vossa Excelência seja acolhida a preliminar de mérito para extinguir o pedido de horas de sobreaviso sem resolução do mérito, bem como que seja acolhida a prescrição quinquenal para extinguir com resolução do mérito os pedidos anteriores a 30-04-2012, e, ao final, sejam julgados totalmente improcedentes todos os pedidos.

Requer provar o alegado por todos os meios de prova admitidos.

Requer a condenação do reclamante ao pagamento dos honorários sucumbenciais, nos termos do art. 791-A da CLT.

Nestes termos,
Requer deferimento.
Local/Data
Advogado
OAB n. ...

2. XXII Exame de Ordem – FGV

AO JUÍZO DA 50.ª VARA DO TRABALHO DE JOÃO PESSOA-PB

Processo n. 98.765

FLORICULTURA FLORES BELAS LTDA., qualificação e endereço completos, por seu advogado com procuração anexa, com fulcro no art. 847 da CLT, vem à presença de Vossa Excelência apresentar

CONTESTAÇÃO

em face da reclamação trabalhista que lhe move ESTELA, já devidamente qualificada nos autos.

DA PRELIMINAR

DA INCOMPETÊNCIA ABSOLUTA

A reclamante pleiteia a condenação criminal da reclamada.

Nos termos do art. 114, IX, da CRFB/88, o juiz do trabalho não tem competência material para processar e julgar crimes.

Diante do exposto, requer seja acolhida a preliminar para determinar a extinção do pedido sem análise de mérito, na forma do art. 485 do CPC.

DA PREJUDICIAL DE MÉRITO

DA PRESCRIÇÃO QUINQUENAL

A reclamante foi contratada em 25-10-2012 e ajuizou a reclamação trabalhista em 27-02-2018.

Nos termos do art. 11 da CLT, o empregado pode pleitear os direitos referentes aos últimos cinco anos, contados do ajuizamento da ação.

Diante do exposto, requer seja colhida a prescrição quinquenal para o fim de extinguir os direitos anteriores a 27-02-2013, com resolução do mérito, conforme o art. 487, II, do CPC.

DA DEFESA DE MÉRITO

DO DESCONTO COM PLANO DE SAÚDE

A reclamante pleiteia a devolução dos descontos referentes ao plano de saúde, pois alega que foi forçada a assinar autorização quando da contratação.

Nos termos do art. 818, I, da CLT, é ônus da reclamante provar que houve o vício de consentimento quando da assinatura do documento, do qual não se desincumbiu.

Diante do exposto, requer seja julgado improcedente o pedido.

DO ADICIONAL DE PENOSIDADE

A reclamante pleiteia a condenação da reclamada ao pagamento do adicional de penosidade.

Ocorre que, o adicional de penosidade, muito embora expresso no art. 7.º, XXIII, da CRFB/88, não foi regulamentado.

Diante do exposto, requer seja julgado improcedente o pedido.

DA INEXISTÊNCIA DAS HORAS EXTRAS

A reclamante pleiteia a condenação da reclamada ao pagamento de horas extras.

Nos termos do art. 58 da CLT, a jornada de trabalho da reclamante não ultrapassa o módulo constitucional de 8 horas diárias e 44 semanais.

Diante do exposto, requer seja julgado improcedente o pedido.

DA MULTA DO ART. 477 DA CLT

A reclamante pleiteia a condenação da reclamada ao pagamento da multa do art. 477, § 8.º, da CLT, alegando que as verbas foram pagas no prazo de 20 dias da concessão do aviso prévio indenizado.

Nos termos do art. 477, § 6.º, da CLT, as verbas rescisórias devem ser pagas no prazo de 10 dias, contados da extinção do contrato, de forma que no caso em tela foram quitadas dentro do prazo legal.

Diante do exposto, requer seja julgado totalmente improcedente o pedido.

DA RECONVENÇÃO

A reclamante-reconvinda, no ato da demissão, causou um prejuízo a reclamada-reconvinte no valor de R$ 300,00.

Nos termos do art. 343 do CPC, a reconvenção pode ser alegada em conjunto com a contestação, de forma que a reclamante-reconvinda deverá ser condenada ao pagamento de R$ 300,00 pelo prejuízo causado, conforme os arts. 186 c.c o art. 927, ambos do CC.

Diante do exposto, requer seja julgado procedente o pedido reconvencional.

DOS PEDIDOS

Diante do exposto, requer a Vossa Excelência seja acolhida a preliminar de mérito de incompetência absoluta do juízo, bem como que seja acolhida a prescrição quinquenal para o fim de extinguir com resolução do mérito os pedidos anteriores a 27-02-2013 e, por fim, sejam julgados totalmente improcedentes os pedidos e julgado procedente o pedido reconvencional.

Requer a notificação da reclamante-reconvinda para apresentar defesa no prazo legal.

Requer provar o alegado por todos os meios de prova admitidos.

Requer a condenação da reclamante ao pagamento dos honorários sucumbenciais da reclamação trabalhista e da reconvenção, nos termos do art. 791-A da CLT.

Nestes termos,
Requer deferimento.
Local/Data
Advogado
OAB n. ...

3. XXVII Exame de Ordem – FGV

AO JUÍZO DA 50.ª VARA DO TRABALHO DE CUIABÁ.

Processo n. 1000/2018

TECELAGEM FIO DE OURO S.A., qualificação e endereço completos, por seu advogado com procuração anexa, com fulcro no art. 847 da CLT, vem à presença de Vossa Excelência apresentar

CONTESTAÇÃO

em face da reclamação trabalhista que lhe move JOANA DA SILVA, já devidamente qualificada nos autos.

PRELIMINARMENTE

DA INÉPCIA DO PEDIDO

A reclamante pleiteia a condenação da reclamada ao pagamento do adicional de periculosidade, entretanto não menciona a causa de pedir.

Nos termos do art. 337, IV, do CPC c.c. o art. 330, § 1.º, inciso I do CPC, o pedido será inepto quando faltar causa de pedir.

Diante do exposto, requer seja acolhida a preliminar para determinar a extinção do pedido sem resolução do mérito, na forma do art. 485, I, do CPC.

DA PREJUDICIAL DE MÉRITO

DA PRESCRIÇÃO QUINQUENAL

A reclamante foi contratada em 15-05-2008 e ajuizou a reclamação trabalhista em 15-10-2018.

Nos termos do art. 11 da CLT, o empregado pode pleitear os direitos referentes aos últimos cinco anos, contados do ajuizamento da ação.

Diante do exposto, requer seja colhida a prescrição quinquenal para o fim de extinguir os direitos anteriores a 15-10-2013, com resolução do mérito, conforme o art. 487, II, do CPC.

DA DEFESA DE MÉRITO

DA INDENIZAÇÃO POR DANO EXTRAPATRIMONIAL

A reclamante pleiteia a condenação da reclamada ao pagamento de indenização por dano extrapatrimonial em razão de que foi acometida de doença ocupacional durante o contrato de trabalho.

Nos termos do art. 20, § 1.º, alínea "a" da Lei n. 8.213/91, a doença degenerativa não é considerada doença ocupacional.

Diante do exposto, requer seja julgado improcedente o pedido.

DA INTEGRAÇÃO DO VALOR DO PLANO DE SAÚDE

A reclamante pleiteia a condenação da reclamada a integração do valor do plano de saúde ao seu salário.

Nos termos do art. 458, § 2.º, IV, da CLT, o valor pago a título de plano de saúde não é considerado salário utilidade, de forma que não integra o salário do empregado.

Diante do exposto, requer seja julgado improcedente o pedido.

DA CESTA BÁSICA

A reclamante pleiteia a condenação da reclamada ao pagamento da cesta básica referente a agosto e setembro de 2018.

Nos termos do art. 614, § 3.º, da CLT, a norma coletiva tem vigência por apenas, no máximo, dois anos, e não terá ultratividade, sendo que a convenção coletiva juntada pela reclamante teve seu termo em julho de 2018, as cestas básicas de agosto e setembro de 2018 não são devidas.

Diante do exposto, requer seja julgado improcedente o pedido.

DA INEXISTÊNCIA DE HORAS EXTRAS

A reclamante pleiteia a condenação da reclamada ao pagamento de horas extras em razão de que permanecia na empresa para participar de culto religioso.

Nos termos do art. 4.º, § 2.º, I, da CLT, o tempo que o empregado permanece na sede da empresa para participar de culto religioso, por mera liberalidade, não é considerado tempo à disposição do empregador, de forma que não gera hora extra.

Diante do exposto, requer seja julgado totalmente improcedente o pedido.

DO PEDIDO DE DEMISSÃO

A reclamante pleiteia a condenação da reclamada a conversão do pedido de demissão em rescisão sem justa causa.

Nos termos do art. 818, I, da CLT, o ônus da prova do fato constitutivo do direito é do reclamante, sendo que não comprovou a ocorrência de coação na assinatura do pedido de demissão.

Diante do exposto, requer seja julgado procedente o pedido reconvencional.

DO ACÚMULO DE FUNÇÃO

A reclamante pleiteia a condenação da reclamada ao pagamento de um "plus" salarial pelo acúmulo de função.

Nos termos do art. 456, parágrafo único, da CLT, a atividade desempenhada pela reclamante era compatível com sua condição pessoal e profissional.

Diante do exposto, requer seja julgado improcedente o pedido.

DOS PEDIDOS

Diante do exposto, requer a Vossa Excelência seja acolhida a preliminar de mérito de inépcia do pedido, bem como que seja acolhida a prescrição quinquenal para o fim de extinguir com resolução do mérito os pedidos anteriores a 15-10-2013 e, por fim, sejam julgados totalmente improcedentes os pedidos.

Requer provar o alegado por todos os meios de prova admitidos.

Requer a condenação da reclamante ao pagamento dos honorários sucumbenciais da reclamação trabalhista e da reconvenção, nos termos do art. 791-A da CLT.

Nestes termos,
Pede deferimento.
Local/Data
Advogado
OAB n. ...

3.7.7. Caso e modelo de exceção de incompetência

Considere o seguinte caso hipotético:

Valmir, que tem domicílio na cidade de Niterói/RJ, foi contratado pela empresa Floresta S/A em 16 de junho de 2015, com sede em Nova Iguaçu/RJ, para exercer a função de auxiliar de serviços gerais, recebendo como contraprestação a quantia de R$ 1.200,00, além de inúmeros benefícios.

Em julho de 2016, a empresa, tendo em vista previsão contratual expressa, determinou que Valmir fosse trabalhar na filial de Duque de Caxias/RJ para atender a uma demanda extraordinária naquela localidade, o que foi prontamente atendido, nela permanecendo até dezembro de 2016, quando retornou para Nova Iguaçu, onde ficou até ser dispensado em 16 de maio de 2017.

Embora tenha recebido suas verbas rescisórias no prazo legal, Valmir ajuizou uma ação trabalhista no local do seu domicílio, visando à condenação da reclamada no pagamento do adicional de transferência, que entende fazer jus, no período que trabalhou em Duque de Caxias/RJ.

O feito foi autuado e tramita perante a 7ª Vara do Trabalho de Niterói, sob o n. 0000001-00.2017.53.0007.

Como advogado da reclamada, atue da forma adequada, requerendo o que for de direito, sem considerar o mérito da demanda.

Vejamos a peça que deve ser redigida no caso em apreço, já que não se trata de contestação, nos termos do art. 800 da CLT.

AO JUÍZO DA 7.ª VARA DO TRABALHO DE NITERÓI – TRIBUNAL REGIONAL DO TRABALHO DO ESTADO DO RIO DE JANEIRO.

REF. PROCESSO N. 0000001-00.2017.53.0007

FLORESTA S/A., qualificação e endereço completos, vem perante Vossa Excelência, por seu advogado que ao final subscreve, apresentar

EXCEÇÃO DE INCOMPETÊNCIA TERRITORIAL

Nos termos dos arts. 651 e 800, ambos da CLT, conforme fundamentação a seguir:

DA INCOMPETÊNCIA TERRITORIAL

O art. 651 da CLT, em seu "caput", determina que as ações devem ser ajuizadas no local da prestação do serviço, mas o excepto, Sr. Valmir, de forma incorreta ajuizou a presente demanda no local de seu domicílio, sem que haja qualquer previsão legal para tanto, de modo que este juízo, notadamente, é incompetente para processar e julgar a presente demanda, vez que o local da prestação do serviço fora Nova Iguaçu.

Desta feita, com fundamento no art. 800 da CLT, o excipiente oferece, no prazo de cinco dias a contar da notificação, a presente exceção, que deve ser recebida com suspensão do processo, retirando-se de pauta o feito.

Protesta o excipiente para produção de provas, inclusive a testemunhal que, se for necessária, será ouvida por carta precatória.

Por todo o exposto, REQUER a V. Exa., que, após a manifestação do excepto, seja reconhecida a incompetência territorial acima apontada, remetendo-se os autos para Nova Iguaçu, a fim de que lá seja distribuída para seu regular processamento, assegurando-se ao excipiente a possibilidade de ouvir suas testemunhas no juízo que indica como competente.

Termos em que requer deferimento.
Local... Data...
Advogado...
OAB n. ...

3.7.8. Exceção de Suspeição ou Impedimento

O magistrado, seja de que instância for, deve ser imparcial, já que esta nuance é um dos pressupostos processuais de validade do processo, de modo que sua inobservância pode gerar vícios no processo e, no caso de sentença proferida por juiz impedido, até ação rescisória.

Assim, o ordenamento jurídico prevê hipóteses em que o juiz estará sujeito a arguição de sua parcialidade, sugerindo, desta feita, seu afastamento da relação processual que preside.

Com efeito, há casos em que o legislador presume de forma absoluta a parcialidade do juiz (*jure et de jure*, que são os casos de impedimento) e outros em que há uma presunção relativa (*juris tantum*, que são os casos de suspeição).

O CPC não exige a nomenclatura exceções, mas sim que as matérias sejam arguidas por meio de petição (de modo autônomo e não no seio da contestação, recursos por exemplo). No entanto, vamos manter a praxe e invocar qualquer uma das matérias por meio de exceções, que são defesas indiretas do processo, como se extrai do art. 799 e seguintes da CLT e art. 144 e outros do CPC, pois são dirigidas ao órgão jurisdicional, acarretando a suspensão do processo até que a questão seja decidida.

No entanto, como veremos abaixo, aplicamos o CPC de forma supletiva, em razão das notórias lacunas axiológicas e ontológicas, o que é majoritariamente aceito pela doutrina e jurisprudência.

3.7.8.1. Apresentação e Hipóteses

A Consolidação das Leis do Trabalho não faz menção à exceção de impedimento, mas tão somente a de suspeição (ambas, suspeição e impedimento questionam a imparcialidade do magistrado), como se nota da leitura do art. 801 da CLT:

> **Art. 801.** O juiz, presidente ou vogal, é obrigado a dar-se por suspeito, e pode ser recusado, por algum dos seguintes motivos, em relação à pessoa dos litigantes:
>
> a) inimizade pessoal;
>
> b) amizade íntima;
>
> c) parentesco por consanguinidade ou afinidade até o terceiro grau civil;
>
> d) interesse particular na causa.
>
> Parágrafo único: Se o recusante houver praticado algum ato pelo qual haja consentido na pessoa do juiz, não mais poderá alegar exceção de suspeição, salvo sobrevindo novo motivo. A suspeição não será também admitida, se do processo constar que o recusante deixou de alegá-la anteriormente, quando já a conhecia, ou que, depois de conhecida, aceitou o juiz recusado ou, finalmente, se procurou de propósito o motivo de que ela se originou.

Como a CLT não faz menção a exceção de impedimento, e, é demasiadamente breve nas hipóteses de suspeição, aplicamos o art. 144 do CPC que faz menção as hipóteses de impedimento e o art. 145 que cita as hipóteses de suspeição, além do disposto nos arts. 147 a 148, todos *in verbis*:

> **Art. 144.** Há impedimento do juiz, sendo-lhe vedado exercer suas funções no processo: I – em que interveio como mandatário da parte, oficiou como peri-

to, funcionou como membro do Ministério Público ou prestou depoimento como testemunha; II – de que conheceu em outro grau de jurisdição, tendo proferido decisão; III – quando nele estiver postulando, como defensor público, advogado ou membro do Ministério Público, seu cônjuge ou companheiro, ou qualquer parente, consanguíneo ou afim, em linha reta ou colateral, até o terceiro grau, inclusive; IV – quando for parte no processo ele próprio, seu cônjuge ou companheiro, ou parente, consanguíneo ou afim, em linha reta ou colateral, até o terceiro grau, inclusive; V – quando for sócio ou membro de direção ou de administração de pessoa jurídica parte no processo; VI – quando for herdeiro presuntivo, donatário ou empregador de qualquer das partes; VII – em que figure como parte instituição de ensino com a qual tenha relação de emprego ou decorrente de contrato de prestação de serviços; VIII – em que figure como parte cliente do escritório de advocacia de seu cônjuge, companheiro ou parente, consanguíneo ou afim, em linha reta ou colateral, até o terceiro grau, inclusive, mesmo que patrocinado por advogado de outro escritório; IX – quando promover ação contra a parte ou seu advogado. § 1o Na hipótese do inciso III, o impedimento só se verifica quando o defensor público, o advogado ou o membro do Ministério Público já integrava o processo antes do início da atividade judicante do juiz. § 2.º É vedada a criação de fato superveniente a fim de caracterizar impedimento do juiz. § 3.º O impedimento previsto no inciso III também se verifica no caso de mandato conferido a membro de escritório de advocacia que tenha em seus quadros advogado que individualmente ostente a condição nele prevista, mesmo que não intervenha diretamente no processo.

Art. 145. Há suspeição do juiz: I – amigo íntimo ou inimigo de qualquer das partes ou de seus advogados; II – que receber presentes de pessoas que tiverem interesse na causa antes ou depois de iniciado o processo, que aconselhar alguma das partes acerca do objeto da causa ou que subministrar meios para atender às despesas do litígio; III – quando qualquer das partes for sua credora ou devedora, de seu cônjuge ou companheiro ou de parentes destes, em linha reta até o terceiro grau, inclusive; IV – interessado no julgamento do processo em favor de qualquer das partes. § 1.º Poderá o juiz declarar-se suspeito por motivo de foro íntimo, sem necessidade de declarar suas razões. § 2.º Será ilegítima a alegação de suspeição quando: I – houver sido provocada por quem a alega; II – a parte que a alega houver praticado ato que signifique manifesta aceitação do arguido.

Art. 147. Quando 2 (dois) ou mais juízes forem parentes, consanguíneos ou afins, em linha reta ou colateral, até o terceiro grau, inclusive, o primeiro que conhecer do processo impede que o outro nele atue, caso em que o segundo se escusará, remetendo os autos ao seu substituto legal.

Art. 148. Aplicam-se os motivos de impedimento e de suspeição: I – ao membro do Ministério Público; II – aos auxiliares da justiça; III – aos demais sujeitos imparciais do processo. § 1.º A parte interessada deverá arguir o impedimento ou a suspeição, em petição fundamentada e devidamente instruída, na primeira oportunidade em que lhe couber falar nos autos. § 2.º O juiz

> mandará processar o incidente em separado e sem suspensão do processo, ouvindo o arguido no prazo de 15 (quinze) dias e facultando a produção de prova, quando necessária. § 3.º Nos tribunais, a arguição a que se refere o § 1.º será disciplinada pelo regimento interno. § 4.º O disposto nos §§ 1.º e 2.º não se aplica à arguição de impedimento ou de suspeição de testemunha.

Quando apresentada a exceção de suspeição, pela CLT, o juiz ou Tribunal designará audiência dentro de 48 (quarenta e oito) horas, para instrução e julgamento da mesma, e se julgada acolhida, tanto nas Varas quanto nos Tribunais, será desde logo convocado para a mesma audiência ou sessão, ou para a seguinte, o substituto legal, o qual continuará a funcionar no processo até decisão final, nos termos do art. 802, § 1º, da CLT, o que também se aplica caso o juiz se declare suspeito.

Entretanto, apesar da redação do preceptivo celetista acima citado, o entendimento majoritário**, como dissemos acima,** é que uma vez apresentada à exceção de suspeição ou de impedimento, vez que foram extintas as Juntas de Conciliação e Julgamento pela EC n. 24/99, o julgamento dessas exceções é de competência do Tribunal Regional do Trabalho, e não do próprio magistrado, na medida em que não haveria imparcialidade, já que é em face dele que se oferece a exceção, hipótese em que será aplicado o art. 146 do CPC, abaixo transcrito.

> **Art. 146.** No prazo de 15 (quinze) dias, a contar do conhecimento do fato, a parte alegará o impedimento ou a suspeição, em petição específica dirigida ao juiz do processo, na qual indicará o fundamento da recusa, podendo instruí-la com documentos em que se fundar a alegação e com rol de testemunhas. § 1o Se reconhecer o impedimento ou a suspeição ao receber a petição, o juiz ordenará imediatamente a remessa dos autos a seu substituto legal, caso contrário, determinará a autuação em apartado da petição e, no prazo de 15 (quinze) dias, apresentará suas razões, acompanhadas de documentos e de rol de testemunhas, se houver, ordenando a remessa do incidente ao tribunal. § 2o Distribuído o incidente, o relator deverá declarar os seus efeitos, sendo que, se o incidente for recebido: I – sem efeito suspensivo, o processo voltará a correr; II – com efeito suspensivo, o processo permanecerá suspenso até o julgamento do incidente. § 3o Enquanto não for declarado o efeito em que é recebido o incidente ou quando este for recebido com efeito suspensivo, a tutela de urgência será requerida ao substituto legal. § 4o Verificando que a alegação de impedimento ou de suspeição é improcedente, o tribunal rejeitá-la-á. § 5o Acolhida a alegação, tratando-se de impedimento ou de manifesta suspeição, o tribunal condenará o juiz nas custas e remeterá os autos ao seu substituto legal, podendo o juiz recorrer da decisão. § 6o Reconhecido o impedimento ou a suspeição, o tribunal fixará o momento a partir do qual o juiz não poderia ter atuado. § 7o O tribunal decretará a nulidade dos atos do juiz, se praticados quando já presente o motivo de impedimento ou de suspeição.

3.7.8.2. Caso para Elaboração da Peça

Alexandre O Grande ajuizou ação trabalhista em face da Faculdade Direito para Todos, vez que foi demitido e não recebeu suas verbas rescisórias, além de não ter recebido pelas horas extras prestadas e ter sofrido assédio moral. O feito foi autuado sob o n. **0000002-11.2019.43.0103 e tramita na 3ª Vara do Trabalho de Belém do Pará. Porém, ao ser designada a audiência una, o autor e seu advogado ficaram sabendo, tendo em vista que constava em um cartaz no corredor do fórum onde fica situada a Vara do Trabalho, que o juiz que iria presidir a audiência una, é também, além de juiz, professor do curso de direito da faculdade reclamada, além de lecionar nos cursos de pós-graduação e extensão da mesma instituição, o que para eles afeta sua imparcialidade. Desta feita, querem apresentar uma petição arguindo tal circunstância.**

3.7.8.3. Modelo de Peça Uniformizada

A peça abaixo pode ser utilizada tanto nos casos de arguição de suspeição como nos de impedimento, como deixamos claro acima, já que o procedimento é o mesmo.

No entanto, observe a hipótese de cada caso, para alterar as informações sobre o vício, ou seja, indicar se é caso de suspeição ou impedimento.

AO JUÍZO DA 3ª VARA DO TRABALHO DE BELÉM DO PARÁ.

REF. PROCESSO N. 0000002-11.2019.43.0103

ALEXANDRE O GRANDE (qualificar, se for o caso) vem perante Vossa Excelência, por seu advogado que ao final subscreve, apresentar

EXCEÇÃO DE SUSPEIÇÃO

nos termos dos art. 799 e seguintes da CLT, combinado com os arts. 145, III e IV e 146, ambos do CPC, conforme fundamentação a seguir:

DA SUSPEIÇÃO

Excelência, o excipiente vem por meio desta petição arguir a suspeição do juízo, tendo em vista que V. Exa. é professor do curso de direito, da pós-graduação e dos cursos de extensão na reclamada, como faz provar como cartaz que segue acostado.

Assim, é notório que a parte reclamada é sua devedora (inciso III do art. 145, CPC) e que há interesse no julgamento em favor de uma das partes, no caso a reclamada (inciso III do art. 145, CPC).

DOS REQUERIMENTOS

Desta feita, o excipiente oferece, tempestivamente, a presente exceção, que deve ser recebida com suspensão do processo, retirando-se de pauta o feito.

Requer o excipiente para produção de provas, inclusive a testemunhal, qual seja...

Por todo o exposto, REQUER a V. Exa., que, caso não se declare suspeito, autue em apartado a presente petição e, após suas razões, remeta os autos ao Eg. TRT para processamento e julgamento.

Termos em que requer deferimento.
Local... Data...
Advogado...
OAB n. ...

4. RECURSOS E PROCESSO DE EXECUÇÃO

4.1. Recurso ordinário

4.1.1. Apresentação

O recurso ordinário é **uma das peças mais importantes em se tratando de 2ª fase do Exame de Ordem em direito do trabalho.** Sabe-se que pelas estatísticas de provas anteriores, fora o único recurso exigido, o qual está previsto no art. 895 da CLT.

Conhecer o recurso ordinário em sua profundidade é indispensável para lograr êxito no Exame da OAB e isso significa estudar as suas hipóteses de cabimento, requisitos de admissibilidade e procedimento, pois todos esses requisitos são indispensáveis para a redação de um bom recurso ordinário.

Na redação de tal espécie recursal, o examinando deve demonstrar o preenchimento dos requisitos de admissibilidade, em especial, tempestividade, interesse recursal, legitimidade, cabimento e preparo (custas e/ou depósito recursal), o que é possível se fazer mediante pequenas expressões, ao longo do texto, tais como: *tempestividade, parte vencida, tendo em vista a sentença que rejeitou os pedidos do ora recorrente,* dentre outros.

Além disso, o candidato terá que se acostumar, quando da redação de um recurso, que este possui duas peças (e isso é um dos motivos que leva o recurso a ser uma peça mais trabalhosa), sendo a primeira peça denominada *petição de interposição (ou folha de rosto)* e a segunda *petição das razões.* A primeira endereçada ao órgão prolator da decisão, enquanto que a segunda ao órgão que irá, caso conhecido o recurso, julgar o mesmo.

Todos os requisitos serão estudados com detalhes a partir desse momento, de maneira que o candidato tenha pleno conhecimento da matéria e logre êxito na Prova da OAB, conquistando a tão sonhada "Carteira Vermelha".

4.1.2. Requisitos de admissibilidade

4.1.2.1. Cabimento

Para fins de 2ª fase da OAB, prova de Direito do Trabalho, o pressuposto (ou requisito) de admissibilidade mais importante é o cabimento, pois por meio dele saberemos se é ou não hipótese de redigir um recurso ordinário. As dicas serão estudadas com mais detalhes no item "Como identificar a peça".

As hipóteses de cabimento do recurso ordinário podem ser assim divididas:

- Previstas no art. 895 da CLT:
  - Inciso I: **trata-se da hipótese de cabimento geralmente cobrada nas Provas da OAB,** por ser a mais comum. Segundo o inciso I do art. 895 da CLT, caberá recurso ordinário **de sentença,** seja definitiva (aquela que resolver o mérito) com procedência total ou parcial, seja terminativa (que não resolve o mérito). Sendo proferida uma sentença em 1ª instância (Vara do Trabalho), caberá recurso ordinário, pouco importante se a demanda tramitou pelo rito sumaríssimo (até 40 salários mínimos), ordinário ou especial, com inquérito para apuração de falta grave, ação de cumprimento, mandado de segurança etc. Nessa hipótese, é interposto perante a Vara do Trabalho e julgado pelo TRT. **EM SÍNTESE, CABE RECURSO ORDINÁRIO, NESSE CASO, DE SENTENÇA.**
  - Inciso II: apesar de não ser comum a sua cobrança em Exames de Ordem, **merece atenção redobrada**, pois por não ser usual, em provas, tende a ser esquecido. Segundo disposição legal, **cabe recurso ordinário do acórdão do TRT que julga as demandas de competência originária daquele tribunal,** ou seja, naquelas ações que são ajuizadas diretamente perante o Tribunal Regional do Trabalho, tais como ações rescisórias, dissídios coletivos, mandados de segurança etc. **EM SÍNTESE, CABE RECURSO ORDINÁRIO, NESSE CASO, DE ACÓRDÃO.**
    - Obs.: Cuidado com as regras de competência, pois:
    - Os dissídios coletivos podem ser ajuizados perante o TRT e TST, sendo que apenas na primeira hipótese será interposto recurso ordinário do acórdão proferido.
    - Os mandados de segurança podem ser impetrados perante a Vara do Trabalho, TRT e TST. Na Vara do Trabalho, da sentença caberá recurso ordinário com fulcro no art. 895, I, da CLT. No TRT, também caberá recurso ordinário, mas com base no art. 895, II, da CLT. **No TST, não caberá recurso ordinário.**
    - As tutelas cautelares seguem as mesmas regras do mandado de segurança, acima dispostas, quando for o caso.

- A ação rescisória pode ser ajuizada perante o TRT e TST, sendo que apenas na primeira hipótese será interposto recurso ordinário do acórdão proferido. **Não há competência de Vara do Trabalho (1ª instância) para julgar ação rescisória.**
- Cuidado, pois é possível que caiba recurso ordinário para o TRT quando a sentença for proferida por juiz estadual, desde que este esteja na competência trabalhista (**art. 112, CF**).

- Em face de decisões interlocutórias que reconhecem a incompetência da Justiça do Trabalho: **Trata-se de exceção à regra da irrecorribilidade imediata das interlocutórias,** previsto no art. 893, § 1º, da CLT. Apesar de estarmos diante de decisão interlocutória, será passível o recurso de imediato, *in casu*, o recurso ordinário. O entendimento que se deve ter é esse: apesar de ser uma decisão interlocutória, ao reconhecer a incompetência absoluta da Justiça do Trabalho, o juiz determina a remessa dos autos para "outra justiça", sendo, portanto, **final** para a Justiça do Trabalho.
- Hipóteses da Súmula 214 do TST: a alínea *c* da súmula em comento trata de importante e fácil hipótese de interposição do recurso ordinário. A súmula trata do julgamento de arguição de incompetência territorial, já estudada, em que se remetem os autos para Vara do Trabalho pertencente (vinculada) a Tribunal Regional do Trabalho diverso. Para esclarecer, têm-se os seguintes exemplos (considere que o TRT 17ª Região possui competência em todo o Estado do Espírito Santo):
  - Ação trabalhista ajuizada em Vitória/ES, com arguição de incompetência relativa (declinatória do foro) e acolhimento pelo juiz, com determinação de remessa para Aracruz/ES. Nessa hipótese, **não cabe qualquer recurso**, pois as duas Varas (Vitória e Aracruz) estão vinculadas ao mesmo TRT.
  - Ação trabalhista ajuizada em Vitória/ES, com arguição de incompetência relativa (declinatória do foro) e acolhimento pelo juiz, com determinação de remessa para o Rio de Janeiro/RJ. Nessa hipótese, **CABE RECURSO ORDINÁRIO**, pois as Varas (Vitória e Rio de Janeiro) **estão vinculadas a Tribunais Regionais do Trabalho diferentes.**
    - **Obs.:** Nessa última hipótese, a decisão que determina a remessa dos autos para o Rio de Janeiro/RJ **não é sentença**, e sim decisão interlocutória (de natureza terminativa de jurisdição), mas o TST reconhece o cabimento de recurso e, na hipótese, **cabe o recurso ordinário para o TRT da 17ª Região, já que a Vara do Trabalho de Vitória está a ele subordinado.**

Ao redigir um recurso ordinário, é praxe fazer menção aos dispositivos que disciplinam o cabimento, afirmando, por exemplo: "vem perante Vossa Excelência, com base no art. 895, I, da CLT, interpor recurso ordinário em face da r. sentença, que julgou improcedentes os pedidos formulados [...]".

4.1.2.2. Interesse recursal e legitimidade

O interesse recursal manifesta-se pela indicação de que a decisão foi desfavorável, total ou parcialmente, ao recorrente, sendo essa a razão de seu inconformismo, relatado no recurso que se interpõe. O recurso é interposto por alguém vencido, ou seja, prejudicado, que geralmente é o autor (no caso de improcedência ou procedência parcial) ou réu (no caso de procedência total ou parcial).

Aproveitando o ensejo, é importante destacar que a utilização de termos técnicos é extremamente importante para o candidato, pois demonstra ao examinador o conhecimento das normas de direito processual. Assim, **não se deve afirmar que a ação foi julgada procedente ou, pior ainda, que a causa foi julgada "assim ou assado"**, já que o que é julgado pelo Magistrado é o pedido ou são os pedidos formulados na petição inicial. Ação é direito abstrato, portanto, não é tal direito julgado. Assim sendo, ao se afirmar que houve a procedência, parcial procedência ou improcedência, lembre-se dos **PEDIDOS.**

Voltando aos pressupostos de admissibilidade, o art. 996 do CPC destaca que a *parte vencida, o terceiro prejudicado e o Ministério Público, como parte ou fiscal da ordem jurídica*, podem interpor recursos. O dispositivo, ao tratar da legitimidade, ou seja, de **quem pode recorrer**, também tratou do interesse processual, pois afirmou que **a parte é vencida, o terceiro é prejudicado e o Ministério Público verificou que houve violação da ordem jurídica.**

Os termos *vencido* e *prejudicado* demonstram que houve **sucumbência** daqueles, caracterizando a necessidade de recorrer para buscar uma situação jurídica melhor no processo.

Porém, parte vencida nem sempre é a que sucumbiu, pois pode ser que o juiz tenha extinto o processo sem resolução do mérito e, mesmo a reclamada não tendo perdido, pode ter interesse em recorrer para que o tribunal afaste a causa que determinou a extinção do processo e reconheça a prescrição bienal, por exemplo, vez que neste caso fará coisa julgada material.

Em exames de OAB, geralmente quem recorre são as partes (reclamante e reclamado), sendo que o candidato redige o recurso ordinário na qualidade de advogado de um deles e, via de regra, pelo reclamado (réu na reclamação trabalhista).

4.1.2.3. Tempestividade

O recurso ordinário será interposto no prazo de oito dias da intimação da decisão recorrida (art. 895 da CLT). Na petição de interposição é rotineiro afirmar que o apelo é tempestivo. Apenas isso!

4.1.2.4. Preparo

O preparo do recurso trabalhista é um pouco diferente dos recursos interpostos com base no CPC, pois na seara trabalhista aquele não engloba apenas as custas processuais, ante a previsão da existência do **depósito recursal. Logo, preparo *pode* significar custas + depósito**, cujo valor máximo é definido por ato da Presidência do TST, que anualmente atualiza seu valor.

Dissemos que ***pode*** significar custas + depósito, pois o preparo possui as seguintes variantes:

- consistirá em **custas + depósito** se o recorrente for a empresa ou tomadora de serviços, quando houver condenação em pecúnia (Súmula 161 do TST);
- consistirá **apenas em custas** se o recorrente for o empregado ou trabalhador, ou até mesmo no caso de procedência do pedido formulado em ação declaratória, sendo que neste caso as custas correm por conta da reclamada;
- pode haver a **isenção das custas** se o recorrente for o empregado e tiver sido deferida a justiça gratuita, conforme o art. 790, § 3º, da CLT, hipótese em que o recurso será interposto de modo **gratuito.**
- **se o recorrente for entidade sem fins lucrativos, empregador doméstico, microempreendedor individual, microempresas e empresas de pequeno porte, o depósito recursal deverá ser reduzido à metade.**
- **se o recorrente for beneficiário da justiça gratuita, entidades filantrópicas ou empresa em recuperação judicial ficará isento.**

Tais informações devem constar na petição de interposição, hipótese em que o candidato deverá afirmar que:

- foi realizado o pagamento das custas e depósito recursal, **conforme comprovantes** anexos, se o recorrente for empresa;
- foi realizado **apenas o pagamento das custas, haja vista que o reclamante é isento de depósito recursal.**
- não foi realizado o pagamento das custas ou depósito recursal, pois houve o deferimento do benefício da justiça gratuita, conforme o § 4º do art. 790 da CLT.
  - **Obs.:** tecnicamente *assistência judiciária gratuita* e *justiça gratuita* são institutos diversos, pois o primeiro está ligado à representação do obreiro pelo Sindicato da categoria, e o segundo trata da isenção de custas processuais, mesmo a parte representada por Advogado particular.

4.1.3. Procedimento

Os aspectos que devem ser destacados acerca do procedimento do recurso ordinário são apenas aqueles que interessam ao candidato quanto da redação do apelo. O principal requisito relacionado ao procedimento, que deve ser externado no recurso ordinário é a competência. Por serem **duas peças, uma de interposição e a outra das razões,** o cuidado deve ser redobrado. As seguintes regras devem ser seguidas:

- **Petição de interposição:** no procedimento do recurso ordinário, o apelo é apresentado perante o *juízo a quo*, que é aquele que proferiu a decisão recorrida, impugnada, podendo ser:
  - **Vara do Trabalho,** se o recorrente estiver impugnando uma sentença ou decisão interlocutória recorrível de imediato. Nessa hipótese, o endereçamento da peça será feita ao *Juízo da... Vara do Trabalho de...*, lembrando que devem ser utilizados os dados constantes do problema ou deixados os espaços em branco caso inexistem referidos dados, **sob pena de identificação da peça**. Dados como *vara, número do processo, local* **não devem ser inventados. JAMAIS INVENTE DADOS NÃO INFORMADOS PELA BANCA!**
  - **Desembargador Relator do TRT**, se o recorrente estiver impugnando um acórdão, na hipótese de interposição do art. 895, II, da CLT. O recurso ordinário, que nessa hipótese será julgado pelo TST, é interposto perante o TRT, endereçado ao relator da demanda na qual foi proferida decisão impugnada.
- **Petição das razões:** a petição das razões é endereçada ao juízo *ad quem,* que pode ser o TRT ou TST, órgãos que analisarão os fundamentos do recorrente, julgando provido ou improvido o recurso (dando ou negando provimento ou até mesmo dando provimento em parte), reformando/anulando ou mantendo, respectivamente, a decisão recorrida. É costume na petição das razões afirmar: Egrégio Tribunal (TRT); Colendo Tribunal (TST); Nobres Julgadores (ambos); Eminentes Desembargadores (TRT) etc.

4.1.4. Como identificar a peça

A identificação da peça, numa prova de 2ª fase da OAB, é relativamente simples, caso o candidato se lembre de todas as hipóteses de cabimento que foram estudadas. O problema fará menção a:

- **Decisão interlocutória proferida:** decisão interlocutória "terminativa do feito", ou seja, que reconhece a incompetência da Justiça do Trabalho.
- **Sentença proferida:** hipótese mais comum, podendo ser com ou sem resolução do mérito.
- **Acórdão proferido:** na hipótese de ação de competência originária do TRT (dissídio coletivo, mandado de segurança, ação rescisória etc.).

Assim, se o problema disser que foi proferida uma daquelas decisões e que você, na qualidade de Advogado da parte prejudicada, deve agir, **certamente a redação de um recurso ordinário será a resposta correta.**

Os problemas constantes da Prova da OAB, em que se exige a redação de um recurso ordinário, geralmente **são os maiores, pois o examinador, além de afirmar que foi ajuizada ação trabalhista com os pedidos A, B e C, dirá que a defesa contemplou os fundamentos X, Y e Z e que o Magistrado julgou "desse ou daquele modo".** Contudo, não se assuste com o tamanho, pois a redação de recurso ordinário não é difícil, como veremos nos tópicos abaixo.

4.1.5. Espécies de vícios atacados por meio do recurso e pedido específico

Duas são as espécies de vícios que uma decisão judicial pode conter e que ensejam a interposição de recurso: *error in procedendo* e *erros in judicando*. Distinguir e, principalmente, identificar tais vícios é de grande importância para o candidato, pois o pedido a ser feito no recurso – reforma ou anulação – depende do vício que foi arguido anteriormente. A relação que se deve fazer é a seguinte:

Vício	Pedido
Error in procedendo	**Anulação** dos atos posteriores ao vício
Error in judicando	**Reforma** da decisão impugnada

O que significa dizer que houve *error in procedendo?* Significa que algum ato processual não foi realizado conforme preveem as normas legais. **Houve, portanto, um equívoco no procedimento,** como ocorre quando a citação é nula, quando uma das partes não é intimada, quando a testemunha não é ouvida embora a prova fosse necessária e a sentença prejudica a parte exatamente em razão de não ter produzido a prova, dentre outros. Neste caso, fazem-se tais arguições por meio de um tópico denominado preliminar de nulidade, como por exemplo, cerceamento do direito de defesa etc.

O que significa dizer que houve *error in judicando?* O *error in judicando* é o erro do magistrado ao decidir. Pelo conjunto probatório deveria julgar procedente, mas julgou improcedente. Entendeu que a testemunha afirmou a existência do vínculo de emprego e assim concluiu, que o vínculo não existiu. **Trata-se de equívoco no momento de julgar. Os atos processuais foram realizados corretamente, mas no momento de aplicar a norma jurídica, ao dizer se o autor tinha ou não razão no que pedia, errou o Juiz. Ocorre ainda quando o juiz julga, por exemplo, fora ou além do que fora pedido.**

Observação: É bom lembrar que este recurso também é dotado de efeito apenas devolutivo, de modo que se for necessário buscar o efeito suspensivo, deve ser feito um requerimento expresso dirigido ao tribunal, ao relator ou ao presidente ou ao vice-presidente do tribunal recorrido, por aplicação subsidiária do art. 1.029, § 5º, do CPC, conforme Súmula 414, item I, segunda parte.

4.1.6. Fundamentos mais comuns

No quadro abaixo são listados alguns fundamentos que podem servir de base para o recurso ordinário a ser redigido pelo candidato, levando-se em consideração as estatísticas das provas anteriores.

Pedido formulado na petição inicial	Decisão judicial	Fundamento do recurso
Dano moral	Procedência em razão de revista em bolsas do empregado	Art. 5º, X, da CF/88 e art. 186 do CC, vez que este tipo de revista não viola direitos da personalidade.
Periculosidade	Procedência em razão de praticar atividades perigosas sem prova pericial.	Art. 195, § 2º, da CLT, aduzindo que a prova pericial é imprescindível.
Reconhecimento do vínculo de emprego	Improcedência, pois o reclamante trabalhava em casa.	O art. 6º da CLT não distingue entre trabalho realizado em casa ou na empresa.
Reintegração do membro do conselho fiscal do sindicato	Procedência, por reconhecer que o dirigente sindical possui estabilidade	OJ n. 365 da SDI-1 do TST. O membro do conselho fiscal não possui estabilidade.
Condenação ao pagamento de horas extraordinárias	Improcedência, pois havia compensação tácita.	Nos termos da Súmula 85 do TST, o sistema de compensação, mesmo que semanal, deve ser ajustado por escrito.
Equiparação salarial	Procedência, uma vez que o autor passou a exercer cargo que estava desocupado.	Súmula 159, II, vez que o ocupar de cargo vago não gera direito ao mesmo salário do anterior.
Equiparação salarial	Improcedência, já que reclamante e paradigma trabalham com diferença superior a dois anos na mesma empresa.	A diferença de dois anos deve ser na função e não na empresa, que deve ser não superior a quatro anos.
Condenação ao pagamento das verbas rescisórias	Procedência, condenando-se ao pagamento de aviso-prévio, 13º proporcional, férias proporcionais + 1/3 e multa do FGTS.	A rescisão do contrato foi por justa causa, perdendo o direito às verbas, conforme a Súmula 73 do TST.

4.1.7. Estrutura da peça

Conforme já salientado anteriormente, **duas são as peças a serem desenvolvidas**, a saber: **petição de interposição** e **petição das razões**, conforme quadros abaixo:

- PETIÇÃO DE INTERPOSIÇÃO:

1. Competência: endereçamento à Vara do Trabalho que proferiu a decisão impugnada. *Ao Juízo da 3ª Vara do Trabalho de Vitória.*

2. Número do processo: menção ao número do processo.

3. Qualificação da parte recorrente: não há necessidade de qualificar novamente, pois já consta na petição inicial ou contestação. **Basta o nome e a informação "já devidamente qualificado nos autos".**

4. Nome do recurso que está sendo interposto e fundamento legal: afirmação de que está **interpondo** o RECURSO ORDINÁRIO, com fulcro no art. 895, I (por exemplo), da CLT.

5. Qualificação da parte recorrida: não há necessidade de qualificar novamente, pois já consta na petição inicial ou contestação. **Basta o nome e a informação "também qualificado nos autos".**

6. Informações acerca da admissibilidade, em especial o preparo, quando for o caso: "Estão presentes todos os pressupostos de admissibilidade, intrínsecos e extrínsecos, em especial o preparo, como comprova com as guias de pagamento das custas e depósito recursal". Atenção, pois pode não haver preparo, caso em que o candidato terá que informar o motivo do não pagamento das despesas.

7. Requerimentos: "Requer a intimação do recorrido para, querendo, apresentar contrarrazões e, após regular processamento, sejam os autos remetidos à instância *ad quem* para julgamento do mérito do recurso".

8. Fechamento: Nestes termos, requer deferimento.

9. Data, local e assinatura/OAB: caso o problema traga tais dados, devem ser fielmente assinaladas. Caso contrário, nenhum dado deve ser inventado, sob pena de identificação da prova, o que acarretará a atribuição da nota zero.

- PETIÇÃO DAS RAZÕES:

1. Indicação do processo, partes e origem: número do processo, nome do recorrente, nome do recorrido e origem do processo (3ª Vara do Trabalho de São Paulo/SP).

2. Menção aos julgadores: Egrégio Tribunal, Eminentes Julgadores (por exemplo).

3. Fundamentos do recurso: indicação do equívoco da decisão que, conforme já exposto, pode ser um *error in procedendo* ou um *error in judicando*. Deve-se explicitar como foi a decisão e como deveria ser, comparando a norma jurídica de forma a deixar claro que a decisão está errada e, por isso, deve ser reformada/anulada.

4. Requerimentos: Seja o recurso ADMITIDO e PROVIDO para reformar/anular a decisão recorrida, tendo em vista o *error in judicando/procedendo* demonstrado na fundamentação.

5. Fechamento: Nestes termos, requer deferimento.

6. Data, local e assinatura/OAB: caso o problema traga tais dados, devem ser fielmente assinaladas. Caso contrário, nenhum dado deve ser inventado, sob pena de identificação da prova, o que acarretará a atribuição da nota zero.

Obs.: Abaixo seguem dois casos de provas anteriores, os quais serão por nós utilizados para elaboração dos modelos de peças inerentes ao Recurso Ordinário.

4.1.7.1. Questões de provas anteriores/Questão simulada

1. **(XIX Exame Unificado FGV)** Você foi contratado(a) como advogado(a) pela sociedade empresária Sandália Feliz Ltda., que lhe exibe cópia de sentença prolatada pelo juízo da 50ª Vara do Trabalho de Vitória/ES (processo 123, movido por Valentino Garrido, brasileiro, solteiro, auxiliar de estoque) e publicada no dia anterior, na qual o juiz reconheceu que, após o pagamento das verbas resilitórias, houve acordo e outro pagamento de R$ 2.000,00 perante uma Comissão de Conciliação Prévia (CCP) criada na empresa, sem ressalva, mas rejeitou a preliminar suscitada pela ré, compreendendo que a realização do acordo na CCP geraria como efeito único a dedução do valor pago ao trabalhador. Sobre o pedido de duas horas extras diárias, o juiz as deferiu porque foi confessada a sobrejornada pelo preposto, determinando, ainda, a sua integração nas demais verbas (13º salário, férias, FGTS e repouso semanal remunerado), e, em relação ao repouso semanal majorado pelas horas extras deferidas, sua integração no 13º salário e nas férias. O juiz deferiu outros 15 minutos de horas extras pela violação a artigo da CLT, que garante esse intervalo antes do início de sobrejornada. O juiz deferiu indenização por dano estético de R$ 5.000,00 porque o trabalhador caiu de uma alta escada existente no estoque e, com o violento impacto sofrido na queda, teve a perda funcional de um dos rins, conforme Comunicação de Acidente do Trabalho (CAT) emitida. O magistrado determinou que os juros observassem a Taxa Selic, conforme requerido na prefacial. Diante do que foi exposto, elabore a medida judicial adequada para a defesa dos interesses da sociedade empresária. As custas foram fixadas em R$ 200,00 sobre o valor arbitrado à condenação de R$ 10.000,00.

2. **(XVI Exame Unificado FGV)** A sociedade empresária Pedreira TNT Ltda. foi condenada em 1º grau na reclamação trabalhista movida pelo ex-empregado Gilson Cardoso de Lima (Processo 009000-77.2014.5.12.0080), oriundo da 80ª Vara do Trabalho de Florianópolis. Na sentença, depois de reconhecido que o reclamante trabalhou na pedreira por 6 meses, o juiz deferiu adicional de periculosidade na razão de 50% sobre o salário básico, pois a perícia realizada nos autos detectou a existência de risco à vida (contato permanente com explosivos); determinou o depósito do FGTS no período de 2 meses em que o empregado esteve afastado por auxílio-doença previdenciário (código B-31); deferiu a multa do art. 477, § 8º, da CLT, porque o pagamento das verbas devidas pela extinção do contrato foi feito na sede da empresa, não tendo sido homologado no sindicato de classe ou autoridade do Ministério do Trabalho e Emprego; deferiu dano moral, determinando que juros e correção monetária fossem computados desde a data do ajuizamento da ação, e deferiu, com base no art. 1.216 do Código Civil, indenização pelo frutos de má-fé percebidos pela sociedade empresária porque ela permaneceu com dinheiro que pertencia ao trabalhador.

Diante do que foi exposto, elabore a medida judicial adequada para a defesa dos interesses da sociedade empresária.

As custas foram fixadas em R$ 200,00 sobre o valor arbitrado à condenação de R$ 10.000,00.

3. **(XXIV Exame de Ordem – FGV)** Foi prolatada sentença nos autos da ação 9.876, movida por Maria das Graças em face da sociedade empresária Editora Legal Ltda., que tramita perante a 100ª Vara do Trabalho de Goiânia/GO. Na demanda, a reclamante informou ter sido empregada da ré de agosto de 2015 a janeiro de 2017, quando pediu demissão. Houve regular contestação e instrução. Na sentença, o juiz julgou improcedente o pedido de dano existencial pela extensa jornada alegadamente cumprida e procedente o pedido de uma hora extra com adicional de 80% pelo intervalo intrajornada violado, uma vez que a sociedade empresária concedia apenas 30 minutos e que, a despeito de haver nos autos autorização do Ministério do Trabalho para a redução, isso não seria previsto em lei. Julgou, ainda, improcedente o pedido de horas de prontidão, porque a trabalhadora não permanecia nas instalações da empresa fora do horário de trabalho, e procedente o pedido de reintegração, porque a empregada comprovou documentalmente que, por ocasião da ruptura do contrato, estava grávida. O juiz julgou procedente o pedido de horas de sobreaviso, porque a trabalhadora permanecia com celular da empresa permanentemente ligado, inclusive fora do horário de serviço, e deferiu adicional de insalubridade em grau médio (30% sobre o salário mínimo), porque ficou comprovado por perícia que a autora manuseava produtos químicos na editora para realizar as impressões. O magistrado julgou procedente o pedido de recolhimento do INSS do período trabalhado, que não foi feito pelo empregador, conforme comprovado pelo Cadastro Nacional de Informações Sociais (CNIS) e julgou improcedente o pedido de adicional de transferência, porque a alteração de local de trabalho não gerou mudança de domicílio da autora. Na sentença, publicada em setembro de 2017, o juiz ainda julgou procedente em parte o pedido de adicional noturno porque comprovado, pelo depoimento do preposto, que a autora trabalhava das 16 h às 23 h, motivo pelo qual condenou a ré a pagar o adicional de 25% entre 22 h e 23 h. O magistrado também deferiu a integração ao salário do valor do plano dental concedido gratuitamente à reclamante, com as repercussões daí advindas, ao argumento de que isso não poderia ser confundido com plano de saúde (este sim, que não sofreria integração). Documentos juntados pelas partes: contracheques, cartões de ponto, TRCT, autorização do Ministério do Trabalho para a redução do intervalo e CNIS. Como advogado(a) contratado(a) pela sociedade empresária e considerando que a sentença não possui vícios nem omissões, elabore a peça jurídica em defesa dos interesses dela.

4. **(XXV Exame de Ordem – FGV – reaplicação Porto Alegre)** Raíssa trabalhou como técnica de segurança do trabalho para a sociedade empresária Mineradora Dinamite Ltda., de 10-09-2009 a 18-03-2017, quando foi dispensada sem justa causa e recebeu a indenização devida pela ruptura do pacto laboral, tudo antes da reforma trabalhista (Lei n. 13.467/2017). A empregada em questão sempre recebeu salário equivalente a três mínimos mensais. Contudo, Raíssa achava que diversos dos seus direitos haviam sido desrespeitados ao longo do contrato, motivo pelo qual ajuizou, em 15-05-2017, reclamação trabalhista contra o ex-empregador e a

Mineradora TNT Ltda., do mesmo grupo econômico, requerendo diversas parcelas. A demanda foi distribuída para a 90ª Vara do Trabalho de Curitiba, recebeu o número 121314, foi devidamente contestada e instruída. Na sentença, haja vista a prejudicial de prescrição parcial, o juiz declarou prescritos os direitos anteriores a 15-05-2013 e, no mérito, analisando os pedidos formulados, julgou procedente o pedido de hora *in itinere*, deferiu adicional de periculosidade na razão de 30% sobre o salário mínimo, indeferiu a reintegração postulada porque a autora, confessadamente, era membro indicado da CIPA, deferiu o adicional de transferência na razão de 20% do salário no período de cinco meses, nos quais a trabalhadora foi deslocada para outra unidade da empresa e teve de mudar seu domicílio. Julgou procedente o pedido de dobra das férias, por que não fruídas no período concessivo, indeferiu a retificação da anotação de dispensa para computar o aviso prévio porque ele foi indenizado e, assim, não seria considerado para este fim específico. Reconheceu, ainda, que a trabalhadora somente fruiu de 20 minutos para refeição, quando o correto seria uma hora diante da jornada cumprida, daí porque deferiu o pagamento de 40 minutos de horas extras com adicional de 50%, mas sem integrações, diante da sua natureza indenizatória. Foram indeferidas, ainda, a verba quinquênio, porque não prevista na norma coletiva da categoria da autora, a devolução do valor do EPI cobrado parcialmente da empregada no contracheque, porque isso beneficia o obreiro e não há vedação legal desta cobrança, o pagamento do vale transporte porque a empresa afirmou que a trabalhadora não pretendia fazer uso desse direito e o ônus da prova que, segundo ele, convergiu para a reclamante, que dele não se desvencilhou com sucesso. Por fim, reconheceu a existência de grupo econômico e condenou a sociedade empresária Mineradora TNT Ltda. de forma subsidiária, na forma da Súmula 331 do TST. Considerando que a sentença não possui vícios nem omissões, como advogado(a) contratado(a) pela trabalhadora, elabore a peça jurídica em defesa dos interesses dela. (Valor: 5,00)

5. **(XXVI Exame de Ordem – FGV)** A sociedade empresária Ômega procura você, exibindo sentença prolatada em reclamação trabalhista movida por Fabiano que tramita perante a 100ª Vara do Trabalho de Maceió/AL. Nela, o magistrado, em síntese, rejeitou preliminar suscitada pela empresa e determinou o recolhimento do INSS relativo ao período trabalhado mês a mês, para fins de aposentadoria, já que restou comprovado que a empresa descontava a cota previdenciária, mas não a repassava ao INSS; rejeitou preliminar suscitada e desconsiderou que a empresa havia feito um acordo em outro processo movido pelo mesmo empregado, homologado em juízo, no qual pagou o prêmio de assiduidade, condenando-a novamente ao pagamento dessa parcela; rejeitou preliminar suscitada pela empresa e desconsiderou que em relação às diárias postuladas, o autor tinha, comprovadamente, outra ação em curso com o mesmo tema, que se encontrava em grau de recurso; extinguiu o feito sem resolução do mérito em relação a um pedido de devolução de desconto, porque não havia causa de pedir; não acolheu a prescrição parcial porque ela foi suscitada pelo advogado em razões finais, afirmando o magistrado que deveria sê-lo apenas na contestação, tendo ocorrido preclusão; deferiu a reintegração do ex-empregado, Fabiano, porque ele foi eleito presidente da Associação de Leitura dos empregados da empresa, entidade criada pelos próprios empregados, sendo que a dispensa ocorreu em dezembro de 2017, no decorrer do mandato do reclamante; indeferiu o pedido de vale-transporte, porque o reclamante se deslocava para o trabalho e dele retornava a pé; deferiu indenização por dano moral, porque, pelo confessado atraso no pagamento dos salários dos últimos 3 meses do contrato de trabalho, o empregado teve seu nome inscrito em cadastro restritivo de crédito, conforme certidão do Serasa juntada pelo reclamante demonstrando a inserção do nome do empregado no rol de maus pagadores em novembro de 2015; deferiu a entrega de uma carta de referência para facilitar o autor na obtenção de nova colocação, caso, no futuro, ele viesse a querer se empregar em outro lugar; indeferiu a integração da alimentação concedida ao empregado, porque a empresa aderira ao Programa de Alimentação do Trabalhador durante todo o contrato de trabalho; deferiu o pagamento da participação nos lucros prevista na convenção coletiva da categoria, nos anos de 2012 e 2013, pois confessadamente não havia sido paga; indeferiu o pedido de anuênio, porque não havia previsão legal nem no instrumento da categoria do autor; deferiu o pagamento da diferença de férias, porque o empregado não fruiu 30 dias úteis no ano de 2016, como garante a Lei. A sociedade empresária apresenta a ficha de registro de empregados do reclamante, na qual se verifica que ele havia trabalhado de 08-07-2007 a 20-10-2017, sendo que, nos anos de 2012 a 2014, permaneceu afastado em benefício previdenciário de auxílio-doença comum (código B-31); a ficha financeira mostra que o empregado ganhava 2 salários mínimos mensais e exercia a função de auxiliar de manutenção de equipamentos, fazendo eventuais viagens para verificação de equipamentos em filiais da empresa. Diante disso, como advogado(a) da ré, redija a peça prático-profissional pertinente ao caso para a defesa dos interesses do seu cliente em juízo, ciente de que a ação foi ajuizada em 30-10-2017 e que, na sentença, não havia vício ou falha estrutural que comprometesse sua integridade. (Valor: 5,00).

6. **(XXXI Exame de Ordem – FGV)** Débora Pimenta trabalhou como auxiliar de coveiro na sociedade empresária Morada Eterna Ltda., de 30-03-2018 a 07-01-2019, quando foi dispensada sem justa causa, recebendo, por último, o salário de R$ 1.250,00 mensais, conforme anotado na CTPS. Em razão disso, ela ajuizou reclamação trabalhista em face da sociedade empresária. A ação foi distribuída ao juízo da 90ª Vara do Trabalho de Teresina/PI, recebendo o número 0050000-80.2019.5.22.0090. Débora formulou vários pedidos, que assim foram julgados: o juízo declarou a incompetência material da Justiça do Trabalho para apreciar o pedido de recolhimento do INSS do período trabalhado; foi reconhecido que a jornada se desenvolvia de 2ª a 6ª feira, das 10 às 16 horas, com intervalo de 10 minutos para refeição, conforme confessado pelo preposto em interrogatório, sendo, então, deferido o pagamento de 15 minutos com adicional de 50%, em razão do intervalo desrespeitado, e reflexos nas demais verbas salariais; não foi reconhecido o salário oficioso de mais R$ 2.000,00 alegado na petição inicial, já que o julgador entendeu não haver prova de qualquer pagamento "por fora"; foi deferido o pagamento de horas extras pelos feriados, conforme requerido pela trabalhadora na inicial, que pediu extraordinário em "todo e qualquer feriado brasileiro", sendo rejeitada a preliminar suscitada na defesa contra a forma desse pedido; foi deferida indenização de R$ 6.000,00 a título de dano moral por acidente do trabalho em razão de doença degenerativa da qual a trabalhadora foi vítima, conforme laudos médicos juntados aos autos; foi indeferido o pagamento de adicional noturno, já que a autora não comprovou que houvesse enterro, ou preparação para tal fim, no período compreendido entre 22 e 5 horas; foi deferido o pagamento do vale-transporte em todo o período trabalhado, sendo que, na instrução, o magistrado indeferiu a oitiva de duas testemunhas trazidas pela sociedade empresária, que seriam ouvidas para provar que ela entregava o valor da passagem em espécie diariamente à trabalhadora; foi julgado procedente o pedido de devolução em dobro, como requerido na exordial, de 5 dias de faltas justificadas por atestados médicos, pois a preposta reconheceu que a empresa se negou a aceitar os atestados porque não continham CID (Classificação Internacional de Doenças); foi deferido o pagamento correspondente a 1 cesta básica mensal, porque sua entrega era prevista na convenção coletiva que vigorou no ano anterior (de janeiro de 2017 a janeiro de 2018) e, no entendimento do julgador, uma vez que não houve estipulação de uma nova norma coletiva, a anterior foi, automaticamente, prorrogada no tempo; foram deferidos honorários advocatícios em favor do advogado da autora na razão de 20% da liquidação e, em favor do advogado da ré, no importe de 10% em relação aos pedidos julgados improcedentes. Diante disso, na condição de advogado da ré, redija a peça prático-profissional para a defesa dos interesses da sua cliente em juízo, ciente de que, na sentença, não havia vício ou falha estrutural que comprometesse sua integridade. (Valor: 5,00)

4.1.8. Modelo da peça

AO JUÍZO DA 5.ª VARA DO TRABALHO DE VITÓRIA

REF. PROCESSO N. ...

EMPRESA ALPHA SERVIÇOS LTDA., já devidamente qualificada nos autos do processo em epígrafe, por meio de seu Advogado infrafirmado, vem perante Vossa Excelência, tempestivamente, interpor o presente RECURSO ORDINÁRIO, nos termos do art. 895, I, da CLT, tendo em vista o inconformismo com a r. sentença que julgou procedentes os pedidos formulados na ação trabalhista ajuizada por JOAQUIM NABUCO.

Requer o conhecimento do presente, vez que estão presentes todos os pressupostos de admissibilidade intrínsecos e extrínsecos, inclusive o preparo, com o pagamento das custas e do depósito recursal.

Observação: No caso de recurso interposto pelo empregado, se for procedência parcial não precisa pagar custas para recorrer. Porém, se foi improcedência, é bom deixar a informação que o recorrente deixa de realizar o pagamento das custas, tendo em vista que fora deferida a justiça gratuita, conforme o art. 790, § 3.º, da CLT ou, se a questão não trouxer esse dado, que segue o comprovante do pagamento das custas.

Após a intimação do recorrido, seja o recurso admitido e remetido para julgamento perante o Tribunal Regional do Trabalho do Espírito Santo.

Termos em que, requer deferimento.
Local... Data...
Advogado...
OAB n. ...

...

EGRÉGIO TRIBUNAL REGIONAL DO TRABALHO DO ESPÍRITO SANTO

RAZÕES DO RECURSO ORDINÁRIO

RECORRENTE: EMPRESA ALPHA SERVIÇOS LTDA.
RECORRIDO: JOAQUIM NABUCO
PROCESSO N. ...

VARA DE ORIGEM: 5.ª VARA DO TRABALHO DE VITÓRIA/ES

Egrégio Tribunal,
Eminentes Desembargadores,

Merece reparo a r. sentença proferida nos autos do processo em epígrafe, haja vista a ocorrência de "error in procedendo", relacionado ao cerceamento do direito de defesa ocasionado pelo indeferimento da prova testemunhal requerida pela recorrente. Porém, caso esta sapiente Turma supere a preliminar, no mérito a r. sentença merece reforma, por "error in judicando", senão vejamos:

PRELIMINARMENTE

Da nulidade por cerceamento do direito de defesa

Conforme se vislumbra, trata-se de ação trabalhista que tramita pelo rito sumaríssimo, sendo que o art. 852-H, § 3.º, da CLT prescreve que as testemunhas somente serão intimadas quando houver a prova de seu convite.

A leitura do dispositivo demonstra que o Magistrado somente pode indeferir a produção da prova testemunhal se não houver prova de que a parte que a pretende produzir não convidou as testemunhas a comparecerem.

Não é a hipótese dos autos, mas o MM. Juiz do Trabalho, na audiência de instrução e julgamento, apesar da prova do convite feita por AR, indeferiu a oitiva de todas as testemunhas da recorrente, o que caracteriza o cerceamento do direito da defesa.

Trata-se de típico "error in procedendo", que ocasiona a necessidade de anulação da decisão recorrida, por violar diretamente o art. 852-H, § 3.º, da CLT, nos termos da fundamentação "supra".

Observação: Pelo princípio da eventualidade, também aplicável em sede recursal, é importante adentrar no mérito, pois se a preliminar for rejeitada, o próximo passo é analisar as impugnações aos fundamentos da sentença.

DO MÉRITO RECURSAL

DA PRESCRIÇÃO QUINQUENAL

Deve ser pronunciada por esta instância a prescrição quinquenal, nos termos da Súmula 308, I, do TST e do art. 7.º, XXIX, da CF/88 ou art. 11, I, da CLT, vez que o juízo "a quo" aduziu que em razão do recorrido ter ajuizado sua ação no prazo de dois anos após a extinção do contrato, não havia prescrição a ser pronunciada. Assim, requer o pronunciamento da prescrição quinquenal para declarar prescritos os créditos anteriores aos cincos anos do ajuizamento da ação, sendo que este ocorreu em...

DAS DIFERENÇAS SALARIAIS

Deve ser reformada a sentença neste particular, para julgar improcedente o pedido de diferenças salariais, haja vista que, como comprovado pela prova documental, a recorrente tem quadro de carreira, o que é óbice à equiparação salarial, nos termos do art. 461, § 2.º, da CLT. Assim, deve ser reformada a r. sentença para julgar improcedente o pedido.

DO DANO MORAL

Deve ser reformada a r. sentença para julgar improcedente o pedido de dano moral, pois (apresentar as devidas teses de reforma). Ademais, as condições da dispensa não ofenderam qualquer direito da personalidade do trabalhador, de modo que a recorrente não violou o art. 5.º, incisos II ou X, da CF/88, bem como os arts. 223-A e seguintes da CLT ou os arts. 186, 187 e 927, "caput", todos do CC.

Por todo o exposto, REQUER:

a) Seja o presente recurso admitido e provido para anular a sentença recorrida, ou, em caso de superar a preliminar de nulidade, no mérito, para pronunciar a prescrição e, ainda, julgar improcedentes os pedidos formulados pelo recorrido na inicial, haja vista a ocorrência de "error in procedendo" e "error in judicando".

Nestes termos, requer deferimento.
Local... Data..
Advogado...
OAB n. ...

4.1.8.1. Modelo de peça (questão do XIX Exame Unificado)

AO JUÍZO DA 50ª VARA DO TRABALHO DE VITÓRIA

REF. PROCESSO N. 123

SANDÁLIA FELIZ LTDA., já devidamente qualificada nos autos do processo em epígrafe, por meio de seu Advogado infrafirmado, vem perante Vossa Excelência, tempestivamente, interpor o presente RECURSO ORDINÁRIO, nos termos do art. 895, I, da CLT, tendo em vista o inconformismo com a r. sentença que julgou procedentes os pedidos formulados na ação trabalhista ajuizada por Valentino Garrido, também já qualificado.

Requer o conhecimento do presente, vez que estão presentes todos os pressupostos de admissibilidade intrínsecos e extrínsecos, inclusive o preparo, juntando o comprovante do pagamento do depósito recursal e das custas, estas no valor de R$ 200,00, conforme fixado em sentença.

Após a intimação do recorrido para, querendo, apresentar contrarrazões, seja o recurso admitido e remetido para julgamento perante o Tribunal Regional do Trabalho do Espírito Santo.

Termos em que, requer deferimento.
Local... Data...
Advogado..
OAB n. ...

...

EGRÉGIO TRIBUNAL REGIONAL DO TRABALHO DO ESPÍRITO SANTO

RAZÕES DO RECURSO ORDINÁRIO

RECORRENTE: SANDÁLIA FELIZ LTDA.
RECORRIDO: VALENTINO GARRIDO
PROCESSO N. 123
VARA DE ORIGEM: 50ª VARA DO TRABALHO DE VITÓRIA/ES

Egrégio Tribunal,
Eminentes Desembargadores,

Merece reparo a r. sentença proferida nos autos do processo em epígrafe, haja vista a ocorrência de "error in procedendo" e "error in judicando", senão vejamos:

PRELIMINARMENTE

DA QUITAÇÃO (FALTA DE INTERESSE DE AGIR)

Reitera a recorrente o requerimento de extinção do feito sem resolução de mérito por ausência de interesse de agir do recorrido, pois como se verifica dos autos, após a demissão do recorrido, foram pagas as verbas resilitórias em acordo firmado junto a CCP criada na empresa, com pagamento de mais R$ 2.000,00, onde ambas as partes assinaram o termo, que não contém qualquer ressalva, de modo que deve ser considerada a quitação total, nos termos do art. 625-E, parágrafo único, da CLT. Assim, requer a extinção do feito.

DO MÉRITO RECURSAL

DO REPOUSO SEMANAL

O juízo "a quo" deferiu as horas extras, porque foi confessada a sobrejornada pelo preposto, determinando, ainda, a sua integração nas demais verbas (13.º salário, férias, FGTS e repouso semanal remunerado), e, em relação ao repouso semanal majorado pelas horas extras deferidas, sua integração no 13.º salário e nas férias. No entanto, deve ser reformada a sentença, pois a integração do repouso majorado pelas horas extras nas férias e no 13.º salário significa "bis in idem", gerando enriquecimento sem causa, o que é vedado pelo TST na OJ n. 394 da SDI-1. Assim, requer a reforma.

DOS 15 MINUTOS DE INTERVALO ANTES DA JORNADA SUPLEMENTAR

Deve ser reformada a sentença neste particular, para julgar improcedente o pedido de 15 minutos de horas extras pela não concessão do intervalo antes do início da jornada suplementar, haja vista que o art. 384 da CLT só se aplica às mulheres e, o recorrido, como se percebe, é do sexo masculino, não podendo ser beneficiado por este intervalo. Assim, requer a reforma para julgar improcedente o referido pedido.

ATENÇÃO: Com a entrada em vigor da Lei n. 13.467/2017 (Reforma Trabalhista), o art. 384 da CLT está revogado, de modo que não deve mais ser objeto de provas da FGV.

DO DANO ESTÉTICO

Embora a queda do autor tenha lhe gerado perda funcional de um dos rins, é indevida a indenização por dano estético, vez que a perda funcional de um órgão não gera alteração morfológica, na harmonia física do trabalhador. Assim sendo, ausentes os requisitos da responsabilidade civil presentes no art. 186 e no art. 927, ambos do CC. Assim, requer a reforma para julgar improcedente o pedido.

DOS JUROS

O magistrado "a quo" determinou que os juros observassem a Taxa Selic, conforme requerido na inicial. Porém, não se aplica a taxa Selic porque há lei própria regulando a matéria, conforme o § 7.º do art. 879 da CLT. Assim, pela reforma.

Por todo o exposto, REQUER:

a) Seja o presente recurso admitido para, no mérito, dar provimento ao mesmo, acolhendo a preliminar suscitada e, caso seja ultrapassada, a reforma da r. sentença "a quo", para julgar improcedentes os pedidos formulados pelo recorrido, tendo em vista a ocorrência de "error in judicando".

Nestes termos, requer deferimento.
Local... Data...
Advogado...
OAB n. ...

4.1.8.2. Modelo de peça (questão do XVI Exame Unificado)

AO JUÍZO DA 80.ª VARA DO TRABALHO DE FLORIANÓPOLIS

REF. PROCESSO N. 009000-77.2014.5.12.0080

PEDREIRA TNT LTDA., já devidamente qualificado nos autos do processo em epígrafe, por meio de seu Advogado infrafirmado, vem perante Vossa Excelência, tempestivamente, interpor o presente RECURSO ORDINÁRIO, nos termos do art. 895, I, da CLT, tendo em vista o inconformismo com a r. sentença que julgou procedentes os pedidos formulados na reclamação trabalhista ajuizada por Gilson Cardoso de Lima, também já qualificado.

Requer o conhecimento do presente, vez que estão presentes todos os pressupostos de admissibilidade intrínsecos e extrínsecos, inclusive o preparo, juntando o comprovante do pagamento do depósito recursal e das custas, estas no valor de R$ 200,00, conforme fixado em sentença.

Após a intimação do recorrido para, querendo, apresentar contrarrazões, seja o recurso admitido e remetido para julgamento perante o Tribunal Regional do Trabalho de Santa Catarina.

Termos em que, requer deferimento.
Local... Data...
Advogado...
OAB n. ...

...

EGRÉGIO TRIBUNAL REGIONAL DO TRABALHO DE SANTA CATARINA

RAZÕES DO RECURSO ORDINÁRIO

RECORRENTE: PEDREIRA TNT LTDA.
RECORRIDO: GILSON CARDOSO DE LIMA
PROCESSO N. 009000-77.2014.5.12.0080
VARA DE ORIGEM: 80.ª VARA DO TRABALHO DE FLORIANÓPOLIS/SC

Egrégio Tribunal,
Eminentes Desembargadores,

Merece reparo a r. sentença proferida nos autos do processo em epígrafe, haja vista a ocorrência de "error in judicando", senão vejamos:

DO MÉRITO RECURSAL

DO ADICIONAL DE PERICULOSIDADE

Deve ser reformada a sentença neste particular, para fixar o adicional de periculosidade nos termos do § 1.º do art. 193, ou seja, em 30% sobre o salário base, e não 50% como fora fixado. Assim, requer a reforma para reduzir o percentual do adicional de periculosidade.

DO FGTS

Não merece prosperar a r. sentença no particular, pois o auxílio-doença comum (código B-31) não gera obrigação para o empregador depositar o FGTS, mas apenas se fosse auxílio-doença acidentário, conforme o art. 15, § 5.º, da Lei n. 8.036/90. Assim, requer a reforma para julgar improcedente o referido pedido.

DA MULTA DO ART. 477 DA CLT

Deve ser reformada a r. sentença, haja vista que a multa é indevida, pois o contrato vigorou por menos de 12 meses, sendo, então, desnecessária a homologação, conforme o art. 477, § 1.º, da CLT e o art. 4.º, I, IN n. 15 da Secretaria de Relações do MTE. Assim, requer a reforma para julgar improcedente o referido pedido.

ATENÇÃO: Com a entrada em vigor da Lei n. 13.467/2017 (Reforma Trabalhista), o § 1.º do art. 477, que exigia homologação sindical, está revogado.

DO DANO MORAL

Merece reforma a r. sentença no que tange à fixação da correção monetária, uma vez que a correção monetária deverá ser computada a partir da condenação, não do ajuizamento da ação, conforme as Súmulas 439 do TST e 362 do STJ. Assim, pela reforma para fixar a correção da condenação.

DOS FRUTOS DE MÁ-FÉ

Não merece prosperar a r. sentença no particular, haja vista que o art. 1.216 do CCB é inaplicável ao Direito do Trabalho, conforme a Súmula 445 do TST. Assim, requer a reforma para julgar improcedente o referido pedido.

Por todo o exposto, REQUER:

a) Seja o presente recurso admitido para, no mérito, dar provimento ao mesmo, reformando a r. sentença "a quo", na forma da fundamentação "supra", tendo em vista a ocorrência de "error in judicando".

Nestes termos, requer deferimento.
Local... Data...
Advogado...
OAB n. ...

4.1.8.3. Modelo de peça (questão do XXIV Exame Unificado)

AO JUÍZO DA 100.ª VARA DO TRABALHO DE GOIANIA – GO.

PROCESSO N. 9876

EDITORA LEGAL LTDA., já qualificada nos autos da reclamação trabalhista que lhe move MARIA DAS GRAÇAS, vem por seu advogado, com fulcro no art. 895, I, da CLT, à presença de Vossa Excelência, interpor

RECURSO ORDINÁRIO

em razão do inconformismo com a r. sentença, o que faz pelas razões de fato e de direito que seguem anexas.

O presente recurso preenche os pressupostos intrínsecos e extrínsecos de admissibilidade recursal.

Requer a juntada do comprovante de pagamento das custas processuais, bem como do depósito recursal.

Por fim, requer o conhecimento e remessa dos autos para o TRT competente, após as contrarrazões da recorrida.

Requer a notificação da recorrida para apresentar contrarrazões.

Nestes termos, requer deferimento.
Local... Data...
Advogado...
OAB n. ...

...

EGRÉGIO TRIBUNAL REGIONAL DO TRABALHO DA 18ª REGIÃO

RAZÕES DO RECURSO ORDINÁRIO

RECORRENTE: EDITORA LEGAL LTDA.
RECORRIDA: MARIA DAS GRAÇAS
PROCESSO N. 9876
VARA DE ORIGEM: 100ª VARA DO TRABALHO DE GOIÂNIA/GO

Egrégio Tribunal,
Eminentes Desembargadores,

DOS PRESSUPOSTOS DE ADMISSIBILIDADE

O presente recurso preenche todos os pressupostos intrínsecos e extrínsecos de admissibilidade recursal.

PRELIMINARMENTE

DA INCOMPETÊNCIA ABSOLUTA

O juízo "a quo" condenou a reclamada ao pagamento das contribuições previdenciárias que não foram devidamente recolhidas na época do contrato.

Ocorre que, o juízo "a quo" não tem competência para processar e julgar o referido pedido, haja vista que não se trata de contribuições oriundas de sua sentença condenatória ou homologatória, nos termos da Súmula 368, I, do TST.

Diante do exposto, requer seja reformada a r. sentença, excluindo da condenação o pagamento das contribuições previdenciárias.

DO MÉRITO RECURSAL

DA SUPRESSÃO DO INTERVALO

O juízo "a quo" condenou a reclamada ao pagamento de uma hora extra pela supressão do intervalo intrajornada, com adicional de 80%.

O intervalo intrajornada da recorrida era de apenas 30 minutos em razão de existir autorização do Ministério do Trabalho e Emprego, conforme preconiza o art. 71, § 3.º, da CLT, o que não enseja o pagamento das horas extras, pelo que requer reforma. Entretanto, caso seja mantida a condenação, o adicional deverá ser de 50%, conforme o art. 7.º, XVI, da CRFB/88, haja vista que não existe norma coletiva prevendo outro percentual.

Diante do exposto, requer seja reformada a r. sentença, excluindo da condenação o pagamento de horas extras.

DA REINTEGRAÇÃO

O juízo "a quo" condenou a recorrente a reintegrar a recorrida, uma vez que a mesma estava grávida quando da extinção do contrato.

Ocorre que, a recorrida pediu demissão, o que afasta o direito a garantia provisória no emprego, conforme o art. 10, II, "b", do ADCT.

Diante do exposto, requer seja reformada a sentença, para afastar a condenação a reintegração da recorrida.

DAS HORAS DE SOBREAVISO

O juízo "a quo" condenou a recorrente ao pagamento das horas de sobreaviso.

Durante o contrato de trabalho, a recorrente forneceu para recorrida um aparelho celular, o que por si só não configura a restrição ao direito de ir e vir, não restando configurado o sobreaviso, nos termos da Súmula 428, I, do TST.

Diante do exposto, requer seja reformada a sentença, para o fim de excluir da condenação o pagamento das horas de sobreaviso.

DO ADICIONAL DE INSALUBRIDADE

O juízo "a quo" condenou a recorrente ao pagamento de adicional de insalubridade no percentual de 30% sobre o salário mínimo.

O percentual do adicional de insalubridade no grau médio é de 20%, conforme dispõe o art. 192 da CLT.

Diante do exposto, requer seja reformada a sentença, para reduzir o percentual do adicional de insalubridade para 20% sobre o salário mínimo.

DO ADICIONAL NOTURNO

O juízo "a quo" condenou a recorrente ao pagamento do adicional noturno no percentual de 25% sobre o valor da hora diurna

Ocorre que, o percentual do adicional noturno para o empregado urbano é de 20%, conforme preconiza o art. 73 da CLT.

Diante do exposto, requer seja reformada a sentença, para reduzir o percentual do adicional noturno.

DO PLANO ODONTOLÓGICO

O juízo "a quo" condenou a recorrente a integrar ao salário da recorrida o valor do plano odontológico.

Ocorre que, o plano odontológico não tem natureza salarial por expressa vedação legal prevista no art. 458, § 2.º, IV, da CLT.

Diante do exposto, requer seja reformada a r. sentença, para o fim de excluir da condenação a integração do plano odontológico no salário da recorrida.

Por todo o exposto, REQUER:

a) Seja o presente recurso admitido para, no mérito, dar provimento ao mesmo, declarando a incompetência da Justiça do Trabalho, excluindo a condenação no pagamento da contribuição previdenciária e, outrossim, reformando a r. sentença "a quo", na forma da fundamentação "supra", tendo em vista a ocorrência de "error in judicando".

Nestes termos, requer deferimento.

Local... Data...

Advogado...

OAB n. ...

4.1.8.4. Modelo de peça (questão do XXV Exame Unificado – reaplicação Porto Alegre)

AO JUÍZO DA 90.ª VARA DO TRABALHO DE CURITIBA – PR.

PROCESSO N. 121314

RAISSA, já qualificada nos autos da reclamação trabalhista que move em face de MINERADORA DINAMITE LTDA. e MINERADORA TNT LTDA., por seu advogado infra-assinado, com fulcro no art. 895, I, da CLT, vem à presença de Vossa Excelência, tempestivamente, interpor

RECURSO ORDINÁRIO

tendo em vista o inconformismo com a r. sentença, o que faz pelas razões de fato e de direito que seguem anexas.

O presente recurso preenche os pressupostos intrínsecos e extrínsecos de admissibilidade recursal.

Deixa de efetuar o pagamento das custas, vez que venceu parte de seus pedidos, de modo que o pagamento é de responsabilidade da parte sucumbente, no caso as recorridas, na forma do § 1.º do art. 789, CLT.

Requer o conhecimento e remessa dos autos para o TRT competente, após as contrarrazões da recorrida.

Nestes termos, requer deferimento.
Local... Data...
Advogado...
OAB n. ...

...

EGRÉGIO TRIBUNAL REGIONAL DO TRABALHO DA 9.ª REGIÃO

RAZÕES DO RECURSO ORDINÁRIO

RECORRENTE: RAÍSSA
RECORRIDA: MINERADORA DINAMITE LTDA. E MINERADORA TNT LTDA.
PROCESSO N. 121314
VARA DE ORIGEM: 90.ª VARA DO TRABALHO DE CURITIBA

Egrégio Tribunal,
Eminentes Desembargadores,

DOS PRESSUPOSTOS DE ADMISSIBILIDADE

O presente recurso preenche todos os pressupostos intrínsecos e extrínsecos de admissibilidade recursal.

DA PRESCRIÇÃO

O juízo "a quo" considerou prescritos todos os direitos anteriores a 15-05-2013.

Ocorre que, o juízo "a quo" equivocou-se ao fixar o marco prescricional, uma vez que a prescrição quinquenal tem seu termo inicial no ajuizamento da ação, e conta-se de forma retroativa, de forma que no caso em tela deveria ser estipulada em 15-05-2012, conforme o art. 11 da CLT, o art. 7.º, XXIX da CF e Súmula 308 do TST, já que a ação foi ajuizada em 15-05-2017.

Diante do exposto, requer seja reformada a r. sentença, para alterar o marco prescricional para 15-05-2012.

DO ADICIONAL DE PERICULOSIDADE

O juízo "a quo" condenou a recorrida ao pagamento do adicional de periculosidade sobre o salário mínimo.

A base de cálculo do adicional de periculosidade é o salário base do empregado, conforme dispõe o art. 193, § 1.º, da CLT.

Diante do exposto, requer seja reformada a r. sentença, para alterar a base de cálculo do adicional de periculosidade para o salário base da recorrente.

DO ADICIONAL DE TRANSFERÊNCIA

O juízo "a quo" condenou a recorrida ao pagamento do adicional de transferência no percentual de 20% sobre o valor do salário da recorrente.

Ocorre que o adicional de transferência previsto no art. 469, § 3.º, da CLT é de 25%.

Diante do exposto, requer seja reformada a sentença, para alterar o percentual do adicional de transferência.

DA RETIFICAÇÃO DA CTPS

O juízo "a quo" julgou improcedente o pedido de retificação da CTPS em razão de que o aviso prévio foi indenizado.

Ocorre que, mesmo o aviso prévio indenizado serve como tempo de serviço para todos os fins legais, conforme a Súmula 82 do TST e art. 487, § 1.º, da CLT, inclusive para contagem de tempo de serviço e anotação da CTPS.

Diante do exposto, requer seja reformada a sentença, para o fim de condenar a recorrida a realizar a retificação da CTPS.

DO INTERVALO INTRAJORNADA

O juízo "a quo" condenou a recorrida ao pagamento de horas extras apenas pela diferença do intervalo intrajornada não gozado.

Nos termos da Súmula 437, I, do TST, a supressão do intervalo intrajornada gera o direito ao recebimento da integralidade do intervalo como horas extras, com adicional de 50%, e seus reflexos, por ter natureza salarial, conforme o item III da Súmula 437 do TST.

Diante do exposto, requer seja reformada a sentença, para condenar a recorrida ao pagamento da integralidade do intervalo suprimido como horas extras, com adicional de 50% e seus reflexos.

DA COBRANÇA DO EPI

O juízo "a quo" julgou improcedente o pedido de devolução do valor cobrado a título de EPI.

Ocorre que o art. 166 da CLT proíbe a cobrança de qualquer valor a título de EPI.

Diante do exposto, requer seja reformada a sentença, para condenar a recorrida ao pagamento dos descontos a título de EPI.

DO VALE TRANSPORTE

O juízo "a quo" julgou improcedente o pedido de vale transporte, uma vez que o ônus da prova era da recorrente, e a mesma não se desincumbiu.

O ônus da prova quanto a não concessão legítima do vale transporte é da recorrida, conforme dispõe a Súmula 460 do TST.

Diante do exposto, requer seja reformada a r. sentença, para o fim de condenar a recorrida ao pagamento do vale transporte.

DA RESPONSABILIDADE SOLIDÁRIA

O juízo "a quo" reconheceu a existência do grupo econômico entre as recorridas, e as condenou de forma subsidiária.

Ocorre que o reconhecimento do grupo econômico gera a responsabilidade solidária entre as empresas do grupo, e não a responsabilidade subsidiária.

Diante do exposto, requer seja reformada a sentença, para considerar a responsabilidade solidária entre as recorridas.

DOS PEDIDOS

Diante do exposto, requer seja conhecido e provido o presente recurso, para o fim de reformar a r. sentença, na forma da fundamentação "supra".

Nestes termos, requer deferimento.
Local... Data...
Advogado...
OAB n. ...

4.1.8.5. Modelo de peça (questão do XXVI Exame Unificado)

AO JUÍZO DA 100.ª VARA DO TRABALHO DE MACEIÓ-AL

PROCESSO N. ...

ÔMEGA, já qualificada nos autos da reclamação trabalhista que lhe move FABIANO, por seu advogado infra-assinado, com fulcro no art. 895, I, da CLT, vem à presença de Vossa Excelência interpor

RECURSO ORDINÁRIO

pelas razões de fato e de direito que seguem anexas.

O presente recurso preenche os pressupostos intrínsecos e extrínsecos de admissibilidade recursal.

Requer a juntada do comprovante de pagamento das custas processuais, bem como do depósito recursal.

Requer o conhecimento do presente recurso e, após as contrarrazões, a remessa dos autos para o TRT da 6.ª Região.

Nestes termos,
Requer deferimento.
Local e Data.

Advogado...
OAB n. ...

...

EGRÉGIO TRIBUNAL REGIONAL DO TRABALHO DA 6.ª REGIÃO

RAZÕES DO RECURSO ORDINÁRIO

RECORRENTE: ÔMEGA
RECORRIDO: FABIANO
ORIGEM: 100.ª VARA DO TRABALHO DE MACEIÓ
PROCESSO N. ...

Eminentes Desembargadores,

DOS PRESSUPOSTOS DE ADMISSIBILIDADE

O presente recurso preenche todos os pressupostos intrínsecos e extrínsecos de admissibilidade recursal.

PRELIMINARMENTE

DA INCOMPETÊNCIA ABSOLUTA

O juízo "a quo" condenou a reclamada ao pagamento das contribuições previdenciárias que não foram devidamente recolhidas na época do contrato.

Ocorre que o juízo "a quo" não tem competência para processar e julgar o referido pedido, haja vista que não se trata de contribuições oriundas de sua sentença condenatória ou homologatória, nos termos da Súmula 368, I, do TST.

Diante do exposto, requer seja reformada a r. sentença, excluindo da condenação o pagamento das contribuições previdenciárias.

DA COISA JULGADA

O juízo "a quo" condenou a reclamada ao pagamento do prêmio assiduidade, uma vez que desconsiderou acordo anteriormente celebrado.

O art. 831, parágrafo único, da CLT, dispõe que a sentença homologatória de acordo é irrecorrível de forma que faz coisa julgada entre as partes, o que ocorreu no caso em tela.

Diante do exposto, requer seja reformada a sentença, excluindo da condenação o pagamento do prêmio assiduidade.

DA LITISPENDÊNCIA

O juízo "a quo" condenou a reclamada ao pagamento da devolução do valor das diárias, desconsiderando a existência de outra ação com o mesmo pedido, que se encontra em sede de recurso.

O art. 337, VI, do CPC, dispõe que duas ações idênticas não podem coexistir, em razão da impossibilidade de decisões conflitantes, o que ocorre no caso em comento.

Diante do exposto, requer seja reformada a sentença para excluir da condenação o valor da devolução da diária.

DO MÉRITO RECURSAL

DA PRESCRIÇÃO QUINQUENAL

O juízo "a quo" não reconheceu a prescrição sob alegação de que não foi alegada em sede de contestação.

Conforme a Súmula 153 do TST, a prescrição pode ser alegada em sede de instância ordinária, inclusive em razões finais.

Diante do exposto, requer seja reformada a sentença para ser acolhida a prescrição.

DA REINTEGRAÇÃO

O juízo "a quo" determinou a reintegração do reclamante, uma vez que o mesmo era presidente da associação dos empregados.

O art. 543, § 3.º, da CLT, garante a estabilidade e consequentemente a reintegração apenas ao dirigente sindical, e não ao presidente de associação de empregados.

Diante do exposto, requer seja reformada a sentença para excluir da condenação a reintegração do recorrido.

DO DANO EXTRAPATRIMONIAL

O juízo "a quo" condenou a reclamada ao pagamento de indenização por dano extrapatrimonial.

Ocorre que o fato do atraso no salário não tem nexo de causalidade com a inclusão do nome do recorrido no órgão de proteção ao crédito, uma vez que a inclusão do nome ocorreu antes do atraso no salário, conforme os arts. 186 e 927 do CC.

Diante do exposto, requer a reforma da sentença para afastar da condenação o valor da indenização.

DA CARTA DE REFERÊNCIA

O juízo "a quo" condenou a reclamada a emitir carta de referência em favor do recorrido.

Ocorre que não há legislação prevendo tal obrigação conforme o art. 5.º, II, da Constituição Federal.

Diante do exposto, requer a reforma da sentença para excluir da condenação a obrigação de emitir a carta de referência.

DA PARTICIPAÇÃO NOS LUCROS

O juízo "a quo" condenou a recorrente ao pagamento da participação nos lucros nos anos de 2012 e 2013.

Entretanto, o recorrido não trabalhou nesse período, de forma que não tem direito à participação nos lucros, conforme o art. 476 da CLT.

Diante do exposto, requer a reforma da sentença de excluir da condenação o valor da PL.

DAS FÉRIAS

O juízo "a quo" condenou a recorrente ao pagamento das férias em dias úteis.

O art. 130 da CLT dispõe que as férias devem ser concedidas em dias corridos, de forma que a sentença está equivocada.

Diante do exposto, requer a reforma da sentença para afastar da condenação o direito às férias.

DOS PEDIDOS

Diante do exposto, requer seja conhecido e provido o presente recurso, para o fim de reformar a r. sentença, nos termos da fundamentação "supra".

Nestes termos,
Requer deferimento.
Local e Data.
Advogado...
OAB n. ...

4.1.8.6. Modelo de peça (questão do XXXI Exame Unificado)

AO JUÍZO DA 90ª VARA DO TRABALHO DE TERESINA – PI.
Processo n. 0050000-80.2019.5.22.0090

MORADA ETERNA LTDA., já qualificada nos autos da reclamação trabalhista que lhe move DEBORA PIMENTA, vem por seu advogado, com fulcro no art. 895, I, da CLT, à presença de Vossa Excelência, interpor

RECURSO ORDINÁRIO

em razão do inconformismo com a r. sentença, o que faz pelas razões de fato e de direito que seguem anexas.

O presente recurso preenche os pressupostos intrínsecos e extrínsecos de admissibilidade recursal.

Requer a juntada do comprovante de pagamento das custas processuais, bem como do depósito recursal.

Por fim, requer o conhecimento e remessa dos autos para o TRT competente, após as contrarrazões da recorrida.

Requer a notificação da recorrida para apresentar contrarrazões.

Nestes termos, requer deferimento.
Local... Data...
Advogado...
OAB n. ...

...

EGRÉGIO TRIBUNAL REGIONAL DO TRABALHO DA 22ª REGIÃO

RAZÕES DO RECURSO ORDINÁRIO

RECORRENTE: MORADA ETERNA LTDA.
RECORRIDA: DEBORA PIMENTA
PROCESSO N. 0050000-80.2019.5.22.0090
VARA DE ORIGEM: 90ª VARA DO TRABALHO DE TERESINA/PI

Egrégio Tribunal,
Eminentes Desembargadores,

DOS PRESSUPOSTOS DE ADMISSIBILIDADE

O presente recurso preenche todos os pressupostos intrínsecos e extrínsecos de admissibilidade recursal.

PRELIMINARMENTE

DA INÉPCIA DO PEDIDO

O juízo "a quo" condenou a reclamada ao pagamento das horas extras pelo trabalho nos feriados.

Ocorre que, na petição inicial a recorrida não indicou em quais feriados havia trabalhado, informando apenas que seria em todos os feriados brasileiros, de forma genérica, de maneira que faltou a causa de pedir, nos termos do art. 330, I, do CPC ou art. 330, § 1.º, II, do CPC ou art. 840, § 1.º da CLT.

Diante do exposto, requer seja acolhida a preliminar para extinguir sem resolução do mérito o pedido de horas extras nos feriados.

DO CERCEAMENTO DE DEFESA

O juízo "a quo", na instrução, indeferiu a oitiva de duas testemunhas da recorrente, relacionadas ao pedido de condenação ao pagamento de vale-transporte.

Nos termos do art. 369 do CPC ou art. 5.º, LV, da CRFB/88, é direito da parte empregar todos os meios legais para provar a verdade dos fatos, sendo que o impedimento injusto da produção da prova oral gera o cerceamento de defesa.

Diante do exposto, requer seja declarada a nulidade da sentença e retorno dos autos à origem.

DO MÉRITO DA CAUSA PROPRIAMENTE DITO

DO INTERVALO INTRAJORNADA

O juízo "a quo" condenou a recorrente ao pagamento da integralidade do intervalo intrajornada, com reflexos nas demais verbas trabalhistas.

Ocorre que o art. 71, § 4.º da CLT, preconiza que, na concessão parcial do intervalo intrajornada, será devido apenas o período suprimido, sem reflexos nas demais verbas por se tratar de verba indenizatória.

Diante do exposto, requer seja reformada a sentença, para afastar a condenação do período integral do intervalo intrajornada e seus reflexos.

DO DANO EXTRAPATRIMONIAL

O juízo "a quo" condenou a recorrente ao pagamento de indenização por dano extrapatrimonial, em razão de acidente do trabalho causado por doença degenerativa da qual a recorrida foi vítima.

Durante o contrato de trabalho, a recorrente foi vítima de doença degenerativa conforme laudo médico, que de acordo com o art. 20, § 1.º, "a", da Lei n. 8.213/91, não é doença do trabalho, o que afasta a responsabilidade da recorrente.

Diante do exposto, requer seja reformada a sentença, para o fim de excluir sem condenação o pagamento da indenização por dano extrapatrimonial.

DA DEVOLUÇÃO DO DESCONTO EM DOBRO

O juízo "a quo" condenou a recorrente a devolução em dobro dos descontos realizados em razão de faltas justificadas através de atestado médico.

Não há previsão legal para devolução em dobro dos descontos realizados de forma ilegal, de forma que a sentença descumpriu o princípio da legalidade, nos termos do art. 5.º, II, da CRFB/88.

Diante do exposto, requer seja reformada a sentença, excluir a condenação a devolução em dobro dos descontos ilegais.

DA CESTA BÁSICA

O juízo "a quo" condenou a recorrente ao pagamento de uma cesta básica com base na norma coletiva que vigorou entre janeiro de 2017 a janeiro de 2018.

Ocorre que não foi criada nova norma coletiva após janeiro de 2018, de forma que a norma anterior perde seus efeitos, já que o art. 614, § 3.º, da CLT veda a ultratividade dos efeitos da norma coletiva.

Diante do exposto, requer seja reformada a sentença, para excluir a condenação ao pagamento da cesta básica.

DOS HONORÁRIOS SUCUMBENCIAIS

O juízo "a quo" condenou a recorrente ao pagamento de honorários sucumbenciais no percentual de 20% sobre o valor da liquidação da sentença.

Ocorre que o art. 791-A da CLT fixou como limite máximo da condenação, em honorários sucumbenciais, o percentual de 15% sobre o valor da liquidação.

Diante do exposto, requer seja reformada a r. sentença, para reduzir o percentual dos honorários sucumbenciais.

DOS REQUERIMENTOS

Por todo o exposto, REQUER:

a) Seja o presente recurso admitido para, em preliminar, ser declarada a nulidade da sentença, ou acolhida inépcia do pedido de horas extras dos feriados, e no mérito da causa, seja dado provimento para reformar a sentença na medida do que é devolvido.

Nestes termos, requer deferimento.
Local... Data...
Advogado...
OAB n. ...

4.1.8.7. Modelo de Contrarrazões do Recurso Ordinário

Trata-se de peça que, até o momento, só foi exigida no XX Exame (reaplicação Porto Velho/RO).

Como nossa intenção é ter um livro mais completo possível, resolvemos inserir, além da questão exigida na prova, um modelo de petição de contrarrazões ao Recurso Ordinário, de forma bem objetiva, além da estruturação da peça e fundamentos, conforme exigido pela FGV na reaplicação acima citada.

A petição de contrarrazões tem por objetivo impugnar as teses da parte recorrente, onde o recorrido (aquele que oferece as contrarrazões) irá pugnar pela manutenção da sentença, refutando o pedido de reforma e, algumas vezes, até apresentando algum ponto ou questão relevante que reforce o julgado, podendo, inclusive, suscitar cerceamento do direito de defesa envidado pela 1.ª instância mas que, até aquele momento, não teria causado prejuízo. Exemplo: juiz indefere prova requerida pelo autor, mas julga procedente o pedido. A reclamada recorre, arguindo nulidade da sentença. Em contrarrazões, cabe ao autor arguir a nulidade em razão do indeferimento da prova, pois se o Tribunal anular a sentença, terá oportunidade de produzir a prova.

Não é difícil identificar a necessidade de utilização desta peça, já que você irá perceber que a parte deve ser intimada para oferecer resposta ao recurso interposto, tendo o mesmo prazo que a parte recorrente teve para recorrer, ou seja, 8 dias, na forma do art. 900 da CLT.

Vale lembrar que, no prazo das contrarrazões, se for o caso, pode o recorrido lançar mão do recurso adesivo, mas terá que fazê-lo em peça apartada, de modo que terá que fazer uma petição de contrarrazões e outra de recurso adesivo.

A lei não exige que a peça de contrarrazões seja feita por meio de duas petições. Porém, na praxe é comum assim proceder, razão pela qual teremos: 1) petição de apresentação das contrarrazões, dirigida ao órgão prolator da decisão: *Ao Juízo da ___ Vara do Trabalho de*; 2) petição de contrarrazões propriamente dita, endereçada ao órgão competente para julgamento do recurso, no caso o TRT: *Ao Egrégio Tribunal Regional do Trabalho da Região.*

É importante citar os dispositivos legais, súmulas e orientações jurisprudenciais que sustentam a impugnação ao pedido de reforma.

Abaixo segue um exemplo para modelo, cabendo apenas as devidas adaptações para enquadramento ao caso que for apresentado.

AO JUÍZO DA 1.ª VARA DO TRABALHO DE PORTO ALEGRE

PROCESSO N. 000066662222

EMPREGADO DA EMPRESA, já qualificado nos autos da reclamação trabalhista que move em face de EMPREGADORA, por seu advogado infra-assinado, com fulcro no art. 900 da CLT, vem à presença de Vossa Excelência apresentar

CONTRARRAZÕES AO RECURSO ORDINÁRIO

o que faz na melhor forma de direito, requerendo que sejam inclusivas aos autos e remetidas à instância superior, para que o recurso interposto pelo recorrente seja improvido.

Nestes termos,
Requer deferimento.
Local e Data.
Advogado...
OAB n. ...

...

EGRÉGIO TRIBUNAL REGIONAL DO TRABALHO DA 4.ª REGIÃO

CONTRARRAZÕES DO RECURSO ORDINÁRIO

RECORRENTE: EMPREGADORA
RECORRIDO: EMPREGADO
ORIGEM: 1.ª VARA DO TRABALHO DE PORTO ALEGRE
PROCESSO: 000066662222

Eminentes Julgadores,

O recurso ordinário ora alvejado não merece ser conhecido e, caso o seja, que no mérito seja negado provimento, mantendo-se a r. sentença que julgou procedentes os pedidos formulados na ação trabalhista, como passamos a aduzir.

DOS PRESSUPOSTOS DE ADMISSIBILIDADE

O presente recurso, como se nota, não preenche todos os pressupostos intrínsecos e extrínsecos de admissibilidade recursal, já que foi interposto intempestivamente, uma vez que o prazo para recorrer terminou em 1.º-04-2019 e o mesmo foi interposto em 03-05-2019.

PRELIMINARMENTE

DO CERCEIO DO DIREITO DE DEFESA

Não deve ser acolhida a pretensão de anulação do julgado, determinando-se a remessa dos autos à origem para reabertura da instrução, já que como se extrai da Ata de audiência, não houve qualquer protesto quanto ao indeferimento da prova testemunhal, o que deveria ter sido feito, razão pela qual operou a preclusão, na forma do art. 795 c/c o art. 893, § 1.º, ambos da CLT.

DO MÉRITO RECURSAL

DA PRESCRIÇÃO QUINQUENAL

O juízo "a quo" não reconheceu a prescrição sob alegação de que a ação foi ajuizada no prazo correto e, sobre a quinquenal, não havia porque se pronunciar, já que o recorrido manteve contrato por apenas 2 anos.

Correto o juízo de piso, nos termos do art. 7.º, XXIX, da CF, art. 11, CLT e Súmula 308 do TST.

DAS HORAS EXTRAS

O juízo "a quo" condenou a recorrente ao pagamento das horas extras por todo o período, vez que como tem mais de 10 empregados e juntou controle de ponto uniforme, houve a inversão do ônus da prova, como se constata da Ata de audiência e, como a recorrente não se desincumbiu do encargo, o magistrado, corretamente, julgou procedente o pedido, o que deve ser mantido, na forma da Súmula 338 do TST.

DA CONCLUSÃO

Diante do exposto, requer que não seja conhecido o presente apelo, mas se o for que no mérito seja negado provimento, para manter a r. sentença, nos termos da fundamentação "supra".

Nestes termos,
Requer deferimento.
Local e Data.
Advogado...
OAB n. ...

4.1.8.7.a. *(XX Exame Unificado. Reaplicação Porto Velho/RO)*

Renato trabalhou como motorista para o Restaurante Amargo Ltda., tendo sempre recebido salário fixo no valor de R$ 1.600,00 mensais. Diariamente dirigia o veículo com as refeições solicitadas pelos clientes, as quais eram entregues por um ajudante. Foi dispensado imotivadamente após dois anos de serviço. Ajuizou ação trabalhista distribuída à 99.ª Vara do Trabalho de Teresina/PI pleiteando diferenças salariais decorrentes da aplicação do piso salarial estipulado para os funcionários em bares e restaurantes, conforme a convenção coletiva firmada pelo sindicato dos bares e restaurantes com o sindicato dos garçons e ajudantes em bares e restaurantes, ambos do estado do Piauí.

Pleiteou o pagamento extraordinário pelo tempo de duração da viagem de ida e volta ao trabalho, pois ficava com o carro da empresa que dirigia e que ficava sob sua guarda. Alegou que de sua residência para o local de trabalho havia apenas três linhas diretas de ônibus com tarifa modal em cada horário, sendo o transporte insuficiente.

Pleiteou salário *in natura* pelo uso de veículo do empregador, o qual ficava com Renato ao longo da semana útil, devendo deixá-lo na garagem do empregador durante o fim de semana de folga, bem como nas férias.

Pleiteou, ainda, a integração de diárias para viagem, recebidas no valor de R$ 400,00 por cada viagem ocorrida, relatando que ao longo do contrato viajou a serviço por três ocasiões, em três diferentes meses.

Por último pleiteou diferenças salariais decorrentes de equiparação salarial com outro motorista, o qual inicialmente trabalhava como *maitre*, mas por força de decisão do INSS, por limitação física, teve sua função alterada, quando percebia R$ 2.000,00 mensais.

Na audiência, após a apresentação de defesa com documentos, foram dispensados os depoimentos pessoais. A parte autora declarou não ter outras provas. A parte ré requereu a oitiva de uma testemunha, a qual foi indeferida pelo juiz, gerando o inconformismo da parte ré, registrado em ata de audiência.

Dez dias após o encerramento normal da audiência, o juiz prolatou sentença de improcedência total dos pedidos, com custas fixadas em R$ 500,00. Inconformado, Renato, 15 dias após haver sido notificado da decisão de improcedência dos pedidos, apresentou a medida jurídica cabível para tentar revertê-la, em juntar qualquer documento.

Você foi notificado como advogado(a) da empresa para apresentar a peça prático-profissional em nome de seu cliente. Redija a mesma apresentando os argumentos pertinentes. (Valor: 5,00)

Obs.: O examinando deve fundamentar suas respostas. A mera citação do dispositivo legal não confere pontuação.

4.1.8.7.b. *Modelo de peça (questão do XX Exame Unificado. Reaplicação Porto Velho/RO)*

AO JUÍZO DA 99ª VARA DO TRABALHO DE TERESINA/PI

PROCESSO N. XXXXXXXXXX

RESTAURANTE AMARGO LTDA., já qualificado nos autos da reclamação trabalhista, que é movida por RENATO, por seu advogado infra-assinado, com fulcro no art. 900 da CLT, vem à presença de Vossa Excelência apresentar

CONTRARRAZÕES AO RECURSO ORDINÁRIO

o que faz na melhor forma de direito, requerendo que sejam inclusivas aos autos e remetidas à instância superior, para que o recurso interposto pelo recorrente não seja conhecido, por intempestivo e ausência de preparo ou, que no mérito, seja improvido.

Nestes termos,
Requer deferimento.
Local e Data.
Advogado...
OAB n. ...

...

EGRÉGIO TRIBUNAL REGIONAL DO TRABALHO DO PIAUÍ

CONTRARRAZÕES DO RECURSO ORDINÁRIO

RECORRENTE: RENATO
RECORRIDO: RESTAURANTE AMARGO LTDA.
ORIGEM: 99ª VARA DO TRABALHO DE TERESINA
PROCESSO: XXXXXXXXXXXXX

Eminentes Julgadores,

O recurso ordinário ora alvejado não merece ser conhecido e, caso o seja, que no mérito seja negado provimento, mantendo-se a r. sentença que julgou improcedentes os pedidos formulados na ação trabalhista movida pelo recorrente RENATO, como passamos a aduzir:

I. PRELIMINARMENTE

DA INTEMPESTIVIDADE

O recurso ordinário deve ser interposto no prazo de 8 dias, como determina o art. 7.º da Lei n. 5.584/70 c.c. o art. 895, I, da CLT. Porém, no caso, o recorrente interpôs o recurso em 15 dias, muito além do prazo. Logo, intempestivo, razão pela qual requer o seu não conhecimento.

DA AUSÊNCIA DE PREPARO

Além de intempestivo, o recurso é deserto, já que não houve o preparo, vez que o recorrente não comprovou o pagamento das custas a que fora condenado, no valor de R$ 500,00, conforme consta em sentença.

DO CERCEAMENTO DO DIREITO DE DEFESA

Caso acolhido o recurso ordinário do recorrente, requer seja declarada a nulidade, por cerceamento do direito de defesa, já que foi indeferida a oitiva de testemunha da ré, como se nota dos autos.

II. DO MÉRITO RECURSAL

DAS DIFERENÇAS SALARIAIS

Deve ser mantida a sentença quanto ao indeferimento do pedido de diferenças salariais pela aplicação de norma coletiva, pois o autor, como motorista, pertence a categoria diferenciada. Logo, na forma do art. 511 da CLT, o regramento da norma coletiva geral não se aplica a ele. Assim, deve ser mantida a sentença e afastada a tese recursal.

DAS HORAS "IN ITINERE"

Deve ser mantida a sentença de improcedência do pedido de horas "in itinere", pois na forma da Súmula 90, item III, do TST, a mera insuficiência do transporte público regular não gera o direito pretendido. Logo, pela manutenção da decisão.

Observação: A Lei n. 13.467/17 alterou o § 2.º e revogou o § 3.º, ambos do art. 58 da CLT.

DO SALÁRIO "IN NATURA"

Deve ser mantida a decisão de improcedência do pedido de salário "in natura", pois conforme o art. 458, "caput", e inciso III, da CLT, o recorrente não usava o veículo para fins privados, mas apenas para o trabalho, afastando o caráter contraprestacional da verba. Assim, a sentença está correta e deve ser mantida.

DAS DIÁRIAS PARA VIAGEM

Deve ser mantida a decisão de improcedência da integração das diárias para viagem, pois não excederam 50% do salário mensal, conforme art. 457, § 2.º, da CLT e Súmula 101 do TST. Desta forma, pela mantença.

Observação: A Lei n. 13.467/17 alterou o § 2.º do art. 457 da CLT.

DA EQUIPARAÇÃO SALARIAL

Deve ser mantida a sentença de improcedência de diferenças salariais por equiparação salarial, haja vista que o modelo era readaptado, não servindo, portanto, como paradigma, conforme art. 461, § 4.º, da CLT.

Observação: A Lei n. 13.467/17 alterou o § 4.º do art. 461 da CLT.

DA CONCLUSÃO

Diante do exposto, requer que sejam acolhidas as preliminares de não conhecimento do recurso do recorrente por intempestivo e ausência de preparo e, ainda, de cerceamento de defesa caso acolhido o recurso do recorrente.

Por fim, deve ser mantida, no todo, a sentença de piso.

Nestes termos,
Requer deferimento.
Local e Data.
Advogado...
OAB n. ...

4.2. Recurso de embargos de declaração

4.2.1. Apresentação

Na prática trabalhista, o recurso de embargos de declaração é extremamente utilizado. Contudo, nos Exames de Ordem, não é usualmente exigido, mas como o propósito da obra é abranger todas as peças que, em tese, podem ser cobradas e preparar o candidato para todas as "surpresas" da prova, será analisado o recurso, garantindo a melhor preparação possível.

O recurso possui algumas características diferentes dos demais, que serão exploradas no tópico abaixo, mas, num primeiro momento, vale a pena afirmar que se trata de um recurso de fundamentação vinculada, pois somente pode versar sobre alguns tipos de vícios, além de ser um recurso impróprio, pois é dirigido e julgado pela mesma autoridade prolatora da decisão embargada.

Diferentemente do recurso ordinário, já estudado, que serve para demonstrar **qualquer** ***error in judicando*** **e** ***error in procedendo***, os embargos de declaração servem apenas para demonstrar a ocorrência de vícios desde logo descritos pelo legislador, a saber: omissão, obscuridade, contradição e manifesto equívoco no exame dos pressupostos extrínsecos de admissibilidade dos recursos, como se extrai do art. 897-A da CLT combinado com o art. 1.022 do CPC, que serão oportunamente analisados.

O recurso também tem importante função no prequestionamento, pressuposto de admissibilidade dos recursos extraordinários (recurso de revista, embargos para o TST e extraordinário para o STF).

Parte-se agora para a análise dos seus requisitos e características mais importantes.

4.2.2. Características e requisitos

De maneira a facilitar o entendimento, a matéria será apresentada em tópicos.

- **Fundamentação vinculada/cabimento:** conforme já afirmado acima, a utilização dos embargos de declaração depende da ocorrência de determinados vícios, que já são descritos pelo legislador quando da criação da norma (art. 897-A da CLT e art. 1.022 do CPC). Os vícios que podem ser atacados são: **omissão, obscuridade e contradição.** Nos termos do art. 897-A da CLT, também pode ser alegada o **manifesto equívoco na análise dos pressupostos extrínsecos de admissibilidade.**
- **Interposição múltipla:** diferentemente dos demais recursos, que possuem sua utilização calcada no princípio da unirrecorribilidade, os embargos de declaração podem ser utilizados sucessivamente, sem limite, ou seja, da decisão dos embargos de declaração podem ser opostos novos embargos e assim sucessivamente, embora em muitos casos não seja necessário. Destarte, graficamente: ED de ED de ED,....
- **Prazo diferenciado:** a Lei n. 5.584/70 uniformizou os prazos recursais em oito dias. Contudo, uma das exceções à regra é o recurso em estudo, que possui prazo de oposição de cinco dias. **Além disso, em regra, não há contrarrazões**, só havendo resposta ao recurso na existência de possíveis efeitos infringentes (modificativos) (§ 2º do art. 897-A e Súmula 278 do TST), a ser analisado em tópico a frente.

- **Interrupção do prazo recursal:** note, ainda, que **a regra** é no sentido de que a oposição dos embargos de declaração interrompe o prazo para interposição de outros recursos, nos termos do § 3º do art. 897-A da CLT. Porém o efeito interruptivo não ocorrerá quando for intempestivo, houver irregularidade na representação da parte ou ausente sua assinatura, além daquela acima aduzida. Assim, uma das peculiaridades do recurso de embargos de declaração cinge-se à possibilidade de haver a interrupção do prazo para outros recursos (efeito interruptivo). Exemplificando: se de uma sentença foi oposto ED, ainda que já tenham transcorridos quatro dias do prazo para interposição do recurso ordinário, o prazo voltará a contar do zero. Desta forma, quando a parte for intimada do julgamento do ED, o prazo do recurso ordinário será contado integralmente, ou seja, terá a parte oito dias para interpor o novo recurso. **Contudo, a interrupção do prazo somente ocorre se o ED for admitido (conhecido), ou seja, de os pressupostos de admissibilidade estiverem presentes.**
- **Aplicação de multa por utilização protelatória:** a interrupção do prazo para o próximo recurso, estudado no tópico anterior, pode acarretar a utilização protelatória do mesmo, ou seja, a interposição fora das hipóteses legais apenas para "ganhar prazo". Tal utilização fere os princípios da celeridade e economia processuais, havendo previsão de multa a ser aplicada ao recorrente de má-fé. Contida no § 2º do art. 1.026 do CPC, quando manifestamente protelatórios, o juiz ou tribunal, em decisão fundamentada, condenará o embargante a pagar ao embargado multa não excedente a 2% sobre o valor atualizado da causa. Em caso de reiteração de embargos protelatórios, aplicar-se-á o § 3º do art. 1.026 do CPC.
- **Possibilidade de efeitos infringentes:** os embargos de declaração foram idealizados pelo legislador com o propósito de tão somente esclarecer dúvidas (obscuridades) contidas na decisão ou sanar omissões e contradições, não possuindo, portanto, o intuito de alterar a decisão. Contudo, a prática mostrou que em algumas situações, em especial, quando há omissão, a correção do vício acarretaria a alteração do julgado, passando-se de uma procedência para improcedência, por exemplo. Um breve exemplo serve para esclarecer: ao julgar determinada demanda trabalhista, o Magistrado condenou o reclamado ao pagamento de verbas rescisórias no valor de R$ 10.000,00. Porém, houve omissão ao não analisar o fundamento da defesa, que arguiu a "prescrição". Com a oposição dos embargos de declaração alegando a referida omissão, o Julgador deu provimento ao recurso, reconheceu a prescrição e, por consequência, julgou improcedentes os pedidos. **Percebe-se que a sentença antes de proce-**

dência passou a improcedência. **Trata-se do efeito modificativo (infringente) dos embargos de declaração.** Sempre que os ED puderem acarretar a modificação do julgado, é necessário que o recorrido **seja intimado para apresentação de resposta, em cinco dias, sob pena de ser passível de nulidade da decisão.** É a única hipótese de contrarrazões nos embargos de declaração, que agora tem previsão expressa no § 2º do art. 897-A, CLT, nos seguintes termos: "Eventual efeito modificativo dos embargos de declaração somente poderá ocorrer em virtude da correção de vício na decisão embargada e desde que ouvida a parte contrária, no prazo de 5 (cinco) dias".

- **Evita ocorrência de preclusão quanto à matéria:** importa destacar que a Súmula 184 do TST averba que ocorrerá preclusão se não forem opostos embargos de declaração para suprir omissão apontada em recurso de revista ou de embargos.
- **Utilização para fins de prequestionamento:** o prequestionamento, previsto expressamente na CLT no art. 896, § 1º-A, inciso I, é um pressuposto de admissibilidade dos recursos classificados como extraordinários, que no direito processual do trabalho são: recurso de revista, recurso de embargos ao TST e recurso extraordinário para o STF (embora não seja um recurso tipicamente trabalhista). Tais recursos somente podem ser utilizados quando: 1) não houver qualquer outro recurso a ser interposto; 2) quando a decisão recorrida tiver analisado a matéria, ou seja, decidido acerca da matéria jurídica objeto do recurso. Assim sendo, **matéria prequestionada significa matéria efetivamente decidida ou, em algumas hipóteses, fictamente decidida.** Os embargos de declaração, à luz da Súmula 297 do TST, possuem importante função prequestionadora das questões jurídicas, pois é por meio desse recurso que a parte demonstrará ao Poder Judiciário a omissão quando a análise de fundamentos carreados aos autos pelas partes, fazendo com que o Poder Judiciário a analise e, por consequência, reste prequestionada. Nessa hipótese, o recurso não pode ser considerado protelatório e, por isso, a parte recorrente não pode sofrer aplicação de multa.

4.2.3. Como identificar a peça

A identificação da peça mostra-se simples. O candidato deve visualizar no problema narrado pela banca examinadora que na sentença ou acórdão proferido houve, por parte do Poder Judiciário, alguma omissão, obscuridade ou contradição, bem como manifesto equívoco na análise dos pressupostos de admissibilidade recursal.

Ao exigir do candidato a formulação de recurso de embargos de declaração, o problema mencionará que houve, por exemplo:

- **Omissão:** algum fundamento do autor ou réu não foi analisado ou mesmo algum pedido. A título de exemplo, formulou-se na petição inicial o pedido de condenação ao pagamento de honorários advocatícios de sucumbência e o juiz não o julgou.
- **Contradição**: há contradição *entre a fundamentação e o dispositivo* da decisão, quando, por exemplo, o magistrado na fundamentação afirma que não houve prova acerca das horas extraordinárias alegadas e, no dispositivo, condena ao pagamento daquelas. **Atenção**: não há contradição, para fins de embargos de declaração, quando o juiz julga de forma contrária a prova dos autos. Neste caso deve ser utilizado o Recurso Ordinário.
- **Obscuridade**: a obscuridade que, salienta-se, é o vício mais difícil de ocorrer de todos, dar-se-á quando o Magistrado não consegue explicar claramente o seu entendimento. A decisão não é clara, dando ensejo a diversas interpretações etc. Ora diz que o ônus da prova é do reclamante, mais à frente afirma ser do reclamado etc.
- **Manifesto equívoco na análise dos pressupostos de admissibilidade:** tal hipótese é restrita ao processo do trabalho, já que prevista no art. 897-A da CLT. Pode ocorrer de o recurso ser inadmitido por intempestividade, mesmo tendo sido interposto no prazo legal, por não ter sido levado em consideração um feriado nacional no último dia, que faz com que o *dies ad quem* fosse prorrogado para o dia útil seguinte.

Caso o problema não deixe claro algum desses vícios, não se trata de hipótese de o candidato redigir um recurso de embargos de declaração. Provavelmente, a banca mencionou algum *error in judicando* ou *error in procedendo*, o que gera o cabimento do recurso ordinário, já estudado.

Outrossim, percebe-se que em diversos casos abordados nas provas anteriores, a banca deixa evidenciado o não cabimento dos embargos de declaração, ou que não tem omissão, contradição ou obscuridade a ser sanada.

4.2.4. Competência

A competência para os embargos de declaração é um pouco diferente do recurso ordinário, considerando o seu julgamento. No recurso ordinário, estudou-se que o *juízo a quo* recebe o recurso e o remete ao *juízo ad quem*, que o julga. Assim, exemplificativamente, a 1ª Vara do Trabalho de Belo Horizonte recebe o recurso ordinário, o admite e remete ao TRT da 3ª Região (MG) para julgamento.

Nos embargos de declaração, o mesmo juízo *a quo* recebe, admite e julga o recurso. Não há remessa para órgão superior (*ad quem*). Assim, conforme quadro abaixo, tem-se:

Juízo que proferiu a decisão	Juízo competente para o julgamento dos ED
1ª Vara do Trabalho de São Paulo/SP	Ao Juízo da 1ª Vara do Trabalho de São Paulo - Estado de São Paulo.
Tribunal Regional do Trabalho do AL	Ao Excelentíssimo Desembargador Relator... - Tribunal Regional do Trabalho do Estado de Alagoas.
Tribunal Superior do Trabalho	Ao Excelentíssimo Ministro Relator... - Tribunal Superior do Trabalho.

4.2.5. Estrutura da peça

Diferentemente do recurso ordinário, **que possui duas peças – interposição e razões –,** os embargos de declaração possuem tão somente uma peça. A diferença decorre da ausência de dois juízos – *a quo* e *ad quem*. Como o recebimento e o julgamento são feitos pelo mesmo juízo, não há justificativa para duas peças.

1. **Competência:** Endereçamento à Vara do Trabalho, Desembargador Relator ou Ministro Relator que proferiu a decisão impugnada.
2. **Número do processo:** menção ao número do processo.
3. **Qualificação da parte recorrente:** não há necessidade de qualificar a parte novamente, pois os dados já constam do processo. Basta afirmar o nome e que a parte já está qualificada nos autos, como por exemplo: "BRUNO DA SILVA, já devidamente qualificado nos autos, (...)"
4. **Nome do recurso que está sendo oposto e fundamento legal:** importante mencionar com destaque (caixa alta) o recurso que está sendo oposto e o fundamento legal. No caso, "vem perante Vossa Excelência opor EMBARGOS DE DECLARAÇÃO, com fulcro nos arts. 897-A da CLT e 1.022 do CPC".
5. **Qualificação do recorrido:** basta afirmar que a parte contrária é JOÃO DA SILVA, ou seja, o nome sem qualificação, pois já está qualificado nos autos.
6. **Fundamento do recurso:** Descrição do vício que está sendo apontado, ou seja, omissão, obscuridade, contradição e/ou equívoco manifesto na análise dos pressupostos extrínsecos de admissibilidade. É extremamente importante deixar claro para a banca examinadora que você está alegando OMISSÃO, OBSCURIDADE etc.
7. **Requerimentos:** nos embargos de declaração, o pedido é para que o recurso seja conhecido e provido para sanar a omissão, contradição, obscuridade e/ou o equívoco manifesto nos pressupostos extrínsecos de admissibilidade, conforme demonstrado.
8. **Fechamento:** Nestes termos, requer deferimento.
9. **Data, local e assinatura/OAB:** caso o problema traga tais dados, devem ser fielmente assinalados. Caso contrário, nenhum dado deve ser inven-

tado, sob pena de identificação da prova, o que acarretará a atribuição da nota zero.

4.2.6. Questão de provas anteriores/Questão simulada

1. Joaquim Barbosa ajuizou demanda trabalhista em face de seu ex-empregador, empresa Alpha Ltda. pleiteando o pagamento da quantia de R$ 3.000,00 a título de comissões não pagas, que fora distribuída para a 2ª Vara do Trabalho de Salvador. Em defesa, a empresa alegou a necessidade de dedução da quantia de R$ 500,00, valor já pago pelas comissões devidas ao empregado. Na fundamentação da sentença, o MM. Juiz entendeu serem devidos apenas uma parte das comissões, em valor de R$ 2.000,00, autorizando a dedução da quantia integral. No dispositivo, julgou parcialmente procedente a demanda, condenando a empresa ao pagamento de R$ 1.000,00, bem como em custas no importe de R$ 20,00. Na qualidade de Advogado de Joaquim Barbosa, redija a peça processual adequada à correção do vício contido na sentença proferida.

4.2.7. Modelo da peça

AO JUÍZO DA 2.ª VARA DO TRABALHO DE SALVADOR

REF. PROCESSO N. ...

JOAQUIM BARBOSA, já devidamente qualificado nos autos em epígrafe, vem perante Vossa Excelência, tempestivamente, por seu advogado que esta subscreve, nos termos dos arts. 897-A da CLT e 1.022 do CPC, opor EMBARGOS DE DECLARAÇÃO tendo em vista a ocorrência de contradição na r. sentença proferida nos autos da ação trabalhista movida em desfavor de ALPHA LTDA., nos seguintes termos:

1. A r. sentença julgou procedentes os pedidos formulados pelo reclamante/embargante, condenando a embargada ao pagamento de R$ 1.000,00. Ademais, autorizou a dedução integral das quantias pagas.
2. Contudo, há contradição entre a fundamentação e o dispositivo, haja vista que pela fundamentação o valor da condenação, já deduzidos os valores pagos, seria R$ 1.500,00, mas o dispositivo condenou a reclamada nos seguintes termos: "[...] condenando a empresa ao pagamento de R$ 1.000,00, bem como em custas no importe de R$ 20,00".
3. A ocorrência de contradição gera o cabimento dos embargos de declaração, conforme autorizam os arts. 897-A da CLT e 1.022 do CPC.

Por todo o exposto, REQUER:

Seja o presente recurso conhecido e provido para sanar a contradição apontada, manifestando-se o Juízo prolator da sentença expressamente acerca do valor correto da condenação.

Termos em que, requer deferimento.
Local... Data...
Advogado...
OAB n. ...

4.3. Recurso de revista

4.3.1. Apresentação

Pode-se afirmar que o recurso de revista é o mais técnico e completo do direito processual do trabalho, tanto que exige a subscrição por advogado, conforme a Súmula 425 do TST, não se aplicando, na hipótese, o *jus postulandi.*

Trata-se de recurso de natureza extraordinária, assim como o recurso especial julgado pelo STJ e o extraordinário, julgado pelo STF, tendo fundamentação vinculada as questões jurídicas que nele são suscitadas e efeito devolutivo restrito às questões jurídicas. Por se tratar de recurso dessa natureza, não pode ser utilizado:

- Antes de serem interpostos todos os outros recursos, ou seja, havendo algum outro recurso a ser utilizado, não é hora ainda de manejar o recurso de revista, pois as "portas do TST" só se abrem ao recurso de revista quando não for possível a interposição de outra espécie recursal.
- Enquanto não for demonstrado o prequestionamento, ou seja, enquanto todas as matérias que foram o seu objeto não estiverem devidamente decididas pelo órgão inferior. Assim, o TST só analisará se os honorários advocatícios de sucumbência são devidos se o TRT se pronunciar acerca da matéria. **Matéria decidida é matéria prequestionada.**

4.3.2. Características e requisitos

Ser classificado como extraordinário significa dizer que não se presta à rediscussão de fatos e provas, como ocorre no recurso ordinário, e sim apenas ao direito, isto é, à análise sobre violação à norma jurídica, súmulas vinculantes do STF, súmulas do TST, etc. A restrição é imposta pela Súmula 126 do TST, o que significa dizer que o âmbito de proteção é o direito objetivo.

A segunda informação a ser destacada é a finalidade do recurso. A espécie recursal possui por finalidade essencial corrigir decisão do TRT, ocorrida em julgamento de recurso ordinário em dissídios individuais, quando esta violar lei federal, CF/88, súmula vinculante, súmulas ou OJ's do TST, bem como uniformizar a jurisprudência entre os Tribunais Regionais do Trabalho. **A divergência apta a ensejar o cabimento de recurso de revista é aquela que ocorre entre Tribunais Regionais do Trabalho e não aquela evidenciada dentro do mesmo TRT.**

4.3.2.1. Cabimento

Passa-se agora à análise do cabimento recursal, previsto no art. 896 da CLT, indispensável à realização de qualquer prova de direito processual do trabalho, por mostrar-se complexo, a saber:

1ª Hipótese – o RR será interposto de acórdão proferido no julgamento de RO em dissídios individuais: a interposição de recurso de revista depende da prévia interposição de recurso ordinário em face de sentença proferida em dissídio individual. Destaque para a importante regra do direito processual do trabalho: apesar de alguns procedimentos serem considerados individuais, tais como um mandado de segurança impetrado em face de decisão interlocutória, ou uma ação rescisória, não são passiveis de impugnação por recurso de revista, por serem de competência originária do TRT. O dissídio individual passível de ser impugnado por RR deve iniciar-se na Vara do Trabalho, passando pelo TRT pela interposição de RO para, ao final, chegar ao TST por meio de RR. **Os dissídios coletivos, por iniciarem-se no TRT ou TST, não são passíveis de impugnação por recurso de revista. No caso de dissídio coletivo que inicia no TRT, a sentença normativa será objeto de recurso ordinário. Quando a demanda iniciar no TST, poderá ser impugnada por embargos infringentes (art. 894, I, da CLT) ou recurso extraordinário.**

Uma situação bastante peculiar encontra-se prevista na OJ n. 334 da SBDI-1 do TST, relacionada à remessa necessária. Segundo o entendimento do TST, não cabe recurso de revista quando os autos sobem ao TRT por meio de remessa necessária, isto é, quando não há interposição de recurso voluntário pela Fazenda Pública. Segundo o TST, se a Fazenda Pública não interpuser RO e a situação foi mantida pelo TRT, não haveria interesse recursal daquele ente para o RR, salvo se houver piora na situação jurídica da Fazenda, o que ocorreria se o recurso da parte contrária fosse provido para elevar a condenação imposta ao ente público. Se não houve interposição de recurso pela parte contrária, não pode haver majoração da condenação, pois na remessa necessária a condenação é mantida ou os pedidos são julgados improcedentes, isentando a Fazenda Pública da condenação anteriormente exposta, uma vez que o instituto é considerado uma prerrogativa dos entes públicos e a Súmula 45 do STJ proíbe qualquer majoração da condenação em sede de remessa necessária.

Acerca dessa hipótese (acórdão do TRT em Recurso Ordinário), três são os fundamentos que podem ser expostos pelo recorrente, conforme alíneas do art. 896 da CLT, a saber:

- Alínea *a* – **Divergência na interpretação de lei federal entre Tribunais Regionais do Trabalho:** nessa primeira alínea, fica clara a função do TST de tribunal uniformizador da jurisprudência trabalhista, haja vista que será cabível o recurso de revista quando a mesma norma de lei federal for interpretada de maneira diversa por mais de um TRT. Assim, se a determinada norma sobre jornada extraordinária for aceita por um TRT e rejeitada por outro, poderá o prejudicado com a decisão interpor o recurso em estudo para que o TST interprete a divergência e indique a solução a ser dada ao caso concreto. Alguns pontos merecem destaque acerca da questão:

1. **Somente é possível a interposição de recurso de revista nessa hipótese quando houver julgado divergente de outro Tribunal Regional do Trabalho, sendo inviável a utilização do apelo para demonstrar divergência do mesmo TRT.** Assim, a divergência dentro do mesmo tribunal não cabe ao TST dirimir, e sim ao próprio tribunal.

2. **O recurso de revista será inadmitido caso interposto na alínea em exame, caso a divergência não abranja todos os fundamentos da decisão**, uma vez que o TST, ao "comparar" os julgados, deve verificar que as decisões proferidas pelos Tribunais Regionais do Trabalho são totalmente incompatíveis. Se algum fundamento utilizado por um TRT não foi objeto de análise do outro tribunal, não há como comparar os acórdãos.

3. **A divergência deve ser demonstrada conforme as regras impostas pelo § 8º do art. 896 da CLT e na Súmula n. 337 do TST**, não bastando a simples juntada do acórdão paradigma. Assim, em suma, o recorrente deve juntar aos autos o acórdão paradigma ou citar a fonte, que pode ser da internet, além de transcrever nas razões do recurso, demonstrando o conflito de teses, de forma a admitir o apelo diante da divergência.

Importa registrar, ainda com fulcro na alínea *a*, que também ensejam a interposição do recurso de revista decisões proferidas pelos TRT's, em sede de recurso ordinário, contrárias às súmulas do TST ou às súmulas vinculantes do STF.

A Súmula 23 do TST aduz que "não se conhece de recurso de revista ou de embargos, se a decisão recorrida resolver determinado item do pedido por diversos fundamentos e a jurisprudência transcrita não abranger a todos".

Note-se ainda que é inadmissível o recurso de revista fundado apenas em divergência jurisprudencial, se a parte não comprovar que a lei estadual, norma coletiva ou o regulamento da empresa extrapolam o âmbito do TRT prolator da decisão.

Embora não esteja explícito na alínea em comento, também cabe recurso de revista para o TST quando a decisão do TRT, em recurso ordinário, violar uma orientação jurisprudencial do TST, por ilação do art. 896, § 1º-A, II, da CLT, haja vista que é ônus da parte, sob pena de não conhecimento do recurso de revista, "indicar, de forma explícita e fundamentada, contrariedade a dispositivo de lei, súmula ou **orientação jurisprudencial** do Tribunal Superior do Trabalho, que conflite com a decisão regional".

- Alínea *b* – **Divergência na interpretação de lei estadual, acordo coletivo ou convenção coletiva, regulamento de empresa ou sentença normativa de aplicação em área superior à abrangência de um Tribunal Regional do Trabalho:** apesar de não ser uma hipótese comum, deve ser lembrada. Pode ocorrer que uma mesma norma, apesar de não ser oriunda de lei federal, seja analisada por mais de um Tribunal Regional do Trabalho, como pode ocorrer com as espécies descritas acima. Imaginemos que uma convenção coletiva venha a atingir trabalhadores nos estados do Espírito Santo e Rio de Janeiro, sendo analisada pelos Tribunais Regionais do Trabalho daqueles Estados. Pode ocorrer que alguma cláusula seja analisada de maneira diversa pelos tribunais, cabendo nessa hipótese a interposição de recurso de revista. A demonstração da divergência também deve se dar conforme o § 8º do art. 896 da CLT e a Súmula 337 do TST.

- Alínea *c* – **Decisão do TRT que afronta lei federal ou norma da CF/88:** o primeiro destaque necessário está relacionado ao conceito de *dispositivo de lei*, de forma a verificarmos a extensão do cabimento do recurso em estudo. Será lei federal apenas legislação ordinária? Doutrina majoritária assegura a interpretação ampliativa do termo, abarcando além de lei ordinária e complementar, também decreto, medida provisória e outros. Sobre esse assunto, destaque para as seguintes informações:

Sabe-se que impera no processo do trabalho a máxima *iura novit curia*, ou seja, que o juiz conhece o direito, o que representa dizer não haver necessidade de fazer menção a dispositivos de lei. Ocorre que no recurso de revista, por se tratar de apelo extraordinário, o TST exige a indicação do preceito legal como requisito de admissibilidade, **conforme descreve a Súmula 221 daquele tribunal. Observe ainda a redação do art. 896, II, § 1º-A, da CLT.** Com efeito, o recurso deve estar devidamente fundamentado, *ex vi* da Súmula 422 do TST.

2ª Hipótese – prevista no § 2º do art. 896 da CLT, está relacionado ao julgamento pelo TRT de agravo de petição, recurso previsto no art. 897, *a*, da CLT para impugnação das decisões proferidas em execução trabalhista. Assim, das decisões proferidas em execução de sentença, assim como nos processos atinentes àquele processo (embargos à execução, embargos de terceiro etc.), será interposto o recurso de agravo de petição, no prazo de oito dias, a ser julgado pelo TRT. Do acórdão do Tribunal Regional que julgar o aludido recurso, caberá recurso de revista, conforme previsão do art. 896, § 2º, da CLT. Ocorre que o cabimento do RR nessa hipótese é mais restrita se comparada com a 1ª hipótese estudada, já que a fundamentação estará vinculada unicamente à demonstração de violação direta e literal a norma da CF/88. Sobre o tema, importante destacar a **Súmula 266 do TST, que reafirma a hipótese de cabimento descrita na CLT, a saber:** "A admissibilidade do recurso de revista interposto de acórdão proferido em agravo de petição, na liquidação de sentença ou em processo incidente na execução, inclusive os embargos de terceiro, depende de demonstração inequívoca de violência direta à Constituição Federal".

É de bom grado destacar que o **cabimento do recurso de revista na execução fora ampliado**, como se extrai do art. 896, § 10, da CLT, que assim dispõe: "Cabe recurso de revista por violação de lei federal, por divergência jurisprudencial e por ofensa à Constituição Federal nas execuções fiscais e nas controvérsias da fase de execução que envolvam a Certidão Negativa de Débitos Trabalhistas (CNDT), criada pela Lei n. 12.440, de 7 de julho de 2011".

4.3.2.2. Prequestionamento

Ao se interpor o recurso de revista, o recorrente deve estar atento ao prequestionamento, que significa dizer que a matéria a ser discutida no recurso foi julgada/enfrentada pelo Tribunal Regional do Trabalho, ou seja, que aquele tribunal decidiu, analisou, se debruçou sobre a questão que será suscitada e analisada pelo TST no recurso de revista. A necessidade de a matéria estar decidida (prequestionada) encontra-se no art. 896, § 1º-A, I, da CLT, nos seguintes termos: "indicar o trecho da decisão recorrida que consubstancia o prequestionamento da controvérsia objeto do recurso de revista" e na Súmula 297 do TST, que será analisada, item por item, a partir de agora:

- **Item I:** a primeira informação contida na súmula em destaque é sobre a espécie de prequestionamento que é exigido pelo TST, a saber, o explícito. Isso não quer dizer que o Tribunal tenha de fazer referência ao dispositivo supostamente violado, como se extrai da OJ n. 118 da SDI-1 do TST: "Havendo tese explícita sobre a matéria, na decisão recorrida, desnecessário contenha nela referência expressa do dispositivo legal para ter-se como prequestionado este".
- **Item II:** narra a necessidade de o recorrente opor embargos de declaração caso a matéria não tenha sido analisada pelo TRT, sob pena de preclusão, haja vista a não realização do prequestionamento. Ou seja, se no Recurso Ordinário ou no Agravo de Petição houve indicação de violação ao princípio da dignidade da pessoa humana, deve o TRT se manifestar sobre. Caso não o faça, como não enfrentou, deve a parte embargar em razão da omissão para provocar o prequestionamento.
- **Item III:** trata do prequestionamento ficto (implícito ou tácito), que é aquele que surge quando a parte opõe os embargos de declaração e, mesmo com o pedido de análise de determinada matéria, o tribunal continua omisso. A omissão daquele órgão não deve prejudicar a parte, já que essa "fez a sua parte", que era opor os embargos de declaração. O nome sugere o que realmente ocorre: a matéria não está decidida, prequestionada, mas por ficção jurídica afirma que o prequestionamento está realizado.

Percebe-se facilmente que o TST somente analisará os fundamentos do recorrente se eles tiverem sido decididos pelo tribunal *a quo*. Mas será que há necessidade de prequestionamento até para as matérias de ordem pública, que podem ser conhecidas de ofício pelo julgador? A OJ n. 62 da SBDI-1 do TST responde **positivamente. O prequestionamento também é necessário nessas hipóteses. Pouco importa se o vício se constitui ou não em norma de ordem pública, deverá o tribunal manifestar-se sobre o mesmo para que o TST possa analisá-lo.**

Situação peculiar, que dispensa a realização do prequestionamento, é aquela descrita na OJ n. 119 da SBDI-1 do TST, que narra a violação a dispositivo de lei na própria decisão recorrida. Nessa hipótese, inviável a realização do prequestionamento, já que o tribunal não estará julgando uma violação à lei perpetrada pela instância inferior, e sim nascida em seu próprio julgado.

Dispõe a Súmula 459 do TST: "O conhecimento do recurso de revista, quanto à preliminar de nulidade por negativa de prestação jurisdicional, supõe a indicação de violação do art. 832 da CLT, do art. 489 do CPC de 2015 (art. 458 do CPC de 1973) ou do art. 93, IX, da CF/1988".

Outrossim, dispõe o inciso IV do § 1º-A do art. 896 da CLT que sob pena de não conhecimento, é ônus da parte recorrente transcrever na peça recursal, no caso de suscitar preliminar de nulidade de julgado por negativa de prestação jurisdicional, o trecho dos embargos declaratórios em que foi pedido o pronunciamento do tribunal sobre questão veiculada no recurso ordinário e o trecho da decisão regional que rejeitou os embargos quanto ao pedido, para cotejo e verificação, de plano, da ocorrência da omissão.

Ademais, prevê a OJ n. 257 da SDI-I do TST que "a invocação expressa no recurso de revista dos preceitos legais ou constitucionais tidos como violados não significa exigir da parte a utilização das expressões 'contrariar', 'ferir', 'violar' etc.".

4.3.2.3. Da transcendência

De acordo com o art. 896-A da CLT, o TST examinará, previamente, se a causa oferece transcendência no que toca aos reflexos gerais de natureza social, política, jurídica e econômica, ou seja, deve o TST, única e exclusivamente, verificar se a questão de fundo é relevante, importante para a sociedade como um todo, e não apenas para aquele que está recorrendo.

São indicadores de transcendência, entre outros: I – econômica, o elevado valor da causa; II – política, o desrespeito da instância recorrida à jurisprudência sumulada do Tribunal Superior do Trabalho ou do Supremo Tribunal Federal; III – social, a postulação, por reclamante-recorrente, de direito social constitucionalmente assegurado; IV – jurídica, a existência de questão nova em torno da interpretação da legislação trabalhista.

Poderá o relator, monocraticamente, denegar seguimento ao recurso de revista que não demonstrar transcendência, cabendo agravo desta decisão para o colegiado. Porém, em relação ao recurso que o relator considerou não ter transcendência, o recorrente poderá realizar sustentação oral sobre a questão da transcendência, durante cinco minutos em sessão.

Se for mantido o voto do relator quanto à não transcendência do recurso, será lavrado acórdão com fundamentação sucinta, que constituirá decisão irrecorrível no âmbito do tribunal.

Note que é irrecorrível a decisão monocrática do relator que, em agravo de instrumento em recurso de revista, considerar ausente a transcendência da matéria.

Por fim, o juízo de admissibilidade do recurso de revista exercido pela Presidência dos Tribunais Regionais do Trabalho limita-se à análise dos pressupostos intrínsecos e extrínsecos do apelo, não abrangendo o critério da transcendência das questões nele veiculadas.

4.3.2.4. Rito sumaríssimo

Como já era de se esperar, o legislador restringiu o cabimento do recurso de revista nos processos que tramitam perante o rito sumaríssimo, de forma a imprimir maior celeridade àqueles. Nessas demandas, o recurso somente será cabível nas hipóteses do art. 896, § 9º, da CLT, assim redigido: "Nas causas sujeitas ao procedimento sumaríssimo, somente será admitido recurso de revista por contrariedade a súmula de jurisprudência uniforme do Tribunal Superior do Trabalho ou a súmula vinculante do Supremo Tribunal Federal e por violação direta da Constituição Federal".

Em suma, não é possível discutir-se divergência jurisprudencial, seja em virtude de lei federal, seja em virtude de qualquer outra norma. Claro que o recurso pode ser interposto no processo de conhecimento e de execução, conforme já estudado acima. Contudo, nessas hipóteses, a fundamentação do recorrente deverá mencionar apenas a existência de contrariedade das súmulas do TST, súmula vinculante do STF e norma da CF/88, desde que a violação a última seja direta.

Dúvida que surgiu na doutrina e jurisprudência diz respeito à interpretação que deveria ser dada ao termo *súmula* constante do art. 896, § 9º, da CLT, se ampliativa ou restritiva, de forma a abarcar as *orientações jurisprudenciais*, na primeira hipótese. O TST, por meio da Súmula 442, demonstrou que a interpretação deve ser restritiva, **não alcançando as orientações jurisprudenciais**, ou seja, não cabe recurso de revista no procedimento sumaríssimo por contrariedade à orientação jurisprudencial.

4.3.2.5. Efeitos

Dois aspectos sobre os efeitos do recurso de revista devem ser levados em consideração neste estudo:

- **Efeito suspensivo:** primeira informação que deve ser lembrada consta no art. 899 da CLT, que afirma que os recursos trabalhistas serão recebidos apenas no efeito devolutivo, podendo-se iniciar a execução provisória. Essa regra é aplicada ao recurso de revista, com mais razão em comparação ao recurso ordinário, pois se a sentença foi confirmada pelo TRT e desse acórdão foi interposto recurso de revista, tem-se uma maior certeza de que a decisão está correta, autorizando-se a execução provisória. Assim, caso o recorrente queira evitar a produção de efeitos pelo acórdão recorrido, deve valer-se da disposição contida na Súmula 414 do TST, também aplicável ao recurso ordinário, ou seja, deve fazer requerimento de atribuição de efeito suspensivo. Somente dessa forma o recorrente obstará o cumprimento imediato da decisão, devendo-se, nessa hipótese, demonstrar a presença do *fumus boni iuris* e do *periculum in mora*.

- **Efeito translativo:** também denominados por alguns como *efeito devolutivo em profundidade*, o efeito translativo permite ao tribunal conhecer das matérias de ordem pública mesmo sem pedido do recorrente. Exemplificando, mesmo que o recorrente não alegue em seu recurso ordinário a existência de incompetência absoluta, poderá o TRT reconhecê-la, anulando a sentença e remetendo os autos para o juízo competente. Ocorre que tal regra **não se aplica ao recurso de revista**, por tratar-se de recurso extraordinário, que depende da apreciação da matéria pelo órgão *a quo* para manifestar-se sobre esta (prequestionamento), como já afirmado acima.

4.3.3. Como identificar a peça

A identificação da peça, em uma prova de 2ª fase da OAB em direito do trabalho, mostra-se fácil se tivermos em mente as hipóteses de cabimento antes estudadas, pois o problema certamente afirmará que houve um julgamento "x" pelo TRT em recurso ordinário, com um fundamento "y" e com base nessas informações o candidato terá de concluir se é ou não hipótese de recurso de revista. Para facilitar, o quadro abaixo relembrará as hipóteses de cabimento de forma sucinta, para que o candidato possa lembrar de todas:

Hipótese de cabimento	Peculiaridades/Detalhes importantes
O RR será interposto de acórdão proferido no julgamento de RO em dissídios individuais.	A interposição de recurso de revista depende da prévia interposição de recurso ordinário em face de sentença (ou decisão terminativa do feito) proferida em dissídio individual. Os dissídios coletivos, por iniciarem-se no TRT ou TST, não são passíveis de impugnação por recurso de revista. No caso de dissídio coletivo que inicia no TRT, a sentença normativa será objeto de recurso ordinário. Quando a demanda iniciar no TST, poderá ser impugnada por embargos infringentes ou recurso extraordinário.
Alínea *a* do art. 896 da CLT.	Quando as decisões dos TRT's, em recurso ordinário, derem ao mesmo dispositivo de lei federal interpretação diversa da que lhe houver dado outro Tribunal Regional do Trabalho, no seu Pleno ou Turma, ou a Seção de Dissídios Individuais do Tribunal Superior do Trabalho, ou contrariarem súmula de jurisprudência uniforme dessa Corte ou súmula vinculante do Supremo Tribunal Federal.

Alínea *b* do art. 896 da CLT.	Quando as decisões dos TRT's, em recurso ordinário, derem ao mesmo dispositivo de lei estadual, convenção coletiva de trabalho, acordo coletivo, sentença normativa ou regulamento empresarial de observância obrigatória em área territorial que exceda a jurisdição do Tribunal Regional prolator da decisão recorrida, interpretação divergente, na forma da alínea *a*.
Alínea *c* do art. 896 da CLT.	Quando as decisões dos TRT's, em grau de recurso ordinário, forem proferidas com violação literal de disposição de lei federal ou afronta direta e literal à Constituição Federal.
Art. 896, § 2º, da CLT.	Das decisões proferidas pelos Tribunais Regionais do Trabalho ou por suas Turmas, em execução de sentença, inclusive em processo incidente de embargos de terceiro, não caberá recurso de revista, **salvo na hipótese de ofensa direta e literal de norma da Constituição Federal**.
Art. 896, § 10, da CLT.	Cabe recurso de revista por violação a lei federal, por divergência jurisprudencial e por ofensa à Constituição Federal nas execuções fiscais e nas controvérsias da fase de execução que envolvam a Certidão Negativa de Débitos Trabalhistas (CNDT).
Art. 896, § 9º, da CLT.	Nas causas sujeitas ao **procedimento sumaríssimo**, somente será admitido recurso de revista por contrariedade à súmula de jurisprudência uniforme do Tribunal Superior do Trabalho ou à súmula vinculante do Supremo Tribunal Federal e por violação direta da Constituição Federal. **JAMAIS CABE EM CASO DE OJ!**

4.3.4. Competência e procedimento

O recurso de revista será interposto perante a Presidência do TRT, que é o órgão incumbido de realizar o primeiro juízo de admissibilidade. Se positivo aquele juízo, será o recorrido intimado para apresentar contrarrazões, subindo os autos ao TST. Se negativo, caberá agravo de instrumento (observar IN 41 do TST) para o TST, de forma a "destrancar" o recurso denegado. Se a decisão contiver alguma omissão, obscuridade, contradição ou contiver algum equívoco manifesto na análise dos pressupostos de admissibilidade, que recurso utilizar? À primeira vista, parece ser cabível o recurso de embargos de declaração, já estudado e com previsão expressa no art. 897-A da CLT para a hipótese versada. Ainda sobre o juízo de admissibilidade, se o feito foi inadmitido pelo Ministro Relator do TST, caberá agravo no prazo de oito dias, a ser processado e julgado conforme o regimento interno daquele tribunal (RITST).

Salienta-se que o recurso de revista somente será admitido se houver fundamentação jurídica, ou seja, indicação do erro em que incorreu o TRT ao proferir o acórdão, haja vista a disposição contida na Súmula 422 do TST, observando-se ainda o disposto no art. 896 e seus incisos e o § 1º-A e seus incisos, todos da CLT.

Ademais, quando o recurso tempestivo contiver defeito formal que não se repute grave, o TST poderá desconsiderar o vício ou mandar saná-lo, julgando o mérito.

Cabe lembrar que o recurso de revista somente será admitido se realizado o depósito recursal, conforme o art. 899 da CLT, sob pena de deserção, salvo se o juízo já estiver integralmente garantido ou nas hipóteses em que o ordenamento jurídico isenta o recorrente. A parte recorrente deve atentar para o valor do depósito recursal, inclusive naquelas em que a parte requer a redução pela metade, já que podem surgir as seguintes situações:

- O valor integral da condenação já ter sido depositado em sede de recurso ordinário, hipótese em que não haverá necessidade de depositar qualquer outra quantia.
- Apesar de a condenação ter sido depositada anteriormente, o TRT pode aumentar a condenação, por ter dado provimento ao recurso da outra parte, hipótese em que será necessária a realização de novo depósito.
- Dependendo do valor da condenação, esta não será depositada integralmente, haja vista que o recurso de revista possui, como todos os demais, um valor máximo a ser depositado.

4.3.5. Estrutura da peça

Conforme já salientado anteriormente, **duas são as peças a serem desenvolvidas**, a saber: **petição de interposição** e **petição das razões**, conforme quadros abaixo:

4.3.5.1. Petição de interposição

1. **Competência:** endereçamento ao Presidente do Tribunal Regional do Trabalho que julgou o recurso ordinário, cujo acórdão é objeto do recurso de revista, uma vez que cabe àquele órgão realizar a análise acerca da admissibilidade do apelo.
2. **Número do processo:** menção ao número do processo.
3. **Qualificação da parte recorrente:** não há necessidade de qualificar novamente, pois já consta na petição inicial ou contestação. **Basta o nome e a informação "já devidamente qualificado nos autos"**.
4. **Nome do recurso que está sendo interposto e fundamento legal:** afirmação de que está **interpondo** o RECURSO DE REVISTA, com fulcro no art. 896, alínea..., da CLT.

5. **Qualificação da parte recorrida:** não há necessidade de qualificar novamente, pois já consta na petição inicial ou contestação. **Basta o nome e a informação "também já devidamente qualificado nos autos"**.
6. **Informação sobre a admissibilidade, inclusive o preparo:** estão presentes todos os requisitos de admissibilidade...., inclusive o preparo (deve-se explicar se o preparo foi realizado ou não e o motivo).
7. **Requerimentos:** seja admitido o recurso, com a intimação do recorrido para contrarrazões e, após, o seu regular processamento, com a remessa dos autos à instância *ad quem* para julgamento do mérito do recurso.
8. **Fechamento:** Nestes termos, requer deferimento.
9. **Data, local e assinatura/OAB:** caso o problema traga tais dados, devem ser fielmente assinalados. Caso contrário, nenhum dado deve ser inventado, sob pena de identificação da prova, o que acarretará a atribuição da nota zero.

4.3.5.2. Petição das razões

1. **Indicação do processo, partes e origem:** número do processo, nome do recorrente, nome do recorrido e origem do processo (*Tribunal Regional do Trabalho de São Paulo, 2ª Região*).
2. **Menção aos julgadores:** Colendo Tribunal Superior do Trabalho. Eminentes Ministros (por exemplo).
3. **Fundamentos do recurso:**
   - 3.1. Cabimento do recurso: demonstrar em que hipótese de cabimento do art. 896 da CLT está sendo interposto o recurso de revista.
   - 3.2. Da admissibilidade
     - 3.2.1. **Prequestionamento**: afirmar e demonstrar que houve prequestionamento da matéria pelo acórdão recorrido, ou seja, que a matéria foi efetivamente decidida pelo juízo *a quo* (*TRT*), conforme art. 896, § 1º-A, inciso I, da CLT e Súmula 297 do TST.
     - 3.2.2. Informar que a causa oferece **transcendência** na forma do art. 896-A da CLT.
   - 3.3. **Mérito do recurso:** deve-se explicitar, de forma analítica, como foi a decisão e como deveria ser, de forma a deixar claro que a decisão está errada e, por isso, deve ser reformada/anulada, tudo de acordo com os incisos II e III do § 1º-A do art. 896 da CLT.
4. **Requerimentos:** Seja o recurso conhecido e, no mérito, provido para reformar/anular acórdão recorrido, nos termos da fundamentação *supra*.
5. **Fechamento:** Nestes termos, requer deferimento.
6. **Data, local e assinatura/OAB:** caso o problema traga tais dados, devem ser fielmente assinalados. Caso contrário, nenhum dado deve ser inventado, sob pena de identificação da prova, o que acarretará a atribuição da nota zero.

4.3.6. Questão de provas anteriores/Questão simulada

1. (Questão simulada) Saulo Ramos ajuizou reclamação trabalhista em face da empresa Infor Serviços de Informática LTDA., a qual fora distribuída para a 1ª Vara do Trabalho de Aracaju e atuada sob o n. 155.651, onde pleiteou o pagamento de horas de sobreaviso, pois ficava com o celular dado pela empresa durante os finais de semana, de modo que entendia fazer jus a adicional previsto no art. 244 da CLT. A sentença julgou improcedente o pedido, aduzindo que o mero fornecimento de celular não importa em jornada sobreaviso, se não ilidida a possibilidade de locomoção do empregado. Não satisfeito, Saulo interpôs recurso ordinário para o TRT, o qual foi admitido pelo juízo da 1ª Vara do Trabalho e, após as contrarrazões, o remeteu ao Tribunal de Sergipe. A 2ª Turma deste tribunal reformou a sentença e julgou procedente o pedido de Saulo, afirmando que a lei não faz distinção se o empregado fica ou não em casa, já que o importante é o empregador ter acesso ao mesmo. Inconformada com o acórdão prolatado, a empresa pretende recorrer, para ver reformada a decisão do TRT de Sergipe. Redija a peça cabível, apresentando todos os seus requisitos e fundamentos pertinentes.

4.3.7. Modelo da peça

AO SENHOR DESEMBARGADOR PRESIDENTE DO TRIBUNAL REGIONAL DO TRABALHO DO ESTADO DE SERGIPE

REF. PROCESSO N. 155651

INFOR SERVIÇOS DE INFORMÁTICA LTDA., já devidamente qualificada nos autos do processo em epígrafe, em que contende com SAULO RAMOS, por meio de seu Advogado infrafirmado, vem perante Vossa Excelência interpor o presente RECURSO DE REVISTA, nos termos do art. 896, alíneas "a" e "c", da CLT, tendo em vista que o acórdão proferido pela 2ª Turma deste Eg.Tribunal, que julgou o recurso ordinário interposto pelo ora recorrente, viola flagrantemente Súmula do TST e Lei Federal, no caso a CLT.

Insta ressaltar que estão presentes todos os pressupostos de admissibilidade intrínsecos e extrínsecos, inclusive o preparo, juntando o comprovante do depósito recursal (ou seguro garantia judicial ou fiança bancária). As custas já foram recolhidas quando da interposição do recurso ordinário.

Assim, pugna pela admissibilidade deste recurso e após a intimação do recorrido para contrarrazões, seja remetido os autos para julgamento perante o Tribunal Superior do Trabalho.

Termos em que, requer deferimento.
Local... Data...
Advogado...
OAB n. ...

...

COLENDO TRIBUNAL SUPERIOR DO TRABALHO

RAZÕES DO RECURSO DE REVISTA

RECORRENTE: INFOR SERVIÇOS DE INFORMÁTICA LTDA.
RECORRIDO: SAULO RAMOS
PROCESSO N. 155651
ORIGEM: 2.ª TURMA DO TRIBUNAL REGIONAL DO TRABALHO DE SERGIPE.

Colendo Tribunal,
Eminentes Ministros,

Merece reforma o v. acórdão proferido pela 2.ª Turma do Tribunal Regional do Trabalho da 20.ª Região, tendo em vista que este viola o art. 244 da CLT, bem como o entendimento cristalizado na Súmula 428 do TST, como será visto.

DA ADMISSIBILIDADE

Estão presentes todos os pressupostos de admissibilidade intrínsecos, extrínsecos e os específicos, com observância do § 1.º-A do art. 896 da CLT, inclusive o preparo, vez que comprovado o pagamento do depósito recursal e das custas.

DO PREQUESTIONAMENTO

Cumpre destacar que a matéria em questão foi objeto de prequestionamento, nos termos do art. 896, § 1.º-A, I, da CLT e da Súmula 297 do TST, como será visto.

DA TRANSCENDÊNCIA

A presente causa oferece transcendência com relação aos reflexos gerais de natureza econômica, política e jurídica, na forma do art. 896-A, § 1.º, da CLT, uma vez que a causa é de elevado valor, houve desrespeito da instância recorrida à jurisprudência sumulada deste C. TST e existe questão nova em torno da interpretação da legislação trabalhista.

DAS RAZÕES DA REFORMA

Considerando o disposto nos incisos II e III do § 1.º-A do art. 896 da CLT, a recorrente passa a expor de forma explícita e fundamentada as razões de reforma, impugnando os fundamentos jurídicos da decisão recorrida.

O acórdão recorrido negou a pretensão do recorrente, em reformar a sentença originária, mantendo a condenação no pagamento de horas de sobreaviso em razão de o recorrido ficar com aparelho celular fornecido pelo empregador, mesmo não estando o recorrente em sistema de plantão com a utilização do referido aparelho, o que não afetaria sua liberdade de locomoção.

O acórdão do TRT prequestionou a matéria, ao afirmar expressamente que; "a lei não faz distinção se o empregado fica ou não em casa, já que o importante é o empregador ter acesso ao mesmo".

Este pensar viola o entendimento do TST exposto no inciso II da Súmula 428, que dispõe ser sobreaviso o tempo que o empregado permanece em plantão com o celular. O acórdão do TRT também viola o art. 244 da CLT, pois este dispõe que "considera-se de sobreaviso o empregado efetivo, que permanecer em sua própria casa, aguardando a qualquer momento o chamado para o serviço".

Por ter havido violação à lei federal e entendimento sumulado do TST, mostra-se cabível o recurso em tela, que deve ser admitido e provido para reformar o acórdão recorrido.

Por todo o exposto, REQUER:

Seja o presente recurso admitido e provido para reformar a decisão recorrida, haja vista a ocorrência de "error in judicando", excluindo-se da condenação o pagamento das horas de sobreaviso.

Termos em que, requer deferimento.
Local... Data...
Advogado...
OAB n. ...

4.3.8. Modelo de Contrarrazões ao Recurso de Revista

Trata-se de peça que nunca foi exigida na prova da OAB em direito do trabalho.

Porém, como nossa intenção é ter um livro mais completo possível, resolvemos inserir um modelo de petição de contrarrazões ao Recurso de Revista, ainda que de forma objetiva.

Esta petição tem por objetivo impugnar as teses da parte recorrente, onde o recorrido (aquele que oferece as contrarrazões) irá pugnar pela manutenção do acórdão proferido pelo TRT, refutando o pedido de reforma e, algumas vezes, até apresentando algum ponto ou questão relevante que reforce o julgado, no viés das matérias jurídicas que foram invocadas.

Não é difícil identificar a necessidade de utilização desta peça, já que você irá perceber que a parte deve ser intimada para oferecer resposta ao recurso interposto, tendo o mesmo prazo que a parte recorrente teve para recorrer, ou seja, 8 dias, na forma do art. 900 da CLT.

Vale lembrar que no prazo das contrarrazões, se for o caso, pode o recorrido lançar mão do recurso adesivo (que tem a mesma estrutura do recurso principal), mas terá que fazê-lo em peça apartada, de modo que terá que fazer uma petição de contrarrazões e outra de recurso de revista adesivo.

A lei não exige que a peça de contrarrazões seja feita por meio de duas petições. Porém, na praxe é comum assim proceder, razão pela qual teremos: 1) petição de apresentação das contrarrazões, dirigida, neste caso, ao Presidente do TRT, já que é ele quem procede com a admissibilidade do recurso de revista: *Ao Senhor Desembargador Presidente do Tribunal Regional do Trabalho da___ Região*; 2) petição de contrarrazões propriamente dita, endereçada ao órgão competente para julgamento do recurso, no caso ao TST: *Ao Colendo Tribunal Superior do Trabalho.*

É importante citar os dispositivos legais, súmulas e orientações jurisprudenciais que sustentam a impugnação ao pedido de reforma.

Abaixo segue um exemplo para modelo, cabendo apenas as devidas adaptações, com inserir de tópicos para enquadramento ao caso que for apresentado.

AO SENHOR DESEMBARGADOR PRESIDENTE DO TRIBUNAL REGIONAL DO TRABALHO DA 24ª REGIÃO

PROCESSO N.

FULANO, já qualificado nos autos da reclamação trabalhista que move em face de FULANINHO, por seu advogado que esta subscreve, com fulcro no art. 900 da CLT, vem à presença de Vossa Excelência apresentar

CONTRARRAZÕES AO RECURSO DE REVISTA

o que faz na melhor forma de direito, requerendo que sejam inclusas aos autos e remetidas à instância superior, para que o recurso interposto pelo recorrente seja improvido.

Nestes termos,
Requer deferimento.
Local e Data.
Advogado...
OAB n. ...

...

COLENDO TRIBUNAL SUPERIOR DO TRABALHO

CONTRARRAZÕES DO RECURSO DE REVISTA

RECORRENTE: FULANINHO
RECORRIDO: FULANO
ORIGEM: 1.ª TURMA DO TRIBUNAL REGIONAL DO TRABALHO DA 24.ª REGIÃO
PROCESSO: ...

Eminentes Julgadores,

O recurso de revista ora alvejado não merece ser conhecido, vez que a parte recorrente aduz questões de fato, onde há óbice na Súmula 126 deste Tribunal e, ademais, o recurso não oferece transcendência, mas caso seja conhecido, que no mérito seja negado provimento, mantendo-se o v. acórdão atacado, como passamos a aduzir:

DOS PRESSUPOSTOS DE ADMISSIBILIDADE

DA TRANSCENDÊNCIA

O presente recurso, como se nota, não preenche todos os pressupostos de admissibilidade recursal, já que o recorrente não cumpriu com a determinação contida no art. 896-A, no sentido de demonstrar a transcendência, seja no que diz ao aspecto político, econômico, jurídico ou social. Assim, como cabe exclusivamente ao TST manifestar-se sobre a questão em tela, requer que o recurso não seja conhecido.

DO PREQUESTIONAMENTO

Outrossim, Excelências, o recorrente não cumpriu com a questão do prequestionamento, como determina o inciso I do § 1.º-A do art. 896 da CLT combinado com a Súmula 297 deste C. Tribunal, pois alega violação à lei federal e a Constituição, bem como a Súmula, mas não se vê no acórdão guerreado o enfrentamento da questão, de modo que não merece conhecimento o apelo em tela.

DO MÉRITO RECURSAL

DA PRESCRIÇÃO BIENAL

Alega o recorrente que a mantença do acórdão impugnado gera violação ao art. 7.º, XXIX da CF, ao art. 11 da CLT e a Súmula 308 do TST, vez que segundo ele o acórdão não reconheceu a prescrição prevista em todos os textos citados, já que o recorrido, ao seu ver, ajuizou a ação mais de 2 anos da extinção do contrato.

Porém, está equivocado o recorrente, pois como assentado no acórdão regional, as violações suscitadas não merecem prosperar, já que o recorrente deixou de considerar a projeção do aviso prévio, o que por si só convence que a ação fora ajuizada dentro dos dois anos, ou seja, com a projeção dos 30 dias do aviso indenizado, o recorrido ajuizou a ação faltando ainda 15 dias para completar a projeção.

Assim, deve ser negado provimento ao recurso no particular.

DO ADICIONAL DE PERICULOSIDADE

Mais uma vez o recorrente se insurge contra o acórdão regional pretendendo sua reforma.

No entanto, a questão ora trazida é meramente fática, não havendo ensejo para pronunciamento sobre o tema por este Tribunal, já que aqui temos a vedação contida na Súmula 126 do TST.

Com efeito, ficou devidamente registrado no acórdão que o recorrido laborou em condições perigosas, tendo laudo técnico nesse sentido para corroborar, razão pela qual o apelo é protelatório, já que não se enquadra em nenhuma das hipóteses de cabimento do recurso de revista do art. 896 da CLT.

Desta feita, que seja negado provimento.

DA CONCLUSÃO

Diante do exposto, requer que não seja conhecido o presente recurso de revista, mas se for conhecido, que no mérito seja negado provimento, para manter o v. acórdão, nos termos da fundamentação "supra".

Nestes termos,
Requer deferimento.
Local e Data.
Advogado...
OAB n. ...

4.4. Recurso de agravo de petição

4.4.1. Apresentação

Trata-se de mais um importantíssimo recurso da prática trabalhista, de simples feitura, mas que não vem sendo objeto das provas da OAB. Só que, mais uma vez, afirma-se que o intuito da obra é proporcionar a mais completa preparação para a 2ª fase em direito do trabalho, razão pela qual o recurso será inteiramente analisado, em seus pormenores.

Quando se fala em "agravo de petição" no processo do trabalho, é intuitivo lembrar do processo de execução trabalhista, haja vista que tal recurso somente é utilizado nessa fase processual, ou seja, um típico recurso a ser utilizado no processo de execução. Previsto no art. 897, *a*, da CLT, cabe tão somente das decisões do Juiz do Trabalho nas execuções, mesmo que seja pela Previdência Social quando da homologação de acordo entabulado entre exequente e executado, no que tange às contribuições sociais que entender devidas.

4.4.2. Características e requisitos

Como já dito, o recurso de agravo de petição é utilizado nas execuções trabalhistas, para impugnar as decisões proferidas nessa espécie de processo. A Súmula 266 do TST reconhece o cabimento também no procedimento de liquidação de sentença. Também cabe quando a **exceção de pré-executividade é julgada procedente, extinguindo a execução. Na improcedência da exceção de pré-executividade, não cabe o referido recurso, já que a execução prosseguirá, de modo que estaremos diante de uma decisão interlocutória, muito embora o TST, conforme consta no Informativo 218, relativizou essa regra.**

O prazo de interposição e contrarrazões segue a regra geral da Lei n. 5.584/70, ou seja, a parte recorrente possui oito dias para interpor e recorrido o mesmo prazo para contrarrazoar.

Um dos pontos mais importantes acerca do recurso e que é constantemente exigido em provas de direito processual do trabalho relaciona-se à admissibilidade do apelo. A espécie recursal possui um pressuposto de admissibilidade específico, descrito no § 1º do art. 897 da CLT, que é a **delimitação da matéria e valores impugnados,** o que significa dizer que a fundamentação não pode ser genérica, e sim apontar exatamente em qual capítulo da decisão encontra-se o erro do juízo, bem como o valor que entende correto na hipótese de alegar-se excesso na execução. O recurso genérico não será admitido.

Ao se delimitar a matéria e os valores objeto da discordância, o mesmo dispositivo legal permite a execução em relação à matéria e valores incontroversos, sendo que tal execução se processará de maneira definitiva, em autos constituídos para tal fim. Aliás, a Súmula 416 do TST afirma inexistir ferimento a direito líquido e certo quando se prossegue na execução em relação à matéria incontroversa. Na verdade, se inexiste controvérsia, há direito líquido e certo do exequente em satisfazer seu crédito.

Sobre o preparo do recurso, destaque para a Súmula 128 do TST, especificamente em seu inciso II, que afirma: "Garantido o juízo, na fase executória, a exigência de depósito para recorrer de qualquer decisão viola os incisos II e LV do art. 5º da CF/1988. Havendo, porém, elevação do valor do débito, exige-se a complementação da garantia do juízo". Segundo o entendimento do TST, a exigência de depósito quando o juízo já está garantido, ou seja, quando já há depósito garantindo o valor integral da condenação, viola ao mesmo tempo os princípios da legalidade, contraditório e ampla defesa. No agravo de petição, geralmente não há depósito, uma vez que o juízo já está garantido por penhora, já que a hipótese mais comum de interposição do recurso se dá em face da sentença que julga os embargos à execução, sendo que a garantia do juízo é um pressuposto para o oferecimento daquela espécie de defesa do executado.

Ademais, não há previsão legal para pagamento de custas de forma antecipada, ou seja, quando da interposição do agravo de petição, cabendo pagamento de custas ao final pelo executado, na forma do art. 789-A da CLT. Caso o AP não seja admitido por esta razão, caberá à interposição de agravo de instrumento para destrancar o recurso denegado.

4.4.3. Como identificar a peça

A identificação da peça mostra-se fácil, pois a utilização do apelo, como já falado, é bastante restrita. Nos moldes do art. 897, *a*, da CLT, somente cabe das decisões em execução trabalhista. Basta analisar o conceito de "decisões" para identificar com 100% de certeza a determinação da banca examinadora para que o candidato redija aquele recurso.

No curso do processo de execução, o magistrado pode proferir diversas decisões, tais como sentenças terminativas, definitivas, bem como inúmeras interlocutórias. A CLT utiliza a expressão "decisões", cabendo-nos interpretar o termo. Não nos parece correta a interpretação ampliativa, de forma a incluir no conceito de decisões todas as interlocutórias, sendo correto concluir que "decisões" engloba:

- sentenças terminativas, isto é, aquelas que não resolvem mérito, como seria o caso de indeferimento de plano dos embargos à execução;
- sentenças definitivas, que são aquelas que apreciam o mérito, que é o caso do julgamento dos embargos à execução e impugnação dos credores trabalhista e previdenciário;
- decisões interlocutórias terminativas do feito, que são as que encerram no processo no juízo trabalhista;
- aquelas que julgam procedentes exceções (objeções) de pré-executividade extinguindo a execução.

As demais decisões interlocutórias não são passíveis de impugnação pela via do agravo de petição, haja vista a regra geral da *irrecorribilidade imediata das decisões interlocutórias*, presente no art. 893, § 1º, da CLT, não se aplicando a regra apenas ao processo de conhecimento, e sim, também à execução trabalhista.

4.4.4. Competência

A regra acerca da competência para o recurso de agravo de petição é a mesma do recurso ordinário, pois há procedimento tanto no *juízo a quo* como no juízo *ad quem*, ou seja, aquele juízo que proferiu a decisão recebe o recurso, o admite e o órgão de hierarquia superior julga o mérito. Isso reflete no endereçamento das peças que serão redigidas por você candidato, devendo-se seguir as regras abaixo descritas:

Petição	Juízo	Redação
Interposição	*A quo* (Vara do Trabalho)	Ao Juízo da 15ª Vara do Trabalho de Campinas.
Razões	*Ad quem* (Tribunal Regional do Trabalho)	Egrégio Tribunal, Eminentes Desembargadores.

Conforme pode ser verificado, a competência para o recurso de agravo de petição é idêntica ao recurso ordinário interposto com base no inciso I do art. 895 da CLT, qual seja: **o agravo de petição é interposto de decisão proferida pela Vara do Trabalho, sendo interposto perante aquele órgão, mas remetido para julgamento no Tribunal Regional do Trabalho (instância superior).**

4.4.5. Fundamentos mais comuns

Abaixo estão relacionadas algumas situações comuns de interposição de agravo de petição, que são hipóteses que podem estar dispostas no problema a ser apresentado pela banca examinadora na prova da 2ª fase da OAB, bem como os fundamentos do recurso.

Decisão proferida no processo de execução	Fundamento para o recurso de agravo de petição
Decisão em embargos à execução ou impugnações	A decisão que julga os embargos à execução é a típica decisão passível de agravo de petição. Cabe também contra sentenças que não conhecem os embargos à execução sob o fundamento de que não há garantia do juízo.
Extinção do processo por meio de exceção de pré-executividade	Se a execução for extinta cabe agravo de petição. Se a exceção de pré-executividade for indeferida, não cabe o recurso, em regra.

4.4.6. Estrutura da peça

Conforme já salientado anteriormente, **duas são as peças a serem desenvolvidas**, a saber: **petição de interposição** e **petição das razões**, conforme quadros abaixo:

4.4.6.1. Petição de interposição

1. **Competência:** endereçamento à Vara do Trabalho que proferiu a decisão impugnada. *Ao Juízo da 3.ª Vara do Trabalho de Vitória.*

2. **Número do processo:** menção ao número do processo.
3. **Qualificação da parte recorrente:** não há necessidade de qualificar novamente, pois já consta na petição inicial ou contestação. **Basta o nome e a informação "já devidamente qualificado nos autos"**.
4. **Nome do recurso que está sendo manejado e fundamento legal:** afirmação de que está **interpondo** o AGRAVO DE PETIÇÃO, com fulcro no art. 897, *a*, da CLT.
5. **Qualificação da parte recorrida:** não há necessidade de qualificar novamente, pois já consta na petição inicial ou contestação. **Basta o nome e a informação "já devidamente qualificado nos autos"**.
6. **Informação acerca do preparo:** deve-se explicar se o preparo foi realizado ou não é o caso de efetuar. Se for o caso, dizer que comprova a complementação do juízo naquele momento, em razão da majoração do valor da execução (Súmula 128, II, TST).
7. **Informar, quando for o caso, a delimitação da matéria e os valores impugnados**, demonstrando o que é controvertido e incontroverso, se for o caso, para fins do § 1º, do art. 897 da CLT.
8. **Requerimentos:** conhecimento do recurso, vez que estão preenchidos os pressupostos de admissibilidade e, intimação do agravado para contrarrazões e, após, sejam os autos remetidos à instância *ad quem* para julgamento do mérito do recurso.
9. **Fechamento:** nestes termos, requer deferimento.
10. **Data, local e assinatura/OAB:** caso o problema traga tais dados, devem ser fielmente assinaladas. Caso contrário, nenhum dado deve ser inventado, sob pena de identificação da prova, o que acarretará a atribuição da nota zero.

4.4.6.2. Petição das razões

1. **Indicação do processo, partes e origem:** número do processo, nome do recorrente, nome do recorrido e origem do processo (3ª Vara do Trabalho de Vitória/ES).
2. **Menção aos julgadores:** Egrégio Tribunal, Eminentes Julgadores (por exemplo).
3. **Fundamentos do recurso:** indicação do equívoco da decisão. Deve-se explicitar como foi a decisão e como deveria ser, comparando a norma jurídica de forma a deixar claro que a decisão está errada e, por isso, deve ser reformada, considerando as matérias e valores que estão sendo objeto de impugnação (art. 897, § 1º, da CLT), quando for o caso.
4. **Requerimentos:** seja o recurso CONHECIDO e PROVIDO para reformar a decisão recorrida, tendo em vista o que fora demonstrado na fundamentação.

5. **Fechamento:** nestes termos, requer deferimento.
6. **Data, local e assinatura/OAB:** caso o problema traga tais dados, devem ser fielmente assinaladas. Caso contrário, nenhum dado deve ser inventado, sob pena de identificação da prova, o que acarretará a atribuição da nota zero.

4.4.7. Questão de provas anteriores/Questão simulada

1. Após sentença com trânsito em julgado, na reclamação trabalhista movida por SAMPAIO CORREA, que condenou a empresa Alpha Serviços Ltda. ao pagamento de R$ 12.000,00 (doze mil reais), o MM. Juiz da 3ª Vara do Trabalho de Vitória/ES, determinou a expedição de mandado de penhora e avaliação, que foi devidamente cumprido, penhorando-se um veículo de valor aproximado de R$ 30.000,00. Após a efetivação da penhora, a executada apresentou embargos à execução, sustentando, nos termos do art. 11-A da CLT, a ocorrência de prescrição intercorrente, aduzindo que o exequente, intimado, não apresentou meios para o prosseguimento da execução, viabilizando a hasta pública do bem penhorado. Após regular processamento, o MM. Juiz julgou procedente os embargos à execução, reconhecendo a alegada prescrição e, por consequência, extinguiu a execução. O reclamante/exequente busca a reforma da decisão proferida nos embargos. Na qualidade de Advogado, redija a peça processual adequada.

4.4.8. Modelo da peça

AO JUÍZO DA 3.ª VARA DO TRABALHO DE VITÓRIA – TRIBUNAL REGIONAL DO TRABALHO DO ESTADO DO ESPÍRITO SANTO.

REF. PROCESSO N. ...

SAMPAIO CORREA, já devidamente qualificado nos autos do processo em epígrafe, vem perante Vossa Excelência, tempestivamente, por seu advogado subscritor, interpor o presente RECURSO DE AGRAVO DE PETIÇÃO nos termos do art. 897, "a", da CLT, tendo em vista o inconformismo com a decisão proferida nos autos do processo de execução na demanda trabalhista que move em face de Alpha Serviços Ltda.

Por estarem presentes todos os pressupostos de admissibilidade intrínsecos e extrínsecos do presente recurso, requer que, seja o ora apelo admitido e após a intimação do recorrido para contrarrazões, remetido para julgamento perante o Tribunal Regional do Trabalho do Espírito Santo.

Termos em que, requer deferimento.

Local... Data...

Advogado...
OAB n. ...

...

EGRÉGIO TRIBUNAL REGIONAL DO TRABALHO DO ESPÍRITO SANTO

RAZÕES DO AGRAVO DE PETIÇÃO

RECORRENTE: SAMPAIO CORREA
RECORRIDO: EMPRESA ALPHA SERVIÇOS LTDA.
PROCESSO N. ...
VARA DE ORIGEM: 3.ª VARA DO TRABALHO DE VITÓRIA/ES

Egrégio Tribunal,
Eminentes Desembargadores,

Merece reparo a decisão de fls. ..., proferida nos autos do processo de execução movida pelo agravante em face da agravada, haja vista ter o juízo "a quo" pronunciado a prescrição intercorrente.

Com efeito, embora a CLT admita no art. 11-A que o magistrado possa pronunciar de ofício a prescrição intercorrente, não é o caso de sua incidência neste processo, pois o exequente fora intimado para indicar meios ao prosseguimento da execução e assim o fez, informando, inclusive, onde poderia ser encontrado o bem penhorado, bem como a forma pela qual a hasta pública poderia ser feita, apesar de esta função ser do Estado-juiz. Porém, o juízo "a quo" não observou a petição de prosseguimento e acolheu a tese dos embargos, de forma equivocada, haja vista que não houve inércia no prazo de dois anos após a intimação.

Por todo o exposto, deve o TRT afastar o pronunciamento da prescrição intercorrente pronunciada pela instância inferior.

Assim sendo, REQUER:

Seja o presente recurso admitido e provido para a reformar a decisão recorrida, determinando-se o prosseguimento da execução, na forma prevista em lei, afastando a prescrição acolhida pelo juízo "a quo".

Termos em que, requer deferimento.
Local... Data...
Advogado...
OAB n. ...

4.5. Recurso de agravo de instrumento

4.5.1. Apresentação

Diferentemente do direito processual civil, em que o agravo de instrumento serve para impugnar as decisões interlocutórias, dentre as quais aquelas que inadmitem outros recursos, como prevê o art. 1.015 do CPC, no processo do trabalho, a utilização do agravo de instrumento mostra-se um pouco mais restrita, haja vista que as decisões interlocutórias, como regra, são irrecorríveis de imediato, vez que no direito processual do trabalho um dos princípios mais importantes é da *irrecorribilidade imediata das decisões interlocutórias*, cujas exceções, em sua maioria, estão descritas na Súmula 214 do TST, sem prejuízo das situações descritas nos incisos II e III do § 1º do art. 855-A da CLT.

Logo, no processo do trabalho, apenas utilizamos o agravo de instrumento quando outro recurso é inadmitido e não cabe, por exemplo, agravo regimental ou embargos de declaração.

Pelo exposto, se o recorrente interpõe recurso ordinário e este é inadmitido pelo juízo *a quo*, caberá a interposição de agravo de instrumento. Sendo o mesmo recurso ordinário inadmitido pelo órgão *ad quem*, por meio de decisão monocrática do relator, **não caberá agravo de instrumento, pois há previsão para o agravo interno.** Se a inadmissão do mesmo recurso ordinário se der pelo colegiado, **caberá recurso de revista ao TST.**

Note-se, todavia, que não cabe recurso de revista contra acórdão proferido em sede de agravo de instrumento, por total ausência de previsão legal.

Em suma, **somente cabe agravo de instrumento quando outro recurso for INADMITIDO pelo juízo *a quo*.**

Observe que não cabe agravo de instrumento das decisões que denegarem seguimento ao recurso de embargos no TST, pois o recurso adequado é o agravo regimental, haja vista que o agravo de instrumento é um recurso próprio, isto é, deve necessariamente ser julgado por órgão *ad quem*, na forma do art. 235 do Regimento Interno do TST e § 4º do art. 894 da CLT.

4.5.2. Características e requisitos

O recurso está previsto no art. 897, *b*, da CLT, sendo utilizado para "destrancar" outros recursos, isto é, para impugnar decisão de inadmissão de outros recursos, quando proferida pelo juízo *a quo*. Explica-se: ao se interpor, por exemplo, um recurso ordinário, este será submetido à análise, num primeiro momento, acerca da presença dos pressupostos de admissibilidade recursal (tempestividade, preparo, legitimidade, regularidade na representação etc.), sendo que aquele pode ser positivo ou negativo, caso estejam presentes todos os requisitos ou ausente algum deles, respectivamente.

Sendo positivo o juízo de admissibilidade, não caberá qualquer recurso, mesmo pela parte contrária, já que os autos subirão ao juízo *ad quem*, após a intimação do recorrido para contrarrazões, visando à realização de novo juízo de admissibilidade e, se positivo novamente, proceder-se ao julgamento do mérito.

Sendo negativo o juízo de admissibilidade, isto é, declarando o juízo inferior a ausência de qualquer daqueles requisitos, restará "trancado" naquela instância o recurso, cabendo a daquela decisão e inadmissibilidade o recurso de agravo de instrumento, de modo que é correto afirmar que o mérito do recurso de agravo de instrumento são os pressupostos de admissibilidade do recurso "trancado".

Impende transcrever a OJ n. 282 da SDI-1 do TST: "No julgamento de Agravo de Instrumento, ao afastar o óbice apontado pelo TRT para o processamento do recurso de revista, pode o juízo 'ad quem' prosseguir no exame dos demais pressupostos extrínsecos e intrínsecos do recurso de revista, mesmo que não apreciados pelo TRT".

Impende transcrever a OJ n. 282 da SDI-1 do TST: "No julgamento de Agravo de Instrumento, ao afastar o óbice apontado pelo TRT para o processamento do recurso de revista, pode o juízo 'ad quem' prosseguir no exame dos demais pressupostos extrínsecos e intrínsecos do recurso de revista, mesmo que não apreciados pelo TRT".

O recurso de agravo de instrumento será formado com uma série de documentos, que estão relacionados no art. 897, § 5º, da CLT, que permitirão o julgamento do próprio agravo de instrumento, bem como, na mesma ocasião, do recurso denegado, demonstrando que a formalidade imposta na formação do recurso possui como finalidade a celeridade processual, haja vista a desnecessidade de remessa dos autos originais do recurso inadmitido. Conforme o parágrafo referido acima, são indispensáveis os seguintes documentos, sob pena de não conhecimento do agravo de instrumento:

- decisão agravada, para possibilitar a verificação de eventual equívoco do juízo *a quo*;
- certidão de intimação, para aferir-se a tempestividade do agravo de instrumento;
- procurações de agravante a agravado, para verificar a regularidade de representação;
- petição inicial, contestação e decisão originária, para possibilitar o julgamento imediato do recurso denegado;
- comprovante do depósito recursal do recurso denegado, haja vista tratar-se de importante pressuposto de admissibilidade, bem como comprovação do recolhimento das custas;
- comprovante do depósito recursal do agravo de instrumento, consoante § 7º do art. 899 da CLT, que é de 50% do recurso que se pretende destrancar, **salvo** se o juízo já estiver garantido ou nas hipóteses previstas no § 8º do mesmo artigo acima citado.
- facultativamente, com outras peças que o recorrente entender úteis e necessárias ao deslinde da controvérsia, sendo comum a juntada de

cópia integral do processo (salvo processo eletrônico), de forma a possibilitar o ampla acesso do Tribunal ao mérito da demanda.

O mais relevante aspecto relacionado ao agravo de instrumento é a necessidade de realização de depósito recursal, já que há obrigatoriedade de depósito de 50% da quantia inerente ao recurso que se busca destrancar. Entrementes, pode ser que seja necessário apenas complementar. Exemplificativamente, podemos encontrar as seguintes situações, considerando-se para fins didáticos a informação de que o depósito recursal máximo para o recurso ordinário é de R$ 10.000,00:

Valor da condenação	Valor depositado no RO	Valor a ser depositado no AI
R$ 5.000,00	R$ 5.000,00	Nada*
R$8.000,00	R$ 8.000,00	Nada*
R$ 12.000,00	R$ 10.000,00	R$ 2.000,00**
R$ 15.000,00	R$ 10.000,00	R$ 5.000,00***
R$ 50.000,00	R$ 10.000,00	R$ 5.000,00***
R$ 300.000,00	R$ 10.000,00	R$ 5.000,00***

* Nas duas primeiras hipóteses, não há necessidade de depositar qualquer quantia a título de depósito recursal no agravo de instrumento, haja vista que a execução já está totalmente garantida com o depósito realizado em sede de recurso ordinário.

** Na terceira situação, será depositado apenas R$ 2.000,00 (complementação), que não representa 50% do valor depositado no recurso ordinário, uma vez que, somando-se os dois valores, chega-se ao total da execução, não sendo lícito exigir do recorrente o depósito de quantia superior à executada.

*** Nas demais situações, o recorrente realizará o depósito de R$ 5.000,00 independentemente do valor da condenação, uma vez que as quantias depositadas no recurso ordinário e no agravo de instrumento são inferiores ao total da execução. Importante lembrar que existem dois limites, a saber: 1) valor máximo de cada recurso; 2) valor da condenação.

Porém, quando o agravo de instrumento tem a finalidade de destrancar recurso de revista que se insurge contra decisão que contraria a jurisprudência uniforme do Tribunal Superior do Trabalho, consubstanciada nas suas súmulas ou em orientação jurisprudencial, não haverá obrigatoriedade de se efetuar o depósito recursal, consoante § 8º do art. 899 da CLT.

É preciso afirmar que a formação do agravo incumbe as partes, razão pela qual é válido o traslado de peças realizado pelo agravado, como preconiza a OJ n. 283 da SDI-1 do TST.

Por seu turno, caso o agravante não tenha procuração nos autos, poderá juntar a cópia da ata onde consta sua presença, pois irá demonstrar que está constituído via mandato tácito. No entanto, caso tenha procuração e mera juntada da ata não supre aquela nos moldes da OJ n. 286 da SDI-1do TST.

4.5.3. Como identificar a peça

Talvez a identificação da necessidade de interposição de agravo de instrumento seja a mais fácil, dentre todos os recursos trabalhistas, pois depende exclusivamente da informação de que **outro recurso interposto foi inadmitido**, qualquer que seja o motivo (ausência de preparo, intempestividade, ilegitimidade etc.), desde que referente a não admissão na instância *a quo*, que impede a remessa dos autos para a instância *ad quem*.

Caso o problema narre que outro recurso trabalhista foi inadmitido pelo juízo *a quo*, caberá agravo de instrumento. O cuidado que temos que ter, ao analisar o problema apresentado pela banca examinadora, é perceber se a inadmissão se deu, efetivamente, no juízo *a quo*, pois caso contrário, não caberá agravo de instrumento, sendo, muito provável, a necessidade de utilização do agravo interno ou outro recurso, como o de revista.

4.5.4. Competência

Sobre o procedimento, importante aspecto relaciona-se à competência para o recebimento do recurso, já que totalmente diferente do processo civil, com o qual não pode ser confundido. Sabe-se que na esfera civil o agravo de instrumento será interposto diretamente no órgão *ad quem*, isto é, aquele que detém competência para o julgamento do mérito recursal. Assim, caso interposta essa espécie recursal em face de decisão interlocutória proferida por juízo de primeira instância (Vara Cível, por exemplo), o recurso será interposto diretamente no Tribunal de Justiça, que é o órgão *ad quem*. **Isso não ocorre no processo do trabalho, haja vista que o agravo de instrumento é interposto perante o juízo *a quo*, ou seja, aquele que proferiu a decisão, aquele que inadmitiu o recurso, cuja decisão está sendo impugnada em sede de agravo de instrumento, que pode ser a Vara do Trabalho ou o Tribunal Regional do Trabalho.**

Ao receber o agravo de instrumento, poderá o juízo exercer a retratação, isto é, reconsiderar a decisão anteriormente proferida, caso entenda que o agravante está com a razão. Tal possibilidade decorre do denominado efeito regressivo do recurso em estudo. Havendo retratação, será o recorrido intimado para apresentar contrarrazões ao recurso originalmente inadmitido, subindo os autos para julgamento. Caso não haja retratação, será o recorrido intimado para apresentar contrarrazões, mas com uma especificidade: o § 6º do art. 897 da CLT afirma que serão apresentadas duas contrarrazões no prazo de oito dias, a saber: ao agravo de instrumento e ao recurso inadmitido, de forma que o tribunal *ad quem*, ao dar provimento ao agravo de instrumento, já possa desde já julgar o mérito do recurso inadmitido, se for o caso, tratando-se claramente de medida de celeridade processual.

O agravo de instrumento será julgado conforme dispuserem as normas procedimentais do regimento interno do tribunal competente.

Vale dizer que a instância *a quo* não tem competência para falar sobre admissibilidade ou não do agravo de instrumento. Cabe, tão somente, receber o recurso, reconsiderar ou não a decisão que não admitiu o recurso de outrora, intimar a parte contrária para contrarrazões, se mantida a decisão agravada, e nada mais. Após, remessa ao tribunal superior.

4.5.5. Fundamentos mais comuns

O fundamento está sempre ligado ao equívoco do Magistrado na análise dos pressupostos de admissibilidade. O juízo *a quo* afirmou que o recurso é intempestivo, quando, na verdade, foi manejado dentro do prazo legal. Da mesma forma, afirmou, por exemplo, que o depósito recursal não foi realizado, quando era hipótese de dispensa, razão pela qual mais uma vez errou o Magistrado. Apenas para ajudar, passa-se a explicação rápida sobre cada um dos pressupostos recursais.

Pressuposto recursal	Explicação resumida
Cabimento	Recorribilidade + adequação, ou seja, se o ato judicial é recorrível e se foi utilizado o recurso adequado (daí dizer-se, recurso cabível).
Tempestividade	Verificação se o recurso foi interposto dentro do prazo recursal.
Legitimidade	Verificação se o recorrente pode recorrer.
Interesse recursal	Análise se houve sucumbência (parte vencida), ou seja, se da decisão judicial decorre prejuízo e, portanto, o recurso será útil.
Preparo	Verificação se foram pagas as custas processuais e o depósito recursal, quando necessário.
Regularidade de representação	O recurso deve ser interposto pelo advogado com mandato, expresso ou tácito, ou nas hipóteses em que não há necessidade de Advogado (*jus postulandi* – Súmula 425 do TST).

4.5.6. Estrutura da peça

Conforme já salientado anteriormente, **duas são as peças a serem desenvolvidas**, a saber: **petição de interposição** e **petição das razões**, conforme se vê a seguir:

4.5.6.1. Petição de interposição

1. **Competência:** endereçado ao juízo *a quo*. Se o recurso foi inadmitido pela 2ª Vara do Trabalho de Belo Horizonte/MG, o agravo de instrumento será direcionado àquele órgão.

2. **Número do processo:** menção ao número do processo.
3. **Qualificação da parte recorrente:** não há necessidade de qualificar novamente, pois já consta na petição inicial ou contestação. **Basta o nome e a informação "já devidamente qualificado nos autos"**.
4. **Nome do recurso que está sendo interposto e fundamento legal:** afirmação de que está **interpondo** o AGRAVO DE INSTRUMENTO, com fulcro no art. 897, *b*, da CLT.
5. **Qualificação da parte recorrida:** não há necessidade de qualificar novamente, pois já consta na petição inicial ou contestação. **Basta o nome e a informação "já devidamente qualificado nos autos"**.
6. **Informação acerca do preparo e formação do instrumento:** deve-se explicar se o preparo foi realizado ou não e o motivo. Indicação que cumprem os § § 5º, 7º e 8º do art. 897 da CLT.
7. **Requerimentos:** que seja reconsiderada a decisão que não admitiu o recurso. Se mantida, que após regular processamento, sejam os autos remetidos à instância *ad quem* para julgamento do mérito do recurso.
8. **Fechamento:** nestes termos, requer deferimento.
9. **Data, local e assinatura/OAB:** caso o problema traga tais dados, devem ser fielmente assinaladas. Caso contrário, nenhum dado deve ser inventado, sob pena de identificação da prova, o que acarretará a atribuição da nota zero.

4.5.6.2. Petição das razões

1. **Indicação do processo, partes e origem:** número do processo, nome do recorrente, nome do recorrido e origem do processo (2ª Vara do Trabalho de Belo Horizonte/MG).
2. **Menção aos julgadores:** Egrégio Tribunal, Eminentes Julgadores (por exemplo).
3. **Fundamentos do recurso:** indicação do equívoco da decisão, qual seja, a presença do requisito de admissibilidade tido por ausente pelo Magistrado que inadmitiu o recurso. Por exemplo, deve-se demonstrar que o recurso é tempestivo, ao contrário do que afirmou o juízo *a quo*. Se este entendeu que a parte é ilegítima, deve-se demonstrar que o recorrente, por estar contido no art. 996 do CPC, é legítimo a recorrer.
4. **Requerimentos:** Seja o recurso ADMITIDO e PROVIDO para reformar a decisão recorrida, reconhecendo-se a presença dos pressupostos de admissibilidade e, por consequência, admitindo o recurso antes denegado.
5. **Fechamento:** nestes termos, requer deferimento.
6. **Data, local e assinatura/OAB:** caso o problema traga tais dados, devem ser fielmente assinaladas. Caso contrário, nenhum dado deve ser inventado, sob pena de identificação da prova, o que acarretará a atribuição da nota zero.

4.5.7. Questão de provas anteriores/Questão simulada

1. (Questão simulada) Isaias Profeta ajuizou uma reclamação trabalhista em face de Leão de Judá LTDA., pleiteando horas extras com o acréscimo de 50% e reflexos de praxe, indicando valores. O feito tramita na 1ª Vara do Trabalho de Maceió, autuado sob o n. 7777-77.7.77.7777. Após regular trâmite processual, o juiz proferiu sentença e julgou improcedentes os pedidos, aduzindo que o reclamante não provou suas alegações e, no ensejo, indeferiu a gratuidade de justiça, afirmando que o autor não comprovou sua condição de miserabilidade jurídica, condenando-o, assim, ao pagamento das custas no valor de R$ 1.000,00 (correspondente a 2% sobre o valor da causa). Tempestivamente, o reclamante interpôs o recurso ordinário, observando todos os requisitos legais, exceto o preparo, vez que não tem condição de pagar tal valor, até porque ele sempre recebeu, como comprovado nos autos, menos de 40% do teto previdenciário, entendendo, assim, que faz jus aos benefícios da gratuidade de justiça, reiterando tal requerimento na peça de interposição do recurso e nas razões. Ocorre que o julgador de origem negou seguimento ao recurso ordinário, ao argumento de deserção. Diante da problemática, você como advogado, redija a peça processual cabível para que o recurso ordinário de Isaias Profeta possa ser julgado.

4.5.8. Modelo da peça

AO JUÍZO DA 1.ª VARA DO TRABALHO DE MACEIÓ.

REF. PROCESSO N. 7777-77.7.77.7777

ISAIAS PROFETA, já devidamente qualificado nos autos do processo em epígrafe, em que contende com Leão de Judá LTDA., por meio de seu Advogado infrafirmado, vem perante Vossa Excelência interpor o presente recurso de AGRAVO DE INSTRUMENTO, nos termos do art. 897, "b", da CLT, tendo em vista o inconformismo com a r. decisão que inadmitiu o recurso ordinário interposto pelo recorrente, sob a afirmação de deserção.

Junta aos autos os documentos constantes no art. 897, § 5.º, da CLT, para a formação do instrumento.

Após a intimação do recorrido, caso este juízo não reconsidere a decisão ora atacada, seja o recurso remetido para julgamento perante o Tribunal Regional do Trabalho de Alagoas.

Termos em que, requer deferimento.
Local... Data...
Advogado...
OAB n. ...

...

RAZÕES DO AGRAVO DE INSTRUMENTO

RECORRENTE: ISAIAS PROFETA
RECORRIDO: LEÃO DE JUDÁ LTDA.
PROCESSO N. 7777-77.7.77.7777
VARA DE ORIGEM: 1.ª VARA DO TRABALHO DE MACEIÓ

Egrégio Tribunal,
Eminentes Desembargadores,

Merece reparo a decisão que inadmitiu o recurso ordinário interposto pelo ora recorrente, uma vez que preenchidos todos os pressupostos de admissibilidade recursal.

Depreende-se da leitura da decisão recorrida que o MM. Juiz de piso entendeu por deserto o recurso ordinário, por não ter o recorrente comprovado o pagamento das custas.

Contudo, dos autos constam que o agravante comprovou que sua renda sempre fora, enquanto estava empregado, inferior a 40% do valor máximo pago pelo Regime Geral de Previdência Social, de modo que faz jus ao benefício da gratuidade de justiça, ante o que dispõe o § 3.º do art. 790 da CLT, com a redação dada pela Lei n. 13.467/2017, isso sem prejuízo da prova de miserabilidade juntada aos autos.

Assim sendo, tendo em vista a miserabilidade presumida do recorrente, deve a decisão ser reformada para admitir o recurso ordinário, afastando a deserção, concedendo a gratuidade de justiça.

Por todo o exposto, REQUER a concessão dos benefícios da gratuidade de justiça, determinando-se o prosseguimento do recurso antes considerado deserto.

Termos em que, requer deferimento.
Local... Data...
Advogado...
OAB n. ...

4.6. Recurso de agravo interno

4.6.1. Apresentação

O agravo interno está previsto nos arts. 1.021 do CPC e 896, § 12, da CLT, sendo interposto das decisões do relator, conforme dispositivos acima referidos, vez que o relator proferirá uma **decisão monocrática,** passível de interposição do recurso em destaque, de competência do colegiado que seria naturalmente competente para a análise do mérito do recurso anterior (julgado monocraticamente).

Importa ressaltar que, com a entrada em vigor da Reforma Trabalhista, da decisão do relator que nega seguimento ao Recurso de Revista por entender que a causa não oferece transcendência, caberá agravo para o colegiado, nos termos do § 2º do art. 896-A da CLT.

4.6.2. Características e requisitos

Apesar de ser, na prática, cada vez mais comum o julgamento monocrático nos tribunais, este continua a ser, teoricamente, exceção, uma vez que a regra de julgamento nos tribunais é a decisão colegiada. O art. 239 do RITST prevê o cabimento do recurso de agravo interno, no prazo de oito dias, nas seguintes hipóteses:

> Art. 239. Caberá agravo ao órgão colegiado competente para o julgamento do respectivo recurso, no prazo de oito dias, a contar da publicação no órgão oficial:
>
> I – da decisão do Relator, tomada com base no § 5º do art. 896 da CLT;
>
> II – da decisão do Relator, dando ou negando provimento ou negando seguimento a recurso, nos termos do art. 557 e § 1º-A do CPC (atualmente art. 1.021 do CPC).

Acerca do procedimento, será interposto perante o relator, que poderá reconsiderar a decisão. Caso não a reconsidere, levará o recurso para julgamento pelo colegiado. Possui efeito apenas devolutivo, podendo, conforme mencionado, possuir efeito regressivo.

Já se afirmou que o julgamento dos recursos tende a ser realizado monocraticamente pelos tribunais, por celeridade processual, quando a questão já estiver pacificada perante os tribunais superiores ou quando a matéria estiver ligada aos pressupostos de admissibilidade, sendo que o agravo interno pode ser utilizado apenas para protelar o feito, assim como ocorre em demasia com os embargos de declaração já estudados. Em relação ao último recurso, verificou-se a existência de previsão legal contida no art. 1.026, § 2º, do CPC acerca da aplicação de multa, ocorrendo o mesmo em relação ao agravo interno, conforme descrito no art. 1.021, § 4º, do CPC. Logo, não é adequado interpor recurso com notório intuito protelatório.

A aplicação da multa não é automática, devendo o colegiado fundamentar aquela, expondo os motivos que o levam a entender que o recurso possui finalidade protelatória, exigindo-se unanimidade.

4.6.3. Como identificar a peça

A identificação da peça, em uma prova da OAB 2ª fase, passa pela análise, novamente, das hipóteses de cabimento. O problema fará a exposição de uma

decisão monocrática, ou seja, **proferida em um Tribunal, pelo relator, conforme dispositivos acima apresentados**, que em resumo contemplam as seguintes hipóteses, nas quais o relator, ao analisar outro recurso, irá:

- inadmiti-lo por ausência de pressupostos recursais, tais como preparo, tempestividade, regularidade formal, dentre outros;
- negar provimento ao apelo, quando a decisão recorrida estiver fundada em súmula ou jurisprudência dominante dos tribunais superiores;
- dar provimento ao recurso quando a decisão recorrida estiver em confronto com súmula ou jurisprudência dominante dos tribunais superiores.

Se o problema disser que foi proferida uma **decisão monocrática**, será hipótese de interposição de agravo interno, para resguardar os direitos da parte, que teve seu recurso inadmitido, desprovido ou sofreu prejuízo com o provimento do recurso da parte contrária.

4.6.4. Competência

Assim como já foi analisado nos outros recursos, com exceção dos embargos de declaração, o agravo interno **será interposto perante o órgão *a quo* e julgado pelo *ad quem*.** Importante destacar que o juízo *a quo*, na hipótese, o **relator do recurso julgado monocraticamente**, ao receber o agravo interno, poderá **reconsiderar a decisão, haja vista a existência de efeito regressivo no recurso em estudo.** Não havendo reconsideração da decisão, os autos são remetidos ao juízo *ad quem*, que é o colegiado, originalmente competente para o recurso julgado monocraticamente. Vamos a um exemplo: diante de uma sentença que condenou a empresa Betha Construções Ltda., foi por esse interposto recurso ordinário, admitido pelo juízo *a quo* e remetido ao Tribunal Regional do Trabalho. Distribuído a um Desembargador Relator, este entendeu que o apelo era intempestivo e, monocraticamente, o inadmitiu. Diante dessa decisão novamente desfavorável, **proferida apenas pelo Relator, poderá a Betha Construções Ltda. interpor o recurso de agravo interno.**

No quadro abaixo, estão resumidas as três hipóteses acima aventadas, com exemplos de simples entendimento.

Decisão proferida	Exemplo	Explicação
Inadmissão do recurso	João da Silva, reclamante, teve seus pedidos julgados improcedentes e interpôs recurso ordinário, inadmitido pelo relator por ausência do depósito recursal.	Cabe a interposição de agravo interno por João da Silva, pois o depósito recursal não é exigido do empregado reclamante, apenas da empresa.

Improvimento do recurso	João da Silva ajuizou ação trabalhista requerendo o pagamento de horas de sobreaviso pela utilização de aparelho celular. A sentença foi de improcedência. Interposto recurso ordinário, foi julgado improvido monocraticamente pelo relator.	O relator não precisa encaminhar o recurso para julgamento pelo colegiado, já que a pretensão de João da Silva contraria Súmula do TST (n. 429), que afirma não serem sobreaviso as horas em que o empregado aguarda ordens pelo celular. Contudo, como a decisão monocrática pode estar errada, cabe a interposição de agravo interno, para que o colegiado analise se a decisão do relator está correta ou não.
Provimento do recurso	João da Silva ajuizou ação trabalhista buscando o pagamento de horas extraordinárias. A sentença de improcedência considerou que havia banco de horas pactuado entre empregado e empregador. João da Silva interpôs recurso ordinário, que foi monocraticamente provido pelo relator, já que a sentença está nitidamente errada, uma vez para o banco de horas é imprescindível autorização em negociação coletiva.	O provimento monocrático deu-se em decorrência da sentença estar nitidamente errada, não havendo necessidade, nesse caso, de pronunciamento do colegiado, já que se guarda àquele órgão as decisões de processos mais complexos. Contudo, há a previsão de interposição de agravo interno para discussão do tema, já que o relator pode estar equivocado.

4.6.5. Estrutura da peça

Conforme já salientado anteriormente, **duas são as peças a serem desenvolvidas**, a saber: **petição de interposição** e **petição das razões**, conforme se vê a seguir:

4.6.5.1. Petição de interposição

1. **Competência:** endereçado ao juízo *a quo*, ou seja, ao Desembargador ou Ministro Relator do recurso julgado monocraticamente.
2. **Número do processo:** menção ao número do processo.
3. **Qualificação da parte recorrente:** não há necessidade de qualificar novamente, pois já consta na petição inicial ou contestação. **Basta o nome e a informação "já devidamente qualificado nos autos"**.

4. **Nome do recurso que está sendo interposto e fundamento legal:** afirmação de que está interpondo o AGRAVO INTERNO com fulcro no art. 1.021 do CPC ou 896, § 12, da CLT.
5. **Qualificação da parte recorrida:** não há necessidade de qualificar novamente, pois já consta na petição inicial ou contestação. **Basta o nome e a informação "já devidamente qualificado nos autos"**.
6. **Informação acerca do preparo:** deve-se explicar se o preparo foi realizado ou não, se for o caso.
7. **Requerimentos:** após regular processamento, **caso não haja reconsideração pelo relator**, sejam os autos remetidos ao Colegiado para julgamento do mérito do recurso.
8. **Fechamento:** Nestes termos, requer deferimento.
9. **Data, local e assinatura/OAB:** caso o problema traga tais dados, devem ser fielmente assinaladas. Caso contrário, nenhum dado deve ser inventado, sob pena de identificação da prova, o que acarretará a atribuição da nota zero.

4.6.5.2. Petição das razões

1. **Indicação do processo, partes e origem:** número do processo, nome do recorrente, nome do recorrido e origem do processo (recurso ordinário da relatoria do Desembargador José da Silva).
2. **Menção aos Julgadores:** Egrégio Tribunal, Eminentes Julgadores (por exemplo).
3. **Fundamentos do recurso:** indicação do equívoco em que incorreu o relator ao julgar monocraticamente. Caso o feito tenha sido inadmitido, deve-se demonstrar a presença do requisito de admissibilidade que o relator afirmou estar ausente. Caso tenha sido provido o recurso, deve-se demonstrar o motivo pela qual deveria ter sido improvido. Se foi improvido, o motivo pela qual deveria ser provido. Em todas as hipóteses, a fundamentação demonstra o erro do Relator ao colegiado.
4. **Requerimentos:** Caso não haja reconsideração, seja o recurso ADMITIDO e PROVIDO para reformar a decisão monocrática, admitindo-se o recurso denegado/dando provimento ao recurso/negando provimento ao recurso.
5. **Fechamento:** Nestes termos, requer deferimento.
6. **Data, local e assinatura/OAB:** caso o problema traga tais dados, devem ser fielmente assinaladas. Caso contrário, nenhum dado deve ser inventado, sob pena de identificação da prova, o que acarretará a atribuição da nota zero.

4.6.6. Questão de provas anteriores/Questão simulada

1. Joaquim José da Silva Xavier, durante os vários anos em que laborou para a empresa Alpha Serviços Ltda., sempre trabalhou em média 3 a 4 horas extraordinárias por dia. Todavia, não as recebeu integralmente. A empresa alegava que o art. 59 da CLT previa o máximo de 2 horas extras por dia, razão pela qual só remunerava as horas extras que não excedessem de 2 horas diárias. Em decorrência desse fato, entendendo não ter direito ao pagamento de todas as horas extras efetivamente trabalhadas, o MM. Juiz do Trabalho julgou improcedentes os pedidos, mas deferiu gratuidade de justiça. Inconformado com a decisão, Joaquim José interpôs recurso ordinário, com fulcro no art. 895, I, da CLT, sustentando que o art. 59 da CLT não permite o trabalho além de 2 horas extras diárias, mas não impede o pagamento de todas as efetivamente trabalhadas, já que a sua força de trabalho foi usufruída pela empresa, gerando o enriquecimento daquela. Admitido o recurso em primeiro grau, foi remetido ao Tribunal Regional do Trabalho da 1ª Região, sendo distribuído ao Desembargador Relator Marcelo Hugo que, entendendo que a matéria está pacificada no Supremo Tribunal Federal, proferiu decisão monocrática negando provimento ao recurso ordinário. Na qualidade de advogado do reclamante, redija a peça processual adequada visando à reforma da decisão monocrática.

4.6.7. Modelo da peça

AO SENHOR DESEMBARGADOR RELATOR MARCELO HUGO – TRIBUNAL REGIONAL DO TRABALHO DO RIO DE JANEIRO.

REF. PROCESSO N. ...

JOAQUIM JOSÉ DA SILVA XAVIER, devidamente qualificado nos autos do processo em epígrafe, por meio de seu Advogado infrafirmado, vem perante Vossa Excelência interpor o presente RECURSO DE AGRAVO INTERNO, nos termos do art. 1.021 do CPC, tendo em vista o inconformismo com a r. decisão monocrática que negou provimento ao recurso ordinário do recorrente, sob a afirmação de que está em confronto com a jurisprudência dos Tribunais Superiores.

Deixa de realizar o preparo recursal por estar sob a égide do benefício da justiça gratuita, anteriormente deferido nos termos do art. 790, § 3.º, da CLT.

Em não havendo reconsideração por Vossa Excelência, seja após regular processamento remetido para julgamento perante o órgão colegiado do Tribunal Regional do Trabalho do Rio de Janeiro...

Termos em que, requer deferimento.
Local... Data...
Advogado...
OAB n. ...

...

RAZÕES DO AGRAVO INTERNO

RECORRENTE: JOAQUIM JOSÉ DA SILVA XAVIER
RECORRIDO: EMPRESA ALPHA SERVIÇOS LTDA.
PROCESSO N. ...
VARA DE ORIGEM: ... VARA DO TRABALHO DE...

Egrégio Tribunal,
Eminentes Desembargadores,

Deve ser reformada a decisão monocrática proferida pelo Relator do recurso ordinário interposto pelo ora recorrente, distribuído para esta C. Turma, tendo em vista que fora negado provimento ao mesmo sob a afirmação de que as alegações contrariam o entendimento cristalizado na jurisprudência pacificada do TST.

Vislumbra-se do recurso ordinário que a discussão travada nos autos refere-se ao reconhecimento da incidência da Súmula 376 do C. TST.

Apesar do entendimento sumulado do TST, o Excelentíssimo Desembargador Relator do recurso ordinário lhe negou provimento monocraticamente, novamente seguindo tão somente o entendimento do Supremo Tribunal Federal.

Ora, o que a Súmula 376 do TST assevera é exatamente o contrário do que se está aplicando desde a primeira instância, pois como se nota, embora o recorrente fizesse mais de duas horas por dia, não as recebia, de modo que a Súmula 376 dispõe que a limitação legal do art. 59 da CLT não exime o empregador de pagar o que exceder aquelas duas.

Desta feita, deve ser reformada a decisão para dar provimento ao recurso, a fim de que a decisão deste colegiado atenda o proclamado na Súmula 376 do C. TST.

Por todo o exposto, REQUER:

a) A reconsideração da decisão recorrida para que seja dado provimento monocrático ao recurso, ante o fato da sentença contrariar o entendimento do TST, cristalizado na Súmula 376.

b) Caso não haja a reconsideração, requer seja o feito admitido, processado de forma a que seja julgado pelo Colegiado da... Turma deste Tribunal Regional do Trabalho do Rio de Janeiro e, ao final, provido.

Termos em que, requer deferimento.
Local... Data...
Advogado...
OAB n. ...

4.7. Embargos no TST

A base legal do recurso em testilha é o art. 894 da CLT, sendo certo que a Lei n. 13.015, de 21 de julho de 2014 alterou a redação do inciso II e acrescentou os parágrafos 2º, 3º e 4º.

O recurso de embargos deve ser interposto no prazo de oito dias, seguindo a uniformização dos prazos no processo do trabalho, e são recebidos no efeito meramente devolutivo.

Note-se que antes da edição da Lei n. 11.496/2007 havia a previsão dos embargos de nulidade, que foram revogados, de modo que atualmente só vigem os embargos infringentes e os embargos de divergência.

Da decisão que nega seguimento a ambos no âmbito do TST caberá agravo no prazo de oito dias, que não é o de instrumento.

4.7.1. Embargos infringentes

Os dissídios coletivos, em regra, são julgados pelos Tribunais Regionais do Trabalho. No entanto, se o dissídio exceder a jurisdição do TRT, será competente o TST.

É de bom grado observar que se o dissídio coletivo for no Estado de São Paulo como um todo, a competência será do TRT da 2ª Região, haja vista que o Estado de São Paulo tem dois TRT's, o da 2ª Região (Capital) e o da 15ª Região (Campinas), ou seja, se houver conflito coletivo em áreas que abracem o TRT da 2ª Região e o TRT da 15ª Região, a competência para julgar os dissídios coletivos será daquele Regional.

Assim, são cabíveis os embargos infringentes (recurso bem delineado na Lei n. 7.701/88 e no Regimento Interno do TST) das decisões proferidas em dissídio coletivo originariamente julgados pelo TST, visando modificar a decisão, tendo competência para o julgamento dos embargos a SDC (art. 2º, II, *c*, da Lei n. 7.701/88), quando a decisão não for unânime, como se depreende do art. 894, I, *a*, da CLT, sendo que a falta de unanimidade está relacionada a cada cláusula que fora debatida no recurso.

Não cabem embargos infringentes quando a decisão normativa estiver em consonância com os precedentes ou súmulas do TST.

O recurso em apreço, por ter natureza ordinária, comporta devolutividade ampla, abrangendo matéria fática e jurídica.

Desta feita, pode-se afirmar que tal recurso é cabível tão somente nas hipóteses de julgamento de dissídios coletivos e desde que a decisão não seja unânime.

4.7.1.1 Modelo da peça

AO SENHOR DOUTOR MINISTRO PRESIDENTE DO TRIBUNAL SUPERIOR DO TRABALHO.

PROCESSO N. ...

CONFEDERAÇÃO DOS TRABALHADORES EM IGREJAS DO BRASIL, já devidamente qualificado nos autos do processo em epígrafe, por meio de seu Advogado infrafirmado, vem perante Vossa Excelência interpor o presente RECURSO DE EMBARGOS INFRINGENTES, nos termos do art. 894, I, "a", CLT, tendo em vista o inconformismo com a r. decisão não unânime proferida em sede de dissídio coletivo de competência originária deste Eg. Tribunal, conforme se extrai do acórdão... proferido pela...

Por preenchidos todos os pressupostos de admissibilidade, requer o conhecimento do mesmo com a remessa a Seção de Dissídios Coletivos para processamento e julgamento.

Termos em que, requer deferimento.
Local... Data...
Advogado...
OAB n. ...

...

RAZÕES DOS EMBARGOS INFRINGENTES

RECORRENTE: CONFEDERAÇÃO DOS TRABALHADORES EM IGREJAS DO BRASIL
RECORRIDO: ...
PROCESSO N. ...
ORIGEM: Acórdão proferido pela...

Eminentes Ministros da Seção de Dissídios Coletivos do TST,

Deve ser reformada a decisão proferida no dissídio coletivo de competência originária julgado por este Eg. Tribunal, conforme acórdão de... exarado pela..., haja vista que a decisão é não unânime.

Vislumbra-se do julgamento ora impugnado que a decisão não fora unânime, tendo os votos vencidos assentado que...

Com efeito, a pretensão do recorrente é demonstrar a V. Excelências que os votos vencidos, com a devida vênia, é o que devem prevalecer, haja vista que...

Ademais, na matéria em análise, ganha força o entendimento deste Eg. TST sobre o que fora firmado pelos votos vencidos, como se demonstra com a decisão proferida...

Não obstante, a doutrina mais moderna também tem entendido que...

Desta feita, deve ser reformada a decisão para dar provimento ao recurso ora interposto, a fim de que a decisão deste colegiado atenda...

Por todo o exposto, REQUER:

O conhecimento do presente recurso, por preenchidos os pressupostos legais e, que no mérito, seja dado provimento ao mesmo para reformar a decisão não unânime, acolhendo os fundamentos "supra".

Termos em que, requer deferimento.

Local... Data...

Advogado...

OAB n. ...

4.7.2. Embargos de divergência

É utilizado para uniformizar entendimento no âmbito do TST (turmas ou seções especializadas), em sede de dissídio individual, impugnando decisões divergentes proferidas pelas Turmas do tribunal, ou seja, decisão de Turma que diverge de outra Turma, bem como decisão de Turma que diverge de decisão da SDI do TST, consoante o art. 894, II, da CLT.

Deve ser considerada, para todos os efeitos, a divergência atual, razão pela qual não enseja o presente recurso decisões superadas por iterativa, notória e atual jurisprudência do TST, na forma do § 2º do art. 894 e da já citada Súmula 333 do TST.

Possui **natureza extraordinária**, sendo as razões encaminhadas à SDI (art. 3º, III, *b*, da Lei n. 7.701/88), não admitindo reexame de fatos e provas (Súmula 126 do TST), comportando efeito devolutivo restrito (matérias e questões jurídicas).

Perfeitamente cabível o recurso de embargos em fase de execução, sendo necessária a demonstração inequívoca de interpretação divergente de dispositivo da Constituição Federal conforme a Súmula 433 do TST.

Mesmo no procedimento sumaríssimo é admitido o recurso de embargos, desde que observado o disposto na Súmula 458 do TST.

É preciso destacar que não cabem embargos para a SDI das decisões proferidas pelas turmas em agravo, salvo nas hipóteses veiculadas na Súmula 353 do TST.

O ministro relator denegará seguimento aos embargos caso a decisão recorrida esteja de acordo com súmula da jurisprudência do TST ou do STF, ou ainda com iterativa, notória e atual jurisprudência do TST, quando então deverá o relator indicá-la, assim como nas hipóteses de intempestividade, deserção, irregularidade de representação ou de ausência de qualquer outro pressuposto extrínseco de admissibilidade.

4.7.2.1. Modelo da peça

AO SENHOR DOUTOR MINISTRO PRESIDENTE DO TRIBUNAL SUPERIOR DO TRABALHO.

PROCESSO N. ...

BROTHER'S CIA ROBÓTICA, já devidamente qualificada nos autos do processo em epígrafe, por meio de seu Advogado infrafirmado, vem perante Vossa Excelência interpor o presente RECURSO DE EMBARGOS DE DIVERGÊNCIA, nos termos do art. 894, II, da CLT, tendo em vista o inconformismo com a r. decisão proferida pela XX Turma deste Eg. Tribunal, que diverge de decisão proferida pela XX Turma do TST, exatamente sobre o mesmo tema, consoante razões anexadas.

Por preenchidos todos os pressupostos de admissibilidade, inclusive o preparo (quando for o caso), requer o conhecimento do mesmo com a remessa a Seção de Dissídios Individuais I para processamento e julgamento.

Termos em que, requer deferimento.
Local... Data...
Advogado...
OAB n. ...

...

RAZÕES DOS EMBARGOS DE DIVERGÊNCIA

RECORRENTE: BROTHER'S CIA ROBÓTICA
RECORRIDO:...
PROCESSO N. ...
ORIGEM: Acórdão proferido pela XX Turma deste C. Tribunal

Eminentes Ministros da Seção de Dissídios Individuais I do TST,

Inicialmente, cabe averbar que estão presentes os pressupostos de admissibilidade extrínsecos e intrínsecos, bem como os específicos, inclusive o prequestionamento, a comprovação da divergência e o preparo.

Quanto ao Mérito:

Deve ser reformada a decisão proferida pela XX Turma deste Eg. Tribunal, considerando o acórdão exarado pela XX Turma deste Pretório, haja vista que a decisão daquele órgão fracionário diverge deste último, embora seja a mesma matéria.

Com efeito, como o objetivo é dar segurança jurídica com a uniformização do entendimento sobre determinada matéria, o recorrente vislumbra a notória necessidade de se reformar o acórdão prolatado pela XX Turma e, para fins de demonstração da divergência, nos termos do art. 894, § 2.º (Súmula 333, TST) aduz que o tema em testilha é atual, vez que se refere a aplicação do art. ..., inserido pela Reforma Trabalhista (Lei n. 13.467/17), tendo inclusive a transcendência e, sendo assim, cumpre o que determina a Súmula 337 no que diz respeito a comprovação da divergência, vez que...

Desta forma, como se percebe pela transcrição, juntada, apontamentos e demonstração por cotejo, a divergência é extremamente atual e precisa ser sanada por este órgão jurisdicional, de modo que...

Outrossim, além de todo o exposto, deve ser reformado o v. acórdão da XX Turma deste Eg. TST, pois a decisão da XX Turma caminha no mesmo entendimento majoritário da doutrina, como também assentou o acórdão que manejamos com a pretensão de reforma, pois...

Desta feita, deve ser reformada a decisão para dar provimento ao recurso ora interposto, a fim de que a decisão a prevalecer seja, de modo fundamental, aquela proferida pela XX Turma.

Por todo o exposto, REQUER:

O conhecimento do presente recurso, por preenchidos os pressupostos legais e, que no mérito, seja dado provimento ao mesmo para reformar a decisão proferida pela Eg. XX Turma deste C. TST, acolhendo os fundamentos "supra".

Termos em que, requer deferimento.
Local... Data...
Advogado...
OAB n. ...

4.8. Recurso Extraordinário

4.8.1. Apresentação

Trata-se de recurso jamais exigido em exame da OAB, mas é importante conhecer suas hipóteses de cabimento, competência para julgamento, repercussão geral e ter um modelo de base para eventual necessidade.

4.8.2. Características e Requisitos

É um recurso previsto em norma constitucional (art. 102, III, da CF/88), que pertence ao estudo da Jurisdição Constitucional, tendo por escopo não o interesse particular das partes (direito subjetivo), mas sim o direito objetivo, daí porque necessária à demonstração de **repercussão geral**, como se depreende do art. 102, § 3º, da CF/88 e do art. 1.035 e parágrafos do CPC.

Sem prejuízo da repercussão geral, há também o **prequestionamento** como pressuposto específico de admissibilidade, por ser um recurso de natureza eminentemente técnico.

A CLT admite seu manejo conforme art. 893, § 2º: *"A interposição de recurso para o Supremo Tribunal Federal não prejudicará a execução do julgado"*, bem como no § 14 do art. 896-C, incluído pela Lei n. 13.015/2014, tendo efeito devolutivo as questões jurídicas suscitadas.

4.8.3. Competência e Cabimento

A competência para o julgamento do Recurso Extraordinário é do Supremo Tribunal Federal.

O cabimento, nos domínios do processo do trabalho, fica restrito a decisões de última ou única instância do TST (cabe das decisões proferidas por meio das seções ou do órgão especial – última instância e das decisões proferidas pela SDI-2 em ações rescisórias e mandados de segurança, que não sejam passíveis de impugnação via embargos – única instância) e, para alguns, das sentenças das varas do trabalho proferidas em procedimento sumário (§ 4º do art. 2º da Lei n. 5.584/70), apesar de haver entendimento admitindo que o recurso cabível é o de revista com base no art. 896, *c* da CLT.

Ademais, a Súmula 505 do STF é veemente ao dispor que, *"salvo quando contrariarem a Constituição, não cabe recurso para o Supremo Tribunal Federal, de quaisquer decisões da Justiça do Trabalho, inclusive dos presidentes de seus tribunais"*.

Assim, conclui-se que não cabe recurso extraordinário das decisões proferidas pelos TRT´s em razão de afronta ao texto constitucional, vez que no caso seria cabível o recurso de revista (art. 896, alínea *c*, da CLT), assim como não caberá recurso extraordinário quando fundado em divergência jurisprudencial, quando a orientação do plenário do STF já se firmou no mesmo sentido da decisão recorrida, nos termos da Súmula 286 STF, *in verbis*: "Não se conhece do recurso extraordinário fundado em divergência jurisprudencial, quando a orientação do plenário do Supremo Tribunal Federal já se firmou no mesmo sentido da decisão recorrida".

4.8.4. Petição e Procedimento

No Recurso Extraordinário haverá a elaboração de duas peças (art. 1.029, *caput*, CPC): 1) petição de interposição ou peça de rosto, dirigida a autoridade recorrida; e 2) petição de razões, dirigida ao Supremo Tribunal Federal.

Vale lembrar que o prazo para interposição do recurso é de 15 dias e, após sua interposição, o recorrido terá 15 dias para apresentar suas contrarrazões, conforme o art. 1.030 do CPC.

Após escoado o prazo das contrarrazões, o Presidente ou Vice-Presidente procederá na forma de alguma das hipóteses previstas nos incisos do art. 1.030 do CPC.

Ademais, é possível requerer efeito suspensivo, na forma do art. 1.029, § 5º, do CPC.

4.8.5. Identificação da peça

A identificação da peça é bem simples, pois além de trabalhar com aplicação de exceção, já que estamos falando do recurso extraordinário, você perceberá que o enunciado deve trazer o que é veiculado no Texto Constitucional para cabimento do recurso (art. 102, III, CF) em tela, ou seja, houve julgamento em única ou última instância onde a decisão recorrida contraria dispositivo da Constituição; declara a inconstitucionalidade de tratado ou lei federal; julga válida lei ou ato de governo local contestado em face da Constituição e, por fim, julga válida lei local contestada em face de lei federal.

4.8.6. Estrutura da peça

Conforme já salientado anteriormente, **duas são as peças a serem desenvolvidas**, a saber: **petição de interposição** e **petição das razões**, conforme se vê a seguir:

4.8.6.1. Petição de interposição

1. **Competência:** endereçado ao juízo *a quo*, ou seja, ao Presidente do Tribunal Superior do Trabalho.
2. **Número do processo:** menção ao número do processo.
3. **Qualificação da parte recorrente:** não há necessidade de qualificar novamente, pois já consta na petição inicial ou contestação. **Basta o nome e a informação "já devidamente qualificado nos autos".**
4. **Nome do recurso que está sendo interposto e fundamento legal:** afirmação de que está interpondo o RECURSO EXTRAORDINÁRIO com fulcro no art. 102, III e a alínea pertinente da Constituição combinado com o art. 1.029 e seguintes do CPC.
5. **Qualificação da parte recorrida:** não há necessidade de qualificar novamente, pois já consta na petição inicial ou contestação. **Basta o nome e a informação "já devidamente qualificado nos autos".**

6. **Informação acerca do preparo:** deve-se explicar se o preparo foi realizado ou não, se for o caso.
7. **Requerimentos:** seja intimado o recorrido para oferecer contrarrazões no prazo de 15 dias e, após, seja admitido e remetido ao Supremo Tribunal Federal.
8. **Fechamento:** Nestes termos, requer deferimento.
9. **Data, local e assinatura/OAB:** caso o problema traga tais dados, devem ser fielmente assinalados. Caso contrário, nenhum dado deve ser inventado, sob pena de identificação da prova, o que acarretará a atribuição da nota zero.

4.8.6.2. Petição das razões

1. **Indicação do processo, partes e origem:** número do processo, nome do recorrente, nome do recorrido e origem do processo.
2. **Menção aos Julgadores:** Excelso Supremo Tribunal Federal, Sapientes Julgadores (por exemplo).
3. **Admissibilidade do recurso:** expor as questões sobre prequestionamento, preparo (se for o caso), repercussão geral e outros se for necessário.
4. **Mérito do recurso:** indicação de qualquer uma das situações descritas nos incisivos do § 3º do art. 102 da CF.
5. **Requerimentos:** Seja o recurso ADMITIDO e PROVIDO para reformar a decisão recorrida.
6. **Fechamento:** Nestes termos, requer deferimento.
7. **Data, local e assinatura/OAB:** caso o problema traga tais dados, devem ser fielmente assinalados. Caso contrário, nenhum dado deve ser inventado, sob pena de identificação da prova, o que acarretará a atribuição da nota zero.

4.8.7. Questão simulada

Carvalho e Carvalho Engenharia S/A. recebeu, por seu advogado, intimação para tomar ciência do acórdão proferido pela SDI-1 do Tribunal Superior do Trabalho, nos autos do Processo n. 5555.68.2019.5.2103, onde verificou, que de maneira explícita e com fundamentação exauriente, em seu entender, houve violação literal ao art. 7º, I, da Constituição, pois a empresa foi condenada a pagar uma indenização compensatória, não prevista em Lei Complementar, como determina o dispositivo citado, vez que o recorrido (reclamante) pediu que fosse aplicada uma indenização por analogia aquela referente a multa dos 40% do FGTS. Inconformado com a decisão "retro", já que em seu modo de ver viola flagrantemente a Constituição, já que não há lei regulando a hipótese, pretende recorrer. Redija a medida cabível.

4.8.8. Modelo da peça

AO SENHOR MINISTRO PRESIDENTE DO TRIBUNAL SUPERIOR DO TRABALHO

REF. PROCESSO N. 5555.68.2019.5.2103

CARVALHO E CARVALHO ENGENHARIA S/A., já devidamente qualificada nos autos do processo em epígrafe, que tem como recorrido..., já qualificado nos autos, vem perante Vossa Excelência, tempestivamente, interpor o presente RECURSO EXTRAORDINÁRIO, nos termos do art. 102, III, "a", da Constituição da República e art. 1.029 e seguintes do CPC, tendo em vista que o acórdão proferido pela SDI-1 deste Tribunal, contraria o inciso I do art. 7.° e o art. 5.°, II, ambos da Constituição Federal.

Insta ressaltar que estão presentes todos os pressupostos de admissibilidade intrínsecos e extrínsecos, inclusive o preparo (demonstrar, se for o caso).

Seja o presente admitido e após a intimação do recorrido para contrarrazões, no prazo de 15 dias, remetidos os autos para julgamento perante o Supremo Tribunal Federal.

Termos em que, requer deferimento.
Local... Data...
Advogado...
OAB n. ...

...

EXCELSO SUPREMO TRIBUNAL FEDERAL

RAZÕES DO RECURSO EXTRAORDINÁRIO

RECORRENTE: CARVALHO E CARVALHO ENGENHARIA S/A.
RECORRIDO: ...
PROCESSO N. 5555.68.2019.5.2103
ORIGEM: SDI-1 DO TRIBUNAL SUPERIOR DO TRABALHO.

Excelso Pretório,
Sapientes Ministros,

Merece reforma o v. acórdão proferido pela SDI-1 do Tribunal Superior do Trabalho, tendo em vista que este contraria de forma literal o inciso I do art. 7.° e o art. 5.°, II, ambos da Constituição Federal, como será visto.

DA ADMISSIBILIDADE

Estão presentes todos os pressupostos de admissibilidade intrínsecos, extrínsecos e os específicos, inclusive o preparo (informar se for o caso).

DO PREQUESTIONAMENTO

Cumpre destacar que a matéria em questão foi objeto de prequestionamento, vez que a SDI-1 do TST enfrentou o tema de modo explícito, não havendo omissão, portanto, de modo que está atendido este pressuposto na forma da Súmula 356 deste Tribunal.

DA REPERCUSSÃO GERAL

A presente causa tem repercussão geral, nos termos do art. 102, § 3.º, da CF e art. 1.035 e parágrafos do CPC, com relação aos reflexos gerais de natureza econômica, política e jurídica, já que no caso em tela há violação notória dos dispositivos constitucionais invocados, pelo que deve este recurso ser admitido.

DAS RAZÕES DA REFORMA. DO MÉRITO RECURSAL

Considerando o disposto no inciso 102, III, "a", da CF/88 e no art. 1.029 do CPC, a recorrente passa a expor de forma explícita e fundamentada as razões de reforma, impugnando os fundamentos jurídicos da decisão recorrida:

O acórdão recorrido condenou a ora recorrente ao pagamento de uma indenização compensatória, pelos fundamentos apresentados de forma analítica, aduzindo que a ausência de Lei Complementar prevendo a indenização não seria motivo para eximir-se do pagamento, já que o recorrido pediu, com base na analogia, o pagamento, a título de indenização compensatória, da multa prevista para a indenização do saldo existente no FGTS, ou seja, de 40% sobre o saldo.

Excelências, data vênia, mas a decisão guerreada viola, de modo literal e flagrante, o disposto no inciso I do art. 7.º, já que a Carta magna exige Lei complementar regulando a indenização compensatória e, ademais, contraria o inciso II do art. 5.º, já que está obrigando a recorrida a fazer algo que não está previsto em lei, a qual a Constituição exige expressamente.

Por todo o exposto, REQUER:

Seja o presente recurso admitido e provido para reformar a decisão recorrida, excluindo a condenação ao pagamento da indenização compensatória.

Termos em que, requer deferimento.
Local... Data...
Advogado...
OAB n. ...

4.9. Embargos à execução

4.9.1. Apresentação

A defesa do executado, apesar de mais restrita em relação ao processo de conhecimento, haja vista que nem todas as matérias arguíveis na defesa apresentada em audiência podem ser renovadas em execução, consiste basicamente na apresentação dos embargos à execução (embargos do devedor ou do executado) e a exceção de pré-executividade, sendo o primeiro objeto de análise a partir de agora.

4.9.2. Características e requisitos

Tratando-se de execução, a primeira informação relevante sobre os embargos à execução toca à sua natureza jurídica, que é incidente da fase executiva, com a mesma natureza que ostenta a execução no processo civil, ou seja, que surge no curso no processo de execução, **devendo-se assegurar o contraditório, efetivado pela possibilidade de apresentação de impugnação do exequente, seguindo-se a produção de provas, se necessário, culminando com o proferimento de sentença, que pode ser objeto de recurso de agravo de petição.**

Os embargos do executado são, pois, uma defesa incidental em que o executado é autor e o exequente é o réu, que visa anular ou reduzir a execução ou tirar do título sua eficácia executória, por demonstrar, por exemplo, que o título não é certo, líquido ou exigível, ou que a coisa julgada foi formada sem o contraditório, há excesso na execução, a penhora é nula etc.

No tocante aos requisitos para a utilização dos embargos à execução, destaque para a necessidade de **garantia do juízo**, ou seja, depósito da quantia reclamada (deve-se deduzir eventuais valores nos autos de depósito recursal) apresentação de bens a penhora ou penhora incidente sobre os bens do executado, no valor integral do débito, **ressalvando-se apenas as hipóteses elencadas no § 6º do art. 884 da CLT, incluído pela Lei n. 13.467/2017, nas quais se dispensa a garantia do juízo**, bem como a possibilidade de seguro-garantia judicial (art. 882, CLT). A penhora em bens ou o oferecimento daqueles em valor inferior ao débito (garantia parcial, portanto), impede a apresentação da defesa pelo executado. A matéria encontra-se prevista no art. 884 da CLT, que assim prescreve: "Garantida a execução ou penhorados os bens, terá o executado 5 (cinco) dias para apresentar embargos, cabendo igual prazo ao exequente para impugnação".

Sempre tomar cuidado com a necessidade de garantia integral do juízo, ou seja, somente se o valor do débito a ser discutido estiver totalmente depositado ou garantido por penhora ou qualquer outra forma de garantia admitida por lei, é que os embargos serão recebidos. Caso contrário, a petição será rejeitada.

Em se tratando de executado particular, conforme já dito, o prazo para apresentação dos embargos é de cinco dias. Para a Fazenda Pública, a norma é diferente. A Medida Provisória n. 2.180-35, incluiu o art. 1º-B na Lei n. 9.494/97, dispondo que o prazo do art. 884 da CLT seria de 30 dias para os componentes da Fazenda Pública, o que gerou uma série de inquietações e dúvidas, em decorrência da inserção da norma por medida provisória, que está intimamente ligada à urgência.

Atualmente tramita no Supremo Tribunal Federal a ADC 11. O próprio TST tem decisões que respeitam o prazo de 30 dias.

Ainda sobre o procedimento, estando presentes os requisitos legais, os embargos serão admitidos, intimando-se o exequente/embargado para, querendo, apresentar sua impugnação aos embargos. Note que a CLT não determina expressamente que **os embargos à execução, no processo do trabalho, serão recebidos no efeito suspensivo, o que significa dizer que a execução não ficará suspensa até o julgamento daquela defesa do executado. No entanto, entendemos aplicável o art. 525, § 6º, do CPC, onde o juiz, no caso concreto, desde que presentes os requisitos ali previstos, poderá atribuir efeito suspensivo, mas em caráter excepcional.**

Acerca da possibilidade de produção de provas em sede de embargos de execução, o art. 884, § 2º, da CLT prevê a possibilidade de realização de provas. Não havendo qualquer prova a ser produzida em audiência, os autos irão conclusos para decisão, no prazo de cinco dias.

Por fim, a petição dos embargos pode ser rejeitada liminarmente nas hipóteses do art. 918 do CPC, aplicado subsidiariamente, sendo tal decisão passível de agravo de petição, nos termos do art. 897, *a*, da CLT, haja vista tratar-se de decisão em execução de sentença, amoldando-se inteiramente na hipótese de cabimento daquele recurso.

4.9.3. Como identificar a peça

A identificação da peça torna-se fácil em decorrência do requisito de admissibilidade que é imposto pela lei, qual seja, **a garantia do juízo**, isto é, a realização de penhora de bens do executado ou a nomeação de bens pelo próprio ou apresentação de seguro-garantia judicial e, ainda, se o devedor ficar inerte, sofrer a penhora de tantos bens quantos bastem para garantir a execução. Havendo indicação no problema apresentado pela banca examinadora de uma das duas condutas acima – **garantia do juízo** – será a hipótese de embargos à execução caso haja algum vício detectado no processo e que impõe prejuízo ao embargante, como aqueles a serem analisados em tópico *infra*, prescritos no § 1º do art. 884 da CLT e art. 525, § 1º, do CPC.

4.9.4. Competência

Os embargos à execução são julgados pelo juízo que processa a execução, ou seja, a Vara do Trabalho que determinou a realização dos atos processuais no processo de execução. Assim, requerida a execução da sentença proferida pela 2ª Vara do Trabalho de Curitiba/PR, a competência é daquele mesma Vara (competência funcional, portanto, absoluta), devendo o juiz daquela Vara do Trabalho determinar a expedição de mandado de citação, penhora e avaliação (MCPA). Havendo a penhora ou a nomeação de bens, os embargos à execução eventualmente oferecidos serão por aquele mesmo órgão jurisdicional julgados. Logo, o endereçamento será *Ao Juízo da 2ª Vara do Trabalho de Curitiba/PR.*

4.9.5. Fundamentos mais comuns

Diversos são os argumentos que podem ser invocados no bojo dos embargos à execução, nos termos do art. 884, § 1º, da CLT e art. 525, § 1º, do CPC. Segundo dispõe o preceito celetista acima referenciado, o executado poderá alegar nos embargos à execução apenas o cumprimento da decisão, a quitação ou a prescrição da dívida, desde que ocorridos posteriormente à sentença.

O cumprimento, quitação ou prescrição do direito material, anteriores à sentença devem ser arguidos em defesa a ser apresentada em audiência, nos termos do art. 847 da CLT.

Apesar do § 1º do art. 884 da CLT mencionar poucas matérias passíveis de impugnação nessa fase processual, outras podem ser arguidas, por utilização subsidiária (art. 889 da CLT) do art. 525, § 1º, do CPC que elenca os seguintes vícios: *falta ou nulidade de citação se, na fase de conhecimento, o processo correu à revelia; inexigibilidade do título ou inexigibilidade da obrigação; penhora incorreta ou avaliação errônea; ilegitimidade de parte; excesso de execução ou cumulação indevida de execuções; qualquer causa modificativa ou extintiva da obrigação, como pagamento, novação, compensação, transação ou prescrição, desde que supervenientes à sentença.* O dispositivo do CPC pode ser aplicado subsidiariamente ao processo do trabalho e, ainda, de forma supletiva, já que o preceito celetista, por ser antigo, não mais se adéqua à realidade.

É sempre importante destacar que a compensação e a retenção não podem ser objeto dos embargos à execução, uma vez que tais matérias somente podem ser levadas ao Poder Judiciário por meio da contestação, sob pena de preclusão, conforme nos informa o art. 767 da CLT.

4.9.6. Estrutura da peça

A petição dos embargos à execução é bem simples, razão pela qual você não precisa de muitas formalidades. Assim, a estrutura seguirá o seguinte modelo:

1. **Competência:** endereçamento à Vara do Trabalho na qual tramita a execução trabalhista e que, portanto, determinou a expedição de mandado de citação, penhora e avaliação.

2. **Número do processo:** menção ao número do processo.
3. **Qualificação da parte executada:** não há necessidade de qualificação das partes, bastando dizer "já devidamente qualificado nos autos". Informação de que a peça é subscrita por Advogado regulamente constituído, constando o endereço daquele (se for o caso de estar entrando agora na relação processual), para o recebimento de notificações.
4. **Nome da medida judicial que está sendo apresentada e fundamento legal:** descrição da apresentação de EMBARGOS À EXECUÇÃO, nos termos dos arts. 884 da CLT e 525 do CPC.
5. **Qualificação da parte exequente:** basta dizer "já devidamente qualificada nos autos".
6. **Inicialmente deve ser informado que o juízo está garantido, já que é pressuposto para o processamento dos embargos.**
7. **Fatos e fundamentos jurídicos do pedido:** descrição da causa de pedir, ou seja, afirmação acerca de um ou mais vícios contidos no art. 884, § 1º, da CLT e art. 525, § 1º, do CPC, com a demonstração pormenorizada do equívoco realizado pelo Magistrado e que importa em nulidade do processo de execução ou, pelo menos, de um ou alguns dos seus atos. Apesar de teoricamente não haver necessidade de mencionar os fundamentos jurídicos (artigos de lei, súmulas, OJs etc.), na Prova da Ordem tal requisito é indispensável, pois o candidato deve mostrar ao examinador que conhece o direito do trabalho.
8. **Pedido e Requerimentos:** dentre as solicitações que devem ser formuladas na petição dos embargos à execução, tem-se:
   - 8.1. Notificação do reclamado para oferecer sua impugnação, no prazo de 5 dias.
   - 8.2. Produção de todos os meios de prova admitidos.
   - 8.3. Seja reconhecida (por exemplo) a nulidade do título executivo judicial, tendo em vista ser ilíquida, tornando nulo os atos processuais realizados até o momento.

   Atenção: É possível pedir tutela provisória, desde que devidamente fundamentada.
9. **Fechamento:** nestes termos, requer deferimento.
10. **Data, local e assinatura/OAB:** caso o problema traga tais dados, devem ser fielmente assinaladas. Caso contrário, nenhum dado deve ser inventado, sob pena de identificação da prova, o que acarretará a atribuição da nota zero.

4.9.7. Questão de provas anteriores/Questão simulada

1. **Questão para treino:** José da Silva ajuizou ação trabalhista tombada sob o n. 0034300-65.2011.5.17.0004, em trâmite perante a 4ª Vara do Trabalho de Vitória/ES, tendo conseguido sentença de procedência em face de Manoel Andrade, seu ex-empregador pessoa física, que atualmente trabalha como taxista. Após a interposição de todos os recursos, muitos dos quais meramente protelatórios, a sentença transita em julgado, com o valor de R$ 20.000,00. Iniciada a execução, foi realizada a penhora sobre um automóvel do executado, que o mesmo utiliza como taxi. Ao saber da constrição em seu carro, Manoel Andrade lhe contratou como Advogado para resguardar os seus interesses. Nessa qualidade, redija a peça processual adequada, levando-se em consideração que o bem penhorado possui valor de R$ 30.000,00.

4.9.8. Modelo da peça

AO JUÍZO DA 12.ª VARA DO TRABALHO DE CAMPINAS
REF. PROCESSO N. ...

EMPRESA ALPHA SERVIÇOS LTDA., pessoa jurídica de direito privado, inscrita no CNPJ sob o n. ..., com sede na Rua..., por meio de seu Advogado infrafirmado, com escritório na Rua... (somente quando for necessário), onde recebe as notificações, vem perante Vossa Excelência oferecer os presentes

EMBARGOS À EXECUÇÃO

nos termos dos arts. 884 da CLT e 525, § 1.º, do CPC, em razão da execução movida por ENRICO TULIO, pelos fatos e fundamentos que passa a expor:

I. DOS FATOS E FUNDAMENTOS JURÍDICOS

Em primeiro lugar, afirma-se que o juízo encontra-se garantido integralmente, haja vista a penhora efetivada em bem do embargante, avaliado pelo Oficial de Justiça em R$ 30.000,00 (trinta mil reais), valor superior àquele constante do mandado de citação, penhora e avaliação.

Em demanda que tramitou sob o rito sumaríssimo, o embargante foi condenado ao pagamento do valor líquido de R$ 13.560,00 (treze mil, quinhentos e sessenta reais), acrescidos de juros e correção monetária. Salienta-se que o pedido de condenação do embargante ao pagamento de danos morais, no valor de R$ 10.000,00 (dez mil reais), foi julgado improcedente, conforme r. sentença nos autos.

Contudo, ao ser citado para pagar a quantia devida em 48 horas, surpreendeu-se ao verificar que no valor a ser pago estava incluído o "quantum" relacionado ao dano moral, violando a coisa julgada formada, ocasionando excesso de execução nos termos do art. 525, § 1.º, V, do CPC.

Uma vez transitada em julgado a decisão, não há mais qualquer possibilidade de alteração, ainda mais no curso do processo de execução (art. 879, § 1.º, da CLT), sendo que qualquer alteração que venha a aumentar o valor do débito constituiu um dos vícios que ensejam o ajuizamento da ação de embargos à execução, que conforme já afirmado, recebe o nome de "excesso de execução".

Deve tal excesso de execução ser reconhecido no julgamento da presente defesa do executado, de forma a restringir o valor a ser executado àquelas parcelas que foram reconhecidas por sentença proferida nos autos do processo n. ..., sob pena de violação à coisa julgada.

2. DO PEDIDO

Seja reconhecido o excesso de execução e, por consequência, julgada insubsistente a execução promovida, além dos valores reconhecidos por sentença transitada em julgado.

3. DOS REQUERIMENTOS

a) Seja o exequente notificado para, querendo, apresentar impugnação no prazo de cinco dias.

b) Produção de todos os meios de prova admitidos.

c) A procedência do pedido formulado na presente.

Termos em que, requer deferimento.
Local... Data...
Advogado...
OAB n. ...

4.10. Exceção de pré-executividade

4.10.1. Apresentação

No tópico anterior afirmou-se que os embargos à execução somente são recebidos quando há a completa garantia do juízo. Fixou-se que a penhora parcial ou o oferecimento de bens que não atinjam o valor integral da condenação não permite a apresentação daquela defesa.

Ocorre que em algumas situações seria injusto impor a restrição patrimonial ao devedor para alegar a existência de vícios de ordem pública, ou seja, que podem ser reconhecidos de ofício pelo Magistrado. Caso o executado não possua patrimônio, não poderá alegar, por exemplo, a ausência de alguma das condições da ação ou de pressupostos processuais, o que, sem sombra de dúvidas, cria uma situação absurdamente injusta.

De forma a corrigir tal disparidade, doutrina e jurisprudência processual civil, com destaque para Pontes de Miranda, começaram a permitir que determinadas matérias – de ordem pública, cognoscíveis de ofício – pudessem ser arguidas não por embargos à execução, e sim por petição simples, sem necessidade de garantia do juízo, que passaram a denominar *exceção de pré-executividade*, mais tarde também chamada *objeção de pré-executividade*, em decorrência da natureza jurídica pública dos vícios que podem nela ser invocados. **A exceção de pré-executividade não possui previsão em lei, tratando-se de construção meramente doutrinária e jurisprudencial, mas bem aceita nos domínios do processo do trabalho, embora com restrições promovidas por alguns magistrados.**

4.10.2. Características e requisitos

A vantagem prática na apresentação da espécie de defesa em estudo é a desnecessidade de garantia do juízo, ou seja, o executado pode demonstrar a inexigibilidade do título sem nomear bens à penhora ou sofrer penhora em seus bens.

As situações mais comuns de utilização da exceção de pré-executividade na Justiça do Trabalho contemplam as alegações de:

- ausência de citação no processo de conhecimento;
- incompetência da Justiça do Trabalho;
- litispendência, coisa julgada, perempção e outros vícios previstos no art. 337 do CPC e que, regra geral, geram a extinção do feito sem apreciação do mérito;
- prescrição intercorrente, nos termos do art. 11-A da CLT.

Verifica-se que as alegações geralmente levadas ao Poder Judiciário por meio da exceção de pré-executividade são de fácil análise e conclusão, não havendo necessidade de produção de prova. Trata-se de situações que, mesmo podendo ser de fato, são analisadas à luz de documentos juntados aos autos.

Um dos pontos mais importantes sobre essa espécie de defesa é a impossibilidade de produção de provas, salvo a documental, que será anexada à petição da exceção. Assim sendo, **só se admite a prova pré-constituída, que é a documental, assim como ocorre no mandado de segurança.** Considerando-se a desnecessidade de garantia do juízo para a apresentação da defesa em estudo, a Fazenda Pública, quando executada, não pode apresentar exceção de pré-executividade, por ausência de interesse processual, uma vez que os embargos à execução independem de garantia do juízo para aqueles entes.

Importante que se diga que a utilização da exceção de pré-executividade pelo executado não o impede de apresentar posteriormente os embargos à execução, não havendo preclusão. Assim, caso a exceção seja rejeitada, poderá o executado garantir o juízo e manejar os embargos, com ampla instrução probatória nos limites recomendados por lei.

No que toca a esta vertente, vale destacar decisão proferida pela 4ª Turma do TST, como segue:

"[...] 2. EXCEÇÃO DE PRÉ-EXECUTIVIDADE. DECISÃO QUE REJEITA O INCIDENTE. RECORRIBILIDADE IMEDIATA. PROVIMENTO. No que diz respeito ao recurso cabível para impugnação da decisão em que se julga a exceção de pré-executividade, a jurisprudência deste Tribunal Superior tem sido tranquila em admitir o agravo de petição, porém, apenas para as hipóteses em que o juiz acolhe o referido incidente. Isso porque, nesse caso, não haveria dúvida de que se trata de uma decisão terminativa. A controvérsia surge quando se discute qual o recurso viável para impugnar o ato do juiz que rejeita ou não conhece da exceção de pré-executividade. Para a circunstância, tem sido adotado entendimento de que não seria possível a interposição imediata do agravo de petição, por se tratar de decisão interlocutória, cabendo à parte impugnar a matéria no apelo que será interposto contra a decisão definitiva, ou seja, contra a decisão que examinou os embargos à execução. O referido posicionamento tem como base o artigo 893, § 1º, da CLT, segundo o qual as decisões interlocutórias somente serão examinadas quando do recurso contra a decisão definitiva. Do mencionado preceito extrai-se o princípio da irrecorribilidade imediata das decisões interlocutórias. A regra contida no dispositivo em epígrafe não é absoluta, uma vez que a Súmula 214 enumera algumas circunstâncias nas quais não incidirá o princípio da irrecorribilidade imediata. Diante desse cenário, questiona-se em que momento a parte poderia provocar a manifestação do Tribunal Regional competente sobre os termos da decisão que rejeitou ou não conheceu a exceção de pré-executividade. Segundo a jurisprudência desta Corte Superior, rejeitada a exceção de pré-executividade, a parte poderia se valer dos embargos à execução, com a garantia do juízo, onde discutiria a questão trazida no incidente não acolhido e, somente depois de proferida essa sentença definitiva, poderia interpor agravo de petição. Sucede que, tendo a parte se valido da exceção de pré-executividade, como poderia, em momento posterior, se utilizar de outro meio processual para impugnar a questão levantada anteriormente no incidente, se já ultrapassado o prazo para apresentar os embargos à execução? Certamente haveria preclusão temporal, ante o transcurso do prazo para a apresentação dos embargos à execução. Além disso, com o julgamento do citado incidente, haveria preclusão *pro judicato* da matéria nela deduzida, de modo que não poderia ser renovada em sede de embargos à execução. Frise-se que na Justiça Comum é pacífico o entendimento de que ocorre a preclusão da análise da matéria em embargos à execução, quando previamente examinada em sede de exceção de pré-executividade. Precedentes do STJ. Desse modo, a aplicação do princípio da irrecorribilidade imediata das decisões interlocutórias à hipótese configura-se em verdadeiro princípio da irrecorribilidade, tendo em vista que não será permitida a análise da matéria pelos Tribunais em momento posterior. Não se pode olvidar que, nos termos do artigo 897, *a*, da CLT, caberá agravo de petição contra as decisões do Juiz ou Presidente na fase de execução. Porém, tal preceito não faz nenhuma distinção quanto à sua natureza, seja interlocutória ou terminativa do feito. Afastado o óbice da irrecorribilidade imediata, caberia saber se para a interposição do agravo de petição contra a decisão que não conheceu ou rejeitou a exceção de pré-executividade seria exigível a garantia do juízo. Pois bem, como já realçado, a exceção de pré-executividade trata-se de

> uma construção doutrinária e, portanto, sem previsão expressa em lei, inexistindo para o manejo da referida demanda, diversamente do que ocorre com os embargos à execução, a necessidade do cumprimento da garantia do juízo. E se para o exame do mencionado incidente processual não há necessidade da garantia em comento, não se poderia estabelecê-la no momento em que a parte submeterá a decisão que rejeitou ou não conheceu da sua exceção à instância de segundo grau. A prevalecer o mencionado requisito, se estaria, por via transversa, obstaculizando o direito da parte ao contraditório e à ampla defesa, bem como ao devido processo legal, impedindo que a questão objeto da exceção de pré-executividade seja analisada pelo Colegiado Regional e, por conseguinte, por essa instância extraordinária, o que iria de encontro à própria finalidade do instituto processual. Ademais, se fosse cabível a garantia do juízo, o que não é o caso, ela deveria ser exigida desde o tempo do manejo da exceção de pré-executividade, não se justificando o seu cumprimento apenas quando da interposição do agravo de petição. Assim, tem-se como passível de reforma a decisão que impõe para o conhecimento do agravo de petição a garantia do juízo, na circunstância em que não acolhida a exceção de pré-executividade. <u>Na hipótese</u>, o Tribunal Regional não conheceu do agravo de petição da executada, sob o fundamento de que, sendo a decisão que não acolheu a exceção de pré-executividade de índole interlocutória, não caberia recurso imediato. Também por entender que para a interposição do agravo de petição seria necessária a garantia do juízo. Ao assim decidir, acabou por afrontar os princípios do contraditório, da ampla defesa e do devido processo legal, em violação do artigo 5º, LIV e LV, da Constituição Federal. Recurso de revista de que se conhece e a que se dá provimento" (TST-ARR-19700-68.1986.5.02.0002, 4ª Turma, rel. Min. Guilherme Augusto Caputo Bastos, julgado em 13-5-2020).

Por fim, cabe a análise da decisão que julga a exceção, bem como a recorribilidade do ato.

Sendo rejeitada a exceção, será proferida uma decisão interlocutória, que nos termos do art. 893, § 1º, da CLT, mostra-se irrecorrível, já que tal situação não está contemplada nas exceções da Súmula 214 do TST ou no art. 855-A, CLT. Essa é a regra geral. Porém, como visto acima, há decisão turmária do TST (acima transcrita) relativizando essa hipótese.

Sendo acolhida a exceção, a decisão que extinguir parcial ou totalmente a execução será impugnada por agravo de petição, haja vista que o processo será extinto, mesmo que parcial.

4.10.3. Como identificar a peça

A exceção de pré-executividade nunca foi cobrada em Exames de Ordem na 2ª fase em direito do trabalho, pois o seu cabimento é bem casuístico, o que dificulta, em muito, a identificação de sua utilização. As situações abaixo arroladas são normalmente objeto de alegação em exceção, mas isso não significa dizer que sempre que tais situações forem verificadas no processo trabalhista, será hipótese de exceção, já que se deve analisar, principalmente, se o juízo está garantido, quando então será o caso de oferecer embargos à execução, bem à desnecessidade de outras provas, que não a documental juntada na própria petição da exceção. As situações de utilização mais comuns são aquelas descritas acima, como:

- ausência de citação no processo de conhecimento;
- incompetência da Justiça do Trabalho;
- penhora de bem de família que não seja suficiente para garantir o juízo;
- litispendência, coisa julgada, perempção etc.

Nessas situações, havendo prova pré-constituída acerca dos fundamentos, pode ser manejada a espécie de defesa excepcional, sem necessidade de garantia do juízo.

4.10.4. Competência

Assim como ocorre com os embargos à execução, a exceção de pré-executividade será apresentada e julgada pelo órgão que realiza os atos executórios, ou seja, aquele que determinou a expedição de mandado de citação, penhora e avaliação. Logo, o endereçamento será *Ao Juízo da 1ª Vara do Trabalho de Goiânia/GO.*

4.10.5. Estrutura da peça

Como já foi afirmado, a exceção de pré-executividade, apesar de estar cada dia mais arraigada no processo do trabalho, não possui previsão legal, razão pela qual não podemos falar em requisitos legais, sendo bem informal. Assim sendo, a estrutura da peça que será a seguir exposta representa a peça que é usualmente realizada na seara trabalhista.

1. **Competência:** endereçamento à Vara do Trabalho na qual tramita a execução trabalhista e que, portanto, determinou a expedição de mandado de pagamento e penhora de bens.
2. **Número do processo:** menção ao número do processo.
3. **Qualificação da parte que oferece a exceção (executado):** não há necessidade de qualificação completa, bastando o NOME e a informação de que a parte "já devidamente qualificada nos autos".
4. **Nome da peça que está sendo manejada:** descrição da apresentação de EXCEÇÃO DE PRÉ-EXECUTIVIDADE nos autos da execução que move o reclamado.
5. **Qualificação da parte contrária (exequente):** não há necessidade de qualificação completa, bastando o NOME e a informação de que a parte "está devidamente qualificada nos autos".
6. **Fatos e fundamentos jurídicos do pedido:** exposição dos fundamentos que permitem a apreciação judicial por meio da presente peça, ou seja,

sem a garantia do juízo, em exceção à regra da apresentação dos embargos à execução, demonstrando ainda a desnecessidade de produção de provas, já que todos os fatos e fundamentos podem ser comprovados pelos documentos juntados aos autos, ou seja, pela prova pré-constituída.

7. **Requerimentos:** os requerimentos, geralmente, estão ligados à intimação da parte contrária para manifestação, caso queira e procedência da exceção de pré-executividade, reconhecendo-se, por exemplo, a existência de nulidade de citação e, por consequência, tornando nulos os atos executórios.
8. **Fechamento:** nestes termos, requer deferimento.
9. **Data, local e assinatura/OAB:** caso o problema traga tais dados, devem ser fielmente assinaladas. Caso contrário, nenhum dado deve ser inventado, sob pena de identificação da prova, o que acarretará a atribuição da nota zero.

4.10.6. Questão de provas anteriores/Questão simulada

1. **Questão para treino:** Em reclamação trabalhista, Júlio alegou ter trabalhado para a empresa Alpha Serviços Ltda. no período de 2013 a 2016, na qualidade de pintor. Em sentença, o Magistrado reconheceu o vínculo empregatício requerido e, por consequência, condenou a reclamada ao pagamento de R$ 100.000,00. Iniciada a execução, vislumbrou-se após diversas tentativas de constrição patrimonial, que a empresa executada não possui qualquer bem passível de penhora, razão pela qual o exequente requereu e desconsideração da personalidade jurídica, de forma a atingir o patrimônio dos sócios. Deferido o pedido pelo Juiz do Trabalho, sem a observância do incidente de desconsideração da personalidade jurídica, voltaram os atos executórios em face de João, José e Joaquim, com expedição de mandados de citação aos três. Ao receber o seu mandado de citação, José estranhou o fato, já que havia se retirado da sociedade no ano de 2010, ou seja, três anos antes do início do vínculo de emprego, entendendo, dessa forma, ser ilegítimo para a execução. Buscando evitar a constrição patrimonial e com vistas à sua exclusão do processo, procurou você para, na qualidade de Advogado, redigir a peça processual cabível, levando-se em consideração a existência de garantia do juízo.

4.10.7. Modelo da peça

AO JUÍZO DA 12.ª VARA DO TRABALHO DE CAMPINAS

REF. PROCESSO N. ...

EMPRESA ALPHA SERVIÇOS LTDA., devidamente qualificada nos autos em epígrafe, por meio de seus Advogados infrafirmados, com escritório na Rua..., onde recebem as notificações (apenas se não houver advogado constituído), vem perante Vossa Excelência apresentar a presente

EXCEÇÃO DE PRÉ-EXECUTIVIDADE

nos autos da execução de contribuições previdenciárias movida pela UNIÃO, devidamente qualificada, pelos fatos e fundamentos a seguir expostos;

1. DOS FATOS E FUNDAMENTOS JURÍDICOS

Em primeiro lugar, mostra-se cabível a exceção de pré-executividade ante a ausência da condição da ação "interesse processual" na presente execução, ou seja, há norma de ordem pública – condição da ação – cuja ausência deve ser reconhecida pelo MM. Juiz do Trabalho que conduz a presente execução.

Ademais, a alegação de ausência de condição da ação não carece de produção de qualquer prova, sendo a análise possível apenas com base nos documentos juntados aos autos nesse momento.

A União requereu a execução das contribuições previdenciárias decorrentes da condenação da reclamada por meio da sentença proferida nos autos da reclamação trabalhista n. ... Segundo a União Federal, seriam devidos R$ 5.400,00 (cinco mil e quatrocentos reais) a título de contribuições previdenciárias, uma vez que na sentença houve a condenação ao pagamento de verbas de natureza salarial.

Contudo, comprova a peticionária que tal valor já foi objeto de parcelamento perante a Secretaria da Receita Federal do Brasil, sendo que o parcelamento está sendo regularmente pago conforme faz prova a documentação anexa.

Assim sendo, tendo sido parcelado o valor, não há por que se executar judicialmente tais valores, pois tal fato constituiria "bis in idem".

Desta forma, deve ser a presente exceção de pré-executividade admitida, sem garantia do juízo, pela ausência de interesse processual na execução por parte da União, suspendendo-se o curso da presente ação até o término do parcelamento firmado entre a peticionante e União Federal, exequente da quantia.

2. DOS REQUERIMENTOS

Ante o exposto, REQUER:

a) Seja a presente defesa admitida, haja vista a ausência de condição da ação "interesse processual", bem como a desnecessidade de produção de provas, suspendendo-se o curso da execução até que a peticionária ultime o pagamento do parcelamento.

b) Após a comprovação do pagamento da última parcela do aludido parcelamento, que seja extinta a presente execução.

Termos em que, requer deferimento.

Local... Data...

Advogado...

OAB n. ...

4.11 Impugnação à Liquidação de Sentença

4.11.1 Apresentação

O Processo do trabalho é dividido em duas fases, fase de conhecimento ou cognitiva e fase de execução, salvo nos casos de execução de título extrajudicial. Naquela, a parte comprova possuir o direito, e o juiz o declara condenando a parte contrária, enquanto nessa, a parte vencedora procura dar efetividade a condenação, caso não ocorra o cumprimento espontâneo da obrigação.

A fase de execução tem início, como regra, com a liquidação da sentença, momento em que as palavras da decisão judicial serão transformadas em números.

A liquidação da sentença termina com a homologação do juiz, que tem finalidade declarar valor a condenação.

Após a sentença de liquidação, caso o exequente não concorde com o valor apurado, poderá atacar a referida decisão através de um incidente denominado impugnação à sentença de liquidação, conforme dispõe o art. 884 e § 3º da CLT.

4.11.2. Características e Requisitos

A impugnação à sentença de liquidação trata-se de uma defesa que ocorre dentro dos próprios autos da reclamação trabalhista na fase de execução.

A impugnação deverá ser manejada, exclusivamente pelo exequente, sendo que o executado deverá atacar a sentença de liquidação através dos embargos à execução.

A impugnação à sentença de liquidação deverá ser apresentada por escrito, no mesmo prazo dos embargos à execução.

4.11.3. Competência

Como dito anteriormente, a impugnação à sentença de liquidação tem natureza jurídica de defesa, e deve ser apresentada nos próprios autos, de forma que a competência para processar a julgar a referida peça é do juiz da execução.

4.11.4. Identificação da peça

O macete para identificar que a peça prático-profissional de impugnação à sentença de liquidação, é ficar bem atento a três situações: a) trânsito em julgado, b) garantia do juízo, e c) estar advogando para o exequente após a garantia do juízo.

4.11.5. Estrutura da peça

A petição da impugnação à sentença de liquidação é bem simples, razão pela qual você não precisa de muitas formalidades. Assim, a estrutura seguirá o seguinte modelo:

1. **Competência:** endereçamento à Vara do Trabalho na qual tramita a execução trabalhista e que, portanto, determinou a expedição de mandado de citação, penhora e avaliação.
2. **Número do processo:** menção ao número do processo.
3. **Qualificação da parte exequente:** não há necessidade de qualificação das partes, bastando dizer "já devidamente qualificado nos autos". Informação de que a peça é subscrita por Advogado regulamente constituído, constando o endereço daquele (se for o caso de estar entrando agora na relação processual), para o recebimento de notificações.
4. **Nome da medida judicial que está sendo apresentada e fundamento legal:** descrição da apresentação de IMPUGNAÇÃO À SENTENÇA DE LIQUIDAÇÃO, nos termos do art. 884, § 3º da CLT.
5. **Qualificação da parte executada:** basta dizer "já devidamente qualificada nos autos".
6. **Inicialmente deve ser informado que o juízo está garantido, já que é pressuposto para o processamento dos embargos.**
7. **Fatos e fundamentos jurídicos do pedido: a única tese possível na referida peça é a impugnação do valor da execução homologado pelo juiz.**
8. **Pedido e Requerimentos:** dentre as solicitações que devem ser formuladas na petição dos embargos à execução, tem-se:
   - 8.1. Notificação do executado que se manifeste sobre.
   - 8.2. Produção de todos os meios de prova admitidos.
   - 8.3. Seja alterado o valor homologado através da sentença de liquidação.

4.11.6. Questão simulada

Alfredo ajuizou reclamação trabalhista em face de Estrela Dalva Acessórios LTDA., pleiteando a condenação da empresa ao pagamento de indenização por danos morais. Após defesa escrita, o juiz julgou totalmente procedente o pedido. Na fase de execução foi proferida sentença de liquidação indicando que o valor da condenação atualizada perfaz o montante de R$ 15.000,00. Ocorre que ao homologar os cálculos, o juiz aplicou a correção monetária a partir do trânsito em julgado da sentença. Após a garantia do juízo através da penhora de um veículo você foi contratado para defender os interesses do exequente.

4.11.7 Modelo da peça

AO JUÍZO DA... VARA DO TRABALHO DE...

REF. PROCESSO N. ...

ALFREDO, já qualificado nos autos da reclamação trabalhista que move em face de ESTRELA DALVA ACESSÓRIOS LTDA., por meio de seu advogado com procuração em anexo, com fulcro no art. 844 da CLT, vem perante Vossa Excelência apresentar

IMPUGNAÇÃO À SENTENÇA DE LIQUIDAÇÃO

pelos fatos e fundamentos que passa a expor:

DA CORREÇÃO MONETÁRIA

O juiz proferiu sentença de liquidação considerando como valor da execução o montante de R$ 15.000,00, entretanto, aplicou a correção monetária apenas a partir do trânsito em julgado da sentença.

Nos termos da Súmula 439 do TST, a correção monetária na condenação em dano moral é devida a partir da decisão de arbitramento ou alteração do valor.

Diante do exposto, requer a Vossa Excelência seja acolhida a presente impugnação para alterar o valor da execução.

DO PEDIDO

Diante do exposto, requer a Vossa Excelência seja acolhida a presente impugnação para o fim de alterar o valor da sentença de liquidação.

DOS REQUERIMENTOS

a) Seja o executado notificado para, querendo, apresentar manifestação;
b) Produção de todos os meios de prova admitidos;
c) A procedência do pedido formulado na presente.

Termos em que,
Pede deferimento.
Local... Data...
Advogado...
OAB n. ...

4.12. Embargos de terceiro

4.12.1. Apresentação

Não raras vezes, a constrição judicial (penhora) resta por incidir sobre bens que não pertencem ao executado, ou seja, sobre bens de terceiros estranhos à relação processual, quando o certo é que a penhora seja sobre o patrimônio do devedor.

Sendo assim, a lei processual civil prevê, para aqueles que não participam do processo, mas sofrem com os atos de execução sob seu patrimônio, a ação em apreço.

4.12.2. Características e requisitos

Para que o terceiro possa desconstituir atos de constrição que não tem relação com o processo, a ordem jurídica prevê uma ação autônoma (incidental ao processo de conhecimento ou de execução), que tem por azo tutelar a posse ou a propriedade que estão sendo turbadas ou esbulhadas por inadequação de ato processual, ação prevista no CPC a partir do art. 674, sendo um verdadeiro procedimento de jurisdição contenciosa.

A CLT não trata da ação em estudo, de modo que devemos aplicar, subsidiariamente, o art. 674 e seguintes do CPC, em razão do disposto nos arts. 769 e 889 da CLT.

Dispõe o § 2º do art. 674 do CPC que são legitimados para ajuizar os embargos, pois considerados terceiros: 1) o cônjuge ou companheiro, quando defende a posse de bens próprios ou de sua meação, ressalvado o disposto no art. 843 (Súmula 134 do STJ); 2) o adquirente de bens cuja constrição decorreu de decisão que declara a ineficácia da alienação realizada em fraude à execução; 3) quem sofre constrição judicial de seus bens por força de desconsideração da personalidade jurídica, de cujo incidente não fez parte; 4) o credor com garantia real para obstar expropriação judicial do objeto de direito real de garantia, caso não tenha sido intimado, nos termos legais dos atos expropriatórios.

É um remédio jurídico que pode ser manejado não apenas na forma repressiva, mas também de modo preventivo.

Considerando o disposto no art. 675 do CPC, pode-se afirmar que no processo do trabalho os embargos de terceiro podem ser ajuizados a qualquer tempo na fase de conhecimento, desde que não transitada em julgado a sentença de mérito e, na execução, até cinco dias após a ocorrência da expropriação, mas antes da assinatura da carta.

Nos termos da OJ n. 54 da SDI-2 do TST, quando "ajuizados embargos de terceiro (art. 674 do CPC de 2015 – art. 1.046 do CPC de 1973) para pleitear a desconstituição de penhora, é incabível a interposição de mandado de segurança com a mesma finalidade".

4.12.3. Petição inicial e procedimento

O embargante deve elaborar petição escrita dirigida ao juiz do feito que determinou a apreensão dos bens (*Ao Juízo da 6ª Vara do Trabalho de Fortaleza*), observando-se os requisitos do art. 319 do CPC (lembre-se de que é uma ação autônoma), devendo o embargante fazer prova sumária de sua posse ou domínio e da qualidade de terceiro, oferecendo, ainda, documentos e rol de testemunhas.

Os embargos de terceiro serão distribuídos por dependência e tramitarão em autos apartados perante o juízo que ordenou a constrição patrimonial, conforme o art. 676 do CPC. **Não há efeito suspensivo, o qual pode ser obtido mediante tutela provisória, mediante requerimento do interessado.**

Caso o juiz entenda que a posse e a qualidade de terceiro estão suficiente e devidamente comprovadas na peça inicial, poderá determinar a suspensão das medidas constritivas sobre os bens litigiosos objeto dos embargos, bem como a manutenção ou a reintegração provisória da posse, se o embargante a houver requerido (art. 678 do CPC).

Com o recebimento dos embargos, o juiz determinará a intimação do embargado para contestar no prazo de 15 dias, sob pena de revelia, nos moldes do art. 679 do CPC).

Acolhido o pedido inicial, o ato de constrição judicial indevida será cancelado, com o reconhecimento do domínio, da manutenção da posse ou da reintegração definitiva do bem ou do direito ao embargante (art. 681 do CPC).

Da decisão que julgar os embargos de terceiro, caberá **recurso ordinário** se na fase de conhecimento, não havendo necessidade de depósito recursal, vez que não haverá condenação em pecúnia, mas será imprescindível pagar custas, ou **agravo de petição**, se ajuizados na fase de execução.

4.12.4. Identificação da peça

A identificação da peça torna-se fácil em decorrência da figura do terceiro que sofreu afetação patrimonial mesmo não sendo parte na relação processual.

Havendo indicação no problema apresentado pela banca examinadora de que uma pessoa (já vimos o conceito de terceiro) que não faz parte da relação processual teve ou está na iminência, de ter um bem seu penhorado, se faz mister a apresentação dos embargos de terceiros.

Hipoteticamente: suponha que Arnaldo Sussekind, sócio da empresa Trabalho e Trabalho Ltda., é casado com Helena Sussekind pelo regime da comunhão parcial de bens desde 6-2-1990. Na execução movida por Hans Kelsen, tentou-se excutir o patrimônio da empresa, sem êxito. Foi requerida a desconsideração da personalidade jurídica, por meio de IDPJ, a qual fora deferida, após o devido trâmite, pelo juiz com a inclusão de Arnaldo Sussekind no polo passivo da execução (parte no processo de execução, portanto), que determinou a expedição de mandado de citação, penhora e avaliação dirigido contra Arnaldo Sussekind, tendo seu veículo penhorado, o qual foi adquirido em 16-6-2010. Sendo você procurado por Helena Sussekind, qual medida adotaria? Notadamente embargos de terceiro, com fundamento no art. 674, § 2º, I, do CPC.

4.12.5. Estrutura da peça

Como os embargos de terceiro possuem natureza jurídica de ação, ou seja, instaurar-se-á um processo de conhecimento, a estrutura dos embargos de terceiro é bem simples e deve seguir a formalidade prevista no art. 319 do CPC, ou seja, deve ser elaborada observando-se algumas peculiaridades. Assim, a estrutura seguirá o seguinte modelo:

1. **Competência:** endereçamento à Vara do Trabalho na qual tramita o processo em que se quer ajuizar os embargos.
2. **Número do processo:** menção ao número do processo e entre parênteses (distribuição por dependência).
3. **Qualificação da parte embargante:** nome, prenome, identidade, CPF e endereço; informação de que a peça é subscrita por advogado regulamente constituído, constando o endereço daquele, para o recebimento de notificações. Há necessidade de todos esses dados, por se tratar de ação de conhecimento e, portanto, petição inicial formal.
4. **Nome da ação que está sendo ajuizada e fundamento legal:** descrição da apresentação de EMBARGOS DE TERCEIROS, nos termos do arts. 769 e 889 da CLT e 674 e seguintes do CPC.
5. **Qualificação da parte embargada:** nome, informação acerca da natureza jurídica (direito privado ou público, se for empresa), CNPJ e endereço para recebimento de notificação.
6. **Fatos e fundamentos jurídicos do pedido:** descrição da causa de pedir, ou seja, afirmação de que sofreu ou está na iminência de sofrer ato de constrição patrimonial; que não faz parte da demanda; que é considerado terceiro, apontando algum dos incisos do § 2º do art. 674 do CPC; demonstração pormenorizada do equívoco realizado pelo Magistrado e que importa em nulidade da execução e que a desconstituição da penhora é medida que se impõe. Apesar de teoricamente não haver necessidade de mencionar os fundamentos jurídicos (artigos de lei, súmulas, OJs etc.), na Prova da Ordem **tal requisito é indispensável, pois o candidato deve mostrar ao examinador que conhece o direito do trabalho**.
7. **Pedidos:** seja reconhecida a qualidade de terceiro do embargante, a fim de que seja determinada a desconstituição da penhora erroneamente realizada, com a liberação do bem penhorado.
8. **Requerimentos:** são os mesmos, basicamente, apresentados em uma petição inicial qualquer:
   8.1. Recebimento do presente com sua autuação em apartado.
   8.2. Requer produção de provas por todos os meios admitidos

8.3. Notificação-citatória do embargado para, querendo, contestar os presentes embargos, sob as penas da lei.

8.4. Que seja julgado procedente o pedido, com a condenação do embargado nas despesas processuais.

9. Valor da causa: Dá-se à causa o valor de R$... [...].

10. Fechamento: Nestes termos, requer deferimento.

11. Data, local e assinatura/OAB: caso o problema traga tais dados, devem ser fielmente assinaladas. Caso contrário, nenhum dado deve ser inventado, sob pena de identificação da prova, o que acarretará a atribuição da nota zero.

4.12.6. Questão de provas anteriores/Questão simulada

1. (XIII Exame Unificado. FGV) Rômulo Delgado Silva, brasileiro, viúvo, empresário, portador da identidade 113, CPF 114, residente e domiciliado na Avenida Brás Montes, casa 72 - Boa Vista - Roraima - CEP 222, em entrevista com seu advogado, declara que foi sócio da pessoa jurídica Delgado Jornais e Revistas Ltda., tendo se retirado há 2 anos e 8 meses da empresa; que foi surpreendido com a visita de um Oficial de Justiça em sua residência, que da primeira vez o citou para pagamento de uma dívida trabalhista de R$ 150.000,00, oriunda da 50ª Vara do Trabalho de Roraima, no Processo 0011250-27.2013.5.11.0050 e, em seguida, 48 horas depois, retornou e penhorou o imóvel em que reside, avaliando-o, pelo valor de mercado, em R$ 180.000,00; que tem apenas esse imóvel, no qual reside com sua filha, já que viúvo; que o Oficial de Justiça informou que há uma execução movida pela ex-empregada Sônia Cristina de Almeida contra a empresa que, por não ter adimplido a dívida, gerou o direcionamento da execução contra os sócios; que foi ao Fórum e fotocopiou todo o processo, agora entregue ao advogado; que nas contas homologadas, sem que a parte contrária tivesse vista, foi verificado que a correção monetária foi calculada considerando o mês da prestação dos serviços, ainda que a sentença fosse omissa a respeito; que, ao retornar para penhorar o imóvel, o oficial informou que a dívida havia aumentado em 10%, porque o juiz aplicou a multa do art. 475-J do CPC.

Diante do que foi exposto, elabore a medida judicial adequada para a defesa dos interesses do entrevistado, sem criar dados ou fatos não informados.

Obs.: A questão acima foi objeto de muita divergência na época de aplicação do XIII Exame da OAB e a banca admitiu como gabarito os embargos de terceiro e os embargos à execução. Faremos a peça como embargos de terceiro, em razão da riqueza das informações e considerando, hodiernamente, o disposto no CPC, ou seja, com as devidas adaptações.

4.12.7. Modelo da peça

AO JUÍZO DA 50ª VARA DO TRABALHO DE BOA VISTA/ RORAIMA.

REF. PROCESSO N. 0011250-27.2013.5.11.0050

(DISTRIBUIÇÃO POR DEPENDÊNCIA)

RÔMULO DELGADO SILVA, brasileiro, viúvo, empresário, portador da cédula de identidade 113, inscrito no CPF 114, residente e domiciliado na Avenida Brás Montes, casa 72 – Boa Vista – Roraima, CEP 222, por meio de seu Advogado infrafirmado, com escritório na Rua..., onde receberá as notificações, vem perante Vossa Excelência, no prazo legal, ajuizar o presente

EMBARGOS DE TERCEIRO

nos termos do art. 674 e seguintes do CPC, aplicados de forma subsidiária, tendo em vista o disposto nos arts. 769 e 889 da CLT, em face de SÔNIA CRISTINA DE ALMEIDA (qualificação completa e endereço), pelos fatos e fundamentos que passa a expor:

1. DO CABIMENTO DOS EMBARGOS DE TERCEIRO

Como facilmente se verifica, o embargante tem legitimidade e interesse para ajuizar o presente, haja vista que não faz parte da relação processual e teve seu único bem (apartamento) penhorado, pelo valor de R$ 180.000,00, conforme auto de penhora e avaliação. Assim, nos termos do art. 674, "caput", do CPC, o presente deve ser admitido e distribuído por dependência.

2. DOS FATOS E FUNDAMENTOS JURÍDICOS

DA NÃO RESPONSABILIZAÇÃO DE EX-SÓCIO

Como se verifica com os documentos juntados, o embargante não pode ter a execução direcionada contra si, vez que é notadamente ilegítimo para responder pela presente execução, haja vista que se retirou da sociedade há mais de dois anos, consoante prevê o art. 1.003, parágrafo único c/c o art. 1.032, do Código Civil, pelo que deve ser declarada a sua não responsabilização com a liberação do bem penhorado.

ATENÇÃO: Atualmente pode ser arguida a incidência do art. 10-A da CLT.

DA IMPENHORABILIDADE DO BEM DE FAMÍLIA

É notório que o bem do embargante é de família, por ser o único do executado, onde reside com sua filha, já que viúvo, não sendo passível de penhora, nos termos do art. 1.º da Lei n. 8.009/90. Desta forma, deve ser desconstituída a penhora.

DA CORREÇÃO MONETÁRIA INCORRETA

Percebe-se pelas contas homologadas que há excesso de execução e, como é a primeira vez que o embargante está tendo oportunidade de falar nos autos, requer a incidência da Súmula 381 do TST, para que a correção seja feita considerando o mês subsequente ao inadimplemento.

DA NÃO APLICAÇÃO DA MULTA DO ART. 475-J DO CPC/73 (ART. 523 DO CPC)

É imperioso destacar que a jurisprudência do TST, reiteradamente, consigna que a multa do art. 475-J do CPC/73 (art. 523 do CPC) é indevida no Processo do Trabalho, pois a CLT possui regra própria, de modo que não cabe interpretação ampliativa, haja vista o disposto no art. 880 da CLT. Assim, pede a exclusão da multa.

3. DOS PEDIDOS

Pelo exposto, pede:

a) Que seja reconhecida a qualidade de terceiro, bem como a não responsabilização do embargante, na forma da fundamentação "supra";

b) Que seja determinada a desconstituição da penhora incidente sobre o bem de família;

c) Que seja determinada realização de novos cálculos, tendo em vista a aplicação incorreta da correção monetária;

d) Que seja excluída a multa do art. 475-J do CPC/73 (art. 523 do CPC).

4. DOS REQUERIMENTOS

a) Recebimento do presente com sua autuação em apartado;

b) Protesta por todos os meios de provas admitidos;

c) Notificação-citatória do embargado para, querendo, contestar os presentes embargos, sob as penas da lei;

d) Que sejam julgados procedentes os pedidos, com a condenação do embargado nas despesas processuais.

Dá-se à causa o valor de R$ 180.000,00 (cento e oitenta mil reais).

Termos em que, requer deferimento.
Local... Data...
Advogado...
OAB n. ...

4.13. Execução de Título Extrajudicial

4.13.1. Apresentação

Não é um tema comum em exame de Ordem, particularmente sua cobrança como uma peça processual, embora seja possível ser exigida, de modo que, como nosso intuito é abordar as petições típicas do processo trabalhista, é de bom grado você ter conhecimento desta peça.

4.13.2. Características e requisitos

A execução de título extrajudicial, como o nome sugere, ocorre quando o exequente (credor) está na posse de um título executivo extrajudicial (produzido sem a ingerência do Poder Judiciário), como o termo de conciliação lavrado junto a Comissão de Conciliação Prévia, bem como cheque ou nota promissória que contenha, de forma inequívoca, dívida de natureza trabalhista (art. 13, IN n. 39/2016, TST), Certidão de Dívida Ativa, etc.

4.13.3. Competência

A competência para a execução do título executivo extrajudicial segue a mesma regra para a ação de conhecimento. Assim, se o reclamante trabalhou em Porto Alegre, eventual execução do mesmo em face de sua ex-empregadora (executada), deve ser em Porto Alegre.

4.13.4. Petição e Procedimento

Estando na posse, então, de um título executivo extrajudicial, o credor não precisará lançar mão de uma ação trabalhista, já que neste caso bastará a ele redigir uma petição de execução de título extrajudicial.

Despachada a petição, não há que se falar em audiência, pois o art. 876 da CLT, parte final, determina qual é o procedimento a ser observado, que no caso é a expedição do mandado de citação, penhora e avaliação para que o devedor pague ou garanta a execução no prazo de 48 horas, sob pena de sua inércia levar a penhora dos bens, tudo na forma do art. 880 da CLT e seguintes, com as particularidades já estudadas por nós.

No entanto, se o título executivo extrajudicial for uma Certidão de Dívida Ativa (CDA), o procedimento a ser observado deve ser aquele estabelecido pela Lei n. 6.830/80 (Lei de Execução Fiscal), o que **não é objeto de nosso estudo nesta parte do livro.**

4.13.5. Identificação da peça

A identificação da peça é bem simples, já que o credor terá um título executivo extrajudicial, ou seja, basta lembrar quais são os títulos que dão ensejo a uma execução autônoma, isto é, que não seja mera fase subsequente a uma sentença proferida na fase de conhecimento, daí porque você precisa saber quais são os títulos executivos extrajudiciais.

4.13.6. Estrutura da peça

1. **Competência:** indicar o juízo onde tramitará a ação de execução. Exemplo: *Ao Juízo da Vara do Trabalho de Porto Alegre...*
2. **Número do processo:** não há número do processo, já que será distribuído.
3. **Qualificação da parte exequente:** nome, prenome, identidade, CPF e endereço; informação de que a peça é subscrita por advogado regulamente constituído, constando o endereço daquele, para o recebimento de notificações. Há necessidade de todos esses dados, por se tratar de ação de título executivo extrajudicial e, portanto, petição inicial formal.
4. **Nome da ação que está sendo ajuizada e fundamento legal:** descrição da apresentação de EXECUÇÃO DE TÍTULO EXTRAJUDICIAL, nos termos do arts. 876, 880 e 889, ambos da CLT e 824 e seguintes do CPC.
5. **Qualificação da parte executada:** nome, informação acerca da natureza jurídica, CNPJ e endereço para recebimento da citação.
6. **Fatos e fundamentos jurídicos do pedido:** descrição da causa de pedir, ou seja, afirmação de que está na posse de um título executivo extrajudicial e que não houve o cumprimento do que nele está contido. Apesar de teoricamente não haver necessidade de mencionar os fundamentos jurídicos (artigos de lei, súmulas, OJs etc.), na Prova da Ordem **tal requisito é indispensável, pois o candidato deve mostrar ao examinador que conhece o direito do trabalho**.
7. **Requerimentos:** como é uma execução de título extrajudicial, os requerimentos resumem-se a:
   7.1. Citação da executada para pagar em 48 horas ou garantir a execução, sob pena de penhora de seus bens;
   7.2. Fixação de honorários de 5% a 15% sobre o valor exequendo.
8. **Valor da causa:** Dá-se à causa o valor de R$... [...].
9. **Fechamento:** Nestes termos, requer deferimento.
10. **Data, local e assinatura/OAB:** caso o problema traga tais dados, devem ser fielmente assinalados. Caso contrário, nenhum dado deve ser inventado, sob pena de identificação da prova, o que acarretará a atribuição da nota zero.

4.13.7. Questão simulada

1. João era empregado da empresa Herodes LTDA., no município de Boa Vista, sendo demitido sem justa causa no dia 16-05-2019, sendo que a empresa nada lhe pagou as verbas rescisórias e, segundo João, nunca recebeu horas extras e adicional noturno. Antes de ajuizar reclamação trabalhista, resolveu apresentar uma demanda na Comissão de Conciliação Prévia constituída no seio sindical, onde fora designada uma pauta, comparecendo as partes e o conciliador. A empresa propôs pagar R$ 10.000,00 em 10 parcelas de R$ 1.000,00 cada, com multa de 20% em caso de inadimplemento, sobre o valor total, o que foi aceito por João. Assim, lavrou-se o termo de acordo, o qual foi subscrito por todos os presentes. Porém, para surpresa de João, a empresa pagou apenas as 2 primeiras parcelas, respectivamente nos dias 10-06 e 10-07 daquele ano, ficando inadimplente com as demais. Procurado por João, sabendo que ele não quer reclamar mais nada além das parcelas restantes e não pagas, promova a medida cabível.

4.13.8. Modelo da peça

AO JUÍZO DA... VARA DO TRABALHO DE PORTO ALEGRE.

JOÃO... (qualificação completa e endereço), por meio de seu advogado infrafirmado, com escritório... (endereço completo), onde receberá as notificações, vem perante Vossa Excelência, ajuizar a presente

EXECUÇÃO DE TÍTULO EXTRAJUDICIAL

nos termos dos arts. 876, 880 e 889, ambos da CLT e 824 e seguintes do CPC.

Em face de HERODES LTDA., (qualificação completa e endereço), pelos fatos e fundamentos que passa a expor:

DO TÍTULO EXECUTIVO E SEU INADIMPLEMENTO

O exequente foi demitido sem justa causa no dia 16-05-2019, sendo que a executada nada lhe pagou as verbas rescisórias, horas extras e adicional noturno que seriam devidos.

Ao invés de ajuizar reclamação trabalhista, resolveu o exequente apresentar uma demanda na Comissão de Conciliação Prévia constituída no seio sindical, onde fora designada uma pauta, comparecendo as partes e o conciliador.

A empresa propôs pagar R$ 10.000,00 em 10 parcelas de R$ 1.000,00 cada, com multa de 20% em caso de inadimplemento, sobre o valor total, o que foi aceito pelo exequente, conforme faz provar com o Termo de Conciliação que segue anexo, o qual é título executivo extrajudicial, na forma do art. 876 da CLT.

Porém, a executada pagou apenas as 2 primeiras parcelas, respectivamente nos dias 10-06 e 10-07 do ano em curso, ficando inadimplente com as demais, ou seja, é devedora da quantia de R$ 8.000,000, além da multa de 20% sobre o valor total acordado, que corresponde a R$ 2.000,00.

Assim, o valor total exequendo é de R$ 10.000,00, que devidamente corrigido perfaz a quantia de R$..., conforme planilha que segue acostada.

DOS REQUERIMENTOS

Pelo exposto, REQUER:

a) Fixação de honorários de 5% a 15% sobre o valor exequendo, conforme o art. 791-A, CLT;

b) Citação da executada, na forma do art. 880 da CLT para pagar a dívida exequenda ou garantir a execução, no prazo de 48 horas, sob pena de sua inércia gerar a penhora dos seus bens;

c) Produção de provas, se necessário.

Dá-se à causa o valor de R$...

Termos em que, requer deferimento.
Local... Data...
Advogado...
OAB n. ...

Parte III – Questões discursivas

I. DIREITO DO TRABALHO

I.1. Princípios do Direito do Trabalho

1. (III Exame de Ordem) Determinada empresa, visando estimular o comparecimento pontual de seus empregados, estipulou em norma interna que o empregado que chegasse até 10 minutos antes do horário ganharia R$ 3,00 no dia, e o que chegasse até 15 minutos atrasado teria de pagar R$ 1,00 no dia. Tanto a adição quanto o desconto seriam feitos no contracheque mensal e não excluiriam a adição de hora extra pela chegada antecipada nem o desconto pelos atrasos, como já era feito. Com base no relatado acima, responda aos itens a seguir, empregando os argumentos jurídicos apropriados e a fundamentação legal pertinente ao caso.

A) É válida a norma interna em questão, em ambos os aspectos? (Valor: 0,5)

B) De que poder o empregador se valeu para criá-la? (Valor: 0,5)

GABARITO:

A) Não. No tocante ao desconto, ela é inválida porque excede o poder do empregador, além de caracterizar *bis in idem*. O desconto cuja imposição se pretende, por ser unilateral, viola o art. 462 da CLT.

B) Do poder diretivo ou de comando ou empregatício ou regulamentar ou *jus variandi*.

I.2. Empregado

2. (X Exame de Ordem) Jéssica é gerente de uma sapataria e é responsável por oito funcionários da filial, orientando as atividades e fiscalizando as tarefas por eles realizadas, tomando todas as medidas necessárias para o bom andamento dos serviços, inclusive punindo-os, quando necessário. Jéssica cumpre jornada de 2ª a 6ª feira das 10:00 h às 20:00 h com intervalo de uma hora para refeição e aos sábados das 10:00 às 17:00 h com pausa alimentar de uma hora e meia. No seu contracheque existem, na coluna de crédito, os títulos "salário" – R$ 3.000,00 – e "gratificação de função" – R$ 1.000,00. Com base na hipótese acima, responda aos itens a seguir.

A) Quais são os elementos necessários para que um empregado seja considerado ocupante de cargo de confiança? (Valor: 0,65)

B) Analise e justifique se é possível à empregada em questão reivindicar o pagamento de horas extras. (Valor: 0,60)

GABARITO:

A) O exercício da função de confiança, de acordo com a lei e a doutrina, exige a conjugação do elemento subjetivo (poder de mando, controle, direção, gestão) e do objetivo (padrão salarial diferenciado ou gratificação de função, se houver, de no mínimo 40% do salário do cargo efetivo), conforme o art. 62, II e parágrafo único, da CLT.

B) Jéssica fará jus às horas extras porque, como a gratificação recebida é inferior a 40% do salário, juridicamente não exerce cargo de confiança, tendo assim limite de jornada OU falta o elemento objetivo, conforme o art. 62, parágrafo único, da CLT.

3. **(XXXI) Exame de Ordem)** Reginaldo trabalha como operador de telemarketing atendendo no número de telefone do Serviço de Atendimento ao Cliente (SAC) de seu empregador, tendo sido admitido em 22-03-2018. Uma vez que Reginaldo trabalha apenas com recepção de ligação telefônica, o empregador determinou, desde o início do contrato, que Reginaldo trabalhasse em seu próprio domicílio, local onde o empregador instalou uma pequena central para a recepção dos telefonemas, bem como um computador para que Reginaldo pudesse registrar, no sistema da empresa, as reclamações e sugestões dos clientes. Em janeiro de 2020, Reginaldo pediu demissão. Diante da narrativa apresentada e dos termos da CLT, responda às indagações a seguir.

A) Se Reginaldo ajuizasse reclamação trabalhista logo após a ruptura contratual, postulando horas extras, alegando que trabalhava 10 horas diárias sem intervalo, que tese jurídica de mérito você, como advogado(a) da empresa, apresentaria em favor da reclamada? Justifique. (Valor: 0,65)

B) Caso você fosse contratado como advogado(a) por Reginaldo e o pedido de horas extras tivesse sido julgado totalmente improcedente, com imposição de custas e honorários advocatícios, sem que o juiz tivesse apreciado o pedido de gratuidade de justiça formulado na inicial, que medida você adotaria para sanar a omissão? Justifique. (Valor: 0,60)

GABARITO:

A) A tese a ser apresentada é a de que o teletrabalhador está excluído do limite de jornada e, consequentemente, não tem direito ao pagamento de horas extras, conforme previsão contida no Art. 62, inciso III, da CLT.

B) Diante da omissão do juiz na apreciação do pedido de gratuidade de justiça, a medida a ser adotada seria a oposição de embargos de declaração para supri-la, na forma dos Arts. 897-A da CLT e 1.022, II, do CPC.

I.3. Empregador

4. **(V Exame de Ordem)** José da Silva foi contratado pela empresa Boa Vista Ltda., que integra grupo econômico com a empresa Boa Esperança Ltda., para exercer a função de vendedor empregado. Durante a mesma jornada de trabalho, ele vendia os produtos comercializados pela Boa Vista Ltda. e pela Boa Esperança Ltda., com a supervisão dos gerentes de ambas as empresas. Diante dessa situação hipotética, e considerando que a sua CTPS somente foi anotada pela empresa Boa Vista Ltda., responda, de forma fundamentada, às indagações abaixo à luz da jurisprudência do Tribunal Superior do Trabalho:

A) Qual é a natureza da responsabilidade solidária das empresas que integram grupo econômico para efeitos da relação de emprego: é ativa e/ou passiva? (Valor: 0,60)

B) É correto afirmar que José da Silva mantinha vínculos de emprego distintos com as empresas Boa Vista Ltda. e Boa Esperança Ltda.? (Valor: 0,65)

GABARITO:

A) De acordo com a norma prevista no art. 2º, § 2º, da CLT, sempre que uma ou mais empresas, tendo, embora, cada uma delas, personalidade jurídica própria, estiverem sob a direção, controle ou administração de outra, constituindo grupo industrial, comercial ou de qualquer outra atividade econômica, serão, para os efeitos da relação de emprego, solidariamente responsáveis a empresa principal e cada uma das subordinadas. Desta forma, a solidariedade das empresas que integram grupo econômico é ativa e passiva (solidariedade dual): ambas podem exigir de José a prestação de serviços, porque integram um grupo econômico empregador (empregador único) e são responsáveis solidárias pela satisfação dos créditos trabalhistas de José. **Comentários dos autores:** O § 2º do art. 2º agora tem a seguinte redação: "Sempre que uma ou mais empresas, tendo, embora, cada uma delas, personalidade jurídica própria, estiverem sob a direção, controle ou administração de outra, ou ainda quando, mesmo guardando cada uma sua autonomia, integrem grupo econômico, serão responsáveis solidariamente pelas obrigações decorrentes da relação de emprego"

B) As empresa integrantes de grupo econômico consistem em "empregador único". Deste modo, a prestação de serviços a mais de uma empresa do mesmo grupo econômico, durante a mesma jornada de trabalho, não caracteriza a coexistência de mais de um contrato de trabalho, salvo ajuste em contrário, nos moldes da interpretação jurisprudencial pacífica contida na Súmula n. 129 do TST.

5. **(VII Exame de Ordem)** Felipe Homem de Sorte foi contratado pela empresa Piratininga Comércio de Metais Ltda., para exercer a função de auxiliar administrativo. Após um ano de serviços prestados, sem que tivesse praticado qualquer ato desabonador de sua conduta, recusou-se a cumprir ordem manifestamente legal de seu superior hierárquico, por discordar de juízo de mérito daquele, em relação à tomada de uma decisão administrativa. De pronto foi verbalmente admoestado, alertado para que o ato não se repetisse e sobre a gravidade do ilícito contratual cometido. No mesmo dia, ao final do expediente, foi chamado à sala de Diretor da empresa, que lhe comunicou a decisão de lhe impor suspensão contratual por 20 dias, em virtude da falta cometida.

Em face da situação acima, responda, de forma fundamentada, aos seguintes itens:

A) São válidas as punições aplicadas pelo empregador? (Valor: 0,60)

B) Se a ordem original fosse ilegal, o que poderia o empregado fazer? (Valor: 0,65)

GABARITO:

A) A primeira punição é válida ante o descumprimento injustificado de ordem legal; a segunda punição é inválida, pois incabível dupla punição pela mesma falta (*non bis in idem*).

B) O empregado pode recusar-se ao cumprimento de ordem ilegal, valendo-se do direito de resistência (*jus resistentiae*) ou poderá, diante da situação, postular a resolução culposa do contrato (rescisão indireta), com base no art. 483, *a*, da CLT, pela imposição de cumprimento de ordem contrária à lei ou poderá pleitear a declaração de nulidade das punições. Em qualquer um dos casos, com as reparações patrimoniais e morais cabíveis.

6. **(IV Exame de Ordem)** Um Estado da Federação realizou concurso público para notário. Nelson, aprovado em segundo lugar no certame, recebeu a delegação de um cartório extrajudicial. Lá chegando, verificou que a parte administrativa estava extremamente desorganizada, o que explicava as sucessivas reclamações contra aquela serventia na Corregedoria. Em razão disso, Nelson explicou ao tabelião anterior que não tinha interesse em aproveitar as pessoas que lá atuavam, pois lá iria alocar empregados da sua confiança. Informado disso, o tabelião anterior dispensou todos os empregados. Alguns dias depois, no mesmo local e com novos empregados, Nelson iniciou seus serviços como notário. Um dos ex-empregados dispensados pelo tabelião anterior ajuizou reclamação trabalhista contra Nelson, postulando diversos direitos lesados ao longo do contrato, trazendo como argumento jurídico a ocorrência de sucessão.

Com base no caso acima, responda aos itens a seguir, empregando os argumentos jurídicos apropriados e a fundamentação legal pertinente ao caso.

A) Quais são os requisitos para a ocorrência de sucessão na esfera trabalhista? (Valor: 0,65)

B) No caso em tela, Nelson é sucessor? (Valor: 0,6)

GABARITO:

O aluno deverá afirmar que a sucessão exige a transferência de uma unidade econômico-jurídica e manutenção de exploração da mesma atividade econômica e/ou a continuidade da prestação de serviço pelos empregados; que o TST vem entendendo que no caso de delegação de serviço, a exemplo dos cartórios extrajudiciais, não ocorre sucessão, mormente quando não houve prestação de serviços para o novo notário. Nesta hipótese, tem-se que a delegação foi retomada pelo Estado e entregue a uma nova pessoa, aprovada em concurso público.

7. **(XXIV Exame de Ordem)** Um supermercado contratou, por escrito, uma empresa de reformas e construções para ampliar o refeitório no qual os seus funcionários se alimentam, para, assim, dar-lhes maior conforto e segurança. A obra demorou dois meses. Tempos depois, em agosto de 2017, o supermercado recebeu a citação para uma demanda, pois um dos pedreiros que trabalhou na obra em questão postulou o pagamento de horas extras da empresa de reformas, com responsabilidade subsidiária do supermercado. Diante dessa situação e considerando que você foi contratado(a) para zelar pelos interesses do supermercado em juízo, responda às indagações a seguir.

A) Informe que tese jurídica você defenderia em favor do seu cliente para tentar evitar a condenação. (Valor: 0,65)

B) Se, na ação, houvesse também pedido de recolhimento do INSS do período trabalhado na obra, que preliminar você, por cautela, suscitaria? (Valor: 0,60)

GABARITO:

A) A tese a ser defendida é que o supermercado é dono da obra, daí não ter responsabilidade, na forma da OJ 191 do TST.

B) A preliminar de incompetência absoluta da Justiça do Trabalho em razão da matéria, conforme a Súmula Vinculante 53 do STF, da Súmula 368, I, do TST, art. 114, VIII, CRFB/88 e parágrafo único do art. 876 da CLT.

8. **(XXV Exame de Ordem)** Renato foi contratado no dia 27 de janeiro de 2018 como operador de caixa em um supermercado. Quando da admissão, o empregado recebeu o uniforme da sociedade empresária, sendo que, na camisa, havia a logomarca de dois parceiros comerciais do supermercado: a de uma fabricante de massas e a de uma produtora de achocolatados. Renato foi cientificado de que deveria manter, por sua conta, o uniforme limpo e asseado, para se adequar ao padrão esperado pela sociedade empresária. Diante da situação apresentada e dos termos da CLT, responda aos itens a seguir.

A) Caso Renato ajuizasse ação postulando indenização pelo uso de imagem (por haver usado em serviço camisa com logomarca de sociedades empresárias que não eram suas empregadoras), que tese você, como advogado(a) do supermercado, sustentaria em juízo? Justifique. (Valor: 0,65)

B) Qual tese você, como advogado(a) da sociedade empresária, sustentaria, caso Renato ajuizasse ação postulando o ressarcimento do gasto que teve para lavar o seu uniforme (água, sabão em pó e amaciante) ao longo do contrato? Justifique. (Valor: 0,60)

GABARITO:

A) Deverá ser sustentado que, pela regra da CLT, o uso de uniforme com inclusão de sociedades empresárias parceiras do empregador é lícita e, portanto, não gera direito à indenização por uso de imagem, na forma do Art. 456-A da CLT.

B) Deverá ser sustentado que, pela regra da CLT, a higienização de uniforme de uso comum é de responsabilidade do trabalhador, na forma do Art. 456-A, parágrafo único, da CLT.

I.4. Terceirização

9. **(IV Exame de Ordem)** João da Silva ajuizou reclamação trabalhista em face da Cooperativa Multifuncional Ltda. e do Posto de Gasolina Boa Viagem Ltda. Na petição inicial, afirmou que foi obrigado a se filiar à cooperativa para prestar serviços como frentista no segundo reclamado, de forma pessoal e subordinada. Alegou, ainda, que jamais compareceu à sede da primeira ré, nem foi convocado para qualquer assembleia. Por fim, aduziu que foi dispensado sem justa causa, quando do término do contrato de prestação de serviços celebrado entre os reclamados. Postulou a declaração do vínculo de emprego com a sociedade cooperativa e a sua condenação no pagamento de verbas decorrentes da execução e da ruptura do pacto laboral, além do reconhecimento da responsabilidade subsidiária do segundo réu, na condição de tomador dos serviços prestados, nos termos da Súmula 331, item IV, do TST. Na contestação, a primeira ré suscitou preliminar de impossibilidade jurídica do pedido, uma vez que o art. 442, parágrafo único, da CLT prevê a inexistência do vínculo de emprego entre a cooperativa e seus associados. No mérito, sustentou a validade da relação cooperativista entre as partes, refutando a configuração dos requisitos inerentes à relação empregatícia. O segundo reclamado, na peça de defesa, afirmou que o reclamante lhe prestou serviços na condição de cooperado e que não pode ser condenado no pagamento de verbas trabalhistas se não foi empregador. Na instrução processual, restou demonstrada pela prova testemunhal produzida nos autos a intermediação ilícita de mão de obra, funcionando a cooperativa como mera fornecedora de trabalhadores ao posto de gasolina.

Com base na situação hipotética, responda aos itens a seguir, empregando os argumentos jurídicos apropriados e a fundamentação legal pertinente ao caso.

A) É cabível a preliminar de impossibilidade jurídica do pedido? (Valor: 0,45)

B) Cabe o pedido de declaração de vínculo de emprego com a primeira ré e o de condenação subsidiária do segundo reclamado? (Valor: 0,8)

GABARITO:

A) Não é cabível a preliminar de impossibilidade jurídica do pedido. A vedação contida no art. 442, parágrafo único, da CLT não se aplica diante da utilização fraudulenta de sociedade cooperativa como intermediadora de mão de obra em favor do posto de gasolina (tomador dos serviços), sendo este último o real empregador. Incidência do art. 9º da CLT.

B) Não cabe o pedido de vínculo de emprego com a cooperativa (primeira reclamada), porque o posto de gasolina (segundo reclamado) é o real empregador, em razão da intermediação ilícita praticada pelos demandados. Também não cabe o pedido de reconhecimento da responsabilidade subsidiária do posto de gasolina, já que a sua responsabilidade é direta, na condição de verdadeiro empregador. Incidência da Súmula 331, item I, do TST ou dos arts. 2º, 3º ou 9º da CLT.

I.5. Salário e remuneração

10. (XIX Exame de Ordem) Antônio é um dos 20 vendedores da loja de calçados Ribeirinha. Em seu contracheque, há desconto mensal de 1,5% do salário para a festa de confraternização que ocorre todo final de ano na empresa, além de subtração semestral por "pé faltante" - valor dos pares de sapatos dos quais, no inventário semestral realizado na loja, somente um dos calçados é localizado, ficando, então, descartada a utilidade comercial pela ausência do outro "pé", sem a comprovação de culpa do empregado. Gilberto assinou na admissão autorização de desconto de "pé faltante". Após ser dispensado, ajuizou reclamação pedindo a devolução de ambos os descontos. A empresa pugna pela validade do desconto para a festa, pois alega que Gilberto sempre participou dela, e, em relação ao "pé faltante", porque assinou documento autorizando o desconto. Na audiência, o autor confirmou a presença na festa da empresa em todos os anos e afirmou que havia comida e bebida fartas. Não se produziram outras provas.

Diante da situação retratada e do entendimento consolidado do TST, responda aos itens a seguir.

A) O desconto para a festa de confraternização é válido? (Valor: 0,65)

B) O desconto a título de "pé faltante" é válido? (Valor: 0,60)

GABARITO:

A) O desconto para a confraternização é inválido, na medida em que não foi autorizado pelo trabalhador, violando a Súmula 342 do TST e o art. 462 da CLT, que tratam do tema.

B) O desconto a título de "pé faltante" é inválido, na medida em que, apesar de autorizado por escrito, exigiria a prova de culpa do empregado, como previsto no art. 462, § 1º, da CLT, o que não ocorreu.

11. (XXXI Exame de Ordem) Carlos trabalha abastecendo veículos em um posto de gasolina. A norma coletiva de sua categoria, assim como o regulamento interno da empresa empregadora, preveem que o pagamento realizado por clientes por meio de cheques não é recomendável, mas, se isso for inevitável, o funcionário deverá anotar a placa do veículo, o número de telefone e a identidade do cliente. Ocorre que, em determinado dia, com o posto lotado, Carlos não procedeu dessa forma e abasteceu dois veículos de uma mesma família. Entretanto, o cheque utilizado para pagamento não tinha suficiência de fundos, razão pela qual o empregador descontou os valores, de forma parcelada, do salário de Carlos. Carlos ajuizou ação trabalhista pelo rito ordinário, cobrando os valores descontados. A ação foi julgada improcedente em primeira instância, mas, em grau de recurso, a decisão foi reformada e o pedido julgado procedente. Admitindo-se que a última decisão não tenha qualquer vício formal, responda aos itens a seguir.

A) Na tentativa de restabelecer a decisão originária e manter a validade dos descontos, que medida jurídica você deverá adotar? (Valor: 0,65)

B) Na hipótese, que tese jurídica você, como advogado(a) da empresa, deve sustentar acerca dos descontos salariais? (Valor: 0,60)

GABARITO:

A) Deverá ser interposto recurso de revista, nos termos dos Arts. 896 e 893, III, da CLT.

B) Deverá ser sustentado que o desconto é lícito, nos termos da OJ 251 da SDI I, do TST, Art. 7º, inciso XXVI da CRFB e do artigo 462, § 1º, da CLT, uma vez que houve culpa do empregado ao não observar os comandos da norma coletiva.

12. (III Exame de Ordem) Determinada loja de um *shopping center* concede mensalmente a todos os seus empregados um vale-compras no valor de R$ 200,00 (duzentos reais), por força de norma regulamentar, para que eles possam utilizá-lo em qualquer estabelecimento do shopping. Além disso, fornece ajuda-alimentação, sendo participante de Programa de Alimentação do Trabalhador – PAT, aprovado pelo Ministério do Trabalho e Emprego. O sindicato representante da categoria profissional de seus empregados vem reivindicando que os valores de ambos os benefícios sejam considerados no cálculo das verbas contratuais dos trabalhadores. Com base na situação hipotética, na condição de advogado consultado pela empresa, responda aos itens a seguir, empregando os argumentos jurídicos apropriados e a fundamentação legal pertinente ao caso.

A) Os valores correspondentes ao vale-compras devem integrar a base de cálculo das verbas contratuais dos empregados? Quais seriam os efeitos inerentes à revogação da norma regulamentar instituidora dessa vantagem nos contratos de trabalho vigentes e futuros? (Valor: 0,7)

B) Os valores correspondentes à ajuda-alimentação integram os salários dos empregados? (Valor: 0,3)

GABARITO:

A) 1ª parte:

A ordem jurídica trabalhista autoriza o pagamento de parte do salário em bens ou serviços (utilidades), instituindo o chamado "salário-utilidade" ou "salário *in natura*", de acordo com o art. 458, *caput*, da CLT. Contudo, nem todos os bens e serviços fornecidos pelo empregador ao empregado no decorrer do contrato de trabalho possuem natureza salarial (salário-utilidade), sendo necessária a presença de alguns requisitos essenciais. O primeiro desses requisitos é a habitualidade do fornecimento, que corresponde à ideia de repetição uniforme em certo período de tempo. O fornecimento esporádico de determinada utilidade não configura salário *in natura*. Este fornecimento habitual de bens e serviços pode restar expressamente pactuado entre as partes ("por força do contrato") ou decorrer de prática usual do empregador ("do costume"). O segundo requisito é o caráter contraprestativo do fornecimento, que corresponde à ideia de retribuição pelo trabalho executado. A utilidade deve ser fornecida pelo trabalho, e não para o trabalho, quando neste último caso se vincula à própria viabilização ou aperfeiçoamento do serviço. O terceiro requisito é a onerosidade unilateral da oferta da utilidade, que corresponde à ideia de que o fornecimento desta não pode contar com a participação econômica do empregado. Somente terá caráter salarial a utilidade ofertada sob exclusivo ônus econômico do empregador. Na primeira parte do item A da questão em foco, o examinando deve responder afirmativamente, esclarecendo que o vale-compras fornecido habitualmente pelo empregador, com intuito contraprestativo, configura salário *in natura*, nos termos do art. 458, *caput*, da CLT. Logo, por possuir natureza salarial, os respectivos valores devem integrar a base de cálculo das verbas contratuais dos empregados.

A) 2ª parte:

O princípio da condição mais benéfica assegura a prevalência das condições mais vantajosas ao empregado ajustadas no contrato de trabalho, inclusive as que tenham previsão em regulamento de empresa. Isso porque as normas regulamentares possuem natureza de cláusula obrigacional, aderindo aos respectivos pactos laborais. Assim, devem prevalecer as condições mais benéficas ao empregado, ainda que sobrevenha norma jurídica imperativa que prescreva menor nível de proteção, desde que com esta não sejam incompatíveis. Desse princípio decorre a impossibilidade de alteração contratual prejudicial ao empregado, ainda que bilateral, conforme o art. 468, *caput*, da CLT. Logo, na segunda parte do item A da questão em análise, o examinando deve responder que a supressão da concessão da utilidade somente deve alcançar os empregados admitidos após a revogação da norma regulamentar, sob pena de configurar alteração contratual lesiva aos trabalhadores beneficiados, em ofensa ao art. 468 da CLT. Nesse sentido, o entendimento contido na Súmula n. 51, item I, do TST.

B) O art. 458, *caput*, da CLT estabelece que, além do pagamento em dinheiro, compreende-se no salário, para todos os efeitos legais, a alimentação, habitação, vestuário ou outras prestações *in natura* que a empresa, por força do contrato ou do costume, fornecer habitualmente ao empregado. Ocorre que o § 2º do art. 457 da CLT, alterado pela reforma trabalhista, destaca que o vale alimentação não possui natureza salarial. Da mesma forma, o art. 3º da Lei n. 6.321/76 dispõe que não se inclui no salário de contribuição a parcela paga *in natura*, pela empresa, nos programas de alimentação aprovados pelo Ministério do Trabalho e Emprego (PAT). Diante desse preceito legal, restou pacificado entendimento no sentido de que a ajuda-alimentação fornecida por empresa participante do programa de alimentação ao trabalhador, instituído pela Lei n. 6.321/76, não tem caráter salarial. Portanto, não integra o salário para nenhum efeito legal (OJ n. 133 da SDI-1 do C. TST). Desse modo, no item B da questão em foco, o examinando deve responder negativamente, já que a ajuda-alimentação fornecida por empresa participante do Programa de Alimentação do Trabalhador – PAT, instituído pela Lei n. 6.321/76, não tem caráter salarial, em conformidade com o entendimento contido na OJ n. 133 da SDI-1 do TST.

13. (IV Exame de Ordem) Em 15-4-2008, João Carlos de Almeida foi contratado pela Engelétrica S.A. para trabalhar na construção das barragens da Hidrelétrica de Belo Monte. Entretanto, em virtude da grande distância entre o local de trabalho e a cidade mais próxima, o empregador lhe forneceu habitação durante toda a vigência do contrato. Dispensado sem justa causa em 13-8-2010, João Carlos ajuizou ação trabalhista visando à inclusão da ajuda-habitação na sua remuneração e o pagamento dos reflexos daí decorrentes, uma vez que a moradia constituiu salário *in natura*, compondo a contraprestação ajustada pelas partes.

Com base na situação concreta, responda aos itens a seguir, empregando os argumentos jurídicos apropriados e a fundamentação legal pertinente ao caso.

A) Qual é o critério apto a definir a natureza jurídica da prestação entregue ao empregado pelo empregador? (Valor: 0,5)

B) Nesta hipótese em especial, a habitação fornecida pela Engelétrica S.A. deve ou não integrar a remuneração de João Carlos de Almeida? Por quê? (Valor: 0,75)

GABARITO:

A) Mencionar expressamente o art. 458, *caput*, da CLT, bem como o seu § 2º, I, que exclui determinadas prestações do âmbito salarial, como critérios normativos adequados à resolução do problema. Referir-se à distinção entre o caráter retributivo ou contraprestativo da prestação ("pelo" trabalho) e a natureza indenizatória ou instrumental da prestação ("para" o trabalho), a fim de atribuir natureza salarial apenas ao primeiro grupo.

B) Observar que, neste caso concreto, a grande distância entre o local de trabalho e a cidade mais próxima tornou imprescindível o fornecimento da habitação, sob pena de inviabilizar a realização do trabalho. Afirmar que a habitação fornecida a João Carlos pela Engelétrica não possui natureza salarial, uma vez que possui natureza instrumental ("para" o trabalho), isto é, visa à melhor efetivação do serviço contratado, fazendo referência à Súmula 367, I, do TST.

14. (VIII Exame de Ordem) Francisco é empregado numa empresa de máquinas e trabalha externamente. Em termos salariais, Francisco é comissionista puro, recebendo 20% sobre as vendas por ele realizadas mensalmente. Em determinado mês Francisco efetuou uma venda de R$ 50.000,00 em 10 parcelas mensais, daí porque o empregador lhe disse que pagará a comissão de acordo com o vencimento das parcelas. A partir do caso apresentado, responda aos itens a seguir.

A) Se uma das parcelas não for paga pelo comprador, como deve proceder o empregador de Francisco em relação ao pagamento da comissão correspondente? Justifique. (Valor: 0,65)

B) Se as parcelas estivessem sendo pagas normalmente e Francisco fosse dispensado seis meses após a realização da venda, como fica a situação da comissão vincenda? (Valor: 0,60)

GABARITO:

A) O empregador deve realizar o pagamento da comissão, pois não pode transferir para o empregado o risco do negócio, já que possui meios jurídicos hábeis para a cobrança da dívida em face do devedor inadimplente.

B) Nesse caso, a empresa continuará pagando a comissão a cada mês, pois a ruptura do contrato não exclui o direito do empregado nem obriga o empregador a antecipar o pagamento, na forma da CLT, art. 466, § 2º, "A cessação das relações de trabalho não prejudica a percepção das comissões e percentagens devidas na forma estabelecida por este artigo".

15. (IX Exame de Ordem) Sebastião é empregado no Restaurante Galeto Delicioso Ltda., exercendo a função de garçom, com salário mensal de R$ 1.000,00 (um mil reais), que é equivalente ao piso salarial da categoria profissional previsto em convenção coletiva de trabalho. Apesar de o restaurante não incluir as gorjetas nas notas de serviço, estas são oferecidas espontaneamente pelos clientes. Diante desta situação hipotética, responda, de forma fundamentada, às indagações a seguir.

A) Qual é a natureza jurídica da gorjeta? Justifique. (Valor: 0,65)

B) Analise a pretensão de Sebastião, feita ao empregador, de ter o valor das gorjetas integrado na base de cálculo do FGTS. (Valor: 0,60)

GABARITO:

A) Nos termos do art. 457, *caput*, da CLT, a gorjeta é uma paga feita por terceiros, razão pela qual tem natureza remuneratória.

B) A pretensão procede. O valor das gorjetas integrará a base de cálculo dos depósitos do FGTS. Conforme dispõe o art. 15, *caput*, da Lei n. 8.036/90, os empregadores ficam obrigados a depositar até o dia 7 de cada mês, em conta bancária vinculada, a importância correspondente a 8% da remuneração paga ou devida, no mês anterior, a cada trabalhador. Logo, a base de incidência do FGTS é a remuneração do empregado, que inclui as gorjetas recebidas (art. 457, *caput*, da CLT, e Súmulas 63 e 354 do TST).

16. (X Exame de Ordem) Pedro trabalhou numa empresa de 10-2-2011 a 20-5-2013, quando foi dispensado sem justa causa e recebeu as verbas devidas. Após, ajuizou ação pleiteando a participação nos lucros (PL) de 2013, prevista em acordo coletivo, requerendo que o cálculo fosse proporcional ao tempo trabalhado. Defendendo-se, a empresa advoga que a parcela é indevida porque uma das condições para o recebimento da PL, prevista no acordo coletivo, é que o empregado esteja com o contrato em vigor no mês de dezembro de 2013, o que não ocorre no caso. Diante dessa situação, responda:

A) Pedro tem direito à participação proporcional nos lucros de 2013? Justifique sua resposta. (Valor: 0,65)

B) Analise se a participação nos lucros está sujeita a alguma incidência tributária. Justifique sua resposta. (Valor: 0,60)

GABARITO:

A) Ele terá direito, pois a exigência do acordo coletivo não é aceita pela jurisprudência, conforme a OJ n. 390 do TST.

B) Está sujeita à contribuição fiscal ou recolhe imposto de renda, conforme Lei n. 10.101/2000, art. 3º, § 5º, ou Regulamento do Imposto de Renda.

17. (XIII Exame de Ordem) Jocimar é auxiliar de laboratório, ganha R$ 2.300,00 mensais e ajuizou reclamação trabalhista contra a empresa Recuperação Fármacos Ltda., sua empregadora, requerendo o pagamento dos adicionais de insalubridade e periculosidade. Designada perícia pelo juiz, foi constatado pelo *expert* que no local de trabalho o frio era excessivo, sem a entrega de equipamento de proteção individual adequado, além de perigoso, pois Jocimar trabalhava ao lado de um tanque da empresa onde havia grande quantidade de combustível armazenado. Contudo, a empresa impugnou expressamente o laudo pericial, afirmando que o perito designado era um engenheiro de segurança do Trabalho, e não um médico do trabalho, como deveria ser.

Diante do caso, responda:

A) Analise, de acordo com a CLT, a possibilidade de condenação da empresa nos dois adicionais desejados, justificando. (Valor: 0,65)

B) Caso Jocimar postulasse o adicional de insalubridade, alegando que o ruído era excessivo, analise se seria possível o deferimento do adicional se a perícia constatou que o único elemento insalubre presente no local era o frio. Justifique. (Valor: 0,60)

GABARITO:

A) Impossível o deferimento de ambos os adicionais cumulativamente, na forma da CLT, art. 193, § 2º, ou NR 15, item 15.3 do Ministério do Trabalho. O empregado poderá optar pelo adicional de insalubridade ou periculosidade que porventura lhe seja devido.

B) Seria possível, pois o juiz não fica adstrito ao agente agressor indicado pela parte, na forma da Súmula 293 do TST.

18. **(XVI Exame de Ordem)** Jorge é frentista do posto de gasolina Trevo Ltda. Na admissão, foi informado e assinou contrato de emprego no qual consta cláusula em que autoriza descontos quando gerar prejuízos financeiros ao empregador, decorrentes de ato culposo seu. Em norma interna do posto, de conhecimento de todos os empregados, consta que pagamentos em cheque só seriam aceitos após ser anotada a placa do veículo, além de identidade, endereço e telefone do condutor. Em determinado dia, o cunhado de Jorge, após abastecer o veículo com este, pagou em cheque. Tratando-se do cunhado, Jorge nada anotou no cheque. Dias depois foi constatado que o cheque era de terceiro, estando sustado em decorrência de furto. A sociedade empresária descontou seu prejuízo do salário de Jorge. Sobre o caso apresentado, responda aos itens a seguir.

A) Analise a validade do desconto efetuado pela empresa. (Valor: 0,65)

B) Caso Jorge tivesse agido em conluio com o cunhado, obtendo benefício próprio, e por conta disso a empresa quisesse dispensá-lo por justa causa, em que hipótese deveria tipificar a conduta do empregado? (Valor: 0,60) Responda justificadamente, empregando os argumentos jurídicos apropriados e a fundamentação legal pertinente ao caso.

GABARITO:

A) A empresa poderá descontar o valor, na forma do art. 462, § 1º, da CLT, pois o ato foi culposo e estava acertado em contrato.

B) Nesse caso, a conduta de Jorge pode ser tipificada como ato de improbidade, nos termos do art. 482, *a*, da CLT.

19. **(XVII Exame de Ordem)** Rodolfo é gerente em um supermercado e recebe salário de R$ 5.000,00 mensais, mas precisou se afastar do emprego por 90 dias em razão de doença. Nesse período de afastamento, o subgerente Vitor, que ganha R$ 4.000,00 por mês, assumiu a função interinamente. Infelizmente a doença de Rodolfo evoluiu e ele veio a falecer 91 dias após o afastamento. Uma semana após o trágico evento, o supermercado contratou José como o novo gerente, acertando salário de R$ 4.800,00 mensais. Diante da situação apresentada e do entendimento consolidado do TST, responda de forma fundamentada aos itens a seguir.

A) Analise se Vitor tem direito a receber o mesmo salário que Rodolfo no período em que assumiu a função interinamente. (Valor: 0,65)

B) Caso José viesse a ajuizar reclamação trabalhista postulando a diferença salarial entre aquilo que ele recebe de salário e o valor pago ao finado Rodolfo, sob alegação de discriminação, que tese você, contratado pelo Supermercado, advogaria? (Valor: 0,60)

GABARITO:

A) Vitor tem direito a receber o mesmo salário que Rodolfo porque, na hipótese, a substituição não é eventual, razão pela qual é assegurado o pagamento do mesmo salário que o substituído, na forma da Súmula 159, I, do TST.

B) A tese a ser advogada é a de que se trata de cargo vago que, assim, não dá direito do novo empregado de receber o mesmo salário que o antecessor, na forma da Súmula 159, II, do TST.

20. **(XXIV Exame de Ordem)** Lino foi empregado da sociedade empresária Calçados de Borracha Ltda. por quatro anos, atuando internamente como empacotador e, depois, como auxiliar de máquinas. Trabalhava de segunda-feira a sábado, das 6 h às 12 h, com pausa de 15 minutos. Após ter sido dispensado por alegação de justa causa, Lino ajuizou reclamação trabalhista requerendo o pagamento de adicional de periculosidade, pois se deslocava para a empresa e dela retornava de motocicleta, conforme fotografias que juntou aos autos, tendo comprovado, documentalmente, ser proprietário de uma motocicleta e ter autorização escrita da empresa para estacioná-la no pátio da ré. Lino ainda informou que a empresa custeava 40% da mensalidade do curso supletivo que ele frequentava, conforme recibos que juntou, requerendo, então, a integração desse valor ao seu salário como utilidade, com pagamento dos reflexos devidos. Diante da situação retratada, como advogado(a) contratado(a) para defender a sociedade empresária, responda às indagações a seguir.

A) Em relação ao pedido de adicional de periculosidade, que tese você advogaria? Justifique. (Valor: 0,65)

B) Em relação ao pedido de integração dos 40% da mensalidade do curso supletivo, que tese você advogaria? Justifique. (Valor: 0,60)

GABARITO:

A) No caso apresentado, o reclamante não atuava como motociclista, mas sim para deslocamento particular, sem risco de morte, pelo que descaracterizada atividade de risco, daí porque não há previsão legal para o pagamento do adicional de periculosidade, conforme previsto no Art. 193, § 4º, da CLT.

B) A educação, em estabelecimento de ensino próprio ou de terceiros, compreendendo os valores relativos à matrícula, mensalidade, anuidade, aos livros e ao material didático, não é considerada salário *in natura* por expressa disposição legal, conforme o Art. 458, § 2º, II, da CLT.

21. **(XXX Exame de Ordem)** Em sentença prolatada por uma Vara do Trabalho, o juiz condenou a empresa ao pagamento dos adicionais de insalubridade e periculosidade ao reclamante, já que a perícia realizada nos autos comprovou que havia agente agressor à saúde do trabalhador e que as condições de trabalho geravam acentuado risco de morte. Na sentença, o juiz ainda condenou o ex-empregador a devolver ao autor o valor dos honorários do assistente técnico contratado pelo trabalhador. Inconformada, a empresa contrata você, como advogado(a), para recorrer. Considerando a situação posta, os termos da CLT e o entendimento consolidado do TST, responda às indagações a seguir.

A) Que tese jurídica você apresentaria em relação ao deferimento dos adicionais de periculosidade e insalubridade? Justifique. (Valor: 0,65)

B) Que tese jurídica você apresentaria em relação à condenação de devolução dos honorários do assistente técnico? Justifique. (Valor: 0,60)

GABARITO:

A) Deverá ser apresentada a tese de que não cabe o pagamento simultâneo de ambos os adicionais, conforme o Art. 193, § 2º, da CLT.

B) Deverá ser apresentada a tese de que a indicação de assistente técnico é facultativa e, por isso, a parte arcará com os honorários desse profissional, não cabendo portanto esse ressarcimento, na forma da Súmula 341 do TST.

I.6. Contrato de Trabalho. Modalidades. Prazo.

22. (XXVI Exame de Ordem) Uma sociedade empresária do ramo de confecções publicou um anúncio em jornal de grande circulação informando que admitiria vários profissionais para o seu quadro de funcionários, a título de contrato de experiência, desde que comprovada a seguinte exigência profissional: para costureiras, experiência comprovada de cinco meses na função; para estoquistas, experiência comprovada de um ano na função; para auxiliar de serviços gerais, experiência comprovada de dois meses na função; e para administradores, experiência mínima de dois anos na função. Diante da situação apresentada e dos termos da CLT, responda aos itens a seguir.

A) A exigência em relação aos estoquistas é válida? Justifique. (Valor: 0,65)

B) Informe o prazo máximo admissível no contrato de experiência. (Valor: 0,60)

GABARITO:

A) A exigência em relação aos estoquistas de um ano de experiência é inválida, porque o Art. 442-A da CLT determina que, para fins de contratação, o empregador não exigirá comprovação de experiência prévia do candidato a emprego por tempo superior a seis meses no mesmo tipo de atividade.

B) O prazo máximo é de 90 dias, conforme o Art. 445, parágrafo único, da CLT.

I.7. Jornada de trabalho

23. (XXVI Exame de Ordem) Lucas trabalhou em uma rede de restaurantes localizada em determinado Estado da Federação. A sociedade empresária possui 60 empregados, divididos em dez lojas localizadas em municípios diferentes, sendo que cada unidade possui seis empregados. Após ser dispensado sem justa causa, Lucas ajuizou reclamação trabalhista postulando o pagamento de horas extras, afirmando que cumpria extensa jornada de segunda-feira a sábado, das 7 h às 21 h, com intervalo de 20 minutos para refeição. Em contestação, a ex-empregadora negou a jornada dita na petição inicial, afirmando que a labuta respeitava o módulo constitucional. Em audiência, após verificar que os controles de ponto não foram juntados, o advogado do autor requereu a aplicação da confissão em desfavor da reclamada. Diante da situação retratada, da Lei e do entendimento consolidado pelo TST, responda aos questionamentos a seguir.

A) Como advogado(a) da sociedade empresária, que tese você sustentaria em relação aos cartões de ponto? Justifique. (Valor: 0,65)

B) Caso você fosse contratado pelo trabalhador e a sociedade empresária juntasse controles de ponto com marcação de jornada de segunda-feira a sábado, das 8 h às 16 h, e intervalo de uma hora para refeição em todos os dias, que tese você advogaria em prol do seu cliente? Justifique. (Valor: 0,60)

GABARITO:

A) Uma vez que em cada estabelecimento há menos de 10 empregados, seria desnecessário manter controles escritos dos horários de entrada e saída dos empregados, conforme previsto no Art. 74, § 2º, da CLT.

B) Que, exibindo os controles de ponto com horários invariáveis, o ônus da prova é transferido para o ex-empregador, na forma prevista na Súmula 338, III, do TST.

24. **(Exame de Ordem)** Jéssica é empregada em um salão de cabeleireiro localizado na capital do Estado em que reside e cumpre jornada de 2ª feira a sábado, das 8h00min às 19h00min, com pausa alimentar de uma hora. Não existe previsão em Lei, acordo coletivo ou convenção coletiva de jornada diferenciada para a sua categoria. Diante da hipótese apresentada, responda aos itens a seguir.

A) Analise se a trabalhadora, em eventual reclamação trabalhista, teria sucesso em pedido de horas extras pela inobservância do intervalo interjornada.

B) Caso você fosse contratado como advogado de Jéssica, analise se seria possível formular, além do pedido de horas extras pelo excesso de jornada, algum pleito de sobrejornada por outro fundamento jurídico e legal, identificando-o em caso positivo.

GABARITO:

A) No caso apresentado, o pedido de horas extras pelo intervalo interjornada supostamente desrespeitado seria julgado improcedente, já que o período de 11 horas entre duas jornadas de trabalho, previsto no art. 66 da CLT, foi respeitado.

B) Não haveria outro pedido a ser formulado, uma vez que o art. 384 da CLT, que tratava do intervalo de 15 minutos antes do início da jornada extraordinária, foi revogado pela reforma trabalhista – Lei n. 13.467/2017.

25. **(IV Exame de Ordem)** José de Souza ajuizou reclamação trabalhista em face da empresa Alfa Vigilância Ltda., postulando o pagamento dos valores correspondentes aos intervalos intrajornada não gozados, acrescidos de 50%, com fundamento no art. 71, § 4º, da CLT, bem como das diferenças decorrentes da integração dessas quantias nas verbas contratuais e resilitórias. Na peça de defesa, a reclamada alegou que a supressão dos intervalos para repouso e alimentação foi autorizada em acordo coletivo firmado com o sindicato representante da categoria profissional do reclamante, colacionando cópia do referido instrumento normativo cuja vigência alcançava todo o período contratual do autor. Aduziu, ainda, que a parcela prevista no art. 71, § 4º, da CLT possui natureza indenizatória, sendo descabidas as repercussões postuladas na inicial.

Com base na situação hipotética, responda aos itens a seguir, empregando os argumentos jurídicos apropriados e a fundamentação legal pertinente ao caso.

A) Procede o pedido de pagamento dos valores correspondentes aos intervalos intrajornada não gozados pelo reclamante? (Valor: 0,65)

B) A parcela prevista no art. 71, § 4º, da CLT deve integrar ou não a base de cálculo das verbas contratuais e resilitórias do empregado que não tenha gozado dos intervalos intrajornada? (Valor: 0,6)

GABARITO:

A) Não procede, uma vez que a partir da reforma trabalhista – Lei n. 13.467/2017 – passou a ser lícita a redução do intervalo intrajornada por norma coletiva, conforme art. 611-A, inciso III, da CLT, mantendo-se o mínimo de 30 minutos. Assim, não mais se aplica a Súmula 437, inciso II, do TST, que impedia tal negociação, por considerar norma de ordem pública.

B) A parcela prevista no art. 71, § 4º, da CLT não mais possui natureza salarial, pois a reforma trabalhista impôs a natureza indenizatória da parcela, que não refletirá em qualquer outra verba trabalhista.

26. **(XII Exame de Ordem)** Determinado empresário pretende contratar Gustavo para prestar serviços em dois turnos que se alternam, compreendendo horário diurno e noturno de trabalho. Considerando que a atividade da empresa não se desenvolve continuamente e que não há norma coletiva disciplinando a relação de trabalho, responda, de forma fundamentada, às indagações a seguir.

A) Qual deve ser o limite diário de duração do trabalho de Gustavo? (Valor:0,65)

B) Na hipótese, como será tratado o período de trabalho que estiver compreendido entre às 22 horas de um dia e às 05 horas do dia seguinte? (Valor:0,60)

GABARITO:

A) O limite diário de duração do trabalho deste empregado deve ser de 6 horas, nos termos do art. 7º, XIV, da Constituição da República, por se tratar de empregado que irá trabalhar em turnos ininterruptos de revezamento. De acordo com o posicionamento contido na OJ n. 360 da SDI-1 do TST, faz jus à jornada especial prevista no art. 7º, XIV, da CF/1988 o trabalhador que exerce suas atividades em sistema de alternância de turnos, ainda que em dois turnos de trabalho, que compreendam, no todo ou em parte, o horário diurno e o noturno, pois submetido à alternância de horário prejudicial à saúde, sendo irrelevante que a atividade da empresa se desenvolva de forma ininterrupta.

B) O empregado terá direito à redução da hora noturna, posto não haver qualquer incompatibilidade entre as disposições contidas no art. 73, § 1º, da CLT e no art. 7º, XIV, do Texto Constitucional. A redução da hora noturna deve ser observada nos turnos ininterruptos de revezamento. Neste sentido, inclusive, a OJ n. 395 do TST: "O trabalho em regime de turnos ininterruptos de revezamento não retira o direito à hora noturna reduzida, não havendo incompatibilidade entre as disposições contidas nos art. 73, § 1º, da CLT e no art. 7º, XIV, da Constituição Federal" e Súmula 213 STF.

27. **(XVII Exame de Ordem)** Uma empregada trabalha em uma empresa cumprindo a seguinte jornada de trabalho: nos 10 primeiros dias do mês, de segunda-feira a sábado, de 08:00 às 16:00h; nos 10 dias seguintes, de segunda-feira a sábado, de 16:00 às 24:00h; nos últimos 10 dias do mês, de segunda-feira a sábado, de 24:00 às 8:00h – e assim sucessivamente em cada mês –, sempre com intervalo de 1 hora para refeição. Não existe acordo coletivo nem convenção coletiva regrando a matéria para sua categoria profissional. Com base no caso apresentado, responda aos itens a seguir.

A) Analise se há sobrejornada, justificando em qualquer hipótese. (Valor: 0,65)

B) Informe sobre que horário a empregada receberá adicional noturno na jornada cumprida de segunda-feira a sábado, das 16:00 às 24:00h. (Valor: 0,60)

GABARITO:

A) Na hipótese, há turno ininterrupto de revezamento, cuja jornada deveria ser de 6 horas diárias. Como a empregada cumpriu 8 horas diárias, terá direito às horas extras, conforme o art. 7º, XIV, da CF/88.

B) Tratando-se de horário misto, haverá direito ao adicional noturno sobre a jornada compreendida entre 22:00 e 00:00h, conforme o art. 73, § 4º, da CLT.

28. **(XXV Exame de Ordem)** Ramiro, auxiliar de serviços gerais, trabalhou para a sociedade empresária Bom Tempo S.A., de 17-12-2017 a 25-02-2018. Cumpria jornada das 8 h às 17 h, de segunda à sexta-feira, e aos sábados, de 8 h às 12 h. De segunda à sexta-feira, deveria ter intervalo de uma hora, mas, em razão do volume de trabalho, só conseguia desfrutar de 40 minutos. Tendo Ramiro procurado você como advogado(a), considerando os exatos termos da legislação trabalhista em vigor, responda aos itens a seguir:

A) O que você deverá pleitear em sede de reclamação trabalhista quanto ao intervalo? Justifique. (Valor: 0,60)

B) Qual é a natureza jurídica do pagamento do intervalo suprimido de Ramiro? Justifique. (Valor: 0,65)

GABARITO:

A) Deverá ser requerida a indenização de 20 minutos de intervalo de segunda à sexta-feira, com acréscimo de 50%, nos termos do Art. 71, § 4º, da CLT.

B) O intervalo suprimido tem natureza jurídica indenizatória, nos termos do Art. 71, § 4º, da CLT.

I.8. Bancário, jornada de trabalho e alteração do contrato de trabalho

29. **(VI Exame de Ordem)** João da Silva exercia o cargo de caixa executivo no Banco Estrela S.A., trabalhando 8 (oito) horas diárias, com intervalo para repouso e alimentação de 1 (uma) hora, de segunda-feira a sexta-feira, e recebia gratificação de função de 1/3 (um terço) do salário do seu posto efetivo. Posteriormente, foi designado para a função de confiança de gerente do departamento de pessoal, recebendo gratificação de 50% do salário do cargo efetivo. Nesse período, a sua jornada era das 10h às 21h, de segunda-feira a sexta-feira, com 1 (uma) hora de intervalo intrajornada. Diante dessa situação hipotética, e considerando que João da Silva, após 12 (doze) anos de exercício na função de gerente, foi revertido, sem justo motivo, para o seu cargo efetivo, com a supressão de sua gratificação de função, responda, de forma fundamentada, às seguintes indagações:

A) Na função de caixa executivo, João ocupava cargo de confiança bancário? Ele prestava horas extraordinárias no exercício dessa função? (Valor: 0,5)

B) Na função de gerente do departamento de pessoal, João prestava horas extraordinárias? (Valor: 0,4)

C) Foi válida a reversão de João para o seu cargo efetivo? A gratificação de função poderia ter sido suprimida? (Valor: 0,35)

GABARITO:

A) João da Silva não ocupava cargo de confiança bancária, posto que não exercia função de direção, gerência, fiscalização, chefia ou equivalentes, muito menos outras funções de confiança previstas no art. 224, § 2º, da CLT, apesar de receber gratificação de função de 1/3 do salário do seu posto efetivo. Conforme o posicionamento contido na Súmula n. 102, item VI, do C. TST, o caixa bancário, ainda que caixa executivo, não exerce cargo de confiança. Se perceber gratificação igual ou superior a um terço do salário do posto efetivo, ela remunera apenas a maior responsabilidade do cargo e não as duas horas extraordinárias além da sexta. Logo, João trabalhava duas horas extras diárias (sétima e oitava horas), porque lhe seria aplicável a jornada de trabalho reduzida de 6 horas prevista no art. 224, *caput*, da CLT.

B) João da Silva, no exercício da função de gerente de departamento de pessoal, prestava duas horas extras diárias (nona e décima horas), pois exercia cargo de confiança bancário, nos termos do art. 224, § 2º, da CLT. E, de acordo com o entendimento consubstanciado na Súmula 102, item IV, do C. TST, o bancário sujeito à regra do art. 224, § 2º, da CLT cumpre jornada de trabalho de oito horas, sendo extraordinárias as trabalhadas além da oitava. O gerente de departamento de pessoal, ainda que receba gratificação de função igual ou superior a 40% do salário efetivo não está incluído no regramento do art. 62, II, da CLT.

C) A reversão de empregado ocupante de função de confiança para o cargo efetivo resta autorizada pela norma do parágrafo único do art. 468 da CLT, estando assim contida no poder empregatício (*jus variandi*). A gratificação de função poderia ter sido suprimida, já que a § 2º do art. 468 da CLT, incluído pela reforma trabalhista, prevê expressamente que aquela parcela não será incorporada, mesmo após 10, 20 ou 30 anos.

Comentários dos autores: Atualmente os §§ 1º e 2º do art. 468, com a redação dada pela Reforma Trabalhista, estabelecem que não se considera alteração unilateral a determinação do empregador para que o respectivo empregado reverta ao cargo efetivo, anteriormente ocupado, deixando o exercício de função de confiança. Assim, a alteração citada, com ou sem justo motivo, não assegura ao empregado o direito à manutenção do pagamento da gratificação correspondente, que não será incorporada, independentemente do tempo de exercício da respectiva função.

30. (XXVIII Exame de Ordem) O gerente de uma rede de restaurantes ajuizou reclamação trabalhista postulando o pagamento de horas extras pelo excesso de jornada e por não ter pausa alimentar regular. Disse o ex-empregado na petição inicial que se ativava na extensa jornada de segunda-feira a sábado, das 8h às 22h, com intervalo de apenas 30 minutos para refeição; que ganhava salário mensal de R$ 8.000,00 (oito mil reais) e comandava a loja, tendo por atribuições fiscalizar o funcionamento da empresa e os funcionários, fazer a escala de férias dos empregados e negociar com fornecedores, além de abrir e fechar a loja (pois tinha a chave da porta e a senha do alarme). O maior salário entre os seus subordinados era de R$ 3.200,00 (três mil e duzentos reais). Diante da situação retratada e dos ditames da CLT, responda aos itens a seguir:

A) Caso você fosse contratado(a) pela empresa, que tese advogaria em juízo, em favor dela, contra o pedido de horas extras? Justifique.

B) Se, no dia e na hora designados para a audiência una, nenhuma das partes comparecer ou justificar sua ausência, de acordo com a CLT, o que ocorrerá com a reclamação trabalhista? Justifique.

GABARITO:

A) A tese é a de que o empregado ocupa cargo de confiança ou cargo de gestão, sem direito a horas extras, conforme o Art. 62, inciso II, da CLT.

B) A reclamação trabalhista será arquivada, o que equivale a uma extinção do processo sem resolução do mérito, na forma do Art. 844 da CLT.

I.9. Repouso semanal remunerado

31. (VIII Exame de Ordem) Uma determinada empresa aplica a seguinte jornada de trabalho: os empregados trabalham durante sete dias das 8:00 às 17:00 h com intervalo de uma hora para refeição e folgam no 8º dia – e assim sucessivamente. Além disso, recebem um bônus de dois dias fruitivos por mês, nos quais podem faltar quando desejarem, sem qualquer desconto no salário, desde que avisem previamente à chefia. A partir da situação apresentada, responda aos seguintes itens.

A) Qual é o efeito do repouso semanal remunerado no contrato de trabalho e onde se encontra o normativo de regência desse direito? (Valor: 0,65)

B) Analise, segundo a legislação em vigor, a política de repouso remunerado adotada pela empresa.(Valor: 0,60)

GABARITO:

A) O repouso semanal remunerado é causa de interrupção do contrato de trabalho e está previsto na CF/88 (art. 7º, XV), no art. 67 da CLT e na Lei n. 605/49.

B) A política empresarial está equivocada, pois o repouso semanal deve ser aproveitado durante a semana, no período de sete dias – e não após –, na forma da OJ n. 410 da SDI-1 do TST – "REPOUSO SEMANAL REMUNERADO. CONCESSÃO APÓS O SÉTIMO DIA CONSECUTIVO DE TRABALHO. ART. 7º, XV, DA CONSTITUIÇÃO FEDERAL. VIOLAÇÃO. Viola o art. 7º, XV, da CF, a concessão de repouso semanal remunerado após o sétimo dia consecutivo de trabalho, importando no seu pagamento em dobro".

I.10. Férias

32. (VI Exame de Ordem) Carlos Machado foi admitido pela Construtora Y S.A. em 18-2-2005. Depois de desenvolver regularmente suas atividades por mais de um ano, Carlos requereu a concessão de férias, ao que foi atendido. Iniciado o período de descanso anual em 18-4-2006, o empregado não recebeu o seu pagamento, devido a um equívoco administrativo do empregador. Depois de algumas ligações para o departamento pessoal, Carlos conseguiu resolver o problema, recebendo o pagamento das férias no dia 10-5-2006. De volta ao trabalho em 19-5-2006, o empregado foi ao departamento pessoal da empresa requerer uma reparação pelo ocorrido. Contudo, além de não ter sido atendido, Carlos foi dispensado sem justa causa. Dias depois do despedimento, Carlos ajuizou ação trabalhista, pleiteando o pagamento dobrado das férias usufruídas, como também indenização por dano moral em face da dispensa arbitrária efetuada pelo empregador. Em defesa, a Construtora Y S.A. alegou que houve um mero atraso no pagamento das férias por erro administrativo, mas que o pagamento foi feito, inexistindo amparo legal para o pedido de novo pagamento em dobro. Outrossim, a empregadora afirmou que despediu Carlos sem justa causa, por meio do exercício regular do seu direito potestativo, não havendo falar em indenização por dano moral.

Em face da situação concreta, responda aos itens a seguir, empregando os argumentos jurídicos apropriados e a fundamentação legal pertinente ao caso.

A) Carlos faz jus ao pagamento dobrado das férias? Por quê? (Valor: 0,65)

B) Carlos terá direito a receber indenização por dano moral? (Valor: 0,6)

GABARITO:

A) Considerando a dúplice finalidade das férias (descanso anual para reposição de energias, com remuneração recebida antecipadamente para propiciar-lhe o efetivo gozo do direito), identifique o direito à dobra do pagamento por ter restado frustrada uma das referidas finalidades, eis que o pagamento foi efetuado somente em 10-5-2006, em que pese o descanso ter sido iniciado em 18-4-2006. Nos termos do art. 145 da CLT, o pagamento das férias deveria ter sido efetuado até dois dias antes do início da fruição do direito, ou seja, até 16-4-2006. E, de acordo com a OJ n. 386 da SBDI-I do TST, em situações como esta, onde há o descumprimento do art. 145 da CLT, deve-se usar analogicamente o art. 137 da CLT, a fim de se determinar o pagamento em dobro das férias.

B) O exercício do direito de despedir tem limites e que a ofensa a esses limites caracteriza abuso do poder empregatício. Ora, se o trabalhador, além de não ser atendido na tentativa de reclamar quanto ao atraso no pagamento das férias, ainda vem a ser despedido por sua atitude, fica caracterizada a despedida retaliativa, pela ofensa à dignidade da pessoa do trabalhador, a ensejar a incidência de indenização por dano moral, nos termos dos arts. 1º, III, e 170 da CF, 186 e 927 do Código Civil c/c o art. 8º, parágrafo único, da CLT (atualmente o parágrafo único é § 1º).

33. (XVIII Exame de Ordem) Bruno é casado com Amanda, e ambos são empregados da empresa Pequenas Reformas Ltda., como engenheiros – os únicos que a empresa possui para gerenciar as 12 obras de reforma em andamento, sendo que o cronograma de metade delas está em atraso. O casal possui um filho, Rogério, estudante, de 16 anos. Bruno e Amanda foram admitidos na mesma data (10-1-2013), e comunicados por escrito, em 1º de março de 2014, que terão as férias do período 2013/2014 concedidas nos meses de maio (para Bruno) e junho (para Amanda). Cientificados, ambos procuram, no mesmo dia, o setor de Recursos Humanos da empresa alegando que, pela Lei, têm direito ao aproveitamento das férias em conjunto e que desejam transformar 1/3 das férias em dinheiro. O gerente do setor diz que, se saírem juntos, as obras ficarão prejudicadas. Diante do caso apresentado, responda aos itens a seguir.

A) Analise se, no caso concreto, é direito de Bruno e Amanda aproveitar as férias em conjunto, uma vez que têm filho estudante menor de 18 anos. Justifique. (Valor: 0,65)

B) Analise, no caso apresentado, se haveria um direito potestativo do casal em impor ao empregador a transformação de 1/3 das férias em dinheiro. Justifique. (Valor: 0,60)

GABARITO:

A) Não há esse direito, pois a obrigatoriedade de coincidência das férias no trabalho com as férias escolares aplica-se apenas ao menor de 18 anos que seja estudante e empregado da empresa, na forma do art. 136, § 2º, da CLT ou Não há direito potestativo porque o aproveitamento das férias em conjunto traria transtorno ao serviço, na forma do art. 136, § 1º, da CLT.

B) Não há como impor a conversão das férias em pecúnia porque o requerimento não foi feito no prazo previsto em lei – 15 dias antes do término do período aquisitivo, conforme o art. 143, § 1º, da CLT.

I.11. Suspensão e interrupção do contrato

34. **(IX Exame de Ordem)** Numa determinada escola uma professora irá casar-se no dia 10 e uma auxiliar de Secretaria, no dia 15 do mesmo mês. A direção comunicou que concederá nove dias de licença para a professora e três dias de licença para a auxiliar de Secretaria. Ciente disso, a auxiliar foi à direção reclamar contra o tratamento discriminatório, alegando violação ao princípio da isonomia. Diante disso, responda justificadamente.

A) Analise se a direção do colégio agiu corretamente na concessão de prazos diferenciados de licença. (Valor: 0,65)

B) Qual é o efeito jurídico da licença gala no contrato de trabalho e como ficará a questão do salário neste período? (Valor: 0,60)

GABARITO:

A) A direção agiu corretamente, pois o prazo de licença dos professores é especial, de nove dias, sobrepondo-se a quantidade normal que é de três dias, na forma do art. 320, § 3º, da CLT.

B) O efeito será a interrupção do contrato de trabalho, de modo que os salários serão pagos pelo empregador.

35. **(XI Exame de Ordem)** João, empregado da empresa Beta, sentiu-se mal durante o exercício da sua atividade e procurou o departamento médico do empregador, que lhe concedeu 15 dias de afastamento do trabalho para o devido tratamento. Após o decurso do prazo, João retornou ao seu mister mas, dez dias depois, voltou a sentir o mesmo problema de saúde, tendo sido encaminhado ao INSS, onde obteve benefício de auxílio doença comum. Diante da situação, responda, justificadamente, aos itens a seguir.

A) A quem competirá o pagamento do salário em relação aos primeiros 15 dias de afastamento? (Valor: 0,65)

B) Caso o INSS concedesse de plano a João, dada a gravidade da situação, a aposentadoria por invalidez comum, que efeito jurídico o benefício previdenciário teria sobre o contrato de trabalho? (Valor: 0,60)

GABARITO:

A) Durante os primeiros 15 dias de afastamento por motivo de doença competirá à empregadora o pagamento do salário, na forma do art. 60, § 3º, da Lei n. 8.213/91 ou art. 476 da CLT ou Decreto n. 3.048/99, art. 75.

B) O contrato ficará suspenso até que haja a recuperação, na forma do art. 475 da CLT.

36. (XVIII Exame de Ordem) Robson foi contratado para trabalhar na sociedade empresária BCD Ltda. em janeiro de 2005, cumprindo jornada de segunda-feira a sábado, das 7:00h às 18:00h, com pausa alimentar de 30 minutos. Em julho de 2007, Robson foi aposentado por invalidez; em dezembro de 2014, ele ajuizou reclamação trabalhista postulando o pagamento de horas extras de 2005 a 2007. Em defesa, a ré arguiu prescrição parcial, enquanto o autor, que teve vista da defesa, alegou que a prescrição estaria suspensa em razão da concessão do benefício previdenciário. Considerando a situação retratada, e de acordo com a Lei e a jurisprudência consolidada do TST, responda aos itens a seguir.

A) Qual das teses prevalecerá em relação à questão da prescrição? Justifique. (Valor: 0,65)

B) Indique a consequência jurídica da aposentadoria por invalidez no contrato de trabalho do autor. Justifique. (Valor: 0,60)

GABARITO:

A) A tese da empresa deve prevalecer, pois a suspensão do contrato de trabalho não importa em suspensão do prazo prescricional, na forma da OJ n. 375 do TST.

B) A aposentadoria por invalidez é causa de suspensão do contrato de trabalho, na forma do art. 475 da CLT.

I.12. Acidente de trabalho e FGTS

37. (Exame de Ordem) Um determinado empregado sofreu um acidente fora do local de trabalho, recebeu auxílio doença comum (B-31), e permaneceu afastado da empresa por 6 meses. Três meses após o seu retorno, o empregado foi dispensado e, em razão disso, ajuizou reclamação trabalhista com pedido de reintegração, afirmando que a sua garantia no emprego foi violada. De acordo com os dados apresentados e com a legislação em vigor, responda aos itens a seguir.

A) Informe que tese você, contratado como advogado da empresa, sustentaria contrariamente ao pedido de reintegração.

B) Caso o empregado tivesse alguma deficiência por conta do acidente sofrido, analise se ele poderia usar o FGTS para compra de uma prótese que permitisse maior acessibilidade.

GABARITO:

A) Como advogado da empresa, sustentaria que não houve acidente de trabalho, de modo que não há a garantia acidentária prevista no art. 118 da Lei n. 8.213/91, posto que o benefício recebido foi o de auxílio doença comum.

B) Acerca do levantamento do FGTS, seria possível o saque, vez que há previsão legal expressa, conforme art. 20, inciso XVIII, da Lei n. 8.036/90.

38. **(XIV Exame de Ordem)** Carlos Sá Pereira é empregado da empresa Vinhos Especiais Ltda., exercendo a função de degustador. Para tanto, deve provar pequena quantidade de vinho de cada lote, o que gera, ao final de cada semana, a ingestão de 6 litros de vinho. Em razão disso, tornou-se dependente de álcool e passou a beber mesmo fora do serviço, o que levou ao seu afastamento do emprego e seu encaminhamento ao INSS. Foi constatado pela perícia que havia o nexo técnico epidemiológico, e o benefício correspondente foi deferido pelo INSS. Diante do caso, responda aos itens a seguir.

A) Analise se a empresa, durante o período de afastamento de Carlos Sá Pereira pelo INSS, deverá recolher o FGTS. Justifique. (Valor: 0,65)

B) O período de afastamento de Carlos Sá Pereira será considerado na contagem do seu tempo de serviço? Justifique. (Valor: 0,60)

GABARITO:

A) Sim, pois o evento equipara-se a acidente do trabalho, sendo então obrigatório o recolhimento do FGTS, na forma do art. 15, § 5º, da Lei n. 8.036/90 ou art. 28, III, do Decreto n. 99.684/90.

B) Sim, o período será computado como tempo de serviço, na forma do art. 4º, parágrafo único, da CLT.

I.13. Estabilidade provisória

39. **(II Exame de Ordem)** Um membro do conselho fiscal de sindicato representante de determinada categoria profissional ajuizou reclamação trabalhista com pedido de antecipação dos efeitos da tutela, postulando a sua reintegração no emprego, em razão de ter sido imotivadamente dispensado. O reclamante fundamentou sua pretensão na estabilidade provisória assegurada ao dirigente sindical, prevista nos arts. 543, § 3º, da CLT e 8º, inciso VIII, da Constituição da República de 1988, desde o registro de sua candidatura até um ano após o término de seu mandato. O juiz concedeu, em sede liminar, a tutela antecipada requerida pelo autor, determinando a sua imediata reintegração, fundamentando sua decisão no fato de que os membros do conselho fiscal, assim como os integrantes da diretoria, exercem a administração do sindicato, nos termos do art. 522, *caput*, da CLT, sendo eleitos pela assembleia geral. Com base em fundamentos jurídicos determinantes da situação problema acima alinhada, responda às indagações a seguir.

A) O juiz agiu com acerto ao determinar a reintegração imediata do reclamante?

B) Que medida judicial seria adotada pelo reclamado contra esta decisão antecipatória?

GABARITO:

No caso, trata-se de conselheiro fiscal, cuja discussão se pauta no exercício ou não da direção e representação do sindicato. Com fundamento no art. 522, § 2º, da CLT, as atividades do conselheiro fiscal limitam-se à fiscalização da gestão financeira do sindicato, não atuando na representação ou defesa da categoria. Exatamente interpretando tal dispositivo, o entendimento consubstanciado na OJ n. 365 da SBDI I, do TST, é no sentido de não reconhecer direito à estabilidade ao conselheiro fiscal. No que tange à segunda indagação, quanto à decisão que antecipou os efeitos da tutela de mérito, trata-se de incidente interlocutório e que, nos termos do art. 893, § 1º, da CLT e da Súmula 214 do TST, é irrecorrível de imediato, pelo que não é atacável por via de recurso ordinário, muito menos por agravo de instrumento, que se limita ao destrancamento de recurso. Assim, por se tratar de decisão interlocutória, sem recurso específico, a resposta correta é o mandado de segurança, nos termos da Sumula n. 414, II, do Colendo TST, unificadora da jurisprudência trabalhista, não sendo considerada a resposta sem fundamentação. A OJ n. 63, da SBDI-II, do TST, não serve de fundamento, por se referir à ação cautelar. Ressalta-se que a respectiva resposta não se encontra única e exclusivamente com espeque em súmula e jurisprudência dos tribunais superiores, mas tão somente em interpretação dos dispositivos citados no corpo da chave de resposta.

40. **(XIV Exame de Ordem)** Joana é servidora pública municipal do Município de Tribobó do Oeste, o qual não possui regime jurídico próprio. Foi contratada na condição de celetista, tendo prestado concurso público em 2004. Em 2014, imotivadamente foi dispensada. Já Paula é empregada da empresa Banco Futuro S/A, que a contratou após processo seletivo composto por prova de conhecimento na área de atuação e teste psicotécnico, tudo ocorrido também no ano de 2004, e dispensada imotivadamente na mesma época que Joana. Diante disso, responda:

A) Joana faz jus a algum tipo de estabilidade? Fundamente. (Valor: 0,65)

B) Paula faz jus a algum tipo de estabilidade? Fundamente. (Valor: 0,60)

GABARITO:

A) Joana é detentora da estabilidade prevista no art. 41 da CF, nos termos da Súmula 390, I, do TST, pois é funcionária pública municipal da administração direta.

B) Paula não faz jus à estabilidade, já que é empregada celetista comum, podendo ser dispensada imotivadamente dado o poder diretivo do empregador e ato discricionário deste.

41. **(XXIX Exame de Ordem)** Gleicimar e Rosane trabalham em uma indústria farmacêutica, sendo Gleicimar contratada como estagiária e Rosane, como aprendiz. Ambas assinaram contrato de 1 ano, tendo sido observadas todas as exigências legais. No 10º mês do contrato, ambas informaram aos respectivos superiores imediatos que engravidaram. Gleicimar e Rosane, ao serem desligadas ao final do contrato, foram orientadas por parentes e amigos que teriam estabilidade e, por isso, deveriam tomar alguma providência. Em razão disso, Gleicimar ajuizou reclamação trabalhista, na qual postulou a reintegração em virtude da gravidez, e teve a tutela de urgência deferida. Diante do caso narrado, das disposições legais e do entendimento consolidado do TST, responda às indagações a seguir.

A) Que tese jurídica você defenderia, como advogado(a) da sociedade empresária, em relação à estabilidade pleiteada por Gleicimar?

B) Que medida judicial você, como advogado(a) da sociedade empresária, adotaria para tentar reverter a tutela de urgência deferida em favor de Gleicimar?

GABARITO:

A) Gleicimar não tem garantia no emprego porque é estagiária; portanto, ela não tem vínculo empregatício, na forma do Art. 3º da Lei nº 11.788/08 OU do Art. 10, inciso II, alínea *b*, ADCT OU da Súmula 244, inciso III, do TST. Ela não faz jus à estabilidade, pois essa pressupõe que a pessoa seja empregada.

B) Impetrar mandado de segurança, pois se trata de decisão interlocutória contra a qual não cabe recurso imediato, na forma da Súmula 414, inciso II, do TST.

42. **(XXXI Exame de Ordem)** Érica é empregada da sociedade empresária Laticínios Leite Bom Ltda., na qual exerce a função de auxiliar de estoque e recebe a importância correspondente a 1,5 salário-mínimo por mês. Desejando tornar-se microempreendedora individual para realizar venda de bolos e tortas por conta própria, Érica pediu demissão e começou a fazer cursos de confeitaria. Ocorre que, 30 dias após, Érica descobriu que estava grávida e, pelo laudo de ultrassonografia, verificou que já estava grávida antes mesmo de seu desligamento. Então, Érica ajuizou, de imediato, reclamação trabalhista pleiteando sua reintegração ao emprego, em razão da estabilidade, inclusive com pedido de tutela provisória. Considerando a situação de fato e o que dispõe a CLT, responda às indagações a seguir.

A) Caso você fosse contratado pela sociedade empresária, que tese jurídica apresentaria na defesa contra o pedido de reintegração? (Valor: 0,65)

B) Caso Érica viesse a ser vencedora na causa e abandonasse o processo na fase de execução por 25 meses, mesmo tendo sido intimada pelo juízo a manifestar-se nos autos, que tese você, como advogado(a) da sociedade empresária, apresentaria em favor do seu cliente? (Valor: 0,60)

GABARITO:

A) A tese a ser apresentada é a de que não houve dispensa sem justa causa, que é o ato do empregador vedado no caso da gravidez, mas, sim, pedido de demissão, que não encontra óbice nos Arts. 391-A, da CLT e 10, inciso II, alínea *b*, do ADCT.

B) Na defesa dos interesses da empresa deverá ser suscitada a prescrição intercorrente, pois o processo ficou paralisado por mais de 2 anos, na forma do Art. 11-A da CLT e da Súmula 327 do STF.

I.14. Término do vínculo de emprego

43. **(III Exame de Ordem)** Marcos José, administrador, foi contratado pela empresa Mão de Obra em 5-3-2001. Em 12-12-2003, foi dispensado por justa causa, sob a alegação de ter praticado ato de improbidade. Naquela ocasião, Marcos foi acusado pelo seu empregador de ter furtado um notebook da empresa, pois o levou para casa no dia 10-3-2003 e, apesar de sucessivos pedidos de devolução, até aquele momento não o havia feito. Ocorre que, além de dispensar o empregado por justa causa, no mesmo dia o empregador foi à delegacia e efetuou um boletim de ocorrência. Três meses depois, em 12-3-2004, foi aberto inquérito policial, cujo resultado foi encaminhado ao Ministério Público estadual. Em 15-5-2004, o promotor de justiça apresentou denúncia em face de Marcos, requerendo a sua condenação. O processo criminal se desenvolveu ao longo de quase cinco anos, tendo sido proferida a sentença judicial definitiva em 12-4-2009, absolvendo Marcos José da acusação por falta de provas. Em vista dessa decisão, Marcos resolveu ajuizar ação trabalhista em face do seu antigo empregador, o que foi feito em 14-2-2010. Na petição inicial, Marcos requereu a reversão da sua dispensa para sem justa causa, bem como o pagamento de aviso-prévio, férias proporcionais e indenização de 40% sobre o FGTS.

Com base na situação concreta, responda aos itens a seguir, empregando os argumentos jurídicos apropriados e a fundamentação legal pertinente ao caso.

A) As pretensões formuladas por Marcos estão prescritas? (Valor: 0,5)

B) O resultado do processo criminal vinculará juridicamente o resultado do processo do trabalho? (Valor: 0,5)

GABARITO:

A) Deveria mencionar os prazos prescricionais trabalhistas, previstos no art. 7º, XXIX, da CF/88 ou art. 11, I, da CLT, e observar que entre a data da dispensa e a do ajuizamento da ação passaram-se mais de seis anos; e, em seguida, acrescentar que o ajuizamento da demanda criminal não era causa de interrupção ou suspensão do decurso do prazo prescricional.

B) Deveria afirmar que não há vinculação jurídica entre o processo do trabalho e o processo criminal, uma vez que se trata de jurisdições independentes. Ademais, como o intuito era o de avaliar a ideia e não a literalidade da resposta, aceitou-se a colocação de noções semelhantes, tais como "competências distintas", "liberdade de convicção do juiz" ou "instituições independentes".

44. (XI Exame de Ordem) Numa reclamação trabalhista, o autor formulou pedido de verbas resilitórias e horas extras. Na 1ª audiência, ocorrida 40 dias após o desligamento, a empresa reconheceu que não pagou as verbas devidas pela saída, e requereu o seu adiamento, face à ausência de suas testemunhas, o que foi deferido. Na 2ª audiência, agora com a presença das testemunhas, ofereceu, no início da sessão, o pagamento das verbas resilitórias incontroversas adicionadas da multa do art. 477, § 8º, da CLT. Diante dessa situação, responda:

A) Comente se a empresa, nesta situação, fica sujeita a algum pagamento adicional em relação às verbas da ruptura. Justifique sua resposta. (Valor: 0,65)

B) Analise, na mesma situação, caso o empregador do autor fosse um Município, se haveria algum pagamento adicional. Justifique sua resposta. (Valor: 0,60)

GABARITO:

A) Não tendo quitados os direitos devidos na 1ª audiência, ficará sujeita ao pagamento de 50% das verbas resilitórias, conforme o art. 467, *caput*, da CLT.

B) Caso o empregador fosse um município, o art. 467 da CLT seria inaplicável, conforme parágrafo único do citado diploma.

45. (XIII Exame de Ordem) Aproveitando a oportunidade conferida por seu empregador, Renan aderiu ao Programa de Demissão Voluntária ofertado pela empresa e recebeu 10 salários adicionais de indenização (um salário por cada ano trabalhado), além das verbas típicas da dispensa sem justa causa. No mesmo período, Renan dispensou sua empregada doméstica. Diante da situação, responda aos itens a seguir.

A) Haverá recolhimento de FGTS sobre a indenização de 10 salários adicionais? Justifique em qualquer hipótese. (Valor: 0,65)

B) Analise se, em eventual reclamação trabalhista movida pela empregada doméstica de Renan, poderia haver penhora da conta do FGTS do empregador para que os valores lá depositados sirvam para pagamento da doméstica na fase executória. Justifique. (Valor: 0,60)

GABARITO:

A) Não haverá recolhimento de FGTS haja vista a natureza indenizatória da verba (ou natureza não salarial), não se constituindo em fato gerador do FGTS, conforme o art. 15, § 6º, da Lei n. 8.036/90, repetido no art. 9º, X, da Instrução Normativa n. 99/2012 do MTE.

B) Não será possível, pois as contas do FGTS são absolutamente impenhoráveis, na forma do art. 2º, § 2º, da Lei n. 8.036/90, repetido no art. 17 Decreto n. 99.684/90.

46. **(XXIX Exame de Ordem)** Cláudio é motorista de ônibus da Viação Ponto a Ponto Ltda. desde 20-03-2018. Nos últimos 3 meses, Cláudio, descumprindo deliberadamente cláusula específica do seu contrato de trabalho, passou a dirigir em alta velocidade, bem como a não respeitar sinais vermelhos, o que acarretou numerosas multas por infrações de trânsito. Cláudio foi notificado pela autoridade competente de que perdera a habilitação para dirigir veículos.

A empresa consultou você, como advogado(a), sobre a medida que deveria adotar em relação ao contrato de Cláudio, considerando que não tem interesse em mantê-lo como empregado.

A) Qual a orientação jurídica que você daria? Fundamente.

B) Na hipótese de Cláudio ser dirigente sindical, que medida jurídica processual você deverá adotar para implementar a dispensa do empregado?

GABARITO:

A) Deverá ser recomendada a dispensa por justa causa, na forma do Art. 482, letra *m*, da CLT.

B) Ajuizar inquérito judicial para apuração de falta grave, na forma do Art. 494, OU do Art. 543, § 3º, OU do Art. 853, todos da CLT.

47. **(XXVIII Exame de Ordem)** Ferdinando era estoquista em uma empresa multinacional havia 22 anos. O empregador, desejoso de reduzir seu quadro de funcionários, lançou, em outubro de 2018, um programa de demissão voluntária, com regras claras e objetivas, fixadas em acordo coletivo assinado com o sindicato de classe dos empregados. Diante do longo tempo trabalhado, a indenização adicional devida a Ferdinando era generosa. Assim, após refletir e conversar com sua família, ele aderiu ao PDV em questão, sem lançar ressalvas. Diante da situação apresentada, responda aos itens a seguir.

A) Caso Ferdinando ajuizasse ação pleiteando horas extras após aderir ao PDV e receber a indenização correspondente, que tese jurídica você, contratado pela empresa para defendê-la em juízo, advogaria na contestação?

B) Se, em vez de aderir ao PDV, o contrato fosse extinto por acordo entre empregado e empregador, Ferdinando teria direito a receber o seguro-desemprego? Justifique.

GABARITO:

A) Que a adesão ao PDV sem que exista ressalva confere quitação plena e irrevogável em relação a todos os direitos decorrentes da relação empregatícia, na forma do Art. 477-B da CLT.

B) Não haveria direito ao seguro desemprego em virtude de vedação legal, conforme previsto no Art. 484-A, § 2º, da CLT. Será ainda admitida a alegação de que essa modalidade de ruptura não está prevista como ensejadora do seguro desemprego, conforme o Art. 3º da Lei n. 7.998/90.

48. **(XXX Exame de Ordem)** Pedro e Guilherme trabalhavam de 2ª a 6ª feira como auxiliares técnicos em uma mineradora. Em determinada tarde de um final de semana, enquanto passeava em um shopping da cidade, Pedro encontrou Guilherme. Por motivo fútil, eles discutiram por um lugar na fila para comprar ingresso para uma sessão de cinema. Irritado, Pedro agrediu Guilherme, com socos e tapas, que não reagiu e teve de ser hospitalizado para cuidar das lesões sofridas. A notícia se espalhou rapidamente, de modo que na 2ª feira seguinte todos os empregados da mineradora sabiam e comentavam o ocorrido. Aliás, diziam que Pedro era reincidente neste tipo de situação, pois no passado havia agredido fisicamente outro auxiliar técnico, também colega de trabalho, num estádio de futebol, pois torciam para times diferentes. Diante da situação retratada e dos termos da CLT, responda às indagações a seguir.

A) Caso Pedro fosse dispensado por justa causa, em razão da ofensa física praticada contra Guilherme, que tese você, contratado por Pedro, advogaria em favor dele para tentar reverter a modalidade de dispensa? Justifique. (Valor: 0,65)

B) Se a empresa tivesse rompido o contrato de Pedro e este não retornasse à sede do ex-empregador na data designada para receber seus direitos, que medida judicial você, contratado como advogado(a) da empresa, adotaria? Justifique. (Valor: 0,60)

GABARITO:

A) Deve ser sustentado que a agressão contra colega de trabalho de mesmo nível somente pode caracterizar falta grave e ensejar a dispensa por justa causa se for praticada no serviço, na forma do Art. 482, alínea *j*, da CLT, o que não foi o caso.

B) O correto seria o ajuizamento de ação de consignação em pagamento para ofertar as verbas devidas, na forma do Art. 539 do CPC.

I.15. Greve

49. **(V Exame de Ordem)** Em certo estabelecimento, em função de ordem do empregador, gerentes iniciam o dia de trabalho convocando, um a um, vários empregados até uma determinada sala. Cada empregado, ao sair da referida sala, relata aos demais trabalhadores a mesma situação, isto é, os gerentes informam ao empregado que deve assinar vários recibos salariais em branco, e quem se recusar vai ser sumariamente dispensado, sem que a empresa pague verbas rescisórias e sem que seja formalizada a dispensa por ato do empregador. Após cerca de quarenta empregados passarem por tal situação e os outros 200 trabalhadores demonstrarem muito temor, pois seriam os próximos, o empregado Zé, que não exerce cargo no sindicato da categoria nem é sindicalizado, convoca os colegas para que parem de trabalhar e se retirem do estabelecimento, de forma a iniciar um protesto na rua, o que se realiza com sucesso, já que os gerentes cessam a prática acima descrita. Com base no caso exposto, responda aos itens a seguir, empregando os argumentos jurídicos apropriados e a fundamentação legal pertinente ao caso.

A) Tendo em vista a Constituição Federal e a legislação ordinária e também os princípios do Direito do Trabalho, é possível qualificar tal movimento paredista dos trabalhadores como uma greve? (Valor: 0,65)

B) Tendo em vista os princípios gerais de direito, é possível considerar legítimo o ato do empregado Zé e a adesão dos demais empregados? (Valor: 0,60)

GABARITO:

A) **Opção A:** Em que pese a suspensão coletiva para efeito de protesto sobre os ilegais e abusivos procedimentos adotados pelo empregador, o movimento de paralisação não pode ser considerado como greve, cujo exercício está condicionado à decisão pela categoria em assembleia geral destinada à definição das reivindicações e deliberação sobre a paralisação coletiva da prestação de serviços (art. 4º da Lei n. 7.783/89), necessitando-se, para evitar-se abusividade, notificação, com 48 horas de antecedência, da paralisação (art. 3º, parágrafo único), além da observância dos demais requisitos previstos em lei (§§ 1º e 2º do art. 4º).

Opção B: Em que pese a inobservância dos requisitos formais previstos no art. 4º da Lei n. 7.783/89, trata-se de greve, reivindicatória da cessação da abusividade patronal descrita na questão, caracterizada pela suspensão coletiva, temporária e pacífica, da prestação pessoal de serviços e fundada no art. 9º da CF e no princípio da dignidade da pessoa humana (art. 170, da CF).

B) Sob o ângulo do direito de autodefesa ou resistência contra os abusos do poder diretivo, o ato do empregado e de seus colegas é legítimo e tem fundamento nos princípios da proteção e dignidade da pessoa humana, além dos princípios da boa-fé, razoabilidade e proporcionalidade.

I.16. Prescrição

50. (XV Exame de Ordem) Raquel Infante nasceu em 5 de maio de 1995 e foi admitida na empresa Asa Branca Refinaria S/A em 13 de maio de 2011, lá permanecendo por 4 meses, sendo dispensada em 13 de setembro de 2011. Em razão de direitos a que entende fazer jus e que não foram pagos, Raquel ajuizou reclamação trabalhista em 20 de dezembro de 2013. Em contestação, a empresa suscitou prescrição total (extintiva), pois a ação teria sido ajuizada mais de 2 anos após o rompimento do contrato. A respeito do caso apresentado, responda, fundamentadamente, aos itens a seguir.

A) Analise se ocorreu prescrição total (extintiva) na hipótese, justificando. (Valor: 0,65)

B) Analise se Raquel poderia ser designada para trabalhar em jornada noturna, justificando. (Valor: 0,60)

GABARITO:

A) Não ocorreu prescrição total, porque isso só teve início quando a empregada completou 18 anos (art. 440 da CLT), ou seja, a partir de 5 de maio de 2013. Assim, a ação poderia ser apresentada com garantia de análise até 5 de maio de 2015.

B) Não poderia, pois a lei veda o trabalho noturno para menores de 18 anos, segundo o art. 7º, XXXIII, da CF/88, ou o art. 404 da CLT, ou, ainda, o art. 67, I, do ECA.

I.17. Direito coletivo do trabalho

51. (XV Exame de Ordem) O sindicato dos empregados nas usinas de açúcar de Linhares (ES) entabulou convenção coletiva contemplando diversos direitos para os trabalhadores, dentre os quais a entrega de uma cesta básica mensal. Porém, logo após, iniciou-se divergência sobre a quantidade e a qualidade dos produtos que deveriam integrar a referida cesta básica, tendo o sindicato dos empregados decidido ajuizar ação na Justiça do Trabalho. Diante desse quadro, responda aos itens a seguir.

A) De acordo com a lei, é necessário, ou não, comum acordo para que seja instaurado dissídio coletivo de natureza jurídica? (Valor: 0,85)

B) De acordo com a lei, qual é o prazo máximo de vigência de uma sentença normativa? Apresente fundamento legal que justifique sua resposta. (Valor: 0,40)

GABARITO:

A) É desnecessário o comum acordo, pois a CF/88 o exige apenas nos dissídios coletivos de natureza econômica, conforme o art. 114, § 2º.

B) O prazo máximo é de quatro anos, conforme o art. 868, parágrafo único, da CLT.

52. **(XXVII Exame de Ordem)** Em determinada reclamação trabalhista, o autor, um ex-empregado, questionou o desconto mensal, a título de contribuição social, previsto na convenção coletiva de sua categoria, que vigorou no ano de 2018 e que foi juntada com a petição inicial. O reclamante manifestou seu entendimento de que essa cláusula normativa é abusiva e ilegal, devendo ser anulada e, consequentemente, devolvido o valor que lhe foi descontado. Ele requereu, no rol de pedidos, a nulidade da cláusula em comento e a devolução da subtração efetivada sob a rubrica "contribuição social". Diante da situação retratada e dos ditames da CLT, responda aos itens a seguir.

A) Qual o prazo máximo de vigência de uma convenção coletiva de trabalho?

B) Se a ação em questão fosse proposta exclusivamente contra a empresa, que tese processual você, contratado(a) pela empresa, deveria apresentar? Justifique.

GABARITO:

A) Uma convenção coletiva de trabalho tem vigência máxima de dois anos, conforme o Art. 614, § 3º, da CLT.

B) A tese a ser apresentada é a de que a participação dos sindicatos de classe na demanda se faz obrigatória, como litisconsortes necessários, na forma do Art. 611-A, § 5º, da CLT.

II. DIREITO PROCESSUAL DO TRABALHO

II.1. Competência

II.1.1. Ação possessória. Greve

53. **(III. Exame de Ordem)** O Banco Ômega S.A. ajuizou ação de interdito proibitório em face do Sindicato dos Bancários de determinado Município, nos termos do art. 932 do CPC, postulando a expedição de mandado proibitório, para obrigar o réu a suspender ou a não mais praticar, durante a realização de movimento paredista, atos destinados a molestar a posse mansa e pacífica do autor sobre os imóveis de sua propriedade, com a retirada de pessoas, veículos, cavaletes, correntes, cadeados, faixas e objetos que impeçam a entrada de qualquer empregado ao local de trabalho, abstendo-se, também, de realizar piquetes com utilização de aparelhos de som, sob pena de aplicação de multa diária no valor de R$ 10.000,00 (dez mil reais), por agência. Em contestação, o sindicato-réu sustentou que a realização de piquetes decorre do legítimo exercício do direito de greve assegurado pelo art. 9º da Constituição da República e que o fechamento das agências bancárias visa garantir a adesão de todos os empregados ao movimento grevista.

Com base na situação hipotética, responda aos itens a seguir, empregando os argumentos jurídicos apropriados e a fundamentação legal pertinente ao caso.

A) Qual será a Justiça competente para julgar essa ação de interdito proibitório?

B) Durante a greve, é lícita a realização de piquetes pelo sindicato com utilização de carros de som?

C) Procede a pretensão veiculada na ação no sentido de que o réu se abstenha de impedir o acesso dos empregados às agências bancárias?

GABARITO:

A) O interdito proibitório, que consiste em modalidade de ação possessória, foi ajuizado em razão do movimento grevista deflagrado por categoria profissional do setor privado. Assim, com fundamento no art. 114, I, da CF/88 e na Súmula Vinculante 23 do STF, a competência para julgar tal demanda é da Justiça do Trabalho.

B) A realização de piquetes com utilização de carros de som é permitida pela ordem jurídica, como meio pacífico tendente a persuadir ou aliciar os trabalhadores para aderirem ao movimento, de modo que o examinando deve responder afirmativamente, alegando que o art. 6º, I, da Lei n. 7.783/89 assegura aos grevistas o emprego de meios pacíficos tendentes a persuadir ou aliciar os trabalhadores a aderirem à greve.

C) Procede a pretensão, fundamentando no sentido de que as manifestações e atos de persuasão utilizados pelos grevistas não podem impedir o acesso ao trabalho nem causar ameaça ou dano à propriedade ou à pessoa, nos termos do art. 6º, § 3º, da Lei n. 7.783/89.

II.1.2. Competência. Decisão interlocutória. Recurso ordinário

54. (XVIII Exame de Ordem) Plínio foi empregado da sociedade empresária Marca Alimentos S/A. Ele prestou serviços nos estados do Rio de Janeiro, São Paulo e Minas Gerais, residindo hoje neste último. Ao ser dispensado, ajuizou reclamação trabalhista em face da sociedade empresária, a qual foi distribuída a 99ª Vara do Trabalho de Belo Horizonte/MG. Na audiência, a sociedade empresária apresentou exceção de incompetência, alegando que a ação deveria ter sido ajuizada em São Paulo, local da contratação e sede da ré.

Diante disso, responda aos itens a seguir.

A) Observadas as regras de competência territorial, onde Plínio deveria ajuizar a ação?

B) No caso de acolhida a exceção pelo juiz, como advogado de Plínio, que medida você adotaria?

GABARITO:

A) No caso, Plínio poderá ajuizar a ação em qualquer dos três estados da federação, nos termos do art. 651, *caput*, da CLT.

B) Como advogado de Plínio, interporia recurso ordinário, pois o processo será remetido para TRT diverso, conforme a Súmula 214, c, do TST.

55. **(XXV Exame de Ordem – Reaplicação de Porto Alegre)** Um auditor fiscal do trabalho verificou que uma empresa de grande porte não cumpria os percentuais mínimos de empregados com deficiência e de aprendizes, razão pela qual aplicou-lhe penalidade administrativa. A empresa não se conformou com a aplicação da multa, afirmando que buscou pessoas com deficiência para que viessem integrar o seu quadro de empregados, mas não encontrou pessoas minimamente qualificadas para tal fim; em relação aos aprendizes, sustentou que possui poucas funções que demandem formação profissional. De acordo com as regras constitucionais e legais vigentes, como advogado(a) da empresa, responda aos itens a seguir.

A) Para tentar anular o auto de infração lavrado, em qual justiça proporia a ação? Justifique. (Valor: 0,65)

B) Caso a empresa contratasse um aprendiz com deficiência, seria possível computar este aprendiz na cota de deficientes? Justifique. (Valor: 0,60)

GABARITO:

A) Na Justiça do Trabalho, porque a multa foi aplicada por órgão da fiscalização da relação de trabalho, conforme o Art. 114, VII, da CRFB/88.

B) Não seria possível o cômputo, pois a Lei veda tal prática, conforme o Art. 93, § 3º, da Lei n. 8.213/91.

II.2. Reclamação trabalhista

II.2.1. Reclamação plúrima. Horas extras

56. **(XX. Exame de Ordem)** Rafael trabalha há 5 anos na empresa Come Come Gêneros Alimentícios S/A no Município de Niterói/RJ, como auxiliar administrativo. Entretanto, sem qualquer razão aparente, seu empregador decidiu transferi-lo para Taubaté/SP, onde se localiza uma das filiais da empresa. Apesar das ponderações de Rafael ao empregador, esse se manteve irredutível. Diante disso responda aos itens a seguir.

A) Analise se é possível a transferência de Rafael sob o aspecto da legalidade. Fundamente.

B) Considerando o risco iminente da transferência, na qualidade de advogado de Rafael, qual a medida a ser adotada por você? Fundamente.

GABARITO:

A) No caso em tela, com fundamento no art. 469 da CLT, afirma-se que a transferência é ilícita, pois não houve concordância do empregado, não foi demonstrada real necessidade de serviço, nem extinção de estabelecimento.

B) Como advogado, ajuizaria uma reclamação trabalhista com pedido de tutela de urgência (antecipada, ou pedido liminar), a fim de suspender a transferência até a decisão do processo, conforme autoriza o art. 659, inciso IX, da CLT.

57. **(XIX. Exame de Ordem)** Gustavo é gerente geral de uma agência bancária e Paula é chefe de tesouraria na mesma agência. Gustavo chefia todos os gerentes da agência e Paula comanda uma equipe de oito pessoas que lhe dá apoio nas atividades diárias. Ambos recebem gratificação de função correspondente a 100% do salário auferido, cumprem jornada de 2ª a 6ª feira das 9h00min às 20h00min e, genuinamente, exercem funções de relevância na agência bancária. Ao serem dispensados, ambos ajuízam reclamação plúrima, postulando o pagamento de horas extras. Em defesa, o banco se insurge em preliminar contra o litisconsórcio ativo e, no mérito, nega o direito às horas extras. Na instrução, os autores conduzem três testemunhas que comprovam a jornada dita na inicial, e o banco não conduz testemunhas nem junta controle de ponto. Diante da situação retratada, considerando a CLT e o entendimento consolidado do TST, responda aos itens a seguir.

A) Analise os requisitos para a reclamação plúrima e se ela poderia acontecer no caso apresentado.

B) Analise se Gustavo, diante do panorama processual, pode receber horas extras, justificando em qualquer hipótese.

GABARITO:

A) Os requisitos para a reclamação plúrima estão previstos no art. 842 da CLT, quais sejam: mesmo empregador e identidade de matérias. Estando presentes os requisitos no caso apresentado, o litisconsórcio é viável.

B) Gustavo não tem direito às horas extras por ser gerente geral e, assim, estar enquadrado na hipótese do art. 62, II, da CLT, conforme a Súmula 287 do TST.

II.2.2. Reclamação trabalhista. Perempção

58. (V Exame de Ordem) Reginaldo ingressou com ação contra seu ex-empregador, e, por não comparecer, o feito foi arquivado. Trinta dias após, ajuizou nova ação com os mesmos pedidos, mas dela desistiu porque não mais nutria confiança em seu advogado, o que foi homologado pelo magistrado. Contratou um novo profissional e, 60 dias depois, demandou novamente, mas, por não ter cumprido exigência determinada pelo juiz para emendar a petição inicial, o feito foi extinto sem resolução do mérito.

Com base no relatado, responda aos itens a seguir, empregando os argumentos jurídicos apropriados e a fundamentação legal pertinente ao caso.

A) Para propor uma nova ação, Reginaldo deverá aguardar algum período? Em caso afirmativo, qual seria?

B) Quais são as hipóteses que ensejam a perempção no Processo do Trabalho?

GABARITO:

A) Reginaldo não deve aguardar nenhum prazo, uma vez que não houve dois arquivamentos seguidos, conforme os arts. 732 e 844, ambos da CLT.

B) As hipóteses que ensejam a perempção no processo do trabalho estão previstas nos arts. 731 e 732 da CLT, isto é, quando o reclamante, após apresentar reclamação verbal, não comparece em cinco dias na secretaria da Vara para reduzir a termo sua reclamação, salvo se houver motivo justificado ou, ainda, quando o reclamante der causa a dois arquivamentos seguidos por ausência em audiência inicial ou una, nos moldes do art. 844 da CLT.

II.2.3. Reclamação trabalhista. Pedido. Insalubridade. Tutela Provisória

59. (XIII Exame de Ordem) Jocimar é auxiliar de laboratório, ganha R$ 2.300,00 mensais e ajuizou reclamação trabalhista contra a empresa Recuperação Fármacos Ltda., sua empregadora, requerendo o pagamento dos adicionais de insalubridade e periculosidade. Designada perícia pelo juiz, foi constatado pelo expert que no local de trabalho o frio era excessivo, sem a entrega de equipamento de proteção individual adequado, além de perigoso, pois Jocimar trabalhava ao lado de um tanque da empresa onde havia grande quantidade de combustível armazenado. Contudo, a empresa impugnou expressamente o laudo pericial, afirmando que o perito designado era um engenheiro de segurança do Trabalho, e não um médico do trabalho, como deveria ser. Diante do caso, responda:

A) Analise, de acordo com a CLT, a possibilidade de condenação da empresa nos dois adicionais desejados, justificando.

B) Caso Jocimar postulasse o adicional de insalubridade, alegando que o ruído era excessivo, analise se seria possível o deferimento do adicional se a perícia constatou que o único elemento insalubre presente no local era o frio. Justifique.

GABARITO:

A) Impossível o deferimento de ambos os adicionais cumulativamente, na forma da CLT, art. 193, § 2º. O empregado poderá optar pelo adicional de insalubridade ou periculosidade que porventura lhe seja devido.

B) Seria possível, pois o juiz não fica adstrito ao agente agressor indicado pela parte, na forma da Súmula 293 do TST.

60. (XXVIII Exame de Ordem) Carlos, como dirigente sindical, vinha representando ativamente os empregados de uma sociedade empresária na unidade situada em Porto Alegre/RS. No entanto, para sua surpresa, recebeu um comunicado da empresa determinando sua transferência para a unidade de Porto Velho/Rondônia. No comunicado constava que a empresa pagaria apenas o transporte de ida e volta, bem como a moradia em hotel local. O trabalho em Rondônia duraria cerca de 6 meses e seriam mantidos o mesmo salário e a mesma composição remuneratória que ele recebia em Porto Alegre. A mudança deveria ocorrer em 15 dias. Carlos procura você, como advogado(a), para uma consulta. Observando o texto da CLT, responda aos itens a seguir.

A) Que medida judicial prevista expressamente na CLT deverá ser adotada a fim de, imediatamente, evitar a transferência de Carlos? Fundamente. (Valor: 0,65)

B) Caso ocorra a transferência, Carlos terá algum direito trabalhista a reivindicar? Fundamente.

GABARITO:

A) Deverá ser ajuizada ação trabalhista com pedido de liminar a fim de sustar a transferência, na forma do Art. 659, inciso IX, da CLT.

B) Deverá ser requerido adicional de transferência, sendo ainda admitida resposta de pagamento suplementar não inferior a 25%, na forma do Art. 469, § 3º, da CLT.

II.3. Audiência

II.3.1. Revelia. Confissão. Consequências jurídicas

61. (II. Exame de Ordem) Em ação trabalhista, a parte reclamante postulou a condenação da empresa reclamada no pagamento de horas extraordinárias e sua projeção nas parcelas contratuais e resilitórias especificadas na inicial. Ao pregão da Vara trabalhista respondeu o empregado-reclamante, assistido do seu advogado. Pela empresa, compareceu o advogado, munido de procuração e defesa escrita, que explicou ao juiz que o preposto do empregador-reclamado estaria retido no trânsito, conforme telefonema recebido. Na referida defesa, recebida pelo Juiz, a empresa alega que o reclamante não trabalhou no horário apontado na inicial e argui a prescrição da ação, por ter a resilição contratual ocorrido mais de dois anos depois do ajuizamento da reclamação trabalhista, o que restou confirmado após a exibição da CTPS e esclarecimentos prestados pelo reclamante.

Em face dessa situação hipotética, responda, de forma fundamentada, às indagações a seguir.

A) Que requerimento o advogado do reclamante deverá fazer diante da situação descrita? Estabeleça ainda as razões do requerimento.

B) Com base em fundamentos jurídicos pertinentes à seara trabalhista, o pedido deverá ser julgado procedente ou improcedente?

GABARITO:

A) O advogado do reclamante deve requerer a decretação da revelia, com confissão do reclamado quanto à matéria fática, haja vista que, ao contrário da Justiça Comum, na Justiça do Trabalho a revelia não decorre da falta de defesa e sim da ausência do réu ou seu representante legal, sendo que a presença do advogado, por si só, não supera a ausência do preposto, acarretando aplicação da revelia, consoante o art. 844 da CLT e a Súmula 122 do TST, mesmo o juiz estando obrigado a receber a contestação e os documentos, como determina o § 5º do art. 844, CLT.

B) Com efeito, embora a revelia importe, nos termos do art. 844 da CLT, em confissão quanto à matéria de fato, e a prescrição é matéria de direito, o contrato somente teve fim dois anos após o ajuizamento, conforme constatado em audiência, pelo que não há prescrição bienal a ser pronunciada (art. 7º, XXIX, da CF/88 ou art. 11 da CLT), importando a procedência do pedido de horas extras e integrações. No entanto, como o reclamante postulou, com contrato ainda em curso, integração das horas extras também em parcelas decorrentes de uma terminação contratual que não havia se operado à época do ajuizamento da reclamação trabalhista, essa parte do pedido não pode ser acolhida – e sequer conhecida –, de modo que neste caso deve ser julgado improcedente. Assim, o juiz deve julgar procedente em parte os pedidos, conforme o art. 128 c/c o 460 do CPC/73 (art. 141 c/c o art. 492 do CPC/2015).

62. (XXV Exame de Ordem) Rafael, um ano e meio após ser dispensado, ajuizou ação trabalhista em face do empregador, pretendendo horas extras. No dia da audiência, ele, injustificadamente, não compareceu. Um ano depois dessa data, Rafael ajuizou nova ação, com pedido de horas extras e adicional de periculosidade. A audiência foi designada para dois meses depois. Novamente, de forma injustificada, Rafael não compareceu. Quinze dias após, ele ajuizou, mais uma vez, a mesma ação. Diante disso, na qualidade de advogado(a) da ré, responda aos itens a seguir.

A) Além de apresentar defesa quanto ao mérito propriamente dito dos pedidos, o que você deverá alegar na melhor defesa de seu cliente? Justifique. (Valor: 0,60)

B) Indique o fenômeno jurídico processual ocorrido a partir do arquivamento da segunda ação e esclareça se é possível o ajuizamento da terceira ação na forma realizada. Justifique. (Valor: 0,65)

GABARITO:

A) Deverá ser arguida a prescrição do pedido de adicional de periculosidade, pois a primeira demanda interrompeu o curso do prazo prescricional apenas do pedido de horas extras, nos termos da Súmula 268 do TST, OU do Art. 11, § 3º, da CLT.

B) Não é possível, pois, em razão da perempção, deveria aguardar 6 meses, conforme o Art. 732 da CLT.

63. **(XXXI Exame de Ordem)** Roberto trabalhava em uma indústria de cigarros. Além do salário mensal, recebia cerca de 50 pacotes de cigarros variados por mês. Ao ser dispensado, Roberto ajuizou reclamação trabalhista pleiteando a integração do valor dos cigarros à sua remuneração, para todos os efeitos. No dia e na hora designados para a audiência, o reclamante estava presente e assistido; já o preposto não compareceu, e apenas o advogado da ré estava presente. É certo que a procuração, a defesa e os documentos já estavam nos autos. O advogado do autor requereu a revelia e a exclusão da contestação e dos documentos do processo. Diante do enunciado, na qualidade de advogado da ré, responda aos itens a seguir.

A) O que você deverá alegar acerca do requerimento formulado por seu ex adverso sobre a defesa e os documentos? Fundamente. (Valor: 0,65)

B) O que você deverá alegar na defesa da sua cliente quanto ao pedido de integração do valor da utilidade fornecida? Fundamente. (Valor: 0,60)

GABARITO:

A) Deverá ser alegado que a contestação e os documentos deverão ser aceitos mesmo na ausência do preposto, conforme previsão legal expressa, nos termos do Art. 844, § 5º, da CLT.

B) Deverá alegar que dada a nocividade à saúde, o cigarro não constitui salário utilidade, nos termos da Súmula 367, inciso II, do TST, e art. 458, *caput, in fine* da CLT.

II.3.2. Revelia. Preposto. Obrigatoriedade de ser empregado

64. **(XVI Exame de Ordem)** Cleonice ajuíza ação contra a sua ex-empregadora – Limpíssimo Conservação e Limpeza Microempresa – e contra a sociedade empresária tomadora dos serviços – Sardinhas Lisboeta S.A. Postula as verbas resilitórias não quitadas, desejando a responsabilidade subsidiária da segunda ré, na forma da Súmula 331 do TST. Na audiência inicial, ambas as sociedades empresárias se fazem representar por estagiários de administração e são assistidas por advogados, que portam defesa e procuração. Em razão desse fato, o advogado de Cleonice requereu a revelia de ambas as litisconsortes

Diante da situação e da jurisprudência consolidada, responda aos itens a seguir.

A) Analise se a ex-empregadora deve ter a revelia decretada.

B) Analise se a tomadora dos serviços deve ter a revelia decretada.

GABARITO:

A) Não cabe revelia da ex-empregadora, pois o preposto não mais precisa ser empregado, conforme art. 843, § 3º, da CLT, alterado pela reforma trabalhista.

B) A tomadora dos serviços também não deve ter sua revelia decretada, uma vez que não mais se exige que o preposto seja empregado, nos moldes do art. 843, § 3º, da CLT, podendo ser qualquer pessoa com conhecimento dos fatos.

65. **(XXIV Exame de Ordem)** Sebastiana foi empregada da Escola Preparando para a Vida Ltda. por três anos, findos os quais pediu demissão. Seis meses após a ruptura, Sebastiana ajuizou reclamação trabalhista postulando o pagamento de horas extras, a devolução dos descontos salariais que reputava ilegais e o pagamento de adicional noturno. Em audiência, os litigantes conciliaram e foi feito o termo respectivo, homologado pelo juiz, pelo qual a escola pagaria R$ 5.000,00 em duas parcelas, e Sebastiana conferiria quitação geral pelo extinto contrato de trabalho. Oito meses depois, Sebastiana ajuizou nova reclamação trabalhista, agora requerendo o pagamento de 13º salário e férias acrescidas de 1/3, sendo designada audiência. Diante da situação apresentada, responda às indagações a seguir.

A) Na condição de advogado(a) da escola, na defesa a ser apresentada na 2ª demanda, que preliminar você suscitaria? Justifique. (Valor: 0,65)

B) Caso a preliminar fosse acolhida, qual seria a consequência jurídica no 2º processo movido por Sebastiana? Justifique. (Valor: 0,60)

GABARITO:

A) Em defesa dos interesses da empresa, deveria ser suscitada preliminar de coisa julgada, porque o acordo feito anteriormente, no qual se conferiu quitação geral, abrange inclusive pedidos não formulados, conforme Art. 337, VII, do CPC, OJ n. 132, da SDI-2, do TST, e Art. 5º, XXXVI, CRFB/88.

B) A consequência jurídica do acolhimento da preliminar de coisa julgada é a extinção do feito sem resolução do mérito, na forma do Art. 485, V, do CPC/2015.

66. **(XXVI Exame de Ordem)** Paulo trabalhou na construtora Casa Feliz S.A. como pedreiro por três anos, findos os quais foi dispensado por justa causa sob a alegação de que estava desviando sacos de cimento da obra e vendendo esse material a terceiros. Inconformado, ajuizou reclamação trabalhista postulando horas extras e a anulação da justa causa, com o consequente pagamento das verbas como se a dispensa tivesse sido feita sem justa causa. Distribuída a demanda em 30-01-2018, foi designada audiência para o dia 10-04-2018. Na hora designada, as partes foram apregoadas e sentaram-se à mesa de audiências. O juiz indagou do preposto qual era a sua relação com a construtora, tendo ele dito que era um terceirizado da empresa que cuidava da parte de limpeza e conservação. O juiz pediu a CTPS do preposto, constatando que ela fora assinada pela Limpa Tudo Serviços Terceirizados Ltda. Com essa informação, o advogado de Paulo requereu a aplicação da revelia, porque a empresa era uma sociedade anônima e não estaria regularmente representada por um empregado. Diante da situação retratada e do comando legal vigente, responda às indagações a seguir.

A) Na qualidade de advogado(a) da construtora, que argumentação jurídica você apresentaria em relação ao requerimento do autor? Justifique. (Valor: 0,65)

B) De que modo, na legislação trabalhista, a alegação de desvio dos sacos de cimento para venda a terceiros deve ser juridicamente qualificada? Justifique. (Valor: 0,60)

GABARITO:

a) A tese a ser defendida é a de que o preposto não precisa ser empregado, independentemente do porte da empresa, conforme o Art. 843, § 3º, da CLT.

b) Deve ser qualificada como ato de improbidade, ou seja, de desonestidade, na forma do Art. 482, *a*, da CLT.

II.3.3. Reclamante. Substituição

67. (XXVI Exame de Ordem) Frederico, piloto da aviação civil, após três anos de trabalho para a Empresa de Transportes Aéreos Voa Alto S/A., foi dispensado sem receber parte das verbas rescisórias, as horas extras e a compensação orgânica. Além disso, foi dispensado dentro do último ano que antecede sua aposentadoria, o que é vedado por norma coletiva. Em razão disso, ajuizou ação em face do ex-empregador, tendo procurado e constituído você como advogado(a) para todos esses atos. No dia designado para a audiência, para a qual havia requerido antecipação, Frederico não poderá comparecer, pois estará voando para a China, onde conseguiu um novo e rentável trabalho. Com base na hipótese apresentada, responda aos itens a seguir.

A) Considerando a necessidade de realização da audiência na data designada pelo juiz e sua condição na qualidade de advogado(a) do autor, qual a medida a ser adotada para evitar o adiamento/arquivamento da audiência? (Valor: 0,60)

B) Considerando tratar-se de piloto da aviação civil, qual o instituto justrabalhista que corresponde aos períodos em que Frederico fica no aeroporto aguardando para, eventualmente, render outra tripulação? Justifique. (Valor: 0,65)

Obs.: o(a) examinando(a) deve fundamentar as respostas. A mera citação do dispositivo legal não confere pontuação.

GABARITO:

a) Nos termos do Art. 843, § 2º, da CLT, o autor poderá fazer-se representar, devidamente comprovada a impossibilidade de seu comparecimento, por outro empregado que pertença à mesma profissão, ou pelo seu sindicato, devendo formular tal requerimento.

B) Segundo o Art. 44 da Lei n. 13.475/2017, trata-se do instituto da reserva, OU prontidão, nos termos do Art. 244, § 3º, da CLT.

II.4. Respostas do réu

II.4.1. Contestação. Preliminar. Terceirização ilícita

68. (IV Exame de Ordem) João da Silva ajuizou reclamação trabalhista em face da Cooperativa Multifuncional Ltda. e do Posto de Gasolina Boa Viagem Ltda. Na petição inicial, afirmou que foi obrigado a se filiar à cooperativa para prestar serviços como frentista no segundo reclamado, de forma pessoal e subordinada. Alegou, ainda, que jamais compareceu à sede da primeira ré, nem foi convocado para qualquer assembleia. Por fim, aduziu que foi dispensado sem justa causa, quando do término do contrato de prestação de serviços celebrado entre os reclamados. Postulou a declaração do vínculo de emprego com a sociedade cooperativa e a sua condenação no pagamento de verbas decorrentes da execução e da ruptura do pacto laboral, além do reconhecimento da responsabilidade subsidiária do segundo réu, na condição de tomador dos serviços prestados, nos termos da Súmula 331, item IV, do TST. Na contestação, a primeira ré suscitou preliminar de impossibilidade jurídica do pedido, uma vez que o art. 442, parágrafo único, da CLT prevê a inexistência do vínculo de emprego entre a cooperativa e seus associados. No mérito, sustentou a validade da relação cooperativista entre as partes, refutando a configuração dos requisitos inerentes à relação empregatícia. O segundo reclamado, na peça de defesa, afirmou que o reclamante lhe prestou serviços na condição de cooperado e que não pode ser condenado no pagamento de verbas trabalhistas se não foi empregador. Na instrução processual, restou demonstrada pela prova testemunhal produzida nos autos a intermediação ilícita de mão de obra, funcionando a cooperativa como mera fornecedora de trabalhadores ao posto de gasolina.

Com base na situação hipotética, responda aos itens a seguir, empregando os argumentos jurídicos apropriados e a fundamentação legal pertinente ao caso.

A) É cabível a preliminar de impossibilidade jurídica do pedido?

B) Cabe o pedido de declaração de vínculo de emprego com a primeira ré e o de condenação subsidiária do segundo reclamado?

GABARITO:

A) No caso em tela não é cabível a preliminar suscitada, uma vez que a vedação prevista no parágrafo único do art. 442 não se aplica em caso de cooperativismo fraudulento, devendo incidir o art. 9º da CLT, haja vista que há nulidade de pleno direito.

B) Não cabe vínculo de empregado com a primeira ré, pois o vínculo deve ser pleiteado com o posto (segunda reclamada), conforme a Súmula 331, I, do TST e o art. 9º da CLT, vez que houve terceirização de atividade-fim. Ademais, não cabe responsabilidade subsidiária do posto, mas sim direta, na medida em que é o real empregador.

69. **(XXV Exame de Ordem – Reaplicação de Porto Alegre)** Em reclamação trabalhista, o ex-empregado de uma grande empresa com 25 mil empregados postula equiparação salarial com base no Art. 461 da CLT, indicando como paradigma o empregado João, sendo que, na unidade em que o reclamante trabalhou, havia 12 pessoas cujo prenome era João. Em audiência, o ex-empregado conduz como testemunha a Srta. Camila, que havia sido indicada desde a petição inicial, e que a empresa, em pesquisa junto às redes sociais, verificou ser pessoa que mantinha estreito contato com o autor, já que em postagens estavam frequentem ente juntos, em clima de confraternização. De acordo com a legislação em vigor, responda aos itens a seguir.

A) Como advogado da empresa, informe que preliminar suscitaria na defesa. Justifique. (Valor: 0,65)

B) Ainda na condição de advogado da empresa, indique a sustentação que deveria ser apresentada em relação à pessoa indicada como testemunha. Justifique. (Valor: 0,60)

GABARITO:

A) Deveria ser suscitada preliminar de inépcia, na forma do Art. 330, § 1º, do CPC, pois a falta de indicação do nome completo prejudica a ampla defesa.

B) Seria necessário contraditar a testemunha em razão de amizade, conforme o Art. 829 da CLT OU o Art. 457, § 1º, do CPC OU o Art. 444, § 3º, I, do CPC.

70. **(XXV Exame de Ordem – Reaplicação em Porto Alegre)** Na CIPA existente em uma sociedade empresária, o empregado João da Silva foi indicado pelo empregador, e o empregado Antônio Mota, eleito pelos empregados da empresa. Ambos tomaram posse e logo em seguida foram dispensados pelo empregador. Em razão disso, ajuizaram reclamação trabalhista plúrima com pedido comum de reintegração. Diante do caso apresentado, como advogado(a) da sociedade empresária, de acordo com a Lei e o entendimento consolidado do TST, responda aos itens a seguir.

A) Que tese poderia ser articulada em relação à situação retratada para a defesa do seu constituinte?(Valor: 0,65)

B) Analise a viabilidade do litisconsórcio ativo entre João da Silva e Antônio Mota, declinando os requisitos legais para que isso aconteça na Justiça do Trabalho. (Valor: 0,60)

GABARITO:

A) A tese a ser advogada em relação ao empregado João da Silva é que ele não é portador de garantia no emprego porque não foi eleito pelos empregados, mas sim indicado pelo empregador. Somente os membros eleitos possuem garantia, na forma do ADCT, Art. 10, II, a, OU do Art. 165 da CLT.

B) Seria possível a reclamação plúrima (litisconsórcio ativo) porque há identidade de matéria e se trata do mesmo empregador/ sociedade empresária, cumprindo assim as exigências do Art. 842 da CLT.

II.4.2. Contestação. Compensação

71. **(VII Exame de Ordem)** Cristiano é empregador de Denílson, de quem é amigo pessoal, motivo pelo qual aceitou ser fiador no contrato de locação residencial desse empregado. Ocorre que Denílson, durante quatro meses, não pagou aluguel e encargos, tendo Cristiano sido executado pela quantia de R$ 3.000,00 na condição de fiador. Para vingar-se, Cristiano dispensou Denílson. Este, a seu turno, ingressou com reclamação trabalhista contra a empresa de Cristiano, valendo-se do procedimento sumaríssimo, no qual almeja a quantia total de R$ 12.000,00. Em defesa, a empresa sustenta que nada é devido, mas, se houver vitória total ou parcial do trabalhador, pretende a compensação dos R$ 3.000,00 que Cristiano foi obrigado a pagar pelos aluguéis atrasados que o ex-empregado devia ao seu locador.

Com base no relatado, responda aos itens a seguir, utilizando os argumentos jurídicos apropriados e a fundamentação legal pertinente ao caso.

A) A fase processual para alegar o instituto da compensação, como pretendido pela ré, foi adequada?

B) A tese de defesa poderá ser acolhida?

C) Qual é a diferença entre compensação e dedução?

GABARITO:

A) Sim, a fase processual é adequada, vez que a compensação deve ser arguida na contestação, conforme o art. 767 da CLT e a Súmula 48 do TST.

B) Não poderá ser acolhida a tese da defesa, pois não se trata de dívida trabalhista, sendo esta natureza necessária para que a compensação seja admitida, nos termos da Súmula 18 do TST.

C) Na compensação, temos duas pessoas que ao mesmo tempo são credor e devedor uma da outra, as obrigações se extinguem até o limite que podem ser compensadas, sendo necessário que as dívidas sejam líquidas, vencidas e fungíveis e não fica vinculada aos pedidos do reclamante, sendo vedado ao juiz conceder de ofício. Já a dedução pode ser deferida de ofício pelo juiz, por ser matéria de ordem pública, a qual veda o enriquecimento em causa, devendo existir liame entre o pedido do autor e o que se deduz.

72. **(XXV Exame de Ordem – Reaplicação em Porto Alegre)** Ricardo, funcionário da sociedade empresária Carnes Nobres Ltda., pediu demissão do emprego, informando que cumpriria o aviso prévio com trabalho, o que de fato ocorreu. Findo o contrato, Ricardo ajuizou reclamação trabalhista afirmando que durante o aviso prévio não teve a redução da sua jornada em duas horas diárias, nem faltou a sete dias corridos, razão pela qual requereu o pagamento de novo aviso prévio e sua integração para todos os fins. Considerando essa situação, você, como advogado(a) contratado(a) pela sociedade empresária, deve responder aos itens a seguir.

A) Qual a tese de mérito que você sustentaria na defesa? (Valor: 0,65)

B) Quais são os requisitos legais para que o aviso prévio possa ser reconsiderado? (Valor: 0,60)

GABARITO:

A) A tese a ser sustentada é a de que a redução da jornada no decorrer do aviso prévio só é cabível quando o empregado é dispensado, e não quando pede demissão, na forma do Art. 488 da CLT.

B) Pode haver retratação, desde que a manifestação o corra no período do aviso prévio e que a parte contrária concorde, na forma do Art. 489 da CLT.

II.4.3. Litispendência. Multas. Instrumento normativo

73. **(X Exame de Ordem)** Demétrio ajuizou reclamação trabalhista pleiteando o pagamento de multas previstas no instrumento normativo de sua categoria, cujo destinatário é o empregado lesado, em virtude do descumprimento, pelo empregador, da quitação do adicional de 50% sobre as horas extras e do acréscimo de 1/3 nas férias. Em contestação, a reclamada sustentou que tais multas eram indevidas porque se tratava de meras repetições de dispositivo legal, sendo que a CLT não prevê multa para o empregador nessas hipóteses. Adiciona e comprova que, no tocante à multa pelo descumprimento do terço de férias, isso já é objeto de ação anterior ajuizada pelo mesmo reclamante e que tramita em outra Vara, atualmente em fase de recurso.

Responda, justificadamente, aos itens a seguir.

A) Analise se são válidas as multas previstas no instrumento normativo.

B) Informe que fenômeno jurídico processual ocorreu em relação ao pedido de multa pela ausência de pagamento do terço das férias.

GABARITO:

A) As multas previstas no instrumento normativo são válidas e aplicáveis em caso de descumprimento de obrigação prevista em lei, mesmo que a norma coletiva seja mera repetição de texto legal, na forma da Súmula 384, II, do TST.

B) Ocorreu o fenômeno jurídico da litispendência, previsto no art. 337, §§ 1º, 2º e 3º, do CPC/2015.

II.4.4. Poder público. Juros. Responsabilidade subsidiária

74. **(XVII Exame de Ordem)** Lucas ajuizou reclamação trabalhista contra sua ex-empregadora, uma empresa de terceirização, e contra o ente público tomador dos serviços. No rol de pedidos, o autor deseja o pagamento de verbas da extinção contratual e indenização por dano moral, pois era humilhado pelo seu supervisor, além da condenação subsidiária do ente público por culpa in vigilando (Súmula 331, V, do TST). Em sua contestação, o ente público sustenta que, caso venha a ser condenado, devem ser observados os juros menores previstos na Lei n. 9.494/97, além de não poder ser responsabilizado pela eventual condenação por dano moral, sequer de forma subsidiária, pois não feriu qualquer direito de personalidade do autor. Considerando a situação retratada, e de acordo com a jurisprudência consolidada do TST, responda aos itens a seguir.

A) A tese do ente público, quanto à condenação em juros menores, deve ser acolhida? Justifique.

B) A tese do ente público de isenção quanto à responsabilidade pelo eventual deferimento de indenização por dano moral deve ser acolhida? Justifique.

GABARITO:

A) A tese do Poder Público não deve prevalecer, pois quando ele é condenado subsidiariamente não se beneficia dos juros menores, conforme a OJ n. 382 do TST.

B) A tese do Poder Público não deve prevalecer, pois a responsabilidade subsidiária abrange todas as verbas decorrentes da condenação no período da prestação laboral, conforme a Súmula 331, VI, do TST.

II.4.5. Exceção de Incompetência Territorial

75. **(XXVII Exame de Ordem)** Patrícia foi empregada em uma sociedade empresária de gerenciamento de franquias por 8 anos. Inicialmente trabalhou em Maceió/AL e, pelo bom trabalho realizado ao longo do tempo, foi promovida a um cargo de confiança e transferida para São Paulo/SP, com todas as despesas custeadas pela sociedade empresária. Patrícia mudou-se com a família, comprou um imóvel, matriculou seus filhos numa boa escola paulista e permaneceu em São Paulo por 5 anos. Ao final desse período, a sociedade empresária, afetada pela crise econômica, encerrou suas atividades em 10-10-2018, o que acarretou a dispensa da funcionária. Após a dispensa, Patrícia mudou-se para o Rio de Janeiro, local onde ingressou com ação trabalhista requerendo o pagamento do adicional de transferência pelo período em que trabalhou em São Paulo. Considerando o caso narrado, como advogado(a) da sociedade empresária, responda aos itens a seguir.

A) Sabendo que a sociedade empresária não possui qualquer unidade no Rio de Janeiro e que nunca manteve atividade nesse local, qual a medida processual que você deverá adotar em relação ao ajuizamento da ação trabalhista nessa unidade da Federação? Justifique.

B) Com relação ao pedido da ação, o que você deverá sustentar em defesa? Justifique.

GABARITO:

A) Deverá ser apresentada exceção de incompetência territorial, na forma do Art. 800 da CLT.

B) Deverá ser alegado o não cabimento do adicional de transferência, por esta ser definitiva, conforme o Art. 469, § 3º, da CLT e OJ 113 do TST.

II.5. Provas

II.5.1. Prova pericial. Adicional de periculosidade

76. (XIX Exame de Ordem) Júnior, no período de 2011 a 2014, foi empregado de um condomínio comercial como bombeiro civil. Após ser dispensado, ajuizou reclamação trabalhista postulando adicional de periculosidade, que não lhe era pago. Em contestação, o ex-empregador sustentou que não havia risco de morte na atividade e que Júnior teria o dever de fazer essa prova por meio de perícia.

Diante da situação retratada e das normas legais, responda às indagações a seguir.

A) Analise se a prova pericial é necessária na hipótese, justificando.

B) Caso o pedido formulado por Júnior fosse deferido, qual deveria ser o percentual e a base de cálculo da parcela reivindicada?

GABARITO:

A) A prova pericial não é necessária porque o profissional bombeiro civil tem direito ao adicional de periculosidade fixado em lei (art. 6º, III, da Lei n. 11.901/2009)

B) O adicional de periculosidade será pago na razão de 30% sobre o salário-base, conforme o art. 6º, III, da Lei n. 11.901/2009 e o art. 193, § 1º, da CLT.

77. (XXVII Exame de Ordem) Vitor e Vitória trabalham como vigilantes na mesma agência do Banco Cifrão S.A. Ele é vigilante terceirizado e ela é vigilante contratada diretamente pelo banco. Ambos trabalham em escala de 12 x 36 horas, conforme acertado na convenção coletiva da categoria. De acordo com a situação apresentada e com os termos da CLT, responda aos itens a seguir.

A) Os empregados citados integram a categoria dos bancários? Justifique.

B) Em eventual reclamação trabalhista, com pedido de adicional de periculosidade não pago a ambos os empregados durante o contrato, deveria ser realizada prova pericial? Justifique.

GABARITO:

A) Nenhum deles é bancário, porque o vigilante integra categoria profissional diferenciada, conforme o Art. 511, § 3º, da CLT e a Súmula 257 do TST.

B) Desnecessária a realização de perícia, porque o vigilante tem direito ao adicional de periculosidade em razão de preceito legal, conforme o Art. 193, inciso II, da CLT e Anexo III da NR 16, incluído pela Portaria 1.855/2013.

II.5.2. Prova testemunhal. Contradita. Substituição

78. (II. Exame de Ordem) Na audiência inaugural de um processo na Justiça do Trabalho que tramita pelo rito sumaríssimo, o advogado do réu apresentou sua contestação com documentos e, ato contínuo, requereu o adiamento em virtude da ausência da testemunha Jussara Freire que, apesar de comprovadamente convidada, não compareceu. O advogado do autor, em contraditório, protestou, uma vez que a audiência é una no processo do trabalho, não admitindo adiamentos. O juiz deferiu o requerimento de adiamento, registrou o protesto em ata e remarcou a audiência para o início da fase instrutória. No dia designado para a audiência de instrução, a testemunha Jussara Freire não apenas compareceu, como esteve presente, dentro da sala de audiências, durante todo o depoimento da testemunha trazida pelo autor. No momento da sua oitiva, o advogado do autor a contraditou, sob o argumento vício procedimental para essa inquirição, ao que o advogado do réu protestou. Antes de o juiz decidir o incidente processual, o advogado do réu se antecipou e requereu a substituição da testemunha. Diante da situação narrada, analise o deferimento do adiamento da audiência pelo juiz, bem como a contradita apresentada pelo advogado do autor e o requerimento de substituição elaborado pelo advogado do réu.

GABARITO:

Não obstante a incidência de regra geral da audiência trabalhista una, por se tratar de causa que tramita pelo rito sumaríssimo e com espeque no art. 852-H, § 3º, da CLT, permite-se o adiamento da audiência, na hipótese de a testemunha convidada não comparecer espontaneamente. No que tange à contradita da testemunha, houve violação do art. 824 da CLT ou art. 456 do CPC/2015, que determinam a oitiva das testemunhas separadamente e de modo que uma não ouça o depoimento da outra. Por fim, ressalte-se que em razão da inexistência de regra específica na CLT sobre a substituição de testemunha, torna-se possível a aplicação subsidiária do CPC, sendo certo no caso não há possibilidade de substituição da testemunha Jussara Freire, uma vez que não se trata das hipóteses contidas nos incisos do art. 451 do CPC/2015, até porque a parte deu causa ao vício e o deferimento criaria uma violação arbitrária da isonomia de tratamento das partes litigantes.

II.5.3. Ônus da prova

79. (XXIX Exame de Ordem) Você foi contratado(a) como advogado(a) por um trabalhador que requereu, em reclamação trabalhista, o pagamento de horas extras e de adicional noturno. Em audiência, após ter acesso à defesa, você verificou que a tese defendida pela reclamada foi a seguinte: em relação ao adicional noturno, negou o direito, porque a convenção coletiva da categoria prevê, em uma das cláusulas, expressamente, que a remuneração do trabalho noturno seria igual ao diurno, sem direito a adicional; em relação ao pedido de horas extras, negou a sua existência, apresentando os controles de ponto assinados pelo trabalhador, que contêm horários invariáveis de entrada e saída. O juiz concedeu prazo para manifestação acerca da defesa e documentos. Considerando a situação posta, os termos da CLT e o entendimento consolidado do TST, responda às indagações a seguir.

A) À luz da defesa e dos documentos, que tese jurídica você apresentaria em relação ao pedido de adicional noturno? Justifique.

B) À luz da defesa e dos documentos, que tese jurídica você apresentaria em relação ao pedido de horas extras? Justifique.

GABARITO:

A) O examinando deverá explorar o fato de que a norma coletiva da categoria não pode suprimir o pagamento do adicional noturno, havendo portanto nulidade neste aspecto, na forma do Art. 611-B, inciso VI, da CLT.

B) O examinando deve afirmar que controles contendo horários invariáveis são inválidos como meio de prova, invertendo-se assim o ônus da prova, que passa a ser da sociedade empresária, na forma da Súmula 338, inciso III, do TST.

80. (II. Exame de Ordem) Em reclamação trabalhista ajuizada em face da empresa "Y", José postula assinatura da CTPS, horas extras e diferenças salariais com fundamento em equiparação salarial e pagamento de adicional de periculosidade. Na defesa oferecida, a empresa nega ter o empregado direito à assinatura da CTPS, dizendo ter o obreiro trabalhado como autônomo; quanto às horas extras, nega o horário alegado, se reportando aos controles de frequência, que demonstram, segundo alega, que o reclamante não as realizava; e, quanto às diferenças salariais, sustenta que o reclamante era mais veloz e perfeito na execução do serviço do que o paradigma apontado.

Considerando as normas processuais sobre a distribuição do ônus da prova, estabeleça, através de fundamentos jurídicos, a quem cabe o ônus da prova em relação a cada uma das alegações contidas na defesa apresentada pelo reclamado?

GABARITO:

No caso em tela, cabe ao empregado a prova da prestação das alegadas horas extras, por ter o empregador negado que o reclamante as fazia. Em face da negativa, não se verifica a inversão do ônus da prova, cabendo ao reclamante a prova do fato constitutivo do direito alegado – art. 818, I, da CLT. Outrossim, cabe à empresa a prova da autonomia na prestação dos serviços, por ter admitido que houve a prestação de serviços, mas apresentado fato impeditivo do reconhecimento do vínculo, de modo que o ônus da prova passa a ser seu, ante o teor do art. 818, II, da CLT.

Por fim, no caso em exame, não há que se falar em ônus da prova, porque não há mais prova a ser produzida em relação ao fato das diferenças salariais, posto que o próprio empregador, sem alegar fato impeditivo, modificativo ou extintivo do direito à equiparação, confessa a maior produtividade e perfeição técnica do trabalho desenvolvido pelo próprio reclamante. Incidência dos arts. 374, II, c/c o art. 389 do CPC/2015.

Comentário dos autores: Mister se faz averbar que a Súmula 6, item VIII, do TST, assenta que é do empregador o ônus da prova do fato impeditivo, modificativo ou extintivo da equiparação salarial.

81. (VI Exame de Ordem) Tício ajuizou ação trabalhista em face da empresa Hora Certa Ltda., na qual pretendia receber horas extras e reflexos. Na própria petição inicial já havia impugnado os controles de ponto aduzindo que não havia variação de horário. Na audiência, a ré trouxe os documentos, juntando-os com a contestação e declarou que pretendia produzir prova testemunhal acerca do pedido do autor. O juiz, após examinar a documentação, indeferiu a prova testemunhal da ré. Na sentença, o juiz julgou procedente o pedido do autor. Considerando as regras de distribuição do ônus da prova, o juiz agiu corretamente? Fundamente.

GABARITO:

O juiz não agiu corretamente, considerando que há inversão do ônus da prova, nos termos da Súmula 338, III, do TST, de modo que a reclamada deveria ter a oportunidade de produzir a prova testemunhal para ratificar os horários consignados nos controles de ponto.

II.5.4. Intérprete. Despesas processuais

82. (XVI Exame de Ordem) Patrick, estrangeiro, executivo com salário elevado, não beneficiário de gratuidade de justiça, ajuizou ação em face de sua empregadora, Mineração Ltda. Arrolou como testemunha seu colega de trabalho, também estrangeiro, Paul. Contudo, a testemunha não fala português, apenas se comunicando no idioma alemão.

Com base no caso apresentado, responda aos itens a seguir.

A) Qual deverá ser o procedimento legal para colher o depoimento da testemunha que não fala o idioma nacional?

B) Em havendo despesa processual com o depoimento da testemunha, a quem caberá o pagamento?

GABARITO:

A) O juiz deverá nomear intérprete, conforme o art. 819, *caput*, da CLT.

B) A despesa caberá a parte a que interessar o depoimento, consoante § 2º do art. 819 da CLT.
Comentário dos autores: Com a entrada em vigor da Lei n. 13.660/2018, a despesa com o intérprete passa a ser da parte sucumbente, exceto se for beneficiário da gratuidade de justiça.

II.6. Sentença

II.6.1. Dano moral. Juros e correção monetária

83. (XI Exame de Ordem) Em reclamação trabalhista movida por uma empregada contra o ex-empregador, o pedido de indenização por dano moral foi julgado improcedente na sentença. Inconformada, a empregada recorreu e o TRT deferiu parcialmente este pedido. Irresignada com o valor deferido, que entendia insuficiente, a empregada ainda manejou recurso de revista, sendo mantida pelo TST a quantia já fixada. Adveio em seguida o trânsito em julgado.

Diante dessa situação, responda aos seguintes itens.

A) A partir de quando será computada a correção monetária do pedido de dano moral? Justifique sua resposta.

B) Se os juros não fossem requeridos na petição inicial, analise se haveria julgamento extra petita se o juiz os deferisse. Justifique sua resposta.

GABARITO:

A) A correção monetária do pedido de dano moral dar-se-á a partir da decisão que fixou o valor ou que alterou o valor, consoante a Súmula 439 do TST.

B) Não haveria julgamento *extra petita*, uma vez que os juros decorrem de imposição legal, o que independe de pedido ou condenação, conforme a Súmula 211 do TST.

II.6.2. Acordo judicial. Coisa julgada

84. (XII Exame de Ordem) Serafim Almeida ajuizou reclamação trabalhista contra o ex--empregador postulando o pagamento de horas extras e verbas resilitórias. Em audiência, entabulou acordo com o reclamado, que foi homologado judicialmente, no qual conferiu quitação geral quanto ao extinto contrato de trabalho. Tempos depois contratou novo advogado e ajuizou nova demanda contra a mesma empresa, desta feita pedindo apenas diferença em razão de equiparação salarial – verba não perseguida na 1ª ação.

Diante desse quadro, responda aos itens a seguir.

A) Analise a validade, ou não, de um acordo judicial no qual a parte concede quitação sobre objeto que não foi postulado na petição inicial, justificando em qualquer hipótese.

B) Informe o fenômeno jurídico que inviabiliza o prosseguimento da 2ª ação ajuizada, apresentando o fundamento legal respectivo.

GABARITO:

A) É válido conferir quitação mesmo de verba não postulada, conforme a OJ n. 132 da SDI-2, do TST.

B) Ocorrerá o fenômeno da coisa julgada, conforme o art. 301, § 1º, do CPC/73 (art. 337, § 1º, do CPC/2015).

85. (XXIV Exame de Ordem) Saulo ajuizou reclamação trabalhista contra seu ex-empregador. Na audiência, após intensa negociação entre as partes e com a colaboração do juiz, foi realizado um acordo de R$ 3.000,00, homologado pelo magistrado. Dias depois, Saulo encontrou um colega de trabalho, que lhe confidenciou que os demais ex-empregados tinham realizado acordos com a empresa na ordem de R$ 5.000,00. Indignado por ter feito acordo com valor menor, Saulo procurou seu advogado, dizendo que não mais aceitaria o acordo e que ele recorresse ao Tribunal. Diante da situação apresentada e nos termos da CLT, responda aos itens a seguir.

A) Seria possível ao advogado de Saulo interpor recurso ordinário da sentença homologatória do acordo? Justifique. (Valor: 0,65)

B) Caso Saulo ajuizasse uma nova ação idêntica, indique a preliminar que você, contratado pela empresa, suscitaria em contestação. Justifique. (Valor: 0,60)

GABARITO:

A)Não seria possível interpor recurso ordinário porque a homologação do acordo tem a força de decisão irrecorrível, fazendo coisa julgada, conforme preconiza o Art. 831, parágrafo único, da CLT.

B) A preliminar a ser suscitada é a de coisa julgada, conforme o Art. 337, VII, do CPC e Art. 5º, XXXVI, CRFB/88.

II.7. Recursos

II.7.1. Decisão interlocutória. Recurso ordinário

86. (II. Exame de Ordem) Vindo de sua cidade natal, Aracaju, José foi contratado na cidade do Rio de Janeiro, para trabalhar como pedreiro, em Santiago do Chile, para empregador de nacionalidade uruguaia. Naquela cidade lhe prestou serviços por dois anos, ao término dos quais foi ali dispensado. Retornando ao Brasil, o trabalhador ajuizou reclamação trabalhista, mas o Juiz, em atendimento a requerimento do reclamado, extinguiu o processo, sob o fundamento de que a competência para apreciar a questão é da justiça uruguaia, correspondente à nacionalidade do ex-empregador.

Considere que entre Brasil, Chile e Uruguai não existe tratado definindo a questão da competência para a hipótese narrada.

A) O Juiz agiu acertadamente em sua decisão? Justifique.

B) Informe se cabe recurso da decisão proferida, estabelecendo, se for o caso, o recurso cabível e, por fim, em que momento processual pode ser impugnada a referida decisão. Justifique a resposta.

GABARITO:

A) O juiz proferiu decisão equivocada, tendo em vista o disposto no § 2º do art. 651 da CLT, ou seja, a competência é da Justiça do Trabalho brasileira, vez que José é brasileiro e não há tratado internacional a respeito.

B) Embora a decisão proferida seja interlocutória, é cabível de imediato recurso ordinário, que deve ser interposto no prazo de oito dias, pois se trata de decisão terminativa, como autoriza o art. 799, § 2º, c/c o art. 895, I, ambos da CLT e Súmula 214, c, do TST.

II.7.2. Embargos de declaração. Preparo

87. (V Exame de Ordem) Inconformada com uma sentença desfavorável aos seus interesses, a empresa dela recorre. Contudo, entendeu o magistrado que o recurso era intempestivo, e a ele negou seguimento. Ciente disso, a reclamada interpôs recurso de agravo de instrumento no 5º (quinto) dia e efetuou o depósito adicional previsto no art. 899 da CLT no 8º (oitavo) dia do prazo recursal. Novamente o juiz negou seguimento ao agravo de instrumento, argumentando que ele estava deserto.

Diante dessa situação hipotética, responda, de forma fundamentada, às seguintes indagações:

A) Há alguma medida que possa ser tomada pela recorrente contra a última decisão do juiz? Em caso afirmativo, qual?

B) O que significa deserção? No caso em exame, o agravo de instrumento estava deserto? Justifique.

GABARITO:

A) A recorrente poderá opor embargos de declaração, consoante o art. 897-A da CLT e, se mantida a decisão, impetrar mandado de segurança ou intentar correcional.

B) Deserção é a ausência de preparo. No caso, o agravo de instrumento estava deserto, haja vista que o depósito recursal deve ser comprovado no ato da interposição do recurso, conforme o § 7º do art. 899 da CLT.

II.7.3. Recurso de revista. Agravo de instrumento. Embargos de declaração

88. **(VII Exame de Ordem)** Um recurso de revista é interposto em face de acórdão proferido por Tribunal Regional do Trabalho em recurso ordinário, em dissídio individual, sendo encaminhado ao Presidente do Regional.

Diante desta situação hipotética, responda, de forma fundamentada, às seguintes indagações:

A) Se o Presidente admitir o recurso de revista somente quanto a parte das matérias veiculadas, cabe a interposição de agravo de instrumento?

B) É cabível a oposição de embargos de declaração contra decisão de admissibilidade do recurso de revista?

GABARITO:

A) Cabe a interposição de agravo de instrumento, conforme o art. 1º da IN n. 40/2016 do TST, que prevê a utilização do recurso previsto no art. 897, *b*, da CLT, quando houver a admissão parcial, sob pena de preclusão.

B) É cabível embargos de declaração, nos termos da Instrução Normativa n. 40/2016 do TST, que em seu art. 1º, § 1º, prevê a utilização dos embargos de declaração quando houver omissão no juízo de admissibilidade, sob pena de preclusão.

II.7.4. Embargos de declaração. Recurso ordinário

89. **(IX Exame de Ordem)** Opostos embargos declaratórios pelo reclamante com pedido de efeito modificativo, o juiz dá provimento aos embargos e adiciona à condenação o pagamento de uma verba que não havia sido apreciada na sentença, apesar de requerida na petição inicial. Ciente disso, a empresa rebela-se afirmando que deveria ter sido observado o contraditório e que ela deveria ter tido a oportunidade de se manifestar. Como isso não aconteceu, sustenta ser nula a decisão dos embargos.

Diante disso, responda justificadamente, aos itens a seguir.

A) Os embargos de declaração podem ter efeito modificativo do julgado?

B) Comente se procede a alegação empresarial quanto à nulidade da decisão dos embargos declaratórios opostos contra sentença não submetidos ao contraditório.

GABARITO:

A) Sim, tratando-se de omissão no julgado, os embargos de declaração podem ter efeito modificativo, na forma do art. 897-A, da CLT e da Súmula 278 do TST.

B) Não há nulidade, pois os embargos de declaração opostos contra sentença, mesmo havendo pedido de efeito infringente, não se submetem ao contraditório, na forma da OJ n. 142, II, do TST. Tal se justifica em razão do efeito devolutivo em profundidade do recurso ordinário.

Comentários dos autores: Ressaltamos que o § 2º do art. 897-A da CLT prevê que "eventual efeito modificativo dos embargos de declaração somente poderá ocorrer em virtude da correção de vício na decisão embargada e desde que ouvida a parte contrária, no prazo de 5 (cinco) dias", o que nos convence, segundo parte da doutrina, que a OJ em tela deve ser revista (ou canelada), vez que o juiz, para modificar o julgado, deve ouvir a parte contrária (contraditório).

II.7.5. Recurso adesivo. Preparo

90. **(X Exame de Ordem)** Numa reclamação trabalhista movida em litisconsórcio passivo, o autor e a empresa reclamada "X" (sociedade de economia mista) foram vencidos reciprocamente em alguns pedidos, tendo ambos se quedado inertes no prazo recursal. Porém a empresa reclamada "Y" (pessoa jurídica de direito privado), vencida também em relação a alguns pedidos na referida ação trabalhista, interpôs recurso ordinário, com observância dos pressupostos legais de admissibilidade, tendo inclusive efetuado o preparo. Em seguida, o Juiz do Trabalho notificou as partes para que oferecessem suas razões de contrariedade, em igual prazo ao que teve o recorrente.

Considerando os fatos narrados acima, responda, de forma fundamentada, aos itens a seguir.

A) Analise a possibilidade de o autor recorrer, ou não, dos pedidos em que foi vencido, e de que maneira isso se daria, se possível for.

B) Caso ambas as empresas tivessem recorrido ordinariamente, e tendo a empresa "Y" requerido sua exclusão da lide, analise e justifique quanto à necessidade, ou não, de a reclamada "X" efetuar preparo.

GABARITO:

A) É possível o autor recorrer dos pedidos que sucumbiu pela via do recurso adesivo, o qual deve ser interposto no prazo das contrarrazões, consoante a Súmula 283 do TST e art. 997 do CPC/2015 ou Instrução Normativa n. 3, IX, do TST.

B) A empresa "X" estará obrigada a efetuar o preparo porque os recursos são independentes ou há necessidade de preparo, pois a condenação não foi solidária. Indicação do art. 173, § 1º, II, da CF/88 ou da Súmula 170 do TST ou da Súmula 128, I ou III, do TST.

II.7.6. Gratuidade de justiça em sede recursal

91. **(XI Exame de Ordem)** Roberto interpôs recurso ordinário ao ter ciência de que foi julgado improcedente o seu pedido de reconhecimento de vínculo empregatício em face da empresa NOVATEC LÍNEA COMPUTADORES LTDA. Ele não juntou declaração de miserabilidade na petição inicial e no recurso, mas requereu, em pedido expresso no apelo, o benefício da gratuidade de justiça, afirmando não ter recursos para recolher o valor das custas sem prejuízo do seu sustento e de sua família.

O juiz prolator da sentença negou seguimento ao recurso, considerando-o deserto.

Diante deste panorama, responda justificadamente:

A) Considerando que Roberto não juntou a declaração de miserabilidade, analise se é possível o deferimento da gratuidade de justiça na hipótese retratada.

B) Analise se, tecnicamente, a decisão que negou seguimento ao recurso está correta.

GABARITO:

A) A gratuidade de justiça está regulamentada no art. 790, § 3º e §4º, da CLT. A jurisprudência do TST admite que tal benefício seja requerido em qualquer tempo ou grau de jurisdição, desde que, na fase recursal, ou seja, no prazo alusivo ao recurso (OJ n. 269 da SDI-I do TST), o que ocorreu no caso em exame. Outra opção seria: Sim, seria possível o deferimento de ofício da gratuidade, desde que presentes os requisitos do art. 790, § 3º, da CLT.

b) A jurisprudência consolidada preconiza que basta a simples afirmação do declarante ou de seu advogado quanto ao seu estado de miserabilidade para que se configure a situação econômica que justifique a concessão de tal benefício, na forma da Súmula 463 do TST. Assim, incorreta a decisão.

Comentários dos autores: Atualmente, o § 4º do art. 790 da CLT estabelece que a gratuidade será deferida a parte que comprovar insuficiência de recursos, de modo que a simples declaração já não mais é suficiente. Porém, como a Súmula 463 ainda não foi alterada ou cancelada, é bom que seja estudada.

II.7.7. Recurso. Prazo. Preparo

92. **(XII Exame de Ordem)** Um ex-empregado ajuíza reclamação trabalhista contra a ex-empregadora (a empresa "A") e outra que, segundo alega, integra o mesmo grupo econômico (a empresa "B"). Em defesa a empresa "A", afirma que pagou tudo ao reclamante, nada mais lhe devendo, enquanto a empresa "B" sustenta sua ilegitimidade passiva, negando a existência de grupo econômico.

Considerando que: 1) as reclamadas possuem advogados diferentes; 2) que o pedido foi julgado procedente, condenando-se solidariamente as rés; e 3) que a empresa "A" recorreu efetuando o recolhimento das custas e depósito recursal, responda às indagações a seguir.

A) O prazo para recurso das empresas é diferenciado, haja vista terem procuradores diferentes?

B) A empresa "B" deverá efetuar depósito recursal para viabilizar o recurso, no qual insistirá na sua absolvição por não integrar com a litisconsorte um grupo econômico?

GABARITO:

A) Mesmo possuindo procuradores diferentes, o prazo não será diferenciado porque o TST entende que o disposto no art. 229 do CPC/2015 é inaplicável ao processo do trabalho, conforme a OJ n. 310 da SDI-1 do TST.

B) Será desnecessário o depósito recursal pela empresa "B", pois havendo condenação solidária e já havendo recolhimento pela empresa "A", que não requereu sua exclusão da lide, o depósito por ela feito poderá ser aproveitado pela empresa "B", na forma da Súmula 128, III, do TST.

II.7.8. Recurso. Agravo de instrumento. Prazo

93. **(XIV Exame de Ordem)** Dia 28-4 é feriado municipal em Tribobó do Oeste. Em ação ajuizada por Paulo, cuja sentença foi de improcedência, o último dia do prazo recursal recaiu em 28.04. Assim, o advogado de Paulo interpôs o recurso em 29-4, juntando cópia autenticada do diário oficial dispondo sobre o feriado local. O juiz substituto em exercício negou seguimento ao recurso em razão de intempestividade

Com base no caso apresentado, responda aos itens a seguir.

A) Qual o recurso cabível desta decisão denegatória de seguimento ao recurso interposto por Paulo? Fundamente.

B) O que deverá ser alegado por Paulo em seu recurso? Fundamente.

GABARITO:

A) O recurso cabível é o agravo de instrumento, nos termos do art. 897, *b*, da CLT ou embargos de declaração, na forma do art. 897-A da CLT.

B) Paulo deverá alegar que comprovou o feriado local no ato da interposição do recurso e, sendo feriado, o prazo estaria prorrogado para o dia seguinte, tudo na forma da Súmula 385, I, do TST.

II.7.9. Recurso de revista. Preclusão. Embargos de declaração. Cabimento

94. (XIV Exame de Ordem) Sérgio Alcântara moveu ação contra a empresa Delta Promoções e Imagens, da qual foi empregado, pleiteando o pagamento de indenização por dano moral de R$ 10.000,00 e horas extras. Na sentença foi deferido o pagamento de indenização por dano moral de R$ 5.000,00 e as horas extras no quantitativo desejado na petição inicial. Somente a empresa interpôs recurso ordinário, e o TRT da Região manteve a sentença em todos os seus aspectos. Então, o reclamante interpôs recurso de revista pretendendo a majoração da indenização por dano moral para R$ 10.000,00, tal qual desejado na exordial.

Diante da situação, responda, fundamentadamente, aos itens a seguir.

A) Analise a possibilidade de Sérgio interpor recurso de revista no caso apresentado, justificando.

B) Caso a empresa opusesse embargos declaratórios contra o acórdão proferido pelo TRT, informe em que situação, à luz da jurisprudência consolidada, o autor teria de ser intimado para se manifestar.

GABARITO:

A) Não seria possível o recurso porque a decisão transitou em julgado em relação a Sérgio, ocorrendo preclusão.

B) Caso nos embargos de declaração tivesse pedido de efeito modificativo, conforme a OJ n. 142 do TST e o art. 897-A, § 2º, da CLT.

95. (XXVIII Exame de Ordem) Gustavo era empregado de uma empresa, quando adoeceu gravemente. Afastado e em gozo de benefício previdenciário, o INSS o aposentou por invalidez. Contudo, dois anos após sua aposentadoria por invalidez, foi constatado, em perícia do respectivo órgão, que Gustavo havia recuperado sua capacidade de trabalho, estando curado, razão pela qual houve o retorno à função que ocupava antes do afastamento.

Ocorre que, nesse ínterim, com cláusula expressa em contrato de trabalho dispondo que a contratação se dava em função da aposentadoria por invalidez de Gustavo, a qual poderia ser temporária, a empresa contratou Aroldo para as funções exercidas por Gustavo, tendo esclarecido acerca da interinidade do contrato.

Com o retorno de Gustavo, Aroldo foi dispensado sem que lhe fosse paga qualquer indenização. Em razão disso, Aroldo ajuizou ação trabalhista em face da empresa, pleiteando indenização.

A) Você foi contratado(a) para contestar o pedido de Aroldo. O que deverá alegar? Fundamente.

B) Admitindo que o juiz tenha julgado procedente o pedido de Aroldo e que a decisão foi confirmada pelo Tribunal Regional do Trabalho após recurso, mantida inalterada após a oposição de embargos de declaração, que medida jurídica você poderá adotar para defender a empresa? Fundamente.

GABARITO:

A) Deverá ser alegado que não cabe o pagamento de indenização no caso de contratação provisória, interina ou para substituição de empregado aposentado por invalidez, na forma do Art. 475, § 2º, da CLT.

B) Deverá ser interposto recurso de revista, pois a decisão viola texto de lei federal (CLT), conforme o Art. 896, c, da CLT.

II.7.10. Reexame necessário. Recurso de revista

96. **(XVII Exame de Ordem)** Em determinada ação trabalhista em face de um estado federado, a sentença entendeu por julgar o pedido procedente e fixar a condenação em valor correspondente a 600 salários mínimos. A matéria em discussão é controvertida nos Tribunais, ainda não estando pacificada por qualquer jurisprudência. Entretanto, o réu, ente de direito público, não recorreu.

A partir do caso apresentado, responda aos itens a seguir

A) Ocorrerá o trânsito em julgado imediato da decisão? Fundamente.

B) Caberá recurso de revista na hipótese? Fundamente.

GABARITO:

A) Deverá haver a remessa necessária para o TRT (submissão ao duplo grau de jurisdição obrigatório) em virtude de o valor da condenação ser superior a 500 salários mínimos e por não ser matéria pacificada nos Tribunais, razão pela qual não ocorrerá o trânsito em julgado imediato, já que a parte sucumbente foi o ente de direito público, conforme a Súmula 303, I, do TST, o art. 475, I, do CPC e o art. 1º, V, do DL n. 779/69.

Comentários dos autores: É bom observar que o CPC/2015 trata do tema em testilha no art. 496, sendo certo que o § 3º alterou os valores inerentes às condenações para fins de reexame necessário, razão pela qual a questão foi adaptada.

B) Não será possível a interposição do recurso de revista na hipótese trazida na questão porque o ente público não interpôs recurso ordinário voluntário da decisão de 1ª instância, conforme a OJ n. 334 da SDI I do TST.

II.7.11. Preparo. Agravo de instrumento

97. **(XVIII Exame de Ordem)** Em reclamação trabalhista movida por empregado contra o ex-empregador, o pedido foi julgado procedente em parte e a sociedade empresária pretende recorrer. Nesse sentido, apresentou a petição com o recurso no 5º dia da publicação da sentença e o comprovante das custas e do depósito recursal 15 dias após, mas explicou na peça que havia recolhido o preparo no prazo de oito dias, conforme chancela bancária, e que a demora na juntada do preparo se deveu a um problema interno do escritório. Na hipótese retratada, de acordo com a CLT e a jurisprudência consolidada do TST, responda aos itens a seguir.

A) Como advogado do autor da demanda, informe o que você sustentaria em contrarrazões sobre o aspecto processual apresentado na questão.

B) Caso o recurso interposto pela sociedade empresária tivesse seu seguimento negado, por qualquer razão, pelo juiz de 1º grau, que recurso poderia ser interposto? Justifique.

GABARITO:

A) Sustentaria o aspecto da deserção, já que o preparo foi feito, mas não foi comprovado no prazo legal, conforme a Súmula 245 do TST, o art. 789, § 1º, da CLT e o art. 7º da Lei n. 5.584/70.

B) No caso, caberia o agravo de instrumento, consoante prevê o art. 897, *b*, da CLT.

II.8. Execução

II.8.1. Massa falida

98. **(XXIX Exame de Ordem)** A massa falida de Biscoitos da Serra Ltda. teve de romper os contratos de trabalho de todos os seus empregados quando da quebra judicial, porque o juízo estadual determinou o fechamento e lacre do estabelecimento principal e das filiais. Logo após, um dos empregados ajuizou reclamação trabalhista postulando as verbas da extinção contratual, e, na sentença, o juiz condenou a massa falida ao pagamento de aviso prévio, do 13º salário proporcional, das férias proporcionais acrescidas de 1/3, da entrega das guias para saque do FGTS, dos formulários do seguro desemprego e das multas do Art. 467 e do Art. 477, ambos da CLT. Considerando a situação posta, os termos da CLT e o entendimento consolidado do TST, responda às indagações a seguir.

A) Há parcela(s) objeto da condenação que possa(m) ser questionada(s) em razão da condição de massa falida da ex-empregadora?

B) Você é contratado(a) pela massa falida para interpor recurso contra a sentença, e este teve o seguimento negado, sob a alegação de deserção. Que medida jurídica você adotaria para tentar reverter essa decisão?

GABARITO:

A) As multas do Art. 467 e do Art. 477, ambos da CLT, não são devidas, em razão da extinção do contrato pela falência, na forma da Súmula 388 do TST.

B) No caso, o advogado deve interpor o recurso de agravo de instrumento, na forma do Art. 897, alínea *b*, da CLT.

99. (XX. Exame de Ordem) Em sede de ação trabalhista movida por Célio em face da Madeireira Ltda, transitada em julgado a decisão de conhecimento, após a apresentação de cálculos pelas partes e homologado determinado valor, o juiz abriu prazo para a manifestação específica das partes em relação à sua decisão. Ambas se quedaram inertes. Posteriormente, em sede de embargos à execução, a parte ré quis impugnar os valores do débito. Na qualidade de advogado do autor, tendo você concordado com os cálculos homologados pelo juiz, responda:

A) O que você deverá alegar em sede de resposta aos embargos à execução? Fundamente.

B) Qual o recurso cabível da decisão dos embargos à execução? Fundamente.

GABARITO:

A) Nos moldes do art. 879, § 2º, da CLT, o juiz deve abrir prazo para as partes se manifestarem sobre a conta de liquidação, sob pena de preclusão. Assim, cotejando-o com o art. 884, § 3º, do mesmo diploma, fica evidente que, se o juiz abrir prazo e a parte nada fizer, ocorrerá a preclusão e a matéria não poderá ser arguida em sede de embargos à execução. Portanto, a parte autora deverá alegar a preclusão para impugnar a conta de liquidação em sede de embargos à execução, nos termos do art. 879, § 2º, da CLT.

B) Nesse caso, cabe agravo de petição, com fulcro no art. 897, *a*, da CLT.

100. (III. Exame de Ordem) Cara Pintada Ltda., empresa de distribuição e venda do ramo de cosméticos, sofreu reclamação trabalhista por parte do ex-empregado Jorge Taicon Grilo, que postula diferenças salariais com base em desvio de função, pagamento de horas extras e repercussão das referidas verbas nas parcelas contratuais e resilitórias. A ação foi movida também em face da empresa Cara Pintada S.A., indústria de cosméticos, componente, segundo alegação, do mesmo grupo econômico.

Com base nas provas produzidas nos autos, em 1º-8-2010, a sentença de 1º grau deu procedência aos pedidos, vindo a ser confirmada pelo TRT, já que foi negado provimento ao recurso interposto pela primeira empresa. O recurso do empregado foi, no entanto, provido, para condenação da segunda empresa como responsável solidária, porque foi considerada componente do grupo econômico da empresa de cosméticos.

Da decisão, não houve recurso.

A sentença de conhecimento foi liquidada, chegando-se ao valor de R$ 58.000,00. Dessa decisão também não houve recurso.

Iniciou-se então a execução, quando sobreveio a falência da empresa Cara Pintada Ltda., noticiada nos autos.

Em razão da falência, o administrador da massa requer a extinção da execução na Justiça do Trabalho, sob o fundamento de que o juízo universal da Vara Empresarial da Justiça Comum se tornou o competente para apreciação de todas as questões relacionadas à falência, e todos os créditos passaram ao juízo universal.

Em resposta, sustenta o advogado do reclamante que a execução contra a massa deve prosseguir na Justiça do Trabalho quanto ao depósito recursal e contra a empresa responsável solidária em relação ao excedente, requerendo a liberação imediata do referido depósito recursal de R$ 5.889,50 como parte do pagamento.

Diante da situação narrada, responda aos itens a seguir, empregando os argumentos jurídicos apropriados e a fundamentação legal pertinente ao caso.

A) A execução quanto à massa falida deve prosseguir na Justiça do Trabalho em relação ao valor do depósito recursal?

B) O pedido de liberação do valor depositado a título de depósito recursal deve ser atendido ou deve ser carreado à massa, para distribuição posterior entre os credores da massa?

C) Pode a execução voltar-se, na própria Justiça do Trabalho, quanto ao excedente do depósito recursal, contra a empresa responsável solidária?

GABARITO:

A) Em processos contra a massa falida, cabe à Justiça do Trabalho apenas a definição do *quantum debeatur*, com expedição final de certidão do valor apurado em liquidação, para habilitação no rol de credores da massa falida, no Juízo Universal (art. 6º, § 2º, da Lei n. 11.101/2005). Ocorre que há, nos autos, depósito recursal feito anteriormente à decretação da falência. Como a indagação diz respeito, especificamente, ao prosseguimento da execução apenas quanto ao referido depósito recursal, em face do silêncio da lei quanto à resolução direta da situação-problema, admitem-se as duas únicas possíveis respostas, desde que devidamente fundamentadas, a saber:

Opção 1: A execução deve prosseguir na Justiça do Trabalho apenas quanto ao depósito recursal mediante a liberação ao reclamante, vencedor na ação, já que feito anteriormente à decretação na falência (art. 899, §§ 1º, 4º e 5º, da CLT).

Opção 2: A execução deve prosseguir no Juízo Falimentar, nos termos do art. 6º, § 2º, da Lei n. 11.101/2005

B) A questão envolve a natureza do depósito recursal, como garantia da futura execução. Aqui também, em face do silêncio da lei quanto à resolução direta da situação-problema, admitem-se as duas únicas respostas possíveis, desde que devidamente fundamentadas, a saber:

Opção 1: O pedido de liberação do depósito, que nos termos da lei pode ser levantado pelo vencedor do recurso, deve ser atendido, porque feito anteriormente à decretação da falência, em conta vinculada do FGTS do empregado e com destinação de garantia da execução (art. 899, §§ 1º, 4º e 5º, da CLT).

Opção 2: O pedido de liberação do depósito não deve ser atendido, devendo ser carreado à massa, para distribuição entre os credores, observada a ordem legal de preferência (art. 6º, § 2º, da Lei n. 11.101/2005).

C) A execução pode voltar-se, quanto ao excedente, contra a empresa responsável solidária, porque, em se tratando de solidariedade, o devedor pode dirigir-se contra qualquer devedor, indistintamente, nos termos do art. 2º, § 2º, da CLT c/c os arts. 275 do Código Civil e 8º, parágrafo único, da CLT.

Como a outra empresa componente do grupo econômico, que figurou no polo passivo da relação processual na fase de conhecimento não é falida, responde pelos débitos por meio de execução na própria Justiça do Trabalho.

Comentários dos autores: Em razão do cancelamento da Súmula 205 do TST, hodiernamente não há mais obrigatoriedade de chamar todas as empresas do mesmo grupo econômico para compor o polo passivo da reclamação trabalhista, de modo que a questão da solidariedade pode ser matéria de debate diferido para a execução.

II.8.2. Reexame necessário. Execução contra a fazenda pública. Precatório. RPV

101. **(VIII Exame de Ordem)** Joana e Guilherme, ambos com 30 anos de idade, ajuizaram reclamação trabalhista plúrima contra um Município, dos quais são empregados nos moldes da CLT, postulando diversos direitos lesados. A sentença, proferida de forma líquida, julgou o pedido procedente em parte e condenou o réu ao pagamento de R$ 13.000,00 para Joana e R$ 22.000,00 para Guilherme.

Com base na hipótese apresentada, responda aos itens a seguir.

A) Analise se a sentença proferida estará sujeita ao duplo grau de jurisdição obrigatório.

B) Caso a sentença transite em julgado nos termos originais, de que forma será feito o pagamento da dívida aos exequentes?

GABARITO:

A) A sentença não estará submetida ao duplo grau de jurisdição porque a condenação é inferior a 60 salários mínimos sendo caso de aplicar-se a Súmula 303, I, *a*, do TST

B) No caso em exame, em razão do valor da condenação, Joana deverá receber o crédito por Requisição de Pequeno Valor (RPV) e Guilherme, por precatório, considerando o disposto no art. 87, II do ADCT; art. 100, § 3º, da CF/88; OJ TP n. 9 do TST ou arts. 3º e 7º da Instrução Normativa n. 32/2007 do TST.

II.8.3. Fazenda pública. Prazo. Embargos de declaração. Embargos à execução

102. **(IX Exame de Ordem)** A Fazenda Pública Estadual, na condição de tomadora de serviços terceirizados, é condenada pela Justiça do Trabalho ao pagamento de verbas trabalhistas devidas ao empregado da empresa prestadora de serviços.

Diante disso, entendendo a Fazenda Pública a presença de algumas omissões no fundamento do julgado, responda, justificadamente, aos itens a seguir.

A) Qual é o prazo que a Fazenda Pública Estadual terá para opor embargos de declaração?

B) Confirmada a sentença e sobrevindo a execução, que prazo a Fazenda Pública Estadual terá, de acordo com a lei, para ajuizar embargos de devedor?

GABARITO:

A) O prazo para a Fazenda Estadual opor embargos de declaração será de dez dias, nos termos do art. 897-A da CLT e OJ n. 192 da SDI-1 do TST, art. 1º, II ou III, do Decreto-lei n. 779/69.

B) 1ª opção: 30 dias, na forma do art. 1º-B da Lei n. 9.494/97, acrescentado pela Medida Provisória n. 2.180-35, de 24 de agosto de 2001, em vigor conforme o art. 2º da EC n. 32/2001.

2ª opção: cinco dias, na forma do art. 884, § 1º, da CLT. Em 4 de agosto de 2005, o TST considerou, em incidente de uniformização, inconstitucional a Medida Provisória n. 2.180-35 quanto à fixação de prazo processual e por não ser medida de urgência (Processo TST-RR-70/1992-011-04-00.7, em 4-8-2005) e ante a perda da eficácia da liminar deferida em 28-3-2007 pelo excelso STF na ADC 11, que ultrapassou o prazo de 180 dias previsto no art. 21, parágrafo único, da Lei n. 9.868/99, o TST retomou os julgamentos suspensos, nas ações em que se discutia a constitucionalidade do prazo previsto no art. 884 da CLT.

Comentários dos autores: Em 4 de agosto de 2005, o TST considerou, em incidente de uniformização, inconstitucional a Medida Provisória n. 2.180-35 quanto à fixação de prazo processual e por não ser medida de urgência (Processo TST-RR-70/1992-011-04-00.7, em 4-8-2005) e ante a perda da eficácia da liminar deferida em 28-3-2007 pelo excelso STF na ADC 11, que ultrapassou o prazo de 180 dias previsto no art. 21, parágrafo único, da Lei n. 9.868/99, o TST retomou os julgamentos suspensos, nas ações em que se discutia a constitucionalidade do prazo previsto no art. 884 da CLT. No entanto, como já afirmado nesta obra, o TST tem decisões admitindo o prazo de 30 dias, que em nosso ver é a posição mais acertada.

II.8.4. Execução provisória. Mandado de segurança

103. **(XIII Exame de Ordem)** Extraída carta de sentença nos autos da reclamação trabalhista movida por Jubert Machado contra a Sapataria Monte Belo Ltda., foram homologados os cálculos e citado o devedor para pagamento que, no prazo legal, ofereceu um bem como garantia, comprovando documentalmente a propriedade do referido bem. O juiz conferiu vista à parte contrária, que não aceitou o bem ofertado, desejando a penhora em dinheiro, com base nos arts. 882 da CLT e 655, I, do CPC (art. 835, I, do CPC/2015). Feita a conclusão, o juiz determinou que a penhora recaísse sobre dinheiro, tendo o valor sido bloqueado das contas do executado.

A partir do caso apresentado, responda, fundamentadamente, aos itens a seguir.

A) À luz da jurisprudência consolidada do TST, analise se a decisão do juiz está correta.

B) Se a empresa discorda da decisão judicial de apreensão de dinheiro, indique de qual medida ela poderia valer-se para tentar a reversão e em que prazo.

GABARITO:

A) A decisão do juiz não está correta, haja vista que se tratando de execução provisória e tendo a empresa oferecido um bem, ele deveria ser aceito (Súmula 417, III, do TST) ou deveria ter aceito, pois se tratando de execução provisória, ela deve ser feita da maneira menos gravosa para o devedor art. 805 do CPC/2015.

B) A empresa poderá impetrar mandado de segurança, no prazo de 120 dias, nos termos da Súmula 417, III, do TST.

Comentários dos autores: A Súmula 417 do TST foi revista, de modo que tanto na execução provisória quanto na definitiva é cabível a penhora em dinheiro, não havendo violação a direito líquido e certo, de modo que não cabe mais mandado de segurança.

104. **(XXV Exame de Ordem)** O juiz, em uma reclamação trabalhista que se encontra na fase de execução, determinou que a sociedade empresária executada apresentasse os cálculos de liquidação, o que foi feito. A seguir, o magistrado abriu vista desses cálculos ao exequente, que não se manifestou. O valor apresentado pela sociedade empresária foi então homologado, e ela foi intimada a depositar a quantia, o que foi feito. No dia seguinte à garantia do juízo, o exequente apresentou impugnação de credor, apontando falhas nas contas trazidas pela sociedade empresária. Como advogado(a) da sociedade empresária, de acordo com a previsão contida na CLT, responda aos itens a seguir.

A) Que matéria processual você alegaria em contestação à impugnação de credor? (Valor: 0,65)

B) Caso o juiz julgasse procedente a impugnação de credor, você interpusesse agravo de petição no prazo legal e ele tivesse o seguimento negado, que medida deveria ser adotada? (Valor: 0,60)

GABARITO:

A) O advogado deveria alegar a ocorrência de preclusão de que trata o Art. 879, § 2º, da CLT.

B) Deveria ser interposto o recurso de agravo de instrumento, previsto no Art. 897, b, da CLT.

II.9. Prescrição

II.9.1. Prescrição. Prevenção

105. (XIX. Exame de Ordem) Arnaldo foi dispensado em 10-3-2012, já computada a projeção do aviso-prévio devido. Em 9-3-2014, ajuizou ação trabalhista em face do ex-empregador, pleiteando horas extras e reflexos. No dia da audiência, em 21-1-2015, Arnaldo não compareceu, sendo a ação arquivada. Três semanas depois, foi proposta uma nova ação, idêntica à primeira. Antes da citação, o advogado de Arnaldo, percebendo que a inicial estava incompleta, requereu prazo para aditar a mesma, tendo sido concedidos 10 dias. Nesse prazo, apresentou aditamento à inicial, incluindo os pedidos de indenização por dano moral e adicional de periculosidade. Com base no caso narrado, de acordo com a CLT e o entendimento consolidado do TST, responda aos itens a seguir.

A) Esclareça se há algum pedido alcançado pela prescrição. Caso positivo, indique qual(is).

B) Caso a segunda demanda tivesse sido distribuída a juízo diferente daquele no qual o primeiro caso foi arquivado, o que você, como advogado(a) da empresa, suscitaria em preliminar?

GABARITO:

A) Os pedidos de adicional de periculosidade e de indenização por dano moral estão prescritos, pois o aditamento equivale a nova ação para cada pedido, tendo sido proposta depois do decurso de dois anos, sem que a interrupção da prescrição tivesse alcançado tais pleitos, nos termos da Súmula 268 do TST.

B) O advogado deverá suscitar a prevenção do juízo que conheceu da primeira demanda.

II.9.2. Prescrição. Suspensão. Independência de jurisdições

106. (III. Exame de Ordem) José, administrador, foi contratado pela empresa Mão de Obra em 5-3-2001. Em 12-12-2003, foi dispensado por justa causa, sob a alegação de ter praticado ato de improbidade. Naquela ocasião, Marcos foi acusado pelo seu empregador de ter furtado um notebook da empresa, pois o levou para casa no dia 10-3-2003 e, apesar de sucessivos pedidos de devolução, até aquele momento não o havia feito. Ocorre que, além de dispensar o empregado por justa causa, no mesmo dia o empregador foi à delegacia e efetuou um boletim de ocorrência. Três meses depois, em 12-3-2004, foi aberto inquérito policial, cujo resultado foi encaminhado ao Ministério Público estadual. Em 15-5-2004, o promotor de justiça apresentou denúncia em face de Marcos, requerendo a sua condenação. O processo criminal se desenvolveu ao longo de quase cinco anos, tendo sido proferida a sentença judicial definitiva em 12-4-2009, absolvendo Marcos José da acusação por falta de provas. Em vista dessa decisão, Marcos resolveu ajuizar ação trabalhista em face do seu antigo empregador, o que foi feito em 14-2-2010. Na petição inicial, Marcos requereu a reversão da sua dispensa para sem justa causa, bem como o pagamento de aviso-prévio, férias proporcionais e indenização de 40% sobre o FGTS.

Com base na situação concreta, responda aos itens a seguir, empregando os argumentos jurídicos apropriados e a fundamentação legal pertinente ao caso.

A) As pretensões formuladas por Marcos estão prescritas?

B) O resultado do processo criminal vinculará juridicamente o resultado do processo do trabalho?

GABARITO:

A) 1. Mencionar os prazos prescricionais trabalhistas, previstos no art. 7º, XXIX, da CF/88 ou art. 11, I, da CLT, e observar que entre a data da dispensa e a do ajuizamento da ação passaram-se mais de seis anos; e, em seguida, acrescentar que o ajuizamento da demanda criminal não era causa de interrupção ou suspensão do decurso do prazo prescricional ou 2. No caso da opção contrária, afirmar que a controvérsia envolvendo a dispensa por justa causa foi submetida ao juízo criminal. E que, nesse sentido, haveria a suspensão do prazo prescricional trabalhista; e, em seguida, acrescentar que o ajuizamento da demanda criminal era causa de suspensão do decurso do prazo prescricional, por força do art. 200 do CC, segundo o qual quando a ação se originar de fato que deva ser apurado no juízo criminal, não correrá a prescrição antes da respectiva sentença definitiva.

B) 1. Genericamente, afirmar que não há vinculação jurídica entre o processo do trabalho e o processo criminal, uma vez que se trata de jurisdições independentes. Ademais, como o intuito era o de avaliar a ideia e não a literalidade da resposta, aceitou-se a colocação de noções semelhantes, tais como "competências distintas", "liberdade de convicção do juiz" ou "instituições independentes" ou 2. Especificamente, em virtude das informações obtidas no caso concreto, afirmar que não há vinculação jurídica entre o processo do trabalho e o processo criminal, uma vez que, diante de uma sentença absolutória por falta de provas, o juiz do trabalho não está vinculado juridicamente a esse resultado, podendo analisar livremente a prova dos autos e, se convencido for, confirmar ou invalidar a justa causa referida.

II.10. Ações especiais

II.10.1. Ação de cumprimento

107. (VII Exame de Ordem) Prolatada sentença, impugnada via recurso recebido apenas em seu efeito devolutivo, em processo judicial movido por ente coletivo obreiro em face de sindicato patronal, onde se busca o estabelecimento de normas coletivas, inclusive reajuste salarial, a empresa GAMA SERVIÇOS LTDA. deixou de implementar o reajuste salarial deferido.

Sabendo-se que tal sentença foi prolatada em 5-7-2009 e o recurso interposto ainda não foi apreciado, responda aos itens a seguir, empregando os argumentos jurídicos apropriados e a fundamentação legal pertinente ao caso.

A) Na qualidade de advogado procurado por empregado da referida empresa, após 6-7-2011, qual medida judicial deve ser proposta para garantir a imediata aplicabilidade do reajuste salarial concedido na sentença?

B) Qual o termo *a quo* prescricional a ser considerado para efeito de exigibilidade dos créditos referentes ao reajuste salarial concedido?

GABARITO:

A) Na qualidade de advogado, ajuizaria uma ação de cumprimento, vez que a sentença normativa não é título executivo, de acordo com o art. 872 da CLT.

B) A fluência do prazo prescricional para ajuizamento de ação de cumprimento inicia com o trânsito em julgado da decisão, nos termos da Súmula 350 do TST.

II.10.2. Mandado de segurança. Decisão interlocutória. Recurso ordinário

108. **(XV Exame de Ordem)** Pedro e Paulo ajuizaram uma reclamação trabalhista cada. Ambas idênticas, sob o mesmo patrocínio e com pedido de antecipação de tutela para reintegração. Pedro obteve êxito na concessão da antecipação de tutela liminarmente, antes da audiência de instrução. Paulo só teve o pedido de antecipação de tutela deferido na sentença.

A) Na qualidade de advogado da empresa, qual a medida judicial a ser utilizada para reverter os efeitos da tutela deferida a Pedro?

B) Na qualidade de advogado da empresa, que medidas judiciais deverão ser adotadas para suspender e reverter os efeitos da tutela deferida a Paulo?

GABARITO:

A) No caso de Pedro, como se trata de decisão interlocutória e por não haver recurso imediato que seja cabível, deve-se lançar mão da impetração de mandado de segurança, consoante previsão da Súmula 414, II, do TST.

B) No caso de Paulo, como estamos diante de decisão definitiva (sentença de mérito), caberá a interposição de recurso ordinário, devendo-se requerer o efeito suspensivo no próprio recurso, conforme nova redação da Súmula 414, inciso I, do TST.

109. **(XXX Exame de Ordem)** Letícia trabalhava como operadora de empilhadeira e ganhava R$ 1.500,00 (um mil e quinhentos reais) mensais, valor previsto na convenção coletiva de sua categoria. Ocorre que na unidade da Federação na qual Letícia trabalhava foi fixado piso regional estadual de R$ 1.700,00 (um mil e setecentos reais) para a função de operador de empilhadeira. Em razão disso, após ter trabalhado o ano de 2018 e ser dispensada sem justa causa, Letícia ajuizou reclamação trabalhista postulando a diferença salarial entre aquilo que ela recebia mensalmente e o piso regional estadual. Considerando a situação posta, os termos da CLT e o entendimento consolidado do TST, responda às indagações a seguir.

A) Em relação ao pedido de diferença salarial, como advogado(a) do ex-empregador, que tese jurídica você apresentaria? Justifique. (Valor: 0,65)

B) Caso o pedido de diferença salarial fosse julgado procedente e o juiz tivesse concedido na sentença, a requerimento da autora, tutela de evidência para pagamento imediato do direito, que medida jurídica você adotaria para tentar neutralizar essa tutela provisória? Justifique. (Valor: 0,60)

GABARITO:

A) A tese a ser apresentada é a de que o negociado prevalece sobre o legislado, conforme o Art. 611-A, inciso IX, da CLT.

B) A medida adequada é a interposição de recurso ordinário e, paralelamente, a obtenção de efeito suspensivo a ele, mediante requerimento dirigido ao tribunal, ao relator, ao presidente ou ao vice-presidente do tribunal recorrido, na forma da Súmula 414, inciso I, do TST.

II.10.3. Inquérito Judicial para Apuração de Falta Grave

110. (XXX Exame de Ordem) Percival é dirigente sindical e, durante o seu mandato, a sociedade empresária alegou que ele praticou falta grave e, em razão disso, suspendeu-o e, 60 dias após, instaurou inquérito judicial contra ele. Na petição inicial, a sociedade empresária alegou que Percival participou de uma greve nas instalações da empresa e, em que pese não ter havido qualquer excesso ou anormalidade, a paralisação em si trouxe prejuízos financeiros para o empregador. Considerando a situação apresentada, os ditames da CLT e o entendimento consolidado dos Tribunais, responda aos itens a seguir.

A) Caso você fosse contratado por Percival para defendê-lo, que instituto jurídico preliminar você apresentaria? (Valor: 0,65)

B) Que tese de mérito você apresentaria, em favor de Percival, na defesa do inquérito? (Valor: 0,60)

GABARITO:

A) A tese a ser apresentada é a de que ocorreu decadência, porque, entre a suspensão e a instauração do inquérito, o prazo máximo é de 30 dias, conforme prevê a Súmula 403 do STF, que não foi respeitado.

B) Na defesa dos interesses do trabalhador deverá ser sustentado que a adesão simples e pacífica à greve não caracteriza falta grave, na forma da Súmula 316 do STF.

II.11. Banco Nacional de Devedores Trabalhistas. CNDT

II.11.1. BNDT. CNDT

111. (VIII Exame de Ordem) O juízo trabalhista da 90ª Vara do Trabalho de Fortaleza comunicou à empresa X quanto a inserção do seu nome no Banco Nacional de Devedores Trabalhistas. A respeito disso, responda às indagações abaixo:

A) Em que situações o nome do devedor é inscrito no BNDT (Banco Nacional de Devedores Trabalhistas)?

B) Qual(is) é(são) a(s) consequência(s) da inserção do nome de uma empresa no BNDT (Banco Nacional de Devedores Trabalhistas), com emissão de certidão positiva?

GABARITO:

A) Quando o devedor não cumprir obrigações estabelecidas em sentença condenatória transitada em julgado proferida pela Justiça do Trabalho, em acordos judiciais trabalhistas e acordos firmados perante o Ministério Público do Trabalho ou Comissão de Conciliação Prévia, na forma do art. 642-A da CLT.

B) Ficará impossibilitada de participar de licitações, conforme a Lei n. 8.666/93, alterada pela a Lei n. 12.440/2011.

Parte IV – Súmulas selecionadas

5. DIREITO DO TRABALHO

5.1. Equiparação salarial

Súmula 6. EQUIPARAÇÃO SALARIAL. ART. 461 DA CLT (redação do item VI alterada) – Res. 198/2015, republicada em razão de erro material – DEJT divulgado em 12, 15 e 16-6-2015.

I – Para os fins previstos no § 2º do art. 461 da CLT, só é válido o quadro de pessoal organizado em carreira quando homologado pelo Ministério do Trabalho, excluindo-se, apenas, dessa exigência o quadro de carreira das entidades de direito público da administração direta, autárquica e fundacional aprovado por ato administrativo da autoridade competente. (ex-Súmula n. 06 – alterada pela Res. 104/2000, *DJ* 20-12-2000) II – Para efeito de equiparação de salários em caso de trabalho igual, conta-se o tempo de serviço na função e não no emprego. (ex-Súmula n. 135 – RA 102/1982, *DJ* 11-10-1982 e *DJ* 15-10-1982) III – A equiparação salarial só é possível se o empregado e o paradigma exercerem a mesma função, desempenhando as mesmas tarefas, não importando se os cargos têm, ou não, a mesma denominação. (ex-OJ da SBDI-I n. 328 – *DJ* 9-12-2003) IV – É desnecessário que, ao tempo da reclamação sobre equiparação salarial, reclamante e paradigma estejam a serviço do estabelecimento, desde que o pedido se relacione com situação pretérita. (ex-Súmula n. 22 – RA 57/1970, DO-GB 27-11-1970) V – A cessão de empregados não exclui a equiparação salarial, embora exercida a função em órgão governamental estranho à cedente, se esta responde pelos salários do paradigma e do reclamante. (ex-Súmula n. 111 – RA 102/1980, *DJ* 25-9-1980) VI – Presentes os pressupostos do art. 461 da CLT, é irrelevante a circunstância de que o desnível salarial tenha origem em decisão judicial que beneficiou o paradigma, exceto: a) se decorrente de vantagem pessoal ou de tese jurídica superada pela jurisprudência de Corte Superior; b) na hipótese de equiparação salarial em cadeia, suscitada em defesa, se o empregador produzir prova do alegado fato modificativo, impeditivo ou extintivo do direito à equiparação salarial em relação ao paradigma remoto, considerada irrelevante, para esse efeito, a existência de diferença de tempo de serviço na função superior a dois anos entre o reclamante e os empregados paradigmas componentes da cadeia equiparatória, à exceção do paradigma imediato. VII – Desde que atendidos os requisitos do art. 461 da

CLT, é possível a equiparação salarial de trabalho intelectual, que pode ser avaliado por sua perfeição técnica, cuja aferição terá critérios objetivos. (ex-OJ da SBDI-I n. 298 – *DJ* 11-8-2003) VIII – É do empregador o ônus da prova do fato impeditivo, modificativo ou extintivo da equiparação salarial. (ex-Súmula n. 68 – RA 9/1977, *DJ* 11-2-1977) IX – Na ação de equiparação salarial, a prescrição é parcial e só alcança as diferenças salariais vencidas no período de 5 (cinco) anos que precedeu o ajuizamento. (ex-Súmula n. 274 – alterada pela Res. 121/2003, *DJ* 21-11-2003) X – O conceito de "mesma localidade" de que trata o art. 461 da CLT refere-se, em princípio, ao mesmo município, ou a municípios distintos que, comprovadamente, pertençam à mesma região metropolitana. (ex-OJ da SBDI-I n. 252 – inserida em 13-3-2002)

Súmula 455. EQUIPARAÇÃO SALARIAL. SOCIEDADE DE ECONOMIA MISTA. ART. 37, XIII, DA CF/1988. POSSIBILIDADE. (conversão da Orientação Jurisprudencial n. 353 da SBDI-I com nova redação) – Res. 194/2014, DEJT divulgado em 21, 22 e 23-5-2014.

À sociedade de economia mista não se aplica a vedação à equiparação prevista no art. 37, XIII, da CF/1988, pois, ao admitir empregados sob o regime da CLT, equipara-se a empregador privado, conforme disposto no art. 173, § 1º, II, da CF/1988.

5.2. Carteira de trabalho

Súmula 12. CARTEIRA PROFISSIONAL (mantida) – Res. 121/2003, *DJ* 19, 20 e 21-11-2003.

As anotações apostas pelo empregador na carteira profissional do empregado não geram presunção "juris et de jure", mas apenas "juris tantum".

5.3. Rescisão indireta

Súmula 13. MORA (mantida) – Res. 121/2003, *DJ* 19, 20 e 21-11-2003.

O só pagamento dos salários atrasados em audiência não ilide a mora capaz de determinar a rescisão do contrato de trabalho.

5.4. Rescisão por justa causa

Súmula 32. ABANDONO DE EMPREGO (nova redação) – Res. 121/2003, *DJ* 19, 20 e 21-11-2003.

Presume-se o abandono de emprego se o trabalhador não retornar ao serviço no prazo de 30 (trinta) dias após a cessação do benefício previdenciário nem justificar o motivo de não o fazer.

Súmula 62. ABANDONO DE EMPREGO (mantida) – Res. 121/2003, *DJ* 19, 20 e 21-11-2003.

O prazo de decadência do direito do empregador de ajuizar inquérito em face do empregado que incorre em abandono de emprego é contado a partir do momento em que o empregado pretendeu seu retorno ao serviço.

5.5. Regulamento interno

Súmula 51. NORMA REGULAMENTAR. VANTAGENS E OPÇÃO PELO NOVO REGULAMENTO. ART. 468 DA CLT (incorporada a Orientação Jurisprudencial n. 163 da SBDI-I) – Res. 129/2005, *DJ* 20, 22 e 25-4-2005.

I – As cláusulas regulamentares, que revoguem ou alterem vantagens deferidas anteriormente, só atingirão os trabalhadores admitidos após a revogação ou alteração do regulamento. (ex-Súmula n. 51 – RA 41/1973, *DJ* 14-6-1973) II – Havendo a coexistência de dois regulamentos da empresa, a opção do empregado por um deles tem efeito jurídico de renúncia às regras do sistema do outro. (ex-OJ n. 163 da SBDI-I – inserida em 26-3-1999)

5.6. Empregador

Súmula 129. CONTRATO DE TRABALHO. GRUPO ECONÔMICO (mantida) – Res. 121/2003, *DJ* 19, 20 e 21-11-2003.

A prestação de serviços a mais de uma empresa do mesmo grupo econômico, durante a mesma jornada de trabalho, não caracteriza a coexistência de mais de um contrato de trabalho, salvo ajuste em contrário.

5.7. Gratificação

Súmula 202. GRATIFICAÇÃO POR TEMPO DE SERVIÇO. COMPENSAÇÃO (mantida) – Res. 121/2003, *DJ* 19, 20 e 21-11-2003.

Existindo, ao mesmo tempo, gratificação por tempo de serviço outorgada pelo empregador e outra da mesma natureza prevista em acordo coletivo, convenção coletiva ou sentença normativa, o empregado tem direito a receber, exclusivamente, a que lhe seja mais benéfica.

5.8. Ônus da prova

Súmula 212. DESPEDIMENTO. ÔNUS DA PROVA (mantida) – Res. 121/2003, *DJ* 19, 20 e 21-11-2003.

O ônus de provar o término do contrato de trabalho, quando negados a prestação de serviço e o despedimento, é do empregador, pois o princípio da continuidade da relação de emprego constitui presunção favorável ao empregado.

5.9. Aviso-prévio

Súmula 230. AVISO-PRÉVIO. SUBSTITUIÇÃO PELO PAGAMENTO DAS HORAS REDUZIDAS DA JORNADA DE TRABALHO (mantida) – Res. 121/2003, *DJ* 19, 20 e 21-11-2003.

É ilegal substituir o período que se reduz da jornada de trabalho, no aviso-prévio, pelo pagamento das horas correspondentes.

Súmula 276. AVISO-PRÉVIO. RENÚNCIA PELO EMPREGADO (mantida) – Res. 121/2003, *DJ* 19, 20 e 21-11-2003.

O direito ao aviso-prévio é irrenunciável pelo empregado. O pedido de dispensa de cumprimento não exime o empregador de pagar o respectivo valor, salvo comprovação de haver o prestador dos serviços obtido novo emprego.

Súmula 441. AVISO-PRÉVIO. PROPORCIONALIDADE – Res. 185/2012, DEJT divulgado em 25, 26 e 27-9-2012.

O direito ao aviso-prévio proporcional ao tempo de serviço somente é assegurado nas rescisões de contrato de trabalho ocorridas a partir da publicação da Lei n. 12.506, em 13 de outubro de 2011.

5.10. Terceirização

Súmula 331. CONTRATO DE PRESTAÇÃO DE SERVIÇOS. LEGALIDADE (nova redação do item IV e inseridos os itens V e VI à redação) – Res. 174/2011, DEJT divulgado em 27, 30 e 31-5-2011.

I – A contratação de trabalhadores por empresa interposta é ilegal, formando-se o vínculo diretamente com o tomador dos serviços, salvo no caso de trabalho temporário (Lei n. 6.019, de 3-1-1974). II – A contratação irregular de trabalhador, mediante empresa interposta, não gera vínculo de emprego com os órgãos da Administração Pública direta, indireta ou fundacional (art. 37, II, da CF/1988). III – Não forma vínculo de emprego com o tomador a contratação de serviços de vigilância (Lei n. 7.102, de 20-6-1983) e de conservação e limpeza, bem como a de serviços especializados ligados à atividade-meio do tomador, desde que inexistente a pessoalidade e a subordinação direta. IV – O inadimplemento das obrigações trabalhistas, por parte do empregador, implica a responsabilidade subsidiária do tomador dos serviços quanto àquelas obrigações, desde que haja participado da relação processual e conste também do título executivo judicial. V – Os entes integrantes da Administração Pública direta e indireta respondem subsidiariamente, nas mesmas condições do item IV, caso evidenciada a sua conduta culposa no cumprimento das obrigações da Lei n. 8.666, de 21-6-1993, especialmente na fiscalização do cumprimento das obrigações contratuais e legais da prestadora de serviço como empregadora. A aludida responsabilidade não decorre de mero inadimplemento das obrigações trabalhistas assumidas pela empresa regularmente contratada. VI – A responsabilidade subsidiária do tomador de serviços abrange todas as verbas decorrentes da condenação referentes ao período da prestação laboral.

5.11. Jornada de trabalho

Súmula 60. ADICIONAL NOTURNO. INTEGRAÇÃO NO SALÁRIO E PRORROGAÇÃO EM HORÁRIO DIURNO (incorporada a Orientação Jurisprudencial n. 6 da SBDI-I) – Res. 129/2005, *DJ* 20, 22 e 25-4-2005.

I – O adicional noturno, pago com habitualidade, integra o salário do empregado para todos os efeitos. (ex-Súmula n. 60 – RA 105/1974, *DJ* 24-10-1974) II – Cumprida integralmente a jornada no período noturno e prorrogada esta, devido é também o adicional quanto às horas prorrogadas. Exegese do art. 73, § 5º, da CLT. (ex-OJ n. 6 da SBDI-I – inserida em 25-11-1996)

Súmula 85. COMPENSAÇÃO DE JORNADA (inserido o item VI) – Res. 209/2016, DEJT divulgado em 1, 2 e 3-6-2016.

I. A compensação de jornada de trabalho deve ser ajustada por acordo individual escrito, acordo coletivo ou convenção coletiva. (ex-Súmula n. 85 – primeira parte – alterada pela Res. 121/2003, *DJ* 21-11-2003) II. O acordo individual para compensação de horas é válido, salvo se houver norma coletiva em sentido contrário. (ex-OJ n. 182 da SBDI-I – inserida em 08-11-2000) III. O mero não atendimento das exigências legais para a compensação de jornada, inclusive quando encetada mediante acordo tácito, não implica a repetição do pagamento das horas excedentes à jornada normal diária, se não dilatada a jornada máxima semanal, sendo devido apenas o respectivo adicional. (ex-Súmula n. 85 – segunda parte – alterada pela Res. 121/2003, *DJ* 21-11-2003) IV. A prestação de horas extras habituais descaracteriza o acordo de compensação de jornada. Nesta hipótese, as horas que ultrapassarem a jornada semanal normal deverão ser pagas como horas extraordinárias e, quanto àquelas destinadas à compensação, deverá ser pago a mais apenas o adicional por trabalho extraordinário. (ex-OJ n. 220 da SBDI-I – inserida em 20-6-2001) V. As disposições contidas nesta súmula não se aplicam ao regime compensatório na modalidade "banco de horas", que somente pode ser instituído por negociação coletiva. VI. Não é válido acordo de compensação de jornada em atividade insalubre, ainda que estipulado em norma coletiva, sem a necessária inspeção prévia e permissão da autoridade competente, na forma do art. 60 da CLT.

Súmula 338. JORNADA DE TRABALHO. REGISTRO. ÔNUS DA PROVA (incorporadas as Orientações Jurisprudenciais n. 234 e 306 da SBDI-I) – Res. 129/2005, *DJ* 20, 22 e 25-4-2005.

I – É ônus do empregador que conta com mais de 10 (dez) empregados o registro da jornada de trabalho na forma do art. 74, § 2º, da CLT. A não-apresentação injustificada dos controles de frequência gera presunção relativa de veracidade da jornada de trabalho, a qual pode ser elidida por prova em contrário. (ex-Súmula n. 338 – alterada pela Res. 121/2003, *DJ* 21-11-2003) II – A presunção de veracidade da jornada de trabalho, ainda que prevista em instrumento normativo, pode ser elidida por prova em contrário. (ex-OJ n. 234 da SBDI-I – inserida em 20-6-2001) III – Os cartões de ponto que demonstram horários de entrada e saída uniformes são inválidos como meio de prova, invertendo-se o ônus da prova, relativo às horas extras, que passa a ser do empregador, prevalecendo a jornada da inicial se dele não se desincumbir. (ex-OJ n. 306 da SBDI-I- *DJ* 11-8-2003)

Súmula 360. TURNOS ININTERRUPTOS DE REVEZAMENTO. INTERVALOS INTRAJORNADA E SEMANAL (mantida) – Res. 121/2003, *DJ* 19, 20 e 21-11-2003.

A interrupção do trabalho destinada a repouso e alimentação, dentro de cada turno, ou o intervalo para repouso semanal, não descaracteriza o turno de revezamento com jornada de 6 (seis) horas previsto no art. 7º, XIV, da CF/1988.

Súmula 366. CARTÃO DE PONTO. REGISTRO. HORAS EXTRAS. MINUTOS QUE ANTECEDEM E SUCEDEM A JORNADA DE TRABALHO (nova redação) – Res. 197/2015, DEJT divulgado em 14, 15 e 18-5-2015.

Não serão descontadas nem computadas como jornada extraordinária as variações de horário do registro de ponto não excedentes de cinco minutos, observado o limite máximo de dez minutos diários. Se ultrapassado esse limite, será considerada como extra a totalidade do tempo que exceder a jornada normal, pois configurado tempo à disposição do empregador, não importando as atividades desenvolvidas pelo empregado ao longo do tempo residual (troca de uniforme, lanche, higiene pessoal etc.).

Súmula 376. HORAS EXTRAS. LIMITAÇÃO. ART. 59 DA CLT. REFLEXOS (conversão das Orientações Jurisprudenciais n. 89 e 117 da SBDI-I) – Res. 129/2005, *DJ* 20, 22 e 25-4-2005.

I – A limitação legal da jornada suplementar a duas horas diárias não exime o empregador de pagar todas as horas trabalhadas. (ex-OJ n. 117 da SBDI-I – inserida em 20-11-1997) Súmulas A-116 SÚMULAS II – O valor das horas extras habitualmente prestadas integra o cálculo dos haveres trabalhistas, independentemente da limitação prevista no *caput* do art. 59 da CLT. (ex-OJ n. 89 da SBDI-I – inserida em 28-4-1997)

Súmula 423. TURNO ININTERRUPTO DE REVEZAMENTO. FIXAÇÃO DE JORNADA DE TRABALHO MEDIANTE NEGOCIAÇÃO COLETIVA. VALIDADE (conversão da Orientação Jurisprudencial n. 169 da SBDI-I) – Res. 139/2006 – *DJ* 10, 11 e 13-10-2006.

Estabelecida jornada superior a seis horas e limitada a oito horas por meio de regular negociação coletiva, os empregados submetidos a turnos ininterruptos de revezamento não tem direito ao pagamento da 7ª e 8ª horas como extras.

Súmula 428. SOBREAVISO. APLICAÇÃO ANALÓGICA DO ART. 244, § 2º, DA CLT (redação alterada na sessão do Tribunal Pleno realizada em 14-9-2012) – Res. 185/2012 – DEJT divulgado em 25, 26 e 27-9-2012.

I – O uso de instrumentos telemáticos ou informatizados fornecidos pela empresa ao empregado, por si só, não caracteriza o regime de sobreaviso. II – Considera-se em sobreaviso o empregado que, à distância e submetido a controle patronal por instrumentos telemáticos ou informatizados, permanecer em regime de plantão ou equivalente, aguardando a qualquer momento o chamado para o serviço durante o período de descanso.

5.12. Descontos salariais

Súmula 342. DESCONTOS SALARIAIS. ART. 462 DA CLT (mantida) – Res. 121/2003, *DJ* 19, 20 e 21-11-2003.

Descontos salariais efetuados pelo empregador, com a autorização prévia e por escrito do empregado, para ser integrado em planos de assistência odontológica, médico-hospitalar, de seguro, de previdência privada, ou de entidade cooperativa, cultural ou recreativo-associativa de seus trabalhadores, em seu benefício e de seus dependentes, não afrontam o disposto no art. 462 da CLT, salvo se ficar demonstrada a existência de coação ou de outro defeito que vicie o ato jurídico.

5.13. Contrato de trabalho

Súmula 363. CONTRATO NULO. EFEITOS (nova redação) – Res. 121/2003, *DJ* 19, 20 e 21-11-2003.

A contratação de servidor público, após a CF/1988, sem prévia aprovação em concurso público, encontra óbice no respectivo art. 37, II e § 2º, somente lhe conferindo direito ao pagamento da contraprestação pactuada, em relação ao número de horas trabalhadas, respeitado o valor da hora do salário mínimo, e dos valores referentes aos depósitos do FGTS.

Súmula 382. MUDANÇA DE REGIME CELETISTA PARA ESTATUTÁRIO. EXTINÇÃO DO CONTRATO. PRESCRIÇÃO BIENAL (conversão da Orientação Jurisprudencial n. 128 da SBDI-I) – Res. 129/2005, *DJ* 20, 22 e 25-4-2005.

A transferência do regime jurídico de celetista para estatutário implica extinção do contrato de trabalho, fluindo o prazo da prescrição bienal a partir da mudança de regime. (ex-OJ n. 128 da SBDI-I – inserida em 20-4-1998)

Súmula 386. POLICIAL MILITAR. RECONHECIMENTO DE VÍNCULO EMPREGATÍCIO COM EMPRESA PRIVADA (conversão da Orientação Jurisprudencial n. 167 da SBDI-I) – Res. 129/2005, *DJ* 20, 22 e 25-4-2005.

Preenchidos os requisitos do art. 3º da CLT, é legítimo o reconhecimento de relação de emprego entre policial militar e empresa privada, independentemente do eventual cabimento de penalidade disciplinar prevista no Estatuto do Policial Militar. (ex-OJ n. 167 da SBDI-I – inserida em 26-3-1999)

5.14. Férias

Súmula 450. FÉRIAS. GOZO NA ÉPOCA PRÓPRIA. PAGAMENTO FORA DO PRAZO. DOBRA DEVIDA. ARTS. 137 E 145 DA CLT. (conversão da Orientação Jurisprudencial n. 386 da SBDII) – Res. 194/2014, DEJT divulgado em 21, 22 e 23-5-2014.

É devido o pagamento em dobro da remuneração de férias, incluído o terço constitucional, com base no art. 137 da CLT, quando, ainda que gozadas na época própria, o empregador tenha descumprido o prazo previsto no art. 145 do mesmo diploma legal.

5.15. Gorjetas

Súmula 354. GORJETAS. NATUREZA JURÍDICA. REPERCUSSÕES (mantida) – Res. 121/2003, *DJ* 19, 20 e 21-11-2003.

As gorjetas, cobradas pelo empregador na nota de serviço ou oferecidas espontaneamente pelos clientes, integram a remuneração do empregado, não servindo de base de cálculo para as parcelas de aviso-prévio, adicional noturno, horas extras e repouso semanal remunerado.

5.16. **Adicionais**

Súmula 80. INSALUBRIDADE (mantida) – Res. 121/2003, *DJ* 19, 20 e 21-11-2003.

Súmulas A-20 SÚMULAS A eliminação da insalubridade mediante fornecimento de aparelhos protetores aprovados pelo órgão competente do Poder Executivo exclui a percepção do respectivo adicional.

Súmula 248. ADICIONAL DE INSALUBRIDADE. DIREITO ADQUIRIDO (mantida) – Res. 121/2003, *DJ* 19, 20 e 21-11-2003.

A reclassificação ou a descaracterização da insalubridade, por ato da autoridade competente, repercute na satisfação do respectivo adicional, sem ofensa a direito adquirido ou ao princípio da irredutibilidade salarial.

Súmula 265. ADICIONAL NOTURNO. ALTERAÇÃO DE TURNO DE TRABALHO. POSSIBILIDADE DE SUPRESSÃO (mantida) – Res. 121/2003, *DJ* 19, 20 e 21-11-2003.

A transferência para o período diurno de trabalho implica a perda do direito ao adicional noturno.

Súmula 448. ATIVIDADE INSALUBRE. CARACTERIZAÇÃO. PREVISÃO NA NORMA REGULAMENTADORA N. 15 DA PORTARIA DO MINISTÉRIO DO TRABALHO N. 3.214/78. INSTALAÇÕES SANITÁRIAS. (conversão da Orientação Jurisprudencial n. 4 da SBDI-I com nova redação do item II) – Res. 194/2014, DEJT divulgado em 21, 22 e 23-5-2014.

I – Não basta a constatação da insalubridade por meio de laudo pericial para que o empregado tenha direito ao respectivo adicional, sendo necessária a classificação da atividade insalubre na relação oficial elaborada pelo Ministério do Trabalho. II – A higienização de instalações sanitárias de uso público ou coletivo de grande circulação, e a respectiva coleta de lixo, por não se equiparar à limpeza em residências e escritórios, enseja o pagamento de adicional de insalubridade em grau máximo, incidindo o disposto no Anexo 14 da NR-15 da Portaria do MTE n. 3.214/78 quanto à coleta e industrialização de lixo urbano.

Súmula 364. ADICIONAL DE PERICULOSIDADE. EXPOSIÇÃO EVENTUAL, PERMANENTE E INTERMITENTE (inserido o item II) – Res. 209/2016, DEJT divulgado em 1, 2 e 3-6-2016.

I – Tem direito ao adicional de periculosidade o empregado exposto permanentemente ou que, de forma intermitente, sujeita-se a condições de risco. Indevido, apenas, quando o contato dá-se de forma eventual, assim considerado o fortuito, ou o que, sendo habitual, dá-se por tempo extremamente reduzido. (ex-OJs da SBDI-I n. 05 – inserida em 14-3-1994 – e 280 – *DJ* 11-8-2003). II – Não é válida a cláusula de acordo ou convenção coletiva de trabalho fixando o adicional de periculosidade em percentual inferior ao estabelecido em lei e proporcional ao tempo de exposição ao risco, pois tal parcela constitui medida de higiene, saúde e segurança do trabalho, garantida por norma de ordem pública (arts. 7º, XXII e XXIII, da CF e 193, § 1º, da CLT).

5.17. Participação nos lucros e resultados

Súmula 451. PARTICIPAÇÃO NOS LUCROS E RESULTADOS. RESCISÃO CONTRATUAL ANTERIOR À DATA DA DISTRIBUIÇÃO DOS LUCROS. PAGAMENTO PROPORCIONAL AOS MESES TRABALHADOS. PRINCÍPIO DA ISONOMIA. (conversão da Orientação Jurisprudencial n. 390 da SBDI-I) – Res. 194/2014, DEJT divulgado em 21, 22 e 23-5-2014.

Fere o princípio da isonomia instituir vantagem mediante acordo coletivo ou norma regulamentar que condiciona a percepção da parcela participação nos lucros e resultados ao fato de estar o contrato de trabalho em vigor na data prevista para a distribuição dos lucros. Assim, inclusive na rescisão contratual antecipada, é devido o pagamento da parcela de forma proporcional aos meses trabalhados, pois o ex-empregado concorreu para os resultados positivos da empresa.

5.18. Salário *in natura*

Súmula 367. UTILIDADES *IN NATURA*. HABITAÇÃO. ENERGIA ELÉTRICA. VEÍCULO. CIGARRO. NÃO INTEGRAÇÃO AO SALÁRIO (conversão das Orientações Jurisprudenciais n. 24, 131 e 246 da SBDI-I) – Res. 129/2005, *DJ* 20, 22 e 25-4-2005.

I – A habitação, a energia elétrica e veículo fornecidos pelo empregador ao empregado, quando indispensáveis para a realização do trabalho, não têm natureza salarial, ainda que, no caso de veículo, seja ele utilizado pelo empregado também em atividades particulares. (ex-OJs da SBDI-I n. 131 – inserida em 20-4-1998 e ratificada pelo Tribunal Pleno em 7-12-2000 – e 246 – inserida em 20-6-2001) II – O cigarro não se considera salário utilidade em face de sua nocividade à saúde. (ex-OJ n. 24 da SBDI-I – inserida em 29-3-1996)

5.19. Fundo de Garantia por Tempo de Serviço

Súmula 305. FUNDO DE GARANTIA DO TEMPO DE SERVIÇO. INCIDÊNCIA SOBRE O AVISO-PRÉVIO (mantida) – Res. 121/2003, *DJ* 19, 20 e 21-11-2003.

O pagamento relativo ao período de aviso-prévio, trabalhado ou não, está sujeito a contribuição para o FGTS.

Súmula 362. FGTS. PRESCRIÇÃO (redação alterada) – Res. 198/2015, republicada em razão de erro material – DEJT divulgado em 12, 15 e 16-6-2015.

I – Para os casos em que a ciência da lesão ocorreu a partir de 13-11-2014, é quinquenal a prescrição do direito de reclamar contra o não-recolhimento de contribuição para o FGTS, observado o prazo de dois anos após o término do contrato; II – Para os casos em que o prazo prescricional já estava em curso em 13-11-2014, aplica-se o prazo prescricional que se consumar primeiro: trinta anos, contados do termo inicial, ou cinco anos, a partir de 13-11-2014 (STF-ARE-709212/DF).

5.20. Estabilidades provisórias

Súmula 244. GESTANTE. ESTABILIDADE PROVISÓRIA (redação do item III alterada na sessão do Tribunal Pleno realizada em 14-9-2012) – Res. 185/2012 – DEJT divulgado em 25, 26 e 27-9-2012.

I – O desconhecimento do estado gravídico pelo empregador não afasta o direito ao pagamento da indenização decorrente da estabilidade (art. 10, II, "b" do ADCT). II – A garantia de emprego à gestante só autoriza a reintegração se esta se der durante o período de estabilidade. Do contrário, a garantia restringe-se aos salários e demais direitos correspondentes ao período de estabilidade. III – A empregada gestante tem direito à estabilidade provisória prevista no art. 10, inciso II, alínea *b*, do Ato das Disposições Constitucionais Transitórias, mesmo na hipótese de admissão mediante contrato por tempo determinado.

Súmula 339. CIPA. SUPLENTE. GARANTIA DE EMPREGO. CF/1988 (incorporadas as Orientações Jurisprudenciais n. 25 e 329 da SBDII) – Res. 129/2005, *DJ* 20, 22 e 25-4-2005.

I – O suplente da CIPA goza da garantia de emprego prevista no art. 10, II, "a", do ADCT a partir da promulgação da Constituição Federal de 1988. (ex-Súmula n. 339 – Res. 39/1994, *DJ* 22-12-1994 – e ex-OJ n. 25 da SBDI-I – inserida em 29-3-1996) II – A estabilidade provisória do cipeiro não constitui vantagem pessoal, mas garantia para as atividades dos membros da CIPA, que somente tem razão de ser quando em atividade a empresa. Extinto o estabelecimento, não se verifica a despedida arbitrária, sendo impossível a reintegração e indevida a indenização do período estabilitário. (ex-OJ n. 329 da SBDI-I – *DJ* 9-12-2003)

Súmula 369. DIRIGENTE SINDICAL. ESTABILIDADE PROVISÓRIA (redação do item I alterada na sessão do Tribunal Pleno realizada em 14-9-2012) – Res. 185/2012 – DEJT divulgado em 25, 26 e 27-9-2012.

I – É assegurada a estabilidade provisória ao empregado dirigente sindical, ainda que a comunicação do registro da candidatura ou da eleição e da posse seja realizada fora do prazo previsto no art. 543, § 5º, da CLT, desde que a ciência ao empregador, por qualquer meio, ocorra na vigência do contrato de trabalho. II – O art. 522 da CLT foi recepcionado pela Constituição Federal de 1988. Fica limitada, assim, a estabilidade a que alude o art. 543, § 3º, da CLT a sete dirigentes sindicais e igual número de suplentes. III – O empregado de categoria diferenciada eleito dirigente sindical só goza de estabilidade se exercer na empresa atividade pertinente à categoria profissional do sindicato para o qual foi eleito dirigente. (ex-OJ n. 145 da SBDI-I – inserida em 27-11-1998) IV – Havendo extinção da atividade empresarial no âmbito da base territorial do sindicato, não há razão para subsistir a estabilidade. (ex-OJ n. 86 da SBDI-I – inserida em 28-4-1997) V – O registro da candidatura do empregado a cargo de dirigente sindical durante o período de aviso-prévio, ainda que indenizado, não lhe assegura a estabilidade, visto que inaplicável a regra do § 3º do art. 543 da Consolidação das Leis do Trabalho. (ex-OJ n. 35 da SBDI-I – inserida em 14-3-1994)

Súmula 378. ESTABILIDADE PROVISÓRIA. ACIDENTE DO TRABALHO. ART. 118 DA LEI N. 8.213/1991. (inserido o item III) – Res. 185/2012 – DEJT divulgado em 25, 26 e 27-9-2012.

I – É constitucional o artigo 118 da Lei n. 8.213/1991 que assegura o direito à estabilidade provisória por período de 12 meses após a cessação do auxílio-doença ao empregado acidentado. (ex-OJ n. 105 da SBDI-I – inserida em 01-10-1997) II – São pressupostos para a concessão da estabilidade o afastamento superior a 15 dias e a consequente percepção do auxílio-doença acidentário, salvo se constatada, após a despedida, doença profissional que guarde relação de causalidade com a execução do contrato de emprego. (primeira parte – ex-OJ n. 230 da SBDI-I – inserida em 20-6-2001). III – O empregado submetido a contrato de trabalho por tempo determinado goza da garantia provisória de emprego decorrente de acidente de trabalho prevista no art. 118 da Lei n. 8.213/91.

Súmula 379. DIRIGENTE SINDICAL. DESPEDIDA. FALTA GRAVE. INQUÉRITO JUDICIAL. NECESSIDADE (conversão da Orientação Jurisprudencial n. 114 da SBDI-I) – Res. 129/2005, *DJ* 20, 22 e 25-4-2005.

O dirigente sindical somente poderá ser dispensado por falta grave mediante a apuração em inquérito judicial, inteligência dos arts. 494 e 543, § 3º, da CLT. (ex-OJ n. 114 da SBDI-I – inserida em 20-11-1997)

Súmula 390. ESTABILIDADE. ART. 41 DA CF/1988. CELETISTA. ADMINISTRAÇÃO DIRETA, AUTÁRQUICA OU FUNDACIONAL. APLICABILIDADE. EMPREGADO DE EMPRESA PÚBLICA E SOCIEDADE DE ECONOMIA MISTA. INAPLICÁVEL (conversão das Orientações Jurisprudenciais n. 229 e 265 da SBDI-I e da Orientação Jurisprudencial n. 22 da SBDI-II) – Res. 129/2005, *DJ* 20, 22 e 25-4-2005.

Súmulas A-121 SÚMULAS I – O servidor público celetista da administração direta, autárquica ou fundacional é beneficiário da estabilidade prevista no art. 41 da CF/1988. (ex-OJs n. 265 da SBDI-I – inserida em 27-9-2002 – e 22 da SBDI-II – inserida em 20-9-00) II – Ao empregado de empresa pública ou de sociedade de economia mista, ainda que admitido mediante aprovação em concurso público, não é garantida a estabilidade prevista no art. 41 da CF/1988. (ex-OJ n. 229 da SBDI-I – inserida em 20-6-2001)

6. DIREITO PROCESSUAL DO TRABALHO

6.1. *Jus postulandi*

Súmula 425. *JUS POSTULANDI* NA JUSTIÇA DO TRABALHO. ALCANCE – Res. 165/2010, DEJT divulgado em 30-4-2010 e 3 e 4-5-2010.

O *jus postulandi* das partes, estabelecido no art. 791 da CLT, limita-se às Varas do Trabalho e aos Tribunais Regionais do Trabalho, não alcançando a ação rescisória, a ação cautelar, o mandado de segurança e os recursos de competência do Tribunal Superior do Trabalho.

6.2. Conciliação

Súmula 418. MANDADO DE SEGURANÇA VISANDO À HOMOLOGAÇÃO DE ACORDO (nova redação em decorrência do CPC de 2015) – Res. 217/2017, DEJT divulgado em 20, 24 e 25.04.2017.

A homologação de acordo constitui faculdade do juiz, inexistindo direito líquido e certo tutelável pela via do mandado de segurança.

6.3. Recursos

Súmula 214. DECISÃO INTERLOCUTÓRIA. IRRECORRIBILIDADE (nova redação) – Res. 127/2005, *DJ* 14, 15 e 16-3-2005.

Na Justiça do Trabalho, nos termos do art. 893, § 1º, da CLT, as decisões interlocutórias não ensejam recurso imediato, salvo nas hipóteses de decisão: a) de Tribunal Regional do Trabalho contrária à Súmula ou Orientação Jurisprudencial do Tribunal Superior do Trabalho; b) suscetível de impugnação mediante recurso para o mesmo Tribunal; c) que acolhe exceção de incompetência territorial, com a remessa dos autos para Tribunal Regional distinto daquele a que se vincula o juízo excepcionado, consoante o disposto no art. 799, § 2º, da CLT.

Súmula 383. RECURSO. MANDATO. IRREGULARIDADE DE REPRESENTAÇÃO. CPC DE 2015, ARTS. 104 E 76, § 2º (nova redação em decorrência do CPC de 2015) – Res. 210/2016, DEJT divulgado em 30-6, 1º e 4-7-2016.

I – É inadmissível recurso firmado por advogado sem procuração juntada aos autos até o momento da sua interposição, salvo mandato tácito. Em caráter excepcional (art. 104 do CPC de 2015), admite-se que o advogado, independentemente de intimação, exiba a procuração no prazo de 5 (cinco) dias após a interposição do recurso, prorrogável por igual período mediante despacho do juiz. Caso não a exiba, considera-se ineficaz o ato praticado e não se conhece do recurso. II – Verificada a irregularidade de representação da parte em fase recursal, em procuração ou substabelecimento já constante dos autos, o relator ou o órgão competente para julgamento do recurso designará prazo de 5 (cinco) dias para que seja sanado o vício. Descumprida a determinação, o relator não conhecerá do recurso, se a providência couber ao recorrente, ou determinará o desentranhamento das contrarrazões, se a providência couber ao recorrido (art. 76, § 2º, do CPC de 2015).

Súmula 422. RECURSO. FUNDAMENTO AUSENTE OU DEFICIENTE. NÃO CONHECIMENTO (redação alterada, com inserção dos itens I, II e III) – Res. 199/2015, DEJT divulgado em 24, 25 e 26-6-2015. Com errata publicada no DEJT divulgado em 1-7-2015.

I – Não se conhece de recurso para o Tribunal Superior do Trabalho se as razões do recorrente não impugnam os fundamentos da decisão recorrida, nos termos em que proferida. II – O entendimento referido no item anterior não se aplica em relação à motivação secundária e impertinente, consubstanciada em despacho de admissibilidade de recurso ou em decisão monocrática. III – Inaplicável a exigência do item I relativamente ao recurso ordinário da competência de Tribunal Regional do Trabalho, exceto em caso de recurso cuja motivação é inteiramente dissociada dos fundamentos da sentença.

Súmula 303. FAZENDA PÚBLICA. REEXAME NECESSÁRIO (nova redação em decorrência do CPC de 2015) – Res. 211/2016, DEJT divulgado em 24, 25 e 26-8-2016.

I – Em dissídio individual, está sujeita ao reexame necessário, mesmo na vigência da Constituição Federal de 1988, decisão contrária à Fazenda Pública, salvo quando a condenação não ultrapassar o valor correspondente a: a) 1.000 (mil) salários mínimos para a União e as respectivas autarquias e fundações de direito público; b) 500 (quinhentos) salários mínimos para os Estados, o Distrito Federal, as respectivas autarquias e fundações de direito público e os Municípios que constituam capitais dos Estados; c) 100 (cem) salários mínimos para todos os demais Municípios e respectivas autarquias e fundações de direito público. II – Também não se sujeita ao duplo grau de jurisdição a decisão fundada em: a) súmula ou orientação jurisprudencial do Tribunal Superior do Trabalho; b) acórdão proferido pelo Supremo Tribunal Federal ou pelo Tribunal Superior do Trabalho em julgamento de recursos repetitivos; c) entendimento firmado em incidente de resolução de demandas repetitivas ou de assunção de competência; d) entendimento coincidente com orientação vinculante firmada no âmbito administrativo do próprio ente público, consolidada em manifestação, parecer ou súmula administrativa. III – Em ação rescisória, a decisão proferida pelo Tribunal Regional do Trabalho está sujeita ao duplo grau de jurisdição obrigatório quando desfavorável ao ente público, exceto nas hipóteses dos incisos anteriores. (ex-OJ n. 71 da SBDI-1 – inserida em 03-6-1996) IV – Em mandado de segurança, somente cabe reexame necessário se, na relação processual, figurar pessoa jurídica de direito público como parte prejudicada pela concessão da ordem. Tal situação não ocorre na hipótese de figurar no feito como impetrante e terceiro interessado pessoa de direito privado, ressalvada a hipótese de matéria administrativa. (ex-OJs n. 72 e 73 da SBDI-1 – inseridas, respectivamente, em 25-11-1996 e 3-6-1996)

Súmula 421. EMBARGOS DE DECLARAÇÃO. CABIMENTO. DECISÃO MONOCRÁTICA DO RELATOR CALCADA NO ART. 932 do CPC DE 2015. ART. 557 DO CPC de 1973. (atualizada em decorrência do CPC de 2015) – Res. 208/2016, DEJT divulgado em 22, 25 e 26-4-2016.

I – Cabem embargos de declaração da decisão monocrática do relator prevista no art. 932 do CPC de 2015 (art. 557 do CPC de 1973), se a parte pretende tão somente juízo integrativo retificador da decisão e, não, modificação do julgado. II – Se a parte postular a revisão no mérito da decisão monocrática, cumpre ao relator converter os embargos de declaração em agravo, em face dos princípios da fungibilidade e celeridade processual, submetendo-o ao pronunciamento do Colegiado, após a intimação do recorrente para, no prazo de 5 (cinco) dias, complementar as razões recursais, de modo a ajustá-las às exigências do art. 1.021, § 1º, do CPC de 2015.

Súmula 385. FERIADO LOCAL OU FORENSE. AUSÊNCIA DE EXPEDIENTE. PRAZO RECURSAL. PRORROGAÇÃO. COMPROVAÇÃO. NECESSIDADE (alterada em decorrência do CPC de 2015) – Res. 220/2017 – DEJT divulgado em 21, 22 e 25.09.2017.

I – Incumbe à parte o ônus de provar, quando da interposição do recurso, a existência de feriado local que autorize a prorrogação do prazo recursal (art. 1.003, § 6º, do CPC de 2015). No caso de o recorrente alegar a existência de feriado local e não o comprovar no momento da interposição do recurso, cumpre ao relator conceder o prazo de 5 (cinco) dias para que seja sanado o vício (art. 932, parágrafo único, do CPC de 2015), sob pena de não conhecimento se da comprovação depender a tempestividade recursal; II – Na hipótese de feriado forense, incumbirá à autoridade que proferir a decisão de admissibilidade certificar o expediente nos autos; III – Admite-se a reconsideração da análise da tempestividade do recurso, mediante prova documental superveniente, em agravo de instrumento, agravo interno, agravo regimental, ou embargos de declaração, desde que, em momento anterior, não tenha havido a concessão de prazo para a comprovação da ausência de expediente forense.

Súmula 333. RECURSOS DE REVISTA. CONHECIMENTO (alterada) – Res. 155/2009, *DJ* 26 e 27-2-2009 e 2-3-2009.

Não ensejam recurso de revista decisões superadas por iterativa, notória e atual jurisprudência do Tribunal Superior do Trabalho.

Súmula 126. RECURSO. CABIMENTO (mantida) – Res. 121/2003, *DJ* 19, 20 e 21-11-2003.

Incabível o recurso de revista ou de embargos (arts. 896 e 894, "b", da CLT) para reexame de fatos e provas.

Súmula 433. EMBARGOS. ADMISSIBILIDADE. PROCESSO EM FASE DE EXECUÇÃO. ACÓRDÃO DE TURMA PUBLICADO NA VIGÊNCIA DA LEI N. 11.496, DE 26-6-2007. DIVERGÊNCIA DE INTERPRETAÇÃO DE DISPOSITIVO CONSTITUCIONAL – Res. 177/2012, DEJT divulgado em 13, 14 e 15-2-2012.

A admissibilidade do recurso de embargos contra acórdão de Turma em Recurso de Revista em fase de execução, publicado na vigência da Lei n. 11.496, de 26-6-2007, condiciona-se à demonstração de divergência jurisprudencial entre Turmas ou destas e a Seção Especializada em Dissídios Individuais do Tribunal Superior do Trabalho em relação à interpretação de dispositivo constitucional.

Súmula 458. EMBARGOS. PROCEDIMENTO SUMARÍSSIMO. CONHECIMENTO. RECURSO INTERPOSTO APÓS VIGÊNCIA DA LEI N. 11.496, DE 22-6-2007, QUE CONFERIU NOVA REDAÇÃO AO ART. 894, DA CLT. (conversão da Orientação Jurisprudencial n. 405 da SBDI-I com nova redação) – Res. 194/2014, DEJT divulgado em 21, 22 e 23-5-2014.

Em causas sujeitas ao procedimento sumaríssimo, em que pese a limitação imposta no art. 896, § 6º, da CLT à interposição de recurso de revista, admitem-se os embargos interpostos na vigência da Lei n. 11.496, de 22-6-2007, que conferiu nova redação ao art. 894 da CLT, quando demonstrada a divergência jurisprudencial entre Turmas do TST, fundada em interpretações diversas acerca da aplicação de mesmo dispositivo constitucional ou de matéria sumulada.

Súmula 283. RECURSO ADESIVO. PERTINÊNCIA NO PROCESSO DO TRABALHO. CORRELAÇÃO DE MATÉRIAS (mantida) – Res. 121/2003, *DJ* 19, 20 e 21-11-2003.

O recurso adesivo é compatível com o processo do trabalho e cabe, no prazo de 8 (oito) dias, nas hipóteses de interposição de recurso ordinário, de agravo de petição, de revista e de embargos, sendo desnecessário que a matéria nele veiculada esteja relacionada com a do recurso interposto pela parte contrária.

Súmula 279. RECURSO CONTRA SENTENÇA NORMATIVA. EFEITO SUSPENSIVO. CASSAÇÃO (mantida) – Res. 121/2003, *DJ* 19, 20 e 21-11-2003.

A cassação de efeito suspensivo concedido a recurso interposto de sentença normativa retroage à data do despacho que o deferiu.

Súmula 278. EMBARGOS DE DECLARAÇÃO. OMISSÃO NO JULGADO (mantida) – Res. 121/2003, *DJ* 19, 20 e 21-11-2003.

A natureza da omissão suprida pelo julgamento de embargos declaratórios pode ocasionar efeito modificativo no julgado.

Súmula 184. EMBARGOS DECLARATÓRIOS. OMISSÃO EM RECURSO DE REVISTA. PRECLUSÃO (mantida) – Res. 121/2003, *DJ* 19, 20 e 21-11-2003.

Ocorre preclusão se não forem opostos embargos declaratórios para suprir omissão apontada em recurso de revista ou de embargos.

Súmula 297. PREQUESTIONAMENTO. OPORTUNIDADE. CONFIGURAÇÃO (nova redação) – Res. 121/2003, *DJ* 19, 20 e 21-11-2003.

I. Diz-se prequestionada a matéria ou questão quando na decisão impugnada haja sido adotada, explicitamente, tese a respeito. II. Incumbe à parte interessada, desde que a matéria haja sido invocada no recurso principal, opor embargos declaratórios objetivando o pronunciamento sobre o tema, sob pena de preclusão. III. Considera-se prequestionada a questão jurídica invocada no recurso principal sobre a qual se omite o Tribunal de pronunciar tese, não obstante opostos embargos de declaração.

Súmula 337. COMPROVAÇÃO DE DIVERGÊNCIA JURISPRUDENCIAL. RECURSOS DE REVISTA E DE EMBARGOS (incluído o item V) – Res. 220/2017 – DEJT divulgado em 21, 22 e 25-09-2017.

I – Para comprovação da divergência justificadora do recurso, é necessário que o recorrente. a) Junte certidão ou cópia autenticada do acórdão paradigma ou cite a fonte oficial ou o repositório autorizado em que foi publicado; e b) Transcreva, nas razões recursais, as ementas e/ou trechos dos acórdãos trazidos à configuração do dissídio, demonstrando o conflito de teses que justifique o conhecimento do recurso, ainda que os acórdãos já se encontrem nos autos ou venham a ser juntados com o recurso (ex-Súmula 337 – alterada pela Res. 121/2003, DJ 21-11-2003). II – A concessão de registro de publicação como repositório autorizado de jurisprudência do TST torna válidas todas as suas edições anteriores (ex-OJ n. 317 da SBDI-I – DJ 11-08-2003). III – A mera indicação da data de publicação, em fonte oficial, de aresto paradigma é inválida para comprovação de divergência jurisprudencial, nos termos do item I, *a*, desta súmula, quando a parte pretende demonstrar o conflito de teses mediante a transcrição de trechos que integram a fundamentação do acórdão divergente, uma vez que só se publicam o dispositivo e a ementa dos acórdãos. IV – É válida para a comprovação da divergência jurisprudencial justificadora do recurso a indicação de aresto extraído de repositório oficial na internet, desde que o recorrente: a) transcreva o trecho divergente; b) aponte o sítio de onde foi extraído; e c) decline o número do processo, o órgão prolator do acórdão e a data da respectiva publicação no Diário Eletrônico da Justiça do Trabalho. V – A existência do código de autenticidade na cópia, em formato pdf, do inteiro teor do aresto paradigma, juntada aos autos, torna-a equivalente ao documento original e também supre a ausência de indicação da fonte oficial de publicação.

6.4. Petição inicial

Súmula 263. PETIÇÃO INICIAL. INDEFERIMENTO. INSTRUÇÃO OBRIGATÓRIA DEFICIENTE (atualizada em decorrência do CPC de 2015) – Res. 208/2016, DEJT divulgado em 22, 25 e 26-4-2016.

Salvo nas hipóteses do art. 330 do CPC de 2015 (art. 295 do CPC de 1973), o indeferimento da petição inicial, por encontrar-se desacompanhada de documento indispensável à propositura da ação ou não preencher outro requisito legal, somente é cabível se, após intimada para suprir a irregularidade em 15 (quinze) dias, mediante indicação precisa do que deve ser corrigido ou completado, a parte não o fizer (art. 321 do CPC de 2015).

6.5. Prova documental

Súmula 394. FATO SUPERVENIENTE. ART. 493 do CPC de 2015. ART. 462 DO CPC de 1973 (atualizada em decorrência do CPC de 2015) – Res. 208/2016, DEJT divulgado em 22, 25 e 26-4-2016.

O art. 493 do CPC de 2015 (art. 462 do CPC de 1973), que admite a invocação de fato constitutivo, modificativo ou extintivo do direito, superveniente à propositura da ação, é aplicável de ofício aos processos em curso em qualquer instância trabalhista. Cumpre ao juiz ou tribunal ouvir as partes sobre o fato novo antes de decidir.

6.6. Sentença

Súmula 211. JUROS DE MORA E CORREÇÃO MONETÁRIA. INDEPENDÊNCIA DO PEDIDO INICIAL E DO TÍTULO EXECUTIVO JUDICIAL (mantida) – Res. 121/2003, *DJ* 19, 20 e 21-11-2003.

Os juros de mora e a correção monetária incluem-se na liquidação, ainda que omisso o pedido inicial ou a condenação.

6.7. Competência da Justiça do Trabalho

Súmula 19. QUADRO DE CARREIRA (mantida) – Res. 121/2003, *DJ* 19, 20 e 21-11-2003.

A Justiça do Trabalho é competente para apreciar reclamação de empregado que tenha por objeto direito fundado em quadro de carreira.

Súmula 189. GREVE. COMPETÊNCIA DA JUSTIÇA DO TRABALHO. ABUSIVIDADE (nova redação) – Res. 121/2003, *DJ* 19, 20 e 21-11-2003.

A Justiça do Trabalho é competente para declarar a abusividade, ou não, da greve.

Súmula 389. SEGURO-DESEMPREGO. COMPETÊNCIA DA JUSTIÇA DO TRABALHO. DIREITO À INDENIZAÇÃO POR NÃO LIBERAÇÃO DE GUIAS (conversão das Orientações Jurisprudenciais n. 210 e 211 da SBDI-I) – Res. 129/2005, *DJ* 20, 22 e 25-4-2005.

I – Inscreve-se na competência material da Justiça do Trabalho a lide entre empregado e empregador tendo por objeto indenização pelo não fornecimento das guias do seguro-desemprego. (ex-OJ n. 210 da SBDI-I – inserida em 8-11-2000)
II – O não fornecimento pelo empregador da guia necessária para o recebimento do seguro-desemprego dá origem ao direito à indenização. (ex-OJ n. 211 da SBDI-I – inserida em 08-11-2000)

Súmula 300. COMPETÊNCIA DA JUSTIÇA DO TRABALHO. CADASTRAMENTO NO PIS (mantida) – Res. 121/2003, *DJ* 19, 20 e 21-11-2003.

Compete à Justiça do Trabalho processar e julgar ações ajuizadas por empregados em face de empregadores relativas ao cadastramento no Programa de Integração Social (PIS).

Súmula 392. DANO MORAL E MATERIAL. RELAÇÃO DE TRABALHO. COMPETÊNCIA DA JUSTIÇA DO TRABALHO (redação alterada na sessão do Tribunal Pleno realizada em 27-10-2015) – Res. 200/2015, DEJT divulgado em 29-10-2015 e 3 e 4-11-2015.

Nos termos do art. 114, VI, da Constituição da República, a Justiça do Trabalho é competente para processar e julgar ações de indenização por dano moral e material, decorrentes da relação de trabalho, inclusive as oriundas de acidente de trabalho e doenças a ele equiparadas, ainda que propostas pelos dependentes ou sucessores do trabalhador falecido.

Súmula 420. COMPETÊNCIA FUNCIONAL. CONFLITO NEGATIVO. TRT E VARA DO TRABALHO DE IDÊNTICA REGIÃO. NÃO CONFIGURAÇÃO (conversão da Orientação Jurisprudencial n. 115 da SBDI-II) – Res. 137/2005, *DJ* 22, 23 e 24-8-2005.

Não se configura conflito de competência entre Tribunal Regional do Trabalho e Vara do Trabalho a ele vinculada. (ex-OJ n. 115 da SBDIII – *DJ* 11-8-2003)

Súmula 454. COMPETÊNCIA DA JUSTIÇA DO TRABALHO. EXECUÇÃO DE OFÍCIO. CONTRIBUIÇÃO SOCIAL REFERENTE AO SEGURO DE ACIDENTE DE TRABALHO (SAT). ARTS. 114, VIII, E 195, I, *A*, DA CONSTITUIÇÃO DA REPÚBLICA. (conversão da Orientação Jurisprudencial n. 414 da SBDI-I) – Res. 194/2014, DEJT divulgado em 21, 22 e 23-5-2014.

Compete à Justiça do Trabalho a execução, de ofício, da contribuição referente ao Seguro de Acidente de Trabalho (SAT), que tem natureza de contribuição para a seguridade social (arts. 114, VIII, e 195, I, *a*, da CF), pois se destina ao financiamento de benefícios relativos à incapacidade do empregado decorrente de infortúnio no trabalho (arts. 11 e 22 da Lei n. 8.212/1991).

6.8. Procuração

Súmula 436. REPRESENTAÇÃO PROCESSUAL. PROCURADOR DA UNIÃO, ESTADOS, MUNICÍPIOS E DISTRITO FEDERAL, SUAS AUTARQUIAS E FUNDAÇÕES PÚBLICAS. JUNTADA DE INSTRUMENTO DE MANDATO (conversão da Orientação Jurisprudencial n. 52 da SBDI-I e inserção do item II à redação) – Res. 185/2012, DEJT divulgado em 25, 26 e 27-9-2012.

I – A União, Estados, Municípios e Distrito Federal, suas autarquias e fundações públicas, quando representadas em juízo, ativa e passivamente, por seus procuradores, estão dispensadas da juntada de instrumento de mandato e de comprovação do ato de nomeação. II – Para os efeitos do item anterior, é essencial que o signatário ao menos declare-se exercente do cargo de procurador, não bastando a indicação do número de inscrição na Ordem dos Advogados do Brasil.

6.9. Prazos processuais

Súmula 1. PRAZO JUDICIAL (mantida) – Res. 121/2003, *DJ* 19, 20 e 21-11-2003.

Quando a intimação tiver lugar na sexta-feira, ou a publicação com efeito de intimação for feita nesse dia, o prazo judicial será contado da segunda-feira imediata, inclusive, salvo se não houver expediente, caso em que fluirá no dia útil que se seguir.

Súmula 30. INTIMAÇÃO DA SENTENÇA (mantida) – Res. 121/2003, *DJ* 19, 20 e 21-11-2003.

Quando não juntada a ata ao processo em 48 horas, contadas da audiência de julgamento (art. 851, § 2º, da CLT), o prazo para recurso será contado da data em que a parte receber a intimação da sentença.

Súmula 197. PRAZO (mantida) – Res. 121/2003, *DJ* 19, 20 e 21-11-2003.

O prazo para recurso da parte que, intimada, não comparecer à audiência em prosseguimento para a prolação da sentença conta-se de sua publicação.

Súmula 262. PRAZO JUDICIAL. NOTIFICAÇÃO OU INTIMAÇÃO EM SÁBADO. RECESSO FORENSE (redação do item II alterada na sessão do Tribunal Pleno realizada em 19-5-2014) – Res. 194/2014, DEJT divulgado em 21, 22 e 23-5-2014.

I – Intimada ou notificada a parte no sábado, o início do prazo se dará no primeiro dia útil imediato e a contagem, no subsequente. (ex-Súmula n. 262 – Res. 10/1986, *DJ* 31-10-1986) II – O recesso forense e as férias coletivas dos Ministros do Tribunal Superior do Trabalho suspendem os prazos recursais. (ex-OJ n. 209 da SBDI-I – inserida em 8-11-2000).

6.10. Honorários periciais

Súmula 341. HONORÁRIOS DO ASSISTENTE TÉCNICO (mantida) – Res. 121/2003, *DJ* 19, 20 e 21-11-2003.

A indicação do perito assistente é faculdade da parte, a qual deve responder pelos respectivos honorários, ainda que vencedora no objeto da perícia.

Súmula 457. HONORÁRIOS PERICIAIS. BENEFICIÁRIO DA JUSTIÇA GRATUITA. RESPONSABILIDADE DA UNIÃO PELO PAGAMENTO. RESOLUÇÃO N. 66/2010 DO CSJT. OBSERVÂNCIA. (conversão da Orientação Jurisprudencial n. 387 da SBDI-I com nova redação) – Res. 194/2014, DEJT divulgado em 21, 22 e 23-5-2014.

A União é responsável pelo pagamento dos honorários de perito quando a parte sucumbente no objeto da perícia for beneficiária da assistência judiciária gratuita, observado o procedimento disposto nos arts. 1º, 2º e 5º da Resolução n. 66/2010 do Conselho Superior da Justiça do Trabalho – CSJT.

6.11. Mandado de segurança

Súmula 414. MANDADO DE SEGURANÇA. TUTELA PROVISÓRIA CONCEDIDA ANTES OU NA SENTENÇA (nova redação em decorrência do CPC de 2015) – Res. 217/2017, DEJT divulgado em 20, 24 e 25-04-2017.

I – A tutela provisória concedida na sentença não comporta impugnação pela via do mandado de segurança, por ser impugnável mediante recurso ordinário. É admissível a obtenção de efeito suspensivo ao recurso ordinário mediante requerimento dirigido ao tribunal, ao relator ou ao presidente ou ao vice-presidente do tribunal recorrido, por aplicação subsidiária ao processo do trabalho do art. 1.029, § 5º, do CPC de 2015. II – No caso de a tutela provisória haver sido concedida ou indeferida antes da sentença, cabe mandado de segurança, em face da inexistência de recurso próprio. III – A superveniência da sentença, nos autos originários, faz perder o objeto do mandado de segurança que impugnava a concessão ou o indeferimento da tutela provisória.

Súmula 415. MANDADO DE SEGURANÇA. PETIÇÃO INICIAL. ART. 321 DO CPC DE 2015. ART. 284 DO CPC de 1973. INAPLICABILIDADE – (atualizada em decorrência do CPC de 2015) – Res. 208/2016, DEJT divulgado em 22, 25 e 26-4-2016.

Exigindo o mandado de segurança prova documental pré-constituída, inaplicável o art. 321 do CPC de 2015 (art. 284 do CPC de 1973) quando verificada, na petição inicial do *mandamus*, a ausência de documento indispensável ou de sua autenticação. (ex-OJ n. 52 da SBDI-II – inserida em 20-9-2000).

Súmula 416. MANDADO DE SEGURANÇA. EXECUÇÃO. LEI N. 8.432/1992. ART. 897, § 1º, DA CLT. CABIMENTO (conversão da Orientação Jurisprudencial n. 55 da SBDI-II) – Res. 137/2005, *DJ* 22, 23 e 24-8-2005.

Devendo o agravo de petição delimitar justificadamente a matéria e os valores objeto de discordância, não fere direito líquido e certo o prosseguimento da execução quanto aos tópicos e valores não especificados no agravo. (ex-OJ n. 55 da SBDI-II – inserida em 20-9-2000)

Súmula 417. MANDADO DE SEGURANÇA. PENHORA EM DINHEIRO (alterado o item I, atualizado o item II e cancelado o item III, modulando-se os efeitos da presente redação de forma a atingir unicamente as penhoras em dinheiro em execução provisória efetivadas a partir de 18-3-2016, data de vigência do CPC de 2015) – Res. 212/2016, DEJT divulgado em 20, 21 e 22-9-2016.

I – Não fere direito líquido e certo do impetrante o ato judicial que determina penhora em dinheiro do executado para garantir crédito exequendo, pois é prioritária e obedece à gradação prevista no art. 835 do CPC de 2015 (art. 655 do CPC de 1973). II – Havendo discordância do credor, em execução definitiva, não tem o executado direito líquido e certo a que os valores penhorados em dinheiro fiquem depositados no próprio banco, ainda que atenda aos requisitos do art. 840, I, do CPC de 2015 (art. 666, I, do CPC de 1973). (ex-OJ n. 61 da SBDI-2 – inserida em 20-9-2000).

Súmula 418. MANDADO DE SEGURANÇA VISANDO À CONCESSÃO DE LIMINAR OU HOMOLOGAÇÃO DE ACORDO (conversão das Orientações Jurisprudenciais n. 120 e 141 da SBDI-II) – Res. 137/2005, *DJ* 22, 23 e 24-8-2005.

A concessão de liminar ou a homologação de acordo constituem faculdade do juiz, inexistindo direito líquido e certo tutelável pela via do mandado de segurança. (ex-OJs da SBDI-II n. 120 – *DJ* 11-8-2003 – e 141 – *DJ* 4-5-2004)

6.12. Prescrição

Súmula 153. PRESCRIÇÃO (mantida) – Res. 121/2003, *DJ* 19, 20 e 21-11-2003.

Não se conhece de prescrição não arguida na instância ordinária (ex-Prejulgado n. 27).

Súmula 268. PRESCRIÇÃO. INTERRUPÇÃO. AÇÃO TRABALHISTA ARQUIVADA (nova redação) – Res. 121/2003, *DJ* 19, 20 e 21-11-2003.

A ação trabalhista, ainda que arquivada, interrompe a prescrição somente em relação aos pedidos idênticos.

Súmula 308. PRESCRIÇÃO QUINQUENAL (incorporada a Orientação Jurisprudencial n. 204 da SBDI-I) – Res. 129/2005, *DJ* 20, 22 e 25-4-2005.

I. Respeitado o biênio subsequente à cessação contratual, a prescrição da ação trabalhista concerne às pretensões imediatamente anteriores a cinco anos, contados da data do ajuizamento da reclamação e, não, às anteriores ao quinquênio da data da extinção do contrato. (ex-OJ n. 204 da SBDI-I – inserida em 08-11-2000) II. A norma constitucional que ampliou o prazo de prescrição da ação trabalhista para 5 (cinco) anos é de aplicação imediata e não atinge pretensões já alcançadas pela prescrição bienal quando da promulgação da CF/1988. (ex-Súmula n. 308 – Res. 6/1992, *DJ* 5-11-1992)

6.13. Audiência

Súmula 122. REVELIA. ATESTADO MÉDICO (incorporada a Orientação Jurisprudencial n. 74 da SBDI-I) – Res. 129/2005, *DJ* 20, 22 e 25-4-2005.

A reclamada, ausente à audiência em que deveria apresentar defesa, é revel, ainda que presente seu advogado munido de procuração, podendo ser ilidida a revelia mediante a apresentação de atestado médico, que deverá declarar, expressamente, a impossibilidade de locomoção do empregador ou do seu preposto no dia da audiência. (primeira parte – ex-OJ Súmula 74 da SBDI-I – inserida em 25-11-1996; segunda parte – ex-Súmula n. 122 – alterada pela Res. 121/2003, *DJ* 21-11-2003)

Súmula 9. AUSÊNCIA DO RECLAMANTE (mantida) – Res. 121/2003, *DJ* 19, 20 e 21-11-2003.

A ausência do reclamante, quando adiada a instrução após contestada a ação em audiência, não importa arquivamento do processo.

Súmula 74. CONFISSÃO (atualizada em decorrência do CPC de 2015) – Res. 208/2016, DEJT divulgado em 22, 25 e 26-4-2016.

I – Aplica-se a confissão à parte que, expressamente intimada com aquela cominação, não comparecer à audiência em prosseguimento, na qual deveria depor. (ex-Súmula n. 74 – RA 69/1978, *DJ* 26-9-1978) II – A prova pré-constituída nos autos pode ser levada em conta para confronto com a confissão ficta (arts. 442 e 443 do CPC de 2015 – art. 400, I, do CPC de 1973), não implicando cerceamento de defesa o indeferimento de provas posteriores. (ex-OJ n. 184 da SBDI-I – inserida em 08-11-2000) III – A vedação à produção de prova posterior pela parte confessa somente a ela se aplica, não afetando o exercício, pelo magistrado, do poder/dever de conduzir o processo.

6.14. Compensação

Súmula 18. COMPENSAÇÃO (mantida) – Res. 121/2003, *DJ* 19, 20 e 21-11-2003.

A compensação, na Justiça do Trabalho, está restrita a dívidas de natureza trabalhista.

Súmula 48. COMPENSAÇÃO (mantida) – Res. 121/2003, *DJ* 19, 20 e 21-11-2003.

A compensação só poderá ser arguida com a contestação

6.15. Prova pericial

Súmula 293. ADICIONAL DE INSALUBRIDADE. CAUSA DE PEDIR. AGENTE NOCIVO DIVERSO DO APONTADO NA INICIAL (mantida) – Res. 121/2003, *DJ* 19, 20 e 21-11-2003.

A verificação mediante perícia de prestação de serviços em condições nocivas, considerado agente insalubre diverso do apontado na inicial, não prejudica o pedido de adicional de insalubridade.

Súmula 453. ADICIONAL DE PERICULOSIDADE. PAGAMENTO ESPONTÂNEO. CARACTERIZAÇÃO DE FATO INCONTROVERSO. DESNECESSÁRIA A PERÍCIA DE QUE TRATA O ART. 195 DA CLT. (conversão da Orientação Jurisprudencial n. 406 da SBDI-I) – Res. 194/2014, DEJT divulgado em 21, 22 e 23-5-2014.

O pagamento de adicional de periculosidade efetuado por mera liberalidade da empresa, ainda que de forma proporcional ao tempo de exposição ao risco ou em percentual inferior ao máximo legalmente previsto, dispensa a realização da prova técnica exigida pelo art. 195 da CLT, pois torna incontroversa a existência do trabalho em condições perigosas.

6.16. Prova testemunhal

Súmula 357. TESTEMUNHA. AÇÃO CONTRA A MESMA RECLAMADA. SUSPEIÇÃO (mantida) – Res. 121/2003, *DJ* 19, 20 e 21-11-2003.

Não torna suspeita a testemunha o simples fato de estar litigando ou de ter litigado contra o mesmo empregador.

6.17. Custas processuais

Súmula 25. CUSTAS PROCESSUAIS. INVERSÃO DO ÔNUS DA SUCUMBÊNCIA. (alterada a Súmula e incorporadas as Orientações Jurisprudenciais n. 104 e 186 da SBDI-I) – Res. 197/2015 – DEJT divulgado em 14, 15 e 18-5-2015.

I – A parte vencedora na primeira instância, se vencida na segunda, está obrigada, independentemente de intimação, a pagar as custas fixadas na sentença originária, das quais ficara isenta a parte então vencida; II – No caso de inversão do ônus da sucumbência em segundo grau, sem acréscimo ou atualização do valor das custas e se estas já foram devidamente recolhidas, descabe um novo pagamento pela parte vencida, ao recorrer. Deverá ao final, se sucumbente, reembolsar a quantia; (ex-OJ n. 186 da SBDI-I) III – Não caracteriza deserção a hipótese em que, acrescido o valor da condenação, não houve fixação ou cálculo do valor devido a título de custas e tampouco intimação da parte para o preparo do recurso, devendo ser as custas pagas ao final; (ex-OJ n. 104 da SBDI-I) IV – O reembolso das custas à parte vencedora faz-se necessário mesmo na hipótese em que a parte vencida for pessoa isenta do seu pagamento, nos termos do art. 790-A, parágrafo único, da CLT.

6.18. Depósito recursal

Súmula 161. DEPÓSITO. CONDENAÇÃO A PAGAMENTO EM PECÚNIA (mantida) – Res. 121/2003, *DJ* 19, 20 e 21-11-2003.

Se não há condenação a pagamento em pecúnia, descabe o depósito de que tratam os §§ 1º e 2º do art. 899 da CLT (ex-Prejulgado n. 39).

Súmula 245. DEPÓSITO RECURSAL. PRAZO (mantida) – Res. 121/2003, *DJ* 19, 20 e 21-11-2003.

O depósito recursal deve ser feito e comprovado no prazo alusivo ao recurso. A interposição antecipada deste não prejudica a dilação legal.

Súmula 128. DEPÓSITO RECURSAL (incorporadas as Orientações Jurisprudenciais n. 139, 189 e 190 da SBDI-I) – Res. 129/2005, *DJ* 20, 22 e 25-4-2005.

I – É ônus da parte recorrente efetuar o depósito legal, integralmente, em relação a cada novo recurso interposto, sob pena de deserção. Atingido o valor da condenação, nenhum depósito mais é exigido para qualquer recurso. (ex-Súmula n. 128 – alterada pela Res. 121/2003, *DJ* 21-11-03, que incorporou a OJ n. 139 da SBDI-I – inserida em 27-11-1998) II – Garantido o juízo, na fase executória, a exigência de depósito para recorrer de qualquer decisão viola os incisos II e LV do art. 5º da CF/1988. Havendo, porém, elevação do valor do débito, exige-se a complementação da garantia do juízo. (ex-OJ n. 189 da SBDI-I – inserida em 08-11-2000) III – Havendo condenação solidária de duas ou mais empresas, o depósito recursal efetuado por uma delas aproveita as demais, quando a empresa que efetuou o depósito não pleiteia sua exclusão da lide. (ex-OJ n. 190 da SBDI-I – inserida em 08-11-2000)

Súmula 86. DESERÇÃO. MASSA FALIDA. EMPRESA EM LIQUIDAÇÃO EXTRAJUDICIAL (incorporada a Orientação Jurisprudencial n. 31 da SBDI-I) – Res. 129/2005, *DJ* 20, 22 e 25-4-2005.

Não ocorre deserção de recurso da massa falida por falta de pagamento de custas ou de depósito do valor da condenação. Esse privilégio, todavia, não se aplica à empresa em liquidação extrajudicial. (primeira parte – ex-Súmula n. 86 – RA 69/78, *DJ* 26-9-1978; segunda parte – ex-OJ n. 31 da SBDI-I – inserida em 14-3-1994)

Súmula 424. RECURSO ADMINISTRATIVO. PRESSUPOSTO DE ADMISSIBILIDADE. DEPÓSITO PRÉVIO DA MULTA ADMINISTRATIVA. NÃO RECEPÇÃO PELA CONSTITUIÇÃO FEDERAL DO § 1º DO ART. 636 DA CLT – Res. 160/2009, DEJT divulgado em 23, 24 e 25-11-2009.

O § 1º do art. 636 da CLT, que estabelece a exigência de prova do depósito prévio do valor da multa cominada em razão de autuação administrativa como pressuposto de admissibilidade de recurso administrativo, não foi recepcionado pela Constituição Federal de 1988, ante a sua incompatibilidade com o inciso LV do art. 5º.

6.19. Ação rescisória

Súmula 259. TERMO DE CONCILIAÇÃO. AÇÃO RESCISÓRIA (mantida) – Res. 121/2003, *DJ* 19, 20 e 21-11-2003.

Só por ação rescisória é impugnável o termo de conciliação previsto no parágrafo único do art. 831 da CLT.

Súmula 299. AÇÃO RESCISÓRIA. DECISÃO RESCINDENDA. TRÂNSITO EM JULGADO. COMPROVAÇÃO. EFEITOS (nova redação do item II em decorrência do CPC de 2015) – Res. 211/2016, DEJT divulgado em 24, 25 e 26-8-2016.

I – É indispensável ao processamento da ação rescisória a prova do trânsito em julgado da decisão rescindenda. (ex-Súmula n. 299 – Res 8/1989, *DJ* 14, 18 e 19-4-1989) II – Verificando o relator que a parte interessada não juntou à inicial o documento comprobatório, abrirá prazo de 15 (quinze) dias para que o faça (art. 321 do CPC de 2015), sob pena de indeferimento. (ex-Súmula n. 299 – Res 8/1989, *DJ* 14, 18 e 19-4-1989) III – A comprovação do trânsito em julgado da decisão rescindenda é pressuposto processual indispensável ao tempo do ajuizamento da ação rescisória. Eventual trânsito em julgado posterior ao ajuizamento da ação rescisória não reabilita a ação proposta, na medida em que o ordenamento jurídico não contempla a ação rescisória preventiva. (ex-OJ n. 106 da SBDI-II – *DJ* 29-4-2003) IV – O pretenso vício de intimação, posterior à decisão que se pretende rescindir, se efetivamente ocorrido, não permite a formação da coisa julgada material. Assim, a ação rescisória deve ser julgada extinta, sem julgamento do mérito, por carência de ação, por inexistir decisão transitada em julgado a ser rescindida. (ex-OJ n. 96 da SBDI-II – inserida em 27-9-2002)

Súmula 397. AÇÃO RESCISÓRIA. ART. 966, IV, DO CPC DE 2015. ART. 485, IV, DO CPC DE 1973. AÇÃO DE CUMPRIMENTO. OFENSA À COISA JULGADA EMANADA DE SENTENÇA NORMATIVA MODIFICADA EM GRAU DE RECURSO. INVIABILIDADE. CABIMENTO DE MANDADO DE SEGURANÇA (atualizada em decorrência do CPC de 2015) – Res. 208/2016, DEJT divulgado em 22, 25 e 26-4-2016.

Não procede ação rescisória calcada em ofensa à coisa julgada perpetrada por decisão proferida em ação de cumprimento, em face de a sentença normativa, na qual se louvava, ter sido modificada em grau de recurso, porque em dissídio coletivo somente se consubstancia coisa julgada formal. Assim, os meios processuais aptos a atacarem a execução da cláusula reformada são a exceção de pré-executividade e o mandado de segurança, no caso de descumprimento do art. 514 do CPC de 2015 (art. 572 do CPC de 1973). (ex-OJ n. 116 da SBDI-II – *DJ* 11-8-2003).

Súmula 398. AÇÃO RESCISÓRIA. AUSÊNCIA DE DEFESA. INAPLICÁVEIS OS EFEITOS DA REVELIA (conversão da Orientação Jurisprudencial n. 126 da SBDI-II) – Res. 137/2005, *DJ* 22, 23 e 24-8-2005.

Na ação rescisória, o que se ataca na ação é a sentença, ato oficial do Estado, acobertado pelo manto da coisa julgada. Assim sendo, e considerando que a coisa julgada envolve questão de ordem pública, a revelia não produz confissão na ação rescisória. (ex-OJ n. 126 da SBDI-II – *DJ* 09-12-2003)

Súmula 399. AÇÃO RESCISÓRIA. CABIMENTO. SENTENÇA DE MÉRITO. DECISÃO HOMOLOGATÓRIA DE ADJUDICAÇÃO, DE ARREMATAÇÃO E DE CÁLCULOS (conversão das Orientações Jurisprudenciais n. 44, 45 e 85, primeira parte, da SBDI-II) – Res. 137/2005, *DJ* 22, 23 e 24-8-2005.

I – É incabível ação rescisória para impugnar decisão homologatória de adjudicação ou arrematação. (ex-OJs n. 44 e 45 da SBDI-II – inseridas em 20.09.2000) II – A decisão homologatória de cálculos apenas comporta rescisão quando enfrentar as questões envolvidas na elaboração da conta de liquidação, quer solvendo a controvérsia das partes quer explicitando, de ofício, os motivos pelos quais acolheu os cálculos oferecidos por uma das partes ou pelo setor de cálculos, e não contestados pela outra. (ex-OJ n. 85 da SBDI-II – primeira parte – inserida em 13-3-2002 e alterada em 26-11-2002).

Súmula 400. AÇÃO RESCISÓRIA DE AÇÃO RESCISÓRIA. VIOLAÇÃO MANIFESTA DE NORMA JURÍDICA. INDICAÇÃO DA MESMA NORMA JURÍDICA APONTADA NA RESCISÓRIA PRIMITIVA (MESMO DISPOSITIVO DE LEI SOB O CPC DE 1973) (nova redação em decorrência do CPC de 2015) – Res. 208/2016, DEJT divulgado em 22, 25 e 26-4-2016.

Em se tratando de rescisória de rescisória, o vício apontado deve nascer na decisão rescindenda, não se admitindo a rediscussão do acerto do julgamento da rescisória anterior. Assim, não procede rescisória calcada no inciso V do art. 966 do CPC de 2015 (art. 485, V, do CPC de 1973) para discussão, por má aplicação da mesma norma jurídica, tida por violada na rescisória anterior, bem como para arguição de questões inerentes à ação rescisória primitiva. (ex-OJ n. 95 da SBDIII – inserida em 27-9-2002 e alterada *DJ* 16-4-2004)

Súmula 405. AÇÃO RESCISÓRIA. TUTELA PROVISÓRIA (nova redação em decorrência do CPC de 2015) – Res. 208/2016, DEJT divulgado em 22, 25 e 26-4-2016.

Em face do que dispõem a MP 1.984-22/2000 e o art. 969 do CPC de 2015, é cabível o pedido de tutela provisória formulado na petição inicial de ação rescisória ou na fase recursal, visando a suspender a execução da decisão rescindenda.

Súmula 407. AÇÃO RESCISÓRIA. MINISTÉRIO PÚBLICO. LEGITIMIDADE *AD CAUSAM* PREVISTA NO ART. 967, III, *A*, *B* e *C* DO CPC DE 2015. ART. 487, III, *A* e *B*, DO CPC DE 1973. HIPÓTESES MERAMENTE EXEMPLIFICATIVAS (nova redação em decorrência do CPC de 2015) – Res. 208/2016, DEJT divulgado em 22, 25 e 26-4-2016.

A legitimidade *ad causam* do Ministério Público para propor ação rescisória, ainda que não tenha sido parte no processo que deu origem à decisão rescindenda, não está limitada às alíneas *a*, *b* e *c* do inciso III do art. 967 do CPC de 2015 (art. 487, III, *a* e *b*, do CPC de 1973), uma vez que traduzem hipóteses meramente exemplificativas (ex-OJ n. 83 da SBDI-II – inserida em 13-3-2002).

Súmula 408. AÇÃO RESCISÓRIA. PETIÇÃO INICIAL. CAUSA DE PEDIR. AUSÊNCIA DE CAPITULAÇÃO OU CAPITULAÇÃO ERRÔNEA NO ART. 966 DO CPC DE 2015. ART. 485 DO CPC DE 1973. PRINCÍPIO *IURA NOVIT CURIA* (nova redação em decorrência do CPC de 2015) – Res. 208/2016, DEJT divulgado em 22, 25 e 26-4-2016.

Não padece de inépcia a petição inicial de ação rescisória apenas porque omite a subsunção do fundamento de rescindibilidade no art. 966 do CPC de 2015 (art. 485 do CPC de 1973) ou o capitula erroneamente em um de seus incisos. Contanto que não se afaste dos fatos e fundamentos invocados como causa de pedir, ao Tribunal é lícito emprestar-lhes a adequada qualificação jurídica (*iura novit curia*). No entanto, fundando-se a ação rescisória no art. 966, inciso V, do CPC de 2015 (art. 485, inciso V, do CPC de 1973), é indispensável expressa indicação, na petição inicial da ação rescisória, da norma jurídica manifestamente violada (dispositivo legal violado sob o CPC de 1973), por se tratar de causa de pedir da rescisória, não se aplicando, no caso, o princípio *iura novit curia*. (ex-OJs n. 32 e 33 da SBDI-II – inseridas em 20-9-2000)

6.20. **Execução trabalhista**

Súmula 304. CORREÇÃO MONETÁRIA. EMPRESAS EM LIQUIDAÇÃO. ART. 46 DO ADCT/CF (mantida) – Res. 121/2003, *DJ* 19, 20 e 21-11-2003 e republicada *DJ* 25-11-2003.

Os débitos trabalhistas das entidades submetidas aos regimes de intervenção ou liquidação extrajudicial estão sujeitos a correção monetária desde o respectivo vencimento até seu efetivo pagamento, sem interrupção ou suspensão, não incidindo, entretanto, sobre tais débitos, juros de mora.

Súmula 200. JUROS DE MORA. INCIDÊNCIA (mantida) – Res. 121/2003, *DJ* 19, 20 e 21-11-2003.

Os juros de mora incidem sobre a importância da condenação já corrigida monetariamente.

Súmula 439. DANOS MORAIS. JUROS DE MORA E ATUALIZAÇÃO MONETÁRIA. TERMO INICIAL – Res. 185/2012, DEJT divulgado em 25, 26 e 27-9-2012.

Nas condenações por dano moral, a atualização monetária é devida a partir da data da decisão de arbitramento ou de alteração do valor. Os juros incidem desde o ajuizamento da ação, nos termos do art. 883 da CLT.

Súmula 419. COMPETÊNCIA. EMBARGOS DE TERCEIRO. EXECUÇÃO POR CARTA PRECATÓRIA. JUÍZO DEPRECADO. (alterada em decorrência do CPC de 2015) – Res. 212/2016, DEJT divulgado em 20, 21 e 22-9-2016.

Na execução por carta precatória, os embargos de terceiro serão oferecidos no juízo deprecado, salvo se indicado pelo juízo deprecante o bem constrito ou se já devolvida a carta (art. 676, parágrafo único, do CPC de 2015).

6.21. Ação de cumprimento

Súmula 286. SINDICATO. SUBSTITUIÇÃO PROCESSUAL. CONVENÇÃO E ACORDO COLETIVOS (mantida) – Res. 121/2003, *DJ* 19, 20 e 21-11-2003.

A legitimidade do sindicato para propor ação de cumprimento estende-se também à observância de acordo ou de convenção coletivos.

Súmula 246. AÇÃO DE CUMPRIMENTO. TRÂNSITO EM JULGADO DA SENTENÇA NORMATIVA (mantida) – Res. 121/2003, *DJ* 19, 20 e 21-11-2003.

É dispensável o trânsito em julgado da sentença normativa para a propositura da ação de cumprimento.

7. SÚMULAS DO STF

Súmula 213. É devido o adicional de serviço noturno, ainda que sujeito o empregado ao regime de revezamento.

Súmula 225. Não é absoluto o valor probatório das anotações da carteira profissional.

Súmula 316. A simples adesão a greve não constitui falta grave.

Súmula 235. É competente para a ação de acidente do trabalho a Justiça cível comum, inclusive em segunda instância, ainda que seja parte autarquia seguradora.

Súmula 501. Compete à Justiça ordinária estadual o processo e o julgamento, em ambas as instâncias, das causas de acidente do trabalho, ainda que promovidas contra a União, suas autarquias, empresas públicas ou sociedades de economia mista.

Súmula 327. O direito trabalhista admite a prescrição intercorrente.

Súmula 403. É de decadência o prazo de trinta dias para instauração do inquérito judicial, a contar da suspensão, por falta grave, de empregado estável.

Súmula 631. Extingue-se o processo de mandado de segurança se o impetrante não promove, no prazo assinado, a citação do litisconsorte passivo necessário.

Súmula 514. Admite-se ação rescisória contra sentença transitada em julgado, ainda que contra ela não se tenha esgotado todos os recursos

Súmula 343. Não cabe ação rescisória por ofensa a literal disposição de lei, quando a decisão rescindenda se tiver baseado em texto legal de interpretação controvertida nos tribunais.

8. SÚMULAS VINCULANTES DO STF

Súmula Vinculante 4. Salvo nos casos previstos na Constituição, o salário mínimo não pode ser usado como indexador de base de cálculo de vantagem de servidor público ou de empregado, nem ser substituído por decisão judicial.

Súmula Vinculante 22. A Justiça do Trabalho é competente para processar e julgar as ações de indenização por danos morais e patrimoniais decorrentes de acidente de trabalho propostas por empregado contra empregador, inclusive aquelas que ainda não possuíam sentença de mérito em primeiro grau quando da promulgação da Emenda Constitucional n. 45/04.

Súmula Vinculante 23. A Justiça do Trabalho é competente para processar e julgar ação possessória ajuizada em decorrência do exercício do direito de greve pelos trabalhadores da iniciativa privada.

Súmula Vinculante 25. É ilícita a prisão civil de depositário infiel, qualquer que seja a modalidade do depósito.

Súmula Vinculante 40. A contribuição confederativa de que trata o art. 8º, IV, da Constituição Federal, só é exigível dos filiados ao sindicato respectivo.

Súmula Vinculante 53. A competência da Justiça do Trabalho prevista no art. 114, VIII, da Constituição Federal alcança a execução de ofício das contribuições previdenciárias relativas ao objeto da condenação constante das sentenças que proferir e acordos por ela homologados.

9. SÚMULAS DO STJ

Súmula 15. Compete à Justiça Estadual processar e julgar os litígios decorrentes de acidente do trabalho.

Súmula 33. A incompetência relativa não pode ser declarada de ofício.

Súmula 45. No reexame necessário é defeso, ao Tribunal, agravar a condenação imposta à Fazenda Pública.

Súmula 98. Embargos de declaração manifestados com notório propósito de prequestionamento não têm caráter protelatório.

Súmula 134. Embora intimado da penhora em imóvel do casal, o cônjuge do executado pode opor embargos de terceiro para defesa de sua meação.

Súmula 363. Compete à Justiça estadual processar e julgar a ação de cobrança ajuizada por profissional liberal contra cliente.

Referências

BARROS, Alice Monteiro de. *Curso de direito do trabalho.* 7. ed. São Paulo: LTr, 2011.

BEZERRA LEITE, Carlos Henrique. *Curso de direito processual do trabalho.* 18. ed. São Paulo: Saraiva, 2020.

________. *Curso de direito do trabalho.* 6. ed. São Paulo: Saraiva, 2015.

CASSAR, Volia. Bomfim. *Direito do trabalho.* 14. ed. São Paulo: Método, 2017.

DELGADO, Maurício Godinho. *Curso de direito do trabalho.* 15. ed. São Paulo: LTr, 2018.

KLIPPEL, Bruno. *Direito sumular TST esquematizado.* 6. ed. São Paulo: Saraiva, 2016.

MIESSA, Elisson. *Processo do trabalho.* 3. ed. Salvador: Juspodivm, 2016.

PEREIRA, Leone. *Manual de processo do trabalho.* São Paulo: Saraiva, 2011.

SARAIVA, Renato; MANFREDINI, Aryana. *Curso de direito processual do trabalho.* 13. ed. Salvador: JusPodivm, 2016.